走遍全球 GLOBE-TROTTER TR

中欧

Central Europe

日本《走遍全球》编辑室　编著

中国旅游出版社

A
B
1
2
3
文前p.2-3
文前p.4-5
文前p.6-7
文前p.8-9
白俄罗斯
俄罗斯
德国
波兰
乌克兰
捷克
奥地利
匈牙利
摩尔多瓦
罗马尼亚
克罗地亚
塞尔维亚
保加利亚
意大利
阿尔巴尼亚
土耳其
希腊
乌斯特卡
Ustka
斯武普斯克
Słupsk
达尔沃沃
Darłowo
科沙林
KoszalinGóra
科希切日纳
Kościerzyna
希维诺乌伊希切
Świnoujście
什切青
Szczecin
巴乌奇
Wałcz
戈茹夫
Gorzów Wielkopolski
波兹南
Poznań
柏林
Berlin
勃兰登堡
Brandenburg
波茨坦
Potsdam
奥得河畔法兰克福
Frankfurt an der Oder
沃尔什滕
Wolsztyn
马格德堡
Magdeburg
绿山城
Zielona Góra
德绍
Dessau
德国
科特布斯
Cottbus
哈雷
Halle
莱比锡
Leipzig
莱格尼察
Legnica
弗罗茨瓦夫
Wrocław
格尔利茨
Görlitz
德累斯顿
Dresden
耶莱尼亚古拉
Jelenia Góra
爱尔福特
Erfurt
耶拿
Jena
利贝雷茨
Liberec
瓦乌布日赫
Wałbrzych
开姆尼茨
Chenmnitz
茨维考
Zwickau
特普利采
Teplice
普劳恩
Plauen
霍穆托夫
Chomutov
捷克
赫拉德茨-克拉洛韦
Hradec Králové
卡罗维发利
Karlovy Vary
布拉格
Praha
科林
Kolín
海布
Cheb
玛丽亚温泉市
Mariánské Lázně
库特纳霍拉
Kutná Hora
拜罗伊特
Bayreuth
比尔森
Plzeň
哈夫利奇库夫布罗德
Havlíčkův Brod
塔博尔
Tábor
伊赫拉瓦
Jihlava
纽伦堡
Nürnberg
克拉托维
Klatovy
皮塞克
Písek
泰尔奇
Telč
特热比奇
Třebíč
赫卢博卡城堡
zámek Hluboká
霍拉舍维采
Holašovice
捷克布杰约维采
České Budějovice
雷根斯堡
Regensburg
捷克克鲁姆洛夫
Český Krumlov
布热茨拉夫
Břeclav
因戈尔施塔特
Ingolstadt
帕绍
Passau
克雷姆斯
Krems
林茨
Linz
梅尔克
Melk
维也纳
Wien
奥格斯堡
Augsburg
慕尼黑
München
格蒙登
施泰尔
Steyr
维也纳新城

捷克·波兰周边
俄罗斯
立陶宛
白俄罗斯
波兰
乌克兰
斯洛伐克
罗马尼亚
C
D
1
2
3
N
0
50
100km
格丁尼亚
Gdynia
格但斯克
Gdańsk
埃尔布隆格
Elbląg
马尔堡
Malbork
奥尔什丁
Olsztyn
什奇特诺
Szczytno
格鲁琼兹
Iława
沃姆扎
Łomża
比亚韦斯托克
Białystok
得哥什
dgoszcz
托伦
Toruń
皮德拉谢地区别尔斯克
Bielsk Podlaski
哈伊努夫卡
Hajnówka
普乌图斯克
Pułtusk
弗沃茨瓦韦克
Włocławek
普沃茨克
Płock
杰拉佐瓦·沃拉
Żelazowa Wola
索哈切夫
Sochaczew
华沙
Warszawa
维拉努夫宫
Muzeum Pałac w Wilanowie
谢德尔采
Siedlce
泰雷斯波尔
Terespol
布列斯特
Брэст
罗兹
Łódź
卡利什
Kalisz
奥斯特鲁夫
Ostrów Wielkopolski
彼得库夫-特雷布纳尔斯基
Piotrków Trybunalski
拉多姆
Radom
卢巴托
Lubartów
卢布林
Lublin
马伊达内克集中营
Majdanek Obóz Koncentracyjny
扎莫希奇
Zamość
凯尔采
Kielce
琴斯托霍瓦
Częstochowa
斯塔洛瓦沃拉
Stalowa Wola
尼斯科
Nisko
奥波莱
Opole
卡托维兹
Katowice
克拉科夫
Kraków
奥斯威辛
Auschwitz
维利奇卡盐矿
Kopalnia soli Wieliczka
塔尔努夫
Tarnów
热舒夫
Rzeszów
普热梅希尔
Przemyśl
利沃夫
Львів
别尔斯科-比亚瓦
Bielsko-Biała
俄斯特拉发
Ostrava
日维茨
Żywiec
洛莫乌茨
lomouc
新塔尔格
Nowy Targ
扎科帕内
Zakopane
巴尔代约夫城保护区
Bardejov
克罗梅日什
Kroměříž
兹林
Zlín
日利纳
Žilina
波普拉德
Poprad-Tatry
莱沃恰
Levoča
普雷绍夫
Prešov
马丁
Martin
斯皮什城堡
Spišský hrad
基萨克
Kysak
科希策
Košice
布雷兹诺
Brezno
特伦钦
Trenčín
罗日尼亚瓦
Rožňava
乌日霍罗德
Ужгород
班斯卡-比斯特里察
Banská Bystrica
兹沃伦
Zvolen
特尔纳瓦
Trnava
尼特拉
Nitra
米什科尔茨
Miskolc
绍尔戈陶尔扬
Salgótarján
萨图马雷
Satu Mare
巴亚马雷
Baia Mare
拉迪斯拉发
ratislava
新扎姆基
Nové Zámky
霍洛克
Hollókő
埃格尔
Eger
德布勒森
Debrecen
埃斯泰尔戈姆
Esztergom
维舍格勒
Visegrád
科马尔诺
Komárno
圣安德烈
Szentendre
格德勒

巴尔干半岛北部
（除匈牙利·克罗地亚之外）

特尔纳瓦 Trnava
尼特拉 Nitra
C
D
米什科尔茨 Miskolc
斯洛伐克
绍尔戈陶尔扬 Salgótarján
布拉迪斯拉发 Bratislava
霍洛克 Hollókő
埃格尔 Eger
萨图马雷 Satu Mare
巴亚马雷 Baia Mare
新扎姆基 Nové Zámky
埃斯泰尔戈姆 Esztergom
维谢格拉德 Visegrád
科马尔诺 Komárno
圣安德烈 Szentendre
德布勒森 Debrecen
格德勒宫 Gödöllő
杰尔 Győr
潘诺恩哈尔姆千年修道院 Pannonhalmi Főapátság
布达佩斯 Budapest
奥拉迪亚 Oradea
塞克什白堡 Székesfehérvár
维斯普雷姆 Veszprém
凯奇凯梅特 Kecskemét
1
匈牙利
罗马尼亚
瑙吉考尼饶 Nagykanizsa
塞克萨德 Szekszárd
塞格德 Szeged
阿拉德 Arad
苏博蒂察 Subotica
帕利奇湖 Palić
胡内多阿拉 Hunedoara
佩奇 Pécs
莫哈奇 Mohács
森塔 Сента
蒂米什瓦拉 Timișoara
卢戈日 Lugoj
松博尔 Сомбор
奥西耶克 Osijek
兹雷尼亚宁 Зрењанин
武科瓦尔 Vukovar
贾科沃 Đakovo
诺维萨德 Нови Сад
弗尔沙茨 Вршац
弗鲁什卡山国家公园 Фрушка Гора
斯拉沃斯基布罗德 Slavonski Brod
德罗贝塔-塞维林堡 Drobeta-Turnu Severin
代尔文塔 Derventa
贝尔格莱德 Београд
布尔奇科特区 Brčko
沙巴茨 Шабац
斯梅代雷沃 Смедерево
哥鲁拜克要塞 Голубацки Град
2
巴尼亚卢卡 Бања Лука
多博伊区 Doboj
图兹拉 Tuzla
洛兹尼察 Лозница
Петровац
波斯尼亚和黑塞哥维那
瓦列沃 Ваљево
塞尔维亚
费里库斯・罗姆利阿那 Феликс Ромулијане
扎耶查尔 Зајечар
保加利亚
亚伊采 Jajce
泽尼察 Zenica
克拉古耶瓦茨 Крагујевац
亚格蒂那 Јагодина
Donji Vakuf
查查克 Чачак
贝洛格拉齐克 Белоградчик
Bugojno
乌日采 Ужице
克拉列沃 Краљево
萨拉热窝 Sarajevo
维谢格拉德 Вишеград
克鲁舍瓦茨 Крушевац
Алексинац
Livno
兹拉蒂博尔 Златибор
乌希切 Ушће
Jablanica
Konjic
尼什 Ниш
Foča
普里耶波列 Рашка
拉什卡 Рашка
Бела Паланка
莫斯塔尔 Mostar
新帕扎尔 Нови Пазар
莱斯科瓦茨 Лесковац
梅久戈耶 Međugorje
贝拉盖 Blagaj
杜米托尔国家公园 Nacionalni park Durmitor
克拉维斯瀑布 Slapovi Kravice
普奇泰利 Počitelj
Goranska
米特洛维采 Mitrovica
黑山
普里什蒂纳 Prishtina
格拉加察修道院 Манастр Грачаница
佩贾 Peja
尼克希奇 Nikšić
科尔丘拉 Korčula
斯通 Ston
Бујановац
科基诺 Кокино
奥斯特洛修道院 Manastri Ostrog
3
杜布罗夫尼克 Dubrovnik
科托尔 Kotor
波德戈里察 Podgorica
库马诺沃 Куманово
Старцин
普里兹伦 Prizren
采蒂涅 Cetinje
斯科普里 Скопје
卡梅尼库库利 Камени Кукли
布德瓦 Budva
韦莱斯 Велес
巴尔 Bar
斯库台 Shkodra
斯托皮 Стоби
阿尔巴尼亚
北马其顿
内戈蒂诺 Неготино
克鲁亚 Kruja
普利雷夫 Прилеп
都拉斯 Durrës
地拉那 Tirana
奥赫里德 Охрид
比特拉 Битола
希腊

Filiaşi
沙巴茨
Шабац
贝尔格莱德
Београд
A
斯梅代雷沃
Смедерево
哥鲁拜克要塞
Голубацки Град
B
克拉奥华
Craiova
卡拉卡尔
Caracal
洛兹尼察
Лозница
Петровац
罗马尼亚
塞尔维亚
瓦列沃
Ваљево
费里库斯·罗姆利阿那
Феликс Ромулијане
维丁
Видин
图尔努·默古雷莱
Turnu Măgurele
扎耶查尔
Зајечар
克拉古耶瓦茨
Крагујевац
亚格蒂那
Јагодина
波斯尼亚和黑塞哥维那
乌日采
Ужице
查查克
Чачак
贝洛格拉齐克
Белоградчик
普列文
Плевен
维舍格勒
Вишеград
克拉列沃
Краљево
克鲁舍瓦茨
Крушевац
Алексинац
蒙塔纳
Монтана
保加利亚
兹拉蒂博尔
Златибор
乌什切
Ушће
弗拉察
Враца
尼什
Ниш
Бела Паланка
普里耶波列
Рашка
拉什卡
Рашка
新帕扎尔
Нови Пазар
莱斯科瓦茨
Лесковац
杜米托尔国家公园
Nacionalni park Durmitor
索非亚
София
Goranska
米特洛维察
Mitrovica
佩尔尼克
Перник
黑山
普里什蒂纳
Prishtina
帕扎尔吉克
Пазарджик
尼克希奇
Nikšić
格拉卡尼卡修道院
Манастр Грачаница
佩贾
Peja
杜普尼察
Дупница
普罗夫
Плов
Бујановац
克斯坦
Кюстендил
奥斯特罗格修道院
Manastri Ostrog
科基诺
Кокино
里拉修道院
Рилски манастир
科托尔
Kotor
波德戈里察
Podgorica
库马诺沃
Куманово
Старцин
克拉托沃
Кратово
布拉戈耶夫格勒
Благоевград
普里兹伦
Prizren
卡梅尼库库利
Камени Кукли
采蒂涅
Cetinje
斯科普里
Скопје
布德瓦
Budva
皮埃恩
Штип
桑丹斯基
Сандански
巴尔
Bar
斯库台
Shkodra
维雷斯
Велес
斯托比
Стоби
阿尔巴尼亚
北马其顿
内戈蒂诺
Неготино
杜拉玛
Drama
塞雷
Serres
卡瓦
Kava
克鲁亚
Kruja
普利雷夫
Прилеп
盖夫盖利亚
Гевгелија
Nigrita
2
都拉斯
Durrës
地拉那
Tirana
奥赫里德
Охрид
比托拉
Битола
Giannitsa
德萨洛尼基
Thessaloniki
Pogradec
斯贝蒂纳乌姆
Свети Наум
费里
Fieri
培拉特
Berati
卡泰里尼
Katerini
科扎尼
Kozani
发罗拉
Vlorë
希腊
吉罗卡斯特拉
Gjirokastër
蓝眼睛泉
Syri i kaltër
拉里萨
Karisa
卡兰巴卡
Kalambaka
萨兰达
Sarandë
约阿尼纳
Ioannina
特里卡拉
Trikara
沃洛斯
Volos
布特林特
Butrint
卡尔季察
Karditsa
伊古梅尼察
Igoumenitsa
克基拉岛
Kérkyra
拉米亚
Lamia
3
普雷韦扎
Preveza
帕鲁基达
Chalkida
莱夫卡达
Lefkada
阿格里尼翁
Agrinio
里波蒂亚
Livadeia
锡韦
Thiva
N
帕特雷
Patra
雅
Athi
0
50
100km
凯法利尼亚岛
Kefalonia
科林斯
Korinthos
奥林匹亚
Olympia
特里波利斯
Tripoli
扎金索斯岛
Zakynthos
皮尔戈斯
Pirgos
A
B

巴尔干半岛南部
（北马其顿·保加利亚除外）
C
D
1
2
3
土耳其
久尔久 Giurgiu
鲁塞 Русе
多布里奇 Добрич
拉兹格勒 Разград
瓦尔纳 Варна
苏曼 Шумен
阿巴纳西 Арбанаси
贝里克·塔鲁诺沃 Велико Търново
内塞博尔 Несебър
布尔加斯 Бургас
索佐波尔 Созопол
斯利文 Сливен
卡赞勒克 Казанлък
扬博尔 Ямбол
旧扎戈拉 Стара Загора
小特尔诺沃 Малко Търново
季米特洛夫格勒 Димитровград
哈斯科沃 Хасково
克尔克拉雷利 Kırklaleli
埃迪尔内 Edirne
克尔贾利 Кърджали
伊斯坦布尔 İstanbul
萨卡里亚 Sakarya
伊兹米特 İzmit
乔尔卢 Çorlu
乌尊克普吕 UzunKöprü
泰基尔达 Tekirdağ
亚洛瓦 Yalova
伊兹尼克 İznik
科莫蒂尼 Komitini
克桑西 Xanthi
亚历山德鲁波利斯 Alexandroupoli
凯尚 Keşan
布尔萨 Bursa
班德尔马 Bandırma
伊内格尔 İnegöl
盖利博卢 Gelibolu
比加 Biga
恰纳卡莱 Çanakkale
屈塔希亚 Kütahya
巴勒克西尔 Balıkesir
埃德雷米特 Edremit
贝尔加马 Bergama
乌沙克 Uşak
米蒂利尼 Mitilini
莱斯博斯岛 Lesbos
阿克希萨尔 Akhisar
阿拉谢希尔 Alaşehir
马尼萨 Manisa
萨利赫利 Salihli
斯基罗斯岛 Skiros
伊兹密尔 İzmir
希俄斯岛 Khios
切什梅 Çeşme
纳济利 Nazilli
代尼兹利 Denizli
库萨达斯 Kuşadası
艾登 Aydın
瑟凯 Söke
萨摩斯 Samos
萨摩斯岛 Samos
伊卡里亚岛 Ikaria
米拉斯 Milas
穆拉 Muğla
克伊杰伊兹湖 Köyceğiz
博得鲁姆 Bodrum
马尔马里斯 Marmaris
科斯 kos
科斯岛 kos
纳克索斯岛 Naxos
帕罗斯岛 Paros
罗德

波兰
A
B
1
2
3
新塔尔格
Nowy Targ
扎克帕内
Zakopane
巴尔代约夫城保护区
Bardejov
勒沃扎
Levoča
普雷绍夫
Prešov
波普拉德
Poprad-Tatry
斯皮什堡
Spišský hrad
基萨克
Kysak
科希策
Košice
罗日尼亚瓦
Rožňava
乌日霍罗德
Ужгород
伊万诺-弗兰科夫斯克
Івано-Франківськ
切尔诺夫策
Чернівці
五座修道院
Cinci Manastiri
绍尔戈陶尔扬
Salgótarján
米什科尔茨
Miskolc
埃格尔
Eger
萨图马雷
Satu Mare
巴亚马雷
Baia Mare
德布勒森
Debrecen
比斯特里察
Bistrița
奥拉迪亚
Oradea
克卢日-纳波卡
Cluj Napoca
特尔古穆列什
Târgu Mureș
凯奇凯梅特
Kecskemét
锡吉什瓦拉
Sighișoara
梅迪亚什
Mediaș
阿尔巴尤利亚
Alba Iulia
弗格拉什
Făgăraș
布拉索夫
Brașov
阿拉德
Arad
塞格德
Szeged
锡比乌
Sibiu
帕利奇湖
Palić
胡内多阿拉
Hunedoara
锡纳亚
Sinaia
苏博蒂察
Subotica
森塔
Сента
泰梅什堡
Timișoara
卢戈日
Lugoj
罗马尼亚
兹雷尼亚宁
Зрењанин
特尔古日乌
Târgu Jiu
皮特什蒂
Pitești
诺维萨德
Нови Сад
弗尔沙茨
Вршац
弗鲁什卡格拉
Фрушка Гора
克罗地亚
德罗贝塔-塞维林堡
Drobeta-Turnu Severin
菲利亚希
Filiași
贝尔格莱德
Београд
格尔巴茨要塞
Голубацки Град
沙巴茨
Шабац
斯梅代雷沃
Смедерево
克拉约瓦
Craiova
卡拉卡尔
Caracal
Петровац
罗兹尼察
Лозница
费里库斯·罗姆利阿那
Феликс Ромулијане
维丁
Видин
图尔努·默古雷莱
Turnu Măgurele
瓦列沃
Ваљево
塞尔维亚
扎耶查尔
Зајечар
克拉古耶瓦茨
Крагујевац
亚格蒂那
Јагодина
乌日采
Ужице
查查克
Чачак
贝洛格拉齐克
Белоградчик
普列文
Плевен
黑波塞斯哥尼维亚那和
维舍格勒
Вишеград
克拉列沃
Краљево
克鲁舍瓦茨
Крушевац
Алексинац
蒙塔纳
Монтана
保加利亚
兹拉蒂博尔
Златибор
乌什切
Ушће
尼什
Ниш
Бела Паланка
弗拉察
Враца
普利耶波列
Рашка
拉什卡
Рашка
新帕扎尔
Нови Пазар
莱斯科瓦茨
Лесковац
杜米托尔国家公园
Nacionalni park Durmitor
索非亚
София
米特洛维采
Mitrovica
普里什蒂纳
Prishtina
佩尔尼克
Перник
黑山
格拉加察修道院
Манастр Грачаница
帕扎尔吉克
Пазарджик

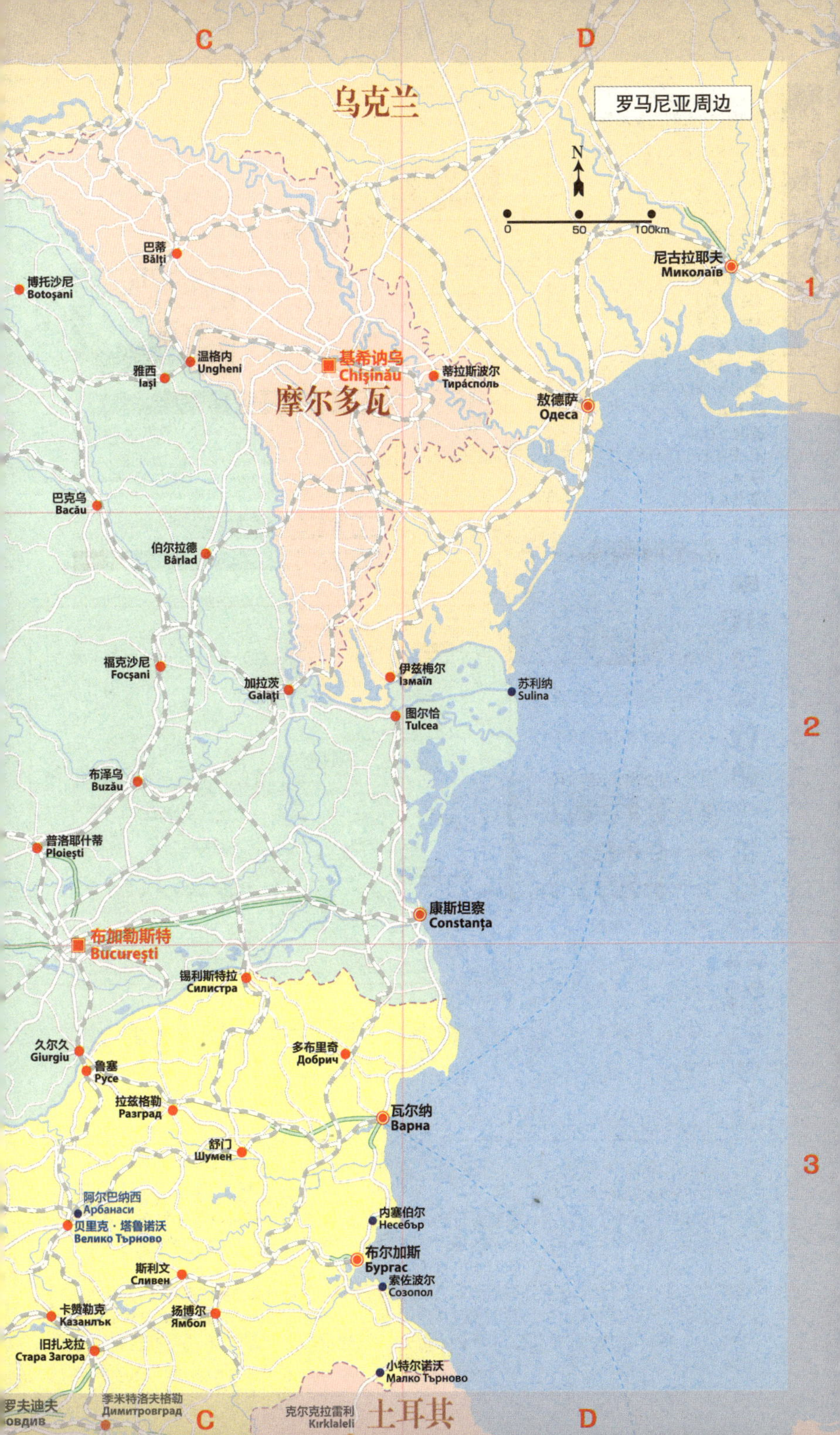

罗马尼亚周边
乌克兰
摩尔多瓦
C
D
N
0
50
100km
巴蒂
Bălţi
博托沙尼
Botoşani
尼古拉耶夫
Миколаїв
温格内
Ungheni
雅西
Iaşi
基希讷乌
Chişinău
蒂拉斯波尔
Тирасполь
敖德萨
Одеса
巴克乌
Bacău
伯尔拉德
Bârlad
福克沙尼
Focşani
加拉茨
Galaţi
伊兹梅尔
Ізмаїл
苏利纳
Sulina
图尔恰
Tulcea
布泽乌
Buzău
普洛耶什蒂
Ploieşti
康斯坦察
Constanţa
布加勒斯特
Bucureşti
锡利斯特拉
Силистра
久尔久
Giurgiu
鲁塞
Русе
多布里奇
Добрич
拉兹格勒
Разград
瓦尔纳
Варна
舒门
Шумен
阿尔巴纳西
Арбанаси
贝里克·塔鲁诺沃
Велико Търново
内塞伯尔
Несебър
布尔加斯
Бургас
斯利文
Сливен
索佐波尔
Созопол
卡赞勒克
Казанлък
扬博尔
Ямбол
旧扎戈拉
Стара Загора
小特尔诺沃
Малко Търново
罗夫迪夫
овдив
季米特洛夫格勒
Димитровград
克尔克拉雷利
Kırklaleli
土耳其
1
2
3

使用本书之前

本书所使用的主要图标

指明所介绍的地方在地图上的位置

- 飞机
- 铁路
- 巴士
- 出租车
- 船舶
- 卧铺车
- 住 住处
- TEL 电话号码
- 电话号码（手机号）
- FAX 传真号
- 电子邮箱
- URL 主页官网（http://）
- 开 开放时间
- 休 休息日
- 费 费用

在地图上使用的标记

- 邮局
- 旅游咨询处
- 博物馆·美术馆
- 教堂（主要为天主教教系）
- 教堂（主要为正教教系）
- 礼拜堂（伊斯兰教礼拜堂）
- 犹太教堂（犹太教礼拜堂）
- H 酒店等住宿设施
- R 餐馆等餐饮设施
- S 商店、旅行代购店
- 巴士总站
- 巴士站
- 乘船处、乘渡轮处
- M 地铁
- 卫生间

※ 图示为举例范页

Slovakia

科希策
布拉迪斯拉发

文前 p.3-D3
人口 23 万 6563 人
长途区号 055
旅游局
www.visitkosice.eu

▶▶ Access Guide
有从布拉迪斯拉发、布拉格（捷克）过来的航班。从机场前往市内大约 6 公里，由市内巴士 23 路连接。
从布拉迪斯拉发出发时刻表 ▶p.143

旅游咨询处（科希策）
p.154-A2
Hlavná 59
（055）625-8888
www.visitkosice.eu
10:00~18:00（周六 ~17:00、周日 ~16:00 冬季 9:00~16:00）
无

科希策 *Košice*

斯洛伐克第二大城市的科希策在 13 世纪末曾是匈牙利王国的城市，之后的数百年间，作为北部匈牙利重要的工商业中心地而繁荣。16~18 世纪，这里曾经是反抗哈布斯堡王朝统治的中心地区。

科希策 漫步

科希策的火车站和巴士总站位于老城区东面不远处，从市中心步行大约 5 分钟便可抵达。几乎从南北方向贯穿老城区中心的弗拉维纳大街 Hlavná 上拥有着众多着商店、餐馆和教堂等建筑。位于街道正中央的新巴洛克风格的美丽建筑，是 19 世纪末建造的国家剧院 Štátne divadlo。国家剧院的正面是拥有喷泉的弗拉维纳广场 Hlavné nám.

科希策 主要景点

东斯洛伐克博物馆 Map p.154-A1

Východoslovenské Múzeum

这里所展示的科希策的黄金财宝 Košicky Zlatý Poklad 十分值得一看。

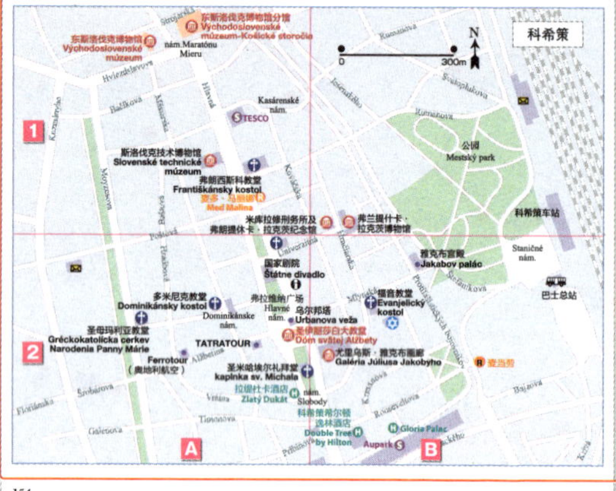

关于书中所记载的信息

编辑部尽可能为大家提供最新最正确的信息，但是随着时间的推移，当地的规则和政策可能会发生一些改变，而且对于信息的理解也可能存在歧义。基于这些原因，只要不是由本社导致的重大过失，对于读者在使用本书时所带来的损失和不便，本社将不负相关责任，敬请谅解。另外也请你为了自身利益，根据自身情况与立场灵活运用书中的旅游信息及建议，做出最好的判断。

当地资料的取材及资料调查时期

本书以 2020 年 7~11 月所取材的信息为基础编辑而成。但随着时间的推移部分信息

Shop 店铺

※ 图示为举例范页

奥赫里德手工纸张店

Ohrid Handmade Paper

◆国家博物馆附近的一家画廊。出售着用古登堡的印刷机印刷出来的奥赫里德的风景画。在这里可以观赏到抄纸和印刷工艺。

奥赫里德 Map p.366

住 Самоилова 60（Samoilova）

☐ 078-223231

URL ohridhandmadepaper.mk

开 8:30~21:00（周日 9:00~16:00）

休 无　CC 不可　纸张 印刷品

Restaurant 餐厅

※ 图示举例范页

扎皮埃切克

Zapiecek

◆位于老城市广场的旁边。在老城区的餐馆当中有着比较大众化的价格。加入苹果制作的烤鸭价格 59 兹罗提，波兰饺子 25 兹罗提，休雷克 21 兹罗提，都具有很高的人气。

老城区广场 Map p.102-A1

住 Piwna 34/36

TEL 22-831-5693

URL www.restauracjazapiecek.pl

开 11:00~23:00

休 无

CC A D J M V

波兰美食

Hotel 酒店

※ 图示举例范页

Z 酒店

Z Hotel

◆一家位于老城区的时尚酒店。房间装饰新潮，有 3 种房型，单人间也配备大床房，比较宽敞。接送机服务 25 欧元。

Map p.411-B3

住 Str.Ion Nistor 4　TEL 0373-403777

URL www.zhotels.ro

S 75 欧元起

W 150 欧元起

CC A M V　含　WiFi 免费

酒店房间的种类 · 设备

寝 寝室 / 合租	房间内带有浴缸	CC 信用卡概况
S 单人间	房间带有淋浴	A 美国运通卡
W 套间	公用淋浴	D 大来卡
	房间内带卫生间	M 万事达卡
	房间内无卫生间	V VISA 卡
	有无早餐	
	WiFi Wi-Fi 环境	

会有变更的可能。特别是酒店餐馆等费用经常会根据旅行时间点的不同而产生变化。因此，本书当中的数据大家可作为参考，然后在当地游客中心等处获取到最新旅游信息之后再开始旅程。此外，由于某些宗教节日或一些活动场所也可能会没有通知就闭馆休息，抑或缩短营业时间等，这些也是常有的事情。

博物馆的展示

在博物馆当中，有可能某些展出的物品出借到其他地方，或者进行修补等，会遇到不展出的情形。

走遍全球 GLOBE-TROTTER TRAVEL GUIDEBOOK

中欧

Contents

黑山 MONTENEGRO 329

北马其顿 NORTH MACEDONIA 349

阿尔巴尼亚 ALBANIA 371

出发前必读!

安全与纠纷……p.31、p.93、p.141、p.161、p.209、p.231、p.269、p.295、p.333、p.353、p.375、p.401、p.435

中欧的魅力

1

漫步的感受
老城区

曾经被哈布斯堡家族、威尼斯共和国以及奥斯曼帝国掌控的中欧地区保留下了许多有着多彩魅力的旧街巷。

杜布罗夫尼克老城区 ✣克罗地亚 p.255 世界遗产

格但斯克 ✣波兰 p.132

作为汉萨同盟城市在波罗的海贸易交流时期繁荣起来。沿河两岸林立着各具特色的建筑。

布拉格 ✣捷克 p.38

布拉格的老城区位于伏尔塔瓦河东岸的广阔区域。城中心的旧街巷及广场周边被各式各样风格的建筑所包围。

被誉为"亚得里亚海的珍珠"，放眼望去是一片橙色的屋顶

多瑙河沿岸的古都

布拉迪斯拉发

✣斯洛伐克 p.146

坚固城墙周围的古老街巷及市场

克鲁亚

✣阿尔巴尼亚 p.384

横断中欧地域的大河蜿蜒流淌

多瑙河湾 匈牙利 p.190

喀尔巴阡山脉著名的高峰

布切吉山 罗马尼亚 p.415

不可错过的绝美景色

广袤无垠的大自然

巴尔干山脉和喀尔巴阡山脉的险要群山，延伸至俄罗斯境内的广阔平原以及清澈绝美的亚得里亚海……多彩的地貌以及绝美的景色都是中欧独有的魅力所在。

兹拉蒂博尔腹地的小山村

希罗戈伊诺 塞尔维亚 p.328

普利特维采湖群国家公园 克罗地亚 p.242

一系列瀑布将16个色彩艳丽的祖母绿色湖泊连接起来，形成欧洲屈指可数的绝美景色。

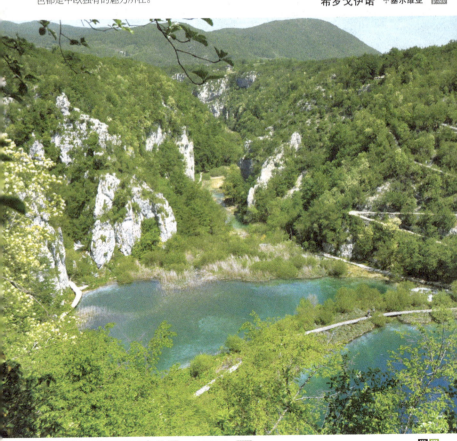

被誉为“阿尔卑斯之眼”的湖泊

布莱德湖

斯洛文尼亚 p.224

巨大的地下溪谷呈现在眼前

什科茨扬溶洞

斯洛文尼亚 p.220

世界遗产

迪纳拉·阿尔卑斯的多彩景观

杜米托尔国家公园

黑山 p.347

世界遗产

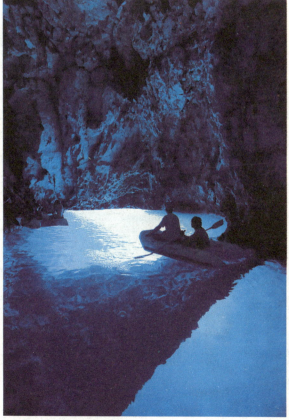

抬头仰望一片弥漫着梦幻气息的绝美风景

蓝洞 克罗地亚 p.253

祈祷的场所 宗教建筑

在多民族共存的中欧，可以在同一条街道上看到天主教、东正教、伊斯兰教、犹太教等多种宗教的建筑物。

金黄色屋顶及塔尖是俄罗斯东正教的象征

圣尼古拉俄罗斯教堂 ✣保加利亚 p.444

15世纪时建造于集市之上的清真寺

穆斯塔法·帕夏清真寺 ✣北马其顿 p.360

圣瑙姆修道院 ✣北马其顿 p.368

与圣克莱门特一样在中欧教义普及的过程中起到重要作用的圣瑙姆修道院，成了风光明媚的奥赫里德的地标性建筑。

世界遗产

马加什教堂 ✣匈牙利 p.183

历代匈牙利国王举行加冕仪式的教堂。马赛克印象的屋顶以及高耸的塔尖都给人留下了深刻的印象。

世界遗产

紧密绘制在墙壁上的阿拉伯风格装饰

西班牙犹太教堂 ✣捷克 p.65

用象征着国家和城市的图案装饰的屋顶

圣马可教堂 ✣克罗地亚 p.240

塞尔维亚第一位国王举行加冕仪式的修道院

兹卡修道院 ✣塞尔维亚 p.320

墙面上绘制了大量精美的壁画

里拉修道院

保加利亚 p.448

隐匿于山谷深处的一座安静的修道院，墙面上用色彩鲜艳的壁画描绘出《圣经》当中的各种场面。

世界遗产

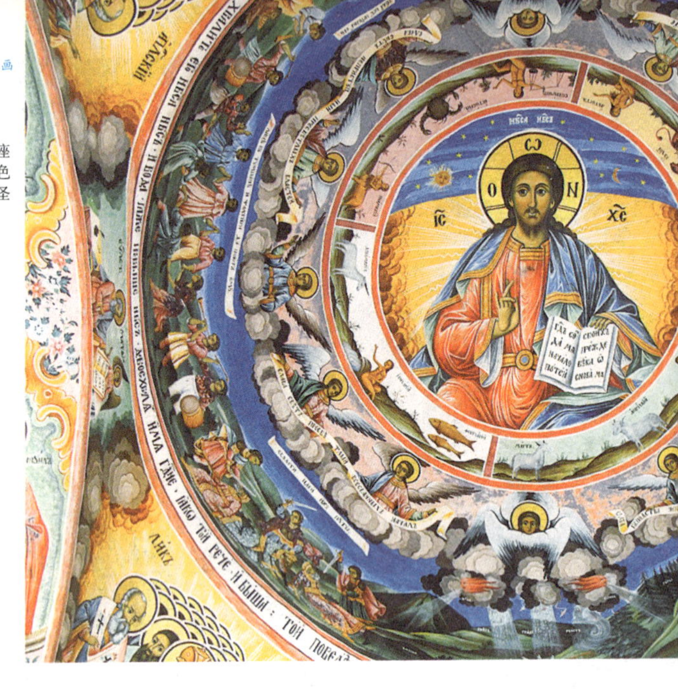

中欧的魅力

4

彩绘圣堂 教会美术

印满图案的彩绘玻璃窗

圣维特大教堂

捷克 p.61

世界遗产

被奉为国宝的维特·斯特沃什祭坛

圣玛利亚教堂

波兰 p.124

世界遗产

青蓝色调看上去很美

沃拉内特修道院

✣罗马尼亚 p.428

从圣经中的场景到与教堂相关的圣者及其生涯、与敌国的战争，等等，通过丰富色彩描绘出来的美术作品非常值得一看。

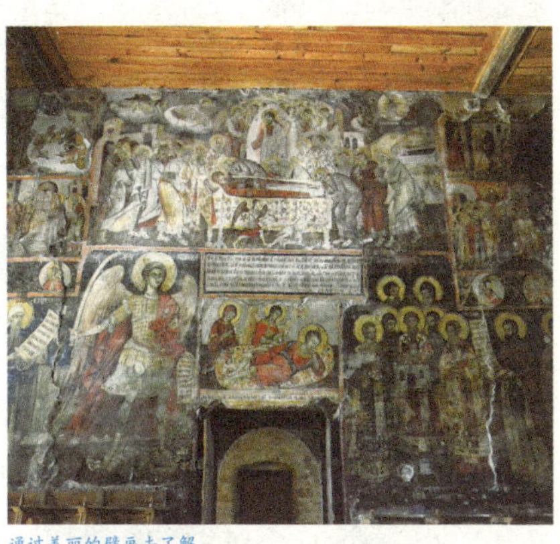

通过美丽的壁画去了解

阿尔德尼察修道院 ✣阿尔巴尼亚 p.389

直径 22 米的圆形屋顶上描绘着圣人的画像

圣伊什特万圣殿 ✣匈牙利 p.179

中欧的魅力

5

展现时代的兴盛和衰败

城堡与宫殿

那些可以引领我们去探寻漫长而复杂的历史、位于中欧保存至今的绚烂奢华的宫殿，以及利用有利地形建造而起的坚固城墙，等等，满载着时代烙印的历史建筑在这里都能够看到。

罗马皇帝的宫殿与古旧街道融合为一体

戴克里先宫 ✣克罗地亚 p.248

世界遗产

多瑙河要冲——贝尔格莱德要地

卡莱梅格丹公园 ✣塞尔维亚 p.304

这里有哈布斯堡王朝重建的宫殿

布达佩斯城堡山 ✣匈牙利 p.182

世界遗产

建造在可以眺望到大平原的山丘之上

斯皮什城堡 ✣斯洛伐克 p.156

尽管在18世纪的火灾当中沦为废墟，但其规模和壮美依旧在欧洲的代表名城中首屈一指。

世界遗产

表着波西米亚地域特色的绝美城堡

捷克克鲁姆洛夫城堡 ✣捷克 p.84

建造于13世纪，经过长年多次改建，因此多种建筑风格融合在一起。

曾作为德意志条顿骑士团的总部

马尔堡城堡 ✣波兰 p.134

世界遗产

有着吸血鬼传说的山中城堡

布朗城堡 ✣罗马尼亚 p.423

享乐在中欧

1

中欧的
世界遗产名录

中欧各国共有 80 余处景点被登录世界遗产名录。但是随着时间的推移，世界遗产的数目会发生改变。

波兰
华沙
捷克
布拉格
斯洛伐克
布拉迪斯拉发
维也纳
奥地利
布达佩斯
匈牙利
罗马尼亚
斯洛文尼亚
卢布尔雅那
萨格勒布
克罗地亚
贝尔格莱德
塞尔维亚
布加勒斯特
波斯尼亚和黑塞哥维那
萨拉热窝
索非亚
黑山
波德戈里察
保加利亚
斯科普里
阿尔巴尼亚
北马其顿
地拉那

布拉格历史中心 ✣捷克 p.38

奥赫里德 ✣北马其顿 p.365

莫斯塔尔老桥

✣波斯尼亚和黑塞哥维那 p.287

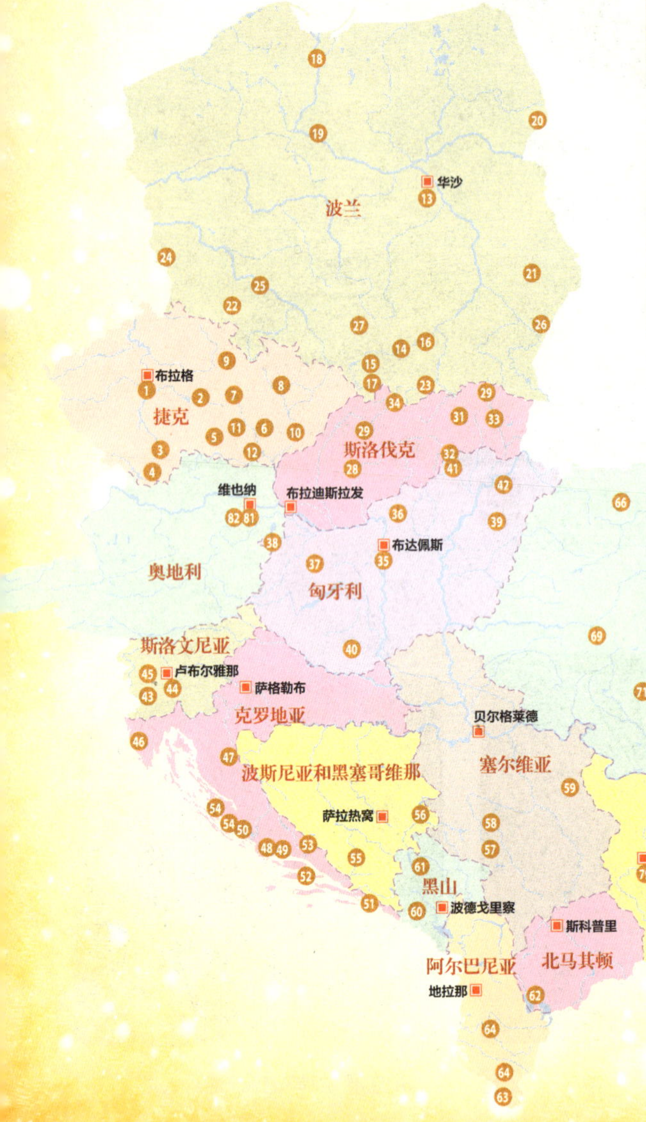

捷克

1. 布拉格历史中心 p.38 1992年登录
2. 库特纳霍拉：筑有圣巴巴拉大教堂以及塞德莱茨的圣母玛利亚大教堂的历史之都 p.67 1995年登录
3. 霍拉舍维采历史中心 p.81 1998年登录
4. 捷克克鲁姆洛夫历史中心 p.82 1992年登录
5. 泰尔奇历史中心 p.86 1992年登录
6. 布尔诺的图根德哈特别墅 A26 2001年登录
7. 泽列纳-霍拉的内波穆克圣约翰朝圣教堂 A26 1994年登录
8. 奥洛穆茨的三位一体圣柱 A26 2000年登录
9. 利托米什尔城堡 A26 1999年登录
10. 克罗梅日什的庭院和城堡 A26 1998年登录
11. 特热比奇的犹太人街和圣普罗科皮乌斯大教堂 A26 2003年登录
12. 莱德尼采-瓦尔季采文化景观 A26 1996年登录

波兰

13. 华沙历史中心 p.99 1980年登录
14. 克拉科夫历史中心 p.116 1978年登录
15. 奥斯威辛比克瑙集中营 p.128 1979年登录
16. 维利奇卡及博赫尼亚皇家盐矿 p.123 1978年登录
17. 卡尔瓦里亚-泽布吉多夫斯卡：富有风格主义色彩的建筑和园林景观与朝圣公园 A26 1999年登录
18. 马尔堡城堡 p.134 1997年登录
19. 中世纪城市托伦 p.135 1997年登录
20. 比亚沃维耶扎原始森林 A26 1979年登录
21. 扎莫希奇老城 A26 1992年登录
22. 亚沃尔和希维德尼察的和平教堂 A26 2001年登录
23. 小波兰南部的木结构教堂 A26 2003年登录
24. 穆斯考尔公园 A26 2004年登录
25. 弗罗茨瓦夫的百年厅 A26 2006年登录
26. 波兰、乌克兰的喀尔巴阡地区木质教堂 2013年登录
27. 塔尔诺夫斯克山铅银锌矿及地下水管理系统 2017年登录

斯洛伐克

28. 班斯卡-什佳夫尼察地区的历史城市以及附近的工业建筑群 A26 1993年登录
29. 弗尔科利内茨 A26 1993年登录
30. 巴尔代约夫古城保护区 A26 2000年登录
31. 莱沃恰历史地区、斯皮什城堡及周边的人文景观 p.156 1993年登录
32. 斯洛伐克喀斯特洞穴群 A26 1995年登录
33. 喀尔巴阡山脉的毛榉原生林以及德国古山毛榉林群 A26 2007年登录
34. 喀尔巴阡山脉的斯洛伐克地区的木质教堂建筑群 A26 2008年登录

※ A26 被收录在《走遍全球捷克　波兰　斯洛伐克》当中

❶ 布拉格查理大桥

❷ 塞德莱茨墓地教堂

❺ 泰尔奇扎哈利亚什广场

⓭ 华沙的老城区广场

⓰ 维利奇卡盐矿

㉛ 斯皮什城堡

35 布达佩斯城堡山

36 霍洛克古村落

43 什科茨扬溶洞

51 杜布罗夫尼克老城区

55 莫斯塔尔老桥

匈牙利

35 布达佩斯 p.182 多瑙河两岸、布达城堡区和安德拉什大街 p.184 1987、2002年登录

36 霍洛克古村落及其周边 p.199 1987年登录

37 潘诺恩哈尔姆千年修道院及其自然环境 p.200 1996年登录

38 费尔特湖/新锡德尔湖的自然文化景观 A27 2001年登录

39 霍尔托巴吉国家公园 A27 1999年登录

40 佩奇的早期基督教陵墓 p.201 2000年登录

41 阿格泰列克洞穴和斯洛伐克喀斯特地貌 A26 A27 1995年登录

42 托卡伊葡萄酒产地历史文化景观 A27 2002年登录

斯洛文尼亚

43 什科茨扬溶洞 p.221 1986年登录

44 阿尔卑斯地区史前湖岸木桩建筑 2011年登录

45 阿尔马登与伊德里亚的水银遗产 A34 2012年登录

克罗地亚

46 波雷奇地区的尤弗拉西苏斯大教堂建筑群 A34 1997年登录

47 普利特维采湖群国家公园 p.242 1979年登录

48 特罗吉尔的历史中心 p.250 1997年登录

49 斯普利特中世纪古城和戴克里先宫 p.248 1979年登录

50 希贝尼克的圣雅各布大教堂 p.251 2000年登录

51 杜布罗夫尼克老城区 p.258 1979年登录

52 斯塔里格勒平原 A34 2008年登录

53 中世纪斯特茨奇墓葬群 A34 2016年登录

54 16至17世纪威尼斯的防御工事 A34 2017年登录

波斯尼亚和黑塞哥维那

55 莫斯塔尔老城和老桥地区 p.286 2005年登录

56 穆罕默德·帕夏·索科洛维奇桥 p.285 2007年登录

塞尔维亚

57 斯塔里斯和索泼查尼修道院 p.321 1979年登录

58 斯图德尼察修道院 p.320 1986年登录

59 贾姆济格勒－罗姆里亚那的伽列里乌斯宫 p.315 2007年登录

※ A26 是指《走遍全球捷克 波兰 斯洛伐克》，A27 收录的是《匈牙利》，A34 是《走遍全球克罗地亚和斯洛文尼亚》

黑山共和国

60 科托尔古城 p.344 1979年登录

61 杜米托尔国家公园 p.347 1980年登录

北马其顿

62 奥赫里德地区的自然与文化遗产 p.365 1979年登录

阿尔巴尼亚

63 布特林特 p.395 1992年登录

64 培拉特 p.387 和吉罗卡斯特拉 p.391 历史中心 2005年登录

罗马尼亚

65 摩尔多瓦公国的修道院（五座修道院） p.427 1999年登录

66 马拉穆尔斯木质教堂 A28 1999年登录

67 锡吉什瓦拉老城区 p.420 1999年登录

68 特兰西瓦尼亚地区的要塞教堂村落群 p.424 1993年登录

69 奥拉斯蒂山脉的大千堡垒 1999年登录

70 多瑙河三角洲 A28 1991年登录

71 霍雷祖修道院 A28 1993年登录

保加利亚

72 斯韦什塔里的色雷斯古墓 A28 1979年登录

73 马达拉骑士浮雕 A28 1979年登录

74 伊凡诺沃的岩洞教堂 A28 1979年登录

75 斯雷伯尔纳自然保护区 A28 1983年登录

76 卡赞利克的色雷斯古墓 A28 1979年登录

77 内塞伯尔古城 A28 1983年登录

78 皮林国家公园 A28 1983年登录

79 博亚纳教堂 p.447 1979年登录

80 里拉修道院 p.448 1983年登录

奥地利（维也纳）

81 维也纳老城 p.462 2001年登录

82 美泉宫 Map p.464-A4 1996年登录

62 奥赫里德湖及卡内奥教堂

67 锡吉什瓦拉

80 里拉修道院

81 维也纳王宫

享乐在中欧

2

中欧的音乐之旅

从历史悠久的音乐厅到可以边欣赏演奏边享用美食的餐馆，还有随时走在路上就能够听到看到的精彩表演，等等，可以轻松接触到现场演奏的中欧之旅一定会带给你优美的音乐享受。

管弦乐

德沃夏克音乐厅 Dvořákova síň

布拉格 Map p.44-A2

URL www.ceskafilharmonie.cz

售票窗口 开 10:00~18:00（7 · 8 月 ~15:00）

捷克爱乐乐团的本场，于 19 世纪后半期建造完成，位于鲁道夫音乐厅的内部。德沃夏克音乐厅是每年 5 月 12 日开始的“布拉格之春”国际音乐节的主会场。

史麦塔那厅 Smetanova síň

布拉格 Map p.45-C2

URL www.obecnidum.cz

票务预约 URL www.noveumeni.cz

位于市民会馆的内部，新艺术风格华美装饰的音乐厅。每天都有音乐会在这里举行。作为布拉格的春季国际音乐节会场闻名于世。

乐友协会 Musikverein

维也纳 Map p.467-C4

URL www.musikverein.at

售票窗口 开 9:00~20:00（周六 ~13:00）

休 周日 · 节假日、夏日期间有时休息

作为维也纳爱乐管弦乐团的本场十分有名。不过这里经常会被维也纳爱乐音乐会的定期会员占满，所以想购票十分困难。

雅典娜音乐厅 Ateneul Român

布加勒斯特 Map p.411-B2

URL fge.org.ro

售票窗口 开 12:00~19:00（周六 · 周日 16:00~19:00）

休 周一

1888 年建成的新古典样式的华丽音乐厅，还被印刷在了罗马尼亚 5Lei 纸币之上，是乔治 · 埃内斯库爱乐管弦乐团的主场所在地。

歌剧·戏剧

斯塔沃福斯克剧院
Stavovské divadlo

✣布拉格
Map p.45-C3

URL www.narodni-divadlo.cz
售票窗口 开 10:00~18:00

也被称为艾斯特剧院。1787 年 10 月 29 日，莫扎特的《唐·乔瓦尼》在此首演，从此闻名于世。捷克电影导演米洛斯·福尔曼的《阿玛迪斯》的歌剧场景就是在这里拍摄的。

国家歌剧院
Státní opera

✣布拉格
Map p.43-D3

URL www.narodni-divadlo.cz
售票窗口 开 10:00~18:00

曾经也被称为德意志剧场，在 1992 年更名。如今的建筑曾在 20 世纪 60 年代至 70 年代进行过全面的修缮，以歌剧和芭蕾为中心上演世界各国的丰富作品。

国家歌剧院 p.184
Magyar Állami Operaház

✣布达佩斯
Map p.172-B3

URL www.opera.hu
售票窗口 开 10:00~17:00 休 周六·周日

1884 年建成。古斯塔夫·马勒指挥导演的音乐剧十分出名。白天也会有游客游览参观。

维也纳国家歌剧院
Staatsoper

✣维也纳
Map p.466-B3·4

URL www.wiener-staatsoper.at
当日售票窗口 开 9:00~ 开演 2 小时前（周六 ~12:00）

与巴黎、米兰齐名的欧洲三大歌剧院之一。象征着音乐之都维也纳的歌剧剧场每年会上演 300 场之多的音乐剧以及芭蕾表演。7、8 月份没有公演的时候可以参观游览。

维也纳人民歌剧院
Volksoper

✣维也纳
Map p.464-B1

URL www.volksoper.at
售票窗口 开 8:00~18:00（周六·周日·节假日 9:00~12:00）

Volksoper 有着大众歌剧的含义。可以在这里欣赏到令人十分享受的轻歌剧表演。

教堂音乐会

石壁当中的圣马丁教堂
Kostel svatého Martina ve zdi

✣布拉格
Map p.44-B4

URL www.martinvezdi.eu
公演 周一·周二·周五·周六

围绕老城区的石壁当中建造的哥特式教堂。有着很高的屋顶，音响效果非常棒。会举办一些古典的演奏音乐会。

布拉格西班牙犹太教堂
Španělská synagóga

✣布拉格
Map p.44-B2

URL www.jewishmuseum.cz
公演 经常会不定期地在夜晚举行

位于犹太人聚居地的犹太教堂。祭坛前方作为舞台，以布拉格交响乐团成员为中心的音乐会经常会在这里举办。

圣伊什特万圣殿
Szt. István Bazilika

✣布达佩斯
Map p.172-A3

URL www.bazilika.biz
票务预约 URL www.classictic.com

布达佩斯具有代表性的教堂。音乐效果出色，主祭坛的屋顶之下被设定为音乐会的会场。弦乐团古典音乐会会随时在这里举办。

马加什教堂
Mátyás templom

✣布达佩斯
Map p.183

URL www.matyas-templom.hu
票务预约 市内各游客中心均可预约。提前一天或者当天在教堂也可以购买

布达佩斯具有代表性的教堂。音乐效果十分出色，会定期举办风琴音乐会，夏日里也会安排各种各样精彩的演出。

令人陶醉的现场演奏餐馆·酒吧

布拉格好兵帅克餐馆 

Hostinec U Kalicha

✣布拉格 Map p.43-C4

URL www.ukalicha.cz

布拉格具有代表性的一家啤酒餐厅。因为与畅销小说《好兵帅克》的作者有所关联，所以店中会有穿着帅克衣装的艺人进行现场的表演，带给客人很大的兴致。

卡曼达·洛斯卡 p.115

Kamanda Lwowska

✣华沙 Map p.102-B3

URL www.kamandalwowska.pl

每周六约 19:00 开始就会有传统舞蹈的表演。在这里可以品尝到波兰邻国乌克兰的美食。包括有丰富肉类食材的 2 人份餐食，价格大概在 90 兹罗提。乌克兰风味的罗宋汤一定要尝试一下。

亚玛·米凯利卡咖啡馆 p.131

Jama Michalika

✣克拉科夫 Map p.119-B2

URL jamamichalika.pl

始创于 1895 年的一家老牌餐馆。每周会举办 2~3 次的民间表演。含晚餐 119 兹罗提。

马特耶斯普林斯

Mátyás Pince

✣布达佩斯 Map p.171-C4

住 Március 15.tér 7.
TEL （1）266-8008
URL eng.matyaspince.eu
开 11:00~24:00
休 无 CC A M V

位于伊丽莎白桥边，建于 1904 年的一家老店。彩色玻璃装饰的店内十分华丽。每天的 19:00 开始可以欣赏到罗马音乐的现场演奏，在 20:00 开始的约 40 分钟内还能够看到传统的民间表演。

优德哈斯

Udvarház

✣布达佩斯 Map p.170-A1外

住 Hármashatárhegyi út 2 TEL （1）388-8780
URL www.udvarhazetterem.hu
开 5~9 月 12:00~23:00、10 月～次年 4 月 15:00~23:00（周六·周日 12:00~23:00）
休 10 月～次年 4 月的周一·周二 CC A M V

从布达佩斯中心城区乘坐出租车约 20 分钟可以到达。位于马加什山上，城市全貌尽收眼底，观景相当不错的一家餐馆。5~10 月差不多每天的 19:00 和 20:30 开始都会有民间的表演。

多瓦·耶莱纳 p.307

Dva jelena

✣贝尔格莱德 Map p.303-B1

URL www.dvajelena.rs

位于贝尔格莱德的斯卡达利亚。夜晚经常会有传统音乐的现场演奏。

可以观赏到街边现场演绎的景点

查理大桥

Karlův most

✣布拉格 Map p.42-B2

在桥护栏旁边并排围坐举办的现场音乐会以及桥上的雕像都是查理大桥的著名标志，在这里还可以看到提线木偶等各式各样的才艺表演。

中央广场

Rynek Główny

✣克拉科夫 Map p.124

在游客熙攘的夏季，无论白天还是夜晚，大街上都随处可见艺人们的现场表演。

戴克里先宫

Dioklecijanova palača

✣斯普利特 Map p.248

装饰成罗马卫兵样子的表演者经常会吸引游客的目光。此外，在大教堂附近也经常能够听到克罗地亚传统合唱团的优美歌声。

广场大街

Placa

✣杜布罗夫尼克 Map p.258-259

广场大街两旁经常会有现场表演的艺人，温暖夏日，大欧诺弗里奥喷泉周边每天也都能见到即兴表演者。

音乐活动&庆典

1月 2月 3月 4月 5月 6月 7月 8月 9月 10月 11月 12月

音乐剧的季节

舞会的季节
（奥地利·维也纳）
1~3月

里耶卡狂欢节
（克罗地亚·里耶卡）
1/17~2/26（2020年）
URL www.rijecki-karneval.hr

春季庆典
（匈牙利·布达佩斯）
4月

复活节
4月12日（2020年）

布拉格春季音乐节
（捷克·布拉格）
5月初~6月初
URL www.festival.cz

玫瑰节
（保加利亚·卡赞勒克）
5月底~6月初

维亚纳艺术周
（奥地利·维亚纳）
5月初~6月初
URL www.festwochen.att

瓦津基公园的肖邦音乐会
（波兰·华沙）
5月中旬~9月周日

奥赫里德国际艺术节
（北马其顿·奥赫里德）
7月初~8月底
URL www.ohridskoleto.com.mk

音乐剧的季节

华沙秋季音乐节
（波兰·华沙）
9月18日~9月26日（2020年）
URL www.warszawska-jesien.art.pl

布拉迪斯拉发音乐节
（斯洛伐克·布拉迪斯拉发）
9月下旬~10月上旬
URL www.bhsfestival.sk

圣诞节·市场
（中欧各地）
11月下旬~12月上旬

尽尝

中欧美食

在土耳其、意大利以及俄罗斯等周边大国饮食文化的影响之下，独自发展起来的中欧各国的美食可谓品种丰富，精彩纷呈。

必高思
Bigos

德国酸菜当中加入香肠等其他菜肉煮在一起的具有代表性的波兰家庭美食。

比尔森啤酒
Pilsner Urquell

中欧各国的啤酒酿造业都十分兴盛，每个国家都有自己原产的特色品牌。尤其捷克是人均啤酒消费位列世界第一的啤酒大国。在世界范围内可以喝到的比尔森啤酒都原产于捷克。

烤猪肉、洋水饺、德国酸菜
Vepřo, Knedliky, Zelo

典型的捷克美食组合。洋水饺就是将小麦粉做成团子的形状后煮制，然后再切成薄片，是捷克的典型配菜。将小麦粉更换成马铃薯的话名字就被改称为bramborové knedlíky。

黄油烤鱼
Pstruh na Másle

因为距离海洋较远，所以鱼类大多选用的是河鱼。经常会采用油炸的制作方法。

精致煮牛肉
Tafelspitz

牛肉长时间在汤中煮制的美食。可以搭配苹果奶冻以及西式芥末食用。

维也纳炸小牛排
Wiener Schnitzel

维也纳著名的炸小牛排。洒上柠檬汁后食用。

维波罗瓦
Wyborowa

伏特加可谓波兰的国民酒。其中这款以黑麦为原料制作的维波罗瓦评价最高，也被誉为拥有最高的品质。

巴尔奇
Barcz

发酵后的甜菜汤。在乌克兰和俄罗斯也可以喝到的很有地域特色的当地汤品。

黑麦浓汤
Żurek

黑麦经发酵后制作的具有酸味的浓汤。适合不同人群的口味。其中还加入了煮鸡蛋及香肠等食材。照片中是以面包为盛置的器皿。

炸土豆饼
Placki

土豆饼在整个欧洲都可以吃到。

奥地利：土豆煎饼 Kartoffelpuffer

捷克：土豆饼 Bramborák

波兰饺子
Pierogi

饺子的一种，里面包入肉馅、奶酪以及蘑菇等各种食材。还有甜口的种类。

斯洛伐克：被称为 Pirohy。

羊奶酪疙瘩
Bryndzové Halušky

斯洛伐克美食当中首推的一道。在面疙瘩当中加入绵羊奶酪和培根做成的一道美食。

托卡伊贵腐甜酒
Tokaji Aszú

由于法国国王路易十四曾称赞“将之作为帝王之酒，就可称为酒中之王”，因而这种酒名声鹊起，直至最后被誉为世界三大贵腐酒之一。虽然匈牙利产的品牌较为著名，但托卡伊地区横跨匈牙利和斯洛伐克两地，因此斯洛伐克当地也会生产这种托卡伊贵腐甜酒。

炖牛肉
Gulyás

加入牛肉以及蔬菜等许多食材煮制的辣味浓汤。

烟熏肉
Pastrama de Berbecut

发源于土耳其，后传至意大利及美国等地的烟熏肉，在罗马尼亚开辟出一条独特发展的道路。像这样牛排风格的烟熏腌肉非常具有罗马尼亚特色。

肉米肠
Krvavica

猪肉当中混入血和米做成的肉肠。

鱼汤
Halászlé

加入辣椒煮制的鱼汤美食。

克罗地亚：Riblji Paprikaš

番茄煮牛肉
Мућкалица/Mućkalica

用牛肉和番茄及辣椒一起煮制的美食。满满一锅，十分诱人。

萨格勒布风炸猪排
Zagrebački Odrezak

在炸猪排当中加入奶酪和火腿。

生火腿
Pršut

达尔马提亚以及伊斯特拉产的生火腿是必点的前菜。

塞尔维亚牛肉饼
Пљескавица/Pljeskavica

塞尔维亚风格牛肉饼。作为售货摊上的快餐十分畅销。也被称作汉堡包 Плескавица。

番茄时蔬海鲜汤
Brodet

加入西红柿煮制鱼贝类和其他时蔬的美食。

波斯尼亚炖锅
Bosanski Lonac

肉和蔬菜放在一起加入西红柿煮制，颇具波斯尼亚风味的一道炖菜。

海鲜烩饭
Рижота од Плодова Мора/Rižota od Plodova Mora

海鲜烩饭是亚得里亚海沿岸一带的典型美食。

萨尔马勒

Sarmale

用卷心菜包裹肉馅等食材制作而成的美食。在中欧各处都能够吃到。

酸奶油鸡肉

Ciulama de pui cu smantana si mamaliguta

采用被称为 smantana 的酸奶油以及玉米粉制作的鸡肉美食是罗马尼亚的著名菜肴。

米提提

Mititei

一种带有草药香味的烤肠，经常会被夹在面包中外带食用。

马铃薯羊肉煮锅

Јагнетина испод сача/Jagnetinja ispod Saca

马铃薯和羊肉在盖盖的锅中长时间煮制的美食，是前南斯拉夫的经典菜肴。需要 2 小时以上的制作时间，所以经常需要提前预订。

卡瓦卢马

Кавърма

选用肉类、蔬菜、蘑菇以及奶酪等炒在一起的美食，是保加利亚非常大众的一款菜肴。

穆萨卡

Мусака/Musaka

食用茄子、肉馅以及土豆泥等食材放在烤箱中烤制而成的美食。原本为中东和近东地区的美食，也有着各种各样的不同做法。

科夫塔

Qoftë

用香料调制好肉馅，再做成团子状的一款料理。从东边的印度到西边的巴尔干半岛都很流行的一种做法，根据地域的不同所使用的食材也有些许差异。

烤杂烩

Гювече

烤制品。根据其中放入食材的不同也有着不同的种类。

奶酪肉菜锅

Селско Месо

肉和蔬菜上撒上奶酪，放在烤箱当中烤制的北马其顿地区的乡土菜。

从小巧的手工艺品，到超市中精致的摆件

土特产目录

杂货大国捷克、以陶瓷器皿而享誉世界的匈牙利和波兰，中欧各国质朴的手工艺产品都特别适合作为送人的佳礼。

用玉米皮做成的小玩偶

选用轻质材料制作的可爱小摆件。

斯洛伐克

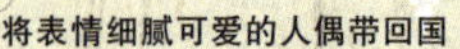

将表情细腻可爱的人偶带回国

人偶

老爷爷人偶

穿着民族服装的老爷爷。

黑山

提线木偶

捷克是人偶剧的发源地。

捷克

玫瑰花祭祀人偶

加入了玫瑰花的香水。

保加利亚

一针一线融入匠心的精美艺术品

刺绣

刺绣编织 斯洛文尼亚

伊多利亚地区的蕾丝刺绣有着数百年的传统。

考洛乔刺绣 匈牙利

以辣椒花为主题的缤纷色图案成为特征。

杜布罗夫尼克刺绣 克罗地亚

传统的花纹图案、猫的脚印以及旋涡等都很有意思。

给餐桌增添光彩的传统工艺

陶瓷器皿·玻璃杯

波西米亚风情玻璃杯

代表捷克特色的工艺品。

捷克

博莱斯瓦维茨陶器

绘有质朴图案的博莱斯瓦维茨陶瓷器在国外具有超高人气。

波兰

赫仑瓷器

从古时开始作为欧洲王侯贵族的御用品牌就一直占据着高贵的地位。

匈牙利

稀罕而珍贵的特产礼品

基督教礼品

复活节彩蛋

在复活节时被精心装饰的彩蛋。花纹设计各式各样。

中欧各国

画像

在特产店随处可见的圣像的复制品。具有很高的完成度。

塞尔维亚 北马其顿 保加利亚

选用天然成分制成的肌肤护理产品

护肤产品

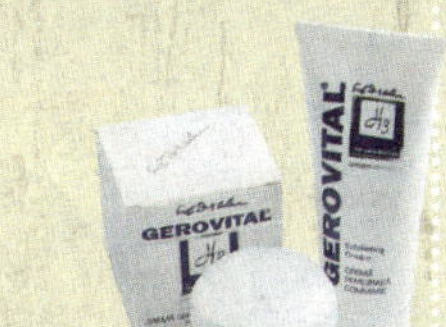

GEROVITAL

罗马尼亚生产的具有抗衰老功效护肤品。当地的价格会相对实惠。

罗马尼亚

浴盐

加入了黑海矿物质以及玫瑰精华成分。

保加利亚

薰衣草制品

薰衣草是弗巴鲁岛上的著名产品。

克罗地亚

加工及品质都精益求精

饰品

琥珀

波罗的海沿岸自古就是琥珀的著名产地。

波兰

奥赫里德珍珠

选用在奥赫里德湖中生活的鱼的鱼鳞以及贝类，经过特殊加工制作而成的。

北马其顿

石榴石

捷克产石榴石具有世界上首屈一指的高级品质。

捷克

琳琅商品都可轻松买到

食品·甜品

汤料

克罗地亚

鸡汤、牛肚酸汤的粉末状汤料。

巧克力

克罗地亚

创业于1911年的巧克力老店。

辣椒粉

匈牙利

匈牙利美食当中不可缺少的调味料。

软糖

保加利亚

柔软的口感，经典的特产礼品。在土耳其也很常见。

本系列已出版丛书：
涵盖世界70个国家和地区
希腊&爱琴海诸岛 塞浦路斯
巴厘岛
普吉岛 苏梅岛 皮皮岛
帕劳岛
新加坡
美国西海岸
南非
法国
马尔代夫
美国
英国
新西兰 New Zealand
越南 Vietnam
德国 Deutschland
北欧 Scandinavia
捷克 波兰 斯洛伐克 Czech Poland Slovakia
美国国家公园 National Parks in the USA
匈牙利 Hungary
加拿大 Canada
西班牙 Spain
斯里兰卡 Sri Lanka
泰国 Thailand
美国自驾游 America Fly & Drive
缅甸 Myanmar (Burma)
墨西哥 Mexico
意大利 Italia
葡萄牙 Portugal
澳大利亚 Australia
塞班 罗塔岛&天宁岛 Saipan Rota&Tinian
荷兰 比利时 卢森堡 Benelux
美国西海岸 West Coast U.S.A.
柬埔寨和吴哥寺 Cambodia & Angkor Wat
英国 United Kingdom
巴西 委内瑞拉 Brasil Venezuela
中美洲 Central America
印度尼西亚 Indonesia
中欧 Central Europe
土耳其和伊斯坦布尔 Turkey & Istanbul
克罗地亚和斯洛文尼亚 Croatia Slovenia

捷克

Czech Republic

布杰约维采的普热米斯尔·奥托卡二世广场

国旗

波西米亚红白旗中加入斯洛伐克、摩拉维亚蓝色三角的设计。与捷克斯洛伐克时代相同的国旗。

正式国名

捷克共和国　Česká Republika

国歌

《我的家乡在哪里？》 Kde domov můj?

面积

约 78866 平方公里

人口

1065 万（2019 年）

首都

布拉格 Praha

国家元首

总统：米洛什 · 泽曼
总理：安德烈 · 巴比什

国家政体

共和制

民族构成

90% 以上为捷克人，斯洛伐克人占 2.9%，德意志人占 1%，此外，还有少量波兰人和罗姆人（吉普赛人）。

宗教

天主教教徒占 10.3%，无宗教信仰的人占 34.3%，其他占 55.4%。

语言

官方语言为捷克语（斯拉夫语系）。年龄较大的人很多说德语，中青年多用英语。

→旅行中会用到的捷克语 p.37

货币和汇率

捷克的通用货币是捷克克朗。本书当中用 Kč 来表示。

2021 年 1 月，1 捷克克朗 =0.3032 元人民币、1 欧元 =26.164 捷克克朗。

【纸币】面额有 5000Kč、2000Kč、1000Kč、500Kč、200Kč、100Kč。硬币面额有 50Kč、20Kč、10Kč、5Kč、2Kč、1Kč。

【信用卡】

在捷克，信用卡的使用十分普及。在大型的酒店以及餐馆、旅游公司以及面向游客的店铺当中，大多数都可以使用。而一些地方城市、比较便宜的小餐馆等处有可能使用不了，需要注意。ATM 在街上也随处可见。

【兑换】在较大的车站以及巴士总站，机场等地都有兑换处，不过可能会收取一定的手续费。有火车或巴士出发和到达的时间段一般都会营业。银行的汇率相对合适一些。

1 捷克克朗

2 捷克克朗

5 捷克克朗

10 捷克克朗

20 捷克克朗

50 捷克克朗

100 捷克克朗

200 捷克克朗

500 捷克克朗

1000 捷克克朗

2000 捷克克朗

5000 捷克克朗

→旅游的预算与花费 p.480

出入境

【签证】

中国公民前往捷克需要办理签证。

【护照】

出国时需要护照有 6 个月以上的有效期。护照要留两页以上的空白页。

→中国出入境 p.461
→中欧各国的出入境 p.461

拨打电话的方法

从中国往捷克拨打电话的方法

国际电话识别号码		捷克国家代码		区号（去掉前面第一个0）		对方的电话号码
00	+	420	+	××	+	××××××

从捷克往中国拨打电话的方法

国际电话识别号码		中国国家代码		区号（去掉前面第一个0）		对方的电话号码
00	+	86	+	××	+	××××××

→关于通信与邮寄 p.486

→※在捷克停留期间有义务携带境外旅游保险的购买证明。p.475

从周边各国前往捷克的线路

【铁路】捷克与德国、奥地利、斯洛伐克、波兰的国境接壤。德国~布拉格之间的火车班次很多，十分便利。斯洛伐克的布拉迪斯拉发与布拉格之间的火车班次也有很多。最不方便的是从波兰前往捷克。不仅车次较少，乘坐的时间也比较长。

【巴士】线路和班次都比较少，冬季或者周末还有可能减少班次，因此需要提前确认。

→当地交通 p.481

时差和夏令时

捷克比中国晚7小时。也就是说，北京时间20:00的时候，捷克是13:00，夏令时时晚6小时。夏令时的实施时间是3月最后一个周日的AM2:00（=AM3:00）~10月最后一个周日的AM3:00（=AM2:00）。

营业时间

以下是一般情况下的营业时间。

【银行】

周一～周五 9:00~17:00。周六 · 周日一般会休息。

【商场及商店】

周一～周五 9:00~18:00、周六 9:00~12:00、周日及节假日一般会休息。在布拉格等观光地，开业到很晚甚至周日营业的店铺也有很多。

【餐馆】

通常的营业时间在 11:00~23:00。在较小的城市，尤其在周日夜晚等时候有不少店家会提早关门休业，需要注意。

气候

捷克属于大陆性气候，和中国一样拥有美丽的四季。季节的变化非常显著，冬季气候寒冷，夏季日照强烈。

布拉格的气温及降水量

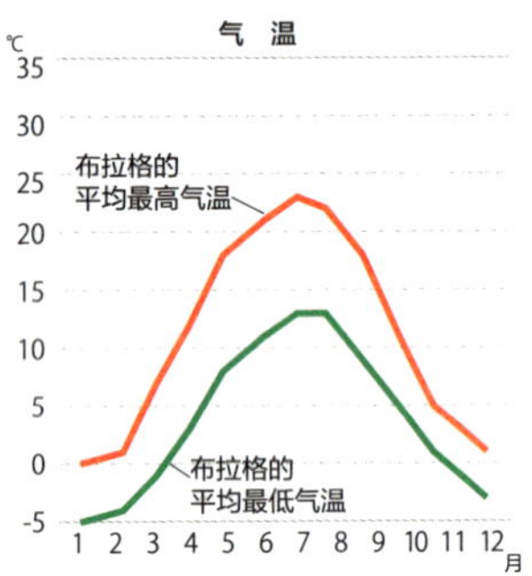

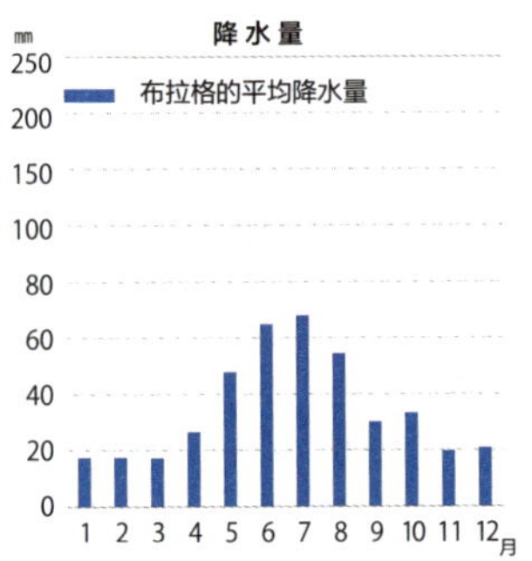

主要的节日

时 间	节日名称
1/1	元旦
4 月	复活节
5/1	国际劳动节
5/8	反法西斯战争胜利纪念日
7/5	康斯坦丁和麦托杰耶传教士纪念日
7/6	扬 · 胡斯受难纪念日
9/28	捷克民族纪念日
10/28	国庆日
11/17	为自由和民主斗争纪念日
12/24~26	圣诞节

电压和插座

电压为 50Hz、230V，圆孔两相插座，国内电器在捷克使用，不需要变压器，但必须使用转换插头。

视频制式

捷克采用 SECAM 制式，因此从中国带过去的视频软件不能播放。

洗手间

公共洗手间大部分会收费，1 次 5~10 捷克克朗。厕所一般用 Z 或者 Ženy、dámy 表示。或者●代表女洗手间，M、muži、páni 以及▼用来表示男洗手间。

小费

【出租车】

基本上不需要小费，有什么特别拜托的事情可以给一些。

【餐馆】

一般按用餐费用的 10% 收取。

【酒店】

对于酒店帮助搬运行李的服务生，每 1 件行李一般支付 10 捷克克朗的小费。

饮用水

自来水基本上不可以饮用。可以购买瓶装

的矿泉水。一般 500ml 的 16 捷克克朗。最具人气的品牌是 Mattoni。

邮政

邮局都有喇叭的标志，很容易找到。捷克的邮政业务也十分发达。营业时间是周一～周五 8:00~18:00，周六 8:00~12:00、周日休息。布拉格等大城市的邮局有的也会营业至深夜。

【邮寄费用】

明信片以及 50g 以下的书信为 30kč，1kg 以下的小包裹为 641kč（封顶），1kg 以下的包裹为 926kč，上限为 30kg。邮寄时间通常约为 1 周。

→关于通信与邮寄 p.486

税金

在捷克，商品的价格中已包含 10%~21% 的增值税，旅行者在办理了相关的手续之后，就可以实现最大为 17% 的退税。一次性购买超过 2001 捷克克朗的物品，并且 3 个月以内在未使用状态下带出国（欧盟圈以外）就可办理退税，要在购买日起 6 个月以内提出退税申请。

→中欧各国的出入境 p.461

安全与纠纷

捷克的治安，与其他欧洲各国相比对身体加以危害的暴力犯罪较少。但性质恶劣的偷盗行为及欺诈行为近年来有增加的趋势，许多游客深受其害。在布拉格，因光头党等集团引发的暴力事件也时有发生。在观光客较多的布拉格等地，警察会不断地在街头巡逻，即便如此，走在街上时也要时常注意，不可掉以轻心。

【警察】 在捷克语中警察是 Policie。捷克的每个城市中都会有多个警察局。特别在观光地，在城市中心一定会设有警察局，可以很快找到。

【偷盗】 最多的犯罪活动就是在地铁或者电车内发生的偷盗。在乘坐地铁或电车时，如果有人在出入口附近不自然地挤到你的身旁就要引起注意了。

【假警察】 坏人装扮成警察的样子，让你出示护照，利用对你进行身体检查或者钱包内部查看的空当进行偷盗。在路上遇到想要换钱或者问路的人，你一旦回应就会出现警察样貌的人，向你提出“请出示你的护照和钱包”这样的要求。给对方看过之后，钱包当中的物件就有可能被盗走。作为应对的策略，在路上遇到不认识的人搭话不要停下，直接装作听不懂外语的样子走开即可。近年来，这一情形的案件也有所减少。

中国驻捷克大使馆

住 Pelléova 18, 160 00 Praha 6 – Bubeneč, Czech Republic

TEL +420 233028800

+420 728939951（仅限中国公民寻求领事保护和协助时使用，不受理证件业务咨询）

URL http://www.chinaembassy.cz/chn/

警察 158

消防 150

急救 155

统一紧急电话号码 122

→旅游中的纠纷与安全措施 p.488

年龄限制

在捷克未满 18 岁不可以购买酒类及香烟。

度量衡

与中国的度量衡一样，距离用米，重量用克、千克，液体用升来表示。

捷　克 Czech Repbulic　旅行的基础知识

捷克西邻德国，南部与奥地利接壤，几乎是位于欧洲的中心部。从柏林和维也纳也有前往捷克的线路，是人气很高的旅行胜地。

【观光亮点】

1 布拉格 p.38

被誉为“百塔之城”的捷克的首都。老城广场被查理大桥、布拉格城堡等众多世界遗产名录当中的历史建筑环绕着，给这个国家增添了一层神秘而美丽的色彩。

老城广场的著名景点——天文时钟

2 捷克克鲁姆洛夫 p.82

从布拉格乘坐巴士和火车约 3 小时车程。一排排橙色屋顶的老城区，在 U 字形弯曲的伏尔塔瓦河映衬下显得十分美丽。世界各国的观光客集中于此，享受漫步街头的悠闲时光。

以山丘之上建造的城堡为中心的城市

3 比尔森 p.70

席卷世界的比尔森啤酒诞生的城市。从布拉格出发约 1 小时 30 分钟，路程舒适，所以有机会一定要去参观下啤酒的酿造工厂，品尝一下最地道的比尔森啤酒的原味。

从巴托洛梅教堂向下眺望的景象

【地理】

捷克共和国是大致位于欧洲中心位置的一个内陆国家。其国土分为西部的波西米亚地区以及东部的摩拉维亚地区两部分。

因为属于大陆性气候，所以夏季日照强烈，而冬季寒冷。四季分明，秋季的红叶景色非常美。夏日多雨，但很少有极端持续的降雨。

【特色】

与欧洲的其他国家不同，捷克没有经受过较大战争的破坏，所以昔日美丽的城市景象一直保留至今。特别是首都布拉格，至今依然保存有中世纪的街道风貌，是一座深受全世界人喜爱的古都。世界著名作曲家斯美塔那和德沃夏克就出生在这里，莫扎特也深深地喜欢这座城市。每年的 5 月，这里还会举办“布拉格之春”音乐节。

【特产】

波西米亚的玻璃制品在透明度以及艺术形式上都是无与伦比的。此外还有大量表情丰富、色彩艳丽的木偶，多彩的陶器制品以及木刻工艺等手工业制品。捷克在畜牧业以及农业生产方面也非常出色，出产有布拉格火腿以及号称世界上最好喝的波西米亚啤酒。摩拉维亚地区生产的白葡萄酒也非常著名。

【移动】

- 铁路网以布拉格和布尔诺为中心延伸
- 有些地方城市之间乘坐巴士也十分便利
- 使用交通查询网站也很方便 URL jizdnirady.idnes.cz

铁路

捷克的铁路叫作ČD(České Dráhy)，它遍及捷克全国。设备齐全的铁路交通网，给旅行者们带来了极大的便利。

除此之外，Regio Jet 以及 Leo Express 的私营公司也参与了铁路事业，在布拉格～布尔诺～布拉迪斯拉发以及布拉格～科希策之间运行。

捷克铁路
URL www.cd.cz
Regio Jet
URL www.regiojet.com
Leo Express
URL www.leoexpress.com

●主要的列车种类

Super City SC
从布拉格～奥斯特拉发等地运行的高速列车。所有座席都必须提前预约。

Euro city EC
连接周边各国主要城市的国际快速列车。可以提前预约。

布拉格中央车站的电子公告栏

Inter city IC
连接国内主要城市的快速列车，可以提前预约。

Ryclik R RX
快速列车。可以提前预约。

●提前在网上搜索相关信息

可以提早在网上搜索查询列车时刻，十分简单。并且信息会时常更新，列车的延迟到达等相关情况也可以随时掌握。

●在车站查询

在车站的铁路信息处以及售票处都可以询问。车站的工作人员一般都会讲英语，也可以拜托他们在电脑上查询后帮忙打印出来。

●列车时刻表

车站里都会张贴列车时刻表，但很多都只有捷克语的版本。另外周日或者不同季节也会有一些加开的临时列车，即便是写在了时刻表上可能也看不太明白。

●表示预约的标志 R

时刻表上标有 R 的可以预约，Ⓡ 的意思是必须提前预约。

●车票的购买方法

在布拉格火车总站这种大型车站的售票柜台可以买到当日票、预约票、国内线、国际线等各种车票，不过柜台有所区别。如果不是很明白该购买哪一种车票，可以前往问讯处进行咨询。

●出示自己想要乘坐的车次

在有的场合说英语可能沟通不是很顺畅，因此事先决定好出行目的地，想乘坐几点几分的车次，然后再去售票窗口买票会更好。在车站的铁路信息问讯处打印出来自己的车次信息，带上它到相关售票窗口，指出自己想要乘坐的车次就不会搞错了。此时也需要告知工作人员自己想要乘坐一等还是二等座位。

●网上购票

也可以在捷克铁路官网线上购买车票。购买时需要使用信用卡。

便于观光的主要直通列车时刻表

布拉格 p.38 **↔ 捷克布杰约维采** p.79
所需时间：2 小时 ~2 小时 30 分钟
费用：2 等座 149 捷克克朗　1 等座 313 捷克克朗
▶布拉格本站出发　5:31~19:31 每一小时 1~2 趟
周日：6:01 7:31 8:01 9:31 10:31 11:31 13:31 14:01 15:31 16:31~19:31 的每小时 01 分及 31 分、20:31 22:01
▶捷克布杰约维采出发　5:55~22:55 的 1~2 小时之间有 1 趟
周日：6:01 6:55 8:01 8:55 10:01 12:03 13:55 14:01 14:55 15:01 16:53 17:55 18:01 19:01 20:03 20:55

捷克布杰约维采 ↔ 捷克克鲁姆洛夫 p.82
所需时间　38~50 分钟
费用：2 等座 53 捷克克朗
▶捷克布杰约维采出发　5:14 8:13 10:19 12:13 14:26 15:21 16:13 18:13 20:13 23:01
▶捷克克鲁姆洛夫出发　4:05 4:48 6:04 8:14 10:56 13:00 14:07 14:55 17:00 19:02 21:02

布拉格 ↔ 库特纳霍拉 p.67
所需时间：50 分钟
费用：2 等座 110 捷克克朗　1 等座 143 捷克克朗
▶布拉格本站出发　6:05 8:05 10:05 12:05 14:05 15:05 16:05 17:05 18:05 19:05、20:05、22:13
▶库特纳霍拉本站出发　4:59 5:59 6:59 7:59 8:59 10:59 12:59 14:59 16:59 17:59 18:59 20:59

布拉格 ↔ 比尔森 p.70
所需时间　1 小时 25 分钟 ~1 小时 45 分钟
费用：2 等座 95~105 捷克克朗　1 等座 215 捷克克朗
▶布拉格本站出发　5:03~21:03 之间每个小时的 03 分和 33 分、23:35
▶比尔森本站出发　4:13 5:13~9:01 之间每个小时的 01 分和 13 分、10:01 10:13 11:01 12:01~21:13 之间每个小时的 01 分和 13 分

※ 随着时期和季节的变动，该时刻表可能会发生改变，出发前请查询最新的信息

info 捷克的铁路大部分都需要预约。预约的座位如果被别人占了，可以跟对方沟通，请他让出。

●**方便的车票**

除去一部分列车之外，捷克铁路的2等车厢有1日不限次数乘坐的车票Celodenní jízdenka，价格579捷克克朗（有地域限定的价格在159~239捷克克朗），可以在售票窗口购买。此外，还有只需25%~50%运费的In Karta交通卡，费用根据有效期的不同会有所差别。

●**铁路通票**

在捷克铁路运输当中可以使用的铁路通票，有欧铁捷克通票，东欧通票以及欧铁全球通票等。不过私营铁路的regiojet以及leoexpress公司的列车，不能使用捷克铁路的车票以及东欧通票，需要注意。

铁路通票 ▶p.482

巴士交通

捷克有许多家私营的巴士公司，线路呈一张细密的网络覆盖全国，发车时刻也十分密集，是一种十分便利的交通方式。如果是中短距离的移动选择巴士会比铁路更加便捷。不过很多的巴士在周末会大幅度减少发车次数，需要提前知晓。

●**主要的巴士公司**

最大规模的Student Agency公司拥有捷克全部区域之内的线路，并且还会提供饮品服务以及车厢内整体的Wi-Fi，设施十分完备。可以在官网上预约车票，从布拉格到捷克鲁姆洛夫等地的人气线路建议尽早预约。并且提前把带有预约编号的页面打印出来，或者抄写下来会比较妥当。

此外，国际交通运输公司FixBus，从布拉格出发前往德国、奥地利、斯洛伐克以及匈牙利等邻国的线路也很多。还有从布拉格出发前往布鲁塞尔、捷克布杰约维采、捷克鲁姆洛夫以及布尔诺等地的国内线路，车内都开有Wi-Fi，座席附近也配备有电源插口等设施。和Student Agency一样，也可以在官网上预约。费用根据车次的不同会有所差别。

Student Agency
URL www.studentagency.cz
Fix Bus
URL flixbus.com

●**购买车票的方法**

在布拉格以及布尔诺等较大城市的巴士总站都设有售票处。Student Agency的售票处、乘车处以及巴士总站可能会与其他公司不同。没有售票处的巴士总站以及售票处关闭的时候可以直接在司机处购买。告知前往的目的地售票机就会自动出票。如果携带较大的行李需放在车厢内一侧的行李堆放空间，可能会收取相应的追加费用。使用较大面额的纸币有可能没办法找零，所以最好事先准备些零钱。

所有座位可指定预约的Student Agency公司巴士

●**巴士总站**

布拉格的主要巴士总站为布拉格Florenc中央车站，除此之外，还有许多其他的巴士车站。前往捷克克鲁姆洛夫的Student Agency的巴士就是从另一个巴士总站出发，由于公司和车次的不同出发的车站也可能不尽相同，因此需要提前确认清楚。

【住宿】

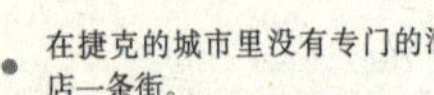

- 在捷克的城市里没有专门的酒店一条街。
- 在夏季等旺季时建议提前预订布拉格的酒店。
- 也有设施比较老旧但价格较高的酒店。

住宿相关事项

在捷克的城市里没有专门的酒店一条街，所以与其自己去街上寻找，不如通过观光咨询中心或者旅行社，让他们帮忙找合适的住处。越是晚上空房就越少，所以最好早点到达目的地，以便有足够的时间寻找旅馆。

住宿设施的种类

●**高档酒店**

布拉格的高档酒店单间住宿费用都在1500元人民币以上，其他地方的价格也在1000元人民币以上。酒店前台一般都可以讲英语，房间内也带浴室（或者淋浴）和卫生间。很多酒店甚至还可以看卫星电视。

地方城市的普通四星级客房

●**中档酒店**

单间一晚一般在300~500

元人民币。如果是公用浴室和卫生间的客房，价格还会相对便宜一些。

● **膳宿式公寓**

规模虽然不大，但是公寓里的餐厅却非常地道，有的公寓是由历史建筑改造而成的，每家都有各自不同的特色。

有很多家族经营的膳宿式公寓

● **私人旅馆**

私人旅馆一般是把私人家里的空间合理地利用起来，租给旅行者住宿。观光咨询中心或者旅行社都会介绍游客来这里住宿。多数情况下，这样的旅馆都有最少要住几天的限制。在一些有国际列车到达的车站，也会碰到一些店家招揽客人的情形。游客需要确认的是：这样的旅馆是在城内还是城外。即使距离市中心很近，有时候交通也并不是非常便利。跟店主的房费交涉要根据具体环境而定。在这样的地方住宿，一定不要忘记当地的礼节。

干净整洁的青年旅舍房间

● **青年旅舍**

每人1晚的费用在150元人民币左右，面向学生和背包客的旅舍。青年旅舍和学生宿舍一般都只在夏天等时间段才会开放。房间也有集体宿舍及单间等不同设置。

【就餐】

- 欧洲首屈一指的啤酒大国。消费量在世界上也位居前列
- 看上去就十分豪放的烤肉料理。
- Hospoda是一家可以享受到爽快啤酒和美味料理的居酒屋

可以选择用餐的场所

餐馆 Restaurace

餐馆有许多种类，有的是气氛轻松的普通餐馆，也有的是设在高级酒店里的高档餐馆。一般在食堂之类的餐馆就餐的话，单人费用在100~300捷克克朗，而在布拉格高档餐馆内就餐的费用则高达700~1500捷克克朗。观光地的餐馆一般都有英文的菜谱。

布拉格的高档餐馆

在Hospoda品尝美味啤酒

霍斯波达 Hospoda

一家可以品尝到爽快啤酒和美味料理的捷克居酒屋。

皮乌尼采 Pivnice

在捷克语当中表示啤酒屋的含义。可以酿造自家制啤酒的店铺被称为Pivovar。

维纳鲁那 Vinárna

出产当地葡萄酒的葡萄酒酒厂。摩拉维亚地区作为葡萄酒的产地十分知名。

库内多里基

● **典型的美味**

说起捷克最典型的美味，自然要数库内多里基Knedlíky了。它一般充当肉菜的配菜，在捷克旅行的游客经常会看到。

● **质朴的美味蒸糕**

库内多里基是有点像蒸糕一样的食物。在粗磨的小麦粉内加入牛奶和水，搅拌后揉成团，做成直径5厘米的圆柱，然后蒸熟。吃的时候，切成1厘米左右的厚片。

● **蘸着酱汁食用**

库内多里基本身没什么特别的味道，但是蘸肉汁或酱汁就会非常好吃。在捷克，把盘子里的东西吃得干干净净不是一件丢人的事情。

捷克的典型美食库内多里基

比尔森的故乡

说起捷克啤酒，其好喝程度举世闻名。特别是比尔森地区，这里生产的啤酒名为比尔森斯基·普拉兹多罗伊Plženský Plazdroj（德国名字叫比尔斯纳·乌尔奎尔Pilsnev Urquell），它是德国比尔斯纳

info 在Hospoda值得品尝的是一种无过滤的啤酒。大多数餐馆不会常备这种啤酒，所以在进店之前有必要确认一下。

啤酒的始祖。另外捷克布杰约维采的德语名 Budweis，是通过这家啤酒厂工作的人带到美国的，所以这里作为美国啤酒百威名字的起源城市而闻名。

●白利糖度

在捷克啤酒的标签上，可以看到类似于啤酒度数的数字，它是表示啤酒的糖分浓度。糖分浓度指的是啤酒在发酵之前麦汁的糖分浓度，随着度数上升啤酒的风味和醇厚口感也随之增加，酒精度数也会增高。糖分浓度为 10% 的啤酒相当于酒精度数 4%~4.2%，糖分浓度为 17% 的相当于酒精度数 6%~7%，糖分浓度在 12% 以上的都是 100% 麦芽的啤酒。

主要的美食和饮料

威普逊 · 库乃多鲁 · 赛罗 Vepřo knedlo zelo	大块猪肉放在煎锅上煎制，之后切块并浇汁，搭配腌制的圆白菜和库内多里基等食材做成的丰富菜肴。
普拉兹斯卡 · 迅卡 Pražská Šunka	布拉格的特产火腿。运气好的话在肉食店看到煮好的带骨火腿一定不要错过这个品尝的好机会。
霍斯克博 · 库内多里基 Houskové Knedlíky	将面包切成小块做成的库内多里基。
斯利博维采 Slivovice	带有梅子酒的果香。使用小脚杯一饮而尽是捷克人的风格。
奥波茨乃 · 库内多里基 Ovocné Knedlíky	加入草莓、杏、樱桃以及梅子等水果做成的甜味库内多里基。口感柔软丰富，带给人极大的满足感。
贝黑洛夫卡 Becherovka	使用 32 种植物做成的药用酒，酒精度数为 38 度。卡罗维发利的特产。

捷克的一种火腿和蔬菜放在表面的三明治

流动摊位上的美食也十分丰富

绝对值得品尝！ 经典的捷克美食

●威普逊 · 库乃多鲁 · 赛罗

Vepřo knedlo zelo

用奶油和天然调味料烤制的猪肉，搭配库内多里基和醋腌圆白菜的捷克传统菜肴。

●熏烤猪膝肉

Pečené vepřové koleno

大块的猪肉用小刀切食，令人大快朵颐！与清爽果汁搭配最为适合。

●斯威兹克巴 · 纳 · 斯梅塔内

Svíčková na smetaně

名字里带有“生奶油”的含义。蔬菜和酸奶油煮制的汤汁浇在牛肉上食用的美食。

绝对值得品尝！ 经典啤酒

●乌奎尔比尔森

Pilsner Urquell

在比尔森当地酿造的乌奎尔比尔森的始祖。以恰到好处的苦味及爽快感为特征。捷克的两大啤酒厂家之一。

●捷克原装百得福小麦白啤酒

Budějovický Budvar

在捷克具有代表性的 2 大啤酒厂家之一。美国百威借用其名还因此引发过诉讼纠纷。

●斯达诺拉曼

Staropramen

布拉格的斯米霍夫地区酿造，工厂可以参观。在布拉格具有首屈一指的人气，并出口至欧洲各国。

【旅行中会用到的捷克语】

●问好

早上好	Dobré ráno.
你好	Dobrý den.
晚上好	Dobrý večer.
再见	Na shledanou.
啊，拜拜	Ahoj. / Čau.

●回应等

是的 / 不是	Ano. / Ne.
谢谢	Děkuju vám.
对不起	Promiňte.
不客气	Není zač.
不明白	Nerozumím.
明白了	Chápu.

●提问

~在哪里？Kde je?

门票多少钱？
Kolik stojí vstupné?

什么时间？Kdy?

大概多长时间？
Jak dlouhotrvá cesta?

几点？Kolik j e hodin?

能帮我叫出租车吗？
Můžete mi zavolat taxi?

请问厕所在哪里？
Kde j e záchod?

请问你的名字是？
Jak se jmenujete?

我的名字叫~
Jmenuji se~

可以告诉我地址吗？
Můžete mi dát vaši adresu?

●数

1	jeden
2	dva
3	tři
4	čtyři
5	pět
6	šest
7	sedm
8	osm
9	devět
10	deset
11	jedenáct
12	dvanáct
13	třináct
14	čtrnáct
15	patnáct
16	šestnáct
17	sedmnáct
18	osmnáct
19	devatenáct
20	dvacet
21	dvacet jedna
22	dvacet dva
100	sto
1000	tisíc

●星期和月份

周一	pondělí
周二	úterý
周三	středa
周四	čtvrtek
周五	pátek
周六	sobota
周日	neděle

1 月	leden
2 月	únor
3 月	břazen
4 月	duben
5 月	květen
6 月	červen
7 月	cervenec
8 月	srpen
9 月	záíí
10 月	říjen
11 月	listopad
12 月	prosinec

●有用的单词

厕所	záchod	~禁止	zákaz	导游服务处	informace
男性用	pánský	警察	policie	银行	bankách
女性用	dámský	入口 / 出口	vchod/východ	邮局	informace
空位/使用中	volno / obsazeno	营业中 / 闭店	otevřeno / zavřeno	车站	nádraží
推 / 拉	tlačit / táhnout	出发 / 到达	odjezd / příjezd	机场	letiště

布拉格 *Praha / Prague*（英语）

Map 文前 p.2-B3
人口 127 万 2732 人
旅游局
URL www.praguecitytourism.cz
市内交通
URL www.dpp.cz

布拉格历史中心
Praha - Historické centrum
1992 年登录

伏尔塔瓦河和布拉格城堡

静静流淌在布拉格市内的伏尔塔瓦河（德语名为摩尔多河）上架设着一座查理大桥，站在桥上，能够清晰地看到布拉格城的壮观景象。相对的，从布拉格城堡上俯瞰街道，红瓦屋顶之间点缀着林立的塔楼，难怪布拉格还会有一个别称——“百塔之城”，看来这个形容非常贴切。在布拉格，你能够看到哥特、文艺复兴、巴洛克以及新艺术派等自中世纪以来各种风格的建筑。走在布拉格的深巷里，会有一种不知此时身处何种时代的感觉。在狭窄的石板路上，排列着不同时代的建筑，历经漫长岁月的教堂和广场随处可见。

必看 必吃 必买

- 持续计时 600 余年 老城区广场的**天文时钟** p.59
- **查理大桥** p.54 上的**扬·胡斯雕像** 据说触摸上面的浮雕能够获得幸运

- **布拉格城的圣维特大教堂** p.61 内部的彩色玻璃装饰
- **犹太人地区** p.64 布拉格历史的出名杂货店及咖啡馆随处可见

- **操控电动平衡车** p.52 在布拉格的城市间随意游走
- 在捷克的**啤酒店**中 p.75-76 品尝**生啤酒 & 爽口的捷克美食**

- 超赞的美食货摊，**布拉格火腿**
- 珍贵的传统工艺，**波西米亚风情玻璃制品** p.77 在这里能够买到成套的精美玻璃制品

- 高人气卡通形象，**鼹鼠的故事** p.77 以及捷克绘本的相关商品

经典线路

上午　在布拉格城的主要景点观光，然后从城堡徒步前往查理大桥。

下午　在犹太人地区自由活动并享用午餐。可以随意看看附近老城区广场的景点，在咖啡馆中休息一会儿然后前往火药塔，参观市民会馆。

傍晚　在哈贝鲁斯卡市场购买一些商品，晚餐在啤酒屋老店当中尽享啤酒及捷克的美食。

布拉格城堡圣维特大教堂

❶布拉格城堡 p.60

9:00~11:30

布拉格城堡内有圣维特大教堂、旧王宫以及黄金小路等许多景点。

从布拉格城堡新建的登城台阶走下来前往查理大桥方向。途中可以从马拉斯特拉纳广场仰望布拉格城堡。

徒步 15 分钟

❷查理大桥 p.54

11:45

一边观赏着栏杆处矗立的圣人雕像以及路边精彩的现场表演，一边从桥上走过。据说触摸到扬·胡斯雕像的人运气会大涨。

仪式之家

❸犹太人地区 p.64

12:00~13:30

从查理大桥沿着河边向前走就到了犹太人地区。在新旧犹太人聚集区以及旧犹太人墓地周边随意走走，也可以在咖啡馆或者餐馆当中小憩片刻。沿着巴黎大道向前走就到了老城区广场。

徒步 5 分钟

❹老城区广场 p.58

13:40~15:00

从老市政厅的塔上向下俯瞰广场，14:00 或者 15:00 之前前往塔下的天文时钟处，可以看到钟表运作的过程。有着精美巴洛克浮雕的圣尼古拉斯教堂等景点在这里也有很多。从老城区广场延伸出去的街道两旁也林立着许多家店铺。

大街两旁店铺林立

❺火药塔 p.53

15:30~16:00

曾经作为城墙大门发挥着巨大作用的黑塔，也作为游行阅兵的起点。历代国王都会朝向布拉格城堡举行戴冠游行的仪式，这里也作为“国王之路”的起点。

徒步 2 分钟

❻市民会馆 p.54

16:05 ~ 17:00

如果游览的时间还有富余，可以去市长大厅或者斯美塔那大厅参观一下。

徒步 15 分钟

❼乌梅多维多克餐馆 p.75

18:30~

1466 年创建的老牌餐馆。使用有机食材制作的传统捷克美食很受欢迎。

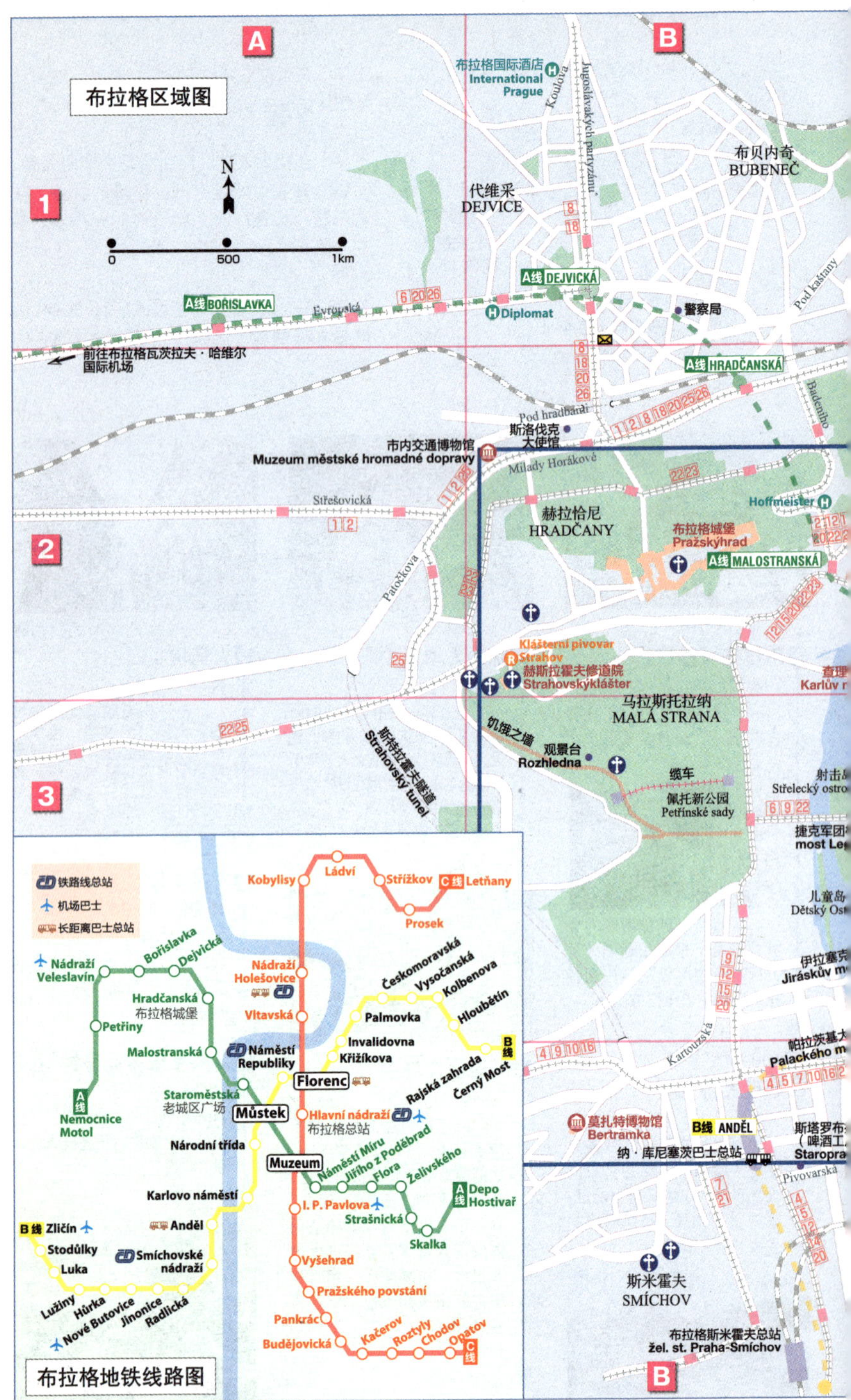

布拉格区域图
A
B
1
2
3
N
0
500
1km
布拉格国际酒店
International Prague
代维采
DEJVICE
布贝内奇
BUBENEČ
A线 DEJVICKÁ
A线 BOŘISLAVKA
Diplomat
警察局
前往布拉格瓦茨拉夫·哈维尔国际机场
A线 HRADČANSKÁ
斯洛伐克大使馆
市内交通博物馆
Muzeum městské hromadné dopravy
Hoffmeister
赫拉恰尼
HRADČANY
布拉格城堡
Pražskýhrad
A线 MALOSTRANSKÁ
Klášterní pivovar Strahov
赫斯拉霍夫修道院
Strahovskýklášter
查理
马拉斯托拉纳
MALÁ STRANA
斯特拉霍夫隧道
Strahovský tunel
饥饿之墙
观景台
Rozhledna
缆车
佩托新公园
Petřínské sady
Střelecký ostro
捷克军团
儿童岛
Dětský Ost
伊拉塞克
Jiráskův m
帕拉茨基
Palackého m
莫扎特博物馆
Bertramka
B线 ANDĚL
纳·库尼塞茨巴士总站
斯塔罗布
Staropra
斯米霍夫
SMÍCHOV
布拉格斯米霍夫总站
žel. st. Praha-Smíchov
布拉格地铁线路图
铁路线总站
机场巴士
长距离巴士总站
Nádraží Veleslavín
Bořislavka
Dejvická
Hradčanská
布拉格城堡
Petřiny
Malostranská
Nemocnice Motol
Staroměstská
老城区广场
Můstek
Muzeum
Náměstí Republiky
Florenc
Národní třída
Karlovo náměstí
Anděl
Smíchovské nádraží
B线 Zličín
Stodůlky
Luka
Lužiny
Hůrka
Nové Butovice
Jinonice
Radlická
Kobylisy
Ládví
Střížkov
C线 Letňany
Prosek
Nádraží Holešovice
Vltavská
Hlavní nádraží
布拉格总站
I. P. Pavlova
Vyšehrad
Pražského povstání
Pankrác
Budějovická
Kačerov
Roztyly
Chodov
Opatov
Českomoravská
Vysočanská
Kolbenova
Hloubětín
Palmovka
Invalidovna
Křižíkova
Rajská zahrada
Černý Most
Náměstí Míru
Jiřího z Poděbrad
Flora
Želivského
Strašnická
Skalka
Depo Hostivař

霍莱绍维采巴士总站
布拉格霍莱绍维采车站
C线 NÁDRAŽÍ HOLEŠOVICE
Průmyslovy Palác
Tesla Arena
拉皮塔里乌姆
Lapidarium
波西米亚百吉饼店
Bohemia Bagle
霍莱绍维采
HOLEŠOVICE
托比旅馆
Sir Toby's
国家美术馆
Veletržní palác
警察局
C线 VLTAVSKÁ
国家技术博物馆
árodní technické muzeum
莱特纳公园
Letenské sady
伏尔塔瓦河
Vltava
什特瓦尼采岛
Ostrov Štvanice
B线 INVALIDOVNA
B线 KŘIŽÍKOVA
Charles Central
犹太人地区
JOSEFOV
B线 C线 FLORENC
布拉格弗洛伦茨巴士总站
济之科夫纪念碑
Národní památnik na Žižkově
A线 STAROMĚSTSKÁ
老城区广场
Staroměstské nám.
B线 NÁMĚSTÍ REPUBLIKY
布拉格马萨利库车站
Praha-Masarykovo nádraží
老城区
STARÉ MĚSTO
A线 B线 MŮSTEK
C线 HLAVNÍ NÁDRAŽÍ
布拉格总站
扩大图p.44~45
济之科夫
ŽIŽKOV
布拉格的TV塔
Žižkovská televizní věž
国民剧院
Národní divadlo
B线 NÁRODNÍ TŘÍDA
利盖尔公园
Riegrovy sady
A线 C线 MUZEUM
维诺赫拉德
VINOHRADY
A线 FLORA
A线 JIŘÍHO Z PODĚBRAD
A线 NÁMĚSTÍ MÍRU
跳舞的房子
Tančící Dům
B线 KARLOVO NÁMĚSTÍ
C线 I.P. PAVLOVA
新城区
NOVÉ MĚSTO
扩大图p.42~43
利普希纳大街的邸宅
内库拉诺巴大街的集合住宅
维舍堡
Vyšehrad
圣彼得圣保罗教堂
Chrám sv. Petra a Pavla
圣马丁教堂
Rotunda sv. Martina
伏尔塔瓦河岸的3代住宅
C线 VYŠEHRAD
前往 民宿洞渊
布拉格霍莱绍维采车站
C
D
1
2
3
4

A
B
1
2
3
4
Mariánské hradby
贝尔维德勒宫殿
U Prašného mostu
Jelení
U Brusnice
查理花园
Chotkova
Hoffmeister
nábř. Edvarda Beneše
Staré zám. schody
布拉格城堡
Pražský hrad
圣乔治教堂
波兰大使馆
Na Klárově
A线 MALOSTRANSKÁ
赫拉恰尼
HRADČANY
圣维特大教堂
国家美术馆
大主教宫殿
瓦尔德施泰因宫殿
Valdštejnská
Klárov
Mánesův most
Keplerova
Černínská
Kapucínská
赫拉恰尼广场
Hradčanské nám.
Letenská
Tomášská
罗雷塔教堂
Loreta
Zám. schody
U Tří Zlatých Trojek
卡夫卡博物馆
Franz Kafka Museum
Loretánská
Ke Hradu
Santini
利希滕施泰因宫殿
圣尼古拉斯教堂
Kostel sv. Mikuláše
萨沃伊酒店
Savoy
Úvoz
Nerudova
Gingerbread Museum
马拉斯特拉纳广场
Malostranské nám.
Hergetova Cihelna
木偶店 Marionety
Pohořelec
Blue Praha
斯特拉霍夫广场
Strahovské nám.
Obchod vším možným
美国大使馆
Manufactura
Mostecká
Čertovka
马拉斯特拉纳塔桥
Klášterní pivovar Strahov
Bohemia Bagle
医院
警察局
Vlašská
Galeria Piva
查理大桥
Karlův most
斯特拉霍夫修道院
Strahovský klášter
游船
Archibald
老城区桥塔
玛利亚胜利教堂
P.M. Vítězná
Karmelitská
Lázeňská
马拉斯特拉纳
MALÁ STRANA
Marionetino
斯美塔那博物馆
捷克音乐博物馆
České muzeum hudby
Mandarin Oriental
塞米纳什花园
Seminářská zahrada
U Modré Kachničky
Nebovidská
饥饿之墙
Hladová zeď
观景台
Rozhledna
镜之迷宫
Zrcadlové bludiště
佩托新公园
Petřínské sady
坎帕岛
Kampa
圣瓦勒尼奇教堂
Kostel sv. Vavřinec
缆车
lanová dráha
Noi
射击岛
Střelecký Ostrov
Nebozízek
Újezd
Kampa
斯特拉霍夫体育场
Velký Strahovský Stadión
Vaníčkova
Olympijská
天文台
Hvězdárna
U Švejků
Slavia
Vítězná
捷克军团桥
most Legií
国民剧场
Národní divadlo
Chaloupeckého
Janáčkovo nábřeží
Mělnická
游泳池
Jezdecká
金斯基公园
Kinského zahrada
Residence Malá Strana
Zborovská
斯拉夫岛
Slovanský Ostrov
Vodní
儿童岛
Dětský Ostrov
Kroftova
休班多奥剧场
Švandovo Divadlo
Štefánikova
El. Peškové
Drtinova
U Nesypky
Na Hřebenkách
斯特拉霍夫隧道
Strahovský tunel
Holečkova
伊拉塞克桥
Jiráskuv most
Vbotanice
Pres
Jova
舞蹈大厦
Tančící dům
Švédská
斯米霍夫
SMÍCHOV
Zapova
Matoušova
KARLOVO NÁMĚSTÍ
Holečkova
Kmochova
圣瓦茨拉夫教堂
sv. Václav
帕拉茨基大桥
Palackého most
Holečkova
Plzeňská
Kartouzská
Nový Smíchov
Lidická
Erbenova
麦当劳
Plzeňská
Nabědle
Duškova
Mozartova
NH
Andel's
Nádražní
莫扎特博物馆
W. A. Mozart Museum Bertramka
Radlická
Jindřicha Plachty
Svornosti
Hořejší nábřeží
Na Zatlance
Kováků
Vltavská
Fráni Šrámka
B线 ANDĚL
Ostrovského
Blaženky
Potrefená Husa
纳·库尼泽采巴士总站

扩大图p.44~45
伏尔塔瓦河
Vltava
Štefánikův most
Čechův most
游船
圣阿内秀卡修道院
Inter-Continental
Maximilian
警察局
旧犹太人墓地
犹太人地区
JOSEFOV
A线 STAROMĚSTSKÁ
圣尼古拉斯教堂
Metamorphis
蒂恩教堂
老城市广场
Staroměstské nám
老市政厅
老城区
STARÉ MĚSTO
B线 NÁMĚSTÍ REPUBLIKY
市民会馆
火药塔
共和国广场
nám. Republiky
布拉格希尔顿酒店
Hilton
Prague City
Penzion Alice
B线 C线 FLORENC
布拉格市博物馆
Muzeum hlavního města Prahy
布拉格弗洛伦茨巴士总站
布拉格马萨利库车站
Moser
穆夏美术馆
贝茨雷黑姆礼拜堂
A线 B线 MŮSTEK
中央邮局
布拉格总站
C线 HLAVNÍ NÁDRAŽÍ
卢布鲁咖啡馆
Louvre
Ovocný Světozor
Miss Bijoux
Adria
Evropa
Esplanade
B线 NÁRODNÍ TŘÍDA
瓦茨拉夫广场
Václavské nám
雅尔塔精品酒店
Jalta Boutique
艾利特酒店
Élite
国家歌剧院
Státní Opera
A线 C线 MUZEUM
国家博物馆新馆
Nová budova Národního muzea
圣瓦茨拉夫骑马像
Posezení U Čiriny
新城区市政厅
Novoměstská radnice
土特产商店
警察局
Museum
国家博物馆总馆
Národní muzeum
Novoměstský
弗勒克
U Fleků
查理广场
Karlovo nám.
圣西里尔与美多德大教堂
Kostel sv. Cyrila a Metoděje
麦当劳
米鲁广场
nám. Míru
A线 NÁMĚSTÍ MÍRU
圣伊格纳齐奥教堂
Kostel sv. Ignáce
皮波巴罗斯基·杜姆
Pivovarský Dům
Ankora
C线 I.P. PAVLOVA
新城区
NOVÉ MĚSTO
Dům Porcelánu Praha
Pension Březina
德沃夏克博物馆
Muzeum Antonína Dvořáka
布拉格好兵帅克餐馆
Hostinec U Kalicha
16号酒店 16
Advantage
特雷维酒店
Trevi
植物园
Botanická zahrada
捷克警察博物馆
Muzeum policie ČR
0 250 500m
N
布拉格中心图

捷克大桥 Čechův most
游船
Vltava
伏尔塔瓦河
Na Františku
Nám. Curieov ch
sv. Šimon a Juda
U Milosrdných
Inter-Continental
犹太人地区 JOSEFOV
Baterka
Bílkova
仪式之家 Obřadní síň
艺术家之家 Dům Umělců（鲁道夫音乐厅 Rudolfinum）
美术馆入口
克劳森犹太人教堂 Klausová synagoga
犹太人教堂预约中心
旧犹太墓地 Starý židovský hřbitov
工艺美术博物馆 Uměleckoprůmyslové muzeum
查尔斯大桥 Mánesův most
nám. J.Palacha
平斯卡犹太教堂 Pinkasova synagoga
Perly Asie
旧新犹太教堂 Staronová synagoga
布拉格西班牙犹太教堂 Španělská synagoga
冯·克鲁克布涅餐馆 V Kolkovně
毕思卡犹太教堂 Vysoká synagoga（犹太人地区集会所）
LOUIS VUITTON
HERMÈS
sv.Salvátor
麦哲尔犹太教堂 Maiselova synagoga
美术学校
Mlejnice
Mucha
金戒指之家
A线 STAROMĚSTSKÁ
货币兑换处
卡夫卡出生地
金斯基宫殿
时钟之家
国家剧场 Národní divadlo Marionet
Maestro
圣尼古拉斯教堂
扬·胡斯雕像
提恩教堂
布拉格四季酒店 Four Seasons
Lippert
老城区广场 Staroměstské nám.
老城区 STARÉ MĚSTO
玛丽安斯克广场 Mariánské nám.
老市政厅
天文时钟
国家图书馆
天文塔
巴洛克图书馆
镜之礼拜堂 Zrcadlová Kaple
克莱门特大楼 Klementinum
圣弗朗西斯科教堂 sv.František
查理四世像
老城区桥塔
Křižovnické nám.
sv. Kliment
Nejsv. Salvátora
克拉姆格拉斯宫殿 Clam-Gallasův Palác
小广场 Malé nám.
爱尔派特 Erpet
卡罗利努姆宫 Karolinum
查理大桥 Karlův most
奥鲁斯酒店 Aurus
查理大街
金蛇之家
蓝色布拉格 Blue Praha
玛纽法克图拉 Manufaktura
U Zlatého Stromu
王之道木偶剧院 Divadlo loutek
迪斯克剧场 Divadlo Disk
Vinárna Puškin
Country Life
斯美塔那博物馆 Muzeum Bedřicha Smetany
U Zlatého Tygra
黑光剧场 Black light Theatre
Anenské nám.
Novotného lávka
King George
圣贾鲁兹教堂 Kostel sv.Jiljí
蔬菜及土特产市场
贝茨雷黑姆礼拜堂 Betlémská kaple
那波鲁斯泰克博物馆 Náprstkovo muzeum
Betlémské nám.
贝托莱姆俱乐部 Betlem Club
Monarch
Uhelný trh
MŮSTEK A线 B线
U Dvou Koček
Cloister Inn
警察局
石壁当中的圣马丁教堂 Kostel sv.Martina ve zdi
圣十字架教堂的圆形厅 Rotunda sv.kříže
乌梅多维多克餐馆 U Medvídků
Jungmannovo nám.

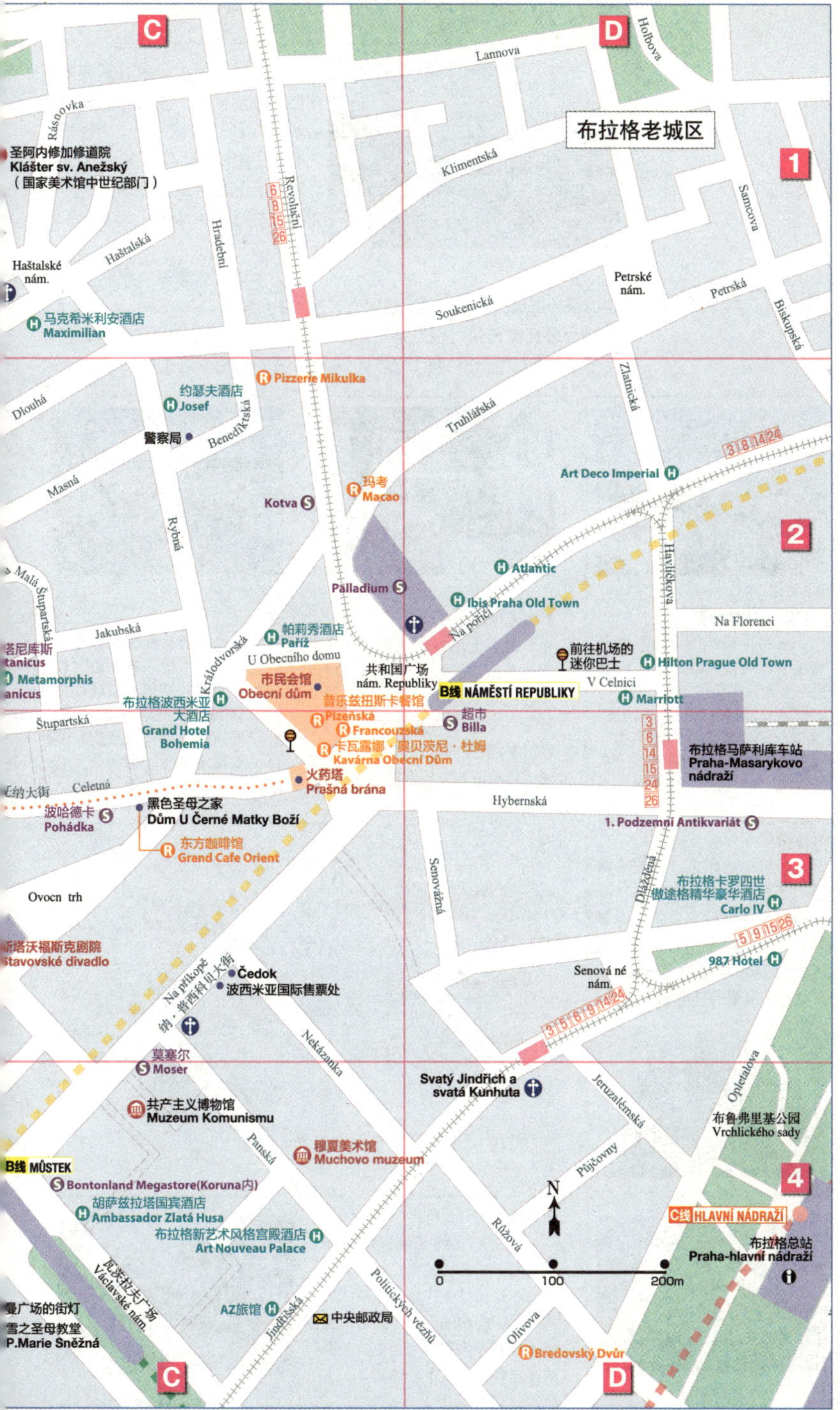
布拉格老城区
C
D
1
2
3
4
Holbova
Lannova
Rásnovka
Klimentská
Samcova
圣阿内修加修道院
Klášter sv. Anežský
（国家美术馆中世纪部门）
Revoluční
Hradební
Haštalská
Haštalské nám.
Petrské nám.
Petrská
Soukenická
Biskupská
马克希米利安酒店
Maximilian
Pizzerie Mikulka
约瑟夫酒店
Josef
Dlouhá
Benediktská
警察局
Truhlářská
Zlatnická
Masná
玛考
Macao
Kotva
Art Deco Imperial
Rybná
Atlantic
Havlíčkova
Malá Štupartská
Palladium
Ibis Praha Old Town
Na poříčí
Jakubská
帕莉秀酒店
Paříž
Králodvorská
U Obecního domu
共和国广场
nám. Republiky
前往机场的迷你巴士
Na Florenci
Hilton Prague Old Town
Metamorphis
市民会馆
Obecní dům
普乐兹扭斯卡餐馆
B线 NÁMĚSTÍ REPUBLIKY
V Celnici
Marriott
布拉格波西米亚大酒店
Grand Hotel Bohemia
Plzeňská
Francouzská
超市
Billa
Štupartská
卡瓦露娜·奥贝茨尼·杜姆
Kavárna Obecní Dům
布拉格马萨利库车站
Praha-Masarykovo nádraží
Celetná
火药塔
Prašná brána
Hybernská
黑色圣母之家
Dům U Černé Matky Boží
波哈德卡
Pohádka
1. Podzemní Antikvariát
东方咖啡馆
Grand Cafe Orient
Senovážná
Dlážděná
布拉格卡罗四世傲途格精华豪华酒店
Carlo IV
Ovocn trh
987 Hotel
Na příkopě
纳·普西科贝大街
Čedok
波西米亚国际售票处
Senová né nám.
莫塞尔
Moser
Nekázanka
Svatý Jindřich a svatá Kunhuta
Jeruzalémská
Opletalova
共产主义博物馆
Muzeum Komunismu
布鲁弗里基公园
Vrchlického sady
Panská
穆夏美术馆
Muchovo muzeum
Půjčovny
B线 MŮSTEK
Bontonland Megastore(Koruna内)
胡萨兹拉塔国宾酒店
Ambassador Zlatá Husa
C线 HLAVNÍ NÁDRAŽÍ
布拉格新艺术风格宫殿酒店
Art Nouveau Palace
Růžová
布拉格总站
Praha-hlavní nádraží
N
0
100
200m
瓦茨拉夫广场
Václavské nám.
AZ旅馆
Jindřišská
中央邮政局
Politických vězňů
Olivova
Bredovský Dvůr
P.Marie Sněžná

区域导览

左边是东岸 右边为西岸

布拉格是在伏尔塔瓦河两岸都十分发达的一座城市。城市被划分为 11 个区域，景点大部分集中在 1 区。1 区是以架设在伏尔塔瓦河上最古老的查理大桥为中心，东西两岸半径约为 2 公里的地域之内。

●**伏尔塔瓦河东岸**　东岸的景点可以分为老城区、新城区以及犹太人地区 3 大部分。

●**伏尔塔瓦河西岸**　西岸是一座小山丘，形成了可以俯瞰东岸的地形。主要景点是赫拉恰尼地区以及马拉斯特拉纳（小城区）地区。

马拉斯特拉纳广场

马拉斯特拉纳地区

从布拉格城堡下向南铺开的城下市区。街市的样貌从 18 世纪开始几乎没有什么改变，与老城区一样都有着悠久的历史。18 世纪的时候贵族们都聚集在这里建造宫殿，因而这里有许多被称为“～宫殿”的建筑物。

仪式之家周边的街景

犹太人地区

位于老城区的北侧。**老犹太人墓地**以及**犹太教教堂**等集会场所也都存在至今。曾经这里是一片被隔离开的区域，而经过 19 世纪的重新开发如今也成了可被游客参观游览的区域。

老城市广场

老城区

中世纪街景样貌保留至今的地区。这个地区的中心，就是有着天文时钟的老市政厅以及耸立着教堂的**老城市广场**。沿广场向西走过**查理大街**，就到了布拉格首屈一指的景点**查理大桥**。

赫拉恰尼

布拉格的标志，**布拉格城堡**内部建有画廊、博物馆、美术馆以及圣维特大教堂等许多景点。尤其西南方向有罗雷塔教堂以及**斯特拉霍夫修道院**，从高台上眺望的景色非常美。

布拉格城堡内的圣维特大教堂

斯特拉霍夫修道院

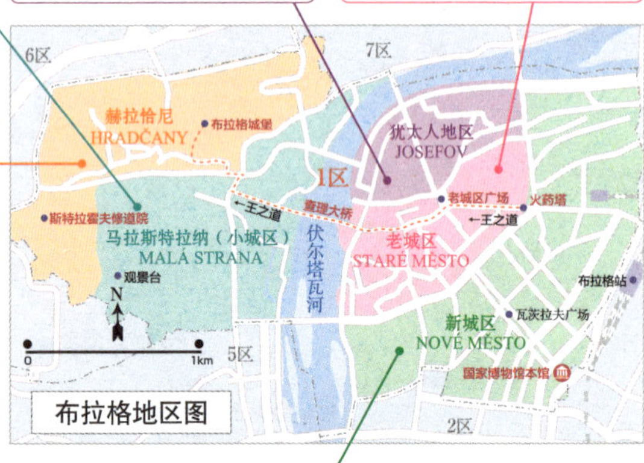

布拉格地区图

新城区

从旧城区的东侧向南方向的区域。中心就是布拉格最繁华的街道**瓦茨拉夫广场**，是酒店咖啡馆林立的热闹地带。**附近的大街上**也有许多店铺和餐馆，熙攘的观光客令这里十分热闹。

瓦茨拉夫广场

从机场到市内

布拉格瓦茨拉夫·哈维尔国际机场（PRG）
Letiště Václava Havla Praha

瓦茨拉夫·哈维尔国际机场位于布拉格市中心以西 17 公里处。p.461 来自欧洲申根各国的航班会抵达 2 号航站楼，其他国家的航班会到达 1 号航站楼。两个航站楼相邻。抵达大厅内有银行（货币兑换处）、ℹ、旅行社以及租车办公室等。餐馆和咖啡吧位于 2 层以及 1 号航站楼和 2 号航站楼的连接处。

●**机场巴士 Airport Express** 连接机场与市内的快速巴士。从 1 号航站楼到布拉格总站大约 35 分钟车程。车票价格为 60 捷克克朗，可以在车内购买（只能使用现金）。从市内到机场会经过 2 号航站楼。

●**市内巴士 + 地铁** 这是从机场乘坐巴士到市内最近的地铁站，也是换乘地铁前往布拉格市内的方法之一。线路有以下 3 种（请参照下图）。购买前往市内的基础票（90 分钟）p.50 就 OK。

●**深夜巴士 910 路** 深夜～清晨的时间带有 910 路巴士在运行。

●**乘坐出租车前往市内** 在航班到达大厅有出租车公司的柜台，告知自己前往市内的目的地，他们就能够帮忙安排车辆。乘坐出租车到达市内需要 30~50 分钟。使用计价器大概是 500~700 捷克克朗。

捷克的机场大厅

✔ 带有大量行李的时候选乘机场巴士会更为便利。不过只能从第 1 航站楼出发。

✔ 市内巴士换乘地铁的时候购买"90 分钟车程"的车票就 OK。有大件旅行箱的时候还要另购车票。

布拉格瓦茨拉夫·哈维尔国际机场
TEL (220)111-888
URL www.prg.aero
免费 Wi-Fi 的 SSID 为【prg.aero-free】

▶**市内巴士的车票 & 费用**
车票可以在机场内的售票处、巴士车站的自动售票机以及司机处购买。
费 售票机处购买 32 捷克克朗
司机处购买 40 捷克克朗

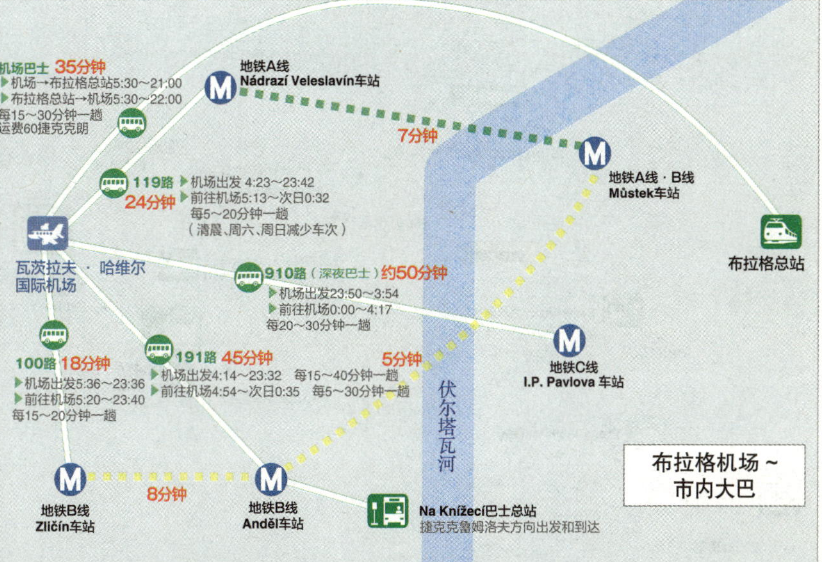

携有大件行李时需要另购车票

乘坐市内巴士时如果携有大件行李（超过25厘米×45厘米×70厘米），就需要购买行李的专用车票（16捷克克朗）。车内预留的行李放置处大多都会需要专用的车票，因此建议提前买好。

布拉格总站站台

在中欧具有代表性的近代巴士总站

车站与巴士总站

布拉格虽然有许多个火车站，但是有国际列车出入的只有布拉格总站以及布拉格霍莱绍维采这两个车站。国际巴士出入布拉格弗洛伦茨巴士总站。

布拉格总站
Praha-hlavní nádraží

Map p.45-D4

●**站台位于车站的2层** 布拉格总站是主要的国际列车出入的布拉格最大的车站，徒步即可前往布拉格的市中心。车站总体为一个三层建筑，站台位于车站的第2层，到达车站的人首先会从2层出来。

●**车站的内部设施** 车站的2层有卫生间、快餐店以及药店等设施。1层设有售票处、铁路问讯处、超市以及投币储物柜等设施，此外还与地铁C线的布拉格总站Hlavní Nádraží相连。

●**可步行前往市中心** 从车站一楼大厅出来，就来到了弗尔夫利茨基公园，公园两侧的草坪、树木，并排的长椅等一下子便映入眼帘。背向车站，沿着下坡道穿过公园的草坪，就来到一条大路上。从这里步行到市中心大约需要15分钟。

捷克铁路的双层列车

●**乘坐地铁前往城市中心** 地铁的入口位于布拉格总站的1层。乘坐C线一站后在Muzeum车站换乘A线，然后再坐到Můstek车站，出来就是十分繁华的街区。

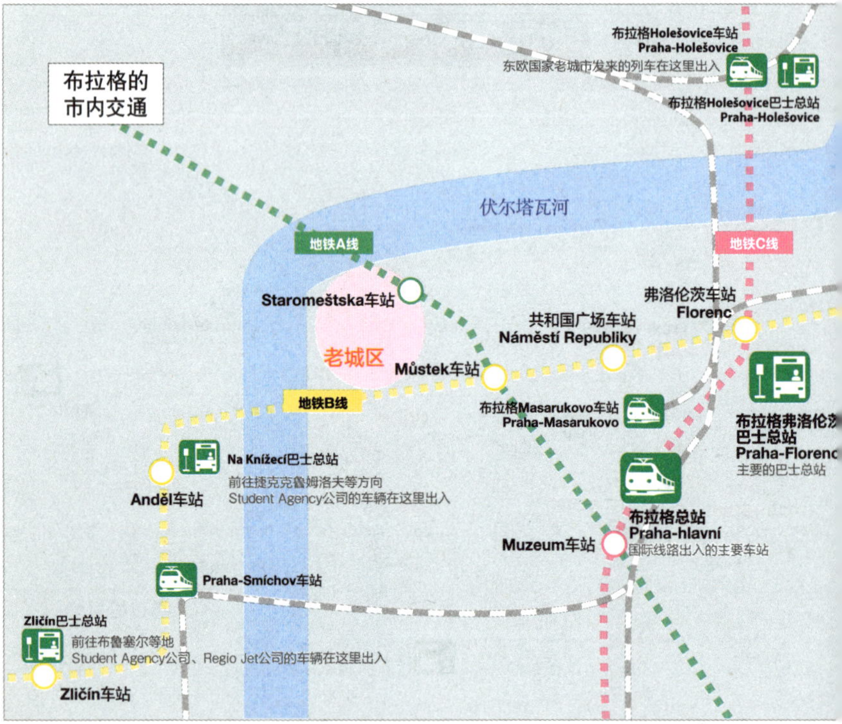

布拉格的市内交通

布拉格Holešovice车站
Praha-Holešovice
东欧国家老城市发来的列车在这里出入
布拉格Holešovice巴士总站
Praha-Holešovice
伏尔塔瓦河
地铁A线
地铁C线
Staroměštska车站
老城区
弗洛伦茨车站
Florenc
共和国广场车站
Náměstí Republiky
Můstek车站
地铁B线
布拉格Masarukovo车站
Praha-Masarukovo
布拉格弗洛伦茨巴士总站
Praha-Florenc
主要的巴士总站
Na Knížecí巴士总站
前往捷克克鲁姆洛夫等方向
Student Agency公司的车辆在这里出入
Anděl车站
布拉格总站
Praha-hlavní
国际线路出入的主要车站
Muzeum车站
Praha-Smíchov车站
Zličín巴士总站
前往布鲁塞尔等地
Student Agency公司、Regio Jet公司的车辆在这里出入
Zličín车站

布拉格霍莱绍维采车站
Žel. St. Praha-Holešovice

Map p.41-D1

霍莱绍维采站主要是连接柏林（德国）以及华沙（波兰）等东欧国家老城市列车的发抵站。不过，部分从这些国家来的列车也有可能会停靠在布拉格火车总站。

霍莱绍维采车站站台

●**车内结构及车站周边** 这座车站是只有一层的建筑。下车后通过站台两侧的楼梯有一个窄小的空间，这里有货币兑换处、商店以及列车售票窗口等。出了车站还有超市及快餐店等设施，向左走可以前往公交总站。

●**乘坐地铁前往城市中心** 这里与地铁 C 线相连，前往布拉格总站 Praha Hlavní Nádrazí 无须换乘，乘坐 3 站就到。乘坐出租车的话可能会乱要价格所以不太推荐。

布拉格弗洛伦茨巴士总站
autobusové nádraží Praha-Florenc

Map p.43-D1

除了国际线之外，几乎所有的国内线路巴士都会在这里出入。布拉格最大的巴士总站。发车大厅看上去华丽气派，可以在这里问询或者储存行李，还有 ATM、快餐店以及商店等设施，十分便利。1~6 号是大型巴士公司 Student Agency 的窗口，7~22 号是其他巴士公司的窗口。

崭新便利的弗洛伦茨巴士总站

●**注意发车大厅的出发及到达时刻** 发车大厅内不设终点，乘客都是在附近的大路路边下车。如果不知道在哪里下车，可以提早向司机询问。此外，近年来，由于交通拥堵等原因，也有巴士会停靠在距离中心部有一段距离的巴士总站。

从弗洛伦茨巴士总站出发的 Regio Jet 公司前往柏林的国际巴士

●**乘坐地铁前往城市中心** 出了巴士总站马上就是地铁 B · C 线路的弗洛伦茨车站。前往瓦茨拉夫广场沿线的繁华街区可以乘坐地铁 B 线在第二站 Můstek 车站下车。

纳 · 库尼泽采巴士总站
autobusové nádraží Na Knížecí

Map p.42-B4

位于地铁 B 线 Anděl 车站附近的小型巴士总站。这里是 Student Agency 公司的前往捷克克鲁姆洛夫以及捷克布杰约维采的巴士的起点。

其他的铁路车站

布拉格还有其他几个铁路车站，不过旅行者一般选择的都是共和国广场附近的布拉格 Masarykovo nádraží 车站或者伏尔塔瓦河西岸的布拉格 Smíchovské 车站。

充满怀旧氛围的布拉格马萨利库车站

布拉格弗洛伦茨巴士总站

住 Křižíkova 4-6, Praha 8
TEL 900-144-444
URL www.florenc.cz
开 3:00~ 次日 0:30

从地铁弗洛伦茨车站前往巴士总站

弗洛伦茨车站有好几个出入口，所以如果从弗洛伦茨车站前往巴士总站，会很容易找不准方向。所以想要去巴士总站就寻找 Bus Terminal Florenc 的指示从车站里出来。

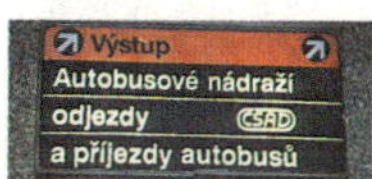

其他的巴士总站

布拉格市内有 Holešovice、Roztyly（地铁 C 线）、Černý Most（地铁 B 线）、Zličín（地铁 B 线）等巴士总站，每一个都是与地铁站相连。

布拉格的市内交通

市内交通的车票及检票

●短时票（30 分钟）和基础票（90 分钟）

车票有许多种类，但利用率最高的就是 1 次票（30 分钟有效的短时票及 90 分钟有效的基础票 2 种）。从检票开始在有效时间内换乘时无须再次检票。携带大件行李乘车的时候需要另行购买 16 捷克克朗的行李专用车票。

●通用车票（1 日票和 3 日票）

1 日票（24 小时有效）及 3 日票（72 小时有效）在最开始需要检票，之后无须再检，因此十分便利。携带收费行李时，可以有一件免费。

自动检票机。注意车票插入的方向不要错了

●车票的购买方法 地铁、电车及巴士车站处的自动售票机、售票处以及游客中心等处都可购买。而在电车以及巴士车内是不售卖车票的。因此务必准备好车票再进站乘车。车票需要检票后才能够使用，所以不必等要乘车时才购买，使用提前一天购买好的车票也完全没有问题。也就是说可以先囤下留着用。想乘车的时候经常会找不到卖票的地方。因此在购买车票时，最好考虑到这些突然需要的场合多备一些。

●不要忘记检票

在进入地铁、车站之前，或者在电车以及巴士车厢内，都有车票的检票机。检票员会频繁巡视，因此如果没有携带正确有效的车票（包括没有检票）都会被处以相应的罚款。

车票的种类和费用

●短时票 Krátkodobá 30 分钟内有效	24 捷克克朗
●基础票 Základní 90 分钟内有效	32 捷克克朗
●1 日票 Jízdenka sit'ová na 1 den 24 小时内有效	110 捷克克朗
●3 日票 Jízdenka sit'ová na 3 dny 72 小时内有效	310 捷克克朗
●行李专用车票 Přeprava zavazadel 行李尺寸超过 25 厘米 ×45 厘米 ×70 厘米时需要购买	16 捷克克朗

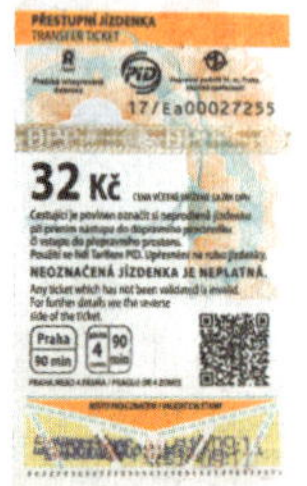

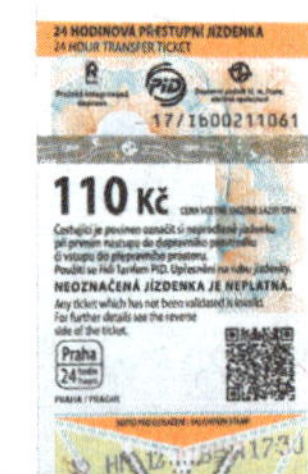

90 分钟内有效的 1 次票（基础票）

✔ 地铁、有轨电车、市内巴士、电缆车的车票可以通用，但不能在车内购买，所以事先要买好需要的张数。

✔ 1 日票和 3 日票在需要用时不太容易买到，提前买好可以省下每次找售票机的功夫和手续。

✔ 乘坐电车或者地铁需要频繁的车内检票，所以最好常备有效的车票。忘记检票会被处以相应的罚款。

布拉格市内交通局 DPP
TEL 296-191-817
URL www.dpp.cz

频繁的检票需要注意

在地铁站台或车厢内，会有一边亮出红色或金色徽章一边叫住你的检票员。这个时候如果没有携带有效的车票就会被处以罚金。

▶必须检票 & 携带至出口

一定不要忘记检票。在车站出口或站内都有可能会被检查，所以车票在出出口之前都要保留好。

▶被罚款的话

如果没有持有有效车票，将被罚款 800 捷克克朗（14 日之内交付的话需要 1500 捷克克朗）。携带需要收费的行李却没有购买车票的场合要被收取 100 捷克克朗的罚款（没有当场缴费则要增至 200 捷克克朗）

自动售票机的使用方法

❶ 按下想购买车票的按键

左侧一列的最上方是 90 分钟有效（32 捷克克朗）的 1 次票，下方的按键是 30 分钟有效的 1 次票。1 日票是最中间一列最上方的按键。购买儿童车票的时候要最先按下右列最上方的按键（Discounted）。

❷ 投币购买

按下按键，液晶画面中会显示出购票金额。因为不能使用纸币，所以最好提前准备好正好的零钱。车票及找零会从自动售票机的下方出口出来。

布拉格市内交通的种类和乘车方式

◆地铁 Metro

●**A·B·C 3 条线路** 布拉格市内的地铁有 A 线、B 线以及 C 线 3 条线路，分别用绿色、黄色以及红色的标志色来区分。在每一个车站的出入口都会有该线路的标记以及标有线路名的展示板，很容易就能够找到。

地铁 C 线线路图

布拉格总站的地铁站台

●**有的出入口不太清晰** 在老城区的周边道路狭窄，并且出于不破坏景观的考虑，出入口一般都设在建筑物的一楼，不太明显，敬请注意。

●**在进入站台前检票** 在进入站台之前需要在检票机上检票。注意车票插入的方向。检票后的车票需要一直保留好直至出站。

◆电车 Tramvaj

●**市内纵横交错的电车网** 布拉格市内电车纵横交错，十分便利。深夜的时候也有车辆在运行。从车窗向外眺望街景也是一件很享受的事情。市内线路非常复杂，要看好地图准确找好要下车的地方。有的时候行车线路也会有临时变更需要注意。

●**车站的查看方法** 电车的车站内会展示车站名字以及过往电车的线路号码，该电车会停靠的所有车站的名字以及时刻。

●**停车后检票** 乘车时车票需在检票机上检票。忘记检票再遇到检票处就会被处以罚款。

●**车内广播** 停车的时候，会播报捷克语的车内广播“○○（停车车站的名字）、Příští zastávka xx（下一站的站名）”。注意下车的地方不要搞错。在快到下车车站时提前按下下车按钮准备下车。

◆市内巴士 Autobus

●**主要在郊外运行** 在布拉格，由于道路狭窄以及防止尾气造成的污染，禁止巴士驶入城市的市中心。布拉格的景点大多集中在市中心，所以景点游览的话大概用到巴士的机会会比较少。

◆出租车 Taxi

●**无线出租车令人安心** 在著名观光地，以及车站等处待客的出租车很可能会坑骗客人，要尽量避免。可以安心利用的是打电话叫来的无线出租车（参照右侧内容）。

●**出租车费用** 起步价 40 捷克克朗，每公里 28 捷克克朗，等待时间（包括堵车时间）里平均每分钟 6 捷克克朗。酒店的出租车会有自己的费用结算方式，价格相对较高，所以乘车前要确认好。

地铁的运行时间

▶ 4:40~24:00 左右

一定不要忘记检票

电车的运行时间

▶ 5:00~ 次日 0:30 左右

在石子路上游走的电车

电车行走的线路上经常会遇到各种施工，所以线路变更频繁。也有的时候巴士会代替电车运行，所以要注意张贴的临时通知，或者问一下车站附近的人。

主要的无线出租车

▶ AAA Radiotaxi

URL www.aaataxi.cz

TEL 14014 TEL 222-333-222

▶ City Taxi

URL www.citytaxi.cz

TEL 257-257-257

info 布拉格有建设地铁 D 号线的规划，2019 年开工。是中心城区向南延伸的一条线路，随着线路的完工不会对观光有太大的影响。

☑ 选择平衡车游逛老城区以及新城区的观光方式具有很高人气

☑ 捷克克鲁姆洛夫以及库特纳霍拉等地的一日游也有很高的利用价值。

布拉格的旅游咨询处

URL www.praguecitytourism.cz

▶老市政厅内

Map p.44-B3

开 1 · 2 月 9:00~18:00
3~12 月 9:00~19:00

休 无

▶那 · 穆斯泰克大街

Map p.44-B4

开 9:00~19:00

休 无

▶瓦茨拉夫广场

Map p.43-C3

开 10:00~18:00

休 11/8~3/20

▶布拉格瓦茨拉夫 · 哈维尔国际机场 1 · 2 号航站楼

开 8:00~20:00

休 无

▶▶ *Tourist Card*

布拉格通卡 Prague Card

URL www.praguecard.com

▶无限乘坐

乘坐地铁、电车、市内巴士、机场巴士以及电缆车

▶免费

犹太博物馆、犹太人集会、斯美塔那博物馆、黄金小路等

费 2 日用 1550 捷克克朗
学生 1150 捷克克朗
3 日用 1810 捷克克朗
学生 1330 捷克克朗
4 日用 2080 捷克克朗
学生 1520 捷克克朗

A 旅行社

布拉格平衡车旅行社
Prague on Segway

URL pragueonsegway.com

有各观光景点的游览以及电动平衡车游览等内容。

B 旅行社

布拉格人旅行社
Praguer Tours

URL www.praguer.com

瓦茨拉夫广场 56 号地集合。还有一些酒馆游览的行程。

C 旅行社

布拉格巡游旅行社
Prague Sightseeing Tours

URL www.pstours.cz

有维也纳及德累斯顿等地当日往返的行程。

信息收集 & 当地观光

●**旅游咨询处**　布拉格的旅游咨询处 Pražská Informační Služba（PIS）以老城区为中心分布在多个地方。在那里可以领取到市内地图以及各种介绍的小册子，还可以进行旅游线路的申请等。

交通局的旅游咨询处　在布拉格总站、布拉格瓦茨拉夫 · 哈维尔国际机场以及地铁 A 线、B 线的 Můstek 车站、地铁 A 线的 Hradčanská 车站等处都可以找到。不仅可以了解到电车及巴士线路的分布，还可以购买通票。

●**布拉格通卡**　除了可以无限次乘坐布拉格市内的公共交通工具，主要的景点及博物馆都可以免费或者打折。还有美食及啤酒的品尝赠送，内容覆盖面广。在旅游咨询处等处可以购买。

◆当地出发的旅游团

操纵平衡车游走在老城区的街巷中

布拉格老城道路交错复杂，所以步行游览会更加便利，除此之外，还有不少旅行社推出了平衡车的市内观光项目，也招揽了很高的人气。伏尔塔瓦河的乘船游览以及游船用餐等项目也丰富可选。捷克克鲁姆洛夫以及库特纳霍拉等地的当日往返游览也十分便利。

●**布拉格 1 周操控电动平衡车之旅** Urban Prague Segway Tour　（A 旅行社）

9:00~20:00（随时出发）　所需时间 3 小时　费 1950 捷克克朗

操纵平衡车环绕布拉格一周的观光项目。学习完详细的操控方法之后再出发会更加安心。

●**长时间观光行程** The Ultimate Tour　（B 旅行社）

10:30 出发　所需时间 6 小时　费 1500 捷克克朗

包括有老城区以及犹太人地区、布拉格城堡等地的参观游览，还有伏尔塔瓦河的游船项目，包括午餐，令人尽兴满足。

●**幽灵&传说** Ghost & Legends

20:30 出发　所需时间 1 小时　费 400 捷克克朗

游览犹太人地区等布拉格奇特观光点的行程，4~10 月还有 22:00 出发，10 月 ~ 次年 3 月 19:00 出发的时间段。

●**伏尔塔瓦河巡游** Cruise with coffee and cake　（C 旅行社）

14:00 出发，夏日还有 15:30 出发的时间段　所需时间 1 小时 15 分钟
费 450 捷克克朗

午后出发的游船之旅。附赠咖啡红茶以及糕点。

●**库特纳霍拉** Kutná Hora+ Ossuary

周二 · 周五 9:30、周六 · 周日 12:45 出发　所需时间 6 小时　费 1100 捷克克朗

还可以参观世界遗产的圣巴巴拉大教堂等景点。包含门票费用。

●**捷克克鲁姆洛夫** Český Krumlov

夏季：除周一之外每天 9:00 出发　冬季：周二 · 周四 · 周六 9:00 出发　所需时间 10 小时　费 1650 捷克克朗

包含捷克克鲁姆洛夫城堡的费用。

●**卡尔斯坦城堡** Karlštejn Castle

夏季：周二 · 周四 · 周六 · 周日、冬季：周日 9:00 出发　所需时间 5 小时
费 990 捷克克朗

包括卡尔斯坦城堡的门票费用。还有欢迎饮品赠送。大概需要步行 30 分钟。

布拉格 主要景点

老城区广场 专栏介绍 p.58~59

Staroměstské nám

Map p.44-B3

老城区广场周边

老城区广场可谓布拉格的心脏。早在 11 世纪左右，这里便作为教堂和商人们的居住地开始发展，逐渐地形成了广场现在的模样。将广场团团包围的建筑物当中，有哥特式建筑、文艺复兴式建筑及巴洛克建筑等，各个时代不同的建筑混搭在一起，意外地衬托出广场的美丽。

布拉格城堡 专栏介绍 p.60~63

Pražský hrad

Map p.42-A·B1

赫拉恰尼地区

在伏尔塔瓦河西岸，有一座小山丘——赫拉恰尼，从那里能够俯瞰到整个布拉格的街景。正如其名字一样，是布拉格的象征。9 世纪中期，这座城堡开始建造，历经几多变迁，直到 14 世纪的查理四世 ▶p.500 统治时，才形成了如今完整的雄伟姿态。被城墙包围住的一大片建筑地内，分别建造有旧王宫、宫殿、教堂、修道院等。另外，建筑物的一部分被改变为博物馆、美术馆。

犹太人地区 专栏介绍 p.64~65

Jozefov

Map p.44-A1~B2

犹太人地区

被称为约瑟佛夫 Jozefov 的曾经的犹太人聚居区，如今变成了有着繁华巴黎大街的时尚地区，街道两旁林立着华美的时装店和餐馆。曾经这里的卫生状态令人堪忧，小道交错，在 19 世纪后半期正式被划归为布拉格市的一部分，开始整个街道的整顿。经过完美的修正之后依然保留着犹太教教堂以及墓地等建筑，其中的大多数作为犹太人博物馆对外开放。

克莱门特大楼

Klementinum Clementinum

Map p.44-A3

老城区广场周边

克莱门特大楼耸立在查理大桥所在的老城区的一侧。费迪南德一世为了限制胡斯派势力的不断壮大，把与其对抗的天主教的耶稣基督会这一宗教势力召到布拉格，用以对抗胡斯派，并于 1556 年开始在这里建造修道院。

在哈布斯堡王朝的鼎力支持下，在这块大约 2 公顷的土地上建起了三座教堂、一座礼拜堂、图书馆和天文台等，并最终把这里变成布拉格城中仅次于布拉格城堡的巨大综合性建筑。

修道院于 1773 年被废弃，如今这里变成捷克国家图书馆、国家技术图书馆。参加馆内带导游的参观团，可以参观壮丽的巴洛克样式的“图书间”以及子午线观测室、天文塔等。子午线观测室也会举办一些古典音乐会。

火药塔（火药门）

Prašná brána

Map p.45-C3

老城区广场周边

从老城区广场出发，沿着采雷图纳路一直向东走，在路的尽头就是火药塔。这座哥特式建筑，外观呈黑色，给人们留下深刻印象。该建筑于 1475 年建成，作为包围老城区城墙的一座城门使用。17 世纪，这里曾经被用作火药仓库，由此得名。现在所看到的建筑物是 19 世纪末修复的建筑。塔高 65 米，内部现在被用作画廊。

布拉格城堡内的圣维特大教堂

克莱门特大楼

住 Křížovnická 190, Praha 1
TEL 222-220-879
URL www.klementinum.com
开 1·2 月 10:00~16:30
3~10 月 10:00~18:00
11·12 月 10:00~17:30
（旅游团每 30 分钟出发一趟）
休 无
费 成人 300 捷克克朗
儿童、学生 200 捷克克朗

巨大的建筑物——克莱门特大楼

火药塔

住 nám. Republiky 5, Praha 1
URL www.muzeumprahy.cz
开 3·10 月 10:00~20:00
4~9 月 10:00~22:00
11 月~次年 2 月
10:00~18:00
休 无
费 成人 100 捷克克朗
儿童、学生 70 捷克克朗

老城区的入口——火药塔

查理大桥

Map p.42-B2

Karlův most

老城区广场周边

查理大桥
开 随时
休 无
费 免费

在扬·胡斯雕像的附近，当时他落河的地方有十字的浮雕，据说用手触摸上面的星星愿望就能够实现

查理大桥是横跨在伏尔塔瓦河上的、布拉格市最古老的石桥。根据查理四世下达的命令，从1357年开始建造，历经60年终于完成了这座美丽的哥特式大桥。建造者是27岁的天才建筑师佩托罗·帕尔雷日。大桥全长大约520米，宽约10米，两侧栏杆上是著名人物的雕像，非常引人注目。

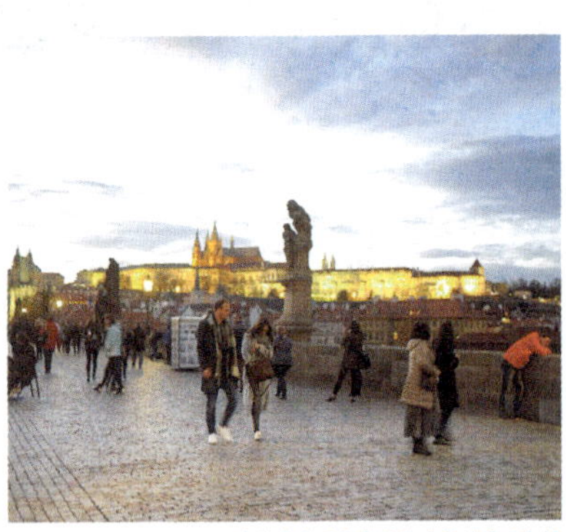
连接老城区和布拉格城堡的美丽大桥

查理大桥最大的特色就是这里的圣人雕像，共有30座。雕像中的人物形象都取材于历史上的圣人或捷克的英雄人物。这些雕像不是建造大桥的时候雕刻的，而是在17~19世纪添加上去的。正因为如此，大桥本身是哥特式样，而大部分雕像却是巴洛克式样。

最早建造的雕像是从老城区方向开始数，右侧的第8座雕像——内波穆克的扬·胡斯雕像，它制作于1683年。此外，从老城区方向开始数，左侧的第5座雕像是圣方济各·沙勿略的圣像。

市民会馆

Map p.45-C2

Obecní dům

老城区广场周边

市民会馆
住 nám.Republiky 5,Praha 1
TEL 222-002-101
URL www.obecnidum.cz
开 10:00~20:00（问询处）
费 成人 290 捷克克朗
儿童、学生 240 捷克克朗
照相机 55 捷克克朗

跟随着导游的带领，可以参观斯美塔那音乐厅以及市长的房间等许多美丽的设施。咨询处在入口的左侧。导游带领的行程每天会有1~4趟。需要提前在网上确认时间。

屋顶的装饰精美华丽

布拉格具有代表性的新艺术建筑

市民会馆位于火药塔旁，建筑较为豪华。这里曾经是历代国王的宫廷，17世纪后半期被大火烧毁，之后几经波折，终于在1911年建成现在的市民会馆，作为服务公众及开展文化交流的场所发挥着它的作用。内部是举办音乐节“布拉格之春 Pražské Jaro”的斯美塔那大厅 Smetanová síň。由捷克艺术家阿尔丰斯·穆夏 p.498 等人按照新艺术式样进行了华丽的装饰。

国家博物馆总馆

Map p.43-D3

Národní muzeum National Museum

新城区广场周边

国家博物馆总馆
住 Václavské nám. 68, Praha 1
TEL 224-497-111
URL www.nm.cz
开 周一·周五 10:00~18:00
周二～周四 11:00~20:00
周六·周日 10:00~19:00
休 1/1、12/24
费 2018年12月31日之前免费

国家博物馆馆内华丽的装饰

国家博物馆总馆位于瓦茨拉夫广场的南端，建筑宏伟，是捷克最大的综合性博物馆。馆内面积很大，展示有古代历史、矿物、化石以及动物标本等。美丽的过厅以及豪华的内部装饰很有参观价值。北侧的新馆也经常会举办以自然科学以及历史为主题的展览。

穆夏美术馆

Muchovo museum

Map p.45-C4 新城区广场周边

作为新艺术代表画家的阿尔丰斯·穆夏出生在捷克，他在巴黎创作的作品非常出名，也许人们那对他“穆夏”这一称呼更为熟知。1998 年这座美术馆对外开放，展示作品大多为穆夏家族保管的未被公开展览的作品。给人印象特别深刻的是这位在巴黎以及美国异常活跃的画家在 1910 年返回捷克后创作的很多作品。这其中包括地方展示会创作的宣传画、奥匈帝国时代为捷克语教育资金筹集的海报等，充分表现了穆夏在灵魂深处对故乡的热爱。

装点世纪末巴黎的各种丰富的海报作品

穆夏美术馆

住 Panská 7, Praha 1
TEL 224-216-415
URL www.mucha .cz
开 10:00~18:00
休 无
费 成人 240 捷克克朗
儿童、学生 160 捷克克朗

斯美塔那博物馆

Muzeum Bedřicha Smetany

Map p.44-A3 老城区广场周边

斯美塔那是令捷克人引以为豪的大作曲家，这座博物馆收集着许多关于这位作曲家的资料。它位于查理大桥的老街区一侧的南端，旁边流淌着斯美塔那深爱的伏尔塔瓦河。这座建筑物曾被称作“拉将斯基宫殿”，1863~1869 年，斯美塔那曾经居住在这里，谱写了乐曲《被出卖的新嫁娘》《达理波尔》。馆内展示有他的日记、乐谱以及乐器等物品，游客还可以看到斯美塔那使用过的钢琴。

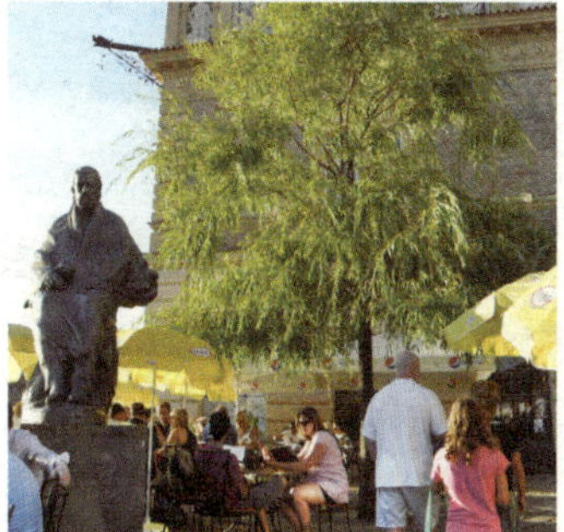

朝向伏尔塔瓦河的露天咖啡吧

斯美塔那博物馆

住 Novotného lávka 1, Praha 1
TEL 222-220-082
URL www.nm .cz
开 10:00~17:00
休 周二
费 成人 50 捷克克朗
儿童、学生 30 捷克克朗

德沃夏克博物馆

Muzeum Antonína Dvořáka

Map p.43-C4 新城区广场周边

德沃夏克与斯美塔那同是捷克最具代表性的作曲家，这座博物馆是德沃夏克的资料馆。由基里安·伊格纳茨·蒂恩泽恩霍法于 1720 年建造的。这座美丽的巴洛克式建筑，内部展示有德沃夏克使用过的钢琴、小提琴等乐器，以及桌子和他亲笔写下的乐谱等资料。此外，还设有管弦乐体验区，在这里可以听到他谱写的曲子。

被称为美式公馆的美丽建筑

德沃夏克博物馆

住 Ke Karlovu 20,Praha 2
TEL 224-918-013
URL www.nm .cz
开 10:00~13:30　14:00~17:00
休 周一
费 成人 50 捷克克朗
儿童、学生 30 捷克克朗

罗雷塔教堂 Map p.42-A1

Loreta

弗拉切尼地区

美丽的罗雷塔教堂

1621年建造的这座教堂，曾经是基督教的圣地。13世纪，最后的十字军出征，天主教的势力不断扩大，他们在波西米亚各地建起了教堂。当时有一个传说，说位于巴勒斯坦的圣母玛利亚的家（圣屋）被天使运到意大利的罗雷塔村，当地人于是也模仿圣屋的样子建造了这座教堂。这座布拉格的罗雷塔教堂是最古老，也是最美丽的教堂之一。

回廊是2层建筑，将庭院包围，庭院中建造有圣屋。圣屋内部收集着用杉树做成的圣母雕像和银质的圣坛。回廊的1层有个宝物室，展示着宗教仪式中使用的器具。其中最为珍贵的是1699年制造的圣体显示台，它的上面镶嵌了6222颗钻石，璀璨无比。

在入口上方耸立的塔楼内收藏有27座大钟，每到整点时分就会演奏《玛利亚之歌》（以前的朝拜歌）。

罗雷塔教堂

住 Loretánské nám. 7，Praha 1
TEL 220-516-740
URL stara.loreta .cz
开 4~10月 9:00~17:00
11月~次年3月 9:30~12:15、13:00~16:00
休 无
费 成人 150捷克克朗
儿童·学生 110捷克克朗
相机 100捷克克朗
英语语音导游 150捷克克朗
禁止使用闪光灯和三脚架。

斯特拉霍夫修道院 Map p.42-A2

Strahovský klášter

弗拉切尼地区

位于布拉格城堡西南约1公里。漂亮的白色墙壁，加上红色的屋顶及巴洛克式的两座塔尖，让这座斯特拉霍夫修道院给人留下深刻的印象。

该建筑建造于1140年，现在这里作为修道院和博物馆，其中的一部分对外开放。特别精彩之处是这里中世纪样子保留至今的图书室。不过很可惜，只允许游客从入口处往室内观望。其中“哲学之屋”和“神学之屋”是最精彩的，前者的书架有两层楼那么高，上面整整齐齐地摆满了图书，后者的天花板上布满了壁画，还放置有巨大的天球仪和地球仪。

斯特拉霍夫修道院

住 Strahovské nádvoří 1/132，Praha 1
TEL 233-107-749
URL www.strahovskyklaster.cz
开 9:00~12:00 13:00~17:00
休 无
费 成人 120捷克克朗
学生 60捷克克朗
相机 50捷克克朗

斯特拉霍夫修道院中的中世纪图书馆很值得一看

圣尼古拉斯教堂 Map p.42-B1

Kostel sv. Mikuláše

马拉斯特拉纳

位于马拉斯特拉纳广场的中央，是马拉斯特拉纳的中心教堂，最早建于13世纪后期，是一座哥特式样的建筑。18世纪前期它被改建成人们目前看到的华丽的巴洛克式样教堂，内部装饰非常精美，有描绘“圣三位一体的庆典”的圆形天花板壁画等。这些结合了当时的技术而设计的精美装饰，令人赞叹不已。

巴洛克样式的美丽内部装修

另外，莫扎特在1787年曾经使用过这座教堂的风琴演奏过曲目，莫扎特去世之后，这里最先举行了追悼弥撒。教堂音响设备很好，夏天的傍晚时分，经常会举办各种小型的音乐会。

圣尼古拉斯教堂

住 Malostranské nám.Praha 1
TEL 257-534-215
URL www.stnicholas.cz
开 2月 周一~周四 9:00~16:00
周五~周日 9:00~17:00
3~10月 9:00~17:00
11月~次年1月 9:00~16:00
休 无
费 成人 70捷克克朗
儿童·学生 50捷克克朗

info 在斯特拉霍夫修道院内有名为 Klášterní pivovar Strahov 的啤酒餐厅。酿造所始于13世纪，具有悠久的历史，餐食也颇受好评（URL www.klasterni-pivovar.cz）。

佩托新公园

Petřinské sady

Map p.42-A · B2

马拉斯特拉纳

在布拉格城堡的左侧，是绿树繁茂的山丘，这里成了布拉格市民的休憩之所。山顶上的观景台 Rozhledna 可以将布拉格市的美景尽收眼底，此外还有一座有着非常漂亮白墙的圣瓦夫基内茨教堂 Kostel sv.Vavřince，以及成人和孩子都喜爱的镜之迷宫 Zrcadlové bludiště、天文台 Hvězdárna 等。想前往山丘顶部，可以乘坐登山车。途中在内波基扎科站 Nebozízek 停靠，在那里有一家餐馆，如果碰到好天气，可以在这里一边就餐，一边欣赏布拉格的景色。

佩托新公园的天文台

被称为 Hladová Zed 的石壁从公园的西侧开始全长约 1200 米，从 1360 年开始，大约用了两年时间建造，被称为“饥饿之墙”。当时查理四世 ▶p.500 为了救助那些饥饿而贫困的人，给他们提供工作，建造石壁，并付给他们工钱。

维舍堡

Vyšehrad

Map p.41-C4

郊外

维舍堡（布拉格老城）位于面向伏尔塔瓦河的一座岩石山的顶部。据传说，在 7 世纪时，有一位叫里布谢的王妃曾经预言布拉格“将会很富裕和繁荣”。而这位里布谢王妃的居住场所，就是维舍堡。

许多名人长眠的维舍堡墓地

如今，这里已经成为一座公园，无法看到它昔日的面貌。人们可以在城堡遗迹之中漫步。该地区拥有古老的建筑——圣马丁教堂（圆形塔楼）。建筑物建造于 1100 年，是布拉格市内最古老的罗马建筑之一。

此外，这一地区还是埋葬作曲家斯美塔那、德沃夏克以及画家穆夏等众多捷克文化名人的墓地。墓地旁边耸立着圣彼得保罗教堂。斯美塔那的交响曲《我的祖国》第一乐章就是《维舍堡》，可以说这里是捷克人心灵的归宿。

莫扎特博物馆

W.A.Mozart Museum Bertramka

Map p.42-A4

郊外

不禁让人联想到莫扎特在这里居住时的情景

莫扎特在造访布拉格的时候，会经常小住的一家公馆。1787 年在斯塔沃福斯克剧场首演歌剧《唐·乔瓦尼》的序曲就是在这里创作的。如今作为莫扎特纪念馆而被使用，莫扎特在诺斯蒂茨宫殿中弹奏的古钢琴的复制品以及信纸等复印件在这里都有展示。

佩托新公园的电车

🚃 乘坐 9 路、12 路、15 路、20 路、22 路以及 23 路在 Újezd 下车。

开 4~10 月 9:00~23:00
儿童每隔 10 分钟一趟
11 月 ~ 次年 3 月 9:00~23:20
儿童每隔 15 分钟一趟

费 车票与市内交通通用

休 无（春季和秋季会有相关检查休业）

观景台

URL www.petrinska-rozhledna.cz

开 3 · 10 月 10:00~20:00
4~9 月 10:00~22:00
11 月 ~ 次年 2 月 10:00~18:00

休 无

费 成人 150 捷克克朗
儿童 · 学生 80 捷克克朗
电梯 60 捷克克朗

天文台

住 Petřín 205, Praha 1

TEL 257-320-540

URL www.observatory.cz

开 14:00~19:00、21:00~23:00、周六 · 周日 11:00~19:00、21:00~23:00、
※ 根据不同时期会有变动

休 10 月 ~ 次年 5 月的周一

费 成人 65 捷克克朗 ~
儿童 · 学生 50 捷克克朗 ~

前往维舍堡的方法

乘坐地铁 C 线在维舍堡 Vyšehrad 下车也可以在 Albertov 乘坐电车 7 路、14 路、18 路、24 路或者在 Výtoň 乘坐 2 路、3 路、7 路、17 路以及 21 路前往。

维舍堡的旅游咨询处

TEL 261-225-304

开 4~10 月 9:30~18:00
11~3 月 9:30~17:00

休 无

维舍堡墓地

URL www.praha-vysehrad.cz

开 3 · 4 · 10 月 8:00~18:00
5~9 月 8:00~19:00
11 月 ~ 次年 2 月 8:00~17:00

莫扎特博物馆 Bertramka

乘坐电车 9 路、10 路、15 路或者 16 路在 Bertramka 下车徒步约 10 分钟。

住 Mozartova 169,Praha 5

TEL 241-493-547

URL www.mozartovaobec.cz

开 春 · 秋 10:00~15:00
夏季 10:00~17:00
冬季只接受团体预约

休 无

费 50 捷克克朗

世界遗产

文艺复兴式建筑

老城区广场

Staroměstské nám.

老城区广场可谓布拉格的心脏。早在11世纪左右，这里便作为教堂和商人们的居住地开始发展，逐渐地形成了广场现在的模样。将广场团团包围的建筑物当中，有哥特式建筑、文艺复兴式建筑以及巴洛克式建筑等，各个时代不同的建筑混搭在一起，意外地衬托出广场的美丽。

G 圣尼古拉斯教堂
B 金斯基宫殿
A 扬·胡斯雕像
C 时钟之家
D 提恩教堂
E 老市政厅
F 天文时钟

A 扬·胡斯雕像

pomník Jana Husa

扬·胡斯是15世纪捷克的宗教改革先驱者。胡斯雕像在他死后500年的1915年，由雕刻家拉迪斯拉夫·沙洛恩 Ladìslav šaloun（1870~1946年）完成。在胡斯雕像的周围，雕刻有象征着胡斯派战士及国家再生含义的母亲像。

C 时钟之家

dům u kamenného zvonu

建于14世纪的布拉格最具代表性的哥特式珍贵建筑。乍一看不是很起眼，但却简约朴素，给喧闹的广场增添了几分宁静。建筑物的一角装饰有时钟，名字由此得来。这里还有主题为布拉格美术长廊 Galerie hlavního města Prahy 的展览。

TEL 224-828-245 URL www.en.ghmp.cz 开 10:00~20:00
休 周一 费 成人150捷克克朗 儿童、学生60捷克克朗

B 金斯基宫殿

palác Kinských

这是一座有着粉红色装饰，令人印象深刻的建筑。宫殿在戈尔茨伯爵的主持下，于1755~1765年建造。如今这里主要为国家美术馆用于亚洲·欧洲古代美术部门的展览。

TEL 220-397-211 URL www.ngprague.cz
开 10:00~18:00 休 周一
费 成人150捷克克朗 儿童、学生免费

E 老市政厅

taroměstská radnice

从老市政厅的塔楼向下眺望

穿过广场，位于提恩教堂正对面的一座建筑物就是老市政厅（老市政府办公大楼）了。最出名的就是这里的天文时钟，而且老市政厅建筑物本身也非常独特。在第二次世界大战中，这里遭受到了严重的破坏，现在呈现在人们眼前的是重新修复过的样子。其实，老市政厅不是一蹴而就的，而是经过了几个世纪的建设和改造。出于业务上的需要，还曾把隔壁的建筑一并购买下来进行改造。因此，人们现在才会看到这两种装饰和风格完全不同的建筑物居然会连接在一起，而且很难再区分出老市政厅的范围是从哪里到哪里。实际上，从带时钟的塔楼开始，到引人注目的、在黑色墙壁上画满很多人物的五彩拉毛粉饰处为止，这一部分建筑物就是老市政厅。在正中间的粉色建筑物上，有老城区的徽章以及写着“布拉格，王国的首都”字样的装饰。另外，在老市政厅内部还设有一个小型礼拜堂，因作为布拉格市民结婚的场所而深受市民的喜爱。

外的露天咖啡座上经常坐满国外的行者，十分热闹

▶老市政厅内导游

开 9:00~19:00（周一 11:00~12:00）

费 成人 250 捷克克朗、学生 150 捷克克朗　哥特式小教堂以及旧会议室、12~14 世纪建造的地下室等都可以参观。

▶老市政厅的塔楼

开 9:00~22:00（周一 11:00~22:00）　休 无

费 成人 250 捷克克朗、学生 150 捷克克朗　粉色建筑物的 1 层设有旅游咨询处，再往里上楼梯或者坐电梯到 3 层可以买票。

D 提恩教堂

Matka boží před Týnem

提恩教堂建造在老城区广场的东侧，是一座哥特式建筑，两座直耸云端的高大教堂塔楼格外显眼。一般来说，人们称它为提恩教堂，其实它实际的名字是“提恩（海关）前的圣母玛利亚教堂”。据说这里曾经是海关，因此而得名。它创建于 1135 年，现在的外形是 1365 年经过改造后的样子。两座塔高 80 米。15 世纪前期，这里一直都作为胡斯派的根据地发挥着它的功能。

电 222-318-186　URL www.tyn.cz

开 10:00~13:00、15:00~17:00（周日 10:30~12:00）根据不同时期会有变动

休 周一　费 免费（寄付 25 捷克克朗）

F 天文时钟

Orloj

这座天文时钟建造于 15 世纪，如今它的指针仍然保持着昔日的状态，正常走动着。这座天文时钟位于老市政厅塔楼的下方。两座圆形的钟表纵向排列，它是根据当时的宇宙学说（天体学说）而建的天体运动表和时间表。上方的叫作行星仪，下方的叫作日历仪。该时钟最为有名的是 9:00~12:00 的整点时分，表上方小窗内会出现木偶。一到时间，行星仪旁边的死神开始敲响钟声，随着钟声的响起，从塔楼的窗内慢慢地出现基督的十二使徒，然后慢慢消失，最后由最上面的一只鸡叫一声结束。每到快要整点时，就会有很多人集中在时钟下面等着观赏。

G 圣尼古拉斯教堂

kostel sv. Mikuláše

建于老城市广场的西侧，有着白色墙壁的巴洛克式教堂。整个教堂的设计者是代表波西米亚巴洛克样式建筑风格的建筑师——基里安·伊古纳茨·丁怎霍法（1689~1751 年）。该座教堂经过多次修建和改造，最后的完成时间是 18 世纪初期。在教堂内部的华丽屋顶上，绘有圣尼古拉斯的生平故事以及《圣经》里的故事，布满了巴洛克式样的富有厚重感的雕刻。如今，这里已经成为胡斯派的教堂。教堂的音响很好，在夏天会经常举办小型音乐会。

URL www.svmikulas.cz　开 10:00~16:00（周日 12:00~16:00）弥撒在周日 10:00~11:00、周三 12:00~12:30　休 无　费 免费

电车车站
Pražský hrad
22
皇家花园
Královská zahrada
A B 黄金小路 5
Zlatá ulička
A 2 火药塔 Prašná věž
（米弗利卡Mihulka）
白塔
Bílá věž
马术学校
Jízdarna Pražského hradu
A B C 1 圣维特大教堂
katedrála sv. Víta
A B 圣乔治教堂 4
Bazilika sv. Jiří
A C 王宫美术馆
Obrazárna
Pražského hradu
售票处
乔治广场
8 国家美术馆
（斯特恩伯格宫 Sternberský palác）
科尔喷泉
第三庭院
第二庭院
第一庭院
马提亚斯门
Matyášova brána
大主教宫殿
Arcibiskupský palác
正门
A 罗森堡宫 6
Rožmberský palác
A B 3 旧王宫
Starý Královský palác
布拉格城堡展
Příbeh Pražského Hradu
A
圣乔治雕像（喷泉）
弗拉切尼广场
Hradčanské nám.
C 圣维特大教堂珍宝展
（圣十字架礼拜堂kaple sv. Kříže）
新登城道
Zámecké schody
施瓦岑贝格宫
Schwarzenberský palác
Ke Hradu
Nerudova
马拉斯特拉纳广场
Malostranské nám.
圣尼古拉斯
Kostel sv. Mi

景点拾遗
Pick up

布拉格的象征

布拉格城堡

Pražský hrad

在伏尔塔瓦河西岸，有一座小山丘——赫拉恰尼，从那里能够看到整个布拉格的街景，这个小山丘就是历代国王居住的城堡所在地。正如其名字一样，它是布拉格的象征。9 世纪中叶，这座城堡开始建造，历经几多变迁，直到 14 世纪查理四世统治时，才形成了如今完整的雄伟姿态。被城墙包围住的一大片建筑地内，分别建造有旧王宫、宫殿、教堂以及修道院等。另外，建筑物的一部分被改变为博物馆和美术馆。

从佩托新公园眺望到的布拉格城堡

布拉格城堡内

▶布拉格城堡

TEL 224-373-368 URL www.hrad.cz

开 城堡 6:00~22:00 展示 4~10 月 9:00~17:00 11 月 ~ 次年 3 月 9:00~16:00

休 无

费 套票 A 成人……350 捷克克朗 儿童、学生……175 捷克克朗
套票 B 成人……250 捷克克朗 儿童、学生……125 捷克克朗
套票 C 成人……350 捷克克朗 儿童、学生……175 捷克克朗

门票在第二庭院的售票窗口、圣维特大教堂对面的旅游咨询处等处可以购买。

皇家夏宫
královskýletohrádek
(Belvedér)

具博物馆
useum Hraček

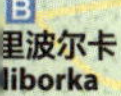

圣维特大教堂的中廊

布科维奇宫
kowický palác

穆夏的彩色玻璃窗

1 圣维特大教堂

katedrála sv. Víta

从第二庭院出来到第三庭院，呈现在眼前的就是这座颇具气魄的圣维特大教堂。尖塔高约96.9米，内部宽60米，纵深124米，是布拉格典型的哥特式建筑。从东岸望向布拉格城堡，首先映入眼帘的便是教堂的这两个尖塔，非常显眼。

圣维特大教堂是公元930年建造的圆筒形建筑（非常质朴，属于罗马式建筑）。在经历过几次改造之后，从1344年开始进行了一次大规模的修建，才逐渐呈现为现有的这座气势恢宏的哥特式建筑。该建筑在进入20世纪之后才最终完工。在大教堂的内部，采用彩绘玻璃装饰，非常漂亮。从左侧的入口处开始数，第三个是代表新艺术样式的捷克画家——阿尔丰斯·穆夏的作品。

▶圣维特大教堂

住 www.katedralasvatehovita.cz

开 4~10月 9:00~17:00（周日 12:00~17:00）
11月～次年3月 9:00~16:00（周日 12:00~16:00）

休 无

费 成人150捷克克朗 儿童、学生125捷克克朗

C行程也可以参观

▶圣维特大教堂南塔

开 4~10月 10:00~18:00 11月～次年3月 10:00~17:00

休 无 费 150捷克克朗

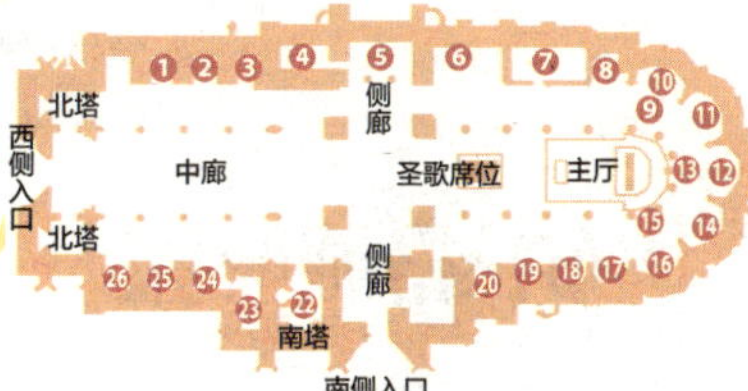

1 施瓦岑贝格礼拜堂
2 大主教的新礼拜堂
3 旧宝物库
4 新圣物室
5 风琴美术馆
6 圣西吉斯蒙德礼拜堂
7 旧圣物室
8 圣扬礼拜堂
9 弗里德里希·施瓦岑贝格雕像
10 大主教的旧礼拜堂
11 洗礼者约翰礼拜堂
12 圣母礼拜堂
13 圣维特之墓
14 圣骨箱礼拜堂
15 圣扬·内波姆斯基之墓
16 圣扬·内波姆斯基礼拜堂
17 瓦尔德斯泰因礼拜堂
18 皇家礼拜堂
19 圣血礼拜堂
20 马蒂尼茨礼拜堂
21 圣瓦茨拉夫礼拜堂
22 哈森布鲁克礼拜堂
23 图书室
24 吐恩礼拜堂
25 圣坟墓礼拜堂
26 圣米德米拉礼拜堂

第一中庭举行的卫兵交接仪式

在第一中庭的入口大门的两边，都有站立不动的卫兵守候。每到整点时，就能够看到他们交接的仪式。尤其正午时分，仪式伴随着乐队的演奏进行，更加隆重。想拍摄照片的话就要尽早过去排队。装饰大门的两组醒目雕像名为“战斗的巨人”，是18世纪后半期由伊古纳茨·普拉茨鲁创作的（现在展示的是20世纪初期的复制品）。

ostecká

2 火药塔

Prašná věž

圣维特大教堂北部，有一个小的出入口。从出入口进去，可以来到曾经是城堡弹药库的火药塔。现在这里是军事历史博物馆，用于展示文艺复兴时期进行科学实验的各种工具、炼金术等相关资料。

初曾作为火药库的火药塔

3 旧王宫

Starý Královský palác

从圣维特大教堂的左侧进入第三庭院，正面的建筑物就是旧王宫。实际上在16世纪之前，这里一直是历代国王的王宫。

入口左侧第一个房间叫作“绿色房间”，现在是卖土特产和书籍的商店。房间里侧的弗拉迪斯拉夫大厅 Vladislavský sál 在当时是欧洲最大的大厅，曾经用作骑士们进行马上竞技以及国王加冕仪式等重大国事活动的场所。1934年，在这里进行过总统选举。肋骨状的横梁支撑的拱形屋顶令人印象深刻。在大厅里侧，有全圣人礼拜堂 Kostel Všech svatých。

布拉格城堡展

在旧王宫的出口处有一个入口，这里展示着有史以来直至现代，布拉格具有代表性的人物、事件以及建筑等相关的内容，还有关于布拉格城堡的各种主题的详细介绍。地下也开设多处的房间，展示着挖掘出来的刀剑、装饰品、王冠、衣袍、家具以及壶具器皿等物件。通过显示触屏还可以了解到不同时代城堡的样子及说明等，理解起来更加容易。

费 线路A·B的费用当中已包含

布拉格城堡展

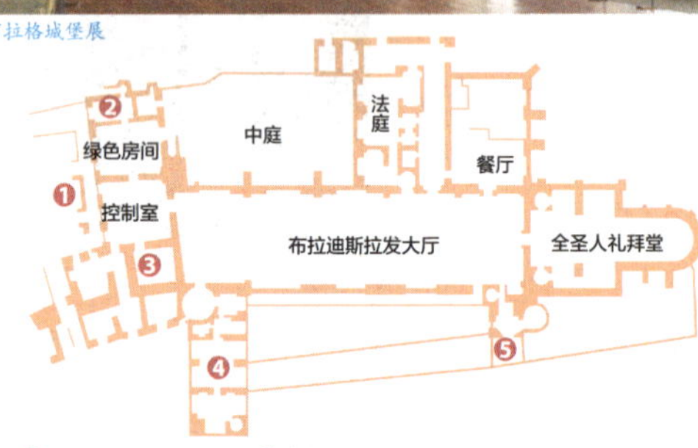

① 鹫之喷泉
② 布拉迪斯拉发的卧室
③ 罗马式塔
④ 事务局
⑤ 平台

布拉格城堡 世界遗产

Pražský hrad

4 圣乔治教堂

Bazilika sv. Jiří

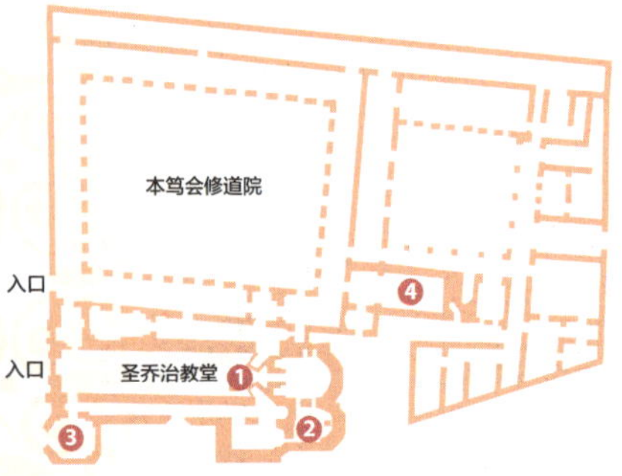

① 普歇米斯鲁王朝之墓
② 圣利多米拉礼拜堂
③ 圣扬·内波姆斯基礼拜堂
④ 圣安娜礼拜堂

有着白色尖塔的圣乔治教

穿过旧王宫和圣维特大教堂，就到了圣乔治广 nám. U sv. Jiří。位于广场北侧的圣乔治教堂于920 建成，据说是城内现存的最古老的教堂。2座白色 塔十分醒目，在布拉格罗马式建筑当中首屈一指。 响效果也非常好，在这里举办“布拉格之春”音乐 和各种音乐会。

5 黄金小路

latá ulička

夫卡的家有着蓝色的外墙，十分醒目

穿过圣乔治教堂，沿着下坡道前行，途中左侧有一条小路，走进去就可以看到各色小小的住宅，这就是黄金小路。

这条路建成于 1597 年，当时是城堡内的侍者等人的居住场所。后来它的一角开始有一些会炼金术的人居住，小路的名字由此而来。这里的建筑物都非常小巧，入口处需要弯腰才可以通过。现在这里是出售土特产的商品街。在这条小路的中间附近，有一座蓝色墙壁上写有 22 号的住宅。这里曾经是捷克作家弗兰兹 · 卡夫卡进行写作的地方。从 1916 年 11 月开始的半年时间内，卡夫卡都居住在这里。现在，这里是出售与卡夫卡相关资料、书籍的小店。

玩具博物馆

这里搜罗了 19~20 世纪前半期的大量玩具。一些复古玩具从初期的芭比娃娃、玩具房子、车站汽车的模型，到第二次世界大战士兵的人型摆件等，品种十分丰富。

开 10:00~18:00 休 无 费 成人 70 捷克克朗

6 罗森堡宫

ožmberský Palác

1545 年罗森堡家族建造的文艺复兴样式宫殿。18 世纪玛利亚 · 特雷吉纳设立了保护和教育未婚女性贵族的组织，将这里作为场馆使用。馆内的礼拜堂及文艺复兴样式的房间都可以供游客参观。

休 无
费 线路 A 可以参观 ※ 举办展览时门票另收

7 洛布科维奇宫

obkowiczky Palác

这里展示着捷克实力贵族洛布科维奇家族的一些藏品。从布吕赫尔以及鲁本斯等绘画巨匠的作品，到贝多芬 & 莫扎特 ▶ p.507 亲手执笔的乐谱等，展览丰富而广泛。

布吕赫尔的《翻晒干草堆》

住 Jiřská 3, Praha 1 TEL 233-312-925
URL lobkowicz.cz 开 10:00~18:00
休 无 费 成人 275 捷克克朗 学生 200 捷克克朗

8 国家美术馆

Národní galerie

走进位于弗拉切尼广场左侧的拱形大门，便是斯特恩伯格宫，宫殿内部作为国家美术馆的一部分而使用。收藏有 14~18 世纪欧洲的绘画作品。在这里可以看到埃尔 · 格列柯、戈雅、鲁本斯以及伦勃朗等巨匠的作品。其中 1506 年丢勒在威尼斯所描绘的《Růžencovou slavnost》尤其著名，后为鲁道夫二世所购买。

住 Hradčanské nám.15, Praha 1
TEL 233-350-068
URL www.ngprague.cz
开 10:00~18:00
休 周一
费 成人 22 捷克克朗 学生免费

达里波尔卡塔和布拉格城堡之塔

走过黄金小路，下了台阶就能看到达里波尔卡塔。中世纪时这里曾作为牢狱使用，小提琴家达里波尔曾被关押在这里。斯美塔那的歌剧《达里波尔》就取材于这个故事。在布拉格城堡当中，还有白塔 Bílá věž 和黑塔 Černá věž，都是以军事目的而建立的，平日和达里波尔卡塔同样，作为牢狱使用。

转变为繁华时尚的街区

犹太人地区 世界遗产

Jozefov

被称为 Jozefov 的曾经的犹太人贫民区，如今变身为时尚的衣装店铺、街边餐厅林立的繁华区域。曾经这里的卫生状况令人担忧，小路错综复杂，在 19 世纪后半期正式作为布拉格市的一部分开始规划，街区焕然一新。修整过后依然保留了犹太教的教堂及墓地等设施，并且其中大多数作为犹太人博物馆向公众开放。

克劳斯犹太教堂前出售饰品及杂货的摊位十分热闹

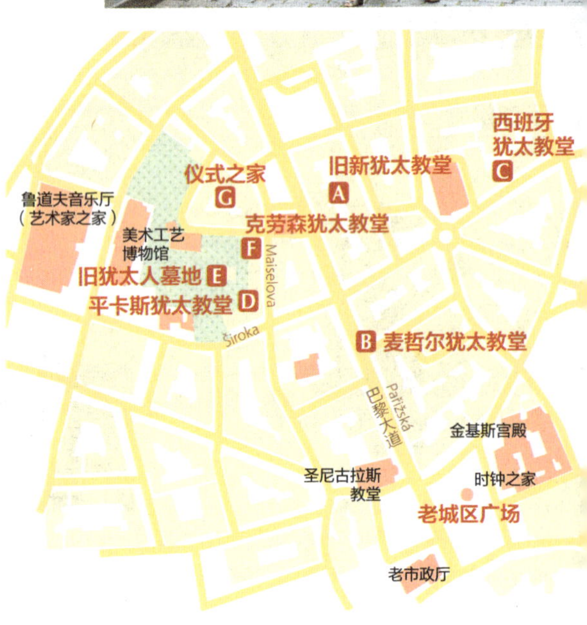

A 旧新犹太教堂

Staronová synagóga

这座建造于 1270 年欧洲最古老的犹太教堂，位于从巴黎大街前往切尔维娜大街的入口处。最初是哥特式样，其内部三角柱延伸形成拱形后分成五根梁柱，非常有意思。另有展示拉比（犹太教教士）的椅子以及印有犹太徽章的旗帜等物品。

URL www.synagogue.cz
开 4~10 月 9:00~18:00
11 月～次年 3 月 9:00~17:00
休 周六、犹太教的节日
周五的傍晚有时会因礼拜而无法进入
费 成人 200 捷克克朗
儿童、学生 140 捷克克朗

B 麦哲尔犹太教堂

aiselova synagóga

16世纪后期，在得到皇帝鲁道夫二世的许可之后，当时的地区行政长官摩德夏伊·麦哲尔（1582~1601年）建造了这座私人犹太教堂。现在这里介绍捷克的犹人的民族历史、文化，并展示银器和书籍等有关犹太族的物品。

C 西班牙犹太教堂

panělská synagóga

在布拉格最早建造的犹太教堂的遗址上建造而成的，现在看到的教堂模样是1868年重建的。它的外观和西班牙的赤城宫殿非常相似，由此而得名。在教堂内上描绘有阿拉伯式样花纹和金色装饰。

D 平斯卡犹太教堂

nkasova synagóga

位于旧犹太人墓地的南侧，是布拉格第二古老的犹太教堂。15世纪后半期，由犹太教拉比（犹太教传教士）平斯卡建造。教堂内部的一面墙壁上密密麻麻地载着被纳粹德国杀害的8万多人犹太人的姓名、死亡日以及死亡地点等。此外，在布拉格郊外的泰瑞辛中营 p.129，也展有描绘1942~1944年关于收容在里的孩子（收容有大约1万人，仅有少数生存者）的画作品。

E 旧犹太人墓地

Starý Židovský Hřbitov

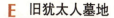

从平斯卡犹太教堂出来，道路就通往旧犹太人墓地的入口。狭窄的墓地内共有12000座墓碑，有一种异样的气氛弥漫在天空之中。最古老的墓碑是1439年埋葬在这里的。1787年犹太人墓地被废弃，以后就再也没有犹太人埋葬在这里。

F 克劳森犹太教堂

Klausová synagóga

克劳森教堂位于犹太人墓地的出口处附近。1880年，对这座17世纪后半期建筑进行改造而成的克劳森教堂作为犹太人地区最大的教堂，同时也作为埋葬组织的据点发挥了重要的作用。现在，这里展示着与犹太人传统及生活习惯相关的各种物件。

G 仪式之家

břadní síň

仪式之家位于旧犹太人墓地出口附近。这座建筑物建造于1912年，曾经是安放遗体的地方，现在是举行仪式的大厅。这里作为观光旅行线路的最后一站，展示着关于犹太人传统、生活习惯的资料，以及生老病死、墓地等相关资料。

西班牙犹太教堂内部的彩绘图纹装饰

▶犹太教堂的费用及门票

旧新犹太教堂之外的所有犹太教堂都作为犹太博物馆而对外公开，可以使用通票进行参观。在各犹太教堂的售票处都有出售。

URL www.jewishmuseum.cz　开 3月下旬~10月中旬 9:00~18:00　10月下旬~次年3月中旬 9:00~16:30　休 周六、犹太教堂的节日

▶犹太博物馆门票

费 成人330捷克克朗　儿童、学生220捷克克朗

▶与旧新犹太教堂的通票

费 成人500捷克克朗　儿童、学生340捷克克朗

近郊的景点 从布拉格总站乘坐火车最短 40 分钟

卡鲁什丁城堡

Map p.66 上

Hrad Karlštejn

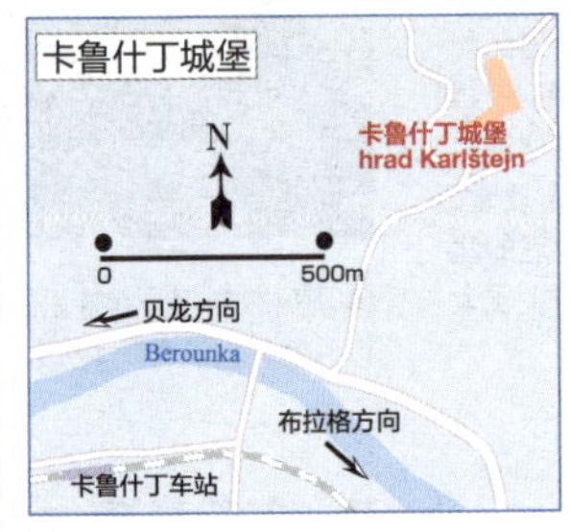

在布拉格西南约 25 公里处，有一片美丽的绿色丘陵地带，在那里坐落着一座宏伟的哥特式古城堡，这是波西米亚王、神圣罗马帝国皇帝查理四世于 14 世纪建造的。当时，这里不仅是王族居住的城堡，也是保管王族财宝的要地。

城堡内部只能在导游的带领下进行参观。有两条参观线路：一条是参观查理四世曾经使用过的礼拜堂和谒见室（所需时间约 1 小时），另一条是在参观上述内容之后再参观一下圣十字架礼拜堂 Kaple sv. Kříže（所需时间约 100 分钟、需要提前预约）。查理四世个子很高，为了让头戴王冠的查理四世能够通行，建造之时就削掉了建筑物中间的一条横梁，颇有意思。另外，城堡内的圣十字架礼拜堂也保留了当时的模样，绘有星星和天使的天井画非常漂亮。

矗立在山上的坚固城堡

近郊的景点 从布拉格总站乘坐火车最短 40 分钟

克诺皮什切城堡

Map p.66 下

Zámek Konopiště

在距离布拉格南部约 44 公里处，贝内绍夫城郊的森林中，有一座美丽而静谧的巴洛克式古城堡。它于 13 世纪后半期建成，在捷克和德国贵族手中几经辗转，最后的城堡主人是于 1887 年将这里购买下来的奥地利的弗朗茨·费迪南·德斯特皇储。

一片静谧的古城堡

如今，这里用于展示奥地利皇族使用的家具、欧洲最美的刀剑、枪支等收藏品。其中最有意思的是在狩猎中被捕捉到的猎物的皮制品。费迪南非常喜爱狩猎，于是在这座城堡里也设立了狩猎场，据说他一生中曾经捕捉到过约 30 万头动物（平均每天 15 头）。

前往卡鲁什丁城堡的方法

🚃 在布拉格总站乘坐前往贝龙 Beroun 方向的列车，在卡鲁什丁 Karlštejn 下车。5:07~19:07 每 1~2 小时一趟。所需时间 40 分钟。从车站步行至城堡需要 30 分钟。

所需时间：约 40 分钟

运费：2 等座 56 捷克克朗 ~、1 等座 73 捷克克朗 ~

卡鲁什丁城堡

TEL 311-681-617

URL www.hrad-karlstejn.cz

开 **线路 1**

2/3~2/28、11/1~12/16、12/26~ 次年 1/6 10:00~15:00

3 月 9:30~16:00 4 月 9:30~17:00

5·9 月 9:30~17:30 6 月 9:00~17:30

7·8 月 9:00~18:30 10 月 9:30~16:30

线路 2

5·9 月 9:35~17:05 6 月 9:05~17:05

7·8 月 9:05~18:05 10 月 9:35~16:05

休 **线路 1：**9 月 ~ 次年 6 月的周一、2/3~2/28 以及 12/11~12/16 的周二 ~ 周五、12/17~12/25、1/7~2/2

线路 2：5·6·9·10 月的周一、11 月 ~ 次年 4 月

费 **线路 1：**成人 330 捷克克朗

儿童、学生 230 捷克克朗

线路 2：成人 580 捷克克朗

儿童、学生 400 捷克克朗

前往克诺皮什切城堡的方法

🚃 从布拉格总站出发，乘坐前往 Benešov u Prahy 的列车在终点下车。所需时间 40 分钟 ~1 小时、2 等座 78 捷克克朗 ~、1 等座 101 捷克克朗 ~。从车站步行至城堡需要 30~40 分钟。

🚌 从布拉格的罗斯蒂利巴士总站到 Benešov 每 1 小时有 1~5 趟（周六·周日会减少班次）、所需时间 30 分钟 ~ 1 小时、45 捷克克朗 ~。

克诺皮什切城堡

TEL 317-721-366

URL www.zamek-konopiste.cz

开 3/30~5/31、9 月 10:00~16:00

6~8 月 10:00~17:00

10·11 月 10:00~15:00

休 周一、11 月的周二 ~ 周五、12/1~3/29

费 **线路 Ⅰ、Ⅱ（捷克语）**

成人 180 捷克克朗

儿童、学生 130 捷克克朗

线路 Ⅰ、Ⅱ（外语）

成人 320 捷克克朗

儿童、学生 220 捷克克朗

线路 Ⅲ（捷克语）

成人 250 捷克克朗

儿童、学生 180 捷克克朗

线路 Ⅲ（外语）

成人 440 捷克克朗

儿童、学生 310 捷克克朗

近郊的城镇　从布拉格总站乘坐火车最短 1 小时

库特纳霍拉

Kutná Hora

Map 文前 p.2-B3

老城市的街景以及圣母玛利亚的雕像

从布拉格出发，向东行 65 公里，在中部波西米亚地区有一座小城，它就是库特纳霍拉。13 世纪后半期，在这里发现了优质银矿，此后该地便得到了长足的发展，之后皇家造币局在这里建立，负责生产当时可流通整个欧洲的布拉格的古罗什银币，城市也因此富裕起来。但是到了 16 世纪，随着银矿的逐渐枯竭，城市也开始衰落，直至 1726 年造币局也被关闭。

交通 & 线路　从布拉格乘坐火车前往，可以在库特纳霍拉总站换乘，前往距离老城区较近的库特纳霍拉穆涅斯特车站 Kutná Hora město。在库特纳霍拉总站前乘坐 1 路市内巴士（休息日 7 路）也可以到达老城区。

漫步　从库特纳霍拉总站出发可以参观距离较近的圣母玛利亚大教堂以及墓地教堂（人骨教堂），之后徒步或者乘坐巴士前往老城区。库特纳霍拉的老城区可以以位于中心处的帕拉茨基广场 Palackého nám 为目标。在它旁边耸立着圣雅各布教堂，从远处看非常醒目。从圣雅各布教堂沿着鲁萨尔德斯卡路 Ruthardská 前行，就到了弗拉德克矿山博物馆，沿着巴波斯卡路 Barborská 一直前行，壮丽的圣巴巴拉大教堂便会映入眼帘，令人感到震撼。

▶▶ Access Guide

从布拉格前往库特纳霍拉

🚌 时刻表 ▶p.33

🚌 从地铁 C 线的 Háje 出来马上可以看到巴士车站，从那里出发在 6:00~20:00 的每一个整点以及 22:00 都会发车。

所需时间：约 1 小时 40 分钟

费用：68 捷克克朗 ~

世界遗产

库特纳霍拉：筑有圣巴巴拉大教堂以及塞德莱茨的圣母玛利亚大教堂的历史之都

Historické jadro Kutné Hory s chrám sv. Barbory a katedrálou Nanebevzetí Panny Marie v Sedlci

1995 年登录

旅游咨询处（库特纳霍拉）

Map p.67-A1

住 Palackého nám. 377/5

TEL 327-512-378

URL www.kutnahora.cz

开 4~9 月 9:00~18:00

10 月 ~ 次年 3 月 9:00~17:00

（周六 · 周日 10:00~16:00）

除了帕拉基广场之外，在库特纳霍拉总站及圣巴巴拉大教堂的旁边也设有办事处。

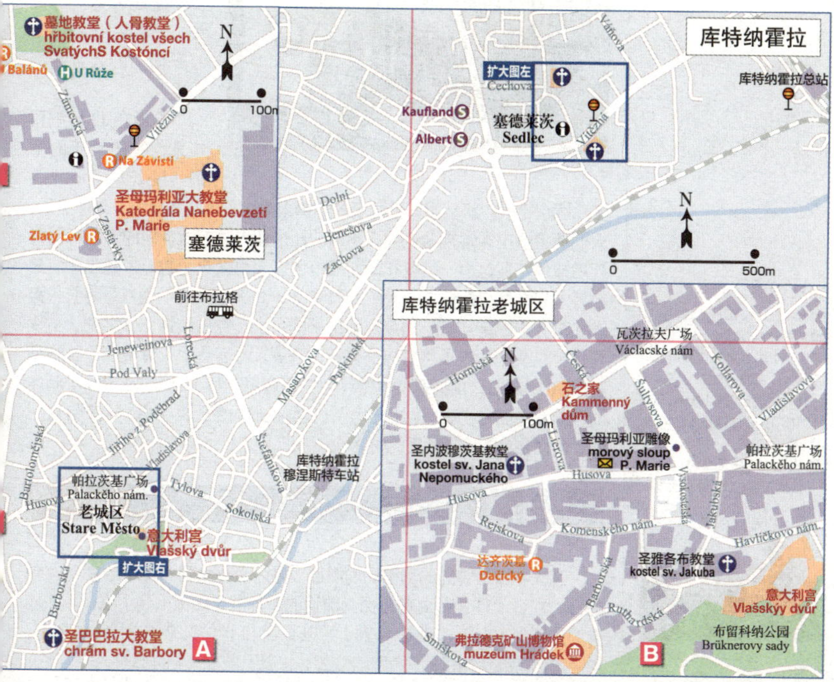

库特纳霍拉

墓地教堂（人骨教堂）
hřbitovní kostel všech SvatýchS Kostóncí
Balánů
U Růže
Zámecká
Vítězná
Na Závisti
圣母玛利亚大教堂
Katedrála Nanebevzetí P. Marie
Zlatý Lev
U Zastávky
塞德莱茨
扩大图左
Čechova
Kaufland
Albert
塞德莱茨 Sedlec
Vítězná
Váňova
库特纳霍拉总站
Dolní
Benešova
Zachova
前往布拉格
Jeneweinova
Pod Valy
Lorecká
Masarykova
Puškinská
Jiřího z Poděbrad
Vladislavova
Tylova
Sokolská
Štefánikova
库特纳霍拉穆涅斯特车站
帕拉茨基广场 Palackého nám.
老城区 Stare Město
意大利宫 Vlašský dvůr
扩大图右
Bartolomějská
Husova
Barborská
圣巴巴拉大教堂 chrám sv. Barbory
A

库特纳霍拉老城区
瓦茨拉夫广场 Václacské nám
Hornická
Česká
石之家 Kammenný dům
Šultysova
Kollárova
Vladislavova
圣内波穆茨基教堂 kostel sv. Jana Nepomuckého
Lierova
圣母玛利亚雕像 morový sloup P. Marie
帕拉茨基广场 Palackého nám.
Husova
Vysokostalská
Jakubská
Rejskova
Komenského nám.
Havlíčkovo nám.
圣雅各布教堂 kostel sv. Jakuba
达齐茨基 Dačický
Barborská
Ruthardská
意大利宫 Vlašský dvůr
弗拉德克矿山博物馆 muzeum Hrádek
Šmiškova
B
布留科纳公园 Brüknerovy sady

圣母玛利亚大教堂
住 U Zastávky
URL www.ossuary.eu
开 4~9 月 9:00~18:00
（周日 11:00~18:00）
3 · 10 月 9:00~17:00
（周日 11:00~17:00）
11 月 ~ 次年 2 月 9:00~16:00
（周日 11:00~16:00）
休 无
费 成人 50 捷克克朗
儿童 · 学生 30 捷克克朗

圣母玛利亚大教堂

Map p.67-A1

Katedrála Nanebevzetí Panny Marie

塞德莱茨地区

雄伟的大教堂

有着圣母玛利亚大教堂和墓地教堂的塞德莱茨地区，是自 1142 年熙笃会修道院建成以来就为人们所关注的历史地区。

圣母玛利亚大教堂是 1300 年后，由之前的罗马式教堂改建而成的。也是那个时代所保留下来的捷克最大的优雅的教堂。1700 年又增加了古典巴洛克样式的建筑。

墓地教堂（人骨教堂）
住 Zámecká 127
URL www.ossuary.eu
开 3 · 10 月 9:00~17:00
4~9 月 8:00~18:00
（周日 9:00~18:00）
11 月 ~ 次年 2 月 9:00~16:00
休 无
费 成人 90 捷克克朗
儿童 · 学生 60 捷克克朗

墓地教堂（人骨教堂）

Map p.67-A1

Hřbitovní kostel všech Svatých S Kostnící

塞德莱茨地区

用人骨做成的纪念碑是最引人注意的

这是一座周围被墓地包围的十分安静的教堂。胆子小的人在踏入教堂之前做一些心理准备比较好，因为教堂当中视线所及，随处可见人的骨头……建筑的内部由 4 万多僧侣的人骨装饰而成。

据说在 13 世纪后半期，塞德莱茨的修道院院长从圣城耶路撒冷回来之后，将从圣城带回来的一捧土撒在了这块墓地上。在那之后，人们便将这座教堂视为圣地，不仅波西米亚人、中欧各地的人们都渴望死后被埋葬在这里。瘟疫和胡斯战争使得这里聚集了数万名死难者。最初将人骨堆砌在教堂当中是在 1511 年，一位半盲的僧侣用双手将骸骨搬进教堂并堆成金字塔。如今呈现出来的令人震撼的装饰、十字架、圣体展示台以及施瓦岑贝格家族的徽章，等等，所有使用人骨做成的装饰是在 1870 年左右，由捷克的木雕师弗兰蒂塞克林特（František Rint）制作而成的。象征着“对死亡的思考”，提醒人们人生无常，每个人都终有一死，因此要更加珍惜活着的时间。

意大利宫
住 Havlíčkovo nám. 552
TEL 327-512-873
开 3 · 10 月 10:00~17:00
4~9 月 9:00~18:00
11 月 ~ 次年 2 月 10:00~16:00
闭馆前 30 分钟停止入场
休 无
费 成人 115 捷克克朗
儿童 · 学生 75 捷克克朗

从布留科纳公园外看到的意大利宫

意大利宫

Map p.67-B2

Vlašský dvůr

老城区

意大利宫是曾经的造币局的旧址，得名于意大利的铸造专家 。在他的努力之下，13 世纪之前市面上流通的多种混合硬币得到了统一。在导游的带领下（大约需要 40 分钟）可以看到 12 世纪以来流通货币的展览，参观国王曾经使用过的房间和会议室，以及瓦茨拉夫礼拜堂等。

石之家

Map p.67-B2

Kamenný dům

老城区

建筑物正面精巧的浮雕令人印象深刻。这座石屋建造于胡斯战争之前。1489 年改建为如今我们所看到的后哥特式风格。建筑内部已经改造为博物馆，在这里可以看到 17~19 世纪人生活的景象。

弗拉德克矿山博物馆

Map p.67-B2

Muzeum Hrádek

老城区

这里的建筑曾经作为城市的堡垒使用，15 世纪时落入了狡猾的地方官员手里。他在这里偷偷进行银矿的开采和炼制，并因此富有而建造了奢华的宅邸。如今这里还保留着些许当年的样子，并被改造成为银矿博物馆。想进入地下参观遗址，可以参加有导游带领的团队（所需时间 1 小时 30 分钟）。可以看到石器、铁器、青铜器以及精巧的银质工具等展品，进去之前需要换上白色衣服，并戴上安全帽然后就可以开始令人兴奋的地下探险了。手持灯具走过只够一人通过的狭窄道路，充满了紧张和刺激。

参观要下到地下 167 级的台阶之下

圣巴巴拉大教堂

Map p.67-A2

Chrám sv. Barbory

城区以南

圣巴巴拉大教堂是捷克的后哥特式代表建筑物之一。名字当中的圣巴巴拉源自矿山的守护圣者，建设这里的大部分资金并非出自天主教教堂，而是由市民们自发筹集的，这一点十分难得。

教堂的建造始于 1388 年。最初的设计者是布拉格圣维特大教堂以及查理大桥的设计者彼得·帕莱休之子——扬·帕莱休。由于胡斯战争等事件的影响，建造由于资金不足而几度中断，但经过多位高明的建筑家们的共同努力，教堂终于在 1558 年建成。之后也经过多次改造，在 17~18 世纪融入了巴洛克样式风格的元素。奢华的管风琴成为那一时期的代表物件。在教堂内部，可以看到身穿 17 世纪民族衣装，手提灯具的矿员的雕像、铸造货币的匠人们的壁画，等等，述说着当年矿员们辛劳的历史。

拱形的飞梁设计成为特征

石之家

住 Václavské nam. 183

电 327-512-821

开 4 · 10 月 9:00~17:00
5 · 6 · 9 月 9:00~18:00
7 · 8 月 10:00~18:00
11 月 10:00~16:00

休 周一、12 月～次年 3 月

费 1 层 40 捷克克朗 2 层 50 捷克克朗
通票 80 捷克克朗

弗拉德克矿山博物馆

住 Barborská 28

电 327-512-159

URL www.cms-kh.cz

开 4 · 10 月 9:00~17:00
5 · 6 · 9 月 9:00~18:00
7 · 8 月 10:00~18:00
11 月 10:00~16:00

休 周一、12 月～次年 3 月

费 **展览**
成人 70 捷克克朗
儿童 · 学生 40 捷克克朗
展览及坑内参观
成人 130 捷克克朗
儿童、学生 90 捷克克朗
需要英语导游要增加 20 捷克克朗的费用。英语导游团每天会有 1~4 次。

圣巴巴拉大教堂

电 327-515-796

URL www.khfarnost.cz

开 1 · 2 月 10:00~16:00
3 · 11 · 12 月 10:00~17:00
4~10 月 9:00~18:00

休 无

费 成人 120 捷克克朗
儿童 50 捷克克朗
学生 90 捷克克朗

划算的通票

可以在各个设施处购买

费 **圣母玛利亚大教堂 + 墓地教堂（人骨教堂）**
成人 120 捷克克朗
学生 80 捷克克朗
圣母玛利亚大教堂 + 墓地教堂（人骨教堂）+ 圣巴巴拉大教堂
成人 220 捷克克朗
学生 155 捷克克朗

info 独特的飞梁设计不仅看上去独特醒目，还能够起到支撑圣堂墙壁的作用。正因为如此，圣堂即使装有很大的窗户，也不会被厚重的房顶压塌

▶▶ Access Guide

从布拉格前往比尔森

时刻表 ▶p.33

地铁 B 线 Zličín 站前的巴士总站从 6:30~20:00 每 1 小时 1~2 趟

所需时间：约 1 小时

费用：89 捷克克朗

旅游咨询处（比尔森）

Map p.70-A1

住 nám.Republiky 41

TEL 378-035-330

URL www.plzen.eu/turista

开 4~9 月 9:00~19:00

10 月~次年 3 月 9:00~18:00

休 无

文艺复兴样式的大犹太教堂

乘坐电车前往老城区

从车站进入地下道，从出口出来后就可以看到电车车站。乘坐 1 路或者 2 路电车，两站之后在共和国广场附近下车。车票在车站的售票处就可以买到。

近郊的城镇　从布拉格总站出发乘坐火车最短 1 小时 30 分钟

比尔森

Plzeň

Map 文前 p.2-A3

比尔森是现今全世界人都在饮用的浅色啤酒——比尔斯纳的发祥地。早在 700 年前，在比尔森就有人开始酿造啤酒了。1842 年，人们开始使用与以往相反的下面发酵酵母。金黄色的啤酒花使啤酒的味道变得更加清爽，这就是比尔斯纳啤酒的诞生。此后，人们开始使用润泽、清澈的水和丰饶的波西米亚大地产出的麦子和啤酒花，加上传统的技术，酿造出了举世闻名的芳香醇厚的啤酒。请一定要来这座城市品尝一下原汁原味的比尔斯纳啤酒。

城市中心的共和国广场

交通 & 线路　**火车站**　比尔森的火车站位于老城区东部的比尔森总站 žel. st. Plzeň hlavní nádraží。步行至老城区大概 10 分钟。乘坐电车 1 路或者 2 路，也很快就能够到达共和国广场。

长距离巴士　长距离巴士可以到达老城区西侧的中央巴士总站 Centrální autobusové nádraží。想要前往城市中心，就沿着夫索巴大街向东步行 7~8 分钟。

漫步　老城区被绿树茂盛的公园包围着，其中心是共和国广场 nám. Republiky。广场对面建有市政厅 Radnice、民族博物馆等 Národopisné muzeum 等，中央耸立着圣巴托洛梅依大教堂 Katedrála sv. Bartolomměje。

比尔森

Tyršova
Sady 5. května
地道博物馆 Plzeňské Podzemí
啤酒酿造博物馆 Pivovarské muzeum
Sedláčkova
Veleslavínova
Rooseveltova
纳·帕鲁卡奴 Na Parkánu
Palackého
Penzion v Solní
市政厅 Radnice
Perlova
Solní
Pražská
Pension City
U Salzmannů
Central
塔的入口
Pallova
Gondola
圣巴托洛梅依大教堂 kostel sv. Bartoloměj
比尔森斯基·普拉兹多罗伊酿造所 Plzeňský Prazdroj Akciová Společnost
Reigrova
Puškinova
Sady Pětatřicátníků
Dřevěná
共和国广场 nám. Republiky
民族博物馆 Národopisné muzeum
大犹太人教堂 Velká synagoga
Prešovská
Fügnerova
U Prazdroje
圣安娜教堂 kostel sv. Anny
B. Smetany
Continental
U zvonu
Pražská
Klicperova
Bezručova
Františkánská
蒂尔剧场 divadlo J.K.Tyla
夫索巴大街 Husova
前往中央巴士总站（约500米）
Šafaříkovy sady
Radbuza
Nádražní
Jungmannova
Sumavská
西波西米亚博物馆 Západočeské muzeum
Smetanovy Sady
Kopeckého sady
Kopeckého nábř.
TESCO
Slovan
拉布扎河
文化会馆 dům Kultury
地下道出入口
Klatovská tř.
Americká
比尔森总站
Prokopova
麦当劳
Jagellonská
Železniční
0　300m

圣巴托洛梅依大教堂 Map p.70-A1

Katedrála sv. Bartoloměje 比尔森

教堂位于共和国广场的中央，是一座非常打眼的哥特式教堂。建造于1320~1470年。尖塔高约102.2米，在捷克国内是最高的一座。前往塔的顶端，需要登上一个301级的狭窄、陡急的木结构台阶。

建在共和国广场上

啤酒酿造博物馆 Map p.70-B1

Pivovarské muzeum 比尔森

在这座博物馆里，可以了解到比尔森是如何酿造啤酒的。博物馆位于由15世纪的啤酒酒庄改造而成的建筑物内。第一个房间是19世纪前后啤酒屋内不可缺少的道具，然后是以前的啤酒屋的装饰品，当时的啤酒酿造的道具等。这里的水井、啤酒干燥室都是当时实际使用过的。地下存放运进来的冰块，建造成一个天然的冰库，用来保存啤酒。

地道博物馆 Map p.70-B1

Plzeňské Historické Podzemí 比尔森

比尔森这座城市的地下被挖掘了许多通道，这些通道呈网状交错。地道与教堂或重要的建筑物都相通，据说全长约20公里。这座城市内的地道建造于13~19世纪，主要用作储存食品。另外，把流经城市周围的姆杰河 Mze 和阿布扎河 Radbuza 的水流汲取到水塔之内的系统也位于地道之内。

地道的一部分现在被整理出来用于游客参观。可以步行参观的正是环绕老城区一周，约800米长的地道。在入口处要戴上安全帽，人一来到细长、阴暗的地下就会被潮湿阴冷的空气所包围。里面展示着中世纪的陶器、波西米亚玻璃制品还有武器等。环游一周需要约50分钟，最好穿运动鞋。

比尔森斯基·普拉兹多罗伊酿造所 Map p.70-B1

Pivovaru Plzeňský Prazdroj 比尔森

前往捷克的每座城市，都能喝到比尔斯纳的元祖、比尔森的招牌啤酒——比尔森斯基·普拉兹多罗伊牌啤酒（德国名叫比尔斯纳·乌尔奎尔）。这个酿造所距离老城区稍微有点儿远，在这里可以现场观看啤酒是如何酿造的，参观者还可以品尝到只有在这里才可以品尝到的、采用传统酿造工艺生产出来的啤酒。

出现在啤酒商标上的酿造所入口的大门

圣巴托洛梅依大教堂
住 nám. Republiky 35
TEL 377-236-753
开 10:00~16:00
休 4~9月的周日～周二、10月～次年3月
费 成人35捷克克朗
儿童·学生25捷克克朗
圣巴托洛梅依大教堂之塔
开 10:00~18:00（入场~17:20）
休 无
费 成人50捷克克朗
儿童25捷克克朗
学生35捷克克朗

啤酒酿造博物馆
住 Veleslavínova 6
TEL 377-235-574
URL www.prazdrojvisit.cz
开 4~9月 10:00~18:00
2·3·10~12月 10:00~17:00
休 1月
费 成人90捷克克朗
学生、儿童60捷克克朗
语音导游 30捷克克朗（需要500捷克克朗的押金）
※地道博物馆和比尔森斯基·普拉兹多罗伊酿造所在同一天内参观可以有25%的优惠。

参观会下到地下33米处

地道博物馆
住 Veleslavínova 6
TEL 377-235-574
URL www.plzenskepodzemi.cz
开 导游团每天会有1~3趟。次数不同时期会有变动，需要提前确认。所需时间50分钟。接待处与啤酒酿造博物馆在同一个地点。
费 成人120捷克克朗
儿童·学生80捷克克朗
英语语音导游30捷克克朗

比尔森斯基·普拉兹多罗伊酿造所
住 U Prazdroje 7
TEL 377-062-888
URL www.prazdrojvisit.cz
开 4~9月 8:00~18:00
10月～次年3月 8:00~17:00
休 无
▶**工厂参观（英语）**
每日13:00、14:45、16:30出发出发次数根据不同时期会有变动
所需时间： 1小时40分钟
费 成人250捷克克朗
学生150捷克克朗

info 在比尔森斯基·普拉兹多罗伊酿造所的商店中，出售有当地的原装啤酒等产品。

布拉格的酒店
Hotel

萨沃伊酒店
Hotel Savoy

◆位于布拉格城堡附近。维也纳风格的新艺术式样建筑看上去非常漂亮。现代化的舒适设施以及古典优雅的气氛完美地融合在一起。

普拉切尼地区　Map p.42-A1

住 Keplerova 6,Praha 1
TEL 224-302-430　FAX 224-302-128
URL www.hotelsavoyprague.com
S W 134 欧元～
CC A D M V
含　WiFi 免费

帕莉秀酒店
Hotel Paříž

◆建造于 1904 年的酒店，采用了华美的新艺术派风格设计。1984 年被列为国家的文化遗产。客房装饰独具时尚品位，设施也十分完备。

老城区　Map p.45-C2

住 U Obecního domu 1,Praha 1
TEL 222-195-195　FAX 224-225-475
URL www.hotel-paris.cz
S W 160 欧元～
CC A D J M V
含　WiFi 免费

雅尔塔精品酒店
Jalta Boutique Hotel

◆该酒店位于瓦茨拉夫广场对面，外出观光非常方便。客房内部装饰优雅，淋浴、吹风机、小酒吧等各种设备一应俱全。夏天可以前往一楼咖啡馆的露天平台，一边看着道路上的行人，一边尽情地放松。

新城区　Map p.43-D2 · 3

住 Václavské nám. 45, Praha 1
TEL 222-822-111
FAX 222-822-119
URL www.hoteljalta.com
S W 122 欧元～
CC A D J M V
含　WiFi 免费

布拉格国际酒店
Hotel International Prague

◆从地铁 A 线 Dejvická 车站出来徒步 15 分钟左右的路程。新艺术风格的建筑，古典的内部装修样式看上去奢华优雅。从最上层的休息室可以尽览到布拉格城堡的美景。

新城区　Map p.40-B1

住 Koulova 15,Praha 6
TEL 296-537-111　FAX 296-537-535
URL internationalprague.cz
S W 64 欧元～
CC A D M V
含　WiFi 免费

马克希米利安酒店
Hotel Maximilian

◆位于从老城区广场步行很快便可抵达的一片安静区域。1904 年的古建筑，内部装修得明亮而富有现代化气息。客房设施齐备，馆内还提供按摩服务。

老城区　Map p.45-C1

住 Haštalská 14, Praha 1
TEL 225-303-111　FAX 225-303-110
URL www.maximilianhotel.com
S W 89 欧元～
CC A D J M V
含　WiFi 免费

布拉格波西米亚大酒店
Grand Hotel Bohemia Prague

◆1927 年建造的新艺术风格建筑。客房装修华丽典雅，让人感觉到温暖舒适，设施也很完备。

餐馆　位于 1 层的餐馆可提供波西米亚当地的美食。

老城区　Map p.45-C2

住 Králodvorská 4, Praha 1
TEL 234-608-111
FAX 234-608-877
URL www.grandhotelbohemia.cz
S W 70~300 欧元
CC A D M V
含
WiFi 免费

特雷维酒店
Hotel Trevi

◆从地铁 A 线 Náměstí Míru 出来步行约 3 分钟。虽然距离市中心较远，但是电车的车站离得较近。站台宽敞而清洁。

新城区 Map p.43-D4

住 Uruguayská 540/20, Praha 2
TEL 722-811-097 FAX 222-542-657
URL www.praguehoteltrevi.com
S 35 欧元～ W 38 欧元～
CC A D M V
含 WiFi 免费

16 号酒店
16 Hotel

◆外观十分可爱的一家酒店。店员们非常亲切，让人感觉很舒心，吧台处可以提供咖啡和红茶。所有客房都有空调，还有烧水壶等完备设施。

新城区 Map p.43-C4

住 Kateřinská 16, Paraha 2
TEL 224-920-636 URL www.hotel16.cz
S 49 欧元～
W 69 欧元～
CC A D M V
含 WiFi 免费

奥鲁斯酒店
Hotel Aurus

◆由 16 世纪的历史建筑改装为酒店，外墙的美丽装饰在热闹的大街上显得十分显眼。

老城区 Map p.44-A3

住 Karlova 3,Praha 1
TEL 222-220-130
URL www.aurushotel.cz
S W 100 欧元～
CC A D J M V
含 WiFi 免费

贝托莱姆俱乐部
Betlem Club

◆位于伯利恒教堂正对面。附近种植有许多树木。可在位于地下 13~14 世纪浪漫的哥特式酒窖当中享用美味的早餐。

老城区 Map p.44-A4

住 Betlémské nám. 9, Praha 1 TEL 222-221-574 FAX 222-220-580 URL www.betlemclub.cz S 59 欧元～
W 76 欧元～
CC D J M V
含 WiFi 免费

艾利特酒店
Hotel Élite

◆步行至老城区广场大约需要 10 分钟，距离地铁 B 线 Národní třída 也很近。由 13 世纪的建筑物改装而成，有保留着壁画的客房以及摆放着复古家具的客房等许多房型。

新城区 Map p.43-C3

住 Ostrovní 32, Praha 1
TEL 211-156-500 FAX 211-156-787
URL www.hotel-elite.cz
S W 55 欧元～
CC A D J M V
含 WiFi 免费

民宿洞渊
Privateroom Kiribuch

◆布拉格唯一的一家日本人经营的旅馆。在 Chodovská 乘坐 11 及 14 路电车马上就能到达，有提供巴士车站以及机场的接送服务。

郊外 Map p.41-D4 外

住 Na Bohdalci 1441/8,Praha 10
TEL&FAX 222-715-302 723-186-656
URL minshukukiribuchi.web.fc2.com
S 1250 捷克克朗 W 2300 捷克克朗 S 1400 捷克克朗 W 2600 捷克克朗 CC 不可使用 包括 WiFi 免费

托比旅馆
Sir Toby' Hostel

◆新艺术派样式的外观十分引人注目，一家艺术气息浓郁的酒店，气氛很不错。乘坐 1 路、6 路、12 路、14 路以及 25 路在 Dělnická 下车，徒步 1 分钟左右可以到达。

郊外 Map p.41-D1

住 Dělnická 24, Praha 7
TEL 210-011-600 FAX 283-870-636
URL www.sirtobys.com 寝 300 捷克克朗～ S W 980 捷克克朗～
S W 1150 捷克克朗～
CC A D J M V
150 捷克克朗 WiFi 免费

捷克 布拉格

AZ 旅馆
AZ Hostel

新城区 Map p.45-C4

◆从瓦茨拉夫广场徒步约 2 分钟到达。入口处有着一个拱廊。寝室的床铺数有 4~8 张，还有女性专用的床铺。咖啡和红茶都是免费。

住 Jindřišská 5 TEL 224-241-664
URL www.hotel-az.cz 寝 270 捷克克朗 ~
S 750 捷克克朗 ~
W 900 捷克克朗 ~
CC 不可 早 含
WiFi 免费

布拉格洲际酒店
Inter-Continental Prague

Map p.44-B1

住 Pařížská 30, Praha 1 TEL 296-631-111 FAX 244-811-216
URL www.icprague.com S W 129 捷克克朗 ~ CC A D J M V 早 26 欧元 WiFi 免费

布拉格海滨酒店
Hotel Esplanade Prague

新城区 Map p.43-D2

住 Washingtonova 19,Praha 1 TEL 224-501-111 FAX 224-229-306 URL www.esplanade.cz
S 99 欧元 ~ W 109 欧元 ~ CC A D J M V 早 含 WiFi 免费

布拉格新艺术风格宫殿酒店
Art Nouveau Palace Hotel

新城区 Map p.45-C4

住 Panská 12, Praha 1 TEL 224-093-111 FAX 224-221-240
URL www.palacehotel.cz S W 109 欧元 ~ CC A D J M V 早 含 WiFi 免费

胡萨兹拉塔国宾酒店
Hotel Ambassador Zlatá Husa

Map p.45-C4

住 Václavské nám. 840/5, Praha 1 TEL 224-193-111 FAX 224-230-620 URL www.ambassador.cz
S 139 欧元 ~ W 155 欧元 ~ CC A D J M V 早 含 WiFi 免费

布拉格四季酒店
Four Seasons Hotel Prague

老城区 Map p.44-A3

住 Veleslavínova 2a/1098, Praha 1 TEL 221-427-000 FAX 221-426-666
URL www.fourseasons.com/prague S W 520 欧元 ~ CC A D J M V 早 30 欧元 WiFi 免费

布拉格希尔顿酒店
Hilton Prague

新城区 Map p.43-D1

住 Pobřežní 1, Praha 8 TEL 224-841-111 FAX 224-842-378 URL www3.hilton.com
S W 7500 欧元 ~ CC A D J M V 早 660 捷克克朗 WiFi 免费

布拉格卡罗四世傲途格精选豪华酒店
Carlo IV

新城区 Map p.45-D3

住 Senovážné nám. 13, Praha 1 TEL 224-593-111 URL www.dahotels.com
S 150 欧元 ~ W 170 欧元 ~ CC A D J M V 早 含 WiFi 免费

约瑟夫酒店
Hotel Josef

老城区 Map p.45-C2

住 Rybná 20, Praha 1 TEL 221-700-111 URL www.hoteljosef.com
S 106 欧元 ~ W 126 欧元 ~ CC A D J M V 早 含 WiFi 免费

布拉格的餐馆
Restaurant

乌·弗勒克
U Fleků

新城区 Map p.43-C3

◆创业于1499年，是布拉格最古老的著名的啤酒餐厅。写有捷克文数字的大型钟表引人注目。这里在过去曾经是修道院，从那时开始采用特别制法酿造的黑啤酒（400ml 59捷克克朗）就具有很高人气。

住 Křemencova 11, Praha 1
TEL 224-934-019　WEB ufleku.cz
开 10:00~23:00　休 无
CC ADJMV　啤酒屋　捷克美食

布拉格好兵帅克餐馆
Hostinec U Kalicha　柯夫特肉饼专卖店

新城区 Map p.43-C4

◆《好兵帅克》的作者雅哈谢克也经常会造访的著名餐馆。烤牛肉230捷克克朗，仔牛牛排360捷克克朗，许多传统的美食都令人回味。每到夜里这里都很热闹。

住 Na Bojišti 12-14, Praha 2
TEL 296-189-600
URL www.ukalicha.cz
开 11:00~23:00
休 无
CC ADJV
捷克美食

冯·克鲁克布涅餐馆
V Kolkovně

犹太人地区 Map p.44-B2

◆比尔森啤酒的直营店。在华丽的店铺之中可以充分品尝到传统捷克美食和啤酒的美味。推荐烤鸭子295捷克克朗~

住 V Kolkovně 8, Praha 1
TEL 224-819-701
URL vkolkovne.cz
开 11:00~24:00
休 无　CC ADJMV
啤酒屋　捷克美食

乌梅多维多克餐馆
U Medvídků

老城区 Map p.44-B4

◆这是一家可以品尝到布杰约维采布多瓦尔的店铺。面向入口处左侧是气氛不错的酒吧，右侧是餐馆。可以在酒吧当中品尝到当地地道的啤酒。

住 Na Perštýně 7, Praha 1
TEL 224-211-916　URL umedvidku.cz
开 11:00~23:00
（周六 11:30~、周日 11:30~22:00）
休 无　CC AMV
啤酒屋　捷克美食

皮波巴罗斯基·杜姆
Pivovarský Dům

新城区 Map p.43-C3

◆店内的酒桶当中酿造的自家制啤酒十分著名。咖啡或者樱桃等各式各样风味的啤酒在这里都可以品尝到。经典的特色啤酒500ml 47捷克克朗~。

住 Ječná/Lípová 15, Praha 2
TEL 296-216-666
URL www.pivovarskydum.com
开 11:00~23:30　休 无
CC ADMV
啤酒屋　捷克美食

乌·图希·兹拉提夫·特罗耶克
U Tří Zlatých Trojek

马拉斯特拉发地区 Map p.42-B1

◆位于马拉斯特拉纳广场附近，是一家面向平民的餐馆。写着3+3+3的告示板十分醒目。在这里可以品尝到油炸芝士等捷克风味美食。预算大概每个人190捷克克朗~。

住 Tomášská 6, Praha 1
TEL 257-534-377
开 11:00~23:00
（周六·周日 12:00~23:00）
休 无　CC MV
捷克美食

info 大部分的咖啡馆会从清晨开始营业，并提供各具特色的早餐。

普乐兹扭斯卡餐馆

Plzeňská Restaurace

◆位于市民会馆的地下。内部装修采用的是精致华丽的新艺术风格设计。牛肉料理 255 捷克克朗。捷克传统的鸭肉料理 430 捷克克朗～，都很值得推荐。

老城区　Map p.45-C3

住 nám. Republiky 5, Praha 1

TEL 222-002-780

URL www.plzenskarestaurace.cz

开 11:30~23:00　休 无

CC A D M V

捷克美食

卢布鲁咖啡馆

Café Louvre

◆创建于 1902 年，卡夫卡及恰佩克等许多文化人都十分中意的一家咖啡馆。预算为 170 捷克克朗～。芝士蛋糕以及果馅卷等糕点 59 捷克克朗。

新城区　Map p.43-C2

住 Národní 22, Praha 1

TEL 224-930-949　URL www.cafelouvre.cz

开 8:00~23:30（周六 · 周日 9:00~23:30）

休 无

CC A M V

咖啡

波西米亚百吉饼店

Bohemia Bagel

◆是制作夹奶酪和鸡蛋的百吉饼专卖店。百吉饼里有芝麻和大蒜等 8 个种类可以选择。价格在 99~165 捷克克朗。每日例汤价格 45 捷克克朗也很值得推荐。

郊外　Map p.41-C1

住 Dukelských hrdinů 48, Praha7

TEL 220-806-541

URL bohemiabagel.cz

开 10:00~23:00　休 无

CC M V

百吉饼　咖啡

玛考

Macao

◆由居住在布拉格的日本人经营的中餐厅。菜品非常丰富，麻婆豆腐价格 209 捷克克朗～，海鲜炒饭 209 捷克克朗～，都很受欢迎。

新街区　Map p.45-C2

住 Truhlářská 3, Praha 1

TEL 222-316-093

URL macaorestaurant.cz

开 11:00~23:00　休 无

CC A D M V

中国菜

达齐茨基

Dačický

◆当地的库特纳霍拉啤酒 500ml 价格 39 捷克克朗，十分受欢迎的一家餐馆。店内装修有着中世纪酒馆的气氛。烤猪肉 279 捷克克朗，具有很高人气。

库特纳霍拉　Map p.67-B2

住 Rakova 8

TEL 327-512-248

URL www.dacicky.com

开 11:00~22:00　LO（周六 11:00~24:00LO）

休 无　CC A D M V

啤酒屋　捷克美食

纳 · 帕鲁卡奴

Na Parkánu

◆与啤酒酿造博物馆相邻，在这里可以喝到非常新鲜的比尔森斯基乌尔奎尔。还有许多适合搭配啤酒的捷克美食，总是满座。

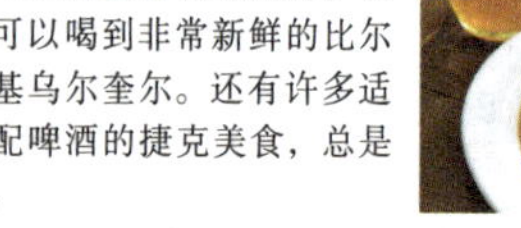

比尔森　Map p.70-B1

住 Veleslavínova 59/4

TEL 377-324-485　URL www.naparkanu.com

开 11:00~23:00（周五 · 周六～次日 1:00、周日～22:00）

休 无　CC D J M V

啤酒屋　捷克美食

卡瓦露娜 · 奥贝茨尼 · 杜姆

Kavárna Obecní Dům

◆位于市民会馆 1 层的咖啡馆。新艺术风格内装优雅而奢华。除了蛋糕之外还有三明治等轻食。夏季还开放有露天席位。

老城区　Map p.45-C3

住 nám. Republiky 5, Praha 1

TEL 222-002-763

URL www.kavarnaod.cz

开 7:30~23:00

休 无　CC A D J M V

咖啡

东方咖啡馆
Grand Café Orient

◆位于黑色圣母之家的二层，立体主义风格的咖啡馆。从建筑风格到内部装修都统一为立体主义风格。看上去也十分独特。除了甜点之外，早餐也很有人气。

老城区 Map p.45-C3

住 Ovocný trh 19, Praha 1
TEL 224-224-240
URL www.grandcafeorient.cz
开 9:00~22:00（周六 · 周日 10:00~）
休 无 CC 不可

咖啡

布拉格的商店
Shop

爱尔派特
Erpet

◆位于老市政厅附近。使用了印象传统的透明玻璃和彩色玻璃，还有石榴石等装饰物。机场的 2 号航站楼开设有分店。

老城区 Map p.44-B3

住 Staroměstské nám. 27, Praha 1
TEL 224-229-755
URL www.erpetcrystal.cz
开 10:00~23:00 休 无
CC ADJMV
水晶 饰品

莫塞尔
Moser

◆开业时间是 1857 年，是一家传统的具有资质的波西米亚玻璃老字号店铺。华丽的“玛利亚 · 特雷吉亚”“巴洛克”等系列深受亚洲人喜爱。

新城区 Map p.45-C4

住 Na příkopě 12, Praha 1
TEL 224-211-293 URL www.moser-glass.com
开 10:00~20:00（11 月 ~ 次年 3 月的周六 · 周日 ~19:00）
休 无 CC ADJMV
水晶

蓝色布拉格
Blue Praha

◆该店经营各种色彩、各种形状的地道的玻璃制品。与典型的波西米亚玻璃制品迥异，但都产自捷克。同时还销售有 T 恤、提线木偶等比较廉价的土特产品。

老城区 Map p.44-B3

住 Malé nám. 14, Praha 1
TEL 224-216-717 URL www.bluepraha.cz
开 10:00~23:00（周五 · 周六 ~23:15）
休 无
CC ADJMV
玻璃制品

波哈德卡
Pohádka

◆店名在捷克语中是“讲给孩子们的故事”之意。店里摆放着的木偶全部为捷克当地的手工制品。高人气的卡通形象鼹鼠的周边产品也十分丰富。

老城区 Map p.45-C3

住 Celetná 32, Praha 1 TEL 224-239-469
URL www.ceskehracky.com
开 夏季 9:00~20:00 冬季 10:00~19:00
休 无
CC ADJMV
木质玩具 鼹鼠主题产品

玛纽法克图拉
Manufaktura

◆这里聚集着大量捷克的民间工艺品，诸如木质玩具、玉米皮木偶、染成蓝色的编织物，等等。水果香皂和香氛产品也具有很高人气。

老城区 Map p.44-B3

住 Melantrichova 17,Praha 1
TEL 601-310-611
URL www.manufaktura.cz
开 10:00~20:00
休 无 CC AMV
民间艺术品 香氛产品

博塔尼库斯
Botanicus

◆采用传统工艺，纯天然的护肤品店铺。除了香皂、沐浴产品以及蜡烛之外，还销售有香草、调味品以及果酱等商品。

老城区 Map p.45-C2

住 Týn 2/640, Praha 1

TEL 234-767-446 URL www.botanicus.cz

开 10:00~20:00（1~3 月 · 10 月 ~11 月中旬 ~18:30）

休 无 CC A D J V

护肤品 杂货

木偶店
Marionety

◆店中有魔女、公主、小丑等许多神话故事当中主人公形象的提线木偶，全部为手工制作，所以每一个的表情都不尽相同。小尺寸的商品价格约 350 捷克克朗 ~。

马拉斯特拉那 Map p.42-A1

住 Nerudova 51,Praha 1

TEL 774-418-236

开 夏季 10:00~19:00（冬季 ~18:00）

休 无

CC M V

木偶

弗鲁特卡风格
Hrudka Style

◆这里不仅有捷克制品，还包括有从欧洲各国搜集而来的复古杂货。从女孩子喜欢的可爱物件到稀罕的东欧商品应有尽有，价格也很良心。

老城区 Map p.43-C3

住 Opatovická 7, Praha 1

TEL 224-930-610

开 10:00~17:45

休 周六 · 周日

CC A D J M V

古董

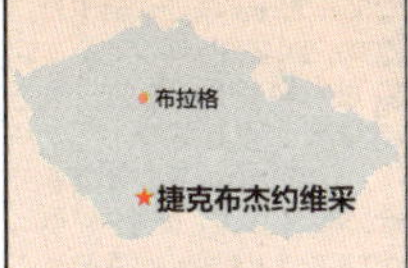

捷克布杰约维采

České Budějovice/Budweis（德语）

为了尽力扩大波西米亚王国领土，普热米斯尔·奥塔卡尔二世与南波西米亚的强大势力维特科夫家族展开对抗，并最终于 1265 年建造了这座属于国王的城市。这就是捷克布杰约维采。

在 16 世纪时，这里作为盐业、酿造业以及近郊银矿的聚集地，迎来了它的繁荣期。1618 年之后的三十年战争、1641 年的大火，使城市遭受严重破坏，开始步入衰退期。19 世纪，这里与奥地利的林茨之间建起了欧洲最早的铁路马车轨道，作为交通要道而得到复兴。

Map 文前 p.2-B3
人口 9 万 3503 人
旅游局
URL www.inbudejovice.cz

►►Access Guide
从布拉格出发
时刻表 p.33
每小时 1~3 趟
所需时间：约 2 小时 15 分钟～3 小时
运费：129 捷克克朗

旅游咨询处（捷克布杰约维采）
Map p.79-A
住 nám. Přemysla Otakara II. 1, 2
TEL 386-801-413
URL www.inbudejovice.cz
开 6~9 月 8:30~18:00（周六 8:30~17:00、周日 10:00~16:00）
10 月～次年 5 月的周二·周四·周五 9:00~16:00（周一·周三 9:00~17:00、周六 9:00~13:00）
休 10 月～次年 5 月的周日
有酒店信息汇总的文件，还有可以免费使用的网络客户端。

交通 & 线路

铁路和巴士总站都位于老城区向东步行约 10 分钟的位置。巴士总站在火车站斜对面 Mercury 购物中心的屋顶上。

连接车站和老城区的拉诺瓦大街 Lannova 上，林立着咖啡屋、商店，是一条干净整洁的步行专用道，步行方便。

捷克布杰约维采 漫 步

捷克布杰约维采的观光景点集中在老城区。老城区的中心是被巴洛克式和文艺复兴式样的美丽建筑物包围的普热米斯尔·奥塔卡尔二世广场 nám Přemysla Otakara Ⅱ。在这座广场中央，有 1721~1726 年建造的萨姆松喷泉。

广场西南端建造的 3 座塔似的建筑物就是市政厅 Radnice。在广场周围的建筑物当中显得尤为醒目。从 1727 年到 1730 年建造的优雅的巴洛克式建筑，夜晚灯光点亮，华美无边。

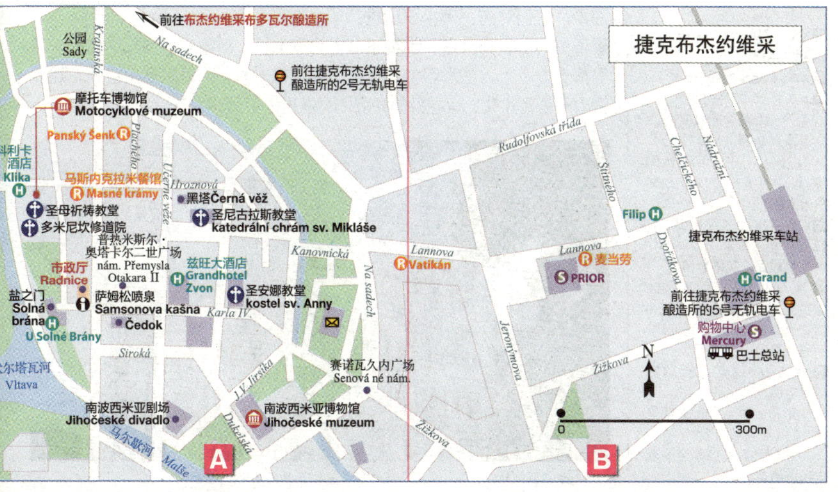

市政厅

住 nám. Přemysla Otakara II. 2
电 386-801-413
费 成人 40 捷克克朗
学生 20 捷克克朗
内部只能由导游带领参观。5-9月15人，10月~次年4月5人以上成行。可在游客中心 i 申请，发邮件也可以。

布杰约维采布多瓦尔酿造所

🚌 在车站乘坐5路巴士在第四站的Družba-IGY换乘2路巴士，之后在Budvar下车。每天约15分钟运行一趟。从老城区北侧的Poliklinika Sever也可以乘坐2路的有轨电车。在车站的售票机上购买20分钟有效的车票就OK。回程的巴士车站没有售票机，因此最好在去时提前买好。

住 Kalolíny Světlé 512/4
电 387-705-347 开 9:00~17:00
休 1·2月的周日·周一

▶工厂参观团

开 每日14:00出发（7月也有11:00出发的旅游团）
费 成人120捷克克朗、
儿童·学生60捷克克朗
导游有英语·德语·法语·捷克语。需要提前2天预约。1·2月只有周二~周六可以预约。除此之外的时间只能够接待5人以上的旅游团，也需要提前预约（成人180捷克克朗）

▶▶ **Access Guide**

从捷克布杰约维采前往赫卢博卡城堡

从巴士总站乘坐路过Hluboká nad Vltavou（伏尔塔瓦河畔赫卢博卡）的巴士，在Pod Kostelem下车。平日每小时1~4趟，周末每1~2小时1~3趟

所需时间： 20~35分钟
费用： 21捷克克朗

赫卢博卡城堡

住 Státní Zámek Hluboká
电 387-843-911
URL www.zamek-hluboka.eu
开 1~3月 10:00~16:00
4·9·10月 9:00~16:30
5~8月 9:00~17:00
11月~12月中旬 9:00~16:00
（9月~次年6月的12:00~12:30白天休息）
休 9月~次年6月的周一、12月中旬~月末

▶主要线路（英语导游）

费 成人320捷克克朗（250捷克克朗）、儿童·学生220捷克克朗（180捷克克朗）

▶语音导游

费 成人260捷克克朗（185捷克克朗）
儿童·学生180捷克克朗（130捷克克朗）
※括号内指的是冬季限定线路的费用

布杰约维采布多瓦尔酿造所

Map p.79-A

Pivovaru Bud ě jovický Budvar

向世界上50余个国家出口的布杰约维采布多瓦尔酿造工厂每年的啤酒年产量约1亿2000万升。1265年城市建立之初这里就拥有了啤酒酿造的资质。从最开始的市民们自己饮用的啤酒逐渐向可以更广范围销售的商业化啤酒酿造转变，到了18世纪，酿造所的数量达到了387处。各酿造所协作开始在如今的这个地址生产啤酒始于1847年。随着产业革命的兴起，又于1895年建成了可以进行更现代化大量生产，拥有更先进设备的啤酒加工厂。

酿造所的导游

在约1小时的工厂参观过程中，大家差不多可以看到啤酒制造的整个过程。除了可以品尝直接从酒桶中接出来的啤酒之外，还能够在专门的啤酒餐厅中品尝十分地道的当地啤酒。

近郊的景点　从捷克布杰约维采乘坐巴士最短需要20分钟

赫卢博卡城堡

Map 文前 p.2-B3

Zámek Hluboká

在捷克布杰约维采北部约4公里处，有一座小城——赫卢博卡·纳特·乌尔塔沃Hluboká nad Vltavou。从小山丘上眺望城市，可以看到被人们称作捷克最美的城堡——赫卢博卡城堡。

咖啡馆及商店林立的赫卢博卡·纳特·乌尔塔沃

关于这座城堡是什么时候建造，由谁建造，都已经不得而知了。从普热米斯尔·奥塔卡尔二世开始，在约3个世纪之内，这里一直为波西米亚皇家所有，后来为德国出身的贵族什瓦尔曾贝克家族所有。什瓦尔曾贝克家族有着巨大的财富，它们对赫卢博卡城堡进行了豪华的内部装饰改造，收集了众多的美术品。别致的装饰和华丽的家具等都美得令人无法形容。外面花园和城堡内的花园可以自由进入，建筑物内部需要收费。有导游的参观团可以进去游览。

新哥特风建筑的城堡，以英国温莎城堡为样本在19世纪建造

info 赫卢博卡城堡的旅游团一般在11月中旬~次年3月中旬会有冬季限定的线路。还有其他两种参观的方式，费用及开馆时间都会有所差别。

近郊的城镇 从捷克布杰约维采出发乘坐巴士最短 30 分钟

霍拉舍维采

Map 文前 p.2-B3

Holašovice

位于捷克布杰约维采向西约 15 公里的小村庄霍拉舍维采，有着一派田园风景以及波西米亚风格建筑，并以独特的建筑而闻名。在 1840~1880 年的很短时间内，古老的木质房屋逐渐被刷漆的房屋所取代。在白色、粉色、奶油色等蜡笔色调装饰的墙壁上，描绘着美丽圆圈的屋顶给人留下独特的印象。虽然这是在南波西米亚一带十分常见的房屋类型，而霍拉舍维采几乎完全保留下了原始的状态，因此在 1998 年被列入联合国教科文组织世界遗产名录。

巴洛克样式的房屋好似将中央广场环绕，地方很小，悠闲地走走看看大约只需要 15 分钟的时间。有不少餐馆和酒吧，但在淡季很多店家会关门。

眼前仿佛一片童话世界

▶▶ Access Guide

从捷克布杰约维采前往霍拉舍维采

🚌 乘坐前往 Lhenice 的巴士，在 Jankov，Holašovice 下车。所需时间 30~40 分钟，费用 28 捷克克朗 ~。巴士按照 Jankov→Jankov，Holašovice 的顺序停靠。直通车平常 1 日 7 趟（休息日 1 日 1~2 趟）。休息日很难坐到当日的返程车，街上也没有可以住宿的地方，因此要尽量避免这个时间段。

世界遗产

霍拉舍维采历史中心
Holašovice - Vesnická rezervace
1998 年登录

旅游咨询处（霍拉舍维采）

住 Holašovice 43
TEL 387-982-145
URL www.holasovice.eu
开 9:00~17:00
休 周一、9 月的周二~周五、10 月~次年 3 月

捷克布杰约维采的酒店

Hotel

兹旺大酒店

Grandhotel Zvon

Map p.79-A

◆ 普热米斯尔 · 奥塔卡尔二世南广场对面的 3 座建筑内部相连，形成了一个大酒店。客房有行政房、套间以及商务房等房型。

住 nám. Přemysla Otakara II 90/28
TEL 381-601-601 FAX 381-601-605
URL www.hotel-zvon.cz
S W 56~363 欧元
CC A D M V
含 WiFi 免费

科利卡酒店

Hotel Klika

Map p.79-A

◆ 一楼是餐馆，上面是房间。屋顶向内陷，透过窗户，可以看到对面的公园。4 人住的套房价格 3500 捷克克朗 ~，非常宽敞，还有暖炉，气氛相当棒。

住 Hroznová 25 TEL 387-318-171
FAX 387-222-775 URL www.hotelklika.cz
S 950 捷克克朗 ~
W 1690 捷克克朗 ~
CC A D M V 含
WiFi 免费

捷克布杰约维采的餐馆

Restaurant

马斯内克拉米餐馆

Restaurace Masné krámy

Map p.79-A

◆ 布杰约维采布多瓦尔直营的一家餐馆。除了直接出厂的啤酒，肉类美食也相当美味，猪肉、牛肉以及鸡肉的混合美食 249 捷克克朗，能带给人超大的满足。

住 Krajinská 13 TEL 387-201-301
URL www.masne-kramy.cz
开 10:30~23:00（周五 · 周六 ~24:00、周日 ~21:00）
休 无 CC A M V
啤酒屋 捷克美食

捷克克鲁姆洛夫

Český Krumlov

Map 文前 p.2-B3
人口 1 万 3167 人
旅游局
URL www.ckrumlov.info

►► Access Guide

从布拉格出发

没有直通车。可在布杰约维采换乘。

Student Agency 公司从纳·科尼泽采巴士中心每一小时发车一趟，弗里克斯巴士公司从弗洛伦茨巴士中心的发车时间为 7:45、9:30、11:30、13:30 和 18:45。

所需时间：2 小时 45 分钟 ~ 3 小时 30 分钟

费用：99 捷克克朗 ~

从捷克布杰约维采出发

时刻表 p.33

1 小时 1~3 趟

所需时间：30~50 分钟

费用：32 捷克克朗 ~

世界遗产

捷克克鲁姆洛夫历史中心

Český Krumlov-Historické centrum

1992 年登录

被誉为“世界上最美丽的城市”之一的捷克克鲁姆洛夫，位于蜿蜒曲折的伏尔塔瓦河的怀抱之中，如今这里仍然保留着优雅和美丽。13 世纪时，南部西米亚豪族维特科夫开始在这里构筑城堡。14 世纪初期，维特科夫家族衰落，罗杰恩堡家族开始统治这里，并于 16 世纪时迎来了它的鼎盛时期。后来，这里的统治权从罗杰恩堡向休瓦尔森恩堡家族更迭，这些变化都对这座城堡产生了巨大的影响。

从当地博物馆的观景台上向下眺望

交通 & 线路

● 铁路　从捷克克鲁姆洛夫站出发到达布杰约维采门 Budéjovická brána 约 1.5 公里，徒步 20 分钟左右。也有出租车可以乘坐，价格较高。选择市内巴士的话会很方便（在司机处购买车票即可）。

● 长距离巴士　巴士总站位于老城区的东侧。在距离终点前一站的 Český Krumlov-Špičák 下车的话，可以从布杰约维采门进入老城区。

捷克克鲁姆洛夫 漫步

捷克克鲁姆洛夫整座城就可以算是老城区的一个景点了。无论从布杰约维采门进入，还是从巴士总站过来，都以老城区的中心斯沃尔诺斯蒂广场 nám. Svornosti 为目标就好。

从广场向北走入拉多尼丘尼大道 Radniční，可以看到一座木质的桥架设在伏尔塔瓦河之上。过桥之后向左侧方向走就会进入拉多兰街 Latrán，然后就到了一个小广场。位于左侧的，是进入城堡的入口——红门 Červená brána。如果不进入城堡而径直向前走，5 分钟左右就能从老城区走出来。

火车站 ~ 捷克克鲁姆洛夫老城区

捷克克鲁姆洛夫站
Za Nádražím
třída Míru
Na Svahu
třída Míru
Vyšehradská
Zahradní
N
0　200m
třída Míru
Vltava
伏尔塔瓦河
Český Krumlov Špičák
Latrán
布杰约维采门
Budejovická brána
前往老城区

有着色彩缤纷建筑物的斯沃尔诺斯蒂广场

info 开往捷克克鲁姆洛夫的巴士，在旺季有着很高的人气。经常会有车票售空的情形，所以最好早一点预约。

捷克克鲁姆洛夫 主要景点

地域博物馆 Map p.83-B2

Regionální muzeum

这里是展示捷克克鲁姆洛夫以及南波西米亚地区的历史、民俗资料以及基督教美术、民间工艺品等内容的博物馆。内容经常会更换，展示方法以及展示品的质量都非常高，并且非常易于理解。

利用耶稣会神学校的建筑

埃贡 · 席勒文化中心 Map p.83-A2

Egon Schiele Art Centrum

利用一座古老的啤酒酿造所改造而成，以 20 世纪初期的画家埃贡 · 席勒的名字命名的文化艺术中心。在这座 3 层的建筑物中，展示有席勒以及现代作家的作品。展示席勒作品的 1 层是文艺复兴样式的大厅。除了素描以及版画等 80 余部作品之外，还展示了席勒使用过的家具以及照片等物件，很值得一看。不过这里的真迹很少，大多是复制品。席勒将捷克克鲁姆洛夫作为自己的第二故乡，非常热爱这里，并曾与恋人在此居住。描写这座城市的作品也很值得关注。

旅游咨询处（捷克克鲁姆洛夫）
Map p.83-A2
住 nám. Svornosti 2
TEL 380-704-622
URL www.ckrumlov.info
开 4 · 5 · 9 · 10 月 9:00~18:00
6~8 月 9:00~19:00
11~3 月 9:00~17:00
（周六 · 周日有日休）
休 无
可以选择能够听到城市著名景点讲解的语音导游的租借服务（1 小时 100 捷克克朗 ~）。行李寄存 1 日 25 捷克克朗。

地域博物馆
住 Horní 152
TEL 380-711-674
URL www.muzeumck.cz
开 9:00~12:00、12:30~17:00
休 周一 费 成人 50 捷克克朗 儿童 25 捷克克朗

埃贡 · 席勒文化中心
住 Široká 71
TEL 380-704-011
URL www.schieleartcentrum.cz
开 10:00~18:00
休 2~3 月
费 成人 180 捷克克朗
儿童 · 学生 90 捷克克朗

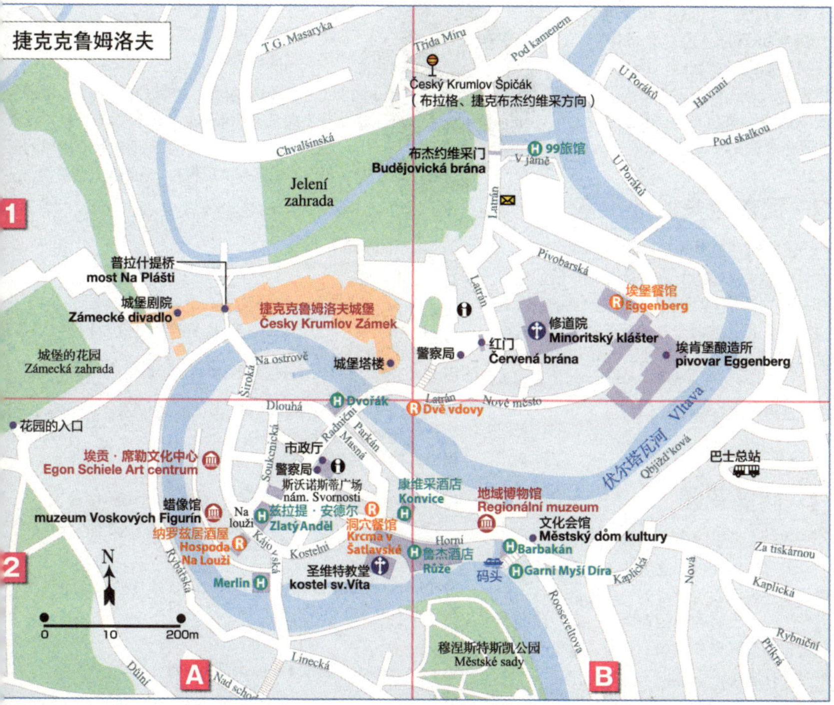

捷克

● 捷克克鲁姆洛夫

捷克克鲁姆洛夫

info 捷克克鲁姆洛夫城堡内的剧场可以参观游览。10:00~15:00（12:00 除外）每一小时出发一趟。

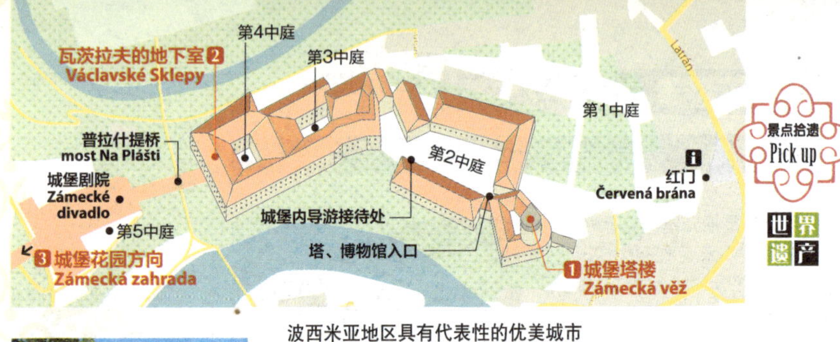

波西米亚地区具有代表性的优美城市

捷克克鲁姆洛夫城堡

Česky Krumlov Zámek

它是波西米亚地区规模仅次于布拉格城堡的一座城堡。城堡始建于 13 世纪，后来经过不断增建修缮，很好地融合了各时期的不同建筑样式，最终发展成为今天人们所看到的这座巨大的复合型建筑。

有着丰富彩色装饰的可爱城

城堡当中最古老的是被称为弗拉德克的部分，穿过红门进入中庭（第 1 中庭），从正面就可以看到这座有塔楼的建筑。主城堡内以由导游带领参观。线路有Ⅰ和Ⅱ两种，提前在售票处确认好时间。

1 城堡塔楼

Zámecká věž

这座塔楼已经成为这座城市的象征，当人们漫步在狭窄的街道上时，都会不经意间瞥见这座塔楼。塔楼最初是哥特式样的建筑，1580~1590 年被改建为如今的文艺复兴式样。圆筒形的设计搭配红、绿灯鲜艳色彩，令人印象深刻。从塔楼的最顶端遥望市区，震撼的美景会令你无法用语言来表达。

2 瓦茨拉夫的地下室

Václavské sklepy

在第 4 中庭的下方，从古时开始就保留有一座宽敞的地下室。据说在 1394 年以及 1402 年，作为波西米亚王瓦茨拉夫四世的牢狱而使用，因此也被称为“瓦茨拉夫的地下室”。如今利用这里宽敞的空间，展示着捷克以及世界各国的现代美术作品。

3 城堡花园

Zámecká zahrada

越过架设在山谷之上的普拉什提桥向前走，不一会儿就可以看到一座巴洛克样式的大花园。在设施齐全的花园中，有一座淡粉色的巴洛克式野外剧场。夏天，这里经常会举办各种活动。

城堡内喂养的熊

城堡内的洞穴中喂养有狗熊。具体是从什么时候开始喂养的，不得而知，但在城市的文献中早在 1707 年就曾有过喂养狗熊的记载。目前共有 2 只狗熊，欢迎人们的造访。

捷克克鲁姆洛夫城堡

住 Zámek 59　TEL 380-704-711　URL www.zamek-ceskykrumlov.cz

城堡内导游

线路Ⅰ（英语导游）

包括礼拜堂、文艺复兴式房间、餐馆以及卧室的巴洛克沙龙、假面会等。所需时间 1 小时。

费 成人 320 捷克克朗　儿童、学生 220 捷克克朗

线路Ⅱ（英语导游）

从施瓦岑贝格家的肖像画画廊开始，可以参观 19 世纪的装饰以及各物件。所需时间 1 小时

费 成人 240 捷克克朗　儿童、学生 140 捷克克朗

城堡的塔楼

开 1~3 月 9:00~15:15（周六 ~16:15）4 · 5 · 9 · 10 月 9:00~16:15　6~8 月 9:00~17:15　11 · 12 月 9:00~15：15　休 11 月 ~ 次年 3 月的周一

费 成人 100 捷克克朗　儿童、学生 70 捷克克朗

瓦茨拉夫的地下室

TEL 608-443-845　开 4~10 月 10:00~17:00　11 · 12 月 11:00~15:00

休 11 · 2 月的周一 ~ 周四、1~3 月

费 成人 50 捷克克朗　儿童、学生 30 捷克克朗

城堡的花园

开 4 · 10 月 8:00~17:00　5~9 月 9:00~19:00　休 11 月 ~ 次年 3 月

费 免费

捷克克鲁姆洛夫的酒店
Hotel

鲁杰酒店
Hotel Růže

◆ 1568 年创建，当时是一座基督教修道院，1889年将它改造成为一家五星级酒店。建筑虽然略显陈旧，但是里面的设施却十分现代化。还有桑拿及泳池等完备设施。

Map p.83A-B2

住 Horní 154 TEL 380-772-100
URL www.hotelruze.cz
S W 98~500 欧元
CC A D M V
早餐 含 WiFi 免费

兹拉提 · 安德尔
Zlatý Anděl

◆ 店名带有“黄金天使”的含义。位于斯诺尔诺斯蒂广场的对面，保留了中世纪的风情，居住非常舒适。餐馆、啤酒屋、酒吧等设施一应俱全。

Map p.83-A2

住 nám. Svornosti 11 TEL 380-712-310
FAX 380-712-927 URL www.hotelzlatyandel.cz
S 1900 捷克克朗～
W 3200 捷克克朗～
CC A D M V 早餐 含
WiFi 免费

康维采酒店
Hotel Konvice

◆ 康维采意为葡萄酒壶。这是对 16 世纪的建筑进行修缮后改造成的舒适的酒店。在这里可以品尝到美味的捷克美食，气氛非常不错的葡萄酒餐厅具有很高的人气。

Map p.83-A2

住 Horní 145 TEL 380-711-611
URL www.boehmerwaldhotels.de
S 1600 捷克克朗～
W 1900 捷克克朗～
CC D J M V 早餐 含 WiFi 免费

99 旅馆
Hostel 99

◆ 这是 700 年前的古建筑。床铺、淋浴基本上都是男女共同使用。设有厨房。还有餐馆。夏日每周的周三都会提供免费的啤酒。

Map p.83-B1

住 Věžní 99 TEL 380-712-812
URL www.hostel99.cz
多 350 捷克克朗～
S W 700 捷克克朗～
CC M V 早餐 无 WiFi 免费

捷克克鲁姆洛夫的餐馆
Restaurant

埃堡餐馆
Restaurace Eggenberg

◆ 当地啤酒品牌埃堡的直营店。相邻的酿造所于 1630 年左右建成，如今可以接待工厂的参观。匈牙利汤 175 捷克克朗，河鱼美食 200 捷克克朗等美食都值得一试。

新城区 Map p.83-B1

住 Latrán 27 TEL 380-711-917
URL www.eggenberg.cz
开 周一～周六 11:00~23:00（冬季 ~22:00）
周日 11:00~22:00
休 无 CC M V
啤酒屋 捷克美食

纳罗兹居酒屋
Hospoda Na Louži

◆ 在这里可以品尝到地道的捷克美食以及当地的埃堡啤酒，十分平民化的一家餐馆。肉类和鱼类美食大致在 125 捷克克朗～，河鱼的美食价格 217 捷克克朗。啤酒 500ml 价格 35 捷克克朗。

新城区 Map p.83-A2

住 Kájovská 66 TEL 380-711-280
URL www.nalouzi.cz 开 4~10 月 10:00~23:00（11 月～次年 3 月 ~22:00）
休 1 月最后的 2 周 ~2 月最初的一周
CC 不可
啤酒屋 捷克美食

洞穴餐馆
Krčma V Šatlavské

◆ 一家颇具洞穴风的隐蔽餐馆。超大美食制作台上的炭火美食获得很高评价，猪肉以及鸡肉等混合的套餐，价格 275 捷克克朗，很值得推荐。夏日还有露天席位。

新城区 Map p.83-A2

住 Horní 157 TEL 380-713-344
URL www.satlava.cz
开 11:00~24:00 休 无
CC A J M V
啤酒屋 捷克美食

泰尔奇 *Telč*

Map 文前 p.2-B3
人口 5429 人
旅游局
URL www.telc.eu

▶▶ Access Guide

捷克布杰约维采

周一～周五 4:15 6:07 8:07 12:07 14:07 16:07 18:07
周六·周日 6:07 8:07 10:07 12:07 14:07 16:07
所需时间 2 小时 7 分钟

Kostelec u Jihlavy

周一～周五 4:57 6:37 8:20 10:18 11:11 13:16 14:21 15:22 17:10 19:07 22:18
周六 8:20 10:18 11:11 13:16 15:12 17:10 18:18 20:10
周日 8:20 10:18 13:16 15:12 17:10 18:18 20:10
所需时间 36 分钟～44 分钟

泰尔奇站

世界遗产
泰尔奇历史中心
Telč Historické centrum
1992 年登录

旅游咨询处（泰尔奇）
Map p.86-A
住 nám. Zachariáše z Hradce 10
TEL 567-112-407 URL www.telc.eu

泰尔奇静静地矗立在波西米亚·摩拉维亚高原上。在这里，时间似乎已经停滞了几个世纪。泰尔奇的历史最早可以追溯到 12 世纪末。1339 年前后，弗拉德茨家族开始统治这里，按照优美的文艺复兴样式建设这里，并最终形成一座小城。城市被 3 个天然形成的湖泊所包围。16 世纪时，在城主扎哈利亚什的带领下，将这座城市建设成如今的样貌。如诗如画般美丽的风景，让造访此地的游客流连忘返。

泰尔奇 漫 步

可爱的泰尔奇车站

从泰尔奇火车站或巴士总站前往老城区，步行约 10 分钟。从车站出发，穿过正前方延伸的马萨利科瓦路 Masarykova，来到斯瓦特亚嫩斯卡路 Svatoanenská，右侧可以看到霍尔尼门 Horní brána。穿过这座门，就来到老城区了。

info 什特布尼茨基水池附近有可以租借的小船。

扎哈利亚什广场

Map p.86-A

náměstí Zachariáše z Hradce

扎哈利亚什广场

老城区的中心是扎哈利亚什广场，广场上建造有许多造型可爱的建筑。这条街形成于1530年，但因泰尔奇的一场大火，这里被烧为灰烬。城主扎哈利亚什Zachariáš呼吁市民把自己的住宅全部替换为文艺复兴式样和早期的巴洛克式样建筑，结果才形成了这些不同风格的住宅。建筑物的入口是拱形的，里面全是卖礼品的小店。

泰尔奇城堡

Map p.86-A

Telčský zámek

修整美丽的中庭

原本是建于13世纪的哥特式城堡，16世纪后半期，扎哈利亚什招来意大利建筑师，将它改造成一座文艺复兴式样的建筑。城堡内部的装饰非常豪华，可以通过参加观光团入内参观。还可以登上位于霍尔尼门旁边的圣杜哈教堂kostel sv.Ducha或位于泰尔奇城堡隔壁的圣雅各布教堂kostel sv.Jakuba的塔楼，欣赏整座城市的风景。

开 4月8:00~17:00（周二·周四·周五8:00~16:00、周六·周日10:00~16:00）
5·9月8:00~17:00（周六·周日10:00~）
6~8月8:00~18:00（周六·周日10:00~）
10月8:00~17:00（周六·周日10:00~16:00）
11月~次年3月的周一·周三7:30~17:00
周二·周四·周五8:00~16:00
（9月~次年5月白天会有休息）
休 11月~次年3月的周六·周日

泰尔奇城堡
TEL 567-243-943
URL www.zamek-telc.eu
开 3月下旬~4月·10月10:00~16:00
5·6·9月10:00~17:00
7·8月9:00~18:00
※12:00~13:00有日休
休 周一（遇到节日时，第二天休息）、11月~次年3月下旬
费 10捷克克朗（泰尔奇城堡内的庭院）
▶→观光团1
费 成人150捷克克朗 儿童、学生110捷克克朗（英语·德语导游成人300捷克克朗、儿童·学生220捷克克朗）
▶→观光团2
费 成人100捷克克朗 儿童、学生70捷克克朗（观光团2在10月~次年4月休息）
▶→私人观光团
成人60捷克克朗 儿童·学生40捷克克朗（私人观光团只有5~9月下旬会有）

泰尔奇的酒店

Hotel

乌·切尔尼·奥雷尔酒店

Hotel U Černého Orla

Map p.86-A

◆距离市政厅3栋楼，黄色和白色外观看上去十分可爱。客房不算十分宽敞，但木质的新家具非常齐全，室内干净，住宿方便。

住 nám. Zachariáše z Hradce 7
TEL 567-243-222 URL www.cernyorel.cz
S 1200捷克克朗~
W 1800捷克克朗~
S W 780捷克克朗~
CC A D J M V 含 WiFi 免费

采莱林

Hotel Celerin

Map p.86-A

◆建于16世纪的楼房，墙壁被粉刷成冰激凌黄色。摆放有怀旧家具的客房中，有冰箱和吹风机等配置。

住 nám. Zachariáše z Hradce 1/43
TEL 567-243-477 URL www.hotelcelerin.cz
S 890捷克克朗~
W 1260捷克克朗~
CC A D J M V 含 WiFi 免费

泰尔奇的餐馆

Restaurant

皮采利埃·泰尔奇

Pizzerie Telč

新城区 Map p.86-A

◆面朝扎哈利亚什广场的一家比萨店。比萨尺寸有24厘米及32厘米可选，89~135捷克克朗。比萨口味及甜点的种类也十分丰富。还可以外带。

住 nám. Zachariáše z Hradce 32
TEL 567-223-246 URL pizzerietelc.cz
开 10:00~22:00（周五·周六~24:00、周日11:00~）休 无 CC 不可
比萨

本系列已出版丛书
涵盖世界70个国家和地区

波兰

Poland

格但斯克的海王星雕像

国旗

白色和红色的两色旗

正式国名

波兰共和国　Rzeczpospolita Polska

国歌

《波兰没有灭亡》 Mazurek Dabrowskiego

面积

约 32.26 万平方公里

人口

3840 万（2019 年）

首都

华沙　Warszawa

国家元首

总统：安杰伊 · 杜达
总理：马泰乌什 · 莫拉维茨基

国家政体

共和制（2004 年 5 月加入欧盟）

民族构成

其中波兰族约占 97.1%（2016 年），此外，还有德意志、白俄罗斯、俄罗斯、立陶宛、犹太等少数民族。

宗教

罗马天主教占 87.5%。此外还有波兰正教（东正教）以及基督教新教等。

语言

通用语是波兰语（斯拉夫语系）。中老年人群中较多人讲德语和俄语，年轻人多讲英语、德语和法语。

→旅行中会用到的波兰语 p.98

货币和汇率

波兰的通用货币是兹罗提（złoty）。本书当中用 zł 来表示。补充货币为格罗什（grosz）。本书当中用 gr 来表示。1zł=100gr。2021 年 1 月，1zł=1.754 元人民币，1 欧元 =4.5089 兹罗提。

纸币有 500 兹罗提、200 兹罗提、100 兹罗提、50 兹罗提、20 兹罗提、10 兹罗提，硬币有 5 兹罗提、2 兹罗提、1 兹罗提、50 格罗什、20 格罗什、10 格罗什、5 格罗什、2 格罗什和 1 格罗什。

【信用卡】中档以上的酒店、旅行社以及餐馆等大部分都可以使用信用卡，ATM 也十分普及。

【货币兑换】在城市里有许多名为 Kantor 的货币兑换处。不同的店家汇率有所不同，但在周末时，酒店内部以及车站附近的兑换处汇率一般不太划算。

1 兹罗提

2 兹罗提

5 兹罗提

10 兹罗提

20 兹罗提

50 兹罗提

100 兹罗提

200 兹罗提

1 格罗什

2 格罗什

5 格罗什

10 格罗什

20 格罗什

50 格罗什

→旅游的预算与花费 p.480

出入境

【签证】从 2008 年 3 月 30 日开始完全实施申根协定中的内容。即 180 日以内，总计最多 90 天的观光滞留不需要签证。

【护照】出国时护照需留有 6 个月以上的有效期。

→中国出入境 p.461
→中欧各国的出入境 p.461

拨打电话的方法

从中国往波兰拨打电话的方法

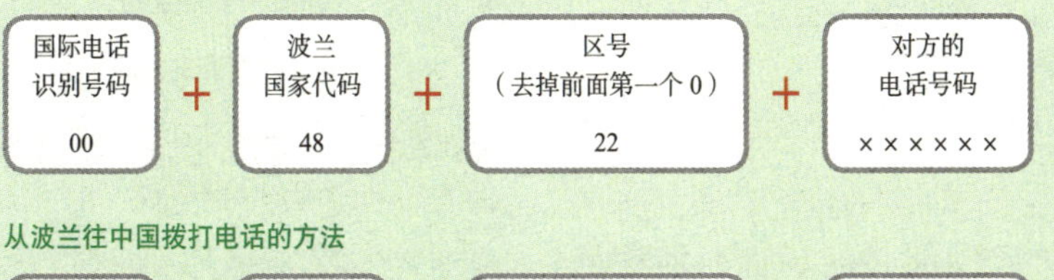

从波兰往中国拨打电话的方法

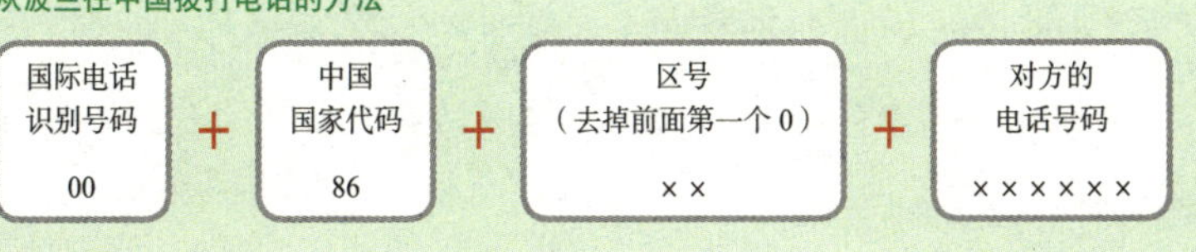

→关于通信与邮寄 p.486

从中国至波兰的航班

从北京有直飞波兰华沙的航班，直飞大约 9 个半小时，也可经由法兰克福、莫斯科等地转机前往波兰。

→从中国前往中欧的线路 p.460

时差和夏令时

比北京晚 7 小时。也就是说，北京时间 19:00，是波兰白天正午 12 点。实行夏令时的时候，比北京晚 6 小时。夏令时的实行时间是 3 月最后一个周日的 AM2:00（=AM3:00）~10 月最后一个周日的 AM3:00（=AM2:00）。

营业时间

以下为一般机构的营业时间。

【银行】

平日 8:00~17:00，部分银行在周六的上午也会营业，周日休息。

【商场和店铺】

一般的商店会在平日的 10:00~11:00 开门营业，大多数在 18:00~19:00 关门。周六营业~

从周边各国前往波兰的线路

→当地交通 p.481

13:00，周日和节假日一般会休息。

商场营业时间为 10:00~20:00，大部分超市是 9:00~21:00。

【餐馆】

一般会在 11:00~23:00 营业，华沙等地也有 24 小时营业的店家。

气候

波兰属于大陆性气候，四季分明。冬季多云的天气较多，因而缓和了冷空气，所以虽然属于高纬度，但并没有想象中那么寒冷。春天，大地披上了嫩绿色，而到了夏季日照变得非常强烈。过了 8 月，突然间白天变得越来越短，10 月在华沙就可能降雪了。

华沙的气温及降水量

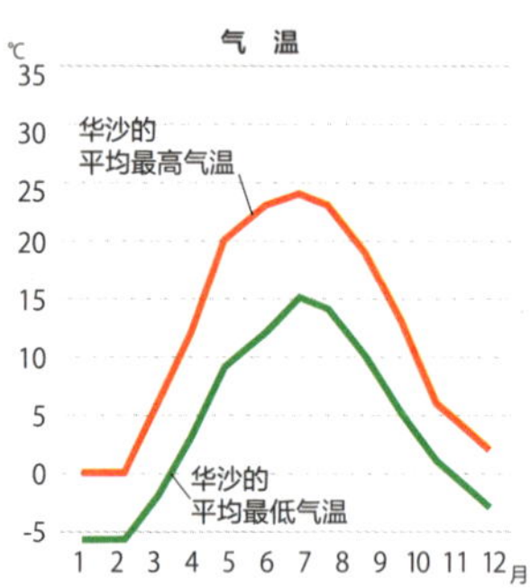

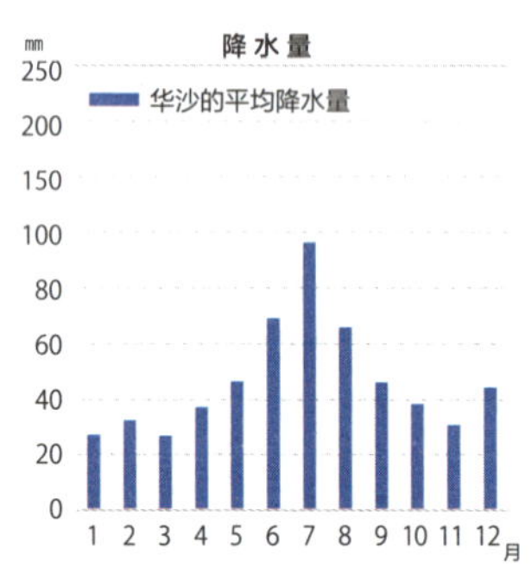

节假日

随着年份的不同有的节假日会有变动（※标记），需要注意。

时 间	节日名称
1/1	元旦
1/6	主显节
4/12（'20）4/4（'21）※	复活节
4/13（'20）4/12（'21）※	复活节的第二个周一
5/1	劳动节
5/3	宪法日
6/11（'20）6/3（'21）※	圣体节
8/15	圣母升天节
11/1	万圣节
11/11	独立纪念日
12/25・26	圣诞节

电压和插座

电压是 220V，频率是 50Hz，但是插头类型与中国不同，需要带转换插头。

视频制式

波兰的电视，视频制式是 PAL，与中国相同。

洗手间

公共场所的厕所一般都是收费的，费用大概在 1~3 兹罗提。男女会使用不同的符号来表示，●表示女性用，▼或者▲表示男性使用。

酒店

【餐馆】

在高级餐厅享受了高品质的服务，感到满意的话一般可以按照花销的 10% 支付小费。

【小费】

行李员帮忙搬行李一般给 3 兹罗提的小费。基准是 3~4 兹罗提。

饮用水

水管里的水基本上是不可以直接饮用的。可以购买瓶装矿泉水。但是大部分的瓶装矿泉水是含碳酸的（gazowana），如果不喜欢，也可以购买不含碳酸的（niegazowana）类型，一般500毫升的价格为1.70兹罗提~。

邮政

邮局和电话局平日的营业时间为10:00~18:00（20:00），周六只有上午，周日会休息。大城市也有24小时营业的地方。

【邮寄费用】

邮寄到中国的航空邮件，明信片和信封一起低于50克的，费用为3.50兹罗提。小包裹1千克以下45兹罗提，1千克以上不足2千克的95兹罗提。快的话4~5天，正常来说需要一周左右。

国际快递EMS能从各主要邮局寄出，500克以内费用为126兹罗提，500克以上1千克以内的150兹罗提，1千克以上2千克以下的174兹罗提，最多不超过20千克。

有许多带有怀旧味道的可爱邮票

→关于通信与邮寄 p.486

税金

在波兰，大部分商品的增值税PTU（VAT）在5%~23%，旅行者办理相关手续，最多可以退回16.5%的税金。

退税的情况仅限一天时间内，在同一家店铺，一次性购买200兹罗提以上的物品，且从购买当月的最后一天计算，在3个月以内，未使用状态下被带往国外（欧盟圈除外）的情况。

→中欧各国的出入境 p.461

安全与纠纷

与其他欧洲各国相比，波兰可以说是相对安全一些的。但外国游客很容易会成为小偷诈骗的对象，所以一定要保持警惕。

【警察】

警察在波兰语中叫作Policja。

【小偷】

要注意巴士、电车等公共交通工具上的小偷，特别是从华沙肖邦国际机场开往市内的175路车，从克拉科夫前往奥斯威辛的巴士上，会有惯犯作案，要特别重视。

【火车站和列车内】

有专门以外国人为目标的盗窃团伙，经常出没在华沙中央车站以及华沙东站的站台内，要格外注意。

波兰的客车基本上都是包厢式的，长时间乘坐人很容易犯困，不要太过相信身边坐着的乘客，上厕所时也一定要把贵重的物品带在身上。最近使用刀具划开包裹偷走贵重物品，甚至使用刀具加以威胁的恶性事件也时有发生。所以如果可能的话最好把包厢锁上。特别是女性一个人乘车时，最好不要夜间乘车。

如果一定要晚间乘车的话，乘坐长途巴士会更安全一些。

中国驻波兰大使馆

住 ul. Bonifraterska 1, 00-203 Warsaw Poland

TEL 0048-22-8313836

URL www.chinaembassy.org.pl

警察 **997**（使用手机时拨打112）

消防 **998** 急救中心 **999**

→旅游中的纠纷与安全措施 p.488

年龄限制

在波兰，未满18岁不可以购买烟酒类产品。

度量衡

与中国的度量衡一样，距离都用米，重量用克、千克，液体用升来表示。

波兰 Republic of Poland 旅行的基础知识

意为“平原之民”的博拉涅家族创建的国家，在16~17世纪成为欧洲最大的领土。

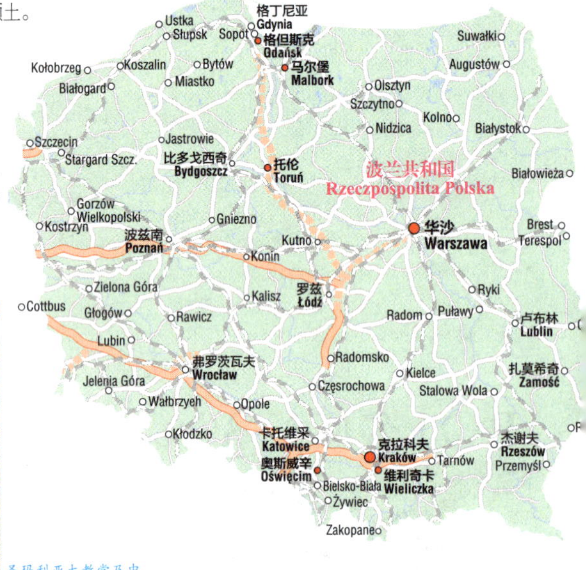

【观光亮点】

1 克拉科夫 p.116

克拉科夫在从11世纪中叶开始的550年间都作为波兰王国的首都而繁荣。中央广场由于在战争中遭到的破坏较小，因此依旧保留着中世纪的样貌。

圣玛利亚大教堂及中央广场

2 华沙老城区 p.99

作为世界遗产“华沙历史中心”老城区广场及其相邻的王宫广场。华沙在第二次世界大战中遭受到毁灭性的破坏，战后又忠实地再现了原有的风貌。

旧王宫及王宫广场

3 奥斯威辛比克瑙集中营 p.128

第二次世界大战时，在纳粹德国控制之下，犹太人遭受虐杀的地方。如今作为纪念设施改造成博物馆，也被登录为世界遗产。

通往集中营的铁道线路

【历史和民族】

9~10世纪时，为了反抗日耳曼民族的侵犯，斯拉夫人各部族联合在一起，逐渐形成了国家的统一。之后，由于波兰地处东西欧贸易的交通枢纽，反而给它招来了巨大的灾难。在漫长的历史过程中，波兰多次受到外来各国的侵略和瓜分。但是，波兰民族从来没有丧失过自己作为一个独立民族的民族意识，并逐渐发展形成了自己独特的民族文化。

【战争与复兴】

在第二次世界大战中，波兰成为战场，包括华沙在内的大部分城市都遭到了毁灭性的破坏。但是战后，在全体国民的共同努力之下，国家得到了最大限度的恢复，在许多地方都再一次可以看到中世纪的美丽街道。克拉科夫由于幸免遭到严重的破坏，所以一直保留着昔日美丽的模样。

【地理】

在波兰这片绿色的国土上，分布着无数的河流、湖泊，农业非常发达。丰富的自然资源得以保护，从列车的车窗向外看，可以看到铁线路两旁有小鹿在奔跑。南部与斯洛伐克交界的国境地带，有塔特拉山脉横穿，对于平原之国的波兰来说，这里作为难得的山岳疗养地而备受人们喜爱。

【移动】

- 国土面积较大，有些地区间的移动需要花费半天以上
- 波兰国内的铁路对于长距离线路和区域内的线路经营公司会有所不同
- PKP Intercity 所有座席预约制

国内航空线路

LOT 波兰航空公司连接着波兰国内的主要城市。波兰的国土面积较为宽广，乘坐火车或巴士在不同城市间往来，有时需要花费半天以上的时间，因此乘坐飞机也是一个不错的选择。从华沙～克拉科夫之间约需 1 小时。

LOT 波兰航空
URL www.lot.com

铁路

●波兰铁路

名为 PKP（Polskie Koleje Państwowe）的波兰铁路的网络十分发达。

波兰铁路
URL www.pkp.pl

波兰火车车厢内部

●有两家公司

作为长距离部门的 PKP Intercity 公司以及地区内运输部门 Przewozy Regionalne 公司运营着波兰境内的大部分线路，售票地点不同，车票也无法互换。PKP Intercity 公司运行的列车全部都是指定座席，需要提前预约。

PKP Intercity（长距离）
URL www.intercity.pl
Przewozy Regionalne
（中距离 · 地区间线路）
URL polregio.pl

●时刻表的查询方法

除了车站之外，在旅行社以及酒店大堂等地方，都会张贴出近期的列车时刻表。

出发使用黄色　黄色纸上印刷的是从这个车站出发的列车时刻表（Odjazdy）。

到达使用白色　白色纸上印刷的是到达时刻（Przyjazdy）。

在网站上查询　在波兰铁路时刻表查询的官网上可以查到全国的列车线路。也可以下载名为 Bilkom 的 PKP 的手机应用软件，还可以使用英语操作。

时刻表查询网站
URL rozklad-pkp.pl

●主要的列车种类

（PKP Intercity）

Express InterCity Premium EIP
以华沙为中心连接主要城市的高速列车。所有席位都必须提前预约。

Express Inter City EIC
所需时间几乎与 EIP 相同的特快列车。所有席位都必须提前预约。

Inter City IC
连接国内主要城市的长距离列车。所有席位都必须提前预约。

Twoje Linie Kolejowe TLK
快速列车。所有席位必须提前预约。

●主要的列车种类

（Przewozy Regionalne）

Inter Regio IR
长距离快速列车

Regio、Regio Express
普通列车

●车票的购买方法

注意售票窗口 PKP Intercity 公司和 Przewozy Regionalne 公司在较大的车站里，售票窗口大多数是分开设置的，而在较小的车站经常会是一个窗口售票。

方便观光的主要直通列车时刻表

华沙 ▶p.99 **⇔克拉科夫（所有座席预约制）** ▶p.116

所需时间：2 小时 15 分钟 ~2 小时 49 分钟（EIP EIC）
2 小时 37 分钟 ~4 小时 51 分钟（IC TLK）

运费：2 等座 73 兹罗提～1 等座 109 兹罗提～（EIP、EIC）
2 等座 54 兹罗提～1 等座 78 兹罗提～（IC TLK）

▶华沙中央车站出发　5:31Ⓣ 5:45Ⓘ 6:40Ⓒ 7:50Ⓣ 8:00Ⓘ 8:46Ⓟ 10:00Ⓟ 10:45Ⓟ 11:20Ⓣ 11:45Ⓟ 12:15Ⓘ 12:44Ⓒ 13:45Ⓟ 15:10Ⓣ 15:45Ⓟ 16:20Ⓘ 17:00Ⓒ 17:45Ⓟ 17:55Ⓣ 18:30Ⓣ 19:05Ⓒ 19:30Ⓘ 19:45Ⓟ 20:25Ⓣ

▶克拉科夫总站出发　4:25Ⓣ 4:42Ⓣ 5:48Ⓟ 6:15Ⓒ 6:44Ⓘ 7:04Ⓘ 7:28Ⓣ 7:55Ⓟ 8:49Ⓒ 9:56Ⓟ 11:02Ⓘ 11:47Ⓟ 13:42Ⓟ 14:55Ⓟ 15:00Ⓘ 15:06Ⓣ 15:51Ⓟ 16:57Ⓟ 17:10Ⓣ 17:36Ⓒ 18:44Ⓟ 19:49Ⓣ 20:16Ⓒ 20:20Ⓣ

托伦 ▶p.135 **⇔格但斯克（所有座席预约制）** ▶p.132

所需时间：2 小时 21 分钟 ~2 小时 32 分钟

运费：2 等座 46.80 兹罗提～1 等座 68 兹罗提～

▶托伦总站出发　12:13Ⓘ 15:40Ⓘ 20:23Ⓣ

▶格但斯克总站出发　5:13Ⓘ 9:05Ⓘ 13:29Ⓘ 16:55Ⓘ

华沙⇔格但斯克（所有座席预约制）

所需时间：约 2 小时 55 分钟（EIP、EIC）
3 小时 58 分钟 ~9 小时 26 分钟（TLK）

运费：2 等座 139 兹罗提～1 等座 199 兹罗提～（EIP、EIC）
2 等座 63 兹罗提～1 等座 82 兹罗提～（IC）

▶华沙中央车站出发：EIP 6:20~12:20、14:20~19:20 的每小时 20 分钟出发（15:20 出发的只有 EIC）、TLC 在 640、10:00、11:10、14:35、19:35 出发

▶格但斯克总站出发　5:48Ⓟ 6:49Ⓟ 7:23Ⓣ 7:46Ⓟ 8:11Ⓣ 8:51Ⓟ 10:09Ⓣ 10:48Ⓟ 11:40Ⓟ 12:45Ⓟ 13:45Ⓟ 13:55Ⓣ 14:48Ⓟ 15:45Ⓟ 16:48Ⓟ 17:45Ⓟ 18:13Ⓣ 18:48Ⓟ 23:13Ⓣ

华沙⇔托伦（所有座席预约制）

所需时间：2 小时 43 分钟 ~3 小时 58 分钟

运费：2 等座 48.6 兹罗提～1 等座 71 兹罗提～

▶华沙中央车站出发　6:20Ⓟ 6:40Ⓣ 7:20Ⓟ 8:20Ⓟ 9:20Ⓟ 10:00Ⓣ 10:20Ⓟ 11:10Ⓣ 11:20Ⓟ 12:20Ⓟ 14:20Ⓟ 14:35Ⓣ 15:20Ⓒ 16:20Ⓟ 17:20Ⓟ 18:20Ⓟ 19:20Ⓟ 19:35Ⓣ

▶托伦总站出发　4:41Ⓒ 5:48Ⓟ 6:49Ⓟ 7:23Ⓣ 7:46Ⓟ 8:11Ⓣ 8:51Ⓟ 10:09Ⓣ 10:48Ⓟ 11:40Ⓒ 12:48Ⓟ 13:45Ⓟ 13:55Ⓣ 14:48Ⓟ 15:45Ⓟ 16:48Ⓟ 17:45Ⓟ 18:13Ⓣ 18:48Ⓟ 23:13Ⓣ

※Ⓟ EIP Ⓘ IC Ⓒ EIC Ⓣ TLK　※随着时间和季节的变动，上述时刻表可能会有变化

有效利用火车站的旅游咨询处 ⓘ 铁路问询处一般都可以使用英语，所以提前把目的地、出发时间、购买票数、座位等级，是购买当日票还是预约票等必要信息写在纸上递过去，购票过程会更加顺利。

网上预约 信用卡十分必要，不过 PKP Intercity（波兰铁路）的线路也可以在官网上预约。

●铁路通票

在 PKP（波兰铁路）可以使用的铁路通票，有波兰特快列车通票、城际通票等。在乘坐 EIP、EIC、EC、TLK、Ex 以及夜车的时候，需要提前预约座位。其中只有 EIP 需要预约费用。

巴士交通

长距离巴士，如果携带较大行李的话可以使用巴士上的行李存放区，也可以提前预约。特别是，乘坐火车不太方便的山岳地带以及地方城市之间的移动，选择巴士的话会更加便利，费用也可能会便宜许多。有像 PKS 或者 Flix bus 这类较大的运营公司，也有小型的迷你巴士可以选择。

●主要的巴士公司

PKS 老牌的国营巴士公司，在全波兰的线路网络都很发达。无论哪个城市都有巴士总站，大多数都会与火车站相邻。

华沙的 PKS 巴士总站

PKS

URL www.pks-express.pl

Flix bus 有许多线路，巴士也都是比较新款的类型，所以具有较高的人气。华沙的巴士总站位于地铁 Wilanowska 以及地铁 Młociny 的旁边，还有 PKS 西巴士总站和文化科学宫殿前的德菲拉德广场上，从这四个地方发抵。在官网上也可以在线预约。

Flix bus

URL www.flixbus.com

●时刻表的查询方法

在巴士总站的墙壁上，一般都会张贴有各线路以及发车时刻的时刻表，不过，在周末或者由于季节变换有可能会有班次暂停运营，可以提前去能够使用英语的旅游咨询处 ⓘ 确认。

【住宿】

- 没有酒店十分集中的酒店街
- 与物价相比住宿费用更高
- 华沙、格但斯克等城市在观光旺季要提早预约

酒店相关

由于大部分的城市里酒店都不会集中在一起，所以依靠步行寻找自己中意的酒店太不容易了。比较省心的做法是：前往旅游咨询处 ⓘ 或者旅行社，请他们帮忙预约或者代为寻找。

住宿费用根据季节的不同会有很大的变化。一般来说，6~9 月是旺季，而 10 月 ~ 次年 5 月是淡季。在华沙、克拉科夫、格但斯克等城市，一到观光旺季，便宜又舒适的酒店很快就会住满人。

酒店的种类

●高级酒店

外资系的酒店都在华沙等大城市，有的酒店单间住宿一晚可能要花上 1500 元人民币以上。而在一些地方城市，最高档的酒店也就 700 元人民币左右，相对来说会便宜很多。也有一些酒店会设定周末的折扣。

●中级酒店

在华沙或者克拉科夫，带有早餐的单人间一晚上的住宿费用大概会在 400~700 元人民币左右，地方城市一般在 300~600 元左右。淋浴和厕所公用的房间大概是 300 元人民币。有些建筑物的外观看上去略微陈旧，但内部经过改装之后，设备都比较齐全。各个房间的舒适度也有所差异。

高级酒店的客房

●私人旅馆

私人旅馆是指当地人将家中的空房租给旅行者的住宿，这些可以通过旅行社联系到。华沙的私人旅馆很多都位于维斯瓦河东岸的普拉加地区。

●青年旅舍

一张床位（大房间）一晚费用大概在 70 元人民币 ~。另外，夏季学生宿舍也会对外开放，收费和青年旅舍差不多。只不过，在这里住宿要预防偷盗或使用安眠药的强盗等。

【饮食】

- 受到俄罗斯美食以及德国美食的影响
- 牛奶吧是可以提供私人服务的餐馆
- Pierogi 是具有波兰风味的饺子

可以用餐的场所

餐馆 Restauracja

即使在华沙这类大城市的餐馆当中，就算选择高级套餐费用一般也不会超过 400 元人民币。除了波兰菜之外，这里的意大利菜、墨西哥菜以及中餐等也非常受欢迎。

牛奶吧 Bar Mleczny

在英语中是牛奶吧的意思。采用自己挑选的自主方式，将自己喜欢的食物放入盘中，最后在柜台结算，大概二三十元人民币就能吃得饱饱的。

格斯波达 Gospoda

能够品尝到传统美食的平民式居酒屋。

皮耶罗格罗尼亚 Pierogarinia

波兰饺子的专卖店。还有许多汤类等波兰的传统美食。

茨基艾罗尼亚 Cukiernia

蛋糕专卖店。波兰人无论男女老少都特别喜欢甜食。除了奶酪蛋糕（Sernik）等糕点之外，还有各种水果馅饼和薄煎饼等美味，具有很高的人气。

火腿 & 香肠

在畜牧业非常发达的波兰，肉菜非常好吃。作为储存食品而发展起来的火腿、香肠等非常受欢迎。

卡巴诺斯 kabanosy

稍微干一些的细窄香肠。

波莱特维萨 polędwica

使用大量牛肉制作的美味火腿。

卡什安卡 kaszanka

使用磨碎的小麦粉混合猪血制成的黑香肠。

甜点

冰激凌

乳酪王国的乳制品非常美味。冰激凌店前都会挂上 Lody 的醒目招牌。

塞尔尼克 Sernik

在波兰具有代表性的奶酪蛋糕。据说我们如今看到的烤乳酪蛋糕就起源于波兰。

蓬切基 Pączek

加入了果酱的甜甜圈。玫瑰酱的最经典，加入了巧克力和蛋奶馅料的也很美味。

伏特加

兹布罗卡 Żubrówka

伏特加可谓是波兰的国酒。加入比亚沃韦扎森林采摘的香草酿造的伏特加具有很高的人气。

啤酒

基维埃茨 Żywiec

始于 1852 年的波兰具有代表性的品牌。

主要的美食和饮料

巴尔西奇 Barszcz	使用红色甜菜发酵之后制作成的鲜红色的汤。然后放入类似水饺的乌休卡。很久之前使用的是一种名为“巴尔西奇”的发酸野草为原料。	
科特勒特·斯哈波维 Kotlet schabowy	波兰版的炸猪排。在波兰各地都能吃到的非常受欢迎的一种人气美食。配菜一般是马铃薯等。	
格龙卡 Golonka	猪腿肉美食。猪后臀到猪大腿上的肉里放入调味料，然后放在烤炉上烤。常见的吃法还要加些西餐吃的芥末。	
普拉茨基·杰姆尼 亚察内 Placki ziemniaczane	使用土豆和小麦粉制作的土豆饼。浇上加入了大量的鸡肉和蘑菇，然后用辣椒粉煮成的汤汁后食用。	

绝对值得品尝！经典的波兰美食

● **久雷克** Żurek

使用经过发酵的黑麦制作而成的带有酸味的汤，一般也会放入香肠、煮鸡蛋等食材，在美食广场上也能吃到。

● **比戈斯** Bigos

将生白菜、泡菜还有香肠等放在一起长时间炖煮，是波兰具有代表性的家常菜。圣诞节必定要吃的一道美食，在外面的摊位上也能找到。

● **皮埃罗基** Pierogi

经典的波兰式水饺。馅料各种各样，有肉馅、奶酪馅、圆白菜馅，等等。一般都是煮制后食用，也有的店铺会准备煎饺供食客选择。

【旅行中会用到的波兰语】

●问好

早上好	Dzień dobry
你好	Dzień dobry
晚上好	Dobry wieczór
再见	Do widzenia
那么，再见	Cześć

●回应等

是的 / 不是	Tak/Nie
谢谢	Dziękuję
对不起	Przepraszam
拜托了	Proszę
不明白	Nie rozumiem
知道了	Chápu
不用了，够了	Nie, dziękuję

●提问

~怎么样呢 Gdzie jest~?

请问厕所在哪里?
Gdzie są toalety?

大概需要多长时间?
Ile godzin się jedzie?

请问这个多少钱?
Ile Kosztuje~?

请给我拿这个 Poproszę to.

●紧急情况

帮帮我！（救命）Na pomoc!

小偷！ Złodziej!

感觉不太舒服
Czuję się niedobrze

我感冒了。
Przeziębiłem/przeziębiłam się.

感觉（头）很痛
Boli mnie brzuch (głowa)

●数

1	jeden
2	dwa
3	trzy
4	cztery
5	pięć
6	sześć
7	siedem
8	osiem
9	dziewięć
10	dziesięć
11	jedenaście
12	dwanaście
13	trzynaście
14	czternaście
15	piętnaście
16	szesnaście
17	siedemnaście
18	osiemnaście
19	dziewiętnaście
20	dwadzieścia
21	dwadzieścia jeden
22	dwadzieścia dwa
100	sto
1000	tysiąc

●提问

周一	poniedziałek
周二	wtorek
周三	środa
周四	czwartek
周五	piątek
周六	sobota
周日	niedziela

1月	styczeń
2月	luty
3月	marzec
4月	kwiecień
5月	maj
6月	czerwiec
7月	lipiec
8月	sierpień
9月	wrzesień
10月	październik
11月	listopad
12月	grudzień

●有用的单词

警察	Policja
入口	Wejście
出口	Wyjście
换乘	Przesiadka
出发	Odjazdy
到达	Przyjazdy
厕所	Toaleta
无人（空置）	Wolne
使用中	Zajęte
~禁止	Zakaz
紧急出口	Wyjście alarmowe
预约	Rezerwacja

info 华沙道路宽广，感觉很近的地方有时也需要走很久。

华沙 *Warszawa/Warsaw*（英语）

华沙原本只是一个小渔村，在14世纪之后慢慢发展，1596年国王齐格蒙特下令将首都从克拉科夫迁至华沙。之后华沙就逐渐发展成为一座美丽的城市，并有了“北方的巴黎”的美称，而第二次世界大战给波兰带来了灾难。在战争末期的1944年，华沙市民在奋起抗击德军铁蹄的斗争中牺牲，这座美丽的城市也几乎遭到整体摧毁。战后的华沙市民忠实地将这座城市战前的景象复原，“哪怕是墙上的一道裂纹”也尽量做出来，使得老城区的美景再次呈现在人们眼前。

老城区广场

Map 文前p.3-C1
人口175万8143人
长途区号22
旅游局
URL www.warsawtour.pl
市内交通
URL www.ztm.waw.pl

经典线路

❶老城市周边漫步

▶p.110

10:00~12:00

从老城区入口的巴巴坎出发，跟着导游游览旧王宫。

连接新城区和老城区的巴巴坎

❷老城区~新世界大道

13:00~15:00

在克拉科夫郊外的街道以及新世界大道上一边散步一边选择一家中意的餐馆享用午餐。之后可以再去肖邦博物馆参观一下。

被年轻人所青睐的热闹的新世界大道

乘坐巴士5分钟

❸瓦津基公园 ▶p.109

15:00~16:00

可以乘坐116路或者180路巴士前往瓦津基公园。

瓦津基公园中的肖邦雕像

世界遗产
华沙历史中心
Stare Miasto w Warszawa
1980年登录

旅游咨询处（华沙）
URL www.warsawtour.pl
▶机场的 ❶
开 9:00~19:00
休 无休
▶文化科学宫殿的 ❶
Map p.102-A4
住 pl.Defilad 1
开 5~9月 8:00~19:00
10月~次年4月 8:00~18:00
休 无
▶老城区的 ❶
Map p.102-A1
住 Rynek Starego Miasta 19/21/21a
开 5~9月 9:00~20:00
10月~次年4月 9:00~18:00
休 无

info 夏日的夜晚，维斯瓦河沿岸的游船餐厅以及路边摊都会出来营业。

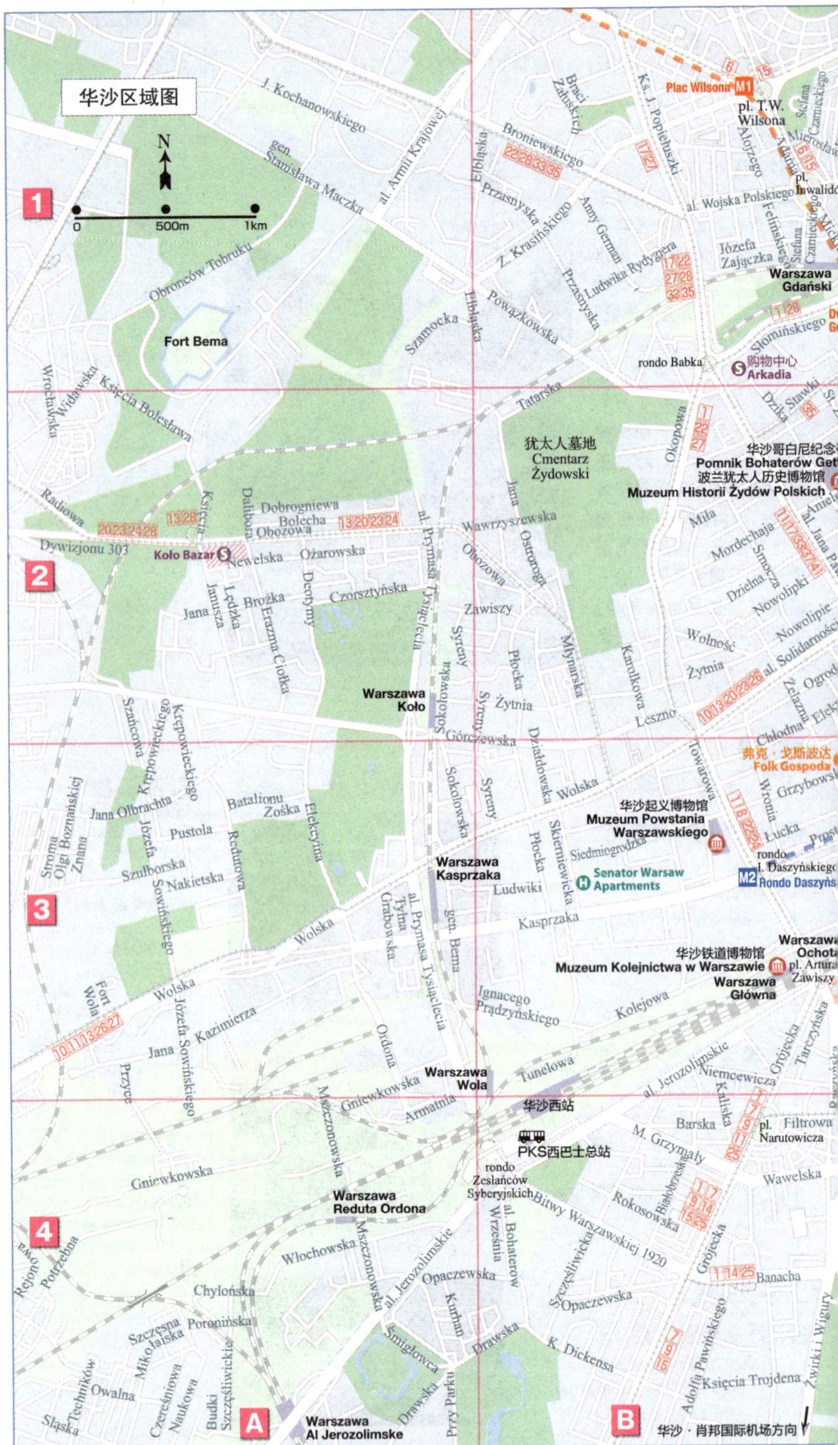
华沙区域图
N
0
500m
1km
Fort Bema
Koło Bazar
Warszawa Koło
犹太人墓地
Cmentarz Żydowski
华沙哥白尼纪念
Pomnik Bohaterów Getta
波兰犹太人历史博物馆
Muzeum Historii Żydów Polskich
购物中心
Arkadia
rondo Babka
Warszawa Gdański
Plac Wilsona
pl. T.W. Wilsona
弗克·戈斯波达
Folk Gospoda
华沙起义博物馆
Muzeum Powstania Warszawskiego
Senator Warsaw Apartments
Rondo Daszyńskiego
Warszawa Kasprzaka
华沙铁道博物馆
Muzeum Kolejnictwa w Warszawie
Warszawa Ochota
Warszawa Główna
Warszawa Wola
华沙西站
PKS西巴士总站
rondo Zesłańców Syberyjskich
Warszawa Reduta Ordona
Warszawa Al Jerozolimske
华沙·肖邦国际机场方向
1
2
3
4
A
B

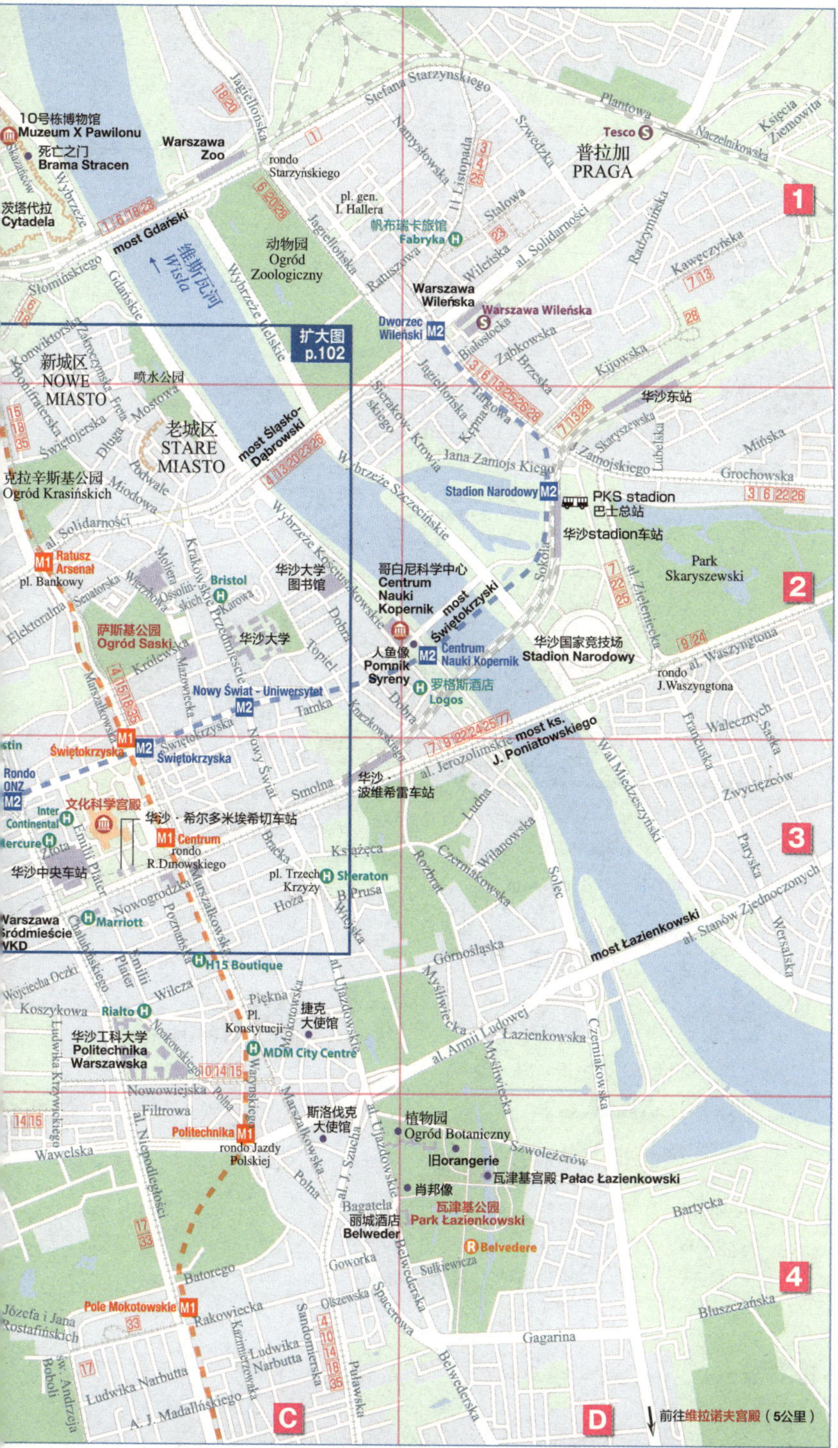
10号栋博物馆
Muzeum X Pawilonu
死亡之门
Brama Stracen
茨塔代拉
Cytadela
Warszawa
Zoo
rondo
Starzyńskiego
pl. gen.
J. Hallera
帆布瑞卡旅馆
Fabryka
普拉加
PRAGA
Tesco
动物园
Ogród
Zoologiczny
维斯瓦河
Wisła
most Gdański
Warszawa
Wileńska
Dworzec
Wileński
Warszawa Wileńska
扩大图
p.102
新城区
NOWE
MIASTO
喷水公园
老城区
STARE
MIASTO
most Śląsko-
Dąbrowski
华沙东站
克拉辛斯基公园
Ogród Krasińskich
Stadion Narodowy
PKS stadion
巴士总站
华沙stadion车站
Park
Skaryszewski
Ratusz
Arsenał
pl. Bankowy
Bristol
华沙大学
图书馆
哥白尼科学中心
Centrum
Nauki
Kopernik
most
Świętokrzyski
萨斯基公园
Ogród Saski
华沙大学
人鱼像
Pomnik
Syreny
Centrum
Nauki Kopernik
华沙国家竞技场
Stadion Narodowy
rondo
J.Waszyngtona
罗格斯酒店
Logos
Nowy Świat - Uniwersytet
Świętokrzyska
Świętokrzyska
most ks.
J. Poniatowskiego
Rondo
ONZ
华沙·
波维希雷车站
文化科学宫殿
华沙·希尔多米埃希切车站
Inter
Continental
Mercure
Centrum
rondo
R.Dmowskiego
华沙中央车站
pl. Trzech
Krzyży
Sheraton
Marriott
Warszawa
Śródmieście
WKD
most Łazienkowski
H15 Boutique
Rialto
Pl.
Konstytucji
捷克
大使馆
华沙工科大学
Politechnika
Warszawska
MDM City Centre
斯洛伐克
大使馆
植物园
Ogród Botaniczny
Politechnika
rondo Jazdy
Polskiej
旧orangerie
瓦津基宫殿 Pałac Łazienkowski
肖邦像
瓦津基公园
Park Łazienkowski
丽城酒店
Belweder
Belvedere
Pole Mokotowskie
C
D
1
2
3
4
前往维拉诺夫宫殿（5公里）

华沙中心图
新城区
NOWE MIASTO
老城区
STARE MIASTO
喷水公园
新城区广场
居里夫人博物馆
Muzeum Marii Skłodowskiej-Curie
巴巴坎
华沙历史博物馆
Muzeum Warszawy
乌·弗基埃拉 U Fukiera
老城区广场
扎皮埃切克
Zapiecek
洗礼者圣约翰大教堂
城堡酒店
Castle Inn
旧王宫
霍诺拉托卡
Honoratka
克拉辛斯基宫殿
克拉辛斯基公园
Ogród Krasińskich
维斯瓦河
Wisła
圣安娜教堂
Kościół św. Anny
考古学博物馆
Muzeum Archeologiczne
Ratusz Arsenał
pl. Bankowy
国家歌剧院
亚当·密茨凯维奇像
总统官邸
华沙大学图书馆
Biblioteka Uniwersytecka w Warszawie
布里斯特尔
Bristol
维兹特克教堂
Kościół Wizytek
卡西米埃什宫殿
Pałac Kazimierzowski
华沙大学
Uniwersytet Warszawski
无名战士墓
Grób Nieznanego Żołnierza
萨斯基公园
Ogród Saski
Sofitel Victoria
赫兰达酒店
Harenda
pl. Żelaznej Bramy
圣十字架教堂
Bazylika Św. Krzyża
三位一体新教教堂
Parafia Ewangelicko-Augsburska Świętej Trójcy
民族博物馆
Muzeum Etnograficzne
哥白尼像
Nowy Świat - Uniwersytet
波兰科学院
城市青年旅舍
Mazowiecki
Okidoki
Camera
Kuźnia Smaku
Vincent Cafe
肖邦博物馆
Muzeum Fryderyka Chop
新世界大道
Świętokrzyska
中央邮局
卡曼达·洛斯卡
Kamanda Lwows
华沙波维
Gromada
阿·布里克雷
A. Blikle
E. Wedel
Stara Mydlarnia
商场
Rondo ONZ
InterContinental
进化博物馆
Muzeum Ewolucji
耶路撒冷大道
国家博物馆
Muzeum Narodowe
文化科学宫殿
Pałac Kultury i Nauki
观景台入口
德菲拉特广场
pl. Defilad
Centrum
rondo R.Dmowskiego
Mercure
科学技术博物馆
Muzeum Techniki
Złote Tarasy
华沙·希尔多米埃希切车站
波洛尼亚宫大酒店
Polonia Palace
Novotel
Metropol
Cepelia
马拉·格鲁吉亚
Mała Gruzja
华沙中央车站
pl. Trzech Krzyży
WKD华沙希尔多米埃希切车站
Marriott
日本馆
Uki Uki
Pod C

导游观光

华沙分布在维斯瓦河东西向两岸的广阔地域上。集中着老城区、博物馆等观光景点的城市中心位于有着华沙中央车站的维斯瓦河的西岸。

中央车站旁边的科学文化宫殿

林立着历史悠久的建筑物

老城区 & 新城区

这一片是游客观光的主要区域。从南边起王宫广场、老城区广场以及新城区广场3座广场相连，周边有石头叠砌的风情步道，还林立着许多具有历史感的建筑。各个广场到了夏季都会摆出露台或者户外咖啡座，气氛十分热闹。

河岸边的人鱼像

维斯瓦河沿岸

流淌在华沙中心城区的维斯瓦河的沿岸，有哥伦布科学中心以及华沙大学图书馆，还有喷水公园等个性而新鲜的景点。河的沿岸有些地方变成了公园，在那里惬意地散步会感觉非常享受。

第二次世界大战中被苏联占领

普拉加地区

维斯瓦河对岸的广阔地域。由于是第二次世界大战中未遭破坏的一片区域，所以一些古老的建筑得以被保留下来。这里以前因为糟糕的治安而出名，而近年来随着不断地开发，增加了许多时尚亮丽的店铺。东站周边的开发也在快速进行。

新世界大道～克拉科夫郊外道路周边

哥伦布雕像

从中央站沿着主要大街耶路撒冷大道向前行进1公里，再向左拐就是新世界大道。这是两边林立着精致小店及咖啡馆的时尚景区。向北走路名字就变为克拉科夫郊外大道，就是老城区的方向。

华沙中央车站周边

现代化的华沙中央站

城市的中心就是华沙中央车站。中央车站前东西走向的是耶路撒冷大道，文化科学馆东侧南北走向的是元帅大道，这两条道路交叉的地方是城市最热闹的区域，分布着酒店以及写字楼等高层建筑。两条街道的宽度都有50米左右，要去街道的另一边必须要走地下通道。

瓦津基公园周边

到了夏季还会举办肖邦音乐会

位于城市南部的瓦津基公园里有肖邦雕像以及水上宫殿等人气观光景点。周边是高级住宅区，各国大使馆也多设在这边。

华沙　地区导图

华沙 · 肖邦机场
住 Żwirki i Wigury 1
TEL 22-650-4220
URL www.lotnisko-chopina.pl

▶购买市内巴士车票

机场到达大厅内的便利店、Relay、旅游咨询处旁边的购票中心、到达大厅外以及火车站广场的售票机处均可购票，建议提前买好。并且在乘车时要马上自己插入检票。

▶机场～市内的出租车

到达大厅的中央出口前会有出租车等待。采用计价方式，可以放心乘坐。至华沙中央车站周边大约 40 兹罗提～。所需时间 15~45 分钟。

从国外过来的直航也可在此进出

从机场前往市内

华沙 · 肖邦机场
Lotnisko Chopina w Warszawie

华沙 · 肖邦机场位于城市中心部西南约 10 公里的位置。从附近各国来到这里，基本上都会抵达 A 航站楼。机场内部设有餐馆、货币兑换处、ATM、邮局、旅行社以及旅游咨询处 ❶ 等。与机场相近的火车站以及与华沙中心城区之间都有近郊列车相连。

波兰机场的大门

●城市高速铁道 SKM 有 S2 和 S3 线路。两条线路都会经过华沙西站，S2 会在华沙 Srodmiescie 车站，S3 会在华沙中央车站停车。使用市内交通通票可以乘车。

●近郊列车 KM 经华沙西站，在中央车站停车。车票与市内交通通票有所不同。费用根据距离长短也不一样，如果事先没有买好车票，就在车头部位乘车，在司机处买票。

●市内巴士 175 路巴士连接机场与华沙市中心。巴士从机场航站楼正面经过华沙中央车站，开往老城区。23:00 之后运行有从华沙中央车站发出的 N32 路夜间巴士。

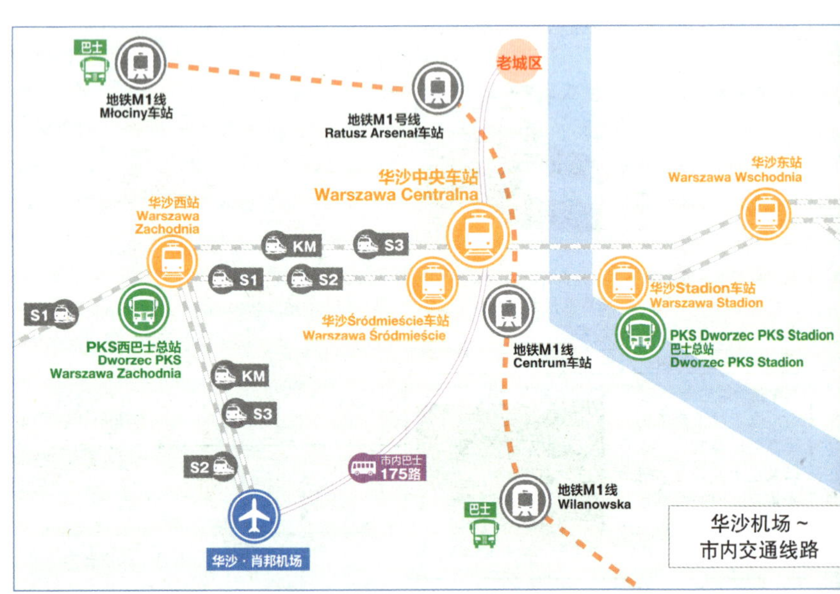

车站与巴士总站

华沙有几座火车站，但主要的火车几乎都在华沙中央车站 Warszawa Centralna 停靠，或者是经由华沙中央车站到华沙东站 Warszawa Wschodnia 停靠。

现代化的波兰中央车站

华沙中央车站
Warszawa Centralna

Map p.102-A4

华沙中央车站是波兰首都华沙最具代表性的现代化建筑。车站站内是地上两层，里面是大通道，站台设在地下。车站一楼设有售票处、铁路信息中心、车站售货亭以及货币兑换处等。二楼有休息场所、卫生间，还有浴室。从中央车站要穿过地下通道才能到达南边的马里奥特酒店，以及巴士和电车不断穿梭的耶路撒冷大道。

华沙中央车站
住 al. Jerozolimskie 54
TEL 22-474-4086

华沙东站
Warszawa Wschodnia

Mapp.101-D1 · 2

华沙东站也是一些主要列车的始发及抵达车站。在旅游旺季游客众多，并且座席无法预约的时候，作为始发站的一个好处就是肯定能够有座位。华沙东站位于华沙市中心河对岸的东侧。从东站到华沙中央车站可以乘坐城市高速铁路 SKM 的 S3 或者 KM 前往。要想去老城区广场游览，乘坐 13 路电车会更加方便。

走下台阶前往站台

PKS 西巴士总站
Dworzec PKS Warszawa Zachodnia

Map p.100-B4

华沙西站 Warszawa Zachodnia（从中央车站经耶路撒冷大道向西约 4~5 公里的地方）的旁边，便是 PKS 西巴士总站 Dworzec PKS Warszawa Zachodnia。国际巴士的一部分，以及波兰国内前往各地的长距离巴士，都会在这个大型的巴士总站发抵。前往华沙中央车站可以利用城市高速铁路 SKM 的 S3 或者 KM。

PKS Stadion 巴士总站
Dworzec PKS Stadion

Map p.101-D2

该公司的巴士会在波兰东部以及与东方各邻国之间运行。周边的治安不是很好，需要注意。想前往中心城区可以在地铁 2 号线的 Stsdion Norodwy 车站上车朝 Rondo Dazyńskiego 的方向乘坐。

其他的巴士总站

- **FlixBus** 从地铁 1 号线 Młociny 或者 Wilanowska 车站旁边发车。
- **迷你巴士** 大多数会沿着文化科学宫殿前的德菲拉德广场 pl. Defilad 以及中央车站西侧的 al. Jana Pawła Ⅱ 大道行驶。

PKS 西巴士总站

地铁 Mlociny 站前的巴士总站

info al. Jana Pawła Ⅱ 是 1978~2005 年担任罗马教皇的若望 · 保禄二世在波兰的称谓。由于他是首位波兰籍教皇，所以在波兰有很多以他的名字冠名的广场以及街道

售票机上也可以使用信用卡

市交通局 ZTM
TEL 19115（24 小时）
URL www.ztm.waw.pl
▶ 1 次票
同一线路 75 分钟之内可持续乘坐。
1 区 费 4.40 兹罗提
1 · 2 区 费 7 兹罗提
▶ 20 分钟票
费 3.40 兹罗提

▶ 1 日票
1 区 费 15 兹罗提
1 · 2 区 费 26 兹罗提

市内巴士、电车的运行时间
▶ 4:30~23:30 左右
深夜巴士
▶ 23:30~ 次日 4:30 左右

市内交通

华沙的市内交通包括有巴士 Autobus、电车 Tramwaj、近郊列车 SKM 以及地铁 Metro 等，车票是通用的。市内交通中会频繁检票，因此请一定携带好有效车票直至目的地，否则将会被罚款。

在旅游咨询处可以免费得到城市交通线路图

市内交通车票

地铁车站

除了有可以 1 次乘车的 1 次票之外，还有在规定时间内可以换乘的时间票（20 分钟票、1 日票）。

售票机 车票可以在地铁、电车车站以及巴士车站附近的触屏式售票机上购买。售票机上也有英语提示，而且还可以使用信用卡购买，十分便利。

车内及报刊亭 乘坐巴士或电车可以在车内购买车票。可以在售票机或者直接从司机处购买，但是从司机处只能够买到 1 次票，而且不找零。在市内的报刊亭也可能买到车票。

车费采用区域制 根据不同区域（Strefa）车票的费用会有所不同，在华沙市内，包括机场在内为 1 区，市外为 2 区。

车票的使用方法（检票机的使用方法）

车票在上车后必须自己检票。不管你身上有多少张车票，只要乘车时忘记检票，就会被视为无票上车。途中检票的次数很多，一旦被验票员发现就会被处以重金罚款。乘坐近郊的巴士或者电车，上了车之后车上就有检票机，把车票按照红色箭头的方向插入检票机，取出票后应确认是否会有整齐打印的字迹。乘坐地铁时，在进入站台前，去检票机处检票。

◆市内巴士 Autobus

巴士里，有 100~300 开头的普通巴士，还有 400、500 开头的快车。需要注意的是，快车只停几站。数字前面带有字母 N 的是深夜巴士。

市内游走的巴士

◆电车 Tramwaj

路面电车有 25 条线路（2018 年 11 月），从中心部前往郊外还有更多线路。电车的车站大多在地铁站旁边。上下车的方式与巴士相同。

色彩艳丽的电车

◆地铁 Metro

地铁有两条线路，1号线从南部的卡芭提站到北部的姆沃茨尼车站纵穿市内。观光客乘坐的话，可以选择中央车站旁边的采托鲁姆车站，再往北一站的 Świętokrzyska 车站、老城区广场旁边的 Ratusz Arsenał 车站等站点乘车。车门按键之后便可开启。2号线以西菲安得库希斯卡车站为基点向东西方向延伸。

◆城市高速铁路 Szybka Kolej Miejska (SKM)

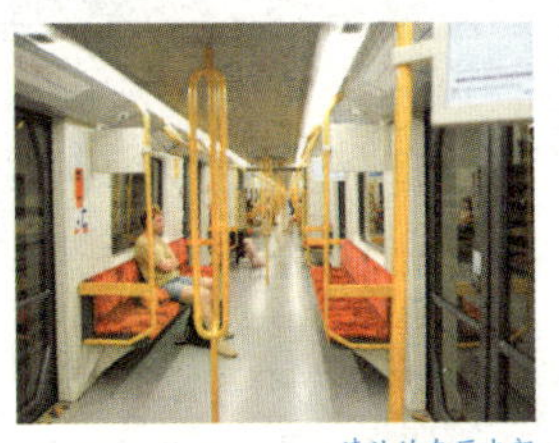
清洁的车厢内部

从市内前往2区近郊的铁路在城市中心的地下行驶，到了郊外改为地上。上下车的方式和地铁相同，有S1、2、3、9四条线路，其中S2和S3将机场和市内连接起来。

◆出租车 Taxi

在车站前以及繁华街道的出租车站可以打到出租车。出租车采用计价制，起始价为8兹罗提，在1区内每增加1公里加算2.4兹罗提（夜间和周日、节假日3.6兹罗提）。不会被乱要价，可以放心乘坐。

地铁的运行时间

▶ 1号线
周日～周四 5:00~次日 0:10 左右
周五·周六 5:00~次日 3:00 左右

▶ 2号线
周日～周四 5:00~次日 0:40 左右
周五·周六 5:00~次日 3:00 左右

华沙市内游走的城市高速铁路 SKM。将中央车站、西站以及机场等地点连接起来，使得车站之间的移动十分便利

主要的预约出租车

▶ MPT TEL 522-191-91
▶ Merc Taxi TEL 522-677-7777
▶ Sawa Taxi TEL 522-644-4444

信息收集 & 当地导览

●华沙观光大巴 Warsaw Hop-on Hop-off Bus　A旅行社

3~10月的10:00~17:00、11月～次年2月的11:00~15:00（周六·周日会增加班次）
所需时间1小时　费24小时车票60兹罗提　48小时车票80兹罗提

从中央车站出发，沿老城区广场、王宫，再从新城区绕瓦津基公园后下车的自由观光大巴。

●华沙市内观光 Warsaw City Tour　B旅行社

9:45、13:45、17:45发车　所需时间3小时　费35欧元

经过老城区、旧王宫、巴巴坎以及瓦津基公园等许多华沙著名的观光景点，有英语导游随行的迷你巴士之旅。还包括主要酒店的接送服务。

●乘坐老式大篷车的接地气华沙之旅 Off the beaten path trip　C旅行社

每天10:00出发　所需时间4小时　费169兹罗提～

乘坐共产时代的老式大篷车的华沙观光游。以文化科学宫殿以及普拉加地区等常规观光游很少去的景点为主。还包括牛奶吧的午餐。

●最美华沙之旅 Best of Warsaw

周六·周日10:00　所需时间3小时30分钟　费169兹罗提～

游览老城区、旧王宫、巴巴坎、瓦津基公园等著名华沙观光景点的迷你巴士之旅，有英语导游陪同，但只在周末才会有。维斯瓦河上的游船行也很不错。还包括主要酒店的接送服务。周二·周四·周六还有15:00出发的共产主义观光线路。

●老城区平衡车游 Segway City Tour　D旅行社

14:00出发　所需时间3小时　费299兹罗提

在布里斯特鲁酒店对面的 Batida 餐馆集合。行程讲解之后，便会一起驾乘平衡车出发，游览老城区。

另外，除了普拉加地区的游览之外，还有17:30~19:00的短线路观光之旅。

A旅行社
城市巡游
City Sightseeing
URL city-sightseeing.com

B旅行社
华沙城市巡游
Warsaw City Tours
URL warsawcitytours.info

C旅行社
华沙冒险
Adventure Warsaw
URL adventurewarsaw.pl

D旅行社
平衡车巡游
Segway City Tour
URL www.segwaycitytours.pl

info 华沙的治安比较好，所以乘坐地铁或者电车都可以比较放心。不过在较为拥挤的车厢内部也可能会遇到小偷扒手。

华沙历史博物馆
Map p.102-A1 老城区

巴巴坎
Map p.102-A1 老城区

洗礼者约翰大教堂
Map p.111 老城区

旧王宫
Map p.102-B1 老城区

居里夫人博物馆
住 Freta 16
TEL 22-831-8092
URL muzeum-msc.pl
开 6~8 月 10:00~19:00
9 月 ~ 次年 5 月 9:00~16:30
休 周一
费 成人 11 兹罗提
儿童、学生 6 兹罗提

白色的外观十分醒目

文化科学宫殿
住 pl. Defilad 1 TEL 22-656-7600
URL www.pkin.pl
▶ 观景台
开 10:00~20:00 休 无
费 成人 20 兹罗提
儿童 15 兹罗提
沿马萨克斯卡 Marszalkowska 大道旁边入口处的台阶上去，就可以看到前往观景台的升降梯售票处。
▶ 进化博物馆
休 22-656-6637
URL www.muzewol.pan.pl
开 8:00~16:00（周六 10:00~17:00、周日 11:00~16:00）
休 周一
费 成人 8 兹罗提
儿童、学生 4 兹罗提
博物馆虽小却有恐龙化石以及昆虫标本等许多丰富的展品。

国家博物馆
住 al. Jerozolimskie 3
TEL 22-621-1031
URL www.mnw.art.pl
开 10:00~18:00（周五 ~21:00）
休 周一
▶ 常规展
费 成人 15 兹罗提
儿童、学生 10 兹罗提
※ 周二免费
▶ 规划展
费 成人 20 兹罗提
儿童、学生 15 兹罗提

华沙 主要景点

居里夫人博物馆

Map p.102-A1

Muzeum Marii Skłodowskiej Curie 新城区

从老城区穿过巴巴坎一直向北走，不远处的右方有一座小型建筑物，墙壁上嵌有金属制的盘子。这里就是大家所熟知的诺贝尔奖获得者居里夫人的出生地。现在这里被作为博物馆对外展出。其中包括居里夫人用过的物品以及她实验时使用过的工具等，这些让人们联想到她在科学上取得的成就。

文化科学宫殿

Map p.102-A4

Pałac Kultury i Nauki 中央车站周边

市民评价不佳的庞大建筑

德菲拉德广场上耸立着一座 42 层高的大厦。这是一座塔高 231 米，楼层总面积 123000 平方米，总房间数 3288 的巨型建筑。作为斯大林赠送给波兰的礼物，这座建筑从 1952 年开始历时 3 年才建成。里面有波兰科学院等各种研究所、波兰 TV，容纳 3000 人的国际会议中心、音乐厅、电影院和剧场等。建筑物的第 30 层是回廊，镂空结构，被作为观景台而对外开放。宫殿内还设有进化博物馆 Muzeum Ewolucji 以及旅游咨询处等设施。

萨斯基公园

Map p.102-A2

Ogród Saski 老城区周边

这是在 18 世纪由当时的波兰国王奥古斯特二世建造的萨斯基公园。位于公园东侧的皮尔斯茨基元帅广场 pl. Józefa Piïsudskiego 上，有 1925 年建造的无名战士墓 Grób Nieznanego Żołnierza，由左右两侧站立不动的卫兵守护。墓里的长明灯寄托了祈求永远和平之意。每到整点时分可以看到精彩的卫兵换岗仪式。

公园入口处的无名战士之墓

国家博物馆

Map p.102-B3 · 4

Muzeum Narodowe 新世界大道周边

博物馆当中展示着丰富的古希腊、罗马和拜占庭时期的美术作品，以及波兰美术、15 世纪以后的欧洲绘画等艺术作品。8 世纪时的壁画以及鲁本斯、伦勃朗等画家的作品在这里也有着丰富的展示。其中十分著名的便是扬 · 马泰伊科 Jan Matejko 的《克伦瓦尔德的战役》。与博物馆相邻的建筑物，是波兰统一劳动党本部的建筑，如今作为证券交易所而被使用。

瓦津基公园

Park Łazienkowski

Map p.101-D4
瓦津基公园周边

宫殿被用作美术馆展览

这座公园是由波兰的末代国王斯塔尼斯瓦夫二世从1766年起花费30年的时间建造而成的。在公园内巨大的水池旁边，是国王的夏宫——瓦津基宫殿（水上宫殿）Pałac Łazienkowski，水面上倒映着宫殿优雅的姿态。在第二次世界大战中，这里被德国占领，宫殿内的大部分美术作品都被带到了德国，宫殿内部遭到完全破坏。不过，战后这里又得到了完美的修复，现在这座宫殿被用作国家博物馆的分馆，用来展示17~18世纪的美术作品。另外“Lazienkowski ”也有“浴场”的意思，在公园各离宫处也都分布着各式各样非常不错的浴场，所以公园也由此得名。

维拉努夫宫

Muzeum Pałac w Wilanowie

Map 文前 p.3-C2
华沙郊外

巴洛克风格壮美的维拉努夫宫

这是在17世纪末，当时的波兰国王扬·索比埃斯基三世建造的夏天的离宫。

被法式风格花园包围的这座宫殿，有着精美的巴洛克式风格。内部的精美装饰、家具以及生活用品的豪华程度让人不禁为之感叹。维拉努夫宫经过多次增修和改建，才完成了如今这座复杂的建筑。这里拥有以贵族波特茨基家族为代表的历代所有者收集的美术品、肖像画等，使这里俨然变成了一座博物馆，很有参观价值。

由于进馆有限制，因此到了下午，哪怕是开馆时间，也有可能不让进去，所以最好选择上午参观。展示品带有英语说明。参观博物馆只需一小时就够了，如果时间宽裕，一定要再去庭院里观赏一下。有鸟类休憩的水池、开满玫瑰的花园等，随意地走走会感觉十分惬意。

瓦津基公园

🚌 从老城区乘坐116路和180路巴士会路过肖邦雕像附近。

▶瓦津基宫殿

开 10:00~18:00（冬季会缩短）

休 周一

费 成人25兹罗提

※ 周四免费

美丽的岛上宫殿

维拉努夫宫

🚌 从老城区以及瓦津基公园乘坐116路、180路或者从地铁Centrum车站乘坐519路巴士在Wilanów下车即可。

住 Stanisława Kostki Potockiego 10/16

TEL 22-544-2700

URL www.wilanow-palac.art.pl

开 1月~4月中旬、10月中旬~12月中旬

周三~下周一 9:30~16:00

4月中旬~10月中旬

周二·周四·周五 9:30~16:00

周三·周六~周日 9:30~18:00

休 1月~4月中旬以及10月中旬~12月中旬的周二、12月中旬~月末

费 成人20兹罗提

儿童、学生15兹罗提

※ 周四免费

▶庭院

开 9:00~日落

休 无

费 成人5兹罗提

儿童、学生3兹罗提

※ 周四免费

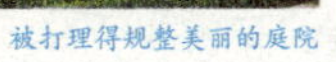
被打理得规整美丽的庭院

info 如同巴士的目的地可能写成Tiranë或Tirana、Berat或Berati一样，人们会写出两种表达方法中的任何一种来。这是由于在阿尔巴尼亚语中，有使名词的语尾发生变化的语法表达，相当于英语中所说的The或者A等冠词的用法。

王宫广场的中心矗立着基格蒙特三世的纪念碑

景点拾遗 Pick up

华沙历史地区的中心部

老城区广场和王宫广场 世界遗产

Rynek Starego Miasta & pl. Zamkowy

老城区广场位于老城区中心，是一个巨大的广场。这里到处是露天咖啡吧和露天画摊。广场四周的建筑物里是书店、土特产商店等各种各样的小店。

王宫广场是位于老城区南端的一个巨大的广场。中心地带有将波兰首都从克拉科夫迁到华沙的基格蒙特三世的纪念碑。

巴巴坎以北就是新城区

B 巴巴坎

Barbakan

位于老城区北部的一座半圆筒形的堡垒，为巴洛克式建筑，据说曾经被用作监狱和火药库。现在其内部有个特产商店，出售琥珀和民间艺术品。

A 华沙历史博物馆

Muzeum Warszawy

可以从各个不同的角度了解到华沙历史一座博物馆。这里有老城区广场的人鱼像原以及 16 世纪所描绘的地图、18 世纪的透景19 世纪描绘城市的画作，等等，从这些资料中可以了解到华沙的历史变迁。2017 年重装后也有很多展览在准备当中，内容将会更加实丰富。从 5 楼的观景台可以远眺到老城区场的街景。

住 Rynek Starego Miasta 28/42
TEL 22-277-4402　URL www.muzeumwarszawy.pl
开 10:00~19:00　休 周一
费 成人 20 兹罗提
儿童、学生 15 兹罗提
※ 周二免费

老城区广场的人鱼像

立于广场中心的人鱼像可谓是华沙的象征据传说，人鱼被坏人抓到，后来被居住在华沙的渔夫拯救，作为感谢，人鱼决定要守护华沙这座城市。人鱼手持剑和盾牌就源自于此。

C 洗礼者圣约翰大教堂

Bazylika Archikatedralna w Warszawie p.w. Męczeństwa św. Jana Chrzciciela

砖瓦建造的有着醒目外观的华沙最古老的教堂。从其在旧王宫旁边这样重要的地理位置，就可以看出其与波兰国王之间的深刻联系，在历代波兰国王之中，斯塔尼斯瓦夫一世以及斯塔尼斯瓦夫二世都是在这里举行的加冕仪式。欧洲最初的成文宪法《5月3日宪法》的宣言仪式，也是于1791年在这里举行的。

住 Świętojańska 8
TEL 22-831-0289 URL www.katedra.mkw.pl
开 10:00~12:00、16:00~18:00
休 无 费 欢迎捐赠

D 旧王宫

Zamek Królewski

建造在王宫广场对面的、优雅的红棕色建筑就是华沙旧王宫。可以说王宫的历史就是华沙的历史。这里不仅是国王的居住地，还是国会和总统的办公地。另外，这里还被用作军官学校和国家剧院。总之，这里曾经是波兰的政治和文化舞台。基格蒙特三世从克拉科夫迁都至华沙并在此居住期间，这座王宫被称作“欧洲最美丽的宫殿之一”。这座建筑物在第二次世界大战中也遭到严重破坏，内部的物品被美术史家、复原专家等带到国外，才逃过一劫。1998年王宫的复原工作才结束。整个建筑以巴洛克风格为主，还在复原过程中融合了哥特式以及古典主义等多种风格。

1 大会议室

Sala Wielka

这里还曾经举办过舞会。吊灯及墙面都被装饰得十分华美。斯塔尼斯瓦夫二世奥古斯托的肖像画以及屋顶都是必看的。

4 王冠之屋

Sala Tronowa

精致的地板为巴黎设计，大理石质的暖炉是罗马设计师打造的。鹰的刺绣是具有波兰特色的徽章图案。

5 王的卧室

Sypialnia

卧室以黄色为基调装饰。还悬挂着18世纪画家马鲁切罗·巴切莱利的绘画作品。

6 绘画展室

Pokój Canaletta

在这个房间里展示着华沙街头的绘画作品，成了第二次世界大战后城市复原的参考。

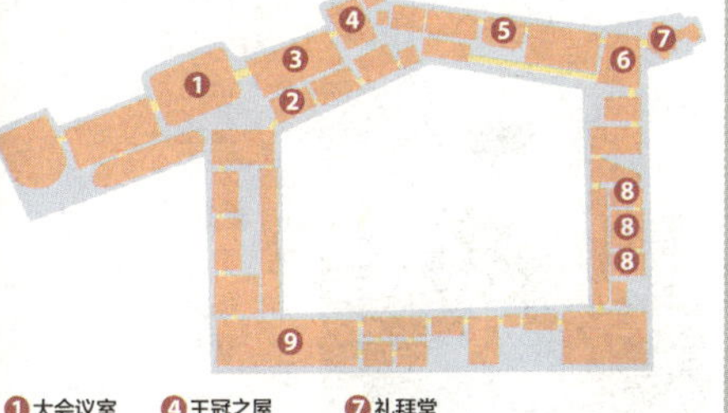

住 pl. Zamkowy 4
TEL 22-355-5170
URL www.zamek-krolewski.pl
开 10:00~18:00（周五 ~20:00）
休 周一

王宫参观

费 成人 30 兹罗提　儿童、学生 20 兹罗提　周三免费
语音导游　17 兹罗提（学生 12 兹罗提）

东方绒毯展

费 成人 15 兹罗提　儿童、学生 10 兹罗提

货币展

费 成人 7 兹罗提　儿童、学生 5 兹罗提

库毕茨基拱廊

费 免费

景点拾遗 Pick up

被誉为天才儿童的肖邦度过少年时光的华沙

游览与肖邦有关的景点

肖邦20岁之前一直生活在华沙，这里有许多地方都留下了他的足迹。特别是从瓦津基公园进入新世界大道，走过克拉科夫郊外大道后再前往王宫广场的这条路，被称为“肖邦之路”，很值得去看一看。

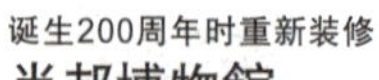
诞生200周年时重新装修

1　肖邦博物館

Muzeum Fryderyka Chopina

17世纪初建造的巴洛克样式的奥斯托洛夫斯基宫殿内便是肖邦博物馆。每天从国内外来这里参观的肖邦迷们都将这里挤满，在肖邦诞生200周年的2010年这里进行了装修。地上三层，地下一层的展览，都采用了最新的设备，从各个角度介绍了肖邦的生涯、作品以及与波兰相关的事情。这里还保存有肖邦最后所使用的普雷耶尔钢琴等2500多件相关的资料和照片。

这里有据说不擅用笔的肖邦写给家人和朋友们的信件和乐谱，还有他自己以及家族的肖像画等，收藏品的一部分作为常规展示。

肖邦曾经造访过的餐馆

2　霍诺拉托卡

Restauracija Honoratka

1826年创建的老牌餐馆。由曾经的葡萄酒店铺改装而成，因为肖邦的到访而闻名。如今早已经更换了店主，但仍旧有肖邦吃过的《肖邦菜单》。店内的一处设有肖邦角，描绘着肖邦的肖像画等作品。这里提供有波兰饺子等许多传统的波兰菜肴。还准备了英文的菜单。

肖邦心脏安放的教堂

3　圣十字架教堂

Bazylika Św. Krzyża

进入教堂内部，左手前方的石柱下埋藏着肖邦的心脏。在第二次世界大战中，德军像破坏其他建筑物一样也对这座教堂进行了轰炸，建筑物的1/3被摧毁，肖邦的心脏也被取了出来。战后教堂被重建，肖邦的心脏也于1945年10月17日（肖邦的忌日）被安放回原处。

肖邦曾在此弹奏风琴

4 维兹特克教堂

Kościół Wizytek

华沙大学的北侧附近就是维兹特克教堂，它建造于18世纪，是一座后巴洛克式的建筑，内部装饰非常美丽。肖邦在华沙历茨乌姆上学时，曾经当过这座教堂周日弥撒的风琴演奏者。

拥有肖邦雕像的

5 瓦津基公园

Park Łazienkowski

可以在公园的正面入口处下车。从那里进入公园后马上会看到一个小的广场，再往前走，在一个小水池的旁边就是肖邦像。5月中旬~9月在这里会举办免费的音乐会。

肖邦出生的华沙郊外的村庄

杰拉左瓦 · 沃拉

Żelazowa Wola

肖邦故居位于华沙以西 54 公里处，在一片种植有许多白杨树的公园里。朴素的建筑物的一部分在第二次世界大战中被炮弹所破坏，1949 年按照原来的样子进行了修复。

肖邦自出生那年起就随父母搬到了华沙，但是夏天里还会屡屡返回这里。现在这里被用作博物馆，展示了肖邦出生的房间以及出生证明、洗礼证明，等等。另外，还展示有肖邦幼年时最早谱写的乐谱的复印件、为父母所写的祝福卡片等贵重的物品。5~9 月的周六 · 周日，12:00 和 15:00 这里都会举办钢琴音乐会。

肖邦博物馆 Map p.102-B3
住 Okólnik 1 TEL 22-441-6251
URL chopin.museum 开 11:00~20:00
休 周一
费 成人 22 兹罗提 儿童、学生 13 兹罗提 ※ 周日免费
1 小时内人数限制为 70 人，因此需要指定时间（可以在官网上预约）。淡季的时候直接前往也可以马上入场。

霍诺拉托卡 Map p.102-A1
住 Miodowa 14 TEL 22635-0397
URL www.honoratka.com.pl
开 12:00~23:00 LO
休 无 CC A D M V

圣十字架教堂 Map p.102-B3
住 Krakowskie Przedmieście 3
TEL 22-826-8910 URL www.swkrzyz.pl
开 10:00~11:00、13:00~16:00（周日 14:00~16:00）
休 周日 费 捐赠

维兹特克教堂 Map p.102-B2
住 Krakowskie Przedmieście 34 TEL 22-826-6585
URL www.wizytki.waw.pl
开 随时（只有周日 13:00~17:00）
休 无（只在周六 14:00~15:00 关闭）
费 捐赠

瓦津基公园 Map p.101-D4
巴士 从老城区或新世界大道出发的 116 路和 180 路巴士会从公园的旁边经过。肖邦像附近的巴士车站站名为 Łazienki Królewskie。
住 Agrykola 1 TEL 22-506-0028
URL www.lazienki-krolewskie.pl
开 日出 ~ 日落
休 免费

前往杰拉左瓦 · 沃拉的方法 Map 文前 p.3-C1
从华沙前往 Sochaczew
火车 从华沙中央车站每 1 小时有 1~2 趟车
所需时间 35~50 分钟
费：2 等座 16.20 兹罗提 ~、1 等座 24 兹罗提
从 Sochaczew 前往杰拉左瓦 · 沃拉
在 Sochaczew 车站乘坐当地巴士 6 路车前往杰拉左瓦 · 沃拉
所需时间约 30 分钟 车费 3 兹罗提

肖邦出生地
住 Żelazowa Wola 15 TEL 46-863-3300 URL chopin.museum
开 4~9 月 9:00~19:00 10 月 ~ 次年 3 月 9:00~17:00
休 周一 费 成人 23 兹罗提 儿童、学生 14 兹罗提
包括公园的门票
▶杰拉左瓦 · 沃拉公园
开 随时 休 无
费 成人 7 兹罗提 儿童、学生 4 兹罗提

华沙的酒店
Hotel

布里斯特尔
Hotel Bristol Warszawa

◆1899~1901年，由建筑师马尔科尼设计并建造的，采用新文艺复兴风格装饰的高级酒店。这里曾经住过约翰·F.肯尼迪以及毕加索等多位名人。

克拉科夫郊外 Map p.102-B2

住 Krakowskie Przedmieście 42/44
TEL 22-551-1000 FAX 22-625-2577
URL www.hotelbristolwarsaw.pl
S W 643兹罗提～
CC A D J M V
120兹罗提 WiFi 免费

波洛尼亚宫大酒店
Polonia Palace Hotel

◆建于1930年的酒店。在第二次世界大战中遭到破坏，战后美国及英国等各国大使馆设在这里。艾森豪威尔总统也曾到访过这里。

华沙中央车站周边 Map p.102-A4

住 al. Jerozolimskie 45
TEL 22-318-2800 FAX 22-318-2801
URL www.poloniapalace.com
S W 340兹罗提～
CC A D M V
80兹罗提 WiFi 免费

赫兰达酒店
Hotel Harenda

◆位于克拉科夫郊外大道拐入Obozna大道处的一座大型的黄色建筑。只有两个房间带有浴室。旁边还有兼设的地方特色料理餐厅。

克拉科夫郊外 Map p.102-B2

住 Krakowskie Przedmieście 4/6
TEL 22-826-0071 URL hotelharenda.com.pl
S 230兹罗提
W 250兹罗提
CC A D M V
35兹罗提 WiFi 免费

城堡酒店
Castle Inn

◆在华沙一家设计十分独特的酒店，所有客房的内部装修都不尽相同。可以提前在网站上挑选自己所喜好的房型。

老城区 Map p.102-B1

住 Świętojańska 2 TEL 22-425-0100
URL castleinn.pl
S W 210兹罗提～
CC M V 35兹罗提
WiFi 免费

城市青年旅舍
Hostel Okidoki

◆按下大楼入口处的按钮后进入，上楼梯之后是接待处。除了4~8人间之外，还有22间装饰十分用心的客房。还有公用的厨房和酒吧。

老城区 Map p.102-A3

住 pl. Dąbrowskiego 3 TEL 22-828-0122
URL www.okidoki.pl 35兹罗提
S W 130兹罗提～
S W 140兹罗提～
CC M V 15兹罗提
WiFi 免费

罗格斯酒店
Hotel Logos

◆矗立在维斯瓦河沿岸的共产主义时代的建筑。内部稍显陈旧，但干净整洁。1层设有咖啡吧，河的岸边还开有人气餐馆。

维斯瓦河沿岸 Map p.101-D2

住 Wybrzeże Kościuszkowskie 31/33
TEL 22-622-5562 URL www.hotellogos.pl
S 143兹罗提～ W 178兹罗提～
S 204兹罗提～
W 248兹罗提～
CC M V 25兹罗提 WiFi 免费

帆布瑞卡旅馆
Hostel Fabryka

◆位于普拉加地区，利用曾经的工厂建筑改造而成的旅馆。客房时尚整洁，有6~12人房以及2~3人用的私人客房。

普拉加地区 Map p.101-D1

住 11 Listopada 22 / 21 TEL 604-270-010
URL www.hostelfabryka.pl 35兹罗提
S W 130兹罗提～
S W 180兹罗提～
CC A M V 12兹罗提
WiFi 免费

info 在华沙最具人气的店铺之一，就是一家由日本人经营的乌冬店——Uki Uki（URL www.ukiuki.pl）。在这里可以吃到日本地道的乌冬面和拉面。

华沙的餐馆

Restaurant

乌·弗基埃拉

U Fukiera

◆在老城市广场上经营了 300 余年的一家老店。古老的橡木质灯具点亮室内，在美味蛋糕和丰富水果的装点下店中呈现出一种独特的气氛。预算每个人在 120~150 兹罗提。

老城区广场 Map p.102-A1

住 Rynek Starego Miasta 27

TEL 22-831-1013 URL ufukiera.pl

开 12:00~23:00（L.O.） 休 无

CC A D J M V

波兰美食

扎皮埃切克

Zapiecek

◆位于老城市广场的旁边。在老城区的餐馆当中有着比较大众化的价格。加入苹果制作的烤鸭价格 59 兹罗提，波兰饺子 25 兹罗提，休雷克 21 兹罗提，都具有很高的人气。

老城区广场 Map p.102-A1

住 Piwna 34/36

TEL 22-831-5693

URL www.restauracjazapiecek.pl

开 11:00~23:00

休 无

CC A D J M V

波兰美食

弗克·戈斯波达

Folk Gospoda

◆穿着民族衣装的店员们会热情地欢迎你的到来。这里只有传统的波兰菜肴，主菜价格约 33 兹罗提~，比较实惠。平日的 12:00~16:00 还有限定的午餐菜单。

中央车站周边 Map p.100-B3

住 Waliców 13 TEL 22-890-1605

URL www.folkgospoda.pl

开 12:00~23:00（L.O.）

休 无

CC A M V

传统美食 传统舞蹈

卡曼达·洛斯卡

Kamanda Lwowska

◆以波兰的邻国乌克兰的美味菜肴而出名。主打的是肉类的美食，2 人份大约 90 兹罗提。周三~周六的 19:00 开始还有传统的舞蹈表演。

老城区 Map p.102-B3

住 Foksal 10

TEL 22-828-1031

URL www.kamandalwowska.pl

开 12:00~24:00

休 无

CC A M V

乌克兰美食 传统舞蹈

马拉·格鲁吉亚

Mala Gruzja

◆可以提供位于苏联高加索地区的乔治亚乡土菜。使用丰富蔬菜及调料制作的菜肴，是人们所公认的健康菜肴。乔治亚产的葡萄酒品种也很丰富。

华沙中央车站周边 Map p.102-A4

住 Nowogrodzka 40 TEL 22-830-0044

URL www.mala-gruzja.pl

开 12:00~22:00（L.O.）（周六·周日 13:00~）

休 无

CC A D J M V

乔治亚美食

阿·布里克雷

A. Blikle

◆创建于 1868 年的老店。一种加入了玫瑰果酱的甜甜圈价格 3.5 兹罗提，尤其受欢迎~。除此之外还有 2~3 种类的巧克力。迷你蛋糕价格为 5.9 兹罗提~。

克拉科夫郊外大道周边 Map p.102-B3

住 Bednarska 33 TEL 661-464-043

URL www.blikle.pl

开 9:00~22:00

休 无

CC A D M V

甜点 咖啡

info 阿·布里克雷的冰激凌在当地的小孩子中也具有超高人气！到了夏天店里经常会排起长队。

克拉科夫 *Kraków/Cracow*（英语）

波兰王国的全盛时期是雅盖隆王朝的时代，从那时起，克拉科夫这座城市就作为王国的都城展示出了它的雄伟姿态。当时的克拉科夫与神圣罗马帝国一部分的布拉格、维也纳一起并称为中欧的文化中心。从历代波兰国王居住的瓦维尔城堡，还有在中欧首屈一指的有着悠久历史的雅盖隆大学，到中世纪原貌保留至今的街景，都被联合国教科文组织列入了《世界遗产名录》。也有不少观光客将维利奇卡盐矿采掘场和奥斯威辛集中营等地作为旅游的起点，也使波兰成为享誉世界的观光城市。

经典线路

第一天

❶维利奇卡盐矿 p.123

8:00~12:30

从克拉科夫总站乘坐火车前往维利奇卡。跟随导游参观完矿洞之后就返回克拉科夫。

还有用盐搭建的教堂

❷瓦维尔城堡 p.126

13:00~18:00

回到克拉科夫吃过午餐之后，就重点游览一下瓦维尔城堡及其周边。之后在卡西米埃什地区随意走走。

瓦维尔城堡之中的瓦维尔大教堂

第二天

❸奥斯威辛 p.128

7:00~14:30

第二天从MDA巴士总站出发坐车前往奥斯威辛。夏日旺季人会很多，选择克拉科夫出发的半日游览会很方便。

❹克拉科夫老城区 p.124

15:00~18:00

在中央广场周边晚一点吃过午饭之后，就在广场周边的景点和老城区游览一番。

奥斯威辛博物馆

Map 文前 p.3-C2 · 3
人口 76 万 6739 人
长途区号 12
旅游局
URL www.infokrakow.pl
市内交通
URL www.mpk.krakow.pl

世界遗产
克拉科夫历史中心
Stare Miasto w Krakowie
1978 年登录

旅游咨询处（克拉科夫）
URL www.infokrakow.pl

▶巴比伦 · 碧斯匹昂斯的旅游咨询处 ❶
Map p.119-A3
住 pl. Wszystkich Swiętych 2
TEL 12-354-2723
开 9:00~17:00
休 无

▶斯维提 · 扬大道的旅游咨询处 ❶
Map p.119-A2
住 sw. Jana 2
TEL 12-354-2725
开 9:00~19:00
休 无

▶纺织会馆的旅游咨询处 ❶
Map p.119-A2
住 Sukiennice
TEL 12-354-2716
开 5~10 月 9:00~19:00
11 月 ~ 次年 4 月 9:00~17:00
休 无

▶什皮塔鲁纳大道的旅游咨询处 ❶
Map p.119-B2
住 Szpitalna 25
TEL 12-354-2720
开 夏季 9:00~19:00
冬季 9:00~17:00
休 无

▶卡西米埃什
Map p.118-A4
住 Józefa 7 TEL 12-354-2728
开 9:00~17:00
休 无

▶ Centrum Obsłgi Ruchu Turystycznego（CORT）
不只有克拉科夫，还设有小波兰省内所有地方的旅游咨询处。
Map p.119-A4
住 Powiśle 11
开 5~9 月 9:00~19:00
10 月 ~ 次年 4 月 9:00~17:00
休 无

地区导览

维斯瓦河在城市中由东至西流淌着，观光的中心地区就是位于维斯瓦河北岸的老城区。围绕老城区的城墙建造成了公园。位于老城区南端的便是瓦维尔城堡。作为克拉科夫最大的一个景点，尽量留出多一点时间前往参观。城的东南，是曾经作为犹太人地区的卡西米埃什地区，有着与老城区不一样的风貌。

维斯瓦河和瓦维尔城堡

视野开阔的中央广场

中央广场周边

位于巴巴坎内侧的弗洛里安斯卡门是老城区的入口。穿过城门一直沿着弗洛里安斯卡路前行，约 5 分钟便可到达克拉科夫老城区的中心——中央广场 Rynek Główny。眼前看到的是圣母玛利亚教堂的两座塔楼。而坐落在广场中央的，是一座乳白色的、外观优雅的纺织品会馆（织物交易所）Sukiennice。广场上分布着许多露天的咖啡吧。

克拉科夫最大的景点瓦维尔城堡

老城区～瓦维尔城堡

穿过位于中央市场广场南侧的圣沃伊切夫教堂旁边，沿着格罗兹卡路 Grodzka 继续前行，就来到了保留有最古老建筑物的区域。继续步行向前，不远处是一个大交叉路口，在这里可以看到爬满常青藤的城墙上面耸立着的瓦维尔城堡。从中央市场广场到城堡步行约 10 分钟。瓦维尔城堡作为历代波兰国王的居住地而享有盛名。有大教堂以及旧王宫等许多值得游览的景点。

已经变成咖啡馆及商铺的老犹太人地区建筑

卡西米埃什地区

位于瓦维尔城堡东南的卡西米埃什地区，在 1335 年时由卡西米埃什三世将之与克拉科夫独立开来。15 世纪之后许多犹太人住在这里，直至第二次世界大战之前，这里都是犹太人聚居并繁荣的地区。即使到了今天，也依旧保留着波兰最古老的犹太教教堂斯塔拉犹太教堂（现犹太博物馆），以及其他的犹太教设施。作为电影《辛德勒的名单》的取景地而闻名。曾经较为荒芜的地区，近年来增加了不少时尚的咖啡馆以及个性的店铺，作为崭新的景点焕发出活力。

克拉科夫城区地图

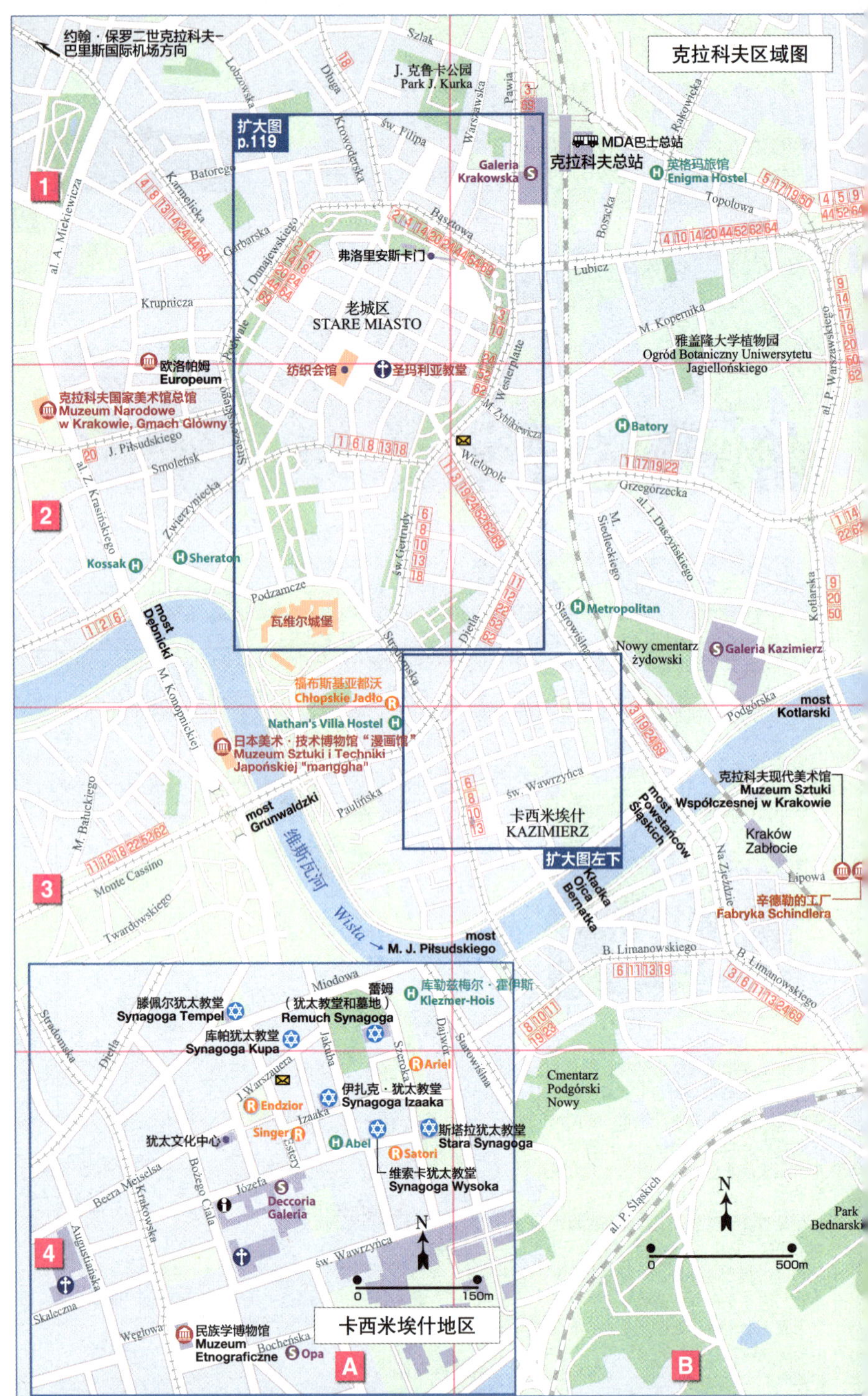
克拉科夫区域图
约翰·保罗二世克拉科夫－巴里斯国际机场方向
J. 克鲁卡公园
Park J. Kurka
扩大图 p.119
MDA巴士总站
克拉科夫总站
Galeria Krakowska
英格玛旅馆
Enigma Hostel
弗洛里安斯卡门
老城区
STARE MIASTO
雅盖隆大学植物园
Ogród Botaniczny Uniwersytetu Jagiellońskiego
欧洛帕姆
Europeum
纺织会馆
圣玛利亚教堂
克拉科夫国家美术馆总馆
Muzeum Narodowe w Krakowie, Gmach Główny
Batory
Kossak
Sheraton
Metropolitan
瓦维尔城堡
Nowy cmentarz żydowski
Galeria Kazimierz
福布斯基亚都沃
Chłopskie Jadło
Nathan's Villa Hostel
日本美术·技术博物馆"漫画馆"
Muzeum Sztuki i Techniki Japońskiej "manggha"
克拉科夫现代美术馆
Muzeum Sztuki Współczesnej w Krakowie
Kraków Zabłocie
卡西米埃什
KAZIMIERZ
扩大图左下
辛德勒的工厂
Fabryka Schindlera
维斯瓦河
Wisła
most M. J. Piłsudskiego
most Grunwaldzki
most Dębnicki
most Kotlarski
most Powstańców Śląskich
Kładka Ojca Bernatka
Cmentarz Podgórski Nowy
Park Bednarski
0 500m
滕佩尔犹太教堂
Synagoga Tempel
蕾姆（犹太教堂和墓地）
Remuch Synagoga
库勒兹梅尔·霍伊斯
Klezmer-Hois
库帕犹太教堂
Synagoga Kupa
Ariel
伊扎克·犹太教堂
Synagoga Izaaka
Endzior
斯塔拉犹太教堂
Stara Synagoga
犹太文化中心
Singer
Abel
Satori
维索卡犹太教堂
Synagoga Wysoka
Deccoria Galeria
民族学博物馆
Muzeum Etnograficzne
Opa
0 150m
卡西米埃什地区
1
2
3
4
A
B

克拉科夫老城区
N
0
200m
Basztowa
Rynek Kleparski
开往维利奇卡的304路
Kurniki
Stary Kleparz
Galeria Krakowska
Paderewskiego
马德伊基广场
pl. Jana Matejki
Andel's
pl. Jana Nowaka
弗洛里安斯卡公园
Ogród Floriańska
老城区
STARE MIASTO
巴巴坎
Barbakan
Warszawski
Polonia
弗洛里安斯卡门
Brama Floriańska
波尔斯基酒店
Polski
乌·巴布奇·马里尼
U Babci Maliny
克拉科夫欧洲酒店
Europejski
弗洛里安酒店
Floryan
亚玛·米凯利卡咖啡馆
Jama Michalika
斯沃瓦茨基剧院
Teatrim.J. Słowackiego
Ogród Pałac Sztuki
WC
戈斯波达·弗拉伊多夏
Gospoda Hulajdusza
Mila
克拉科夫大酒店
Grand
什切肖斯基广场
pl. Szczepański
Morskie Oko
思维泰格·多哈广场
pl. Świętego Ducha
圣十字架教堂
Parafia rzymskokatolicka Świętego Krzyża
Ogród Dworzec
Stary
Camelot
Pożegnanie z Afryką
Flamingo
麦当劳
Sukiennice
地下博物馆
克拉科夫国家美术馆
托玛莎牛奶吧
Milkbar Tomasza
圣玛利亚教堂
Kościół Najświętszej Maryi Panny
俄罗斯领事馆
科雷基乌姆马伊乌斯
Collegium Maius
纺织会馆
Sukiennice
老市政厅的塔楼
Wieża Ratuszowa
亚当·米茨基埃弗奇像
Wit Stwosz
圣巴巴拉教堂
Kościół św. Barbary
中央广场
Rynek Główny
圣沃伊切夫教堂
Kościół Św. Wojciecha
Gródek
维斯皮安斯基酒店
Wyspiański
温特兹酒店
Wentzl
Wesele
Tradycyja
C. K. Dezertar
美国领事馆
Ogród Gródek
约翰·保罗二世像
大主教宫殿
WC
中央邮局
Polakowski
多米尼克会修道院
Klasztor Dominikanów
pl. Wszystkich Świętych
pl. Dominikański
弗朗西斯科修道院
Klasztor Franciszkanów
市政厅
Urząd Miasta Krakowa
波多·阿尼奥瓦米
Pod Aniołami
Kościół św. Józefa
Putgetów
考古学博物馆
Archeologiczne muzeum
地质学博物馆
Geologiczne muzeum
圣彼得圣保罗教堂
Kościół św. Apostołów Piotra i Pawła
斯特拉多姆
STRADOM
埃拉兹姆·奇奥维克宫殿
Pałac Biskupa Erazma Ciołka
斯特拉多姆公园
Ogród Stradom
瓦维尔公园
Ogród Wawel
Kościół św. Andrzeja
大教堂博物馆
Muzeum Archidiezjalne
Copernicus
Kościół św. Marcina
德乌希·科斯丘什科像
圣乔治教堂
Kościół św. Idziego
瓦维尔城堡
Zamek Królewski na Wawelu
Krowoderska
św. Filipa
Warszawska
Pawia
Lobzowska
Asnyka
Długa
Worcella
Zacisze
Lubicz
Pijarska
Sławkowska
Reformacka
J. Dunajewskiego
Floriańska
św. Marka
św. Tomasza
św. Jana
Szczepańska
Szewska
Szpitalna
斯塔洛维斯纳大道
św. Krzyża
Mikołajska
Westerplatte
M. Kopernika
M. Zyblikiewicza
Sienna
Na Gródku
Gołębia
Jagiellońska
Bracka
Wielopole
Starowiślna
Benerowska
Poselska
Grodzka
Straszewskiego
Kanonicza
Sarego
św. Sebastiana
św. Gertrudy
Podzamcze
św. Idziego
Dietla
Brzozowa
1
2
3
4
A
B

从机场前往市内

克拉科夫机场，即克拉科夫 - 巴里斯约翰 · 保罗二世国际机场。除波兰国内之外，还有许多欧洲各地到港的航班。

克拉科夫 - 巴里斯约翰 · 保罗二世国际机场
Międzynarodowy Port Lotniczy im. Jana Pawła II Kraków-Balice

位于城区以西约 18 公里的地方。在 2015 年进行了翻修，主要航站楼焕然一新。新航站楼更加现代化，国际以及国内航线都在这里发抵。

2015 年新启用的航站楼

●乘坐火车从机场前往市内 在克拉科夫机场站 Kraków Lotnisko Airport 和克拉科夫总站之间有 Koleje Małopolskie 铁路相连。所需车程 21 分钟。4:34~ 次日 0:20 的 1 小时当中运行 1~2 趟。单程费用 9 兹罗提。

●乘坐巴士从机场前往市内 从机场前往市内可乘坐 208 路城市巴士。所需时间 40 分钟。费用 4 兹罗提。23:00 以后运行有 902 路深夜巴士。都是与克拉科夫总站相连。车票在巴士总站内的 Relay 便利店中，或者车站售票机处购买，也可以在车内的售票机或者司机处（没有售票机，或者售票机故障时）购买。

克拉科夫总站
Kraków Główny

Map p.118-B1

克拉科夫总站位于老城区的东北，所有的列车都会到达这里。车站内设有投币储物柜和行李寄存处。售票处位于主要入口进来的右侧以及地下道处。

从总站到老城区的入口步行大约 5 分钟。站前有超大的购物中心 Galeria Krakowska。

购物中心与地下相连

MDA 巴士总站
Małopolskie Dworce Autobusowe

Map p.118-B1

大型车、小型车等许多巴士都在这里发抵

从国内各地开过来的长距离巴士以及国际巴士都在这里发抵。位于克拉科夫总站的东侧。巴士总站、克拉科夫总站以及购物中心在地下都是相通的。

►► Access Guide

从华沙出发

✈1 日 4~7 班，所需时间约 55 分钟

🚆1~2 小时一趟，所需时间约 5 小时，18 兹罗提 ~

🚆铁路时刻表 ▶p.95

克拉科夫 - 巴里斯约翰 · 保罗二世国际机场

住 Kpt. M. Medweckkiego

TEL 12-295-5800

URL www.krakowairport.pl

从机场 ~ 市内的市内巴士

▶ 208 路巴士 4:35~21:20（周六 · 周日 5:20~21:20）的 1~2 小时内 1 趟。

▶ 902 路巴士 23:25~ 次日 3:55 的 1 小时内 1~2 趟

机场 ~ 市内的出租车

各巴士总站前都会有克拉科夫机场出租车 Krakow Airport Taxi 等待，可加以利用。出租车都是计价制，前往市中心大概 70 兹罗提 ~。

在旅行中会十分便利的克拉科夫观光卡

除了可以不限次数乘坐巴士及电车外，还可以享受 40 家博物馆免费，部分店铺餐馆打折等优惠。可在旅游咨询处 ❶ 或者酒店中购买。

URL www.krakowcard.com

费 2 日票 100 兹罗提 3 日票 120 兹罗提

市内交通

城市交通局 MPK 运营着巴士 Autobus 以及电车 Tramwaj。写着 A 的是巴士车站，写着 T 的是电车车站。

便利的电车

车票是通用的，在巴士车站和电车车站都会有售票机，贴有 MPK 标志的售货亭等处也可以购票。还能从司机处买票，不过只能买到 1 次票。一部分的巴士及电车在车内也有售票机。

费用采用地域制。克拉科夫市内为 1 区，郊外为 2 区，主要的观光景点是 1 区，机场为 2 区。

注意要检票！

购票之后要马上插入黄色的检票机中检票。如果不这样做的话，就有可能被罚款。即使是观光客也没有特殊待遇，要引起注意。

A 旅行社

●克拉科夫市内旅游团 Krakow City Tour

4~9 月的 8:45 随季节会有不同变动　所需时间 4 小时　费 成人 150 兹罗提

会游览老城区的主要景点。包括圣玛利亚教堂的门票（周日会更换为博物馆的进馆参观）。包括酒店接送。

●奥斯威辛集中营 Auschwitz - Birkenau

7:00、15:00 出发　随季节会有不同变动　所需时间 7 小时　费 成人 160 兹罗提

包括有奥斯威辛集中营的门票以及导游费用。因为没有太适合用餐的场所，所以最好自己带些轻便的食物。

●维利奇卡盐矿 Auschwitz - Birkenau

4~9 月 8:00、15:15、10 月 ~ 次年 3 月 的 15:15 出发　随季节会有不同变动　所需时间 4 小时 30 分钟　费 成人 160 兹罗提

包括维利奇卡的门票和导游费用。

B 旅行社

●克拉科夫老城区步行游览 Krakow Old Town Walking Tour

10:00 出发　所需时间 3 小时　费 成人 20 欧元　学生 15 欧元

以中央广场为中心在英语导游的带领下游览老城区的各个景点。门票另收。

●克拉科夫市内观光巴士 Krakow sightseeing by eco-vehicle

9:00~19:00 的每隔 1 小时　所需时间 1 小时 30 分钟　费 30 分钟 30 欧元　60 分钟 90 欧元　90 分钟 1200 欧元

在老城区、维斯瓦河沿岸以及卡西米埃什等地区游览的小型观光巴士。有 30 分钟、60 分钟以及 90 分钟的不同选择。

●奥斯威辛集中营上午半日游 Auschwitz Birkenau

6:35 出发　所需时间 7 小时 30 分钟　费 成人 40 欧元　学生 32.50 欧元

包括奥斯威辛集中营的门票以及导游费用。

●维利奇卡盐矿半日游 Wieliczka Salt Mine

9:00、11:45 出发等　随季节会有不同变动　所需时间 4 小时 30 分钟　费 成人 40 欧元 ~ 学生 32.50 欧元

包括维奇利卡盐矿的门票及导游费用。

●克拉科夫老城区自行车游 City Bike Tour with a local guide

只在夏季的 11:00、12:00、15:00 出发　所需时间 4 小时 30 分钟　费 成人 21.25 欧元 ~

在中央广场的亚当·密茨凯维奇雕像前集合。在导游的带领下骑自行车游览辛德勒的家、瓦维尔城堡以及犹太人地区等景点。午餐是传统的波兰美食（午餐费用另收）。

C 旅行社

●共产主义之旅 Communisim Tour

每天的时间都可以根据需求而决定　所需时间 2 小时 30 分钟　费 159 兹罗提

参观共产主义时代的一些建筑。乘坐前东德的车前往位于郊外的共产主义时代制铁村 Nowa Huta 参观。

A 旅行社

克拉科夫之旅
Cracow Tours
住 Krupnicza 3
TEL 12-430-0726
URL cracowtours.pl

从希尔顿酒店对面一侧的巴士停车场出发。有主要酒店的迎送服务。

B 旅行社

克拉科夫发现者
Discover Cracow
住 Piłsudskiego 6/9
TEL 1234638-99
URL discovercracow.com

近郊游览从什切肖斯基广场的办公室出发。

C 旅行社

疯狂指南
Crazy Guides
URL www.crazyguides.com

info 还有环绕老城区的马车之旅以及导游带领的电动车之旅等各种各样的城市观光方式。

克拉科夫 主要景点

克拉科夫国家美术馆总馆
住 al. 3 Maja 1
TEL 12-433-5500
URL mnk.pl
开 10:00~18:00（周日 ~16:00）
休 周一
费 成人 10 兹罗提
儿童、学生 8 兹罗提
※ 周日免费
乘坐 20 路电车在 Muzeum Narodowe 下车，步行 1 分钟

克拉科夫国家美术馆总馆 Map p.118-A2

Muzeum Narodowe w Krakowie，Gmach Główny　老城区西部

展馆分为 20 世纪波兰艺术、装饰美术、武器及军装等不同区域向游客展示。其中很值得一看的就是 2017 年 5 月开始展出的《抱白貂的妇女 Cecilia Gallevani》。作品原本为恰尔托雷斯基家族所有，后由文化·国家遗产部购买。

位于老城区的城墙外

国家美术馆有几家分馆，纺织会馆内部也有展览。

日本美术·技术博物馆 "漫画馆"
住 M. Konopnickiej 26
TEL 12-267-2703
URL manggha.pl
开 10:00~18:00
休 周一
费 成人 20 兹罗提
儿童、学生 15 兹罗提
※ 周二免费

日本美术·技术博物馆 "漫画馆" Map p.118-A3

Muzeum Sztuki i Techniki Japońskiej　维斯瓦河沿岸

现代化建筑"漫画馆"。对波兰与日本的交流起到了很大的作用

这里展示的是"日本美术迷"、已故的菲利克斯·漫画·亚歆斯基先生收集的约 7000 件日本的美术作品。这些收藏品被赠送给国家美术馆之后，曾经被封藏起来，直到电影导演安杰伊·瓦伊达等人筹措了资金，才在 1994 年 11 月开设了这一常设展览。"漫画"两个字不仅是亚歆斯基先生的中间名，还是它最喜欢用的笔名，这一名字的出处就是《北齐漫画》。顺便讲一下，这座建筑物的设计者是日本的建筑师矶崎新。

收藏品的中心是约 4600 件浮世绘，除了 2000 多件安藤广重的作品以外，还有师宣、重政、歌麻吕、写乐、北齐等浮世绘史上的重要作家的作品。这里还收藏有日本画、木雕、军刀等武器、漆器、衣服等。

辛德勒的工厂
乘坐 3 路、9 路、24 路电车在 pl. Bohaterów Getta 下车，步行约 8 分钟。
根据时间限定人数。夏季期间建议尽早前往，或者提前在官网上预约后前往。
住 Lipowa 4
TEL 12-257-1017
URL www.mhk.pl
开 4~10 月 9:00~20:00
（周一 10:00~16:00）
11 月 ~ 次年 3 月 10:00~18:00
（周一 ~14:00）
休 无
费 成人 24 兹罗提
儿童、学生 18 兹罗提
※ 周一免费。每月的第一个周一截至 14:00 闭馆前 1 小时 30 分停止入场

入口处两侧的窗户上张贴着被辛德勒救出的人们的照片

辛德勒的工厂 Map p.118-B3

Fabryka Schindlera　维斯瓦河南岸

再现辛德勒使用过的桌子

第二次世界大战中从纳粹德国手中拯救了许多犹太人性命的德国实业家奥斯卡·辛德勒。看过电影《辛德勒的名单》的人都还清楚地记得吧，他所经营的搪瓷工厂的遗迹如今也成了博物馆。以 1939~1945 年的纳粹占领下的克拉科夫时代为背景建造，再现工厂的作业场以及辛德勒的办公室等场景，克拉科夫老城区以及犹太人区的样子，在那里生活的人的照片、资料，再现放大后的各种实物，播放影像供人们观看，可以直观地感受到当时社会的景象。

维利奇卡盐矿

Kopalnia soli Wieliczka

Map 文前 p.3-C3

参观需要走下很长的一段台阶

在克拉科夫东南大约 15 公里处，有一座小镇叫维利奇卡。其所在地的地下是世界上规模最大的盐矿采掘场之一，从 1290 年到 1996 年，这里一直在被开采着。采掘场内的气温常年 14℃左右。所以即使在夏季也最好带上一件薄外套。此外，因为在地下要走很长的距离，所以参观时最好选择一双舒适的鞋子。从地下 64~325 米会进入到采掘场比较复杂的坑道里，这部分对观光客开放了约 2.5 公里用于参观。还有其他的游览线路可以选择。

● 游客线路 Tourist Route

最大众的观光游览路线。在导游的带领下沿着地下道路前行，随处可见采掘场当中利用盐岩雕刻的大王、妖精以及哥伦布等人物的雕像，展示着波兰悠远的传说和故事。此外，这里还利用人偶模拟出当时采掘矿盐的场景。抬头环顾四周，墙壁和天花板上都有钟乳石一般盐体的结晶，由盐柱下端流淌下来的水滴也同样是浓浓的盐水。参观过程中最为精彩的就是圣金加教堂的游览。从天井垂下的枝形吊灯以及耶稣行刑的雕像，从祭坛到地板全部都是盐岩结晶所制，弥漫着一股神秘的气息。线路游览的最后，还可以看到闪耀着绿色光辉的美丽盐湖、在博物馆中了解城市和采掘场以及与制盐等相关的历史。

● 矿工路线 Miners' Route

换上矿工的工服，可以参与从岩盐的采掘到搬运，以及沼气浓度的测定等类似的游客体验。活动量不小，十分消耗体力。

宽敞的圣基加礼拜堂。无论地板装饰还是祭坛，全部使用矿盐制作

用矿盐制作的《最后的晚餐》浮雕

前往维利奇卡的方法

🚌 从克拉科夫总站大约每 1 小时会有一趟车，所需时间约 20 分钟，2 等座价格 3.50 兹罗提 ~。在车站会有标识。步行约 5 分钟。最近的车站是 Wieliczk Rynek-Kopalna。

🚌 Kurniki 大道上的 304 巴士大约每 1 小时会有 1~3 趟，在 Wieliczka Kopalnia Soli 下车。所需时间约 40 分钟，4 兹罗提 ~。

世界遗产

维利奇卡及博赫尼亚皇家盐矿

Królewskie Kopalnie Soli w Wieliczce i Bochni

1978 年登录

维利奇卡盐矿

住 Daniłowicza 10，Wieliczka

TEL 12-278-7302

URL www.kopalnia.pl

▶观光线路（英语导游）

开 6~9 月 8:30~18:00 的每 30 分钟出发

10 月 ~ 次年 5 月 9:00~17:00 的每 30 分钟 ~1 小时出发

休 无

费 成人 79 兹罗提

儿童、学生 64 兹罗提

▶小距离线路（英语导游）

开 4~10 月 10:00、13:00、16:00 出发

11 月 ~ 次年 3 月 11:30、14:30 出发

休 无

费 成人 79 兹罗提

儿童、学生 64 兹罗提

info 在维利奇卡的商店里，除了食盐之外，还有浴盐等许多维利奇卡的盐类商品。

克拉科夫老城区的中心

景点拾遗 Pick up

中央广场

Rynek Główny

位于老城区中心的中央广场，总面积约 4 万平方米。从中世纪开始就是欧洲最大的市场广场。如今面对广场兴起了许多咖啡馆和餐馆，成了当地人以及游客聚集的热闹地带。

1　老市政厅的塔楼

Wieża Ratuszowa

中央广场上有一座十分打眼的塔楼。1820 年克拉科夫老的市政厅遭到破坏，而只保留下了这座塔楼。塔楼的上方是直径 3 米的超大钟表，还有一座雕像镇守在那里，到了夏季还可以登上塔顶眺望克拉科夫街巷的景色。塔楼的地下部分曾经作为牢狱使用。

TEL 12-426-4334　URL www.mhk.pl
开 3~10 月 10:30~18:00　11 · 12 月 12:00~18:00
休 1 · 2 月　费 9 兹罗提

3　圣玛利亚教堂

Bazylika Mariacka w Krakowie

这座圣玛利亚教堂坐落在中央市场广场的东侧，是一座建于 13 世纪的美丽的哥特式建筑。内部的圣坛耗时 12 个月才完成，有欧洲第二高的木结构雕刻，现在已经被认定为国家级宝物。彩绘玻璃和教堂内的艺术品都很精美，教堂的大厅经常挤满进行祈祷的信徒们。夏天这里还经常举办婚礼。

TEL 12-422-0737　URL www.mariacki.com
开 11:30~18:00（周日 14:00~18:00）
休 无　费 成人 10 兹罗提　儿童、学生 5 兹罗提
礼拜者由西口进入，观光客从南口进入。

喇叭手的悲剧

圣玛利亚教堂高耸入云的两座尖塔，是克拉科夫的象征。蒙古军队曾经入侵波兰，克拉科夫遭到破坏。当时，身在这座塔楼上的号手发现了敌情，想要鸣号报警，但被蒙古士兵用箭射中了喉咙。号手没有吹完号音便倒下了。如今在这座塔楼上，每隔一小时就会响起没有吹完的号角声，用来纪念这位英勇献身的号手。

纺织会馆最适合挑选土特产品

2 纺织会馆（织物交易所）

Sukiennice

位于广场中央的颇有气魄的建筑物，就是文艺复兴式样的纺织品会馆（织物交易所）了。会馆长 100 米，乳白色的外观非常漂亮。它建造于 14 世纪，最开始是布匹交易场所，因此而得名。现在这里的一楼是出售各种礼品的门脸房，摆放有木雕首饰、精美刺绣等，随便走走看看都会很有意思。

克拉科夫国家美术馆

Muzeum Narodowe w Krakowie

纺织会馆的二层有克拉科夫国家美术馆的分馆，展示有马特伊科 Matejko 以及罗达科夫斯基 Rodakowski 等 18~19 世纪的波兰绘画家的美术作品。

地下博物馆 Podziemia Rynku

位于纺织会馆地下的约 4000 平方米的超大博物馆。采用最新的计算机技术，以考古学的视角讲述城市的历史。

克拉科夫国家美术馆

TEL 12-433-5400 URL mnk.pl 开 10:00~18:00（周日 ~16:00）
休 周一 费 成人 16 兹罗提 儿童、学生 9 兹罗提（周日免费入场）

地下博物馆

TEL 12-426-5060
开 4~10 月 10:00~22:00（周一 ~20:00、周二 ~16:00）
11 月 ~ 次年 3 月 10:00~20:00（周二 ~16:00）
休 每月第二个周一
费 成人 19 兹罗提 儿童、学生 16 兹罗提（周二免费入场）

从老市政厅的塔楼向下眺望广场。纺织会馆的颜色看上去十分华美

乘坐马车环绕老城区一周

可以在中央广场周边乘坐待客的马车环绕老城区游览。线路和时间都可以自由选择。开价费用较高，讲价也可能会便宜。

瓦塞雷

Wesele

店名在波兰语当中有着“婚礼”的含义，所以整个店铺看起来都让人感觉到幸福的味道。以波兰菜为中心，也有一些意大利菜肴可供选择。主菜有肉类菜和鱼类菜，价格在 36~71 兹罗提。

住 Rynek Główny 10
TEL 12-422-7460
URL weselerestauracja.pl
开 12:00~23:00
CC A D J M V

C.K.德扎鲁塔鲁

C. K. Dezertar

有着复古装饰风格的一家店铺。除了红菜汤和烤鸭之外，斯洛伐克风格炸芝士等中欧各国的传统美食都十分丰富。

住 Bracka 6
TEL 12-422-7931
开 9:00~23:00（周六 · 周日 ~24:00）
CC M V

矗立在维斯瓦河畔的瓦维尔城堡

历代波兰王族居住的城堡

瓦维尔城堡

Zamek Królewski na Wawelu

这座位于老城区的南部，维斯瓦河河畔山丘上的华丽的瓦维尔城堡，作为历代波兰国王的居住地而享有盛名，城内的大教堂里，不仅曾经举办国王的戴冠仪式，还是君主长眠的地方。城堡内有大教堂以及旧王宫等许多精彩纷呈的建筑物。建造在城门旁边的是波兰最早领导独立起义的英雄——塔德乌希·科斯丘什科的雕像。

世界遗产

景点拾遗 Pick up

瓦维尔城堡的参观提

瓦维尔城堡可以
观的是大教堂、旧王
以及龙之洞穴 3 个场
要在不同的售票处购
（龙之洞穴在旧王宫的
票处）。

由于瓦维尔城堡
的各个设施会有进场
制，所以尤其到了夏
旺季的时候，建议上
尽早前往。

1 瓦维尔大教堂

Katedra Wawelska

从瓦维尔城堡的大门进入，在左侧就是大教堂了。在将首都迁往华沙之前，这里一直是历代波兰国王举行加冕仪式的场所。1320 年这座采用哥特式建筑式样建造成的大教堂完工，其后历经了几个世纪的改造和修建之后，又添加了文艺复兴式样和巴洛克式样等装饰。大教堂的地下设有墓室，存放着许多豪华的棺材，是历代国王和英雄们的长眠之所。

大教堂外观最特别的地方就是面向建筑物南侧广场的金色拱形建筑基格蒙塔礼拜堂，是基格蒙特国王 1519 年从意大利邀请建筑师于 1533 年建造完工的，被称作波兰文艺复兴式样建筑的杰作。

有三座小礼拜堂的威严的大教堂

安静美丽旧王宫的中庭

2 旧王宫

Zamek Królewski

从被周边美丽的建筑包围的中央庭院出发，沿着大教堂一侧向里面进来，就来到了瓦维尔城堡旧王宫的入口。旧王宫当初建造时是哥特式的风格，而在1499年由于火灾被毁，之后，由基格蒙特国王主持改建为文艺复兴样式。

如今内部被用作王宫 Komnaty Królewskie 对外展示，可以参观到再现16~17世纪豪华的房间装饰，还有历代国王的肖像画以及家居用品。从1320年开始在波兰国王加冕仪式上使用过的"Szczerbiec"剑以及基格蒙特·奥古斯特国王收集的16世纪弗兰德产的地毯等物品是必看的。在同一个建筑内，还收藏有各种中世纪铠甲和刀剑等的珍宝和武器博物馆 Skarbiec i Zbrojownia 以及皇家私人房间 Królewskie Aparta-menty Prywatne、东方艺术展 Sztuka Wachodu 等。

在中庭东侧的建筑物内，是瓦维尔城堡的遗址 Wawel Zaginiony，它在室内得到很好的保存，至今仍然保持着被发掘出来时的状态。

吐火的龙的雕像

3 龙之洞穴

Smocza Jama

在瓦维尔城堡南侧的山脚下，城堡最靠近河岸的地方，有一个龙的洞穴。据传说，在很久以前，栖息在维斯瓦河里的一条龙经常会吃掉在这里居住的美丽少女。有一天，一个鞋匠的弟子让龙吞下一头用沥青和硫黄浸过的羊，结果这条龙感觉口渴，开始不断喝水，直到把自己的身体撑破，而这个聪明的鞋匠的弟子也娶到了国王的女儿。在洞穴的出口，还矗立着一座和传说中相似的醒目的龙的雕像。

瓦维尔大教堂

TEL 12-429-9516 URL www.katedra-wawelska.pl

开 4~10月 9:00~17:00（周日 12:30~17:00）
11月~次年3月 9:00~16:00（周日 12:30~16:00）

休 无 费 免费

▶大教堂博物馆

开 与瓦维尔大教堂相同 休 周一

费 成人 12兹罗提 儿童、学生 7兹罗提

语音导游 成人 7兹罗提
儿童、学生 5兹罗提

旧王宫游客中心（售票处）

住 Wawel 5 TEL 12-422-5155

URL www.wawel.krakow.pl 开 6:00~17:00

休 无

旧王宫

▶王宫的展示

开 4~10月 9:30~17:00（周六·周日 10:00~17:00）
11月~次年3月 9:30~16:00
（周日 10:00~16:00）

休 周一

费 4~10月 成人 20兹罗提
儿童、学生 11兹罗提
11月~次年3月 成人 16兹罗提
儿童、学生 9兹罗提

※11月~次年3月的周一免费

▶王族的私人房间（只能导游带领参观）

开 4~10月 9:30~17:00（周六·周日 10:00~17:00）、11月~次年3月 9:30~16:00

休 周一、11月~次年3月的周日

费 4~10月 成人 25兹罗提 儿童、学生 19兹罗提
11月~次年3月 成人 21兹罗提
儿童、学生 16兹罗提

▶宝物·武器博物馆

开 4~10月 9:30~17:00
（周一~13:00、周六·周日 10:00~17:00）
11月~次年3月 9:30~16:00

休 11月~次年3月的周日·周一

费 4~10月 成人 20兹罗提
儿童、学生 12兹罗提
11月~次年3月 成人 16兹罗提
儿童、学生 9兹罗提

※4~10月的周一免费

▶东方艺术展

开 4~10月 9:30~17:00（周六·周日 10:00~17:00）
11月~次年3月 11:00~14:00

休 周一、11月~次年3月的周日

费 4~10月 成人 8兹罗提 儿童、学生 5兹罗提
11月~次年3月 成人 7兹罗提
儿童、学生 4兹罗提

▶瓦维尔城墙遗址

开 4~10月 9:30~17:00
（周一~13:00、周六·周日 10:00~17:00）
11月~次年3月 9:30~16:00
（周日 10:00~16:00）

休 11月~次年3月的周一

费 4~10月 成人 10兹罗提 儿童、学生 7兹罗提
11月~次年3月 成人 8兹罗提
儿童、学生 5兹罗提

龙之洞穴

开 4·9·10月的 10:00~17:00
5·6月的 10:00~18:00
7·8月的 10:00~19:00

休 11月~次年3月 费 3兹罗提

不能忘记的人类黑暗的记忆

第二次世界大战的“负遗产”

景点拾遗 Pick up

在第二次世界大战中，在纳粹德国的占领区内，犹太人、波兰人、共产主义者、反纳粹活动家以及同性恋者等纷纷被捕，都被送往各地建造的集中营内。部分人当时就被杀死，其余人被强迫进行极重的劳动之后再被杀死。中欧以奥斯威辛集中营为代表，分布有许多曾有大量人被杀的收容点，为了让人们记住这段凄惨的历史，如今部分集中营改建为博物馆对外开放。

死亡150余万人的纳粹德国的“杀人工厂”

1 奥斯威辛比克瑙集中营（波兰）

Państwowe Muzeum Auschwitz-Birkenau

这是一处位于克拉科夫以西64公里奥斯威辛郊外的一个强制收容所。德国名为“奥斯威辛集中营”。在第二次世界大战中，在纳粹德国的占领区内，犹太人、波兰人、共产主义者、反纳粹活动家以及同性恋者等纷纷被捕，据说有150多万人在这里惨遭杀害。

刻有“工作使你自由”标语的集中营的入口

奥斯威辛 这座集中营内共设有28座监狱，曾同时关押着28000名囚犯。其中，在被称为“死亡区”的第11栋监狱中，至今仍保留着对付等待临时法官判决的犯人们的监禁室、鞭打台、移动脚手架、捆绑犯人的桩子等，除此之外还有饥饿室、站牢，等等，这些都得以保留。11栋和10栋监牢之间的墙壁被称作是“死亡之墙”，用于枪决犯人使用。还有其他一些曾经是监狱的建筑物也对外开放，里面展示的是从被关押者那里没收来的生活用品等。

带刺的金属线中有220V的电流

比克瑙 距离奥斯威辛大约2公里的被称为第二奥斯威辛的集中营。面积1.4平方公里，排列着300多栋木板房，是比奥斯威辛规模更大的一所集中营，一座大型的杀人工厂。从人称“死亡之门”的入口进入，可以看到在杂草丛生的地面上分布着众多的木结构房间。内部保留着原样，可以随便进入参观。穿过“死亡之门”铺设的一条铁线路，在铁路的尽头处坐落着一个巨型的石碑。

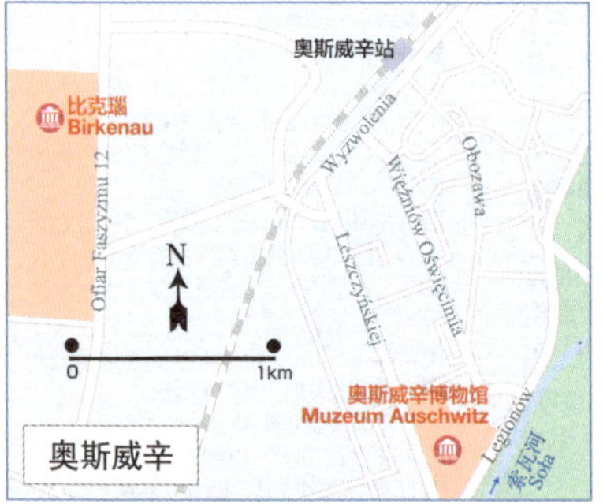

比克瑙的通向“死亡之门”的铁道

至今还保留有1日焚烧1000人遗体的焚烧炉

2 马伊达内克集中营（波兰）

Majdanek Obóz Koncentracyjny

波兰东部的中心城市卢布林郊外保留下来的一所集中营。作为世界上首个纳粹德国集中营对外展示。1 日焚烧 1000 具尸体的焚烧炉仍旧保留着当初的完整模样，在世界上恐怕也绝无仅有。眼前都是收押犯人的木板房，随处也可以看到保留至今的监视塔。这里与当时的 SS 部队（纳粹亲卫队）、德军以及警察家属等所住的区域相邻，因此需要更多的劳动力，规模也比奥斯威辛要大。

再现集中营里人们所使用的床铺

前往奥斯威辛的方法

🚌 从克拉科夫的 MDA 巴士总站前往奥斯威辛博物馆的巴士大概每 1 小时 1~2 趟，所需时间约 1 小时 30 分钟。有大线路巴士和迷你巴士两种，大线路巴士车站在旅游咨询处前，再远一点是迷你巴士的停车站。

奥斯威辛比克瑙集中营

住 Więźniów Oświęcimia 20, Oswięcim

TEL 33-844-8099

URL www.auschwitz.org

开 全年开馆时间为 7:30。以下为闭馆时间

1 · 11 月 15:00、2 月 16:00

3 · 10 月 17:00、4 · 5 · 9 月 18:00、6~8 月 19:00、12 月 14:00

※4~10 月的 10:00~15:00 只可以导游带领参观

休 1/1、复活节、12/25

费 免费

▶**导游团参观（英语）**

参观奥斯威辛和比克瑙两个地方，所需时间约 3 小时 30 分钟 费 50 兹罗提

前往卢布林（前往马伊达内克集中营的起点）的方法

🚆 从华沙出发每 1~2 小时一趟，所需时间约 3 小时，2 等座 30.90 兹罗提～，1 等座 59 兹罗提～。

▶**从卢布林出发前往马伊达内克集中营的方法**

🚌 从卢布林总站附近的车站出发乘坐 161 路无轨电车约 10 分钟车程。

马伊达内克集中营

Map 文前 p.3-D2

住 Ul. Droga Męczenników Majdanka 67

TEL 81-710-2833 URL www.majdanek.eu

开 4~10 月 9:00~18:00

11 月～次年 3 月 9:00~16:00

休 周一 费 免费

捷克斯洛伐克最大的集中营

3 泰瑞辛集中营（捷克）

Terezín

位于布拉格北部的一座小城。第二次世界大战当中，纳粹德国在这里建造了当时捷克斯洛伐克国内最大的集中营，约 16 万人以上的犹太人、捷克人、斯洛伐克人的抵抗者等从各地被运送过来，其中有 3 万 6000 人被送至奥斯威辛及比克瑙集中营。集中营内的 27 号墙壁之前，有 7000 余捷克人及斯洛伐克人被行刑。在这些被关押的人群当中，还包括有 1 万 5000 个未满 14 岁的孩子，其中得以生还的只有 100 余人。1945 年 5 月 7 日被解放时，这些孩子们所描绘的约 4000 幅图画也被发现，被放到犹太人资料馆中对外展出。

前往泰瑞辛的方法

🚌 从布拉格的霍莱绍维采巴士总站出发每小时 1~2 趟（休息日班次减少），所需时间 1 小时，90 捷克克朗～。

泰瑞辛有几个巴士车站。前往小要塞在 Terezín U Památníku 下车，大要塞在 Terezín aut. nádr. 下车。

▶**犹太人资料馆**

住 Komenského，Terezín

开 4~10 月 9:00~18:00

11 月～次年 3 月 9:00~17:30

休 周一

费 成人 180 兹罗提 儿童、学生 150 兹罗提

抵抗者全部被杀的布拉格的教堂

4 圣西里尔和圣美多迪乌斯大教堂（捷克）

kostel sv. Cyrila a Metoděje

墙壁上还留有弹孔的痕迹

抵抗纳粹德国的捷克反抗者们作为最后的隐蔽处的教堂。1942 年，纳粹最高干部（当时的捷克副总统），推进犹太人消灭计划的莱因哈德 · 海德里希被抵抗者们在布拉格城堡附近枪杀而死。因莱因哈德 · 海德里希被杀事件而震怒的纳粹德国将藏匿杀人犯的里基策村中的男性全部处刑，女性和孩子全部送到集中营里。抵抗者们尽管都藏身在教堂的地下礼拜堂中，仍旧都被纳粹发现，并全员处刑。如今地下礼拜堂作为国家纪念馆而对外公开，在这里可以感受到当年那段悲壮的历史。

圣西里尔与美多德大教堂

Map p.43-C3

住 Resslova 9a，Praha 2 TEL 224-920-686

开 周六 8:00~9:30 周日 9:00~12:00

休 周一～周五

▶**地下礼拜堂（国家纪念馆）**

TEL 224-916-100 URL www.vhu.cz

开 9:00~17:00 休 周一 费 免费

克拉科夫的酒店

Hotel

克拉科夫大酒店

Grand Hotel

中央广场周边 Map p.119-A2

◆自 1886 年起，曾接待过许多著名客人的克拉科夫最早的 5 星级酒店。奢华的家具、复古的玻璃窗营造出一种雅致的气氛。

住 Sławkowska 5/7　TEL 12-424-0800
FAX 12-421-8360　URL www.grand.pl
S W 380 兹罗提～
CC A D M V
85 兹罗提　WiFi 免费

温特兹酒店

Hotel Wentzl

中央广场 Map p.119-A3

◆在中央广场的对面，外墙上的圣母绘画十分醒目。不同的房间有着不同的装饰，从窗户可以眺望到老城区的街景。还开设有传统美食的餐馆。

住 Rynek Główny 19　TEL 12-430-2664
URL wentzl.pl　S 720 兹罗提～
W 870 兹罗提～
CC A D J M V
含　WiFi 免费

库勒兹梅尔 · 霍伊斯

Klezmer-Hois

卡西米埃什地区 Map p.118-A3

◆位于卡西米埃什地区。酒店内摆放了大量古董式的家具，装饰高雅。一楼的犹太菜餐馆每天 20:00 开始会有犹太音乐的现场演出，可以一边欣赏一边享受美食。

住 Szeroka 6　TEL 12-411-1622
FAX 12-411-1245　URL www.klezmer.pl
S 52 兹罗提～　W 65 兹罗提～
S 70 兹罗提～
W 80 兹罗提～
CC M V　含　WiFi 免费

弗洛里安酒店

Hotel Floryan

老城区 Map p.119-B2

◆位于弗洛里安斯卡门旁边。建筑物的本身有些古老，但经过改造后内部装饰得十分漂亮，客房也十分整洁。地下的皮采利亚餐馆气氛很不错。

住 Florianska 38　TEL 12-431-1418
FAX 12-431-2385　URL floryan.com.pl
S 390 兹罗提～
W 490 兹罗提～
CC D M V　含
WiFi 免费

克拉科夫欧洲酒店

Hotel Europejski

克拉科夫总站周边 Map p.119-B2

◆克拉科夫总站街对面的一家酒店。外观看上去虽然有些岁月的痕迹，但是客房重装之后却十分整洁雅致。奢华的装修也营造出不错的气氛。

住 Lubicz 5　TEL 12-423-2510
URL www.he.pl
S 270 兹罗提～
W 320 兹罗提～
CC M V　含
WiFi 免费

维斯皮安斯基酒店

Hotel Wyspiański

老城区 Map p.119-B3

◆位于中央邮局附近的一家大型酒店。客房包括有标准间以及豪华客房两种。步行至老城区约 5 分钟，周围有很多用餐的地方。

住 Westerplatte 15　TEL 12-422-9566
FAX 12-422-5719
URL www.hotel-wyspianski.pl
S W 400 兹罗提～
CC A D J M V
30 兹罗提　WiFi 免费

波尔斯基酒店

Hotel Polski

老城区 Map p.119-B2

◆穿过弗洛里安斯卡大门就可以看到的一家中级酒店。客房中摆放的都是复古风格的家具，让人感觉亲切而温暖。饭店内还设有电梯。

住 Pijarska 17　TEL 12-422-1144
URL donimirski.com/hotel-polski
S 390 兹罗提～
W 590 兹罗提～
CC A D M V
含　WiFi 免费

英格玛旅馆
Enigma Hostel

◆距离火车站和巴士总站步行只有 3 分钟的绝好位置。有带有浴室的私人房间以及带有厨房的公寓房间等。距离超市很近，十分方便。

克拉科夫总站周边　Map p.118-B1
住 Rakowicka 12　TEL 12-362-4444
URL enigmahostel.pl　宿 50~70 兹罗提
S 130 兹罗提 ~
W 150 兹罗提 ~
CC A D M V

克拉科夫的餐馆
Restaurant

福布斯基亚都沃
Chłopskie Jadło

◆店名带有“农民的食物”的含义，正如这个淳朴的名字一样，店中所提供的也多是价格实惠且量大的美味菜肴。夜晚的民族音乐演奏也会令人陶醉。预算大概每人 30 兹罗提 ~（酒水另算）。

瓦维尔城周边　Map p.118-A2
住 Św. Agnieszki 1　TEL 72-510-0532
URL www.chlopskiejadlo.pl
开 12:00~22:00（周五・周六 ~23:00）
休 无
CC A D J M V
民族音乐　波兰美食

波多・阿尼奥瓦米
Pod Aniołami

◆由 13 世纪的商铺改造而成，创建于 1893 年的克拉科夫的老牌餐馆。值得推荐的美食大多价格在 49.8~72.5 兹罗提。还有价格在 20.8 兹罗提 ~ 左右的鱼肉美食。

老城区　Map p.119-A3
住 Grodzka 35　TEL 12-421-3999
URL www.podaniolami.pl
开 13:00~23:00（L.O.）
休 无　CC A M V
传统美食

戈斯波达・弗拉伊多夏
Gospoda Hulajdusza

◆可以在柜台处点菜，从食物架上直接用手指一下想要的食材，也可以用手指着墙上的菜单进行点菜。久勒克 6 兹罗提、皮埃罗基 10 兹罗提 ~、沙拉 6 兹罗提 ~ 等价格都很实惠。

老城区　Map p.119-A2
住 pl. Szczepanski 7
TEL 12-431-1313　URL www.hulajdusza.pl
开 10:00~19:00
休 无
CC M V
餐吧

乌・巴布奇・马里尼
U Babci Maliny

◆位于斯沃巴茨基剧场 Teatrim. J. Słowackiego 的对面，1 层是自选式，地下是点餐餐厅。有 10 种类馅料可选择的波兰饺子（15 兹罗提 ~）具有很高人气。

老城区　Map p.119-B2
住 Szpitalna 38　TEL 12-421-4818
URL www.kuchniaubabcimaliny.pl
开 12:00~22:00（L.O.）
休 无　CC A M V
自选式　传统美食

亚玛・米凯利卡咖啡馆
Jama Michalika

◆利用 19 世纪的建筑改造而成的咖啡餐厅。创建于 1895 年，有着十分悠久的历史，当时的一些年轻的艺术家们经常会聚集在这里。每周还会举办 2~3 次的民间表演。包含晚餐在内 1 个人大约 119 兹罗提。

老城区　Map p.119-B2
住 Floriańska 45　TEL 12-422-1561
URL www.jamamichalika.pl
开 9:00~22:00（周五 ~ 周日 ~23:00）
休 无
CC A D J M V
咖啡　波兰美食

托玛莎牛奶吧
Milkbar Tomasza

◆有着超大玻璃窗的牛奶吧。在前台点餐之后找个席位坐下。每天变换的定食价格为 18 兹罗提，汤品和主菜可以从三个种类当中挑选。

老城区　Map p.119-B2
住 św. Tomasza 24　TEL 12-422-1706
开 8:00~20:00（周日 9:00~）
休 周一
CC M V
牛奶吧

info 说到克拉科夫的名产，就是被称为“贝果（Obwarzanek）”的咸面包圈。还有关于贝果的一些传说。在街头巷尾的摊车上都会见到，一定要尝一尝。

格但斯克
华沙

Map 文前 p.3-C1
人口 46 万 3754 人
长途区号 58
旅游局
URL visitgdansk.com
市内交通
URL www.ztm.gda.pl

▶▶Access Guide
从华沙出发
7:25　13:35　16:40　19:40、22:40 等
所需时间 1 小时
从华沙出发
铁路时刻表 ▶p.95
1~2 小时期间有 1~2 趟，所需时间 3~6 小时、42 兹罗提~乘坐 flux bus 的话，费用为 12 兹罗提~。

旅游咨询处（格但斯克）
Map p.133-B2　住 Długa 45
TEL 58-301-6096
URL www.pttk-gdansk.pl
开 24 小时　休 无
波兰政府旅游局。同时还兼设有 Dom Schumannów 的接待处。
Map p.133-B2　住 Długa 28/29
TEL 58-301-4355
URL www.visitgdansk.com
开 9:00~17:00（5~8 月 ~19:00）
休 无
格但斯克市旅游局

格但斯克的市内交通
电车、巴士的常规车辆 1 次票价格 3.2 兹罗提。23:00~次日 5:00 的夜车以及快速巴士的 1 次票价格为 4.20 兹罗提。1 小时票的常规车价格为 3.80 兹罗提，夜车及快速车为 4.80 兹罗提。24 小时车票价格为 13 兹罗提。车票除了可以在车站售货亭以及自动贩卖机上购买之外，还可以在车内司机处购买。
URL www.ztm.gda.pl

琥珀博物馆
住 Targ Węglowy 26
☎ 789-449-649
URL muzeumgdansk.pl
开 周一 10:00~13:00
周二 ~ 周六 10:00~18:00
周日 11:00~18:00
（冬季会缩短）
休 冬季的周一
费 成人 12 兹罗提
儿童、学生 6 兹罗提
※ 夏季的周一、冬季的周二免费

格但斯克 *Gdańsk/Danzig*（德语）

德国名为“但泽”的格但斯克，是一个以美丽的街景而闻名的波罗的海的港口城市。据文献资料记载，这里早在公元 997 年就已经成为波兰的城市，1997 年迎来建城 1000 周年。14 世纪时加入汉萨同盟的格但斯克，参与到汉萨同盟的城市间贸易当中，加上波兰的国内贸易的繁荣，从中获得了巨大的利益，15~17 世纪迎来全盛时期。老城区有哥特式、文艺复兴样式以及巴洛克样式等各个时代的建筑，使人们至今仍然能够感受到当时的繁荣景象。

穿过黄金之门，前往老城区

格但斯克 漫 步

无论乘坐火车还是巴士，都是从格但斯克总站 Gdańsk Głowny 出发。观光的重点是以长广场为中心的老城区，以及老莫特拉瓦运河 Stora Motława 沿岸。从总站出来沿 Wały Jagiellońskie 向南，在高门处左转，穿过黄金门，就到达老城区。走城市中的主要大街 Długa 大道，一直向前便是长广场。穿过绿门就到了运河沿岸。

格但斯克 主要景点

囚人塔

Map p.133-A2

Wieża Więzienn

老城区

在高门和黄金门之间的高塔，建于 14 世纪，为了城市的防卫而造，之后约 300 年间都作为监狱和拷问处而使用。

如今塔楼的内部被改造成为琥珀博物馆 Muzeum Bursztynu。在这里能够看到各种珍贵的琥珀、其采集方法以及与历史相关的一些展览。

处刑及拷问的塔楼

市政厅

Ratusz Głównego Miasta

Map p.133-B2

老城区

1379 年开工，1561 年建成如今样貌的高 82 米的尖塔。尖塔之上矗立着西格蒙德奥古斯特二世的黄金雕像。内部作为格但斯克历史博物馆 Muzeum Historyczne Miasta Gdańska 而对外开放。尤其是被称为红色大厅的 Sala Czerwona 会议室中，墙壁和房顶都被 16 世纪的精美绘画所装饰，其华美程度在欧洲也首屈一指。塔楼的观景台只有在夏季才对外开放，可以眺望到长街广场以及波罗的海的绝美景色。

红色砖墙的建筑物

格但斯克历史博物馆

住 Długa 46/47

TEL 58-573-3128

URL muzeumgdansk.pl

开 周一 10:00~13:00
周二～周六 10:00~18:00
周日 11:00~18:00

休 冬季的周一、塔楼 10 月～次年 4 月

费 成人 12 兹罗提 儿童、学生 6 兹罗提（塔楼 5 兹罗提）
※ 夏季的周一、冬季的周二免费

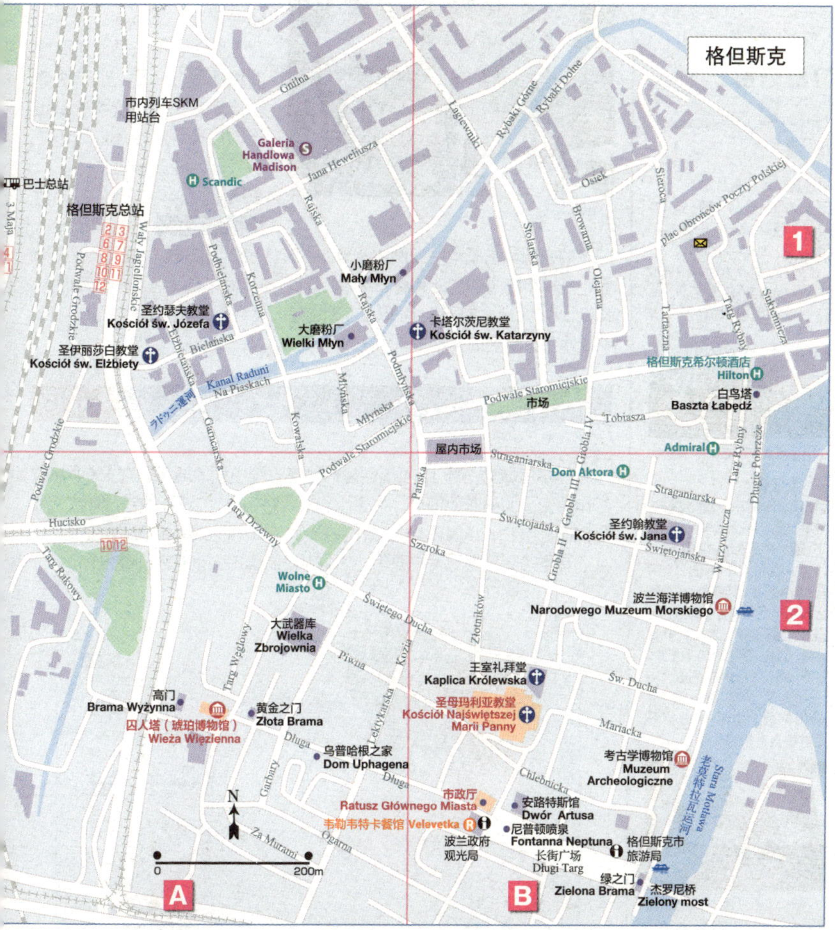

格但斯克

市内列车SKM用站台
巴士总站
格但斯克总站
Galeria Handlowa Madison
Scandic
小磨粉厂 Mały Młyn
大磨粉厂 Wielki Młyn
卡塔尔茨尼教堂 Kościół św. Katarzyny
圣约瑟夫教堂 Kościół św. Józefa
圣伊丽莎白教堂 Kościół św. Elżbiety
格但斯克希尔顿酒店 Hilton
白鸟塔 Baszta Łabędź
市场
屋内市场
Admiral
Dom Aktora
圣约翰教堂 Kościół św. Jana
Wolne Miasto
大武器库 Wielka Zbrojownia
波兰海洋博物馆 Narodowego Muzeum Morskiego
王室礼拜堂 Kaplica Królewska
圣母玛利亚教堂 Kościół Najświętszej Marii Panny
高门 Brama Wyżynna
四人塔（琥珀博物馆） Wieża Więzienna
黄金之门 Złota Brama
乌普哈根之家 Dom Uphagena
考古学博物馆 Muzeum Archeologiczne
市政厅 Ratusz Głównego Miasta
安路特斯馆 Dwór Artusa
韦勒韦特卡餐馆 Velevetka
尼普顿喷泉 Fontanna Neptuna
波兰政府观光局
格但斯克市旅游局
长街广场 Długi Targ
绿之门 Zielona Brama
杰罗尼桥 Zielony most
老莫特拉瓦运河 Stara Motława
ラドゥニ運河 Kanal Raduni

圣母玛利亚教堂

Map p.133-B2

Kościół Najświętszej Marii Panny

老城区

使用砖瓦建造的教堂在世界上也首屈一指。圣玛利亚教堂从 1343 年到 1502 年，耗费约 160 年建造而成。1517 年之后古色苍然的祭坛、15 世纪打造的天文时钟和圣母像、由 28 根立柱支撑的星图圆形屋顶，等等，都是值得一看的景点。高耸入云的 78 米尖塔也给整个街道增添了别致的风景。建筑物在第二次世界大战当中曾一度遭到破坏，而彩色玻璃窗则被幸运地保留了下来。

圣母玛利亚教堂内部的天文时钟

圣母玛利亚教堂
住 Podkramarska 5
TEL 58-301-3982
URL www.bazylikamariacka.pl
开 7~8 月 8:30~18:30
（周日 11:00~12:00、13:00~17:30）
9 月～次年 6 月 8:30~17:30
（周日 11:00~12:00、13:00~17:30）
休 无
费 成人 4 兹罗提
儿童、学生 2 兹罗提

圣母玛利亚教堂的塔楼
休 12 月～次年 3 月的周一～周五恶劣天气时
费 成人 10 兹罗提
儿童、学生 5 兹罗提

近郊的城镇　从格但斯克乘坐火车最短 30 分钟

马尔堡

Map 文前 p.3-C1

Malbork

雄壮的德意志骑士团英雄雕像

位于格但斯克东南方向 60 公里处的马尔堡，作为德意志骑士团据点马尔堡城堡的所在城市，是一个商业繁荣的地方。在与波罗的海相连的诺伽特河沿岸，琥珀贸易兴盛，并且城市加入了汉萨同盟。

漫步　火车站位于城市的东部。出了车站向西 400 米左右有旅游咨询处 ❶、酒店以及餐馆等，是城市的中心。沿 Kościuzki 大道前行 500 米左右就到了马尔堡城堡。Kościuzki 大道上的喷水池和马尔堡城堡，从 4 月中旬到 9 月中旬，都会在夜晚举办美丽的声光秀。

►► Access Guide
火车 从格但斯克前往马尔堡城堡 6:00~19:00 左右的 1 小时之中会有 1~3 趟
所需时间：28 分钟 ~36 分钟
运费：2 等座 34 兹罗提～、1 等座 89 兹罗提～

世界遗产
马尔堡城堡
Zamek krzyżacki w Malborku
1997 年登录

旅游咨询处（马尔堡）
住 Kościuszki 54　TEL 55-647-4747　URL visitmalbork.pl
开 夏季：8:00~19:00
（周六·周日 10:00~17:00）
冬季 9:00~15:00
休 冬季的周六·周日

马尔堡城堡

Map p.134

Zamek w Malbork

马尔堡城堡作为 1274 年创建的德意志骑士团的城堡，在 1309~1457 年作为骑士团的本部据点。如今改建成博物馆对外公开，展示着枪、剑、陶瓷器、宝物，以及附近挖掘出来的有史以前的人骨和土制器皿等。而且还有重达 2 千克的大块琥珀，华丽夺目的琥珀工艺非常值得一看。

诺伽特河映照出的马尔堡城堡

马尔堡城堡
住 Starościńska 1　TEL 55-647-0978　URL www.zamek.malbork.pl
开 5~9 月 9:00~19:00
10 月～次年 4 月 10:00~15:00
※ 闭馆前 1 小时 30 分钟停止入场（冬季 2 小时之前）
休 无　费 夏季　成人 39.50 兹罗提 儿童、学生 29.50 兹罗提
冬季　成人 29.50 兹罗提
儿童、学生 20.50 兹罗提
※ 闭馆前 1 小时 45 分钟开始进馆会有折扣

骑士团召开重要会议时使用的大厅

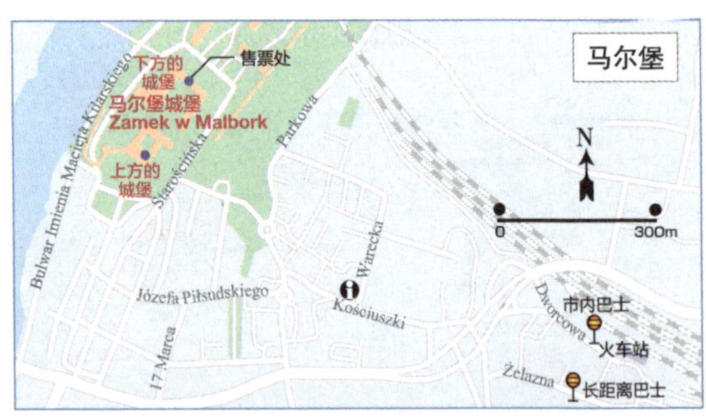

近郊的城镇 从格但斯克乘坐巴士最短 2 小时 25 分钟

托伦

Map p.3-C1

Toruń

托伦是提出“日心说”的哥白尼的出生地。它位于维斯瓦河畔，是一座充满了中世纪风情的城市。

从很早以前，这座城市就成为将波罗的海沿岸出产的琥珀运往华沙和克拉科夫的中转站，作为交通要冲逐渐繁荣起来。

漫步 老城区位于托伦总站隔着维斯瓦河的对面。从车站的北口出来乘坐 22 路、27 路巴士，驶过维斯瓦河上架设的大桥。在桥上向右方可以眺望到老城区以及德意志骑士团城堡的遗迹。到达河对岸后的第一个车站拉帕茨基艾格广场就是老城区的入口。

老市政厅

Map p.135 左 A

Ratusz Staromiejski

老城区广场上耸立的老市政厅是一座建造于 1391 年的哥特式建筑。这座建筑曾几度遭受到战火的破坏，在 18 世纪初期曾经被瑞典军队的炮火摧毁。现在它的内部已经修建成为博物馆，收集有各种玻璃彩绘和 14 世纪制作的基督雕像、宗教绘画等。高达 40 米的塔楼对外开放，从塔楼的顶部可以将城市的景象尽收眼底。在老市政厅的东南角有哥白尼的雕像。

老城区广场中心建造的老市政厅

▶▶ **Access Guide**

从格但斯克前往托伦

时刻表 p.95

1~3 小时 1 趟

所需时间：2 小时 30 分钟

运费：16 兹罗提 ~

从华沙前往托伦

时刻表 p.95

1 小时 1~2 趟

所需时间：3 小时 40 分钟 ~4 小时

运费：28 兹罗提 ~

世界遗产

中世纪城市托伦

Średniowieczny zespół miejski Torunia

1997 年登录

旅游咨询处（托伦）

Map p.135 左 A

住 Rynek Staromiejski 25

TEL 56-621-0930 URL visittorun.pl

开 4~9 月 10:00~18:00

10 月 ~ 次年 3 月 9:00~16:00

休 10 月 ~ 次年 3 月 的周日

老市政厅

住 Rynek Staromiejski 1

TEL 56-660-5612

URL www.muzeum.torun.pl

开 5~9 月 10:00~18:00

10 月 ~ 次年 4 月 10:00~16:00

休 周一

▶老市政厅博物馆

费 成人 13 兹罗提

儿童、学生 9 兹罗提

※ 周三免费

▶塔楼和博物馆的组合

费 成人 21 兹罗提

儿童、学生 16 兹罗提

info 在老城区隔着维斯瓦河的对岸，有可以眺望到老城区风景的观景点。

哥白尼故居 Map p.135 左 A

Dom Mikołaja Kopernika

托伦出生的伟大的天文学家哥白尼的故居就在哥白尼卡路上 Kopernika。如今内部作为博物馆对外开放，展示着众多哥白尼当时使用过的仪器，比如罗盘仪、地球仪等。除哥白尼的相关展览之外，这里同时还举办有中世纪托伦模型的声光秀。

静静地耸立在小道的里边

哥白尼故居

住 Kopernika 15/17　TEL 56-660-5613　URL www.muzeum.torun.pl

开 5~9 月 10:00~18:00
10 月～次年 4 月 10:00~16:00

休 周一

与哥白尼相关的展览

费 成人 13 兹罗提
儿童、学生 10 兹罗提

※ 周三会有打折

中世纪托伦模型声光秀

费 成人 15 兹罗提
儿童、学生 10 兹罗提

姜饼博物馆 Map p.135 左 A

Muzeum Piernika

托伦特产姜饼 Piernik 的博物馆。姜饼就是加入蜂蜜和一些香味料烤制的小点心，托伦作为繁荣的贸易中转地，从中世纪开始就有这种甜点的制作。在馆内，每天会有整点时间的姜饼制作体验。还可以听到有关姜饼的历史以及制作工坊的样子等相关的解说。

姜饼博物馆

住 Rabiańska 9　TEL 56-663-6617　URL muzeumpiernika.pl

开 10:00~18:00　休 无

费 成人 17 兹罗提
儿童、学生 12 兹罗提

姜饼制作体验

每天整点开始（最终 17:00）英语的体验活动在 13:00 和 16:00 一日两次。

格但斯克的酒店

Hotel

格但斯克希尔顿酒店

Hilton Gdańsk

◆在运河的沿岸，由砖瓦搭建而成的建筑物，配合着大面的玻璃窗，展现出时尚而独特的外观。客房面积都在 32 平方米以上，从豪华房间里还可以眺望到运河的美景。

格但斯克　Map p.133-B1

住 Targ Rybny 1　TEL 58-778-7100

FAX 58-778-7300　URL www3.hilton.com

S W 370 兹罗提～

CC A D J M V

早餐 75 兹罗提　WiFi 免费

阿德米拉酒店

Hotel Admiral

◆从老城区步行 5 分钟左右的地方。所有房间都设有迷你吧台、保险箱等。装修华丽。还兼设有美味的餐馆。

格但斯克　Map p.133-B1

住 Tobiasza 9　TEL 58-320-0320

FAX 58-320-0321　URL admiralhotel.pl

S 210 兹罗提～

W 240 兹罗提～

CC A M V　早餐 含　WiFi 免费

沃恩米亚斯托酒店

Wolne Miasto

◆位于大武器库的旁边。老城区的中心地带，是非常有利于观光的位置。虽然只有 3 星级，却给人一种优雅的高级感，客房设计都很温暖贴心。还开设有独创的料理店。

格但斯克　Map p.133-A2

住 Świętego Ducha 2　TEL 58-305-2255

URL www.hotelwm.pl

S W 290 兹罗提～

CC A D J M V

早餐 39 兹罗提　WiFi 免费

格但斯克的餐馆

Restaurant

韦勒韦特卡餐馆

Velevetka

◆可以提供在海鲁半岛以及格但斯克以西生活的少数民族卡舒比人的美食，并因此而出名的店铺。店内也同样是卡舒比风格的淳朴设计。卡舒比炸鳕鱼价格 3 兹罗提。

格但斯克　Map p.133-B2

住 Długa 45

TEL 734-126-191

开 夏季：9:00~23:00　冬季：11:00~21:00

休 无

CC A D M V

卡舒比美食　波兰美食

斯洛伐克

Slovakia

耸立在小山丘之上的斯皮什城堡

国旗

白·蓝·红三色旗中加入国徽。

正式国名

斯洛伐克共和国
Slovenská Republika

国歌

《塔特拉山上的暴风》 Nad Tatrou sa blýska

面积

4 万 9037 平方公里

人口

545 万（2019 年 3 月底）

首都

布拉迪斯拉发 Bratislava

国家元首

总统：苏珊娜·恰普托娃
总理：伊戈尔·马托维奇

国家政体

共和制（2004 年 5 月加入欧盟）

民族构成

斯洛伐克人占 81.15%，匈牙利人占 8.43%，罗姆人（吉卜赛人）占 2%，其余为捷克人、罗塞尼亚人、乌克兰人、德意志人、波兰人、俄罗斯人等。

宗教

罗马天主教信奉者占 62%，信仰新教的福音教徒（路德教会派）占 6% 等，东部还有许多东正教的信仰者。

语言

官方语言是斯洛伐克语（斯拉夫语系）。中老年人大多使用俄语、德语，年轻人大多会说英语。

→旅行中会用到的斯洛伐克语 p.145

货币和汇率

通用货币为欧元（略称为 E、EURO、EUR），辅助货币为分（¢、CENT）。斯洛伐克语的读法分别为“埃乌罗”和“茨恩特”。1 欧元 =100 分 =7.9326 元人民币（2021 年 1 月）。纸币的种类有 5 欧元、10 欧元、20 欧元、50 欧元、100 欧元、200 欧元、500 欧元。硬币的种类有 1 欧分、2 欧分、5 欧分、10 欧分、20 欧分、50 欧分、1 欧元、2 欧元。

斯洛伐克独特的欧元硬币背面，设计有塔特拉山地的最高峰克里万恩山、布拉迪斯拉发城堡、斯洛伐克国徽等图案。

【信用卡】

信用卡在大部分中档以上酒店或餐馆都可使用。

【货币兑换】

现金在银行、旅行社、大型酒店等处可以兑换。银行的汇率最合适。繁华街道上还有私营的货币兑换处。只接受现金兑换，营业时间比银行更长，即使休息日有的店家也会开门，因此十分便利。

1 欧元

2 欧元

5 欧元

10 欧元

20 欧元

50 欧元

100 欧元

200 欧元

500 欧元

1 欧分

2 欧分

5 欧分

10 欧分

20 欧分

50 欧分

→旅游的预算与花费→ p.480

出入境

【签证】

持普通护照的中国公民前往斯洛伐克必须

拨打电话的方法

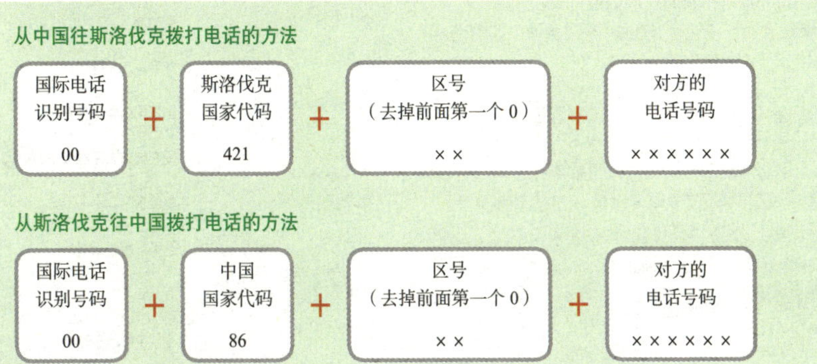

从中国往斯洛伐克拨打电话的方法
国际电话识别号码 00
+
斯洛伐克国家代码 421
+
区号（去掉前面第一个 0） ××
+
对方的电话号码 ××××××
从斯洛伐克往中国拨打电话的方法
国际电话识别号码 00
+
中国国家代码 86
+
区号（去掉前面第一个 0） ××
+
对方的电话号码 ××××××

→关于通信与邮寄 p.486

办理签证。

【护照】

护照的有效期必须在 6 个月以上。

→中国出入境 p.461
→中欧各国的出入境 p.461

从中国至斯洛伐克的航班

目前中国还没有飞往斯洛伐克的直达航班，需要在斯洛伐克周边国家转机。

→从中国前往中欧的线路 p.460

时差和夏令时

斯洛伐克比中国晚 7 小时。也就是说，北京时间的 19:00 时，斯洛伐克正好是中午 12:00。夏令时期间比中国晚 6 小时。夏令时的实施时期是 3 月最后一个周日的 AM2:00（=AM3:00）~ 10 月最后一个周日的 AM3:00（=AM2:00）。

营业时间

以下为一般的营业时间。

【银行】周一～周五 8:00~18:00。周六 · 周日休息。

从周边各国前往斯洛伐克的线路

与邻国奥地利的首都维也纳之间有很多班次的巴士和铁路。和捷克的布拉格之间也有很多汽车班次。铁路方面从布拉格～布拉迪斯拉发～布达佩斯的干线线路上有许多快速列车在运行。前往波兰的话经由捷克的班次较少，因此从维也纳利用航空线路会更有效率。

→当地交通 p.481

【商场及商店】一般的商店多数会在平日的 9:00~10:00 开门，18:00~19:00 关门。周六 ~13:00 或者 14:00 等，周日及节假日一般会休息。

【餐馆】有不少会在 11:00~ 深夜营业。也有些店在白天会休息。

气候

斯洛伐克有着分明的四季变化。南部平原地带和东部的低洼地带气温相对比较温和而干燥，夏天最高气温可能会达到 30℃以上。占据大部分国土的山丘地带气候比较恶劣，在塔特拉山区平均气温只有 3℃，年降水量超过 2000 毫米。

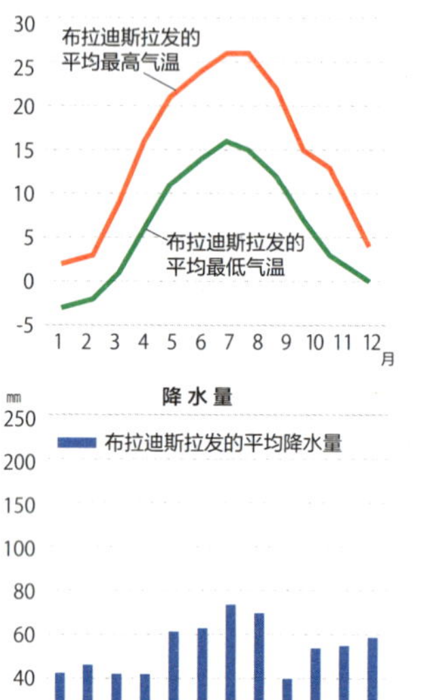

主要节日

随着年份的不同日期会变化的节日（※符号）需要注意。

1/1	元旦
1/6	主显节
4/10（'20）4/2（'21）※	圣日周五（good friday）
4/12（'20）4/4（'21）※	复活节
4/13（'20）4/5（'21）※	复活节后的周一（复活节后周一）
5/1	劳动节
5/8	战胜法西斯胜利日
7/5	圣西里尔和美多德纪念日
8/29	斯洛伐克人民起义纪念日
9/1	宪法日
9/15	圣母玛利亚受难日
11/1	万灵节
11/17	为自由民主而斗争日
12/24~26	圣诞节

电压和插座

电压为 220V 或者 230V，频率是 50Hz，插座一般为 C 型。插头类型与中国不同，需要带转换插头。

视频制式

斯洛伐克采用 SECAM 制式，因此从中国带过去的视频软件不能播放。

小费

【厕所】

M 和▼表示男性，Z 和●表示女性。公共厕所大部分都是收费的，男性的场合也有不同的收费标准，一次大概是在 0.20~0.50 欧元。

【餐馆】

基本上不要小费，但在布拉迪斯拉发等市中心的餐馆里，如果对服务感到满意，大多会支付全部费用的 10% 当作小费。

【酒店】

在酒店的行李员或者房间服务员帮忙后可以给 1 欧元的小费。

饮用水

水管当中的水基本上不可以直接饮用。可以购买瓶装的矿泉水，500 毫升的约为 0.60 欧元。

邮政

邮局所使用的号角的标志十分醒目。周一~

周五的营业时间为7:00/8:00~18:00。布拉迪斯拉发等市中心的总局营业时间会更长，周六·周日的上午也会开门。

【邮寄费用】

寄往中国的明信片或20克以内的信封，航空邮件0.83欧元，7~10天到达。

→关于通信与邮寄→ p.486

税金

大部分商品的货款都要加上被称为DPH的附加税，为10%~20%，旅行者在办好相应的手续之后可以拿回最多13.5%的税金。

免税条件为一次性购物价格在175.01欧元以上，从购买月份的最后一天开始3个月内未使用的状态下在EU最后出境地的海关盖章，购买日开始5个月之内申请返还。

环球蓝联

URL www.globalblue.com

→中欧各国的出入境 p.461

安全与纠纷

斯洛伐克与相邻各国相比算是治安较好的国家。不过虽然没有太多的凶恶犯罪，深夜的时候也尽量不要外出。

从酒店外出的时候要随身携带上贵重物品，放在比较贴身的提包中，提高警惕，采取些预防对策。

【警察】

警察在斯洛伐克语当中被称为Polícia。有警察署等设置，在街上会看到白底绿色条纹的巡逻车。

在人比较多的场所也会有警察在周围巡视。

【小偷】

在巴士及电车等公共交通车厢内部要防止被偷盗。

【偷包贼】

在酒店大堂以及餐馆等场合要注意偷包贼。不要将物品留下后离开。

中国驻斯洛伐克大使馆

住 Hrebendova 6706/44D，81102 Bratislava

TEL 00421-949693619（24小时领事保护与协助应急电话）

URL http://sk.china-embassy.org/chn/

警察 **158**

消防 **150**

急救 **112**

急救车 **155**

→旅游中的纠纷与安全措施 p.488

年龄限制

在斯洛伐克未满18岁不能购买酒类和香烟。

度量衡

与中国的度量衡相同，距离用米，重量用克、千克，液体用升来表示。

斯洛伐克 Slovak Republic 旅行的基础知识

位于多瑙河沿岸的要冲布拉迪斯拉发曾经是匈牙利王国的首都。山岳地区夏季远足登山，冬季滑雪等项目都很有人气。

【观光亮点】

1 老城区周边（布拉迪斯拉发）p.150

老城区原本被城墙所包围，以前所剩有的几座城门如今只有米哈埃尔门保留了下来。穿过热闹的米哈埃尔大门以及赛多拉路斯卡就到了弗拉布内广场。是拥有着老市政厅的观光中心。夏季有很多店家会摆出露天的席位。

老城区里的米哈埃尔门的塔楼

2 布拉迪斯拉发城堡p.149

可以俯瞰到多瑙河的白色的城堡式建筑。由于四角形的建筑在四个角上各有一座塔楼，因此其独特的外观也被人们称作是“被掀翻的桌子”。17 世纪时遭到奥斯曼帝国的入侵，为了增强抵御建造成今日的模样。据说玛丽亚·特蕾西亚很喜欢住在这里。

多瑙河沿岸建在山丘上的名城

3 斯皮什城堡p.156

在海拔 634 米高的小山上矗立的中欧最大的城堡。在周围平原的映衬下显得十分美丽，越是靠近越觉得震撼。距离最近的小城是斯皮什·波德赫拉杰。

矗立于壮美景色之中的斯皮什城堡

【地理】

斯洛伐克国土的大部分是山地，作为喀尔巴阡山脉一部分的塔特拉山丘地带占据了斯洛伐克北方国土面积的一半。东部的山丘地带由险峭的河谷和盆地组成，孕育了当地丰富、独特的文化。同时，这里还因各种民族音乐和民族服装而闻名。

【交通的要冲】

斯洛伐克的首都布拉迪斯拉发距离奥地利的维也纳乘坐巴士约 1 小时车程，从匈牙利的布达佩斯乘坐过来约 2 小时 30 分钟，距离很近，可以当日往返。这三座城市被多瑙河连接着，成为交通的要冲。

【土特产】

想要挑选手工艺品的话推荐 Modranská keramika。这是一种在白底上描绘醒目黄色图案的陶瓷器。民族风的纺织服装及刺绣都具有独特的魅力。因为这里养蜂盛行，蜂蜜也有十分充足的产量，蜂蜡做成的蜡烛也成了人气很高的礼物。在药妆店能以很低廉的价格购买到有机护肤品以及优质的香皂等产品。

【移动】

- 从维也纳～布拉迪斯拉发最短 1 小时
- 使用交通查询网站会很便利
  URL cp.hnonline.sk
- IC 需要提前预约，因此请仔细确认时刻表

●交通查询网站

在 cp.hnonline.sk 网站上，可以查询到斯洛伐克全国的铁路及长距离巴士等国内交通时刻表，是一个十分方便的网站。

URL cp.hnonline.sk

铁路

斯洛伐克铁路由 ŽSSK（Železničná Spoločnosť Slovensko）公司运营。此外，从布拉迪斯拉发～科希策之间，还有前往布拉格、维也纳的一些国际线路也由私营公司 regiojet 或者 leoexpress 来运营。

●在官网上搜索

想要查询列车时刻，在官网上确认最简单。而且网站上的信息能时常更新，列车的延误等情况也可以及时把握。

●在车站查询

不管在哪一个车站内都会张贴列车时刻表。黄色为发车时刻表，白色是到达时刻表。主要的车站内还有全国范围内的列车时刻表。根据线路的不同还有不同的展示方式。

●车票的购买方法

在车站购买　基本上都可以在车站的购票窗口买到票。在比较大的车站里，还会有近距离车票售卖窗口、国际列车票售卖窗口以及预约票口等不同的区分。Regiojet 等私营铁路也会与斯洛伐克国营铁路在不同的窗口售票，需要注意。

在线预约　在斯洛伐克铁路的官网上只可以预约和购买国内线路。

●主要的列车种类

国际快速列车 EC

国际快速列车，全部席位都需要提前预约。

国内城际列车 IC

连接国内主要城市的快速列车。全部座席都需要提前预约。

地区间快速列车 Ryclik R

连接各地区之间的快速列车。可以预约。

区域内快速列车 Regionálny expres REX

连接区域内部的快速列车，可以预约。

普通列车 Osobni vlak OS

普通列车。所有席位为自由席。

巴士

SAD（Slovenská autobusová doprava）的巴士运营国内主要城市间以及通往欧洲主要城市的国际线路。

其他还有 regiojet 等公司也以主要城市间的线路为中心运营。

●车票的购买方法

可以在布拉迪斯拉发的巴士总站购买车票。不过有的车票需要预约请注意。持有车票的人可以优先乘车，因此如果有出行计划建议提前购票。尤其是早上布拉迪斯拉发前往维也纳的班次经常会满员，提早购买会更踏实。一些近距离以及早晨出发等车票可以直接从司机处购买。较大的行李需要另附 0.20~1 欧元的费用。

布拉迪斯拉发的巴士总站

有利于观光的主要直通列车时刻表

布拉迪斯拉发 ⇔ 特伦钦 p.152
所需时间：1 小时（IC）~1 小时 20 分钟（R 等）
运费：2 等座 10 欧元～1 等座 14 欧元～

►布拉迪斯拉发总站出发：5:43 IC 6:03 8:03 10:03 11:43 IC 12:03 14:03 16:03 17:43 IC 18:03 20:03 23:43

►特伦钦出发：4:19 5:25 6:25 7:25 8:25 9:02 IC 9:25 10:25 11:25 12:25 13:25 14:25 15:03 IC 15:25 16:25 17:25 18:25 20:25 21:02 IC

特伦钦 ⇔ 布达佩斯（匈牙利） p.167
所需时间：2 小时 42 分钟　运费：2 等座 34 欧元～1 等座 45 欧元～（所有座席预约制）

►特伦钦出发：5:53 9:57 11:57 15:57 16:55 17:57 19:57

►布达佩斯纽加迪出发：5:40 7:40 9:40 11:40 13:40 15:40 17:40

布拉迪斯拉发 ⇔ 科希策 p.154
所需时间：4 小时 47 分钟（IC）
5 小时 50 分钟 ~5 小时 56 分钟（R）
运费：2 等座 34 欧元～1 等座 40 欧元～

►布拉迪斯拉发总站出发：6:01 IC 6:13 8:13 10:13 11:59 IC 12:13 14:13 16:06 IC 16:13 18:01 IC 18:13 22:48 🛏

►科希策出发：4:07 5:12 IC 6:07 7:11 IC 8:07 10:07 11:12 12:07 14:07 16:07 17:12 IC 23:45 🛏

※ 随着时间和季节的变化，时刻表有可能发生改变

【住宿】

- 地方城市的住宿费虽然比较便宜，但是酒店的数量很少
- 也有设施较为陈旧价格却很高的酒店

酒店相关

布拉迪斯拉发以外的地方城市，一般来说住宿费用会比较便宜。只是，酒店的数量却并不多。所以提前预约会更踏实些。

酒店的种类

●高级酒店

单人间一晚在600元人民币以上。而且只在布拉迪斯拉发、科希策等大城市才有。

●中级酒店

单人间一晚400元人民币左右。有些建筑看上去略显陈旧，但房间内电视及电话等设施都很完备。

●家庭旅馆

一般家庭将自己不常用的房间腾出来提供给旅行者，通常在旅行社网站的预约住宿页面上可以申请。

还有像公寓那样具备一些规模的住宿设施。

●青年旅馆

单间1晚一百多元人民币。大多数淋浴·卫生间公用。持有国际学生证（ISIC卡）以及国际青年旅行证、青年旅社会员证等可以打折。

【用餐】

- 与捷克美食有很多共同之处
- 东部受到波兰美食的影响
- 有很多使用土豆制作的质朴的菜肴

可以用餐的场所

皮瓦莱纽 Piváreň

在斯洛伐克语当中是啤酒屋的意思。与捷克同样，拥有出售自家酿造啤酒的酿造所的店铺被称为Pivovar。

维拉莱纽 Vináreň

可以用餐的葡萄酒店铺。在葡萄酒的产地有很多这样的店铺。

茨库拉莱纽 Cukráreň

蛋糕店，店内还可以喝茶。加入了果酱的可丽饼Palacinky so lekvárom具有很高的人气。到了夏天还会在店头开设出售冰激凌的窗口。

斯洛伐克美食

受到捷克、匈牙利、奥地利等周边各国的影响，肉类菜肴十分美味。

库内德拉 Knedra

典型的捷克美食风格的库内德里基，在斯洛伐克被称为库内德拉，是很常见的大众食物。

●啤酒　因为是啤酒大国捷克的邻国，啤酒的品牌可谓众多。Zlatý Bažant、Steiger、Šariš等都十分有名。店家的告示板上一般都会写下店内啤酒的主打品牌。

●果味酒　李子等果实经蒸馏后制作的当地酒Slivovice有着十分大众的口味。

还有推出原创工艺酿造啤酒的店铺

绝对值得一试！经典的斯洛伐克美食

●加入罂粟籽制作的甜点
Šúľance s makom

加入砂糖和罂粟籽制作的一款甜点。周边国家使用罂粟籽制作的甜点也有很多。

●绵羊奶酪团子
Bryndzové Halušky

使用土豆和小麦粉做成的团子中，加入绵羊奶酪等食材炒制，再撒上腌肉等制作的美食。

●土豆饺子
Bryndzové Pirohy

用土豆泥做成的水饺。加入羊奶酪的做法很有斯洛伐克特色。

【旅行中会用到的斯洛伐克语】

●问好

早上好	Dobré ráno.
你好	Dobrý deň.
晚上好	Dobrý večer.
再见	Dovidenia.
那么，再见	Ahoj.

●回应等

是的 / 不是	Áno. /Nie.
谢谢	Ďakujem.
对不起	Prepáčte.
不用谢	Prosím.
不明白	Nerozumiem.
明白了	Rozumiem.
不用了，够了	Nie Dakujem.
拜托了，请	Prosím.

●提问

请问厕所在哪里?
Kde j e toaleta?

请问这个多少钱?
Kol'ko to stojí?

可以说英语吗?
Hovoríte anglicky?

请问有～吗? Máte~?

想要～ Chcem~

●紧急

帮帮我！（救命）Pomoc!

小偷！ Zlodej!

身体不舒服 Je mi zle.

受伤了
Poranil（a）som sa.

头很痛
Bolí ma brucho（hlava）.

●数

1	jeden
2	dva
3	tri
4	štyri
5	pät
6	šest'
7	sedem
8	osem
9	devät
10	desat'
11	jedenást'
12	dvanást'
13	trinást'
14	štrnást'
15	pätnást'
16	šestnást'
17	sedemnást'
18	osemnást'
19	devätnást'
20	dvadsat'
21	dvadsat'jeden
22	dvadsat'dva
100	sto
1000	tisíc

●星期和月份

周一	pondelok	1 月	január	8 月	august
周二	utorok	2 月	február	9 月	September
周三	streda	3 月	marec	10 月	október
周四	štvrtok	4 月	apríl	11 月	November
周五	piatok	5 月	máj	12 月	december
周六	sobota	6 月	jún		
周日	nedel'a	7 月	júl		

●有用的单词

厕所	toaleta	～禁止	zákaz	空位（未使用）	vol'no
男 / 女	muž/žena	警察	polícia	使用中	obsadené
成人	dospelý	入口 / 出口	vchod/východ	紧急出口	núdzový východ
孩子	dieťa	换乘	prestup	开馆	otvorené
推 / 拉	tlačit/táhnout	出发 / 到达	odchod/príchod	闭馆	zatvorené

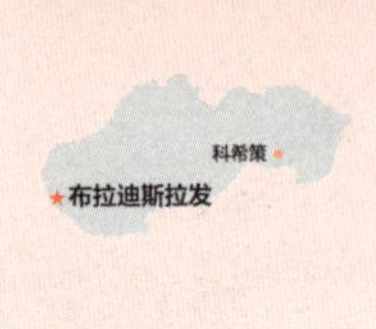

Map 文前 p.3-C3
人口 42 万 3737 人
长途区号 02
旅游局
URL www.visitbratislava.com
市内交通
URL www.dpb.sk

旅游咨询处（布拉迪斯拉发）
URL www.visitbratislava.com
▶布拉迪斯拉发机场的 ❶
TEL（02）3810-3988
开 周一·周五 8:30~16:00、16:30~21:00
周二·周三 12:00~15:30、16:00~21:00
周四·周六 12:00~15:00、15:30~18:00
周日 10:30~14:00、14:30~18:00
休 无
▶老城区的 ❶
Map p.148-A2
住 Klobučnícka 2
TEL（02）16186
开 4~10 月 9:00~19:00
11 月~次年 3 月 9:00~18:00
休 无

从机场~市内的出租车
到老城区约 15 分钟。从机场到布拉迪斯拉发总站 20 欧元~，前往老城区的酒店约 25 欧元。

还可以乘坐多瑙河上的游船前往维也纳

布拉迪斯拉发
Bratislava

1993 年，斯洛伐克与捷克解除联邦制，成为一个拥有主权的国家。面向多瑙河的布拉迪斯拉发，曾经在很长的一段时间内都处在匈牙利的统治之下。1536 年，当时的匈牙利帝国首都布达被奥斯曼帝国攻陷，匈牙利将首都迁到了布拉迪斯拉发。此后，从 1563 年至 1830 年，在布拉迪斯拉发城堡脚下的圣马丁教堂，举行了历代匈牙利国王的加冕仪式。在这里继位的匈牙利国王有 11 个，其中女王竟有 7 人之多，包括有著名的玛丽娅·特蕾莎女王。

布拉迪斯拉发城堡

巴士总站 & 交通线路

从中国直航到维也纳，再前往布拉迪斯拉发的线路很方便。布拉迪斯拉发的总站位于城市的北侧、长距离巴士总站位于城市的东侧。

布拉迪斯拉发 -M.R. 施特法尼克国际机场
Letisko M. R. Štefánika Bratislava

位于市中心东北部约 9 公里处。到达大厅处设有旅游咨询处 ❶ 和货币兑换处。

●**乘坐巴士从机场前往市内**

市内 61 路巴士 机场和布拉迪斯拉发总站之间约 25 分钟的车程。车票在机场内或者巴士车站的售票机上可以买到。30 分钟有效（2 个地区）0.9 欧元。携有较大行李的时候需要另行购买 0.35 欧元的车票。

维也纳国际机场
Flughafen Wien-Schwechat

位于布拉迪斯拉发向西约 40 公里处。不需要进入维也纳市内，在维也纳机场和布拉迪斯拉发之间运行有许多趟直通巴士。

●**费利克斯巴士公司 FlixBus、Regiojet 公司**

前往 SNP 桥 Most SNP 以北的巴士总站姆林斯基·尼维。每 30 分钟~1 小时运行 1 趟。

斯洛伐克航线 Slovak Lines/ 邮政巴士 Postbus 代码共享航班大概每 30 分钟~1 小时运行一趟，从机场经由姆林斯基·尼维巴士总站。单程价格在 5 欧元左右，在官网提前预订的话可以便宜 1 欧元。

布拉迪斯拉发总站
Bratislava hlavná stanica

Map p.148-A1

国际列车和主要的长距离列车发抵的主要车站。位于老城区以北约 1 公里的位置，行李存放处等对于旅行者来说十分必要的设施基本都有。

从站前到老城区的 SNP 广场乘坐 1 路电车大约 8 分钟。乘坐市内巴士 93 路约 5 分钟，费用 0.7 欧元。

布拉迪斯拉发的大门，火车总站

布拉迪斯拉发 - 佩特洛加尔卡车站
Bratislava-Petržalka

Map p.148-A2外

位于老城区西南，多瑙河的对岸。另外，从维也纳方面驶来的国际列车，两趟之中的 1 趟都会到达这个车站。在老城区 SNP 广场和佩特洛加尔卡车站之间的移动，可以乘坐 93 路或者 94 路巴士（所需时间约 5 分钟）。

姆林斯基 · 尼维巴士总站
Autobusová stanica Mlynské nivy

Map p.148-B2

从维也纳或布达佩斯等地开来的国际巴士，以及国内的长距离巴士都在这里发抵。巴士总站内部设有餐馆、商店以及卫生间和邮局，等等。售票处窗口排成一列。前往市中心徒步大概 15 分钟的距离。

奥索布尼码头
Osobný prístav

Map p.148-A2

在多瑙河上航行的游船，从维也纳前往布拉迪斯拉发，会到达国家自然史博物馆附近的奥索布尼码头 Osobný prístav。

斯洛伐克航线

URL www.slovaklines.sk

邮政巴士

URL www.postbus.at

奥索布尼码头的渡轮枢纽

双翼渡轮航线

在维也纳和布拉迪斯拉发之间航行的高速渡轮。夏季每天运行。冬季停驶。

URL twincityliner.com

▶ 维也纳出发 8:30 9:00 12:30 16:30 18:00

▶ 布拉迪斯拉发出发 9:45 10:15 13:45 17:45 19:15

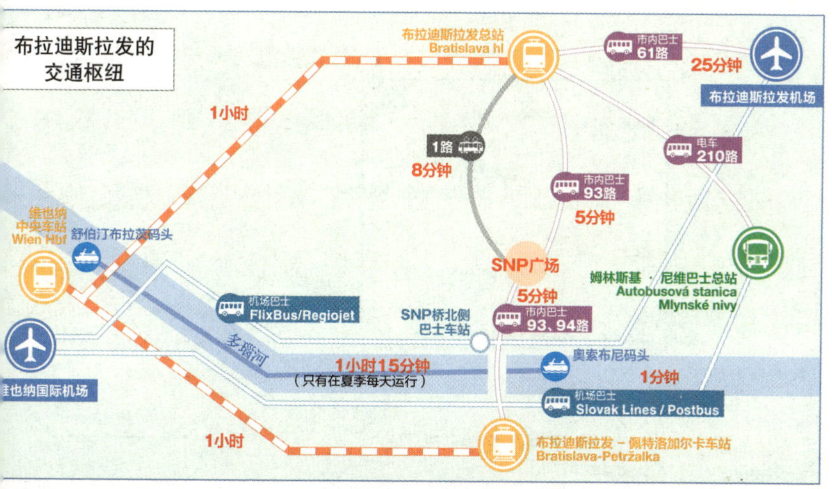

info 从总站前往市内时，如果携有较大行李的话需要另行购票。详细内容（→ p.148）。

也有英文设置的售票机

市内交通

车票的种类和购买方法

电车、巴士、无轨电车的车票是通用的。除 1 次票之外还有有效期内不限乘坐次数的时效票。车票可以在停车站附近的报刊亭或者自动售票机上购买。自动售票机只可以投币使用。因为无法使用纸币，所以最好提前准备出合适的硬币。乘车时，自己在车内的检票机上检票。

◆电车 Električky

电车共有 1~9 路的 9 条线路。线路图或时刻表上都用红色表示。电车会从市中心穿过，所以十分方便。运行期间大概是在 5:00~23:30。

◆市内巴士 Autobusy

线路网覆盖了全市的整个区域。观光客们经常会选择的是连接布拉

迪斯拉发与机场的 61 路，以及在总站和布拉迪斯拉发城堡附近行驶的 93 路。前往德温斯基城堡等郊外景点的时候也可以乘坐。

● **出租车 Taxi**　基本上没有流动的出租车。在火车站前、酒店前以及繁华大街上有许多出租车，但他们遇到外国人经常会乱要价。只有通过电话预约的出租车才比较放心。

布拉迪斯拉发 漫 步

城市观光的景点主要是位于市中心的老城区以及从山丘上可以俯瞰到老城区的布拉迪斯拉发城堡，布拉迪斯拉发的景点集中在方圆 1 公里左右的小范围内，步行参观也可以。老城区的中心是弗拉布内广场 Hlavné nám.。以这里为起点，步行 15 分钟就出老城区了。

布拉迪斯拉发 主要景点

布拉迪斯拉发城堡

Map p.148-A2

Bratislavský hrad　　旧市街

布拉迪斯拉发城堡耸立在多瑙河畔，是一座建在山丘上的城堡。在四角形建筑的四角各有一个塔楼，其独特的外观也被人们称作是"被掀翻的桌子"。

四角突出的塔楼十分有趣

这本来是 12 世纪建造的罗马式的石结构城堡，1431 年至 1434 年又被改建成哥特式的要塞。为了防备奥斯曼帝国的入侵，1635~1946 年又增加了四个塔，才基本上形成了今天的外观。16 世纪的布拉迪斯拉发成为匈牙利的首都之后，城堡就成了这座城市的象征，18 世纪这里又成为女王玛丽娅 · 特蕾莎居住的城堡。后来，匈牙利的政治中心转移到维也纳和布达佩斯之后，1811 年城堡在一场大火后荒废殆尽，直到第二次世界大战后才得以修复。

如今城堡内的一部分被作为历史博物馆 Historické múzeum 使用。城堡所处的山丘已经被修建成为一座公共设施齐全的公园，从这里可以眺望布拉迪斯拉发的街景和多瑙河对岸。还设有观景餐厅以及售卖土特产的商店等。

蓝色教堂（圣伊丽莎白教堂）

Map p.148-B2

The Blue Church (Kostol sv. Alžbety)　　新城区

位于住宅街区的一座小型教堂，正式名称为圣伊丽莎白教堂 Kostol sv. Alžbety。因为建筑的整体色调呈蔚蓝色，所以也被爱称为蓝色教堂。不仅是外观，内部也随处都被蓝色所装饰，好似一个童话般的世界。

布拉迪斯拉发市内交通局
URL dpb.sk
市内交通的费用
1 次票（15 分钟以内）0.7 欧元。
30 分钟票 0.9 欧元　24 小时票 3.5 欧元
72 小时票 8 欧元
携带拉杆箱等较大行李 0.35 欧元（1 次票的折扣后费用）

主要的出租车
Taxi Trend TEL（02）16302
Profi Taxi TEL（02）16222

老城区的中心——弗拉布内广场

布拉迪斯拉发城堡
沿着 Staromestská 大道有几条登上山丘的道路，沿着一条向上走就可以。
开 9:00~24:00
休 无

▶国家历史博物馆
TEL（02）2048-3110
URL www.snm.sk
开 4~10 月 10:00~18:00
11 月 ~ 次年 3 月 9:00~17:00
休 周一
费 成人 8 欧元
儿童、学生 4 欧元

蓝色教堂
住 Bezručova 2
TEL（02）5273-3572
URL www.modrykostol.fara.sk
开 7:00~7:30、17:30~19:00
（周日 7:30~12:00、17:30~19:00）
休 无
费 免费

内部装饰也十分可爱

info 市内交通的车票都很便宜。要是准备硬币的话可能会比较麻烦，所以购买 24 小时票会更方便。

集中林立着哥特式及巴洛克风格的建筑

老城区周边

Staré mesto Old Town

富丽堂皇的米哈埃尔大门

米哈埃尔门　老城区的入口是米哈埃尔门，是曾经围绕老城区的城墙遗留下来的一部分。穿过米哈埃尔门向前延伸的就是米哈埃尔大道 Michalská。两侧林立着各色各样的店铺和咖啡馆等，非常热闹。

弗拉布内广场　穿过赛德拉尔大道 Sedlárska，就到了一个不是特别大的广场，这便是弗拉布内广场 Hlavné nám.。广场的中央有喷水池，夏日的观光旺季会摆出许多售卖特产的摊位，还有露天咖啡馆。

斯洛伐克国家剧院

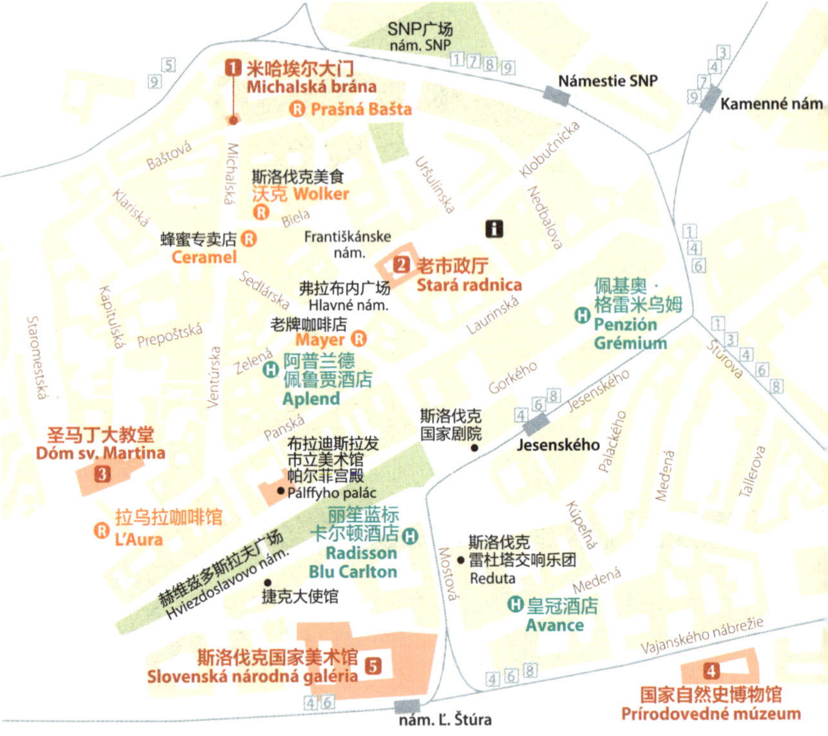

SNP广场
nám. SNP
1 7 8 9
Námestie SNP
3 4 7 9
Kamenné nám
5 9
1 米哈埃尔大门
Michalská brána
R Prašná Bašta
Baštová
Michalská
Uršulinská
Klobučnícka
Nedbalova
斯洛伐克美食
沃克 Wolker
R
Biela
Klariská
蜂蜜专卖店 R
Ceramel
Františkánske nám.
i
2 老市政厅
Stará radnica
Sedlárska
弗拉布内广场
Hlavné nám.
Kapitulská
Laurinská
佩基奥·格雷米乌姆
H Penzión Grémium
1 4 6
Staromestská
Prepoštská
老牌咖啡店
Mayer R
Zelená
H 阿普兰德佩鲁贾酒店
Aplend
Ventúrska
Gorkého
1 3 4 6 8
Štúrova
Jesenského
4 6 8
斯洛伐克国家剧院
Jesenského
Palackého
圣马丁大教堂
Dóm sv. Martina
3
Panská
布拉迪斯拉发市立美术馆
帕尔菲宫殿
Pálffyho palác
Medená
Tallerova
R 拉乌拉咖啡馆
L'Aura
丽笙蓝标卡尔顿酒店 H
Radisson Blu Carlton
Kúpeľná
赫维兹多斯拉夫广场
Hviezdoslavovo nám.
捷克大使馆
Mostová
斯洛伐克雷杜塔交响乐团
Reduta
Medená
H 皇冠酒店
Avance
Vajanského nábrežie
斯洛伐克国家美术馆 5
Slovenská národná galéria
4 6 8
4 6
nám. Ľ. Štúra
4
国家自然史博物馆
Prírodovedné múzeum

1 米哈埃尔门

Michalská brána

在老城区的城墙上曾经有的大门当中，唯一保留下来的米哈埃尔门。14 世纪建造的时候是比较矮的哥特式建筑，到了 16 世纪之后才改造成如今这种文艺复兴样式，巴洛克式的屋顶是在 18 世纪时添加上去的。塔楼部分现在被用作武器博物馆，展示着中世纪的武器和工具。最上部的平台上可以眺望到老城区的街道，美不胜收。

武器博物馆

住 Michalská 22
TEL（02）5443-3044
URL www.muzeum.bratislava.sk
开 10:00~17:00（周六 · 周日 11:00~18:00）
休 周一
费 成人 4.50 欧元　儿童、学生 2.50 欧元

2 老市政厅

Stará radnica

位于弗拉布内广场东侧的就是老市政厅，是哥特式及巴洛克样式混搭的美丽建筑。如今已经成为历史博物馆 Múzeum dejín mesta 而被使用。位于广场另一角的阿波尼宫殿 Múzeum dejín mesta，如今也变成了葡萄酒博物馆。

市历史博物馆

住 Primaciálne nám. 3　TEL（02）5910-0847
URL www.muzeum.bratislava.sk
开 10:00~17:00（周六 · 周日 11:00~18:00）
休 周一
费 成人 5 欧元　儿童、学生 2.50 欧元

3 圣马丁大教堂

Dóm sv. Martina

圣马丁教堂建造于 14 世纪初期，是斯洛伐克最古老的教堂。作为历代匈牙利国王加冕及埋葬之所的塞克斯费赫瓦尔自从被罗马帝国占领之后，就改在这里举行戴冠仪式。塔楼高 85 米，顶端前有匈牙利王冠的复制品。大理石打造的教堂内部十分华美，彩色玻璃窗也精致醒目。有着匈牙利王室之墓的地下室以及宝饰室也对大众开放。

住 Rudnayovo nám. 1　开 9:00~11:30　13:00~18:00（周六 9:00~11:30、周日 13:30~16:00）　休 无　费 免费　▶宝饰室　开 只在 4~11 月中旬
费 2.50 欧元　学生 1 欧元

4 国家自然史博物馆

Prírodovedné múzeum

这是一座位于奥索布尼码头北侧，具有十足厚重感的建筑。在正面广场上建造的塔楼上，有捷克首位总统托马斯 · 马萨里克的雕像。3 层有包括陨石在内的矿物展览，还展出着化石、斯洛伐克当地的动物以及鸟类的录制资料以及标本等。4 楼是以生物多样性为主题的展览。

住 Vajanského nábrežie 2　TEL（02）2046-9122
URL www.snm.sk　开 9:00~17:00（7 · 8 月的周六 10:00~18:00）
休 周一　费 成人 4 欧元　儿童、学生 2 欧元

5 斯洛伐克国家美术馆

Slovenská národná galéria

这里是 18 世纪的宫殿，还是社会主义时期的兵营，其黑色的外墙令人印象深刻，这里有最大的哥特时期的美术收藏品，还有巴洛克时期及现代的美术作品等。

住 Nám Ľúdovíta Štúra 4　TEL（02）2047-6111
URL www.sng.sk　开 10:00~18:00（周四 12:00~20:00）
休 周一　费 免费

普拉修那 · 巴修塔

Prašná Bašta

位于大道尽头的位置。菜单除了哈鲁修 8.50 欧元、鱼肉菜肴 13.50 欧元这些主打美食之外，还有使用鹿肉及野猪肉等食材制作的美食，最适合品尝一下捷克的当地风味。菜单大致每半年会更换一次。还有英文的菜单。

住 Zámocnícka 11　TEL（02）5443-4957
URL www.prasnabasta.sk
开 11:00~23:00　休 无
TC ⒶⒹⓂⓋ

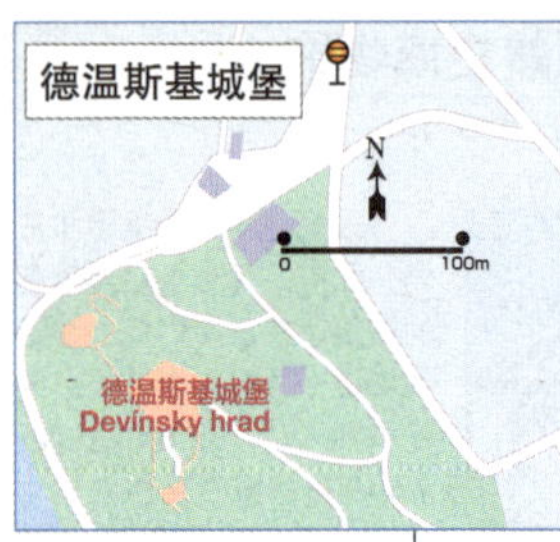

德温斯基城堡
🚌SNP 桥下的 29 路巴士每小时 1~2 趟，所需时间约 20 分钟，0.90 欧元
🚢 只在 4 月下旬 ~10 月下旬奥索布尼码头会有轮船出航。所需时间 1 小时 30 分钟，单程 11 欧元，往返 13 欧元。
住 Muránska Ulica 10
TEL（02）6573-0105
URL www.muzeum.bratislava.sk
开 4 · 10 月 10:00~17:00
5~9 月 10:00~18:00
（周六 · 周日 ~19:00）
11 月 ~ 次年 3 月
10:00~16:00
休 4~10 月的周一
费 成人4欧元 儿童、学生2欧元

▶▶ **Access Guide**
从布拉迪斯拉发出发前往特伦钦
🚃5:43~23:43 期间每 1~2 小时大概 1 趟。
所需时间：约 1 小时 ~1 小时 20 分钟
运费：2 等座 10 欧元 ~

旅游咨询处
Map p.152 下
住 Mierové nám. 9
TEL（032）16186
URL www.visittrencin.sk
开 5~9 月 8:00~18:00（周六 ~16:00）
10 月 ~ 次年 4 月 8:00~17:00
休 周日、10 月 ~ 次年 4 月的周六

特伦钦城堡
TEL（032）743-5657
URL www.muzeumtn.sk
开 5~9 月 9:00~17:30
10 月 ~ 次年 4 月 9:00~15:45
休 无
Map 线路 A（所需 30 分钟）
费 成人 5 欧元
儿童、学生 3 欧元
Map 线路 B（所需 30 分钟）
费 成人 6 欧元
儿童、学生 3.5 欧元

建在山丘之上的特伦钦城堡

近郊的景点　从布拉迪斯拉发乘坐巴士最短 20 分钟

德温斯基城堡

Map p.152 上

Hrad Devín

夏季也可乘坐船只前往

从布拉迪斯拉发市区向西约 10 公里，在莫拉瓦河与多瑙河汇合处的山丘上，就是这座德温斯基城堡的废墟。在 1~5 世纪的很长的一段时间内，德温斯基城堡与布拉迪斯拉发城堡一直都是罗马帝国的战略要地。9 世纪时，这里作为大摩拉维亚帝国的要塞也发挥了重要作用。之后经过多次改建，1809 年被拿破仑率领的法国军队攻陷，沦为一片废墟。

近郊的城镇　从布拉迪斯拉发乘坐火车最短 1 小时 20 分钟

特伦钦

Map 文前 p.3-C3

Trečín

色彩缤纷的街景

特伦钦曾是罗马帝国在中欧最北端的军事据点。在 11 世纪匈牙利统治时期，人们在这里建起了一座城堡，中世纪时这里作为从地中海经多瑙河往波罗的海进行贸易的交通要冲，逐渐繁荣起来。

漫步 从车站出来进入广场时，入口处附近有个 SNP 广场 nám. SNP。与它并排的是特伦钦博物馆，沿着博物馆拐角的道路向前走就来到了马茨肖瓦路 Matúšova，这是一条能登上特伦钦的石板路。老城区的中心是米埃罗韦广场 Mierové nám.。广场的西边是作为城墙一部分的多尔纳门 Dolná brana。

特伦钦城堡

Map p.152 下

Trečiansky hrad

特伦钦城堡在 1790 年的一场大火中化为废墟，直到 20 世纪中叶才进行了全面修复，目前所看到的就是恢复后的建筑。

城堡内部如今已经被作为博物馆和画廊使用。从城堡四角塔楼上可以看到城市美不胜收的景色。到了晚上，在灯光的照射下，从车站前面的公园眺望城堡，景色更是美丽。

布拉迪斯拉发的酒店
Hotel

丽笙蓝标卡尔顿酒店
Radisson Blu Carlton Hotel

◆这家酒店无论在战前还是战后都发挥着华丽的社交舞台的作用。奢华感和现代化融合在一起烘托出优雅高级的印象。酒吧也充满着复古的气氛。

布拉迪斯拉发 Map p.150
住 Hviezdoslavovo nám. 3 TEL（02）5939-0000 URL www.radissonblu.com S W 89 欧元～
CC A D J M V
早餐 15 欧元 WiFi 免费

皇冠酒店
Avance

◆位于多瑙河附近的时尚酒店。拥有迷你吧台及空调的完备客房搭配高品位的内部装修，装饰所使用的布料也严选优质素材。还配有 SPA 和桑拿等设施。

布拉迪斯拉发 Map p.150
住 Medená 9 TEL（02）5920-8400
URL hotelavance.sk
S 89 欧元～
W 96 欧元～
CC A D J M V 早餐 含 WiFi 免费

阿普兰德佩鲁贾酒店
Aplend City Hotel Perugia

◆距离弗拉布内广场非常近的便利位置。虽然是建于 1929 年的具有历史感的建筑物，经过改装之后也加入了十分完备的设施。大堂还有通风口以及玻璃电梯等设置。

布拉迪斯拉发 Map p.150
住 Zelená 5 手机 0902-411-111
URL www.aplendcity.com
S W 70 欧元～
CC A D J M V
早餐 含 WiFi 免费

佩基奥·格雷米乌姆
Penzión Grémium

◆位于斯洛伐克国家剧院附近。所有客房都配有淋浴、卫生间和电视，居住十分舒适。1 层还有在当地人中具有高人气的意大利餐厅。

布拉迪斯拉发 Map p.150
住 Gorkého 11 TEL&FAX（02）2070-4874
URL www.penziongremium.sk
S 60 欧元～
W 70 欧元～
CC M V 早餐 7 欧元 WiFi 免费

布拉斯斯拉发的餐馆
Restaurant

布拉迪斯拉发·梅舒蒂安斯基·皮沃巴鲁
Bratislavský Meštiansky Pivovar

◆拥有自己的酿酒厂，在这里可以品尝到自 1752 年开始不断传承下来的具有历史感的风味啤酒。啤酒 500ml 价格 2.01 欧元～。烤猪肉 7.90 欧元、皮罗西 6.70 欧元。

布拉迪斯拉发 Map p.148-A2
住 Drevená 8 手机 0944-512-265
URL www.mestianskypivovar.sk
开 11:00~22:00
（周四·周五 ~23:00、周日 ~21:00）
休 无
CC M V
啤酒屋 斯洛伐克美食

沃克
Wolker

◆以斯洛伐克美食为中心，在这里可以享用到各种不同风味的菜肴。猪排骨价格 12.99 欧元等肉类菜肴十分丰富，啤酒 500ml 为 1.40 欧元～。

布拉迪斯拉发 Map p.150
住 Biela 5 TEL（02）2071-5777
开 9:00~21:00（L.O.）
休 无
CC A D M V
斯洛伐克美食

拉乌拉咖啡馆
Cafe L'Aura

◆与复古味道的店铺相邻，内部装修也充满着怀旧奢华的味道。布拉迪斯拉发传统的著名甜点弗洛利克售价在 1.50 欧元。夏季还设有露天席位。

布拉迪斯拉发 Map p.150
住 Rudnayovo nám. 4
手机 0908-710-499 开 10:00~22:00
（周五·周六~12:00-24:00、周日 12:00-20:00）
休 无
CC 不可
甜点 咖啡

科希策 *Košice*

斯洛伐克第二大城市的科希策在 13 世纪末曾是匈牙利王国的城市，之后的数百年间，作为北部匈牙利重要的工商业中心地而繁荣。16~18 世纪，这里曾经是反抗哈布斯堡王朝统治的中心地区。

Map 文前 p.3-D3
人口 23 万 6563 人
长途区号 055
旅游局
URL www.visitkosice.eu

▶▶ Access Guide

✈ 有从布拉迪斯拉发、布拉格（捷克）过来的航班。从机场前往市内大约 6 公里，由市内巴士 23 路连接。
🚌 从布拉迪斯拉发出发时刻表 ▶p.143

旅游咨询处（科希策）
Map p.154-A2
住 Hlavná 59
TEL（055）625-8888
URL www.visitkosice.eu
开 10:00~18:00（周六 ~17:00、周日 ~16:00 冬季 9:00~16:00）
休 无

科希策 漫 步

科希策的火车站和巴士总站位于老城区东面不远处，从市中心步行大约 5 分钟便可抵达。几乎从南北方向贯穿老城区中心的弗拉维纳大街 Hlavná 上拥有着众多着商店、餐馆和教堂等建筑。位于街道正中央的新巴洛克风格的美丽建筑，是 19 世纪末建造的国家剧院 Štátne divadlo。国家剧院的正面是拥有喷泉的弗拉维纳广场 Hlavné nám.

科希策 主要景点

东斯洛伐克博物馆 Map p.154-A1

Východoslovenské Múzeum

这里所展示的科希策的黄金财宝 Košicky Zlatý Poklad 十分值得一看。

科希策

东斯洛伐克博物馆分馆 Východoslovenské múzeum-Košické storočia
东斯洛伐克博物馆 Východoslovenské múzeum
nám.Maratónu Mieru
Strojarská
Rumanova
Hviezdoslavova
Bačíkova
Masiarska
Hlavná
Kasárenské nám.
TESCO
Jesenského
Svätoplukova
Kuzmányho
公园 Mestský park
斯洛伐克技术博物馆 Slovenské technické múzeum
弗朗西斯科教堂 Františkánsky kostol
麦多·马丽娜 Med Malina
Moyzesova
Kováčska
Baštová
米库拉修刑务所及弗朗提休卡·拉克茨纪念馆
弗兰提什卡·拉克茨博物馆
科希策车站
Poštová
Hradbová
Univerzitná
Hrnčiarska
国家剧院 Štátne divadlo
雅克布宫殿 Jakabov palác
Staničné nám.
Štefánikova
巴士总站
多米尼克教堂 Dominikánsky kostol
弗拉维纳广场 Hlavné nám.
Dominikánske nám.
乌尔邦塔 Urbanova veža
福音教堂 Evanjelický kostol
Mlynská
Protifašistických bojovníkov
圣母玛利亚教堂 Gréckokatolícka cerkev Narodenia Panny Márie
TATRATOUR
圣伊丽莎白大教堂 Dóm svätej Alžbety
Ferrotour（奥地利航空）
Alžbetina
尤里乌斯·雅克布画廊 Galéria Júliusa Jakobyho
麦当劳
圣米哈埃尔礼拜堂 kaplnka sv. Michala
Krmanova
Bajzova
Šrobárova
拉缇杜卡酒店 Zlatý Dukát
nám. Slobody
Floriánska
Vrátna
Timonova
科希策希尔顿逸林酒店 Double Tree by Hilton
Roosevelltova
Galenova
Gloria Palac
Aupark
Pribinova
Kriva
0 300m
N
1
2
A
B

地下的宝物被严密地保管着，就像是银行的金库一样。这里不仅展示有1935年在施工现场偶然发现的大量金光闪闪的中世纪金币，还展示有各种宝石和首饰。

在分馆内，展示有东斯洛伐克地区的动物、植物和矿物以及遗迹中发掘出土的物品等。

圣伊丽莎白大教堂

Map p.154-A2

Dóm sv. Alžbety

从1378年到1506年建造的斯洛伐克最大的哥特式教堂。屋顶被色彩丰富的瓷砖装饰，北部的塔楼高达58.5米。内部的装修也十分精美，圣伊丽莎白主祭坛尤其著名。制作于15世纪，由48幅圣画组成，描绘了科希策的守护圣人圣伊丽莎白的生涯。大教堂的南边，相邻的是同样哥特式的圣米哈埃尔教堂 Kaplinka sv. Michala。

斯洛伐克最大的哥特式教堂

近郊的城镇　从科希策乘坐巴士最短需要2小时

莱沃恰

Map 文前 p.3-D3

Levoča

位于斯洛伐克东部山谷之中的小城莱沃恰在1242年遭到鞑靼人（蒙古人）的入侵。后来统治这一带的匈牙利王国修筑了这座能够起到防御作用的城镇。这座城市遭受过多次火灾，又多次进行了重建。被城墙包围的老城区内有许多文艺复兴样式的美丽建筑。

交通 & 线路　巴士总站位于老城区以南800米的地方。走路也不过10分钟，如果从科希策方面过来的话在附近的 Levoča，ÚNZ 下车即可。

漫步　穿过克西卡门 Košická brána 就是老城区。再往前走就是老城区的中心——马伊斯特拉·帕夫拉广场。

景点　圣雅各布教堂是斯洛伐克国内最大的教堂。16世纪由工匠帕夫拉建造的高18.62米的哥特式圣坛堪称世界最大，描绘了圣母玛利亚和基督的形象以及进行最后的晚餐的情形。

马伊斯特拉·帕夫拉之家里有诸多宝贵的宗教美术作品留世，也曾经作为著名工匠帕夫拉的住宅和工作室。

东斯洛伐克博物馆
住 nám. Maratónu Mieru 2
TEL （055）622-0309
URL www.vsmuzeum.sk
开 5~10月 9:00~17:00（周日 14:00~18:00）
11月~次年4月 9:00~17:00（周日 13:00~）
休 周一
费 成人3欧元（5欧元）、儿童、学生2欧元（3欧元）
※括号内是同时参观黄金的宝藏及常设展览的套票费用

圣伊丽莎白大教堂
住 Hlavná 26
TEL （055）622-1555
URL www.dom.rimkat.sk
开 6:00~19:00　休 无
费 免费（相机2欧元）
▶塔楼
开 9:30~17:00（周一 13:00~17:30）
休 周日　费 2欧元

▶▶Access Guide
从科希策前往莱沃恰
从科希策出发前往普雷绍夫 Prešov 需要30分钟~1小时。换乘前往莱沃恰的巴士需要时间1小时20分钟。班次都有很多。

世界遗产
莱沃恰历史地区、斯皮什城堡及周边的人文景观
Levoča, Spišský hrad a kultúrne pamiatky okolia
1993年登录，2009年扩大

旅游咨询处（莱沃恰）
Map p.155
住 nám. Majstra Pavla 58
TEL （053）451-3763
URL www.levoca.sk
开 夏季 9:00~18:00　冬季 8:30~16:30
休 10月~次年4月的周六·周日

1615年建成的文艺复兴样式的市政厅

圣雅各布教堂
Map p.155　开 9:00~17:00（周一 11:00~17:00、周日 12:00~17:00）
※根据不同时期会有变化。参观只能跟着导游随队进入，旅游团每隔30分钟会有一次
休 11月~复活节的周日
费 成人3欧元

马伊斯特拉·帕夫拉的家（斯皮什博物馆分馆）
Map p.7　TEL （053）451-2786
URL www.snm.sk　开 9:00~17:00
休 无　费 成人4欧元

info 莱沃恰有两个巴士总站。Levoca，ÚNZ 离城区更近一些。

世界遗产

莱沃恰历史地区、斯皮什城堡及周边的人文景观

Levoča, Spišský hrad a kultúrne pamiatky okolia

1993 年登录，2009 年扩大

►► ***Access Guide***

从科希策前往斯皮什城堡

🚌 在普雷绍夫换乘巴士前往斯皮什斯凯波德赫拉杰大约需要 1 个小时。每隔 1~2 小时会有一班车运行。

所需时间：约 2 小时 ~

运费：3.50 欧元 ~

从莱沃恰前往斯皮什城堡

🚌 频繁运行（周六 · 周日会减少发车班次）

所需时间：约 20 分钟

运费：1.10 欧元 ~

斯皮什城堡 Map p.156

TEL（053）454-1336

URL www.spisskyhrad.sk

开 4 · 10 月 9:00~17:00

5~9 月 9:00~19:00

※ 闭馆前 1 小时停止入场

休 11 月 ~ 次年 3 月

费 成人 6 欧元 学生 4 欧元 儿童 3 欧元

语音导游（英语）免费

※ 押金 10 欧元

近郊的景点 从科希策乘坐巴士最短 2 小时

斯皮什城堡

Map 文前 p.3-D3

Spišský hrad

矗立在小山丘上的斯皮什城堡是中欧最大的城堡。最初是为了抵抗鞑靼人（蒙古人）的入侵，于 1209 年开始建造的，当时是罗马式的风格。后来，又增加了文艺复兴样式和巴洛克样式，城堡逐渐变得庞大起来。但不幸的是，1780 年在一场大火中，这里变成了一堆废墟。

从城堡向下眺望的斯皮什斯凯波德赫拉杰的风景

交通 & 线路 最近的火车站在 2018 年 12 月不在运营，因此可以从斯皮什斯凯波德赫拉杰 Spišské Podhradie 出发前往城堡。

漫步 从斯皮什斯凯波德赫拉杰出发前往城堡步行大约需要 40 分钟。进入斯皮什城堡后可以按照导览图上的序号前行。城堡内除了展示有大炮的复制品以及其他武器之外，还可以看到礼拜堂、厨房、部分餐桌、拷问时使用的房间以及器具等。

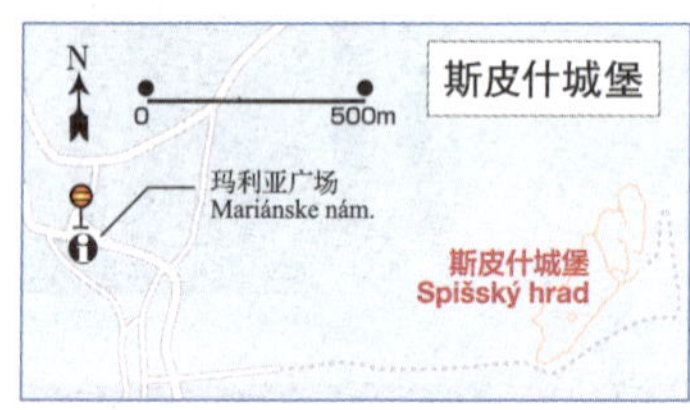

科希策的酒店

Hotel

科希策希尔顿逸林酒店

DoubleTree by Hilton Košice

◆有着现代化超大玻璃窗外观的高级酒店。周边有许多购物设施以及餐馆。舒适性无可挑剔。馆内还有桑拿及健身房等设施。

科希策 Map p.154-B2

住 Hlavná 1 TEL（055）325-1500

URL www.doubletree-kosice.com

S W 89 欧元 ~

CC A D J M V

16 欧元 WiFi 免费

拉缇杜卡酒店

Hotel Zlatý Dukát

◆位于弗拉布那大道边上的一家四星级酒店。有着不错的设计品位，对客人也都非常友好亲切。还兼设有可售卖葡萄酒的餐馆。

科希策 Map p.154-A2

住 Hlavná 16 TEL（055）727-9333

FAX（055）727-9344 URL www.zlatydukat.sk

S 65 欧元 ~

W 80 欧元 ~

CC A M V 含 WiFi 免费

科希策的餐馆

Restaurant

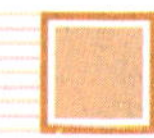

麦多 · 马丽娜

Med Malina

◆以乡村风格装饰的一家餐馆。比戈斯价格 5.80 欧元，哈鲁基休价格 5.90 欧元，许多传统的斯洛伐克和波兰美食在这里都能够品尝到。

科希策 Map p.154-A1

住 Hlavná 81 TEL（055）622-0397

URL www.medmalina.sk

开 周一 ~ 周六 11:00~23:00

周日 11:00~22:00

休 无 CC A D M V

斯洛伐克美食 波兰美食

info 在斯皮什城堡游览，可以租借语音导游设备，需要交纳 10 欧元的押金。

匈牙利

Hungary

多瑙河畔的布达皇宫

国旗

红白绿 3 色旗

正式国名

匈牙利　Magyarország

国歌

《天佑匈牙利人》 Himnusz

面积

约 93,030 平方公里（约为中国的 1/100）

人口

979.8 万（2017 年）

首都

布达佩斯 Budapest

国家元首

总统：阿戴尔 · 亚诺什
总理：欧尔班 · 维克托

国家政体

共和制（于 2004 年 5 月加入欧盟）

民族构成

主要民族为匈牙利（马扎尔）人，约占 90%。少数民族有斯洛伐克、罗马尼亚、克罗地亚、塞尔维亚、斯洛文尼亚、德意志等。

宗教

居民主要信奉天主教（66.2%）和基督教（17.9%）。

语言

官方语言为匈牙利语（又称马扎尔语，芬兰 - 乌戈尔语族）。外语中德语和英语的使用较为广泛。

→旅行中会用到的匈牙利语 p.166

货币和汇率

匈牙利的货币为福林 Forint。在本书中表记为 Ft。2021 年 1 月，1Ft=0.022 元，1 € =359Ft。福林分纸币和硬币两种，纸币有 6 种面值，分别为 2 万福林、1 万福林、5000 福林、2000 福林、1000 福林和 500 福林。硬币有 6 种面值，分别为 200 福林、100 福林、50 福林、20 福林、10 福林和 5 福林。

【信用卡】

中等以上的酒店和餐馆基本上都能使用。

【货币兑换】

除了银行，车站和市内的兑换处，旅行公司和酒店（仅限住客）等地也能进行货币的兑换。在旅游景点的某些兑换处内，有时也存在显示的汇率很好但是手续费很高的情况，所以兑换之前请仔细确认。

500 福林

1000 福林

2000 福林

5000 福林

1 万福林

2 万福林

5 福林

10 福林

20 福林

50 福林

100 福林

200 福林

→旅游的预算与花费 p.480

出入境

【签证】

中国公民可申请匈牙利个人签证前往匈牙利及其他申根区国家。根据情况不同，最多可停留 90 天。

【护照】

护照有效期一般要大于 6 个月。

→中国出入境 p.461
→中欧各国的出入境 p.461

拨打电话的方法

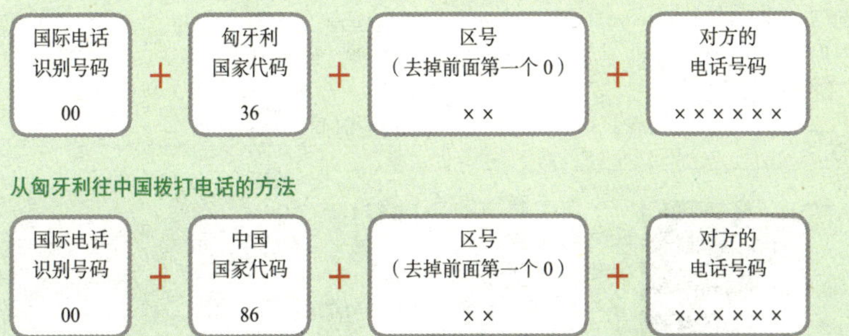

→关于通信与邮寄 p.486

从中国至匈牙利的航班

目前为止，中国国内还没有能够直达匈牙利的航班，至少需要在周边国家换乘 1 次。包括换乘在内，航班的飞行时间大约为 15 小时 30 分钟 ~27 小时。若白天从中国出发，经由莫斯科、迪拜、布鲁塞尔、法兰克福等换乘地后，可于当天到达布达佩斯。

→从中国去中欧的线路 p.460

从周边各国前往匈牙利的线路

【火车】

匈牙利位于欧洲内陆地区，通过多条火车线路与周边各国相连。

【巴士】

匈牙利与欧洲各国间的巴士交通网非常发达。但是，连接其与捷克和波兰等中欧各国的巴士线路却并没有那么多。

【船】

有一条从多瑙河维也纳（奥地利）途经布拉迪斯拉发（斯洛文尼亚）到布达佩斯的船运线路。布达佩斯与维也纳之间的航线由匈牙利的航运公司 MAHART Passnave 和奥地利的航运公司 DDSG Blue 共同运行。

→当地交通 p.481

气候

匈牙利地区是大陆性气候，和中国一样有着四季之分。夏天日最高气温能超过 30℃，但是夜里或者下雨天可能会急速降温，所以需要注意及时添加衣物。

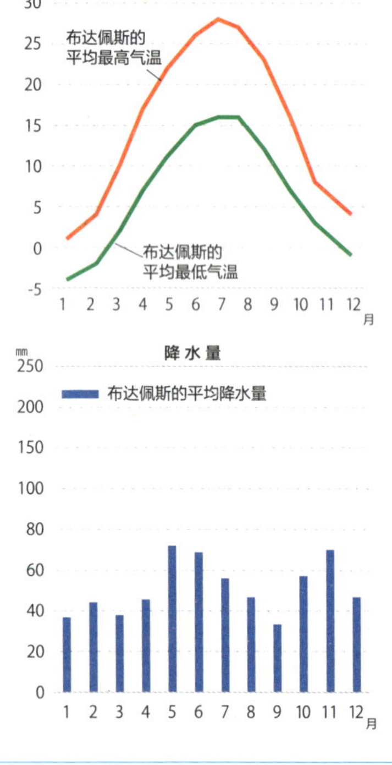

时差和夏令时

匈牙利和中国的时差为 7 小时，将中国时间减去 7 小时即为匈利亚时间。也就是说，中国的早上 7 点相当于匈牙利 0 点。当匈牙利进入夏令时后，时差将变为 6 小时。

夏令时的实施时间是 3 月最后一个周日的 AM2:00（=AM3:00）~10 月最后一个周日的 AM3:00（=AM2:00）。

营业时间

以下是一般情况下的营业时间。

【银行】

周一～周四 8:00~15:00，周五 8:00~13:00 周六和周日休息。

【商场和商店】

一般的商店在工作日的营业时间为 10:00~19:00，且普遍会在周六和周日提前打烊或者歇业。节假日时几乎所有的店铺都会歇业。但是也有超市和食材店延长营业时间的情况。

【餐馆】

多数餐馆的营业时间为 11:00~ 深夜。

主要的节日

请注意，有些节假日（带 ※ 标志）的日期会根据年份的不同而变化。

节日名称	时间
1/1	元旦
3/15	1848 年独立战争纪念日
4/12（'20）4/4（'21）※	复活节
4/13（'20）4/5（'21）※	复活节次日
5/1	劳动节
5/13（'20）5/25（'21）※	圣灵降临节
6/1（'20）5/31（'21）※	圣灵降临节周一
8/20	国庆节（圣伊什特万开国日）
10/23	匈牙利共和国日
11/1	万圣节
12/25・26	圣诞节

电压和插座

电流的电压是 220V、50Hz。插头多为 C 类的两脚圆插。中国国内的很多电器都不能直接使用这类插头，因此需要转换插头。

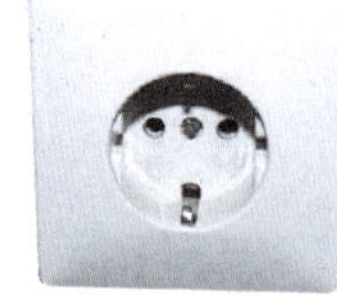

视频制式

【DVD 连接方式】

匈牙利的电视制式是 PAL 制，和中国的电视制式相同，因此中国国内的影碟在匈牙利的视频软件上能直接播放。

洗手间

绝大多数公共洗手间都是收费的，一般 1 次 100~300 福林。洗手间的标识为男性：Féfiak 女性：Nő。

小费

【出租车】 车费的 10%~15%

【餐馆】 当对服务表示满意时，一般支付用餐费用的 10%~20%

【酒店】 一般而言，特殊服务需支付约 200 福林 / 次。

饮用水

自来水管道的水可以直接饮用。矿泉水多为含碳酸类（Szénsavas 牌和 Szódavíz 牌），不喜欢碳酸的人请购买非碳酸类。

邮政

邮局的营业时间为 周一 ~ 周五 8:00~18:00、周六 8:00~12:00、周日休息。主要的火车站的邮局会延长营业时间。

【邮费】 从匈牙利寄包裹到中国时，平邮需要三周至一个月的时间，航空挂号信需一周。邮费按照重量计算，普通信函走海运一般为 300~500 福林，走空运一般为 2000~2500 福林。所需的邮票 bélyeg 除邮局之外，还能在车站的小卖店或者特产店等进行购买。

→关于通信与邮寄 p.486

税金

商品的金额中包含一部分名为 ÁFA 的流通税。一般物品为 27%、食品类为 18%（牛奶、鸡蛋、鸡肉、鱼肉、猪肉、鱼等一部分食品的税率为 5%）、医药品、书籍以及餐饮店用餐时的税率为 5%。游客可以通过办理手续的方式实现免税消费（其中 19%~20% 为返还的金额）。返还流通税需要满足 2 个条件：①平均 1 家店内消费满 5.5001 万福林，②盖有海关处的印章（有效期限为盖下海关印章日起的 90 天内）。

→中欧各国的出入境 p.461

安全与纠纷

匈牙利的治安整体上比较好，但是近年来针对游客的犯罪行为越来越多。

匈牙利警察署的标牌

【警察】 匈牙利语中将警察称为 Rendőrség（汉语谐音为：连多路谢故）。各个地区都配备了警察署，可以向酒店方询问管辖区内警察署的所在地。

【偷窃】 地铁和人群混杂的地方容易发生针对游客的偷窃行为。铁路客车的车厢内也发生过顺手牵羊的事件。

【假冒警察】 有些人会假冒警察，要求对方出示护照，打着安检和检查钱包的名义诈取钱财。因此要牢记不要随身携带护照以及大量现金（将现金分开放）。

报警电话 107

消防电话 105

急救电话 104

中国驻匈牙利大使馆

住 1068 Budapest，Városligeti fasor 20-22

TEL 0036- 4132400，0036-4132401（总机号）

URL http://hu.china-embassy.org/chn/

→旅游中的纠纷与安全措施 p.488

年龄限制

在匈牙利，未满 18 岁的未成年不能购买酒类和香烟。

度量衡

和中国的度量衡相同，距离为米，重量为克、千克，液体容积为升。

匈牙利 Hungary 旅行的基础知识

作为匈牙利的首都，布达佩斯是中欧地区首屈一指的旅游城市。匈牙利温泉设施多，是有名的红酒产地，也是一个充满无尽魅力的国度。

【观光亮点】

1 布达佩斯 p.167

横跨多瑙河两岸的匈牙利首都。这座美丽的城市有着“多瑙河上的珍珠”之美称，吸引了许多的游客前来。这座城市蕴含着丰富多样的看点，例如历史建筑物、浪漫的夜景、温泉之旅等。

西岸的布达一侧是一片山丘

2 霍洛克 p.199

是一个帕罗茨族人居住的小山村。村子里保留着一些帕罗茨式的小木屋，连成一片美如画般的街景。从布达佩斯出发前往这里的一日游是一条热门的旅游线路。

有序排列的传统房屋建筑

3 埃斯泰尔戈姆圣殿 p.191

自从匈牙利第一任国王圣伊什特万一世加冕以后，这里便成了匈牙利罗马天主教的圣地。从教堂的圆屋顶向下俯瞰的风景也是极好的。

匈牙利天主教的总部

【国土】

匈牙利的国土之上到处都是变幻莫测的大自然。多瑙河沿着其与斯洛文尼亚的国境流淌，在流经维谢格拉德地区时突然改变流向转向南方，整条河流将城市中心南北贯穿。国土西部是山岳丘陵地带，流淌在那里的巴拉顿湖是中欧最大的湖泊。多瑙河以东的南部是一片广袤无垠的普斯塔草原。

【游牧民的后裔】

匈牙利人的祖先是游牧民，896年时，乌拉尔山脉东面的人们也迁徙到了匈牙利。如今，随着混血儿的增加，光从样貌看很难将他们与亚洲联系在一起的。但即便如此，匈牙利人依旧以自己的祖先为荣。匈牙利人的姓氏在前名字在后，婴儿的臀部会有小儿斑。

【特产】

从考洛乔地区流传下来的刺绣多以红甜椒的花朵为主题，样子甚是可爱。陶瓷有海伦德和纳伊两大品牌。值得推荐的酒类有：世界三大贵腐葡萄酒之一的托考伊白葡萄酒和以美女谷酒窖驰名的埃格尔葡萄酒。此外，水果白兰地帕林卡和草药酒乌尼古等都很有名。

【出行】

- 铁路网以布达佩斯为中心成放射状向外延伸
- 地方城市间的交通较为不便
- 在布达佩斯等大城市的近郊，坐巴士出行也很方便

铁路

● MÁV-START

MÁV-START 是匈牙利国家铁路公司（MÁV=Magyar Állam Vasutak）的旅客部门，其运营的火车线路遍布了国内各个地方。

因铁路网以布达佩斯为中心成放射状向外延伸，所以地方城市间的交通较为不便。有时候根据所在地的位置不同，再次回到布达佩斯进行车辆的换乘可能会更快到达目的地。

匈牙利国家铁路

URL www.mavcsoport.hu

GYSEV 铁路

URL www2.gysev.hu

运行在西北部城市杰尔 Győr 与肖普朗县 Sopron 之间的铁路公司。

●车票的购买方式

注意购票处的不同 因为国际线路和国内线路的车票购票地点是不同的，所以排队时一定要多加留心。国内线路的购票处通常十分拥挤，购买车票需要花费一定的时间，所以一定要给购票留有充足的时间。

布达佩斯的主要站点也设

在火车终点站设有自动贩卖机

有自动售票机。

需要预约的列车 像欧城列车等时刻表中带有 Ⓡ 标志的列车乘车前都要预约座位。所以请在购买车票的同时购买座位指定券。

带有 Ⓡ 标志的列车是只有在始发于布达佩斯的情况下才需要预约车票的列车。欧城列车虽然不需要预约，但是会产生附加费。若在没有座位券的情况下乘坐需要座位券的列车，则在通过检票处时，除了车票费用外还需支付追缴罚款。

往返车票 搭乘国际线路往返时，如果车次确定后，则可在出发站购买回程的车票。但是，乘车券在搭乘晚点的情况下则视为无效。此外，国内线路的往返车票在购买时没有优惠。

写好详细信息后交给售票人员 在购买车票时，需要将目的地、等级（1 等或 2 等），单程或往返等信息告知售票人员。因为有些列车除了车票外，还需要支付座位券和特急列车等的附加费，所以在排队买票之前需要决定好具体的乘车班次和日期。把信息写在纸上交给售票人员即可保证不出差错。

●车费折扣

虽然 25 岁以下的人在购买国际线路的车票时可以享受折扣，但是在购买国内线路的车票时，有时需要具体询问能够享受百分之几的折扣。但是，根据规定，只有匈牙利 25 岁以下的年轻人才能享受国内线路的购票折扣，所以请不要随意要求享受折扣。如果误用折扣后的车票进行乘车的话，在检票时则需要交罚金。

●主要的列车的种类

锐捷列车 RJ

奥地利联邦铁路（ÖBB）运营的一款高速列车。在匈牙利的维也纳～布达佩斯之间运行。全车都是指定座位，所以需要提前预约。商务车厢需要支付附加费。

欧城列车 EC

连接周边各国主要城市的国际急行列车，除车票外还需支付附加费。可预约。

城际列车 IC

特快列车 EX

均为连接国内主要城市的急行列车。全车都是指定座位，所以需要提前预约。

杰尔 Gyors

快速列车。

塞迈伊 Személy

普通列车。

巴士

匈牙利的各个地方都有巴士公司，乘车费用根据距离而定，全国统一。代表性的巴士公司为乌兰巴士 Volánbusz。

便于观光的主要直通列车时刻表

布达佩斯 ⟷ 佩奇 ▶p.201

时长：约 3 小时 40 分钟

车费：2 等座 4035 福林，1 等座 5295 福林

▶布达佩斯东站始发：5:25Ⓡ 7:30Ⓡ 9:30Ⓡ 11:30Ⓡ 13:30Ⓡ 15:30Ⓡ 16:57Ⓡ 17:30Ⓡ 19:30Ⓡ

▶佩奇站始发：5:14Ⓡ 7:14Ⓡ 9:14Ⓡ 11:14Ⓡ 13:10Ⓡ 15:14Ⓡ 17:10Ⓡ 19:14Ⓡ

Ⓡ 全车座位实行预约制

布达佩斯 ⟷ 维也纳 ▶p.462

时长：2 小时 40 分钟～2 小时 55 分钟

车费：2 等座 4225 福林～ 1 等座 6175 福林～

▶布达佩斯东站始发：5:40Ⓡ 6:40Ⓡ 7:40Ⓡ 8:40Ⓡ 9:40Ⓡ 11:40Ⓡ 13:40Ⓡ 15:40Ⓡ 16:40Ⓡ 17:40Ⓡ 18:40Ⓡ

▶维也纳中央车站始发：6:40Ⓡ 7:42Ⓡ 8:42Ⓡ 9:42Ⓡ 11:40Ⓡ 13:40Ⓡ 14:42Ⓡ 15:42Ⓡ 16:42Ⓡ 17:40Ⓡ 18:42Ⓡ 19:42Ⓡ

在布达佩斯近郊的一些城市中，有的城市巴士出行比铁路出行更方便。另外，巴士用在地方城市间的移动中也方便。

Volánbuz

URL www.volanbusz.hu

●**时间表的查询方法**

因为市面上买不到涵盖全国范围的巴士时刻表，所以需要上网搜索，或者去往当地的巴士枢纽站进行确认。

时刻表检索

URL menetrendek.hu

●**车票的购买方式**

一般的做法是乘车时先告知司机目的地再进行购买。

此外，布达佩斯的大型巴士枢纽的窗口也能买到车票，但是有时可能在发车约 20 分钟前停止售卖，届时直接从司机处购买即可。

布达佩斯的人民公园长途巴士枢纽站

●**乘车时的注意点**

不要排队　在匈牙利，当巴士到达站点时，即使是早早地排了队，上车时也会被人理所当然地插队。如果上车时慢吞吞就有可能会没有座位，所以在乘坐长途巴士时要尤其注意这一点。

船舶

●**MAHART Passnave**　国内的几乎所有的海上航线都是由航运公司 MAHART Passnave 运营的。

URL www.mahartpassnave.hu

●**多瑙河航线**　除了连接“布达佩斯～圣安德烈～维谢格拉德～埃斯泰尔戈姆”的航线外，也有连接横跨多瑙河的对岸城市间的渡船。

●**巴拉顿湖航线**　连接巴拉顿湖沿岸的各个地方，如“希欧福克～巴拉顿菲赖德～蒂豪尼”航线。也有许多只在夏季运行的航线。

●**码头**　布达佩斯的码头位于佩斯城一侧，在塞切尼链桥和伊丽莎白桥之间的维加多广场的前方。需要注意的是，其与国际航线的码头是在两个不同的地方。各种轮船游行也是从这里出发。此码头结合轮船的出发和到达时间开港，开港的时间表可以从此处获取（免费）。在窗口购票后即可乘船。

【住宿】

- 住宿的费用有时会因外国人和匈牙利人而有所不同
- “Zimmer Frei”是还有空房间的意思
- 布达佩斯有很多带厨房的公寓酒店

酒店事项

有的酒店针对匈牙利人和外国人的住宿收费标准是不同的。即便是让匈牙利人帮忙打电话预约房间，有时也可能被要求支付面向外国人的高额费用，所以在预订住宿之前请仔细进行确认。

酒店的种类

●**酒店 Szállodá**

这类酒店的前台基本上都是 24 小时营业的，但是酒店的设备和品质会有所差异。很多情况下都会标示出巴士、厕所和早餐的费用。一般来说，酒店的早餐为面包配咖啡或者红茶，以及芝士、沙拉、火腿和一道带有鸡蛋的菜品（或是从中选择几样）。中档以上酒店的早餐形式以自助餐为主流。

●**膳宿公寓 Panzió**

比酒店便宜，氛围类似于小规模的酒店。前台有时可能会没有值班人员，也有一些膳宿公寓的浴室和冲淋间是共用的。

●**独立房间 Külön szoba**

借住普通家庭中空房间的一套系统。但是，厕所和浴室等基本上都是和主人家成员一起使用的，所以需要做到最基本的礼貌。一般来说，这类独立房间 1 个人住 1 晚的费用为 126 元起。房间可通过旅行社进行预约，或者在网络上的住宿预约网站进行申请。

●**公寓**

近年来，在布达佩斯，对外出租部分区域的公寓越来越多。1 间房住 1 晚的费用为 314 元起，住的人数越多越划算。厨房还配备了微波炉和做饭工具等设备。

●**青年旅舍**

住集体宿舍的话，1 晚的费用不超过 126 元。除了加盟国际青年旅舍的旅社外，也有一些大学会在暑假（7~8 月）限定期间对外开放学生宿舍。

【饮食】

- 中欧首屈一指的美食大国，以丰富的食材闻名
- 味道的核心在于红甜椒
- 能够品尝到许多带有地方特色的红酒

可以吃饭的地方

餐馆 Étterem

酒店 Vendéglő

这是一个可以好好就餐的地方，落座之后会有服务员递上菜单，点单先从饮料开始，然后是汤、主菜和沙拉。但是由于量实在太大，有的地方光是喝汤就能喝饱。如果是两个人就餐的话，可以用当地语言说一句“非鲁非鲁 Féle féle（一半一半）”的话，服务员就会帮你把食物分装在两个盘子中。很多酒店中，挑选主菜的配菜都是要另外付费的。餐后可以来一份甜点或者一杯咖啡。

享受颇有特色的匈牙利美食

酒馆 Csárdá

如同日式居酒屋一般的平民食堂。

小酒馆 Söröző

可以让人路过后小酌一杯的大众啤酒馆。

酒吧 Borozó

集齐了各式红酒的酒吧。

自助餐厅 Büfé

便宜的自助食堂。指定陈列柜中的食物后即可进行点单，可以随意进行试吃。

咖啡哈滋 Kávéház

咖啡佐 kávézó

喝咖啡的地方。除了甜点，很多地方还配有选择丰富的菜单。

蛋糕店 Cukrászda

蛋糕等的甜食专卖店。匈牙利的点心种类也很丰富，甚是美味。

红甜椒

说起匈牙利，就必定会令人联想到红甜椒 Paprika。炖物、煨炖菜和沙拉中都会放入红甜椒，是匈牙利餐桌上不可或缺的一道食材。红甜椒和青椒以及辣椒一样，是茄科蔬菜，形状和颜色多种多样。其味道也很丰富，从酸甜到特辣不等。不辣的红甜椒可以直接用于制作沙拉，或是用于炖菜和醋腌食品中。

● 也可用作辣椒粉

晒干后切碎的辛辣红甜椒多用作辣椒粉。辣味偏淡的粉末状红甜椒口感温和，入口微苦但回香持久。

● 餐桌上的调味料

国内的餐桌上常见食盐和胡椒粉等调味品。但是匈牙利不同，食盐和红甜椒是其餐桌上最常见的组合。

红酒

匈牙利即便是在中欧各国中，也是酿造红酒历史最悠久的国家，素有“红酒王国”之称。

主要菜品

红椒鸡 Paprikás csirke	也就是红甜椒和鸡肉的组合，是一道在鸡肉中加入了大量红甜椒的炖菜。口感如奶油一般，十分浓厚，是匈牙利的代表性家庭美食之一。
渔夫汤 Halászlé	和炖牛肉汤一样，是匈牙利汤的代表作。将鲤鱼和鲇鱼切成大块后用红甜椒熬制而成的炖菜。口感香醇浓郁。
冬季莎乐美肠 Téliszalámi	结合了多种蒜肠和法式馅饼的代表性前菜。匈牙利产蒜肠的美味在整个欧洲都颇有盛名。也有的蒜肠是用被指定为国宝的曼加利察猪的猪肉做成的。

必吃！ 匈牙利特色菜品

● 匈牙利牛肉汤 Gulyás

匈牙利菜品的代表作。用加入了大量红甜椒的牛肉和蔬菜炖成的汤。用餐的酒店越是高级，做出的匈牙利牛肉汤越是清淡爽口。

● 烤鹅肝 Rostonsült Libamáj

肥鹅肝（鹅的肝脏）的烤制品。匈牙利是世界上肥鹅肝的著名产地。

● 可丽饼 Palacsinta

法式薄饼的一种。将法式薄饼对折后卷起而成，中间夹有蛋黄酱、果酱和脱脂芝士等。

【旅行中会用到的匈牙利语】

●打招呼

早上好	Jó reggelt kívánok.
你好	Jó napot Kívánok.
晚上好	Jó estét kívánok.
再见	Viszontlátásra.
拜拜	Szervusz. / Szia.

●回应等

是的 / 不是	Igen. / Nem.
谢谢	Köszönöm.
对不起	Bocsánat.
不客气	Kérem. / Szívesen.
我不知道	Nem értem.
明白了	Értem.

●提问等

~在哪里	Hol van ?
~多少钱	Mennyibe Kerül ~?

厕所在哪里?
Hol van a mosdó (vécé)?

你叫什么名字
Hogy hívják?

我的名字是~
A nevem~.

请告诉我住址
Adja meg a címét, legyen szíves.

请给我菜单
Az étlapot kérem.

●紧急情况

救命 Segítség !

有小偷 Tolvaj !

我的护照丢了
Elvesztettem az útlevelemet.

身体感觉不舒服
Rosszul vagyok.

感冒了 Megfáztam.

●数字

1	egy
2	kettő (két)
3	három
4	négy
5	öt
6	hat
7	hét
8	nyolc
9	kilenc
10	tíz
11	tizenegy
12	tizenkettő
13	tizenhárom
14	tizennégy
15	tizenöt
16	tizenhat
17	tizenhét
18	tizennyolc
19	tizenkilenc
20	húsz
30	harminc
50	ötven
100	száz
1000	ezer

●星期和月份

周一	hétfő	1 月	január	8 月	augusztus
周二	kedd	2 月	február	9 月	szeptember
周三	szerda	3 月	március	10 月	október
周四	csütörtök	4 月	április	11 月	november
周五	péntek	5 月	május	12 月	december
周六	szombat	6 月	június		
周日	vasárnap	7 月	július		

●常用单词

厕所	mosdó / vécé	禁止~	tilos	咨询处	információ
男士专用	férfi	警察	rendőrség	银行	bank
女士专用	női	入口 / 出口	bejárat / kijárat	邮局	posta
无人 / 使用中	szabad / foglalt	开馆 / 闭馆	nyitva / zárva	车站	pályaudvar
推 / 拉	tolni / húzni	出发 / 到达	indulás / érkezés	机场	repülőtér

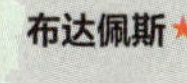

布达佩斯 *Budapest*

左边一侧是布达，右边一侧是佩斯

有着“多瑙河玫瑰”和“多瑙河明珠”之美称的布达佩斯由3个独立的城市组成。它们分别是散布着罗马时代遗迹的古布达（旧布达的意思）、13世纪布达城堡建成后中欧地区最大的繁华城市布达和发展成为商业中心的佩斯。这3个城市于1873年合并后便成了现在的布达佩斯。在这之前的1849年，塞切尼链桥耗时10年被修建起，布达和佩斯也因此被连接起来。3座城市合并之后的数十年间，布达佩斯取得了飞跃的发展，成为一个比曾经的殖民地维也纳人口还要多的城市。

布达佩斯★

MAP 文前 p.5-C1
人口 175万9407人
长途区号 1
旅游局
URL tourinform.hu
市内交通
URL www.bkk.hu

旅游咨询处（布达佩斯）

MAP p.172-A4
住 V.Sütő u.2
TEL （1）438-8080
URL tourinform.hu
开 8:00~20:00
休 无

布达佩斯的旅游咨询处 ℹ 位于戴阿克·费伦茨广场

必游 经典线路

① 布达佩斯城堡山

▶p.182

10:00~14:00

站在渔人堡上眺望的景色令人震撼。布达皇宫和马加什教堂也是不容错过的景点。

建在布达佩斯城堡山上的渔人堡

步行20分钟

② 安德拉什大街

▶p.184

15:00~17:00

沿途能看到马加什教堂、圣伊什特万圣殿和匈牙利国家歌剧院。出行途中可以搭乘被列为世界遗产的地铁。

美丽的林荫大道安德拉什大街

步行8分钟

③ 塞切尼温泉浴场 ▶p.187

18:00~19:00

用温泉给一天画上圆满的句点。和国内的温泉很相似，虽然不烫，但是可以长时间浸泡。

边泡温泉边下国际象棋

布达佩斯的地址标识方法

被分为22个区的布达佩斯市内有几条名称一样的街道。在搭乘出租车出行或者问路的时候，较为方便的是使用区的标记。以下表示的是区的所在位置

例1 1056 Váci u.50

请看四位数的中间。05表示第5区。也就是说，上述地址表示的是5区瓦茨街50号。

例2 Ⅵ Andrássy út 3

罗马数字Ⅵ表示第6区。也就是说，上述地址表示的是6区安德拉什大街3号。

※本书中的地址均用例2中的罗马数字进行标记

世界遗产
布达佩斯多瑙河两岸、布达城堡区和安德拉什大街
Budapest Duna-parti látképe, a Budai Várnegyed és az Andrássy út
1987 年、2002 年列入世界遗产

区域导览

从盖勒特山上看到的伊丽莎白桥

多瑙河静静地流淌在布达佩斯的中央，河的西侧是布达 Buda，东侧是佩斯 Pest，两侧的区域有着各自的特色景观。

●**布达**　依山而建的布达城有着残留了中世纪面貌的布达佩斯城堡山、眺望景色绝佳的盖勒特山和古布达的罗马遗迹等景观。

●**佩斯**　聚集了商业街和繁华街道的商业政治中心。大大小小的环状线路和与之相交的道路呈放射状向外延伸。

国家美术馆的某个广场

布达佩斯城堡山

高约 60 米，长约 1.5 公里。面朝多瑙河，南北狭长，城堡山之上是平坦的岩山。占据城堡山南半边的是**布达王宫**，自 13 世纪建设初期以来，就成了波澜万丈的匈牙利史的中心舞台。

盖勒特山上的观景台

盖勒特山

屹立在多瑙河河岸的岩山，山高 235 米。山上有一个名为**兹塔德拉**的要塞，在那里可以眺望到以多瑙河为中心向两侧延伸的城市景象。山顶上建着一尊举着棕榈树叶的巨大女神像。

著名足球选手普斯卡什的铜像

古布达

布达佩斯中历史最悠久的地区。位于古布达中心的**中央广场**以石板铺成，四周被市厅村和宫殿等历史悠久的建筑物所包围。玛格丽特岛位于多瑙河之上，岛上是一片被绿色覆盖的美丽公园。

多瑙河上的桥梁

连接布达和佩斯的桥梁一共有 9 座，其中位于市中心的一共有 4 座。

玛格丽特桥　布达佩斯市民的休闲场所，连接了玛格丽特岛的南端。

塞切尼链桥　桥之雄伟壮丽让其本身成了一个著名的旅游景点。它也是 1849 年首次连接布达和佩斯的一座桥。桥头有两座石狮子像，守望着桥上的来来往往。

伊丽莎白桥　得名于弗朗茨 · 约瑟夫皇帝的妻子伊丽莎白。现在能见到的是再建之后的桥，之前的桥身装饰风格很是典雅。

自由桥　为了纪念建国 1000 周年而修建的绿色铁桥。也曾经有一段时期被称作为弗朗茨 · 约瑟夫桥。

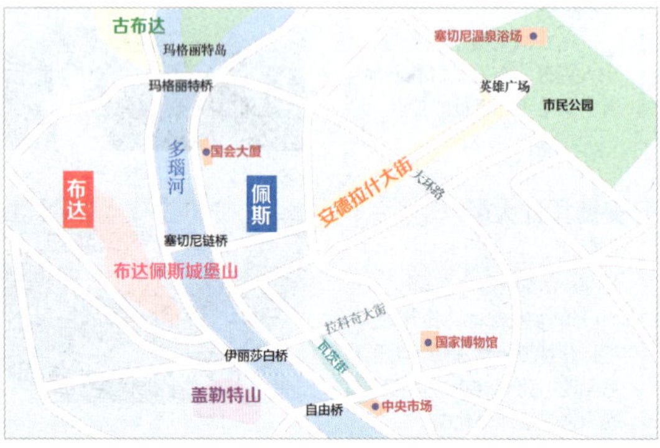

安德拉什大街

从城市的中心向东北方向笔直延伸的安德拉什大街，周边是美术馆和博物馆。街道的北端是为了纪念匈牙利建国 1000 周年而建造的**英雄广场**。

瓦茨街

布达佩斯屈指可数的繁华街道，也是步行者的天堂。咖啡店、餐馆和特产店等鳞次栉比。在街道北端的弗洛斯马提广场上可以看到老字号捷波德咖啡馆▶p.196。

机场到市内的交通

李斯特·费伦茨国际机场 Liszt Ferenc Nemzetközi Repülőtér

位于市中心往东约 16 公里处。机场分为两个航站楼，但 1 号航站楼于 2018 年 12 年被关闭了。2 号航站楼由相邻的航站楼 A 区和航站楼 B 区组成。A 区主要运营来往申根协议成员国的航班。B 区除部分航班外，主要运营来往非申根协议成员国的航班。A 区和 B 区由免税店和餐饮店等区域连接起来。

国际航班位于 2 号航站楼

●通往市内的直通巴士

市内巴士 100E 从 2 号航站楼 A 区的巴士站到市内的加尔文广场和戴阿克广场需行驶 36~37 分钟。机场和市内的巴士均为 30 分钟一班。

机场巴士 mini BUD 在布达佩斯市内的任何地方都是同一价格的公共出租车系统的迷你巴士。可以提前预约，或者在机场受理前台直接进行申请。因为要到达一定的人数才会出发，所以有时可能需要等一会儿。从市内前往机场时，请至少提前 3 小时通过电话或网站进行预约。

●市内巴士 + 地铁 在 2 号航站楼前搭乘市内巴士 200E，在终点采石场 - 小佩斯站 Kőbánya-Kispest 换乘地铁 M3 线。到戴阿克·费伦茨广场需要大约 1 小时。巴士的车票可以在机场的 BKK 窗口或自动售票机进行购买，也可以上车后再购买。还可以购买布达佩斯一卡通 ▶p.176。

市内巴士 E200

●市内巴士 + 列车 乘坐市内巴士 200E，在费里海吉站 Ferihegy 下车。从那里搭乘 MÁV-START（匈牙利铁路），到布达佩斯西站 Nyugati pu. 需要大约 25 分钟。

> **✓** 有大件行李时，推荐使用机场巴士 mini BUD。
>
> **✓** 需要换乘市内巴士和地铁时，可以使用"90 分钟车票"。有行李箱时还需另外购买行李票。

李斯特·费伦茨国际机场
综合咨询 TEL（1）296-7000
2 号航站楼失物招领热线
☐ 0670-332-4006
URL www.bud.hu

市内巴士 100E
URL bkk.hu
费 900 福林
▶机场到市内
5:00~ 次日 1:20
每 30 分钟一趟
▶市内到机场
3:40~ 次日 0:40
每 30 分钟一趟

机场巴士 mini BUD
TEL（1）550-0000
URL www.minibud.hu
费 到布达佩斯中心
每人单程 3900 福林 往返 6900 福林

机场 ~ 市内的出租车

布达佩斯机场的官方机场出租车由 FőTaxi 公司运营。多人乘车时比机场巴士 mini BUD 更便宜，所以使用起来很方便。

▶ FőTaxi
TEL（1）222-2222
URL fotaix.hu
费 起步价 450 福林，每千米 280 福林起

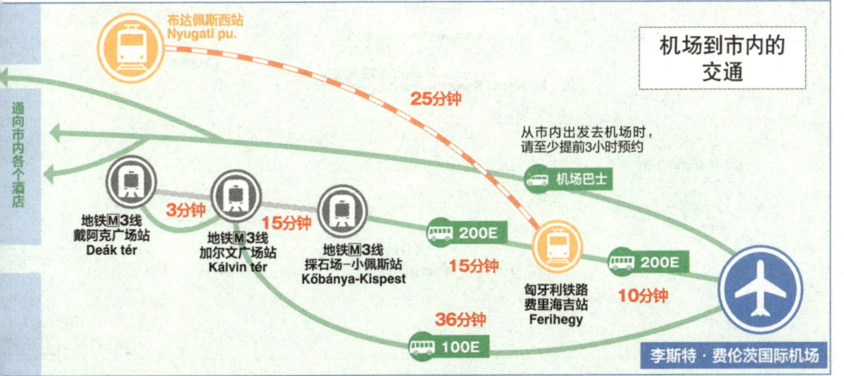

布达佩斯广域图
布达
Buda
0
500m
1km
优德哈斯Udvarház方向
基什采尔博物馆
Kiscelli Múzeum
马加什山
Mátyás-hegy
珍珠峡谷钟乳石洞
Pálvölgyi-barlang
罗马圆形剧场遗址
Római Katonai Amfiteátrum
古布达
Óbuda
HÉV Tímár utca
Csatárka út
巴托克·贝洛纪念馆
Bartók Béla Emlékház
塞姆勒山钟乳石洞
Szemlőhegyi-barlang
费伦茨山
Ferenc-hegy
Kolosy tér
HÉV Szépvölgy
Panda
玛格丽特
Margitsz
Árpád Fejedelem Útja
卢卡奇温泉
Lukács fürdő
玫瑰山
Rózsadomb
古尔巴巴墓碑
Gül Baba Türbéje
玛格丽特桥
Margit híd
HÉV Margit híd
Papillon
Szilágyi Erzsébet fasor
Duna
基拉伊浴场
Király fürdő
Budapest
Margit krt.
Varsányi I. u.
Kacsa u.
Bem Rakpart
M2 Széll Kálmán tér
民族学博
Néprajzi Múze
塞尔卡尔曼泰尔广场
Széll Kálmán tér
国会大厦
Országház
登山铁路
Fogaskerekű vasút
HÉV M2 Batthyány tér
圣乔治豪华全套房酒店
St. George Residence
希尔顿酒店
Hilton Budapest
多瑙河
Istenhegyi út
Krisztina krt.
Attila út
布达佩斯南站
Déli pu.
Orbán tér
M2 Déli pályaudvar
布达佩斯城堡山
Vár
塞切尼链
Széche Lánc
Nogyenyed u.
兰驰宜德19设计酒店
Lánchíd 19
Király-hágó tér
布达皇宫
Budavári palota
Lánchíd u.
Alkotás u.
Novotel Budapest Congress
卢达温泉
Rudas fürdő
Charles Hotel
布达佩斯国会宫
Budapesti Kongresszusi Központ
Hegyalja út
Citade
盖勒特
Gellért-
福尔考斯雷特公墓
Farkasréti temető
Németvölgyi út
Kis Ferenc tér
Budaörsi út
日格蒙德·莫里兹
Móricz Zsigmond k
鹰山
Sas-hegy
Sasadi út
Karolina út
Villányi út
野外剧场
Bocskai út
Móricz Zsigmond körtér
1
2
3
4
A
B

帕德桥
ád híd
Újpest-városkapu巴士枢纽
Váci út
Danubius Health Spa Resort Hotel Margitsziget
Danubius Grand Hotel Margitsziget
M3 Árpád híd
阿帕德桥
长途巴士枢纽
Béke u.
Róbert Károly krt.
佩斯
Pest
Lehel út
Dráva u.
Danubius Thermal Spa Resort Hotel
M3 Dózsa György út
Dózsa György út
Erzsébet Királyné Útja
Nagy Lajos király útja
扩大图
p.172~173
塞切尼温泉浴场
Széchenyi Gyógyfürdő
M1 Széchenyi fürdő
M1 Mexikói út
Lehel u.
M3 Lehel tér
Kós Károly sétány
Hungária krt.
Mexikói út
Amerikai út
美术博物馆
Szépművészeti Múzeum
英雄广场
Hősök tere
M1 Hősök tere
布达佩斯艺术厅
Műcsarnok
Váci út
Ferdinánd híd
Szinyei Merse u.
Dózsa György út
市民公园
Városliget
Thököly út
Kolumbusz u.
布达佩斯西站
Nyugati pu.
M1 Bajza utca
M3 Nyugati pályaudvar
M1 Kodály körönd
Ajtósi Dürer Sor
大环路
Teréz krt.
M1 Vörösmarty utca
M1 Oktogon
Andrássy út
Bajcsy-Zsilinszky út
M1 Opera
安德拉什大街
斯特费伦茨广场
Liszt F. tér
Erzsébet krt.
Rottenbiller u.
Thököly út
体育馆
Stadion
长途巴士枢纽
M1 Bajcsy-Zsilinszky út
布达佩斯东站
Keleti pu.
M2 M4 Keleti pályaudvar
M4 Puskás Ferenc
Aulia u.
Kerepesi út
Rákóczi út
拉科奇大街
M2 Blaha Lujza tér
Arena Plaza
M1 M2 M3 Deák Ferenc tér
费伦茨广场
Vörösmarty tér
Károly krt.
犹太教堂
Zsinagóga
埃克尔剧场
Erkel Színház
Kossuth L. u.
大环路
József krt.
M4 II János Pál pápa tér
Ferenciek tere
卡帕尔格提亚餐馆
Kárpátia
M2 Astoria
Múzeum krt.
Fiumei út
凯赖派什公墓
Kerepesi temető
Szabadsajtó út
M4 Rákóczi tér
Fatál
国家博物馆
Magyar Nemzeti Múzeum
Kőbányai út
Cosmo City
Mercure Budapest Korona
Zsolnay
Horváth M tér
Baross u.
约瑟夫城站
Józsefvárosi pu.
际航线
M3 M4 Kálvin tér
马特耶斯普林斯
Mátyás Pince
中央市场
Vásárcsarnok
由桥
Szabadság híd
Vámház krt.
M4 Fővám tér
工艺美术博物馆
Iparművészeti Múzeum
M3 Ferenc körút
Orczy út
Danubius Hotel Gellért
盖勒特浴场
Gellért fürdő
M3 Klinikák
M4 Szent Gellért tér
工科大学
Ferenc krt.
Üllői út
自然史博物馆
Magyar Természettudományi Múzeum
Boráros tér
M3 Nagyvárad tér
Orczy út
Könyves Kálmán krt.
人民公园
Népliget
斐多菲桥
Petőfi híd
C
HEV Vágóhíd
李斯特·费伦茨国际机场方向
D
M4 Népliget
人民公园
长途巴士枢纽

M3 Lehel tér
Westend City Center
Hilton Budapest Westend
布达佩斯西站
Budapest-Nyugati pályaudvar
M3 Nyugati pályaudvar
RadissonBlu Béke
奥克特宫便捷酒店
easyHotel Oktogon
琵琶湖
布达佩斯木偶剧院
Budapest Bábszínház
M1 Vörösmarty utca
恐怖之屋
Terror Háza
李斯特 · 费伦茨纪念博物馆
Liszt Ferenc Emlékmúzeum
匈雅提广场
Hunyadi tér
八角广场
M1 Oktogon
Menza
斯特费伦茨广场
Liszt F. tér
李斯特音乐学院
Liszt Ferenc Zeneművészeti Egyetem
民族博物馆
Néprajzi Múzeum
国会大厦
Országház
科苏特广场
Kossuth Lajos tér
M2 Kossuth Lajos tér
自由广场
Szabadság tér
Csarnok Vendéglő
M3 Arany János utca
国家歌剧院
Magyar Állami Operaház
Falafel
安德拉什大街
M1 Opera
原始画廊
Originart Galéria
圣伊什特万圣殿
Szt. István-bazilika
贝斯里卡中心酒店
Central Basilica
格雷沙姆四季酒店
Four Seasons Gresham Palace
安达特旅馆
Andante
M1 Bajcsy-Zsilinszky út
Klauzál tér
SAS One
塞切尼 · 伊什特万广场
Széchenyi István tér
海伦德
Herend
伊丽莎白广场
Erzsébet tér
戴阿克 · 费伦茨广场
Deák F. tér
希森斯中央套房公寓
7 Seasons
诺瓦公寓酒店
Nova
Kéthly Anna tér
Sofitel Chain Bridge
M1 M2 M3 Deák Ferenc tér
InterContinental
捷波德咖啡馆
Gerbeaud
鲁姆巴赫酒店
ROOMbach
布达佩斯一号旅馆
One Budapest
废墟酒馆
Szimpla Kert
马可 · 波罗青年旅舍
MarcoPolo
M1 Vörösmarty tér
犹太教堂
Zsinagóga
维加多广场
Vigadó tér
维加多广场栈桥
全景中心酒店
Panorama Central
纳伊瓷器
Zsolnay
M2 Astoria
M3 Ferenciek tere
Olimpia park
Honvéd tér
1
2
3
4
A
B

布达佩斯动物园和植物园
Fővárosi Állat- és Növénykert
布达佩斯首都马戏团
Fővárosi Nagycirkusz
M1 Mexikói út
塞切尼温泉浴场
Széchenyi Gyógyfürdő
Gundel
巴格利瓦酒店
Bagolyvár
M1 Széchenyi fürdő
美术博物馆
Szépművészeti Múzeum
英雄广场
Hősök tere
M1 Hősök tere
布达佩斯艺术厅
Műcsarnok
Városligeti-tó
沃伊达奇城堡
Vajdahunyad vára
裴多菲厅
Petofi Csarnok
交通博物馆
Közlekedési Múzeum
安德拉什大街
Bajza utca
费伦茨・霍普亚洲艺术博物馆
Hopp Ferenc Kelet-Ázsiai
Művészeti Múzeum
柯达伊・佐尔坦纪念博物馆
Kodály Zoltán Emlékmúzeum
Kodály körönd
Dózsa György út
Városligeti fasor
Olof Palme sétány
Zichy Mihály út
Winston Churchill sétány
Hermina út
Hungária krt.
Stefánia út
Thököly út
Rákóczi út
Almássy tér
布达佩斯东站
Budapest-Keleti Pályaudvar
M2 M4 Keleti pályaudvar
纽约宫酒店
New York Palace
纽约咖啡馆
Newyork Cafe
M2 Blaha Lujza tér
若望・保禄二世广场
II. János Pál pápa tér
M4 II János Pál pápa tér
N
0
200m
400m
布达佩斯中心图
C
D

折中主义建筑风格的布达佩斯东站

车站和巴士枢纽

以运营着国际线路的布达佩斯东站为首，布达佩斯一共有 3 个方向的主要车站。长途巴士枢纽有 4 个。火车站和公交枢纽站均和地铁站相连，因此通向布达佩斯市中心的交通非常方便。

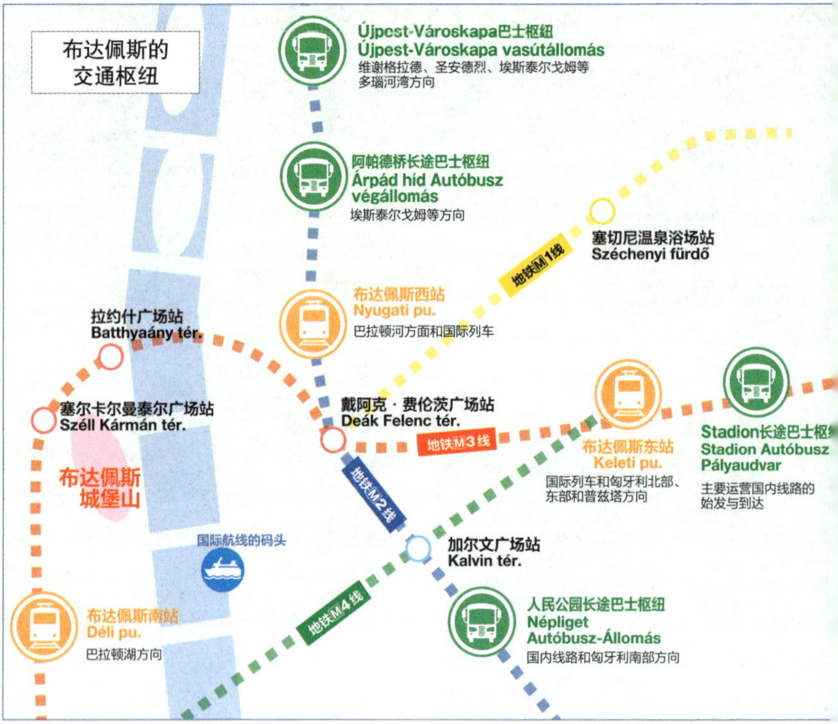

布达佩斯的交通枢纽

Újpest-Városkapa巴士枢纽
Újpest-Városkapa vasútállomás
维谢格拉德、圣安德烈、埃斯泰尔戈姆等多瑙河湾方向

阿帕德桥长途巴士枢纽
Árpád híd Autóbusz végállomás
埃斯泰尔戈姆等方向

塞切尼温泉浴场站
Széchenyi fürdő

地铁M1线

布达佩斯西站
Nyugati pu.
巴拉顿河方面和国际列车

拉约什广场站
Batthyaány tér.

塞尔卡尔曼泰尔广场站
Széll Kármán tér.

戴阿克 · 费伦茨广场站
Deák Felenc tér.

地铁M3线

地铁M2线

布达佩斯城堡山

布达佩斯东站
Keleti pu.
国际列车和匈牙利北部、东部和普兹塔方向

Stadion长途巴士枢纽
Stadion Autóbusz Pályaudvar
主要运营国内线路的始发与到达

国际航线的码头

加尔文广场站
Kalvin tér.

地铁M4线

布达佩斯南站
Déli pu.
巴拉顿湖方向

人民公园长途巴士枢纽
Népliget Autóbusz-Állomás
国内线路和匈牙利南部方向

Map p.173-D3 **布达佩斯东站 Keleti pu.**

维也纳、柏林、布拉格和布加勒斯特的国际列车的始发和到达车站。匈牙利北部、东部和布达佩斯方向的国内线路的始发和到达车站。

Map p.172-B2 **布达佩斯西站 Nyugati pu.**

除了匈牙利西北部和东南部的列车外，也是部分国际线路的始发和到达车站，其也是布达佩斯最大的车站。通往地下的台阶位于 11 号线和 12 号线的中间。

Map p.170-B3 **布达佩斯南站 Déli pu.**

是位于布达一侧的车站，除了巴拉顿湖方向的国内线路外，也是奥地利、斯洛文尼亚和克罗地亚方向的国际列车的始发和到达车站。

Map p.171-C4 **国际航线的码头 Nemzetközi hajóállomás**

除了是奥地利维亚纳地区的国际航线的始发站和到达站外，也是维谢格拉德、埃斯泰尔戈姆等地的去往多瑙河湾方向的国际航线的始发站和到达站。

Map p.171-D4 **人民公园长途巴士枢纽 Népliget Autóbusz-Állomás**

主要是来自维也纳和柏林，慕尼黑等西欧主要城市的国际巴士的始发站和终点站。国内线路中，是匈牙利南部巴士线路的始发站和终点站。

Map p.171-D3 **长途巴士枢纽 Stadion Autóbusz-Pályaudvar**

绝大多数通往国内主要城市的巴士都是始发于此枢纽。

Map p.171-C1外 **巴士枢纽 Újpest-Városkapu Autóbusz-Állomás**

是圣安德烈、维谢格拉德、埃斯泰尔戈姆等多瑙河湾方向的巴士的始发站和终点站。

Map p.171-C1 **阿帕德桥长途巴士枢纽 Árpád híd Autóbusz Végállomás**

是一个小型巴士枢纽，去往多瑙河湾的埃斯泰尔戈姆方向的部分巴士的始发站和终点站。

市内交通

有地铁、有轨电车、巴士、无轨电车，郊外的混合动力电动汽车等交通工具。游客们经常使用的有地铁和有轨电车。

市内交通的乘车券

均经由布达佩斯交通中心（BKK公司）运营管理。车票适用于所有的交通工具。

●乘车券的购买方式

一次性乘车券和24小时乘车券等可以在自动售票机处购买。自动售票机虽然在休息日等售票窗口关闭的时候给人们带来了方便，但是需要注意的是有些时候只能使用硬币购票。也可以从地铁站和巴士枢纽的售票处或者车站内的小卖部等处购买。

●车票的种类

除了一次性乘车券外，还有多次乘车券，24小时乘车券，72小时乘车券，7日乘车券，长期滞留人员专用的15日乘车券和1个月乘车券。除多次乘车券之外的车票均可在有效期内无限换乘，且无须逐一检票，使用非常方便。

若需多次搭乘市内交通工具时，24小时乘车券更优惠

乘车券的使用方法（检票机的使用方法）

需要注意的：存在因不持有检票后的有效车票而被罚款的情况。

●地铁　在进入月台之间会通过检票机，插入车票之后便会印刻上时间。检票机的后方站着检票人员，向其出示检票后的车票即可。

●有轨电车　市内巴士车内装有检票机。自动检票机只需插入车票即可；使用手动检票机（红色主体上部带有黑色拉手的装置）时，向其中插入车票后，需将黑色部分用力朝自己一侧拉动后才能完成时间的刻印操作。

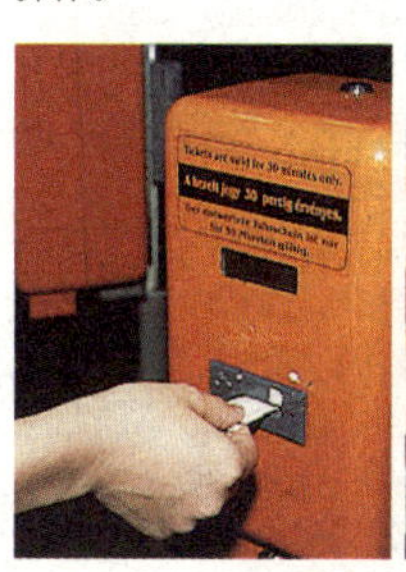

左：乘车后向机器内插入车票即完成检票。
右：如今的巴士和混合动力电动汽车上依旧能看到手动检票机的身影

◆地铁 Metró

一共有4条地铁线，线路通过颜色进行区分，线路1（M1）为黄色，线路2（M2）为红色，线路3（M3）为蓝色，线路4（M4）为绿色。1~3号线均经过了位于城市中心的戴阿克·费伦茨广场站 Deák Ferenc tér，东站和加尔文广场站等也是换乘车站。每条线路的运行时间均为4:00~23:00左右，在工作日的白天，地铁的发车间隔时间为2~6分钟。

有轨电车的站台

布达佩斯交通中心（BKK）

URL www.bkk.hu

可检索车票指引和时刻表等信息。

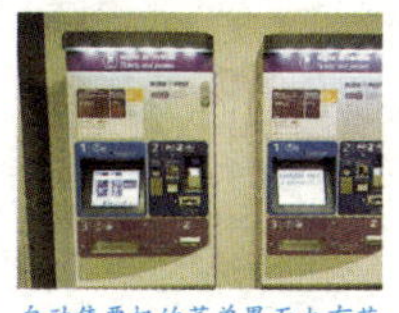

自动售票机的菜单界面也有英文模式。也接受信用卡购票

市内交通的车票和费用

一次性乘车券 Vonaljegy

费 350福林

只可乘车1次。地铁站间的换乘在80分钟之内免费。深夜巴士的车票有效期为120分钟。上车后购票的方式则需支付450福林。

换乘乘车券 Átszállójegy

费 530福林

可换乘一次。换乘时需要再次检票。车票有效期为第一次检票后的100分钟内（深夜巴士为第一次检票后的120分钟内），第二次检票后的80分钟内（深夜巴士均为100~120分钟内）。

在有效期内换乘地铁时不需要再次检票。

多次乘车券 Gyűjtőjegy

费 3000福林

一共是连续的十张。虽然撕下之后也能使用，但若拿着一堆零散的车票进行检票时，有时可能会被检票员当成可疑人员。

24小时乘车券 24 órás jegy

费 1650福林

72小时乘车券 72 órás jegy

费 4150福林

7日乘车券 Budapest Hetijegy

费 4950福林

地铁专用车票

▶地铁部门

Metrózakaszjegy

费 300福林

只能搭乘3站地铁。有效期为30分钟，可换乘。

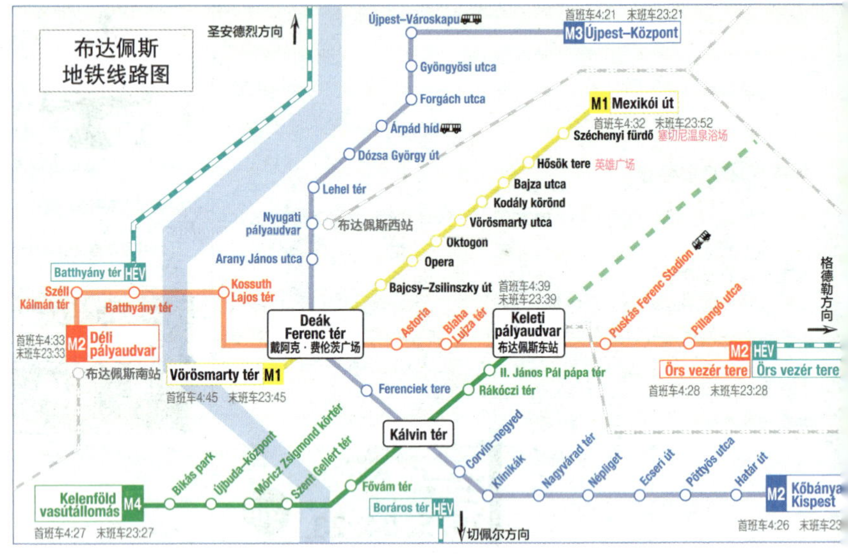

便利的布达佩斯一卡通
Budapest Kártya

除了能够免费乘坐市内交通工具外，在参观主要的美术馆和博物馆时能够免费入场或优惠购票。还能享受市内观光巴士的购票优惠和部分温泉设施的免费入场。可在旅游咨询处和地铁站，机场等地购买。

URL www.budapest-card.com
费 24 小时有效 4900 福林
48 小时有效 7900 福林
72 小时有效 9900 福林

穿行在安德拉什大街地下的地铁 M1 线

地铁的入口和月台处标示了终点站的名称，所以当不知道该去哪个月台乘车时，只需要寻找自己想要乘坐的线路的终点站名称即可。

◆有轨电车 Villamos

黄色车身的有轨电车作为便利的出行方式而深受当地人喜爱。

这些年来，随着整个城市的维修和二次开发，由于施工造成的道路禁止通行和巴士临时换班的情况也时有发生。届时车站的有轨电车标志便会带有 ✕ 的符号，所以出行之前请及时关注信息公告板。

◆混合动力电动汽车 HÉV

连接布达佩斯和近郊的绿色郊外电车。从拉约什广场 Batthyány tér 到圣安德烈 Szentendre 的线路共有 4 条。

●注意市境　BKK（布达佩斯交通中心）的车票在布达佩斯市内可以使用，但是越过市境（请参照上述线路图中的市境站）后则需支付额外的费用。购买车票时，若持有多次乘车券或 1 日乘车券，则需在窗口出示车票并告知目的地后支付超出部分的费用。

以绿色车身为标记的郊外电车

有轨电车是非常方便的交通工具

◆市内巴士 Autóbusz

便利的无轨电车

住在离市区较远的酒店时搭乘市内巴士出行较为方便。小型环游巴士也非常适合用来观光布达佩斯城堡山。

●注意下车的按钮 下车时必须按下按钮（扶手等处设置的绿色按钮。按下也不会发出声音）示意司机。最新型的巴士安装有 3 处车门，只有按下按钮才能开启相应的车门。无轨电车 Trolibusz 的系统也和巴士一样。

◆出租车 Taxi

可以通过酒店或餐馆预约出租车，也可以自行打电话预约，这样比在街上拦出租车更安全。虽然出租车公司有许多家，但是使用英语也能进行交流。可以放心使用 City TAXI 运营的出租车。

费用一般而言是按照距离进行计算的，当在停车等待和时速 15 公里以下的情况时则按照时间计费。计费表会张贴在车内。

优质出租车公司
▶ City TAXI
TEL（1）211-1111
▶ FőTAXI
TEL（1）222-2222

●布达佩斯市内观光巴士 City Tour Hop on Hop off A旅行社
每天 9:00~17:55 内每隔 30~60 分钟有一班车
※ 可能随季节变化，出发时间会根据线路和出发地点而变化
费 2 天有效 6000 福林 学生 5500 福林 夜游线路需另付 1000 福林

可以自由上下车的观光巴士，有 2 条线路。也可以参加时长为 2 小时 ~2 小时 30 分钟的徒步旅行。

●水陆两用巴士市内观光和多瑙河航海观光 B旅行社
RiverRide floating bus
4~10 月 10:00 12:00 15:00 17:00 发车
11 月 ~ 次年 3 月 11:00 13:00 15:00 发车
时长 1 小时 45 分钟 费 成人 8500 福林 学生 6000 福林

搭乘水陆两用车在市内观光后，直接开往多瑙河进行航海观光。

●多瑙河游轮“多瑙河传说” Danube Legend C旅行社
3 月 · 10 月 18:30 19:30 20:15 21:00 开船
4 月 · 9 月 19:30 20:15 21:00 21:30 开船
5~8 月 20:15 21:00 21:30 22:15 开船 11 月 ~ 次年 2 月 18:30 开船
时长 1 小时 费 成人 5500 福林 学生 4400 福林

在品尝香槟和红酒的同时巡游多瑙河。有中文音频讲解。

●多瑙河湾观光 Danube Bend Tour D旅行社
4~10 月 周二 ~ 周六 9:00 开船 11 月 ~ 次年 3 月周三 · 周六 9:00 开船
时长 9 小时
费 € 64

搭乘巴士和轮船环游埃斯泰尔戈姆、维谢格拉德、圣安德烈。3 条线路均提供午餐。

●普斯塔马术表演1日游 The "Puszta" Horse Show -Flatlands Tour
4~10 月 周二 · 周五 ~ 周日 9:00 开船、11 月 ~ 次年 3 月的周日 9:00 开船
时长 9 小时 费 € 64

参观大平原（普斯塔）上游牧民族的马术表演。提供匈牙利特色午餐。

●“锤子和镰刀”之旅 Hammer & Sickle Tour E旅行社
每天 14:30 发车 时长 3 小时 30 分钟 费 成人€ 55 学生€ 51

社会主义时代的布达佩斯的历史追寻之旅。

A 旅行社
跳上跳下城市观光旅行社
City Tour Hop On Hop Off
TEL（1）374-7050
URL www.citytour.hu

B 旅行社
航海观光旅行社
River Ride
TEL（1）332-2555
URL riverride.com

C 旅行社
传说观光旅行社
Legenda
TEL（1）317-2203
URL legenda.hu

D 旅行社
程序中心观光旅行社
Program Centrum
TEL（1）317-7767
URL www.programcentrum.hu

E 旅行社
绝对步行观光旅行社
Absolute Walking Tours
TEL（1）269-3843
URL www.absolutetours.com

布达佩斯 主要景点

兹塔德拉

Citadella

Map p.170-B4

盖勒特山

从兹塔德拉附近眺望到的景色

盖勒特山山顶上的一处要塞。哈布斯堡君主国于1850年镇压了匈牙利的独立运动后，因担心发生谋反，为了监视王宫——匈牙利民族而建造了此处要塞。但是在1894年，其归为市里所有之后便失去了原本的功能，现在是布达佩斯著名的旅游景点之一。从这里的观景台上可以俯瞰以多瑙河为中心向两边延伸的城市景象。

塞切尼链桥

Széchenyi Lánchíd

Map p.170-B3

多瑙河周边

守护着塞切尼链桥的石狮子

桥之雄伟壮丽让其本身成了一个著名的旅游景点。它也是连接布达和佩斯的第一座桥。在桥建成之前，两座城市之间是通过渡船实现往来的。后来，贵族政治家塞切尼希望能够统一这两座城市，于是在他的努力下架设了这座桥梁。塞切尼链桥是由威廉·蒂尔尼·克拉克和亚当·克拉克两位工程师设计的，他们来自当时土木工程技术发达的英国。此桥于1849年建成。桥头有两座石狮子像，守望着桥上的来来往往。

国会大厦

Országház

Map p.172-A2

多瑙河周边

布达佩斯的象征——国会大厦

多瑙河畔的一座新哥特式建筑，于1885年开工，到1902年完工启用，由建筑师坦德尔·伊姆雷所设计。文艺复兴风格的穹顶建筑楼高96米，与圣伊什特万圣殿等高。据史实记载，896年马札尔人就住在这片土地上。巴洛克式的建筑物中有着691个房间，内部由绘画、雕塑和壁挂装饰，风格绚丽豪华。可以跟团参观建筑物内部，请大家一定不要错过。整个建筑物精美巧妙，就连走廊的烟灰缸和厕所都设计得很漂亮。

兹塔德拉

🚌 线路从日格蒙德·莫里兹圆环站 Móricz Zsigmond körtér 或者伊丽莎白桥旁的麓山街沿街的 Sánc u. 巴士站台乘坐27路巴士。在最后一个上坡路的站台 Búsúló Juhász（兹塔德拉）下车，然后再向上步行约20分钟

开 24小时

休 无

费 免费

从皇宫一侧俯瞰灯光照明下的塞切尼链桥

国会大厦

🚌 线路在地铁M2线科苏特广场站下车，或者搭乘2号有轨电车

住 V. Kossuth Lajos tér 1-3

URL www.parlament.hu

▶ **游客中心**

TEL（1）441-4000

开 4~10月 8:00~18:00
11月～次年3月 8:00~16:00

休 无

▶ **国会大厦参观旅游团（英语）**

URL www.jegymester.hu/parlament

开 10:00、12:00、13:00、13:45、15:00※ 也有德语、法语、西班牙语、意大利亚语和俄语等语种的旅游团

费 成人 5400福林
学生 2800福林

参观只包括跟团活动在内（时长45分钟）。当天的门票可在游客中心进行购买，但网上预约更可靠。购买时需要登入个人信息。持有打印好的门票即可入馆参观。只能通过信用卡结算，还需要支付200福林的手续费。

※ 馆内不允许拍照或摄影。还需携带护照进行本人认证

2000 年 1 月，一直存放在国家博物馆的王冠被移至了国会大厦。这个王冠从 1000 年的第一位国王圣伊什特万一世 ▶p.499 加冕之后，一直到 1948 年的最后一位国王卡尔四世退位为止，950 年以来一直是皇室代代相传的至宝。此王冠于第二次世界大战后被带到了国外，在美国境内存放了数十年，后于 1978 年在美国吉米·卡特总统的决定下被送回了匈牙利。

民族博物馆

Néprajzi Múzeum

Map p.172-A2

多瑙河周边

位于国会大厦对面。这座美丽的新文艺复兴建筑是原来的最高人民法院。建筑内部有着色彩鲜艳的壁画和设计豪华的台阶，奢华程度堪比宫殿。馆内展品丰富，陈列着以匈牙利和特兰西瓦尼亚（现罗马尼亚）的出土文物为代表的民族服饰以及彩色家具等作品，共计约 20 万件。

值得一看的建筑物

圣伊什特万圣殿

Szt. István Bazilika

Map p.172-A3

安德拉什大街周边

布达佩斯最大的教堂，位于伊丽莎白广场附近。修建工程从 1851 年开始，跨越了半个世纪的时间于 1905 年完工。2 座塔和高 96 米、直径 22 米的穹顶楼是其独特的标志。教堂内大约可容纳 8500 人。外墙的柱子上装饰着十二使徒的雕像。

从正门抬头往上看，就能看到匈牙利第一代国王圣伊什特万一世 ▶p.499 的半身像。圣伊什特万国王死后，其右手作为神圣的遗物被陈列在了圣右手礼拜堂 Szent Jobb Kápolna 的玻璃展柜中。

穹顶楼的周围是观景台 Panoráma Körkilátó，可以搭乘电梯前去。穹顶楼正面左侧是观景台的入口，右侧是教会和宝物殿 Kincstár 的入口。

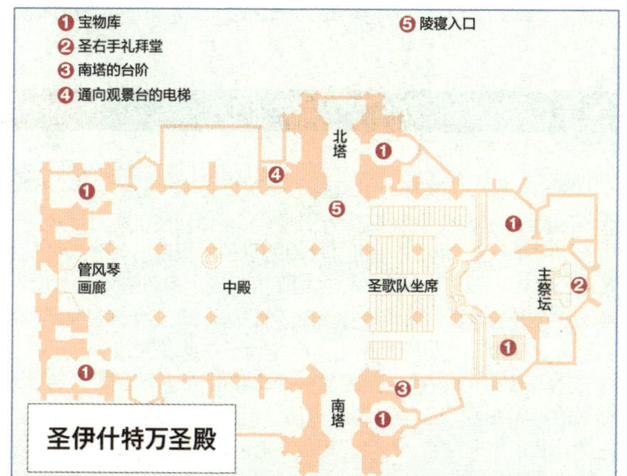

民族学博物馆

🚃 在地铁 M2 线科苏特广场站下车，或者搭乘 2 号有轨电车。
住 V. Kossuth Lajos tér 12
电 (1) 473-2442
URL www.neprajz.hu
开 10:00~18:00
休 周一
费 成人 1400 福林
学生 700 福林
拍照 300 福林

圣伊什特万圣殿

住 V. Szt. István tér
URL www.bazilika.biz
开 9:00~17:00
（周六 ~13:00、周日 13:00~）
休 无
费 200 福林（香火钱）

▶ **圣右手礼拜堂**

开 4 月 ~9 月 9:00~17:00
10 月 ~ 次年 3 月
10:00~16:00
（周日 13:00~17:00）
休 无（弥撒仪式期间不可入场）

▶ **观景台**

开 4~6 月 · 10 月 10:00~16:30
7~9 月 10:00~18:30
休 11 月 ~ 次年 3 月（晴天时可入场）
费 成人 500 福林
学生 400 福林

▶ **宝物殿**

开 6~9 月 10:00~18:00
10 月 ~ 次年 5 月
10:00~17:30
休 无
费 成人 400 福林
学生 300 福林

气氛威严庄重的圣殿

犹太教堂

Zsinagóga　　佩斯一侧

Map p.172-B4

内部的装饰都不容错过

1859 年建成的欧洲最大规模的犹太教堂（犹太教的教堂）。据说当年李斯特和圣·桑就经常在里面吹奏管风琴。位于教堂正门左侧的是展示馆 Zsidó Múzeum，里面可以观赏到有关犹太民族艺术和宗教的展品以及纳粹大屠杀时期的照片。

教堂的后院有一棵以柳树为原型的纪念碑。这座纳粹大屠杀纪念碑（生命之树）上还刻着当年在第二次世界大战中被纳粹屠杀的犹太人的名字。是匈牙利著名雕刻家纳吉·伊姆雷的作品。

犹太教堂

住 VII. Dohány u. 2-8

TEL （1）343-0420

开 4 月 · 5 月　10:00~17:30（周五 ~16:30）
6~10 月　10:00~19:30（周五 ~16:30）
11 月 ~ 次年 2 月　10:00~15:30（周五 ~13:30）
3 月　10:00~17:30（周五 ~15:30）

休 无

费 成人 3000 福林
学生 2000 福林

在入口处安检之后，到右侧正面的售票处购票。

犹太教堂后院的纳粹大屠杀纪念碑

中央市场

Vásárcsamok　　佩斯一侧

Map p.171-C4

店铺排列整齐

布达佩斯最大规模的市场，汇聚了匈牙利的各种食材。

一层主要销售果蔬和香肠等加工肉类。特产红甜椒的种类更是丰富，不光有新鲜的和晒干后的，甚至连辣椒粉和添加了芝士的品种都有售卖。还能买到罐装鹅肝和法式馅饼。地下部分除了有超市，还有售卖肉类和鱼虾贝类的店铺。如若在气氛热烈的人群中感到疲惫了，就到 2 楼的小吃摊和民间工艺品小店稍做休息。请自带购物袋。

中央市场

交通 搭乘地铁 M4 线，在中央广场站 Fővám tér 下车。或者搭乘 47 号或 49 号有轨电车

开 6:00~18:00
（周一 ~17:00、周六 ~15:00）

休 周日

出售考洛乔刺绣的店铺

国家博物馆

Magyar Nemzeti Múzeum　　多瑙河周边

Map p.171-C4

匈牙利最大的博物馆，由建筑师米哈依·波拉克设计，于 1847 年建成。正面的科林斯柱和女神像雕塑是最有代表性的标志。

馆内展品以 1802 年费伦茨·塞切尼伯爵捐赠给匈牙利的物品为基础，讲述了匈牙利历史的作品按照事件发生的时间顺序有序陈列，便于参观者的理解。以考古价值颇高的罗马时代出土文物为首的展品数量庞大，例如从第一代国王圣伊什特万一世 p.499 时代流传下来的“卫冕仪式的大衣”，王室的装饰品和服装以及拍摄于 20 世纪前半期的纪实影像等。依次参观的话，就能够沿着它们追溯到匈牙利充满动乱的历史轨迹。馆内还安装了信息终端，能针对各个作品展开详细解说。

国家博物馆

交通 搭乘地铁 M3 线，在加尔文广场站 Kálvin tér 下车，步行 5 分钟

住 VIII.Múzeum krt. 14-16

TEL （1）327-7700

URL www.mnm.hu

开 10:00~18:00　休 周一

费 成人 1600 福林
学生 800 福林
拍照 500 福林
音频讲解（英文）750 福林

卫冕仪式的大衣

2 楼展厅陈列着王室的家具和装饰品

近郊的景点 从布达佩斯东站出发最短线路约 30 分钟

格德勒宫

Map 文前 p.5-C1

Gödöllői Királyi Kastély

建筑物本身也值得一看

格德勒宫坐落于布达佩斯郊外的格德勒小镇上，是奥匈帝国时代的伊丽莎白皇后（茜茜公主）▶p.500喜欢拜访的地方。宫殿于 18 世纪中期由格拉苏尔科维奇公爵建造，公爵一族的血脉断绝之后，这座宫殿便被比利时银行买了下来。后来其又于 1867 年被匈牙利政府买了回来，归当时的皇帝弗朗茨·约瑟夫一世所有。那时改建之后的宫殿，就是我们如今所看到的模样。

交通 & 线路 搭乘巴士或近郊列车 HÉV 时，在宫殿北侧的十字路口处下车最近。若从布达佩斯东站搭乘火车，则在格德勒站下车即可。

看点 **茜茜公主的房间** 点缀着茜茜公主喜欢的绛紫色壁纸和窗帘的换衣间，摆放着她 16 岁和 24 岁时的肖像画的书斋。此外还有巴洛克装饰风格的秘密房间，茜茜公主在不愿意和他人接触时会把自己藏在里面。

茜茜公主学习的房间

宫殿 1 楼 宫殿的 1 楼有咖啡馆和商店，此外，夏季还会举办音乐会等各式各样的活动。

▶▶Access Guide

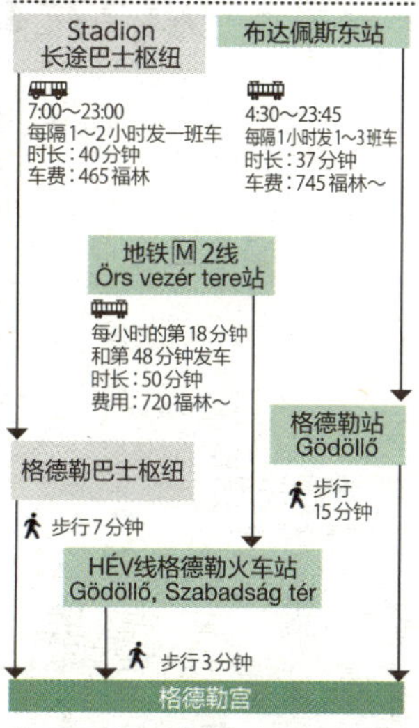

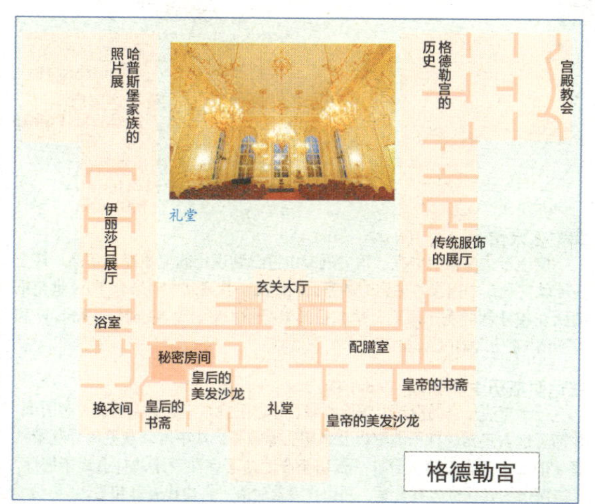

格德勒宫

住 Grassalkovich Kastély
TEL （28）410-124
URL www.kiralyikastely.hu
开 4~10 月 10:00~18:00
11 月 ~ 次年 3 月 10:00~16:00
（周六 · 周日 ~17:00）
休 1 月中旬 ~2 月中旬
费 成人 2500 福林 学生 1250 福林
音频讲解（英语）800 福林
※ 馆内不允许拍照或摄影

宫殿的回廊

景点拾遗 Pick up

匈牙利长期以来的政治文化中心

布达佩斯城堡山 Vár

世界遗产

布达佩斯城堡山高约 60 米，长约 1.5 千米。面朝多瑙河，南北狭长，城堡山之上是平坦的岩山，整座山被中世纪时期的城墙包围着。山上坐落着各式各样的民家和商铺，呈现在眼前的是一片散发着中世纪风格的房屋。

缆车将塞切尼链桥和城堡山连接起来

布达皇宫的中央是国家美术馆

1 布达皇宫

Budavári palota

建于 13 世纪的布达皇宫曾是波澜万丈的匈牙利史的中心舞台。数个世纪以来曾几度因为战争和大火灾而被改建，甚至还在第一次和第二次世界大战中遭受了重创。如今看到的布达皇宫是第二次世界大战结束后修复过后的模样，竣工于 20 世纪 50 年代。现在的布达王宫已被劈为塞切尼图书馆、国家美术馆和布达佩斯历史博物馆。

国家美术馆 Magyar Nemzeti Galéria

位于布达皇宫的中央。馆内展有中世纪到现代的匈牙利美术品，甚至还能欣赏到在中国很难见到的画家们的作品。其藏品主要来自于 19 世纪末活跃在匈牙利的美术家们，例如巨匠米哈伊 · 蒙卡奇 Munkácsy Mihály 和拉斯洛 · 帕尔 Paál László 等。

布达佩斯历史博物馆 Budapesti Történeti Múzeum

位于布达皇宫的南端。馆内收藏着与过去皇宫扩建有关的照片和图纸、装饰着过去皇宫的柱子墙壁以及雕塑品等藏品，从中可以窥见匈牙利荣枯盛衰的历史，十分耐人寻味。保留至今的地下室和洞窟被打造成了展厅。入口两边的青铜像各有寓意，左边代表着战争，右边代表着和平。

2 马加什教堂

Mátyás templom

湛蓝天空下高耸的马加什教堂

布达佩斯的地标性建筑之一。镶嵌着马赛克图案的屋顶和精心点缀的石塔是它的突出特征。这座哥特式的教堂于1255~1269年由国王贝拉四世所建。教堂内部装饰着颜色独特的花纹图案和装潢。但令人可惜的是，在16世纪归于奥斯曼帝国的统治下后便被改建了。后来又历经了18世纪和19世纪时的改建，最终演变成了如今的样貌。

宝物库 在地下的宝物库中可以看到有关王冠（现展出于国会大厦中）的相关资料和复制品以及马耳他骑士团的徽章。

过道 内侧的一圈过道中展出了历代司教穿着的上衣以及使用的十字架和装饰品等。

3 渔人堡

Halászbástya

渔人堡独具特色的白色尖顶

位于马加什教堂的背面。回廊将5座白色石灰石尖顶圆塔和高耸的中心尖塔相连。渔人堡仿佛是童话中走出来的城堡一般宁静祥和。它以多瑙河之上的古城堡为地基，修建于1905年，设计师是设计了马加什教堂的弗里杰·舒勒克。这里过去曾是个鱼市，也是渔民们曾经守护过的一处城堡，因此得名渔人堡。

城堡下流淌着多瑙河，平坦的佩斯地区也尽落眼底，是个绝佳的观景地点，游客也因此络绎不绝。

4 皇宫地下迷宫

Budavári labirintus

昏暗的洞窟内部

布达佩斯城堡山的地下有着无数个洞窟。据说内部有几十米深，结构有两三层，其全貌至今仍不为人所知。如今，部分洞窟作为旅游景点对外开放。游客们可以在欢快的音乐中借着煤油灯微弱光亮在迷宫中巡游。

去布达佩斯城堡山的线路

🚇🚌 在地铁M2线塞尔卡尔曼泰尔广场站Széll Kálmán tér下车，换乘16路或16A路或116路巴士

🚌 在戴阿克广场搭乘16路巴士

▶缆车（布达侧的塞切尼链桥一端的出发点）

运行：7:30~22:00

休 奇数周的周一

费 单程1200福林　往返1800福林

布达佩斯历史博物馆

住 I. Szt. György tér 2　TEL（1）318-8800

URL www.btm.hu

开 3~10月 10:00~18:00　11月~次年2月 10:00~16:00

休 周一

费 成人1800福林 学生900福林 拍照800福林 音频讲解（英语）1200福林

国家美术馆

TEL（20）439-7325　URL www.mng.hu

开 10:00~18:00　休 周一

费 成人1800福林 录像1500福林 音频讲解（英语）800福林

马加什教堂

住 I. Szentháromság tér 2

TEL（1）355-5657

URL www.matyas-templom.hu

开 9:00~17:00（周六~12:00、周日13:00~17:00）

休 无（结婚典礼除外）

费 成人1500福林 学生1000福林

皇宫地下迷宫

住 I. Úri u. 9　TEL（1）212-0207

URL labirintus.eu

开 9:00~19:00　休 无

费 成人2500福林　学生2000福林

多瑙河畔的布达佩斯城堡山

马加什教堂的名称

1470年，据说马加什一世▶p.507为扩建这座高88米的尖塔付出了生命的代价，教堂也因此得名。此外，虽然由于历代的国王都会在这里举行加冕仪式因而被称作“加冕教堂”，但是其正式名称为“圣玛利亚教堂”。在教堂正南面的“玛利亚之窗”上，可以看到以玛利亚为原型的精致浮雕。

管风琴音乐会

马加什教堂内的音响效果很好，因此会定期举行管风琴音乐会。夏天的旅游旺季时还为游客们准备了其他的节目。音乐会的门票可以从各门票代售点处购买，也可以于前天或当天在教堂直接购买。

坐落着优雅建筑物的世界遗产大街

安德拉什大街

Andrasy ut.

贯穿伊丽莎白广场及其东北方向英雄广场的一条笔直大街。街道上坐落着娴静的住宅区和大使馆以及博物馆等建筑物。街道由当时的安德拉什首相建于 1872 年。这条大街在动荡的历史浪潮中曾因政治因素而三度更名（史达林街→匈牙利青年大道→人民共和国街）

城市计划和地铁被高度评价且被列入了世界遗产

1 国家歌剧院

Magyar Állami Operaház

欧洲首屈一指的歌剧院

住 VI. Andrássy út 22
TEL （1）331-2550
URL www.opera.hu

歌剧院参观旅游团

URL www.operavisit.hu
开 14:00、15:00、16:00
费 2490 福林

英语、德语、法语、意大利亚语等语种的旅游团同时开始参观。门票可以在剧场正面左侧的歌剧院商店处进行购买。

匈牙利国家歌剧院在安德拉什伯爵的要求下开始建造，并于 1884 年建成。建筑正前方右侧是匈牙利国歌作曲者费伦茨·厄凯尔的雕像，左侧是李斯特·费伦茨的雕像。剧场的 2 楼座席处还安置着莫扎特▶p.507和瓦格纳等大音乐家的雕像。

1884 年 9 月 27 日，在剧场竣工后的首次演出中，厄凯尔指挥表演了自己的作品《班克·班》和瓦格纳的作品《罗恩格林》。在那之后，古斯塔夫·马勒曾作为音乐总监在这里指挥过演出的事情也广为流传。

歌剧院的舞台有 43 米之宽，台下的观众能够欣赏到眼前颜色鲜明的壁画以及足有 3 吨之重的枝形吊灯。白天时，游客们可以跟团到歌剧院内部进行参观。

Rózsa u.
Izabella u.
Vörösmarty u.
Aradi u.
Csengery u.
Eötvös u.
Vörösmarty utca
2 恐怖之屋
Terror Háza
Aradi u.
Teréz krt.
Oktogon
李斯特·费伦茨广场
Liszt Ferenc tér
Menza
布达佩斯歌剧院
Budapesti Operettszínház
音乐协会（李斯特音乐学院）
Liszt Ferenc Zeneművészeti Egyetem
Nagymező u.
国家歌剧院 1
Magyar Állami Operaház
Opera
李斯特·费伦茨纪念博物馆 3
Liszt Ferenc Emlékmúzeum
Révay u.
Székely Mihály u.
Paulay Ede u.
Király u.
圣伊什特万圣殿
Szt. István Bazilika
Bajcsy-Zsilinszky út
伊丽莎白广场
Erzsébet tér

被列入世界遗产的地铁M1线

穿行在安德拉什大街地下的地铁 M1 线是继伦敦之后世界上历史第二悠久的地铁。为了纪念匈牙利建国 1000 周年，地铁于 1896 年开通。1995 年，为了纪念地铁开通 100 周年，车辆被还原至了建设初期的模样，并沿用至今。这条地铁线路也被称作为弗朗茨·约瑟夫线，其取自当时来自哈布斯堡家族的匈牙利国王的名字。

4 英雄广场

Hősök tere

广场是 1896 年为纪念匈牙利建国 1000 年而兴建的。矗立于广场中央的是建国千年纪念碑，高 35 米，顶端是一尊加百列天使铜雕。据说加百列天使曾出现在罗马教皇的梦中，并要求他将皇位传给圣伊什特万一世 p.499。碑座的中心是马札尔人首长阿尔帕德大公的雕像，在其左右两边又分别安置了 3 位部落首领的雕像。此外，两边的廊柱上还矗立着 14 位匈牙利史上的历代国王和艺术家们的雕像。

广场上矗立着过去统治了匈牙利的哈布斯堡王室家族的雕塑

2 恐怖之屋

Terror Háza

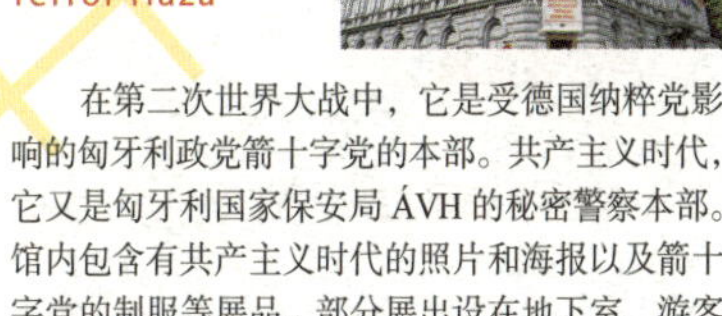

在第二次世界大战中，它是受德国纳粹党影响的匈牙利政党箭十字党的本部。共产主义时代，它又是匈牙利国家保安局 ÁVH 的秘密警察本部。馆内包含有共产主义时代的照片和海报以及箭十字党的制服等展品。部分展出设在地下室，游客在这里可以看到警察用来拷问囚犯的密室。

住 VI. Andrássy út 60 TEL （1）374-2600
URL www.terrorhaza.hu 开 10:00~18:00
休 周一 费 成人 2000 福林 学生 1000 福林
音频讲解 1500 福林（英语） ※ 馆内不允许拍照或摄影

3 李斯特·费伦茨纪念博物馆

Liszt Ferenc Emlékmúzeum

纪念伟大的作曲家和钢琴演奏家李斯特一家的博物馆。因为父母是德国人，所以李斯特在民族学上来说并不属于匈牙利人。但是，他本人总是说“我是匈牙利人”，晚年时也一直待在匈牙利。博物馆内保存着李斯特使用的家具和钢琴，就连写着“周二·周三·周四的 3~4 点回家”的门牌都原封不动地被保存在馆内。

住 VI. Vörösmarty u. 35 TEL （1）322-9804
URL www.lisztmuseum.hu 休 10:00~18:00（周六 9:00~17:00）
开 周日 费 成人 1500 福林 学生 750 福林 音频讲解 700 福林（中文）

5 美术博物馆

Szépművészeti Múzeum

作为西班牙地区以外的最大的西班牙美术收藏品中心而享有盛名。馆内除了戈雅、埃尔·格雷考、穆里罗等西班牙画家的作品外，还藏有拉斐尔、伦勃朗、布吕赫尔、塞尚、高更、雷诺阿、莫奈、夏加尔、劳特累克等巨匠名家的作品，非常值得一看，让人禁不住花上大把时间细细观赏。

住 XIV. Dózsa György út 41 TEL （1）469-7100
URL www.mfab.hu 开 10:00~18:00
开 周一 费 1600 福林 音频讲解 800 福林（中文）

6 布达佩斯艺术厅

Műcsarnok

馆内展出了活跃在国内外的世界著名现代艺术家们的作品，馆内不设置常设展，游客们可以欣赏到各个领域的专题展。

住 XIV. Dózsa György út 37 TEL （1）460-7000
URL www.mucsarnok.hu
开 10:00~18:00（周四 12:00~20:00）
休 周一 费 各个专题展价格不同

塞切尼温泉浴场的特色温泉——国际象棋

穿上泳衣和沙滩凉鞋，带上浴巾，开始温泉之旅

布达佩斯的温泉之旅

景点拾遗 Pick up

匈牙利是享誉世界的温泉大国，其中光是布达佩斯就有100多处泉源和50多个浴场，聚集了许多为了享受温泉而来的世界各地的游客。这里的温泉种类甚是繁多，从让人觉得奥斯曼帝国仿佛就在眼前的土耳其浴，到具备了SPA设施的近代温泉，让人不禁想要体验各式各样的温泉。.

地道的土耳其风情浴场

1 基拉伊浴场

Király Gyógyfürdő

这个浴场修建于奥斯曼帝国统治下的1570年。从昏暗的圆顶射进来的光线着实让人陷入幻想。四个浴池和按摩温泉的温度各不相同，分别在26~40℃。

MAP p.170-B2
搭乘地铁M2线在拉约什广场站Batthyány tér下车后再步行10分钟 住 II. Fo" u. 84 电（1）202-3688
温泉 开 9:00~21:00
休 无 费 客舱票2700福林 含锁票2400福林

异国情调的土耳其风情浴场

2 卢达温泉

Rudas Gyógyfürdő

这个浴场位于布达一侧，靠近伊丽莎白桥桥头，也是建造于1566年的温泉浴场。浴场内有一个圆顶形的天井，中央是一个八角形的浴槽，包围在它四周的是水温各不相同的小型浴池。

MAP p.170-B4
搭乘地铁M2线在塞尔卡尔曼泰尔广场站Széll Kálmán tér下车，换乘18路有轨电车
住 I. Döbrentei tér 9 电（1）356-1322
泳池＋温泉
（周一・周三～周五只限男性 周二只限女性 周六・周日混浴）
开 6:00~20:00（周五・周六6:00~20:00、22:00~次日4:00）
休 无 费 含锁票3900福林（周六・周日4200福林）

药效明显

3 卢卡奇温泉

Lukács Gyógyfürdő

这个温泉位于布达一侧的玛格丽特桥附近。12世纪时这里成了匈牙利国内的第一处温泉疗养地。设施内建有接收发热门诊的病号楼，所以来这里进行温泉疗养的本地人非常多。内部还开设有含盐分的温泉，且能够买到可饮用的温泉水。

MAP p.170-B2
搭乘近郊列车HÉV在玛格丽特桥站Margit híd下车。
住 II. Frankel Leó. u. 25-29 电（1）326-1695
温泉泳池＋温泉
休 6:00~22:00 开 无
费 含锁票3300福林（周末3400福林）
客舱票3700福林（周末3800福林）

布达佩斯的名片

4 盖勒特浴场

Gellért Gyógyfürdő

这是一个位于盖勒特酒店内部的艺术装潢浴场，修建于1918年，属于新艺术运动风格。浴场内的玻璃天井室内泳池和能够产生人造波浪的露天泳池（仅限夏季，两者都需要穿着泳衣）以及挂浴巾式的温泉（分性别，匈牙利式裸浴或泳衣式入浴）都是不可错过的体验。

MAP p.171-C4 搭乘地铁M3线在加尔文广场站（Kálvint tér）下车，换乘47路或48路或49路有轨电车在盖勒特站Szt Gellért下车。 住 XI. Kelenhegyi út 4 TEL（1）466-6166

泳池＋温泉

开 6:00~20:00 休 无

费 含锁票5100福林（周末5300福林） 客舱票5500福林（周末5700福林）

可以旁观国际象棋比赛

5 塞切尼温泉浴场

Széchenyi Gyógyfürdő

这是一个位于市民公园内的大型温泉中心，以罗马帝国时期的公共浴场为原型，修建于1913年。浴场内除了18种不同类型的温泉外，还配备了桑拿和喷射式按摩浴缸等设施。泳池内部安装有国际象棋棋盘是这个浴场的独特之处。

MAP p.173-D1

搭乘地铁M1线在塞切尼温泉浴场站Széchenyi fürdö下车

住 XIV. Állatkerti krt. 9-11

TEL（1）363-3210

温泉 开 6:00~22:00

休 无 费 含锁票4700福林（周末4900福林）

客舱票5200福林（周末5400福林）

匈牙利式

入浴步骤

▶腕带即是入场门票

在入口处支付入浴费之后领取含有IC芯片的腕带。

▶使用IC芯片通过检票处

将腕带靠近自动检票机即可入场，前往更衣室。

▶更衣室的使用方法

锁柜式 将腕带靠近各个柜子的圆形突出部分即可解锁。柜子关闭后会自动上锁。

客舱式 把腕带交给前台工作人员后获取客舱号码。将腕带靠近设置在更衣室处的机器上即可解锁更衣。更衣室门会自动关闭。再次打开更衣室门时需将腕带再次靠近机器。

▶入浴前的礼仪

与国内的澡堂和温泉设施一样，进入前需要用淋浴冲洗身体。

▶返还腕带

离开时使用腕带通过自动检票口，再将腕带归还至前台。

入场须知

必须&便利项目

▶泳衣

也存在没有泳衣要求的温泉设施，但是在进入温泉泳池之前需穿戴好泳衣和泳帽（浴帽也行，可租借）。在温泉酒店做SPA时也需穿着泳衣。

▶沙滩凉鞋

便于在锁柜和浴场之间的移动。

▶浴巾

移动时可以披着大号的浴巾御寒。可租借。

▶塑料袋

便于存放浴巾和洗脸用具。

▶洗脸用具

香波和肥皂等。温泉设施处也有售卖。

▶小费100福林~200福林

各地的温泉场馆都配备了医疗按摩和精油按摩的设施，需要享受此类服务时需在入场时在前台处进行预约。也别忘了带上给小费的零钱。

景点拾遗 Pick up

因美貌而闻名的哈布斯堡家族的王妃——伊丽莎白

茜茜公主故地之旅

茜茜公主伊丽莎白出生于巴伐利亚的一个贵族家庭，16 岁时下嫁哈布斯堡家族。身高 173 厘米，体重 48 千克，腰围 50 厘米，出色的身材比例在当时的欧洲着实令人艳羡，然而维也纳王宫的生活让她觉得备感拘束。为了疗养移居到了匈牙利的茜茜公主深深地爱上了那片土地，她开始穿匈牙利风格的服饰，甚至掌握了匈牙利语。她因为支持匈牙利的独立运动，至今仍受到匈牙利国民的爱戴。

1837年12月24日 出生于巴伐利亚的维特斯尔巴赫家族，是马克西米利安的次女。

1854年4月24日 16岁时和哈布斯堡家族的弗兰茨·约瑟夫一世结婚。

1867年 动乱的匈牙利在哈布斯堡王朝提议建立了奥地利-匈牙利双权，茜茜公主加冕匈牙利王后

1898年9月10日 在疗养地的瑞士日内瓦湖被无政府主义者刺杀。享年61岁

德国　慕尼黑　维也纳　奥地利　匈牙利　布达佩斯　瑞士　日内瓦湖

1 **马加什教堂** 茜茜公主举行加冕仪式的教
2 **国家歌剧院** 设有茜茜公主的专人座位
3 **捷波德咖啡馆** 茜茜公主喜欢的咖啡馆
4 **格德勒宫** 茜茜公主居住的别墅
5 **伊丽莎白桥** 头桥有茜茜公主的雕像

6 **布达皇宫** 保留着茜茜公主使用的浴室和化妆间
7 **奥古斯丁教堂** 茜茜公主和弗兰茨·约瑟夫举办婚礼的教堂
8 **嘉布遣会教堂** 供有茜茜公主和丈夫以及儿子的灵柩

对美的不懈追求

锻炼 每天都会在安装有吊环等运动器械的房间进行锻炼。在室外时，除了数千米的步行锻炼外，还会进行骑马、游泳、钓鱼等活动。

饮食生活 一天中只摄入橙汁和牛奶，有时也会禁食。

美肤 平时除了用草莓和蛋黄敷面膜外，还会用加入了橄榄油和牛奶的水泡澡。

美发 据说长度到脚部的头发足足有 5 千克，每天需要花 3 小时来打理这些头发。每个月会用加入了蛋黄的科尼亚克白兰地进行一次头发护理。

茜茜公主的婚约秘闻

23 岁青年皇帝弗兰茨·约瑟夫一世的结婚候选人起初并不是茜茜公主，而是茜茜公主的姐姐海伦妮。但是，弗兰茨对相亲派对上的茜茜公主一见钟情，两人力排众议立下了婚约。

讨厌皇宫生活后奔向了自由的生活

16 岁嫁给了哈布斯堡家族成员，4 年里生了 1 男 2 女。但是，因无法适应皇宫的生活习惯，且和婆婆索菲公主（血缘上相当于母亲一方的姨妈）之间发生了争执，便离开了皇宫，去往了马德拉岛、希腊科孚岛等欧洲各地旅行。

举行加冕仪式的教堂

1 马加什教堂

Mátyás templom

▶ p.183

1867 年，匈牙利地区建立了奥地利－匈牙利双政权，弗兰茨·约瑟夫一世在这个教堂中举行了成为国王的加冕仪式。仪式上，茜茜公主穿上匈牙利风格的民族服饰的样子吸引了许多到场的民众。

设有茜茜公主的专人座位

2 国家歌剧院（布达佩斯）

Magyar Állami Operaház

▶ p.184

茜茜公主每次私下到访此处时总是喜欢坐在面向舞台中央的左上方包厢席中。坐在这个位置上观赏歌剧时很难看到舞台，但是据说茜茜公主是为了让所有座位上的观众都看清自己的美貌。

1858年创业的百年咖啡馆

捷波德咖啡馆（布达佩斯）

erbeaud

▶ p.196

为了维持身材而非常注意饮食的茜茜公主实际上是个非常喜欢吃甜食的人。据说她待在布达佩斯期间，曾多次到过这家咖啡馆，点过店的热巧克力咖啡和少量的巧克力。

弗兰茨·约瑟夫一世赠与的别墅

格德勒宫（布达佩斯）

ödöllői Királyi Kastély

▶ p.181

在茜茜公主喜欢居住的格德勒宫里，除了有她喜欢的绛紫色房间外，还有其不愿意和他人接触时会把自己藏起来的秘密房间和逃跑小路。在里，我们能联想到无法适应宫廷生活的茜茜公主在处度过的片刻安闲时光。

被冠以茜茜公主名字的桥梁

伊丽莎白桥（布达佩斯）

zsébet híd

Map p.170-B4

这是一座茜茜公主死后建于1903年的桥梁。桥梁曾经的装饰风格非常典雅，十分契合王妃名字的寓意，但后来在第二次界大战中遭到了破坏，重建之后的就是现在能看到风格朴素的白色桥梁。在布达一侧的桥头处设有茜公主的雕像。

晚年的茜茜公主

也许是因为过度的减肥生活的缘故，晚年的茜茜公主时因营养失调和足部肿胀等问题而感到烦恼。

儿子的死 1898年，儿子鲁道夫及其女朋友玛利亚·韦拉两人离奇死亡。据说茜茜公主因为责怪自己没有尽到作母亲的责任，自那之后便一直穿着丧服。

茜茜公主曾经居住的哈布斯堡家族的城堡

6 王宫（维也纳）

Hofburg

▶ p.467

在作为哈布斯堡家族600多年来的根据地的这座维也纳皇宫中，至今仍保留着以茜茜公主的丈夫弗兰茨·约瑟夫一世的办公室为首的，包括茜茜公主护理头发的化妆室和她当时使用过的浴室在内的区域。此外，在茜茜公主博物馆中，还展出了她婚礼前夜穿着的婚纱的复制品以及搭乘列车出行时会乘坐的车辆等藏品。

举办婚礼的教堂

7 奥古斯丁教堂（维也纳）

Augustinerkirche

附属于宫廷的这座教堂修建于14世纪。哈布斯堡家族的许多成员的结婚仪式都是在这里举行的，其中包括茜茜公主和弗兰茨·约瑟夫一世的婚礼以及玛丽·安托瓦内特和路易十六世的婚礼。教堂的地下室安放着哈布斯堡家族成员的心脏。

MAP p.466-B3 住 Josefplatz URL www.augustinerkirche.at
开 8:00~18:00（心脏安置所的参观只能在周日的弥撒仪式之后进行，且仅限于12:30之后，需要预约） 费 成人€ 2.50

哈布斯堡王朝的皇家墓穴

8 嘉布遣会教堂（维也纳）

Kapuzinerkirche

1633年以来，这里安置了包括哈布斯堡王朝的12位皇帝在内的约150人的灵柩。遗体的安置遵循了哈布斯堡家族自古以来的习俗：内脏放在圣斯蒂芬大教堂，心脏放在奥古斯丁教堂，遗体放在嘉布遣会教堂的地下室。茜茜公主和丈夫弗兰茨·约瑟夫一世以及儿子鲁道夫三人的灵柩被并列放置在了一起。

MAP p.466-B3 住 Tegetthoffstr.2
URL www.kaisergruft.at 开 10:00~18:00（周四 9:00~18:00）
费 成人€ 7.50 学生€ 6.50

多瑙河湾

Dunakanyar/ Danube Bend（英语）

多瑙河湾是多瑙河的一个大型转弯河段。虽然河流的实际拐弯区域是在维谢格拉德，但是由于匈牙利天主教的总部埃斯泰尔戈姆和艺术之都圣安德烈的存在，使得多瑙河湾周围的城市也非常值得一看。

起点的城市　搭乘巴士从布达佩斯出发，最快只需 1 小时 15 分钟

维谢格拉德

Map 文前 p.5-C1

Visegrád

从要塞处可以眺望到蜿蜒流淌的多瑙河

这里是能看见多瑙河近乎笔直流淌的一处风景胜地。14~15 世纪时，这里是皇宫的所在地，其繁华兴盛之程度堪比“地上乐园”，但在 16 世纪时遭到了奥斯曼帝国的破坏，一切的繁荣景象都被沙土掩埋且一直持续到 20 世纪。

要塞

Map p.191 左

Fellegvár　　维谢格拉德

此要塞是维谢格拉德的象征，站在这里能将多瑙河转弯处的风景一览无余。它的扩建始于 4 世纪，且于 13 世纪完工。要塞的内部是一座博物馆，展出了能够再现过去的人们生活的人偶以及农具等藏品。

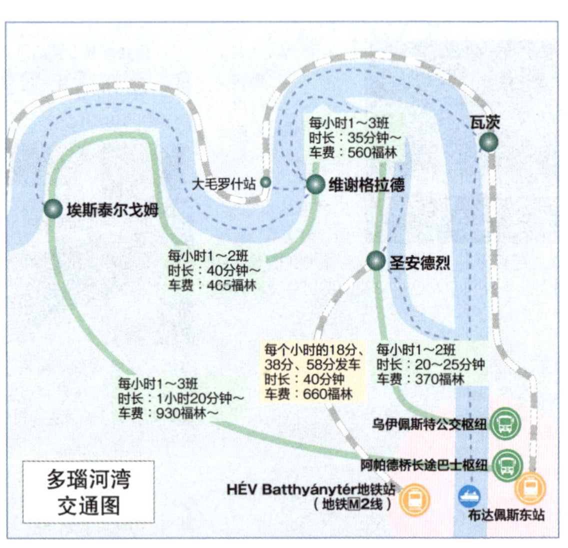

多瑙河湾
交通图

▶▶ **Access Guide**

包括布达佩斯在内的多瑙河湾区域的出行信息请参照下表。

要塞

TEL（26）398-101

开 3 月 · 4 月 · 10/1~25
9:00~17:00
5~9 月　9:00~18:00
10/26~11/30 9:00~16:00
12 月～次年 2 月
10:00~16:00

休 12/1~24　1/11~2/28 的周一～周四

费 成人 1700 福林
学生 850 福林

从要塞到佩斯地段的多瑙河眺望景观

多瑙河湾航线 时刻表

5~8 月每天都有航班运行（除周一外），4 月 · 9 月的部分时间段内只有周六有航班运行。

详情请登录 URL www.mahartpassnave.hu

布达佩斯（维加多广场栈桥）	9:00 发	10:00 发
布达佩斯（Batthyányté 栈桥）	9:10 发	10:10 发
圣安德烈	10:30 发	
瓦茨		10:40 发
维谢格拉德	12:20 发	11:00 发
埃斯泰尔戈姆	14:20 发	11:30 发
	16:00 发	16:00 发
维谢格拉德	17:40 发	16:30 发
瓦茨		16:50 发
圣安德烈	19:00 发	
布达佩斯（Batthyányté 栈桥）	19:50 发	17:52 发
布达佩斯（维加多广场栈桥）	20:00 发	17:30 发

从布达佩斯出发的车费

▶ 圣安德烈
费 单程 2310 福林
往返 3470 福林

▶ 维谢格拉德
费 单程 2890 福林
往返 4330 福林

▶ 埃斯泰尔戈姆
费 单程 3470 福林
往返 5200 福林

皇宫（皇宫博物馆）

Map p.191 左

Királyi palota　　维谢格拉德

皇宫由引领匈牙利王国走向全盛时期的国王查理一世建于 14 世纪。马加什一世 p.507 执政时这里曾经是兴盛的文艺复兴文化的中心。但是，哈布斯堡王朝在其统治时期因害怕这里发展成独立运动的据点，便于 18 世纪时将此处彻底毁坏了。随后在 1934 年，这里被附近的农夫偶然发现，且对它的发掘工作至今仍在持续。建筑物内部变成了一座博物馆，再现了当时的房间和喷泉。

起点的城市　搭乘巴士从布达佩斯出发，最快只需 1 小时 15 分钟

埃斯泰尔戈姆

Map 文前 p.5-C1

Esztergom

建在多瑙河畔的教堂

公元 1000 年，匈牙利的第一代国王圣伊什特万一世 p.499 在这片值得纪念的土地上举行了加冕仪式。匈牙利自建国以来，布达皇宫和圣伊什特万圣殿都选址于此地，且在贝拉四世于 13 世纪将皇宫迁移至布达之前，这里曾一直是匈牙利的政治中心。这里虽然在 16 世纪时被奥斯曼帝国占领过，但至今为止都作为匈牙利天主教的总部而呈现出繁荣的景象。

埃斯泰尔戈姆圣殿

Map p.191 右

Esztergomi Bazilika　　埃斯泰尔戈姆

埃斯泰尔戈姆圣殿是匈牙利天主教的总部，整体气势宏伟，呈现新古典风格，高 100 米，穹顶直径 53.5 米。埃斯泰尔戈姆圣殿曾遭到奥斯

皇宫（皇宫博物馆）
住 Fő u. 23　TEL（26）597-010
开 9:00~17:00　休 周一
费 成人 1100 福林
学生 550 福林

▶▶ Access Guide
包括布达佩斯在内的多瑙河湾区域的出行信息请参照 p.190

埃斯泰尔戈姆圣殿
住 Szent István tér 1
TEL（33）402-354
URL www.bazilika-esztergom.hu
开 3 月下旬 ~4 月下旬 · 9 月上旬 ~10 月下旬　8:00~18:00
4 月下旬 ~8 月 8:00~19:00
10 月下旬 ~ 次年 2 月下旬 8:00~16:00
2 月下旬 ~3 月下旬 8:00~17:00
弥撒仪式期间不可入内参观
休 无　费 免费

▶ 宝物殿
开 4 月下旬 ~9 月上旬 9:00~18:00
9 月上旬 ~10 月下旬 · 1 月中旬 ~4 月下旬 9:00~17:00
10 月下旬 ~1 月中旬 9:00~16:00
休 无　费 成人 900 福林　学生 400 福林

▶ 穹顶观景台
开 4 月下旬 ~8 月　9:00~19:00
3 月下旬 ~4 月下旬、9 月 ~10 月下旬 9:00~18:00
10 月下旬 ~1 月中旬 9:00~16:00
2 月下旬 ~3 月上旬 11:00~14:00
休 1 月中旬 ~2 月下旬
费 成人 700 福林、学生 500 福林

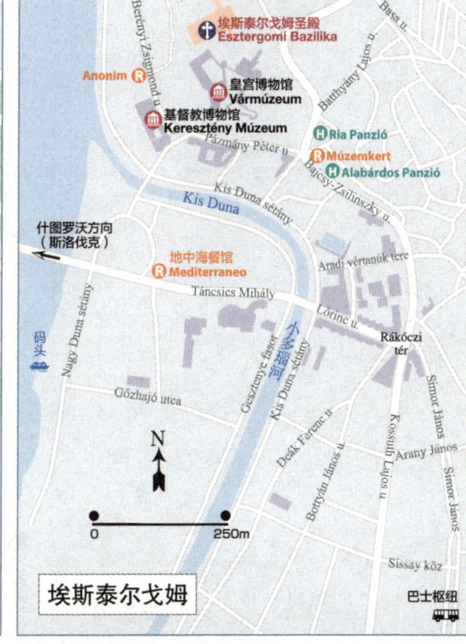

info　“维谢格拉德”在斯拉夫语中是指高高的城市（城镇）的意思，在波斯尼亚和黑塞哥维那也有一样的地名。捷克语中将“grad”写作“hrad”，坐落于布拉格的“Vyšehrad”和维谢格拉德是一个意思。

▶▶ **Access Guide**

包括布达佩斯在内的多瑙河湾区域的出行信息请参照 p.190

圣安德烈的旅游咨询处 ⓘ

住 Dumtsa Jenő u. 22

电 (26) 317-965

URL www.iranyszentendre.hu

开 10:00~18:00(周五～周日～20:00) 休 无

美术馆的通用门票

URL www.muzeumicentrum.hu

费 成人 1400 福林
学生 700 福林

肃穆庄严的圣殿内部

曼帝国毁坏，现存的是于 1822~1869 年重建之后的建筑物。位于祭坛上方的绘画作品《圣母升天》出自意大利画家乌戈·格雷戈雷蒂之手，整幅作品被画在同一张画布上，是世界上同类作品中最大的一幅画作。

在其内部的宝物殿 Kincstár 中，展出的藏品包括 9 世纪以来的金银工艺品，历代司教的斗篷和圣髑（经防腐保存的圣人的手臂及其牙齿等）。

有机会请一定去到穹顶观景台 Dóm kilátó 看看。上面等待着你的是壮丽的城市全景。

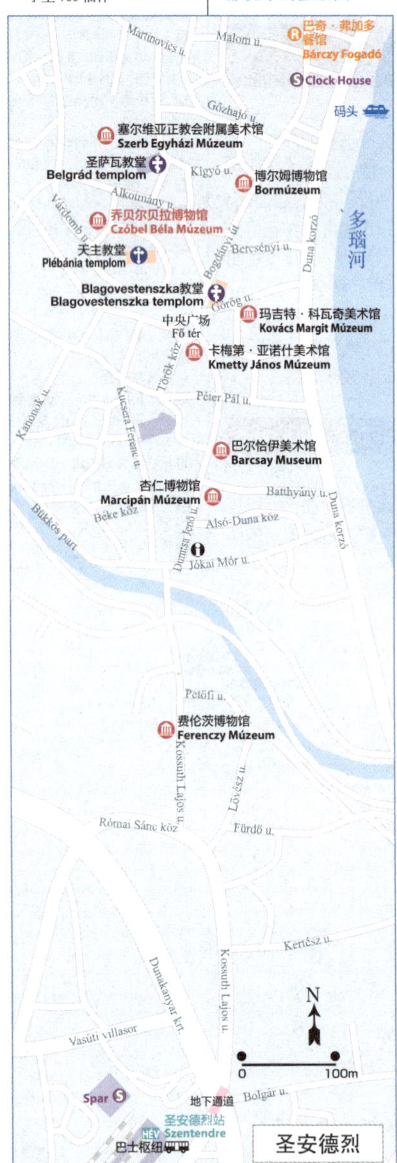

起点的城市　搭乘巴士从布达佩斯出发，最快只需 25 分钟

圣安德烈

Szentendre

Map 文前 p.5-C1

这座小镇位于布达佩斯向北约 19 公里的地方。可爱的街景和错综复杂的小路仿佛是童话中蹦出来的世界，深受游客的喜爱。旧街市上总是熙熙攘攘，其中包含了 7 个教会和 15 个以上的美术馆以及艺术长廊。

●通向市中心

从 HÉV 站台和巴士枢纽出发，步行大约 15 分钟便可到达中央广场 Fö tér。不管选择哪条线路，都需要穿过地下道，紧接着沿着科苏特大道 Kossuth Lajos u. 直行就能到达中央广场。

●中央广场周围

咖啡馆、特产店和画廊等紧密地排列在广场一带。广场正对面的黄色教堂是 Blagovestenska 教堂。教堂里的圣像 ▶p.498 非常值得一看。

从中央广场沿着山丘往上走，就能看到这个小镇上最古老的天主教堂。18 世纪后的教堂的样子就是如今所看到的那样，其内部还保留着文艺复兴时期的装饰。人站在广场上能看到圣安德烈小镇的红屋顶相互重叠的有趣景象。

●美术馆和艺术长廊之旅　圣安德烈的小镇上有 15 处以上的艺术馆和艺术长廊。想要参见它们必须要持有通用的入场门票。请在玛吉特·科瓦奇美术馆处购买门票后再开启你的美术之旅吧。

小镇中心建有塞尔维亚正教会

游客聚集的中央广场

布达佩斯的酒店
Hotel

格雷沙姆宫四季酒店
Four Seasons Hotel Gresham Palace Budapest

◆塞切尼链桥桥头的奢华酒店，是匈牙利的象征。新运动艺术风格的这座建筑物非常吸人眼球。酒店内的设施也很齐全，配备有室内泳池和SPA 等。

佩斯 Map p.172-A3
住 V. Széchenyi István tér 5-6
TEL (1)268-6000
FAX (1)268-5000
URL www.fourseasons.com
S W € 340
CC A D J M V
另外付费
WiFi 免费

希尔顿酒店
Hilton Budapest

◆位于马加什教堂和渔夫堡附近。从靠近多瑙河一侧的客房里能欣赏到美丽的风景。酒店内保留了 13 世纪道明会修道院的遗址。

布达 Map p.170-B3
住 I. Hess András tér 1-3
TEL (1)889-6600
FAX (1)889-6644
URL www3.hilton.com
S € 169~
CC A D J M V
另外付费
WiFi 免费

纽约宫酒店
New York Palace

◆在修建于 1894 年的建筑物之上改造之后的奢华酒店。客房围绕着金碧辉煌的大厅而建，酒店内还附设了充满历史感的咖啡馆。

佩斯 Map p.173-C4
住 VII. Erzébet krt. 9-11
TEL (1)886-6111
FAX (1)886-6192
URL www.dahotels.com
S W € 128~
CC A D J M V
另外付费
WiFi 免费

兰驰宜德 19 设计酒店
Lánchid19

◆出自匈牙利设计师之手的设计酒店。客房内摆放着摩登的绘画作品和椅子，非常时髦。客人可以在客房中欣赏到多瑙河和塞切尼链桥的风景。

佩斯 Map p.170-B3
住 I. Lánchíd u. 19
TEL (1)457-1200
FAX (1)419-1919
URL www.lanchid19hotel.hu
S W € 115~
CC A D J M V
另外付费
WiFi 免费

贝斯里卡中心酒店
Hotel Central Basilica

◆位于圣伊什特万圣殿的附近。是改造了 19 世纪的建筑物之后建成的酒店，整体呈现出古典建筑的气息。除了普通的客房外，还有 3 套公寓式的房间。

佩斯 Map p.172-A3
住 V. Hercegprímás u. 8
TEL (1)328-5010
FAX (1)328-5019
URL www.hotelcentral-basilica.hu
S € 79~
W € 89~
CC M V 含
WiFi 免费

全景中心酒店
Budapest Panorama Central

◆这家酒店位于犹太教堂附近的杂居大厦的3楼。入口不太好找。宽敞的客房令人感到心情舒畅。早餐会有服务员直接送到客房来。

佩斯 Map p.172-B4

住 V. Károly krt. 10
TEL (1)328-0870
FAX (1)700-4606
URL www.budapestpanorama.net
S € 50~ W € 60~
CC M V
另外付费
WiFi 免费

圣乔治豪华全套房酒店
St. George Residence

◆建于布达佩斯城堡山上的巴洛克古典风格酒店。所有的房间都配有厨房，空间设计上非常宽敞。有的房间配备了喷射式按摩浴缸，陪你度过一段优雅的时光。

布达 Map p.170-B3

住 I. Fortuna u. 4
TEL (1)393-5700
FAX (1)393-5705
URL www.stgeorgehotel.hu
S € 139~ W € 149~
CC A M V
含
WiFi 免费

鲁姆巴赫酒店
ROOMbach Hotel

◆距离戴阿克广场步行5分钟的地方，地理位置非常优越。2014年开始营业，因此设施都比较新，客房风格为多彩和流行的设计。酒店周边有很多餐馆和酒吧。

佩斯 Map p.172-B4

住 VII. Sebestyén u. 14
TEL (1)413-0253
FAX (1)413-0254
URL roombach.accenthotels.com
S € 73~
W € 79~
CC A M V 另外付费
WiFi 免费

奥克特宫便捷酒店
EeasyHotel Budapest Oktogon

◆搭乘地铁M1线在奥克特宫Oktogon站下车后步行5分钟后即可到达酒店，是英国廉价航空公司经营的一家酒店。虽然客房很小，设备也很简单，但是优惠的价格非常吸引人。电视机和吹风机需要另外收费。

佩斯 Map p.172-B2

住 VI. Eötvös u. 25/a
TEL & FAX (1)321-6993
URL www.easyhotel.com
S W € 33~
CC A M V
无
WiFi 免费

SAS 旅馆
Hostel SAS One

◆这家小型的酒店位于戴阿克广场对面建筑物的2楼。出行非常方便。客房虽然非常朴素，但是有的位置的房间也能将戴阿克广场一览无余。

佩斯 Map p.172-A4

住 V.Sas u.1
TEL (1)235-0281
URL www.sasone.hu
S € 50~69
W € 60~79
CC J M V
另外付费
WiFi 免费

安达特旅馆
Andante Hostel & Apartment

◆搭乘地铁 MI 线在奥克特宫站下车后步行 8 分钟后即到。内部配备了洗衣机和锁式储物柜。服务员 24 小时常驻在酒店，因此让人非常安心。酒店内也设有分男女的宿舍。

佩斯 Map p.172-B3
住 VII. Kertész u. 35
TEL & FAX (1) 785-6191
URL wp.andantehostel.com
寝 € 12~
S € 25~
W € 35~
CC 不可 早餐 无
WiFi 免费

马可 · 波罗青年旅舍
Hostel Marco Polo

◆这家大型青年旅舍位于地铁 M2 线布莱哈卢贾扎广场站下车后步行约 5 分钟的地方。室内环境干净舒适。前台 24 小时上班，还提供租赁自行车。

佩斯 Map p.172-B4
住 VII. Nyár u. 6
TEL (1) 413-2555 FAX (1) 413-6058
URL www.marcopolohostel.com
寝 € 5~
S € 19~
W € 22.80~
CC A M V 早餐 无
WiFi 免费

布达佩斯一号旅馆
Hostel One Budapest

◆这是一家坐落于布达佩斯中心的旅馆。房间很宽敞很干净，但是所有的淋浴室和厕所都是公用的。前台 24 小时常驻。

佩斯 Map p.172-B4
住 VII. Sebestyén u. 6
TEL (1) 799-8325
寝 € 13~16
CC A M V
早餐 无
WiFi 免费

诺瓦公寓酒店
Nova Apartments

佩斯 Map p.172-B4

住 VII. Akácfa u. 26 手机 0670-394-2651 URL www.novabudapest.com
S W € 35~80 CC A D J M V 早餐 无 WiFi 免费

希森斯中央套房公寓
7seasons Apartment Budapest

佩斯 Map p.172-A4

住 VI. Király u. 8 手机 0620-274-7777 URL www.7seasonsapartments.com
S W € 56~ CC J M V 早餐 无 WiFi 免费

布达佩斯的餐馆
Restaurant

巴格利瓦酒店
Bagolyvár

◆这是一家特兰西瓦尼亚风格的百年老店，菜单的种类丰富，以传统美食为主。前菜 2500 福林~、汤品 1300 福林。主菜 3500~5900 福林。

佩斯 Map p.173-C1
住 XIV. Gundel Károly út 4
TEL (1) 889-8127
URL www.bagolyvar.com
开 12:00~24:00
休 无
CC A M V
匈牙利美食 传统美食

卡帕尔帕提亚餐馆
Kárpátia

◆创立于1877年的百年老店，在这里能品尝到传统的匈牙利和特兰西瓦尼亚美食。每天18:00以后，能欣赏到罗马音乐的现场演奏。希望顾客们来店前先预约。

佩斯 Map p.171-C3

住 V. Ferenciek tere 7-8
TEL (1)317-3596
URL www.karpatia.hu
开 11:00~23:00（周日 17:00~）
休 无
CC A M V
匈牙利美食 传统美食

门扎餐馆
Menza

◆以社会主义时代食堂为理念打造的时尚餐馆，位于李斯特广场。食物在匈牙利美食之上还添加了国际风味。主菜2390福林~。

佩斯 Map p.172-B3

住 VI.Liszt Ferenc tér 2
TEL (1)413-1482
URL www.menzaeterem.hu
开 10:00~24:00
休 无
CC A M V
匈牙利美食 种类丰富

捷波德咖啡馆
Gerbeaud

◆这家历史悠久的咖啡馆创立于1858年。在路易十四世时代的洛可可风格的店内，高高的屋顶上挂着豪华的枝形吊灯，桌子是大理石材质，空气弥漫着优雅的气氛。

佩斯 Map p.172-A4

住 V.Vörösmarty tér 7-8
TEL (1)429-9000
URL www.gerbeaud.hu
开 9:00~21:00
休 无
CC M V
咖啡 甜点

鲁兹姆蛋糕店
Ruszwurm

◆这是一家创业于1827年的小蛋糕店，位于布达佩斯城堡山上。顾客们在气氛协调的店内可以品尝到传统味道的蛋糕。招牌鲁兹姆奶油蛋糕尤其值得推荐，每一份450福林。

布达 Map p.182

住 I.Szentháromság u. 7
TEL (1)375-5284
URL www.ruszwurm.hu
开 10:00~19:00
休 无
CC M V
咖啡 甜点

纽约咖啡馆
New York Café

◆这家咖啡馆自开业以来，作为作家和艺术家们聚集的社交场合而成了19世纪末文化传承地点。咖啡馆内是豪华绚丽的装修风格，同时也保留了过去的元素。

佩斯 Map p.173-C4

住 VII. Erzsébet krt. 9-11
TEL (1)886-6167
URL www.newyorkcafe.hu
开 8:00~24:00
休 无
CC A M V
咖啡 甜点

废墟酒馆
Szimpla Kert

◆这种由原本要拆迁的大厦改装后的“废墟酒吧”在布达佩斯市内还有几家，但这一家是最受欢迎的。酒馆内有一个很宽敞的中庭。杯装啤酒 370 福林起。

佩斯 Map p.172-B4

住 VII. Kazinczy u. 14
URL szimpla.hu
开 12:00~ 次日 4:00（周五 10:00~、周日 9:00~ 次日 5:00）
休 无
CC 不可
只限饮料 废墟酒吧

巴奇 · 弗加多餐馆
Bárczy Fogadó

◆这家餐馆所在的建筑物建于 1734 年，餐馆内的氛围非常好。菜品以匈牙利美食为主。夏季时还能欣赏到罗马音乐现场演奏和舞蹈等表演。

圣安德烈 Map p.192

住 Bogdányi u. 30
TEL（26）310-825
URL www.voyage-group.com
开 12:00~22:00
休 无
CC Ⓜ Ⓥ
匈牙利美食

古里亚斯 · 萨尔达餐馆
Gulyás Csárda

◆在这家餐馆能品尝到传统的匈牙利美食。主菜的价格很实惠，普遍在 1500~3800 福林。正如餐馆的名称所示的那样，Gulyás 是店里的招牌菜。田园风格的店内装修充满了野趣。

维谢格拉德 Map p.191 左

住 Nagy Lajos u.4
TEL（26）398-329
开 12:00~21:30
休 无
CC Ⓜ Ⓥ
匈牙利美食

地中海餐馆
Mediterraneo

◆这是一家附属地中海酒店的餐馆。餐馆自制的匈牙利汤 750 福林，此外还提供将匈牙利美食按照意大利风格制作的创意美食。夏季还会开放露台座位。

埃斯泰尔戈姆 Map p.191 右

住 Helischer út 2
TEL（33）311-411
开 12:00~22:00
休 无
CC Ⓜ Ⓥ
匈牙利美食

穆斯卡特利餐馆
Muskátli

◆这是一家开在可爱风格的传统民居中的餐馆。菜品是匈牙利的传统美食，主菜 2300 福林 ~，此外，前菜和汤品的种类也很丰富，味道也非常好。

霍尔洛克 Map p.199

住 Kossuth u.61
TEL（32）379-262
URL www.muskatlivendeglo.hu
开 11:00~18:00（周日 ~17:00）
休 周一 · 周二
CC Ⓐ Ⓜ Ⓥ
匈牙利美食 Palóc 美食

布达佩斯的商店

Shop

海伦德

Herend

佩斯 Map p.172-A4

◆1826 年诞生于巴顿湖北部的海伦德城镇的高级陶瓷店。从代表性陶品到最新作品，店内的陶瓷种类非常丰富。店员的服务也很周到，而且还会说英语。

住 V.József Nádor tér 11
TEL (1)317-2622
URL herend.com
开 10:00~18:00（周六 ~14:00）
休 周日
CC Ⓐ Ⓓ Ⓙ Ⓜ Ⓥ
瓷器

纳伊瓷器

Zsolnay

佩斯 Map p.172-B4

◆和海伦德组成匈牙利 2 大陶瓷品牌。闪耀着不可思议的吉丁虫色的釉药光泽是这种陶瓷的最大特征。工厂和总公司设在佩奇，布达佩斯设有包括系列店铺在内的 9 家店面。

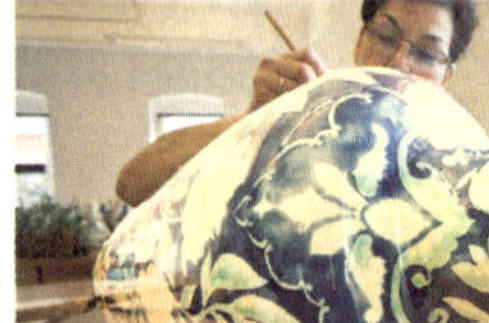

住 V. József nádor tér 12
TEL (1)400-7118
URL www.zsolnay.hu
开 9:00~19:00
休 无
CC Ⓐ Ⓙ Ⓜ Ⓥ
陶瓷

原始画廊

Originart Galéria

佩斯 Map p.172-A3

◆这家杂货店里摆放有手表、餐具、明信片等匈牙利艺术家的作品。都是些能给人温暖的作品。店里也有与匈牙利动漫人物相关的周边产品。

住 V. Arany János u. 18
TEL (1)302-2162
URL www.originart.hu
开 10:00~18:00
休 周六 · 周日
CC Ⓓ Ⓜ Ⓥ
杂货 手工艺品

info 在 2016 年上映的电影《神奇动物在哪里》的场景中，能找到海伦德瓷器中拥有超高人气的 Apponyi 品牌的

至今仍保留着朴素的牧歌风景

霍洛克

Hollókő

霍洛克村落位于布达佩斯东北方向 90 公里的地方。住在这个村落的种族身上有着悠久的历史底蕴。中世纪时他们为了躲避蒙古族而迁徙到了里海附近，相当于土耳其系库曼人的后裔。随后，他们又被称作是帕罗茨人，继承了以民族服饰为首的，包括民族音乐、刺绣、木雕等在内的独特的生活文化形式和传统艺能。

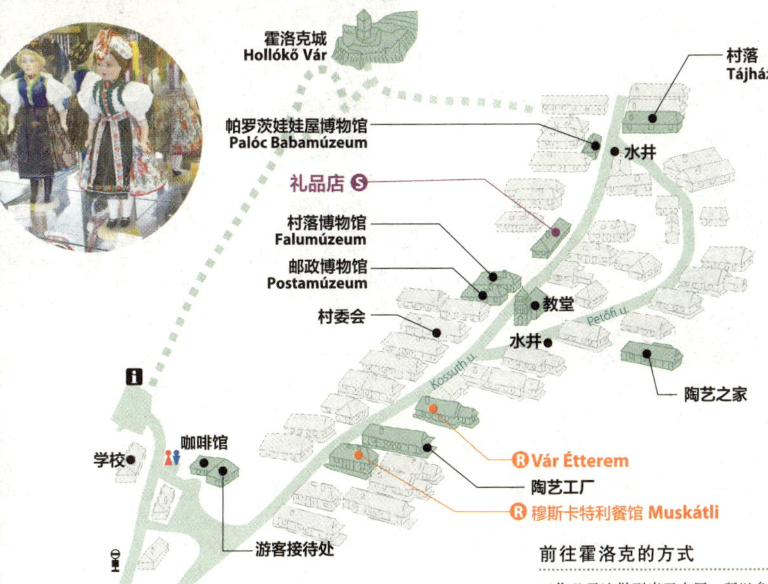

霍洛克城上可以将村落一览无余

从巴士站台沿着科苏特大道 ›ssuth u. 前进就能看到帕罗茨风格墙壁为白色的教堂。道路从此处分为二，在木质水井的汇流处的侧小山丘上，矗立着建于 13 世纪霍尔洛克城。站在海拔为 365 米山顶上能欣赏到雄伟壮丽的田园光。

所谓帕罗茨风格

帕罗茨风格建筑的特征是往由泥土和稻草混合浇筑而成的墙壁上涂上白色的石灰。由于是木质建筑，所以在历史的长河中曾几度遭遇火灾。虽然历史已经随时间灰飞烟灭，但这里的居民们为了守护帕罗茨风格的建筑物，曾多次将房屋重建。现存的帕罗茨式房屋有 126 栋。房子虽然随着时代的更替而不断翻修，但传统的帕罗茨式建筑物还是得以保留到了现在。

前往霍洛克的方式

工作日无法做到当天来回，所以参加从布达佩斯出发的旅游团 p.177 比较方便。

巴士 布达佩斯 Stadion 长途巴士枢纽的发车时间分别为：周一～周五 15:15、周六 · 周日 8:30。从霍洛克的返程时间为 16:00。换乘车辆始发于 jpest-városkapu 巴士枢纽。

时长：2 小时～

车费：1860 福林～

霍洛克的旅游咨询处

TEL （32）579-010

URL www.holloko.hu

开 8:00~16:30　休 周六 · 周日

村落博物馆

开 4~10 月 10:00~18:00
11 月～次年 3 月 11:00~16:00

休 无　费 成人 250 福林　学生 100 福林

邮政博物馆

开 10:00~18:00

休 周一、11 月～次年 3 月

费 成人 500 福林 学生 250 福林 拍照 400 福林

霍洛克城

开 10:00~18:00（10 月～次年 3 月 ~17:00、11 月～次年 2 月 ~15:30）

休 无

费 成人 900 福林、学生 600 福林

景点拾遗 Pick up

圣玛尔定山上匈牙利历史最悠久的教堂

潘诺恩哈尔姆千年修道院

Pannonhalmi Főapátság

世界遗产

位于圣玛尔定山上的潘诺恩哈尔姆千年修道院创建于996年，是一座本笃会修道院。修道院在国王圣伊什特万的庇护下，请来了捷克波西米亚的修道士，对基督教传教的活动起到了一定的推动作用。

连接教堂和回廊的浮雕门

古文书馆中保留着著于13世纪的《圣经》

时钟塔　这座高为55米的时钟塔是修道院的象征。该塔由参与了埃斯泰尔戈姆圣殿建设工程的Packh János建筑师所建。

大圣玛尔定教堂　这是一座建于13世纪初期哥特式风格的教堂，于2012年完成改装工程。

浮雕门　是连接大圣玛尔定教堂和回廊的一扇大门。层层重叠的重柱和富有艺术感的豪华装饰是它的特点之所在。

古文书馆　馆内藏有30万册以上的藏书，展品了有写于11世纪的匈牙利语最古老的古文书籍之外还包括拉丁语文献和制造于18~19世纪的地球仪。

修道院博物馆　这座博物馆位于潘诺恩哈尔姆镇上，该馆由常设展、专题展和葡萄酒酒窖3部分成。在常设展中，游客可以一边看展，一边听触屏终端中传来的有关修道院历史的讲解。在摆放着大桶的葡萄酒酒窖中，游客们可以看到有关葡萄酒造和修道院之间的关联以及木桶和红酒的制作方法内容。

前往潘诺恩哈尔姆千年修道院的方式

若想前往潘诺恩哈尔姆千年修道院，需要从匈牙利的西部中心城市杰尔市Győr出发。

从布达佩斯到杰尔

🚆 从布达佩斯东站出发，5:00~21:00期间每小时发车1~2班

时长：1小时20分钟～

车费：2等座2520福林～、1等座3355福林～

从杰尔到潘诺恩哈尔姆千年修道院

🚌 在靠近杰尔站南侧的公交枢纽处乘车，每小时发车1~2班

时长：33分钟～　**车费**：465福林

潘诺恩哈尔姆千年修道院

住 Vár 1　TEL（96）570-191　URL bences.hu

开 11/12~3/20 10:00~15:00

3/22~4/30 · 10/1~11/11 9:00~16:00

5月 · 9月 9:00~17:00、6~8月 9:00~18:00

休 12/24 · 25 · 31、1/16~4/30和10/1~11/11的周一

费 仅包括修道院费用（含音频讲解在内）

成人2400福林　学生1200福林

费 修道院＋博物馆　成人3300福林　学生1650福林

修道院博物馆

住 Mátyás király u.1-3　TEL（96）570-220

URL apatsagimuzeum.hu

开休 与潘诺恩哈尔姆千年修道院一致

费 成人1600福林　学生1300福林

布达佩斯
★佩奇

佩奇 *Pécs*

位于中央的由纳伊瓷器制作的喷泉

佩奇位于匈牙利的西南部，在罗马时代时被称作为“索皮亚纳”，是基督教的中心城市之一。位于市内的早期基督教陵墓被列入了世界文化遗产。14世纪时，佩奇市内建造了国内的第一所大学，且逐渐发展成了匈牙利学问文化和商业的中心地。此外，佩奇还是匈牙利代表性瓷器品牌纳伊瓷器的发祥地。

佩奇 漫步

佩奇市的街道相对比较宽敞。坐落于市中心的是塞切尼广场 Széchenyi tér。由此广场向南延伸的 Irgalmasok út 大街和 Bajcsy-Zsilinszky u. 大街是这座城市的主要街道，街道边汇集了许多商铺和餐馆。在位于塞切尼广场北面的 Káptalan u. 街道上坐落着许许多多的博物馆和美术馆。

佩奇 主要景点

早期基督教陵墓 Map p.202-A1

Ókeresztény Mauzóleum　老城区广场周边

包括早期的基督教礼拜堂在内，人们在佩奇的旧街市里一共发现了18处陵墓遗址。在位于圣殿南侧的早期基督教礼拜堂的地下，隐藏着一处建于4世纪左右的地下墓穴（地下埋葬室）。透过玻璃，人们可以看到有关《旧约·圣书全书》中亚当、夏娃和蛇，以及预言家但以理和狮子等内容的壁画和石棺上的浮雕。

被发现的遗址中，有8处位于 Cella Septichora 游客中心 Cella Septichora Látogatóközpont 内部，游客们可以穿过地下通道后进行参观。此外，位于圣殿北侧的中世大学遗迹 Középkori Egyetem 的团体旅游活动也能在游客中心进行申请，中心处还发售有游客中心和礼拜堂的通用入场券。

残留有壁画的地下埋葬室

MAP 文前 p.5-C1
人口 14 万 5437 人
长途区号 72
旅游局
URL www.iranypecs.hu

▶▶Access Guide

从布达佩斯出发

铁路时刻表 ▶p.163
从布达佩斯的人民公园长途巴士枢纽处搭乘巴士，每隔 1~2 小时发 1 班车。
时长：3 小时 20 分钟～
车费：3690 福林～

旅游咨询处（佩奇）
MAP p.202-B1
住 Széchenyi tér 1
TEL （72）511-486
URL www.iranypecs.hu
开 周一～周六 8:00~20:00、周日 10:00~18:00
休 无

世界遗产
佩奇的早期基督教陵墓
Pécsi（Sopianae）ókeresztény temetője
2000 年列入世界遗产

佩奇游客用卡 Visit Pécs! Card
持有该卡的游客能够免费参观 20 多个旅游景点，同时在与该卡发行的公司有合作的餐馆和商铺进行消费时还可以享受折扣。该卡可在旅游咨询处进行购买。使用的期限为开始使用的当天到次日 20:00。
费 2000 福林

早期基督教陵墓
住 Szt. István tér
TEL （72）224-755
URL www.pecsorokseg.hu
开 4~10 月 10:00~18:00
11 月～次年 3 月 10:00~17:00
休 周一
费 成人 1700 福林
学生 900 福林

Cella Septichora 游客中心
开 4~10 月 10:00~18:00
11 月～次年 3 月 10:00~17:00
休 周一

▶和早期基督教陵墓的通用入场券
费 成人 1900 福林
学生 1100 福林

▶中世大学遗址
费 成人 1000 福林
学生 600 福林

▶早期基督教陵墓和中世大学遗址的通用入场券
费 成人 2200 福林
学生 1400 福林

卡西姆帕夏清真寺

开 9:00~17:00（周日 13:00~）
休 无
费 成人 1000 福林
学生 500 福林

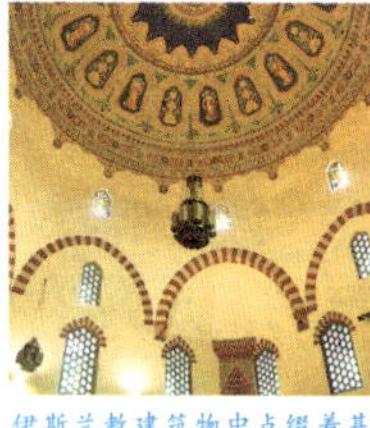

伊斯兰教建筑物中点缀着基督教的装饰

卡西姆帕夏清真寺

Map p.202-B1

Gázi Kaszim Pasa Dzsámija

位于塞切尼广场上的这座清真寺是匈牙利现存规模最大的奥斯曼帝国建筑，由布达总督卡西姆帕夏兴建于 1546 年。该寺现在被用作天主教的教堂。其穹顶的直径约为 16 米，建筑物的北侧部分扩建于 20 世纪中叶。南侧建筑物为半椭圆形造型，至今还残留着清真寺时代的余韵。

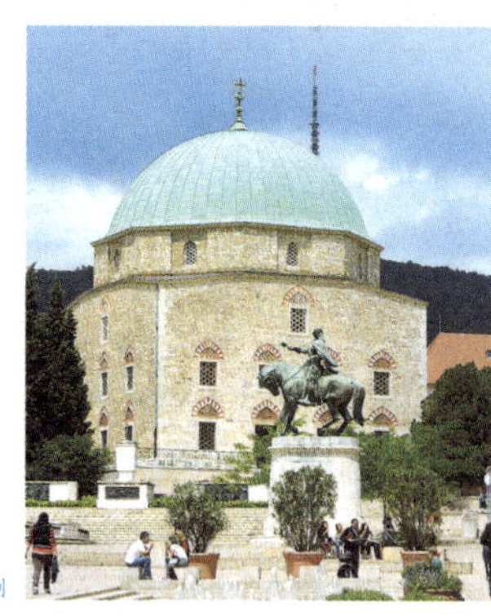

绿色的穹顶令人印象深刻

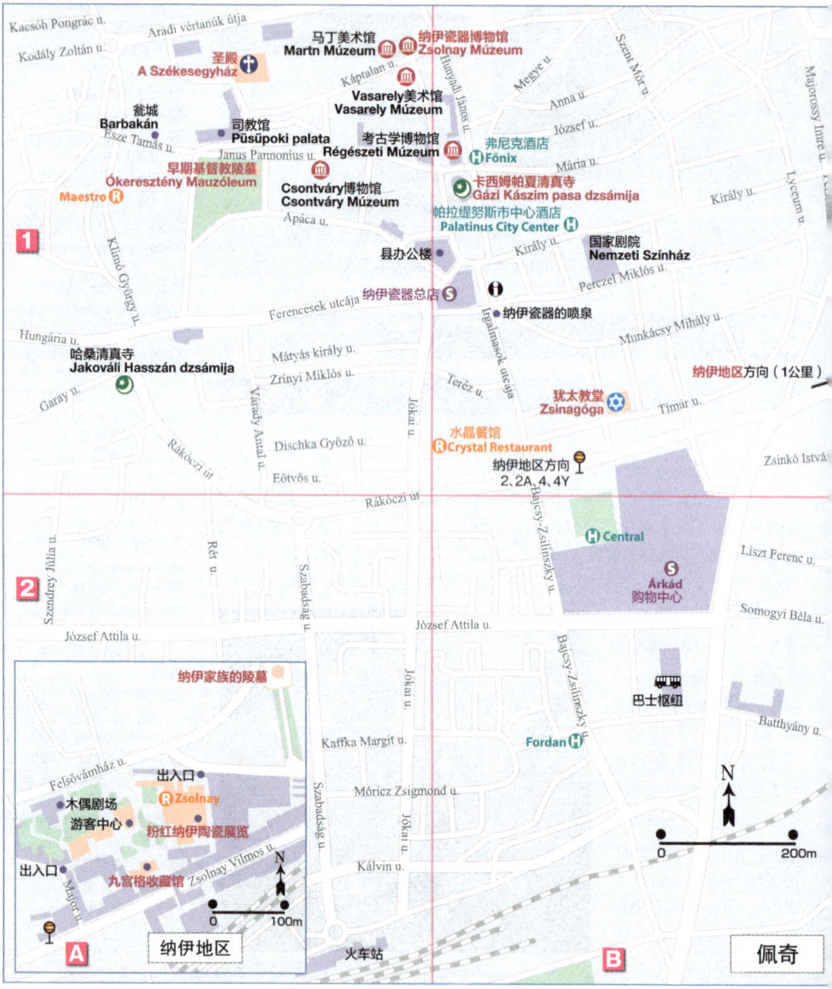

马丁美术馆
Martn Múzeum
纳伊瓷器博物馆
Zsolnay Múzeum
圣殿
A Székesegyház
Vasarely美术馆
Vasarely Múzeum
瓮城
Barbakán
司教馆
Püspöki palata
考古学博物馆
Régészeti Múzeum
弗尼克酒店
Főnix
早期基督教陵墓
Ókeresztény Mauzóleum
Maestro
Csontváry博物馆
Csontváry Múzeum
卡西姆帕夏清真寺
Gázi Kászim pasa dzsámija
帕拉缇努斯市中心酒店
Palatinus City Center
县办公楼
国家剧院
Nemzeti Színház
纳伊瓷器总店
纳伊瓷器的喷泉
哈桑清真寺
Jakováli Hasszán dzsámija
纳伊地区方向（1公里）
犹太教堂
Zsinagóga
水晶餐馆
Crystal Restaurant
纳伊地区方向
2、2A、4、4Y
Central
Árkád
购物中心
纳伊家族的陵墓
巴士枢纽
Fordan
出入口
木偶剧场
Zsolnay
游客中心
粉红纳伊陶瓷展览
出入口
九宫格收藏馆
纳伊地区
火车站
佩奇
1
2
A
B
0
100m
200m
N
Kacsóh Pongrác u.
Aradi vértanúk útja
Kodály Zoltán u.
Káptalan u.
Hunyadi János u.
Megye u.
Szent Mór u.
Majorossy Imre u.
Anna u.
József u.
Esze Tamás u.
Janus Pannonius u.
Mária u.
Apáca u.
Király u.
Lyceum u.
Klimó György u.
Perczel Miklós u.
Ferencesek utcája
Irgalmasok utcája
Hungária u.
Mátyás király u.
Munkácsy Mihály u.
Zrínyi Miklós u.
Teréz u.
Garay u.
Várady Antal u.
Jókai u.
Tímár u.
Dischka Győző u.
Rákóczi út
Eötvös u.
Zsinkó Istvá
Bajcsy-Zsilinszky u.
Szendrey Júlia u.
Rét u.
Szabadság u.
Liszt Ferenc u.
József Attila u.
Somogyi Béla u.
Kaffka Margit u.
Batthyány u.
Felsővámház u.
Móricz Zsigmond u.
Zsolnay Vilmos u.
Major u.
Kálvin u.

圣殿

A Székesegyház

Map p.202-A1

这座圣殿的四个角上都分别矗立着一座高 70 米，宽 40 米的尖塔，圣殿是罗马风格，建于 1882 年至 1891 年。教堂最初建于 11 世纪，但后来被奥斯曼帝国军队所毁坏。还残存着当时余韵的物品被保留在了内部的礼拜堂和圣殿地下室中。此外，其周边地区还汇聚了许多值得一看的地方，例如修复于 18 世纪的司教馆 Püspöki palata、15 世纪的瓮城 Barbakán 以及李斯特 · 费伦茨的雕像。

圣殿
住 Szt. István tér 23
开 9:00~17:00
（周日 13:00~17:00）
休 无
费 成人 1200 福林
儿童 1600 福林

壮丽的罗马式圣殿

犹太教堂

Zsinagóga

Map p.202-B1

在佩奇可以见到许多不同风格的宗教建筑物

这座教堂建于 1865 年至 1869 年。教堂宽 23.3 米，纵深 32.5 米，高 18.73 米。19 世纪时佩奇地区有几处犹太教堂，如今，现存的就只剩这一处了。在画有大卫之星的教坛之处还能看到被原封不动保留下来的犹太教的教典、时钟和日历等物品。

此外，男士在参观犹太教堂时，必须戴上一种名叫基帕的帽子。

犹太教堂
住 Kossuth tér 1
TEL （72）315-881
开 4~10 月 10:00~17:00
11 月～次年 3 月中旬
10:30~12:30
休 周六、3 月中旬～下旬
费 成人 800 福林
儿童 400 福林

佩奇的酒店＆餐馆

Hotel&Restaurant

帕拉缇努斯市中心酒店

Hotel Palatinus City Center

◆这家有着百年历史的酒店建于 1915 年，酒店内的新艺术风格的装修非常漂亮。客房内配备了近代化的设备，服务员提供的服务也很周到。酒店还配备了 SPA 中心。

Map p.202-B1

住 Király u. 5　TEL （72）889-400
URL www.danubiushotels.com
S € 35~　W € 44~
CC A D M V
早餐 含
WiFi 免费

弗尼克酒店

Fõnix Hotel

◆这家膳宿公寓式风格的酒店外观非常小巧可爱。酒店距离塞切尼广场很近，因此很适合旅游。夏季入住时建议提前做好预约。

Map p.202-B1

住 Hunyadi János u. 2
TEL （72）311-680
URL www.fonixhotel.com
S 7990 福林～
W 1 万 2990 福林～
CC A M V　早餐 含
WiFi 免费

水晶餐馆

Crystal Restaurant

◆这是一家位于市中心的餐馆。意面 1700 福林～、肉汁烩饭 1800 福林～。顾客除了能吃到意大利菜之外，也能享用传统的匈牙利美食。

Map p.202-B1

住 Citrom u.18
☎ 0630-590-6001
URL www.crystalrestaurant.hu
开 11:00~23:00（周日 ~16:00）
休 无　CC M V
匈牙利美食　意大利美食

景点拾遗 Pick up

独特的质感和色彩搭配

纳伊陶瓷

用纳伊瓷器制成的喷泉口

纳伊陶瓷和海伦德陶瓷是匈牙利国内两种难分伯仲的陶瓷。纳伊陶瓷的创始人继承了哥哥的陶瓷工厂后，通过自学和大胆的反复尝试，最终创造出了这种用曙红釉药上色的独特陶瓷制品。纳伊陶瓷在制作过程中大胆地使用紫色和红棕色等暗色调的颜料，其作品还于19世纪70年代在维也纳和巴黎的博览会上得以展出，且获得了极高的评价。

在佩奇市内，除了设有纳伊陶瓷制作工厂的纳伊地区外，在纳伊陶瓷总店等各处都能看到纳伊陶瓷的身影。

纳伊瓷器博物馆

Zsolnay Múzeum

美丽的花纹浮雕

在博物馆内，参观者可以按照年代的顺序欣赏纳伊公司制品的变迁。馆内除了能看到于1906年在米兰在博览会上展出的鸭子造型的喷泉口外，还展出了创始人纳伊家族使用的家具等藏品。

MAP p.202-A1
住 Káptalan u. 2　TEL （72）514-045
开 10:00~18:00　休 周一
费 成人1800福林、学生900福林

纳伊家族的陵墓

Zsolnay-mauzóleum

色泽独特的精美石棺

此墓地位于纳伊地区的北侧。在罗马式穹顶的陵墓内可以看到纳伊的瓷砖和陶瓷等制品。地下墓穴中安置着闪耀着曙红釉药光泽的石棺。里面躺着的就是纳伊陶瓷的创始人。

MAP p.202-A2
开 4~10月 10:00~18:00、11月~次年3月 10:00~17:00
休 11月~次年3月的周一
费 成人1300福林、学生800福林

纳伊地区

Zsolnay Kulturális Negyed

在距离佩奇市中心向东约1公里的纳伊工厂内汇集了各种各样的设施，例如美术馆、木偶剧场、咖啡馆和商铺等。

艺术画廊和商铺等一列排开

九宫格收藏馆 gyugyi gyűjtemény

馆内展出了纳伊陶瓷黄金期的1870~1910年的收藏品。馆内摆放着600多件被誉为是纳伊陶瓷代名词的曙红釉药的材质的壶瓶和装饰品。

粉红纳伊陶瓷展览 Rózsaszín Zsolnay Kiállítás

展览中展出了烧制于19世纪中叶~19世纪80年代初期的有着余温的陶瓷以及粉红色的纳伊陶瓷。

MAP p.202-A2
巴士 拉科奇大街的巴士站台乘坐2、2A、4、4Y路巴士，在第二站的Zsolnay Negyed站下车。
住 Vilmos Zsolnay út 37
TEL （72）500-350
URL www.zsolnaynegyed.hu

游客中心
开 4~10月 9:00~18:00、11月~次年3月 9:00~17:00
可以买到区域内各个景点的门票

九宫格收藏馆
开 4~10月 10:00~18:00
11月~次年3月 10:00~17:00
休 11月~次年3月的周一
费 成人1600福林、学生1000福林

粉红纳伊陶瓷展览
开 4~10月 10:00~18:00、11月~次年3月 10:00~17:00
休 11月~次年3月的周一
费 成人1300福林　学生800福林

斯洛文尼亚

Slovenia

被誉为“阿尔卑斯山之眼”的布莱德湖

国旗

白、蓝、红三色旗帜，中间偏左侧附有斯洛文尼亚国徽，国徽由国内的最高峰特里格拉夫峰和3颗星星组成。

正式国名

斯洛文尼亚共和国（Republika Slovenija）

国歌

《祝酒歌》 Zdravljice

面积

约2万256平方公里

人口

206.6748万（2017年）

首都

卢布尔雅那 Ljubljana

国家元首

总统：博鲁特·帕霍尔
总理：亚内兹·扬沙

国家政体

共和制（于2004年5月加入欧盟）

民族构成

斯洛文尼亚人90%，此外还有匈牙利人、意大利人等。

宗教

罗马天主教约95%。

语言

官方语言为斯洛文尼亚语（斯拉夫语族）。外语中德语、英语和意大利语的使用较为广泛。国内有很多精通多国语言的人。

→旅行中会用到的斯洛文尼亚语 p.213

货币和汇率

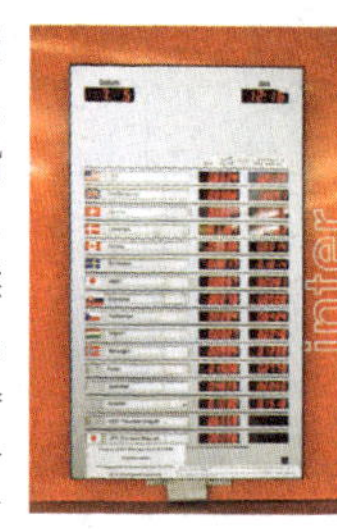

斯洛文尼亚的货币为欧元（也被简称为E、EURO、EUR），辅助货币单位为分（¢、CENT），在斯洛文尼亚语中分别读作“诶屋落”和“曾托”。2021年1月，€1=100cent=7.9326元人民币。欧元分纸币和硬币两种，纸币有7种面值，分别为5欧元、10欧元、20欧元、50欧元、100欧元、200欧元和500欧元。硬币又分为欧元和分，分别为1分、2分、5分、10分、20分、50分和1欧元、2欧元。

在欧元硬币的背面，绘制有斯洛文尼亚特色的图案，例如国民诗人弗兰策·普列舍仁和最高峰特里格拉夫峰。

1欧元

2欧元

5欧元

10欧元

20欧元 　50欧元

100欧元 　200欧元

500欧元

1分

2分

5分

10分

20分 　50分

→旅游的预算与花费 p.480

出入境

【签证】

中国公民可申请斯洛文尼亚个人签证前往斯洛文尼亚及其他申根区国家。根据情况不同，最多可停留90天。

【护照】

护照有效期一般要求大于6个月。

→中国出入境 p.461
→中欧各国的出入境 p.461

从中国前往斯洛文尼亚的航班

到目前为止，中国国内还没有能够直达斯洛

拨打电话的方法

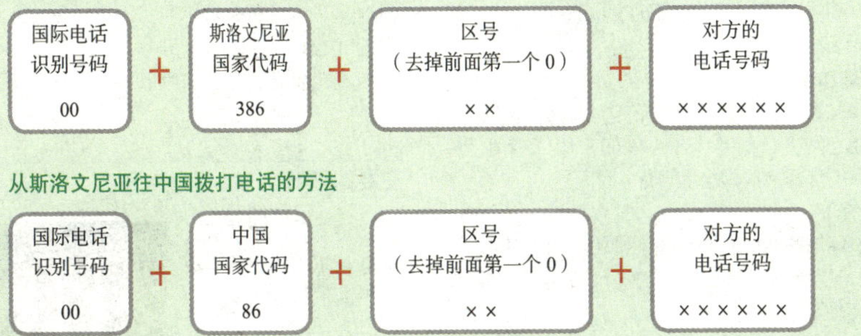

→关于通信与邮政 p.486

文尼亚的航班，至少需要在周边国家换乘 1 次。包括换乘在内，航班的飞行时间大约为 23 小时 30 分~29 小时。若白天从中国出发，经由莫斯科、巴黎等换乘地后，可于当天到达斯洛文尼亚。

→从中国前往中欧的线路 p.460

从周边各国前往斯洛文尼亚的线路

【火车】 直达列车较多的线路为连接卢布尔雅那、克罗地亚的萨格勒布的线路，连接斯洛文尼亚第二大城市马里博尔和奥地利第二大城市格拉茨的线路。若从意大利的米兰或威尼斯出发的话则需要换乘。

【巴士】 除了接壤的国家以外，也有来自塞尔维亚、黑山、波斯尼亚和黑塞哥维那、北马其顿等前南斯拉夫国家的巴士线路。穿越国境时只需要提供护照即可。

→当地交通 p.481

时差和夏令时

斯洛文尼亚和中国的时差为 7 小时，将中国时间减去 7 小时即为斯洛文尼亚时间。也就是说，中国的早上 7 点相当于斯洛文尼亚 0 点。当斯洛文尼亚进入夏令时后，时差将变为 6 小时。夏令时的实行时间是 3 月最后一个周日的 AM:2:00（=AM3:00）~10 月最后一个周日的 AM3:00（=AM2:00）

营业时间

以下是一般情况下的营业时间。

【银行】

周一～周五 9:00~12:00、14:00~17:00，周六~12:00，周日休息。

【商场和商店】

一般的商店在工作日的营业时间为 7:00~8:00，歇业时间为 18:00~19:00。周六营业至 13:00。冬季有时候会缩短营业时间。

【餐馆】

餐馆的营业时间根据商铺的不同而各不相同，但大致情况为 8:00~11:00 开始营业，23:00~深夜准备打烊。

气候

境内有地中海式气候、大陆气候、山地气候 3 种气候类型。气温和降水量有着地域性差异。各地的夏季都非常舒适，但是冬季时山岳地带会连续降雪，卢布尔雅那等内陆地区的冬季平均气温为 0℃以下。春季和秋季降水量较多，年均降水量达到了 800~3000 毫米，且其数值有着很大的地域性差异。

卢布尔雅那的气温及降水量

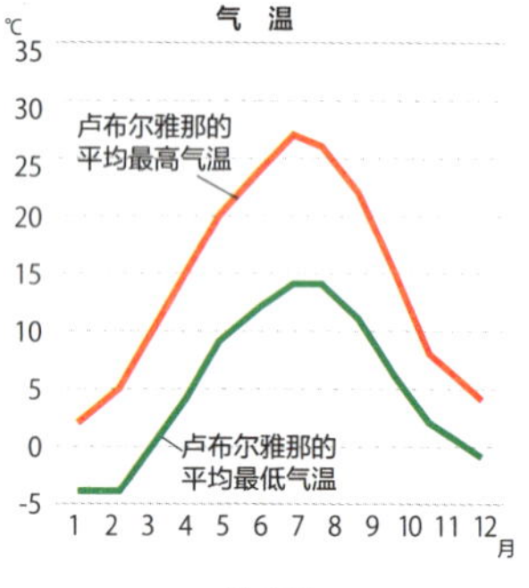

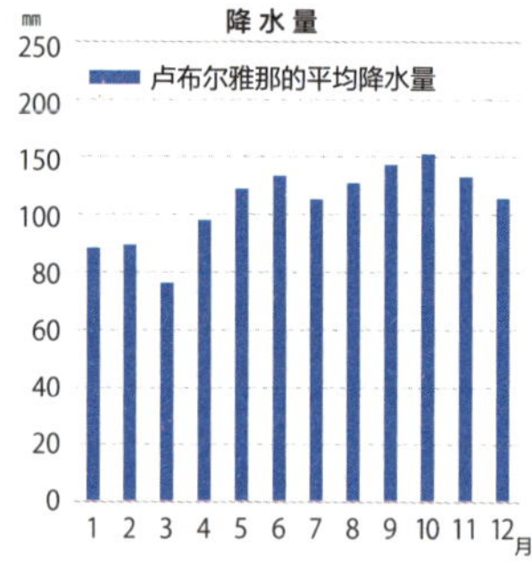

最舒适的季节是夏季。5~9 月的气候非常舒适。滑雪季的冬季也很受欢迎。布莱德湖和内陆地区的夏季夜晚非常阴凉，因此需要准备好长袖 T 恤以及薄的针织开衫。不论处于哪个季节都要准备好相应的衣物以应对变化多端的天气。

主要的节日

请注意，有些节假日（带 ※ 标志）的日期会根据年份的不同而变化。

时　间	节日名称
1/1、1/2	新年和新年次日
2/8	弗兰策·普列舍仁日
4/12（'20）4/4（'21）※	复活节
4/13（'20）4/5（'21）※	复活节次日
4/27	反占领起义纪念日
5/1、5/2	劳动节
6/25	国庆日
8/15	圣母升天节
10/31	宗教改革日
11/1	诸圣日
12/25	圣诞节
12/26	独立与团结日

电压和插头

电流的电压是 220V、50Hz。插头多为 C 类的两脚圆插。中国国内的很多电器都不能直接使用这类插头，因此需要转换插头。

视频制式

【DVD 连接方式】

斯洛文尼亚的电视制式是 PAL 制，和中国的电视制式相同，因此中国国内的影碟在斯洛文尼亚的视频软件上能直接进行播放。

卫生间

除一部分外，绝大多数的公共厕所都是可以免费使用的。厕所的标志男性：Moški，女性：Ženske。

小费

【出租车】

基本上不需要付小费，最多也就是给点零钱。

【餐馆】

当对服务表示满意时，一般支付用餐费用的 10%。

饮料水

自来水管道的水可以直接饮用，但是部分农村地区的水源被指出受到化学药品的污染。瓶装的矿泉水为 500ml，售价为€ 0.33~1。

邮件

邮局的营业时间为周一～周五 8:00~18:00、周六 8:00~12:00、周日休息。各个城市的中央邮局会稍微延长一点营业时间，也有周日也营业的中央邮局。

【邮费】

从斯洛文尼亚寄包裹到中国时，平邮需要三周至一个月的时间，航空挂号信需一周。邮费按照重量计算，普通信函走海运一般为 10~20 欧元，走空运一般为 50~100 欧元。在大型邮局内还出售有包装小包裹用的箱子。

→关于通信与邮寄 p.486

税金

在斯洛文尼亚，商品的金额中包含一部分名为 AFA 的流通税（22% 或 9.5%），游客可以通过办理手续的方式实现免税消费。

退税需要满足两个条件才行：①单笔消费超过€ 50.01；②在未使用的状态下带出斯洛文尼亚国内。酒店的住宿费和饮食费以及用于购买香烟、酒精饮料的消费并不包含在退税的范围内。在免税店购物时，需要店家开具相关文件，出境时在海关处盖章。将盖好章的文件提交给退税窗口即可领取返还金额。

→中欧各国的出入境 p.461

安全与纠纷

和其他的中欧各国相比，斯洛文尼亚的治安相对较好。但是在夜晚的市中心，距离繁华街道较远的道路上的灯光照明通常较少较暗，因此单独出行时需要格外小心。

【顺手牵羊】

需要提醒团体出行或多人出行旅客的就是顺手牵羊的问题。在酒店的自助式早餐就餐期间，取餐回来后发现放在座位上的行李不翼而飞的案件已经发生了多起。此外，还存在多人同行时由于过于投入交谈中，且怀有一种他人会帮自己照看行李的侥幸心理，从而放松警惕的现象。希望各位游客注意照看好各自的行李，比一个人旅行时还要小心才好。

【警察】

警察在斯洛文尼亚语中读作“珀利次雅”Policija。在斯洛文尼亚国内，就连首都卢布尔雅那也仅设有一处警察署，也没有派出所，巡逻车和警察也很少能见到。使用英语可以在警察署内实现无障碍沟通。

中国驻斯洛文尼亚共和国大使馆

住 Koblarjeva 3, 1000 Ljubljana, the Republic of Slovenia
TEL 00386-1-4202855
FAX 00386-1-2822199
URL http://si.china-embassy.org/

报警电话 113

消防、急救电话 112

→旅游中的纠纷与安全措施 p.488

年龄限制

在斯洛文尼亚，未满 18 岁的未成年不能购买酒类和香烟。

度量衡

和中国的度量衡相同，距离为米，重量为克、千克，液体容积为升。

斯洛文尼亚 Republic of Slovenia 旅行的基础知识

斯洛文尼亚共和国和北京市的面积相仿。虽然国土面积很小，但是游客们依旧可以接触到富有变化的大自然，例如朱利安阿尔卑斯山脉的陡峭群山和亚得里亚海的度假区等。

【旅游高光时刻】

1 布莱德湖 p.224

斯洛文尼亚首屈一指的旅游景点，被誉为“阿尔卑斯山之眼”。沿着湖边的断崖而建的布莱德城堡上的景致非常美丽。悬浮在湖面的小岛上建有一座圣母升天教堂，游客们可以乘着小船前去探访。

布莱德岛上的教堂

3 卢布尔雅那 p.214

在城市中能看到各种各样时代风格的建筑物，例如巴洛克艺术风格和新艺术运动风格。这里是艺术氛围浓厚的斯洛文尼亚共和国的首都。游客们可以站在卢布尔雅那城堡之上眺望城市的面貌，抑或是搭乘卢布尔雅尼察河游轮尽情地游玩。

架设在市中心的三桥

2 波斯托伊纳溶洞 p.219

该溶洞堪称全欧规模最大的溶洞。洞窟内遍布着历经了10万多年形成的神秘景象。溶洞内多见特征丰富的钟乳石，例如高5米的巨大钟乳石“辉煌”。其近郊有一处建在垂直峭立的崖壁之上的洞窟城堡，对于游客来说是不容错过的景点。

被列入吉尼斯大全的洞窟城堡

【地理】

西北方位的朱利安阿尔卑斯山脉与克罗地亚境内的狄那里克阿尔卑斯山脉相连，构成了群山相连的地形。因为其位于阿尔卑斯山脉的东端，所以被称作“向阳处的阿尔卑斯山脉”。西南部的喀斯特地区由于石灰石的侵蚀作用形成了广袤的喀斯特地形，被列入世界遗产的波斯托伊纳溶洞也位于这里。喀斯特地区是喀斯特一词的词源。

【伴手礼】

手工制品非常受欢迎，例如设计简单却富有魅力的木箱和陶瓷等。蜂巢的板子上绘制有农民的生活场景以及动作类似人的动物模样，各种元素相互交融，风趣幽默，让人忍不住想把它们都收藏起来。伊德里亚蕾丝制品有着300年的历史，其纺织工艺细致入微，纺织品梭结花边更是闻名世界。制品以放入画框的形式进行售卖。

【葡萄酒】

斯洛文尼亚从公元前就开始了葡萄酒的酿造工艺。大体来说，其西部海岸地区盛产红葡萄酒，东部地区盛产白葡萄酒。除了国际知名的霞多丽和白苏维翁品牌的葡萄酒以外，本土品牌多也是其葡萄酒的一大特征。在国内第二大城市马里博尔地区内有着一棵世界上最古老的葡萄树，据说其树龄至少也有450年。

【出行】

- 国土面积小，所以基本上都能当天往返
- 火车票在车内购票价格会更高
- 巴士有往返折扣

铁路

铁路线路由斯洛文尼亚铁路公司（Slovenske Železnice）运营。以首都卢布尔雅那和马里博尔 Maribor 以及采列 Celje 为起点连接着各主要城市。几乎不会有晚点的情况发生，但是周末的运行班次会有明显的减少。

斯洛文尼亚铁路
URL www.slo-zeleznice.si

●主要的列车的种类

斯洛文尼亚城际列车（ICS）
运行在科佩尔～卢布尔雅那～马里博尔之间的高速列车。列车上的所有座位都实行预约制。

城际列车（IC）
连接国内各主要城市间的急行列车。需支付附加费。

欧城列车（EC）
国际长途列车。与城际列车相比中途停靠站较少。需支付附加费。

mednarodni Vlak 国际列车（MV）
主要是与克罗地亚相连的国际列车。

regionalni 区域列车（RG）

potniak 普通列车（LP）

到达波斯托伊纳站的列车

●车票的购买方式

可以在车站窗口或带有 SŽ 标志的旅行公司进行购票。乘坐 LP、RG 以外的列车时需要支付附加费。乘坐 IC、MV、EC 列车时需支付附加费€ 1.80，乘坐 ICN 列车时，60 公里之内支付附加费€ 4，60 公里之上支付附加费€ 7。ICS 列车则设定有特殊费用。

除 ICS 列车之外，其他种类的列车车票均可在车上购买，但是需支付€ 2.50 的附加费，因此推荐乘车前购买好。

巴士

巴士线路几乎涵盖了国内的所有地区。班次多，无论是短距离还是长距离出行都很方便。发车和到达基本上不会晚点，座位坐起来也很舒适。

●车票的购买方式

巴士公司按照区域有所划分，但是购票窗口都是统一的。可以在巴士枢纽的购票处购买车票，或是上车时直接将车费交给司机。

●推荐预约的线路

预计在夏季的周末，布莱德湖和海岸沿线的城市总是人满为患的状态，车票售空的情况也时有发生，因此推荐预约购票。

●主要的巴士公司

爱瑞发 Arriva
URL arriva.si
以国内主要城市的线路为主，也有去往克罗地亚等国家的国家线路。

Nomago
URL www.namago.si
主要运行在采列～卢布尔雅那之间。

Alpetour
URL www.alpetour.si
运营着布莱德湖和什科菲亚洛卡等朱利安阿尔卑斯山脉方向的线路。

卢布尔雅那的巴士枢纽

便于观光的主要直通列车时刻表

卢布尔雅那 ⟷ Lesce · 布莱德湖 p.224
时长：1 小时　车费：€ 5.08~

▶ 卢布尔雅那发：4:35 6:08 7:27 8:24 9:23 10:00 12:50 13:32 14:45 15:27 15:32 15:49 16:22 17:18 17:54 18:46 20:43 21:10 23:55
周六：6:53 7:27 9:23 10:00 12:50 14:45 15:27 15:32 17:54 20:43 21:10 23:55
周日：6:53 7:27 9:23 10:00 12:50 14:45 15:27 15:32 17:54 18:46 20:43 21:10 23:55

▶ Lesce · 布莱德发：4:44 5:15 5:47 6:21 6:39 7:29 7:46 10:03 11:34 12:49 13:51 14:37 15:45 17:51 18:21 19:42 20:01 20:49
周六：5:15 5:47 7:29 8:13 11:34 13:51 14:37 17:51 18:21 19:42 20:01 20:09
周日：5:15 5:47 7:29 8:13 11:34 13:51 14:37 17:51 18:21 19:42 20:01 20:09

※ 随着时间和季节的推移，时刻表可能会发生改变

便于观光的主要直通列车时刻表

卢布尔雅那 ⟷ 布莱德湖 p.224
时长：1 小时 20 分钟　车费：€ 6.30~

▶ 卢布尔雅那发：6:00 7:00 8:00 9:00 10:00 11:00 12:00 13:00 13:30 14:00 15:00 16:00 17:00 18:00 19:00 20:00 21:00
周六：6:00 7:00 8:00 9:00 10:00 11:00 12:00 13:00 14:00 15:00 17:00 19:00 20:00 21:00 22:30
周日：7:00 9:00 10:00 12:00 13:00 15:00 17:00 19:00 20:00 21:00

▶ 布莱德湖发：5:00 5:40 6:25 7:30 8:30 9:30 10:30 11:30 12:30 13:30 14:05 14:30 15:30 16:30 17:30 19:30 20:30 21:30
周六：6:25 8:30 9:30 10:30 11:30 13:30 14:30 15:30 16:30 17:30 19:30 20:30
周日：6:25 8:30 10:30 13:30 14:30 15:30 16:30 17:30 19:30 20:30 21:30

【住宿】

- 酒店费用与周边国家相比要稍微贵些
- 私人房间的设备很好，价格也很合理

酒店事项

酒店按等级分为 1~5 星。此外，还有专门为自行车使用者而制定的等级排名，这彰显了斯洛文尼亚国内活动之丰富，可以根据排名中星星的数量多少判断其设备的完善程度。

●预算的大概范围　大部分的 4~5 星酒店的费用为 988 元 / 晚。2~3 星的中级酒店 460~988 元 / 晚。

●**私人房间**　浴室和厕所为公共区域的私人房间 230 元 / 晚。带有独立浴室和厕所的私人房间 296 元 / 晚。绝大多数情况下不提供早餐。可以经旅游咨询处 ❶ 和旅行社介绍，或在网络上的住宿预约网站进行这类私人房间的预订。若在网上进行预约则需要确认房间钥匙的交付地点和时间。

●**青年旅舍**　很多青年旅舍都提供厨房、洗衣机和自行车租赁等服务。租住宿舍（同屋）是男女混住的情况比较多，向房东提出要求的话则可以选择只限女性入住的宿舍。也有很多有单独房间的酒店。

步行旅行的设施很完善

【饮食】

- 用从湖里捕捞上来的鳟鱼做成的美食很有名
- 有用荞麦粉制成的美食

可以吃饭的地方

Restavracija　餐馆的意思。其中有很多是中餐和意大利菜的店。特别是意大利菜，菜品的价格比本土更实惠。

客栈 Gostilna　提供酒品的大众美食店。店内的氛围非常亲民，乡土美食较多。

啤酒厅 Pivnica　亲民的啤酒店。

酒庄 klet　葡萄酒酒馆。菜品种类丰富，从主食到小吃不等。

卡瓦纳 kavarna　咖啡馆。同时还提供蛋糕和甜点。有的咖啡馆也提供主食。

斯洛文尼亚美食

国土虽然小，但是由于与奥地利、匈牙利和意大利等国家接壤，所以饮食文化上也有很多共通之处，能够享受到种类丰富的乡土美食。

●**山菜种类丰富**　使用蘑菇制成的汤料和酱汁奠定了斯洛文尼亚美食的基调。伊斯特拉半岛北部也是松露的产地。

●**火腿和加工肉**　伊斯特拉半岛和喀斯特地区盛产帕尔玛火腿 Pršut 和用猪五花肉腌制而成的冷切肉 Panceta。此外，内陆地区盛产火腿五花熏肉 Špeck，加工肉品的制作很盛行。

●**葡萄酒**　国内有很多条被称为“葡萄酒街道 Vinska Cesta”的生产线路，葡萄酒的酿造工艺十分盛行，在国际上也获得了很高的评价。特朗和雷弗斯科等口感浓郁的葡萄酒非常受欢迎。亚得里亚海岸地区盛产红葡萄酒，山岳地带和东部盛产白葡萄酒。

一定要吃到！ 斯洛文尼亚特色菜品

●**赞奇**

Zganci

用荞麦粉精制而成的烫面荞麦饼的一种。沾汤后即可食用。是盛产荞麦的斯洛文尼亚的乡土美食。

●**戈拉斯**

Golaš

一道用红甜椒粉末烹煮的牛肉美食。其作为匈牙利汤在匈牙利美食中很有名，但也是斯洛文尼亚人们常吃的一道菜品。

●**卢布尔雅那风炸猪排**

Ljubljanski zrezek

猪排裹上少量小麦粉后在油锅中炸熟，再夹上火腿和芝士制作而成的一道美食。配菜有炸薯条等。

【旅行中会用到的斯洛文尼亚语】

●打招呼

早上好	Dobro Jutro.
你好	Dober dan.
晚上好	Dober večer.
再见	Nasvidenje.
拜拜	Zdravo.

●回应等

是的 / 不是	Ja. / Ne.
谢谢	Hvala.
对不起	Oprostite.
不客气	Prosim, ni za kaj.
我不知道	Ne razumem.
不需要	Ne rabim.
拜托了	Prosim.

●提问等

~在哪里　Kje sem?

厕所在哪里？

Kje je stranišče?

多少钱？　Koliko stane?

你能说英语吗？

Ali govorite angleško?

请给我　~Dajte mi~

我想要　~Rad (Rada) bi~

●紧急情况

救命　Na Pomoći

有小偷　Ropar!

~被偷了

Ukradli so mi ~.

身体感觉不舒服　Slabo mi je.

~痛　Boli me~.

●数字

1	en
2	dva
3	tri
4	štiri
5	pet
6	šest
7	sedem
8	osem
9	devet
10	deset
11	enajst
12	dvanajst
13	trinajst
14	štirinajst
15	petnajst
16	šestnajst
17	sedemnajst
18	osemnajst
19	devetnajst
20	dvajset
21	enaindvajset
22	dvaindvajst
100	sto
1000	tisoč

●星期和月份

周一	ponédeljek	1月	januar	8月	avgust
周二	torek	2月	februar	9月	september
周三	sreda	3月	marec	10月	oktober
周四	četrtek	4月	april	11月	november
周五	petek	5月	maj	12月	december
周六	sobota	6月	junij		
周日	nedelja	7月	julij		

●常用单词

警察	policija	出发	odhod	开馆	odprto
地图	zemljevid	到达	prihod	闭馆	zaprto
入口	vhod	厕所	stranišče	成人	odrasli
出口	izhod	淋浴	tuš	儿童	otroci
换乘	prestop	紧急出口	zasilni izhod		

MAP 文前 p.4-B2
人口约 28 万
长途区号 01
旅游局
URL www.visitljubljana.com
市内交通
URL www.lpp.si

卢布尔雅那 *Ljubljana*

从国会公园处眺望到的卢布尔雅那城

拥有着 28 万人口的首都卢布尔雅那是一座小小的艺术之都，文艺复兴、巴洛克艺术和新艺术运动等风格的建筑物在这座城市中得到了很好的融合。其在历经了神圣罗马帝国的 500 年来的统治后，被归为奥匈帝国的统辖范围，并在哈布斯堡王朝的带领下实现了发展。现在成了斯洛文尼亚的政治和经济中心。

旅游咨询处（卢布尔雅那）
URL www.visitljubljana.com
▶ 斯洛文尼亚旅游局
MAP p.216-B2
住 Krekov trg 10
TEL（01）3064576
开 6~9 月 8:00~21:00
10 月 ~ 次年 5 月
8:00~19:00
周六（9:00~17:00）
休 无
▶ 卢布尔雅那市旅游局
MAP p.216-B2
住 Adamič-Lundroo Nabrežje 2
TEL（01）3061215
开 6~9 月 8:00~21:00
10 月 ~ 次年 5 月
8:00~19:00 休 无

机场 ~ 市内的出租车
出租车会停在出发大厅的出口处。费用€ 0.89~/ 公里，到市内大约需要花费€ 45，前往市中心大约需要 30 分钟的车程。和停靠在机场的众多出租车司机进行交涉的话，也有可能能获得优惠。
▶ 机场出租车
TEL 070-720414
URL www.taxi-airport-ljubljana.com
如若预约的话，到市中心一律€ 25。

市内到机场的市内巴士
机场到市内的巴士始发站位于卢布尔雅那 · 巴士枢纽的 28 号巴士站台。周一 ~ 周五的 5:20、6:10~20:10 每隔 10 分钟发一班车。周六 · 周日的发车时间为 6:10、9:10、10:10、13:10、15:10、17:10、19:10。

Markun 公司
☎ 041-792865
URL www.markun-shuttle.com
Go! opti 公司
URL www.goopti.com

巴士枢纽 & 交通

约热 · 普奇尼克机场国际机场是斯洛文尼亚国内唯一一个运营定期国际往返航班的机场。

约热 · 普奇尼克机场
Letališče Jožeta Pučnika Ljubljana

机场位于卢布尔雅那市中心西北方向 23 公里的位置。机场的到达大厅处设有酒店预约显示屏、旅游咨询处 ❶ 的展台和 ATM 等设备。银行、邮局、旅行社、租车公司的柜台设置于相邻出发大厅内。

●搭乘市内巴士从机场前往市区

出了出发大厅就是巴士站台。周一 ~ 周五的 5:00~20:00 间每隔 1 小时发 1 班车。周六、周日和节假日的发车时间为 7:00、10:00、12:00、14:00、16:00、18:00、20:00，终点站为卢布尔雅那站站前的巴士枢纽。车费（€ 4.10）在乘车时支付给司机即可。

●搭乘私人巴士从机场前往市区

Markun 公司 Prevozi Markun 每天于 5:45~24:00 期间发车 13 个班次，费用为€ 9，包送到酒店。

市内往机场方向的巴士每天于 5:05~21:00 期间发车 12 个班次。且会到酒店来接机。

Go! opti 公司 Go! opti 提供市内酒店的接送机服务。在网络上进行申请后，到入住的酒店输入日期后，便会显示出符合条件的车次，从中选择即可。费用随时间段和旅游的人数而变化。

卢布尔雅那火车站
železniška postaja

Map p.216-B1

运营着所有的国际列车线路的卢布尔雅那火车站位于市中心稍稍偏北的方位。车站内有货币兑换处、ATM、商铺、投币式储物柜和麦当劳等设施。

卢布尔雅那火车站

卢布尔雅那巴士枢纽
Avtobusna postaja Ljubljana

Map p.216-B1

所有国际线路和国内线路的巴士的终点站都位于火车站出门右拐的巴士枢纽内。巴士站台分为1~28号，车牌的旁边写有主要的站点。巴士枢纽内配备了售票处、商铺、货币兑换处和ATM等设施。

巴士枢纽位于火车站的对面

卢布尔雅那巴士枢纽
TEL 1991
URL www.ap-ljubljana.si
开 5:00~22:30（周六 ~22:00、周日 5:30~23:05）
这座建筑物位于火车站正门出门右拐处。在官方网站上可以检索到国内线路和国外线路的时刻表。

乘车时将 Urbana 乘车卡靠近读卡器

市内交通

市内交通的种类和购买方式

卢布尔雅那市的市内交通系统导入了预付贷款式IC乘车卡——Urbana乘车卡。旅行卡是巴士的唯一支付方式，因此乘坐巴士前，必须在旅游咨询处 ❶、车站小卖店、巴士站台等处设置的自动购票机处购买乘车卡（乘客卡费用€2）并进行充值（最大充值限额€50）。

●**乘车卡的使用方法**　乘车时将乘车卡靠近安装于司机驾驶座位旁边的读卡器处即可。每次乘车需花费€1.20~2.50，且90分钟之内可以免费换乘。

●**退款的方法**　一般而言Urbana乘车卡无法进行退款操作。退款对象仅限于在旅游咨询处 ❶ 购入的乘车卡，将乘车卡和收据出示给旅游咨询处后只退还购卡费用。乘车卡内剩余的充值金额不予退还。

Urbana乘车卡的自动售卖机。支付方式为现金或信用卡

卢布尔雅那游客一卡通
凭此卡不仅能够免费乘坐市内的巴士线路，还能享受博物馆和美术馆等门票的免费或折扣。其和Urbana乘车卡属于同一种类型的卡，乘坐巴士时需将一卡通靠近读卡器。可以在旅游咨询中心 ❶ 或指定酒店处购买此类一卡通。
费 24小时有效€27
48小时有效€34
72小时有效€39

低地板式市内公交车，便于上下车

◆市内巴士 Autobusy

5:00~22:30间频繁发车。没有固定的公交枢纽，主要的巴士线路一般始发于斯洛文尼亚大街。位于巴士站台的电子显示板上会显示出车辆的线路以及预计的巴士到达时间等信息。

◆出租车 Taxi

数量非常少，在大街上也很难拦到出租车。主要的出租车乘车点位于火车站的前方、中央邮局的前方和高级酒店的前方等。费用为每公里€0.89~。

主要的无线出租车
▶Taxi Društvo Ljubljana
TEL （02）2349000
URL www.taxi-ljubljana.si

◆租赁自行车 BicikeLJ

BicikeLJ是卢布尔雅那市内的一项公共自行车租赁系统。在巴士枢纽前方和景点周边等市区的主要地点处设有租赁点。如果租赁点是空的话，可能会发生自行车使用过后胡乱丢弃的现象。因此使用前需要事先在网页上进行登录，输入个人信用卡等信息。

租赁自行车
URL www.bicikelj.si
使用期限分为1周（€1）和1年（€3）。使用的第1个小时免费，2小时内€1，3小时内€2。在免费的使用时限内归还后，5分钟之后可以再次使用。

Urban

URL www.lpp.si

11:00~17:00 期间，每隔 2 小时发 1 班。除了现金外，还能使用 Urbana 乘车卡进行支付。

◆Urban

Urban 是一种市内环游车，始发于市政厅前方，途经卢布尔雅那城堡、国会公园和歌剧院等地。中途可以下车。环游一周的时长为 1 小时 15 分钟 ~1 小时 30 分钟。€ 8。

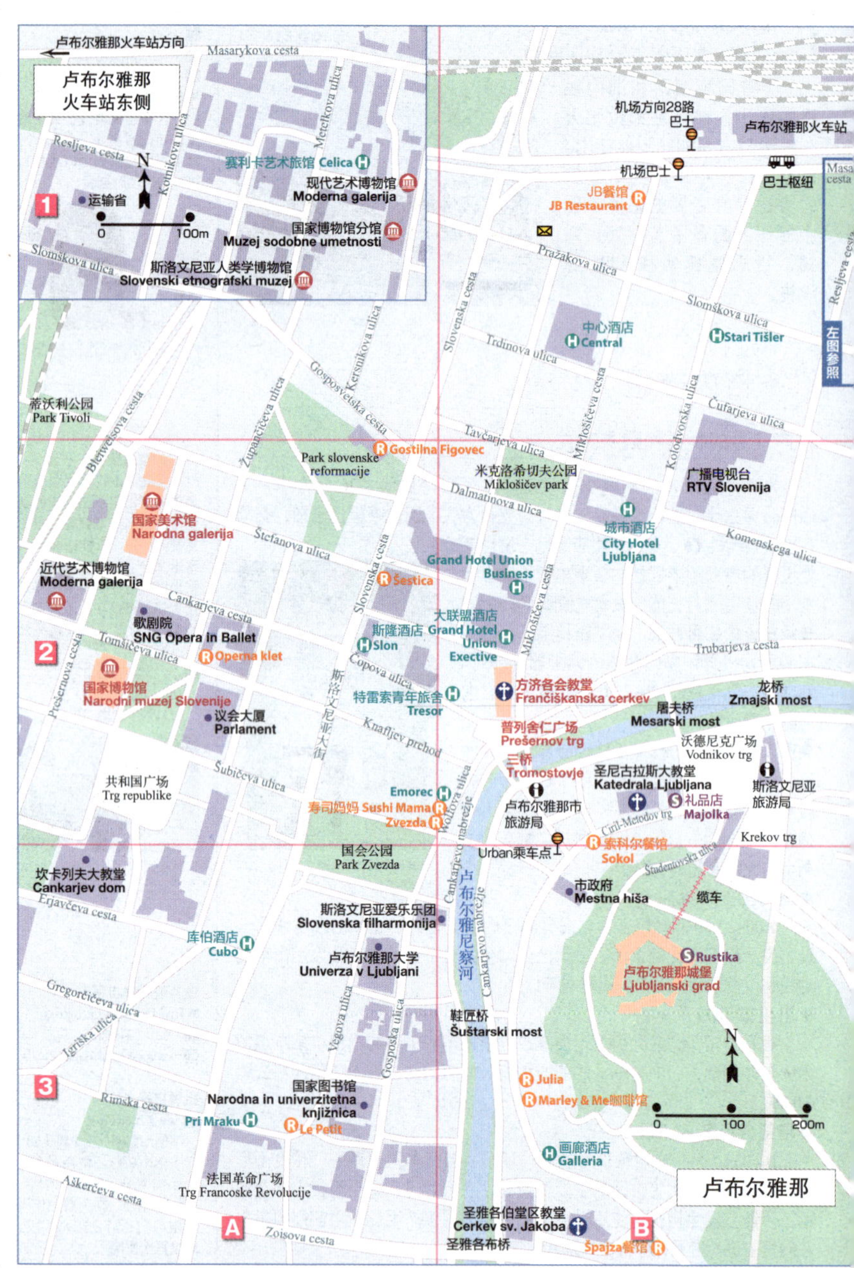

info 卢布尔雅那西侧的蒂沃利公园是市内最大的公园。公园内坐落着蒂沃利城堡和国立现代史博物馆等建筑物。

卢布尔雅那 漫 步

将市区分为新城和旧城的卢布尔雅尼察河呈弓形流淌，旧城中能够俯瞰整个市区的一座小小的高山丘上矗立着卢布尔雅那城堡 Ljubljanski grad。

两岸的优美建筑物

集中着景点的市中心 Center 的四个方位以 1.5 公里为半径，分别被卢布尔雅那火车站、卢布尔雅那城堡以及蒂沃利公园 Tivolski park 所包围。新城的街道如棋盘般整齐划一，主干道斯洛文尼亚大街 Slovenska cesta 贯穿南北方向。

●**普列舍仁广场 Prešernov trg** 在位于市中心的这座广场上，三桥桥头设置了 19 世纪的诗人弗兰策 · 普列舍仁的铜像。排列着时装店和咖啡馆的大街上总是有着络绎不绝的人群。

●**三桥～卢布尔雅那城堡** 走过三桥后，左侧延伸着沿着河流而建的步行道。圣殿背面的广场上有一个出售蔬菜水果的集市，集市上摆放着色彩鲜艳的蔬菜和水果供人们选择。穿过集市后，从沃德尼克广场 Vodnikov trg 走到 Ciril-Metodov trg 广场，再沿着 Študentovska ulica 大街向上走，就到达了卢布尔雅那城堡。

●**法国革命广场周边** 建于 13 世纪的法国革命广场是卢布尔雅那国际夏日晚会的主会场，于每年 7~8 月举办晚会。建筑师约热 · 普列赤涅克将旧修道院改建成野外剧场之后，就开始有了夏季晚会。此外，在国会公园的附近，有许多文艺复兴和巴洛克风格的建筑物。

观光游船

在卢布尔雅那市，环游卢布尔雅尼察河的观光游船很受欢迎。游船由多家公司运营，起点设在了屠夫桥和圣雅各布桥间的各公司的码头处。环游一周的时间各不相同，但大致集中于 45 分钟～1 小时之间，费用为€ 10 左右。

建在蒂沃利公园中心的蒂沃利城堡

卢布尔雅那 主要景点

卢布尔雅那城堡 Map p.216-B3

Ljubljanski grad 旧城

卢布尔雅那城堡修建于 1144 年，站在上面能将旧城一览无余。13 世纪初期，这里成了封建领袖斯潘哈依姆 Spanheim 男爵统治的象征，此后 1335 年由哈布斯堡家族所继承。16 世纪的一场大地震，将部分城堡摧毁，仅存 1489 年所建造的哥特式样的礼拜堂保留至今，其他现今建筑物面貌都是经过重新改建而成。城堡曾经是一处刑务所，后于 1905 年被卢布尔雅那收购。城堡内的咖啡馆是人们的休闲场所，里面的礼拜堂被用于置办婚礼，因此是人们非常熟悉的一个地方。城堡内可以免费参观的，但是要进入虚幻城堡和礼拜堂内则需要收费。还配有自助参观时所需的中文音频讲解。

从塔上眺望到的卢布尔雅那城堡和街景

卢布尔雅那城堡

想要其前往城堡，除了步行外，搭乘 Krekov trg 广场以南的缆车或旅游列车 Urban 均可。

TEL (01) 3064293
URL www.ljubljanskigrad.si
开 4 月 · 5 月 · 10 月 9:00~20:00
6~9 月 9:00~21:00
1~3 月 · 11 月 10:00~18:00
12 月 10:00~19:00
休 无 费 免费

城堡内展览

成人€ 7.50 学生€ 5.20

音频讲解和城堡内展览的套票

成人€ 10 学生€ 7

▶ **缆车**

运行：4 月 · 5 月 · 10 月 9:00~21:00
6~9 月 9:00~23:00
1~3 月 · 11 月 10:00~20:00
12 月 10:00~22:00
费 单程 € 2.20 往返 € 4

音频讲解和城堡内展览的套票

成人€ 10 学生€ 7

info 屠夫桥的栏杆上挂满了象征着"爱的誓言"的荷包锁。

国家美术馆
住 Prešernova 24
Tel （01）2415418
URL www.ng-slo.si
开 10:00~18:00
（周四 ~20:00）
休 周一、1/1、5/1、11/1、12/25
费 成人€ 8　学生€ 5
每个月的第一个周日的常设展可免费参观

国家美术馆于 2008 年迎来了建馆 100 周年

国家博物馆
住 Prešernova 20
Tel （01）2414400
URL www.nms.si
开 10:00~18:00
（周四 ~20:00）
休 1/1、5/1、11/1、12/25
费 成人€ 6　学生€ 4
自然史博物馆
成人€ 6　学生€ 3

建筑家　约热·普列赤涅克
约热·普列赤涅克（1872~1957 年）是斯洛文尼亚的代表建筑家。其从师于维也纳分离派的代表建筑师奥托·瓦格纳门下。20 世纪 20 年代他回到养育自己的卢布尔雅那市，然后完成了三桥和国家图书馆的建设工作。普列赤涅克的建筑风格从希腊式到伊斯兰式不等，据说其生前还曾因这种奇特的风格而怀才不遇，但如今已经得到了人们的重新认识，被誉为建筑家和优秀的城市建设者。由他设计的议会大厦的图案被雕刻在了斯洛文尼亚发行的 10¢ 面值的硬币的背面。

国家图书馆

国家美术馆 Map p.216-A2

Narodna galerija　新城

收藏着斯洛文尼亚最重要的美术品的国家美术馆内，展出了制作于 14 世纪的圣母玛利亚的雕像和从浪漫主义风景画到印象主义等各个流派的绘画作品。

建于 1896 年的旧馆的展品以绘画为中心，新馆的展品则以绘画和斯洛文尼亚的秘宝为中心。

国家博物馆 Map p.216-A2

Narodni muzej Slovenije　新城

绿地公园对面的绿色建筑物就是建于 1885 年的国家博物馆。馆内摆放着许多斯洛文尼亚有史以来的遗物。绘制于公元前 6 世纪的壁画和罗马时代的宝石以及玻璃制品等展品都很值得一看。

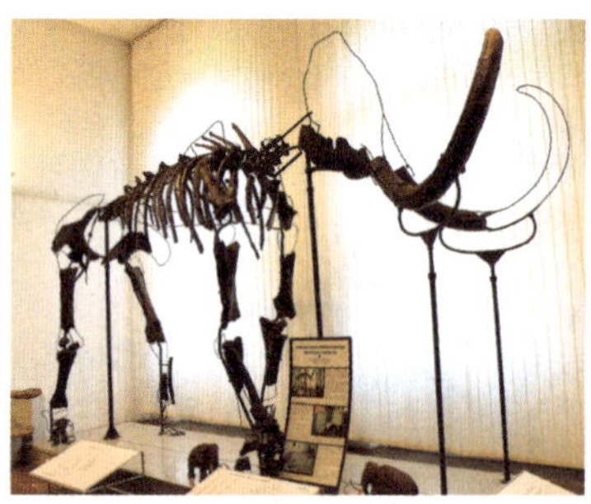
自然史博物馆内展出的猛犸的骨骼标本

博物馆内还并设有自然历史博物馆 Prirodoslovnega muzej，里面展出了矿物标本和动物的剥制标本。

普列舍仁广场 Map p.216-B2

Prešernov trg　旧城

广场上建有斯洛文尼亚著名诗人弗兰策·普列舍仁的铜像。该广场位于卢布尔雅那市的市中心，因此总是有络绎不绝的人群。弗兰策·普列舍仁所做的诗中的一节“当太阳升起时，那时世上居所，再没战争没冲突折磨。人人自由快活，没有仇敌只有好邻国。”也于 1991 年独立战争之后被采用为了斯洛文尼亚的国歌。每当 12 月份时，这个广场上便会搭建起一个圣诞集市。

热闹的普列舍仁广场

方济各会教堂 Map p.216-B2

Frančiškanska cerkev　旧城

外墙为粉红色的方济各会教堂地处普列舍仁广场的对面。教堂内受到意大利影响的设计和装饰品非常精美。该教堂建于 1646~1660 年。在那之后，1736 年时雕塑家弗朗切斯科·罗巴 Francesco Robba 修建了祭坛，

info 卢布尔雅那德语中读作“莱巴赫”（Laibach），罗马时代被称为“埃莫纳”（Emona）。

19 世纪中叶画家 Matej Langus 为拱形的天花板加上了色彩。周日的上午卢布尔雅那的市民会前往这里做礼拜。

三桥

Map p.216-B2

Tromostovje　旧城

这座桥由三部分组成，三桥连接了旧城与新城，建在卢布尔雅尼察河之上的桥梁中人流量最大，最有名的桥。中世纪时该桥是连接西欧和巴尔干半岛的通商路中的一部分，1929~1932 年间，建筑家约热·普列赤涅克给这座桥加上了 2 座供行人行走的桥后就变成了现在的模样。三桥的东面是龙桥 Zmajski most，龙桥的栏杆上建有龙的雕像，这种龙是卢布尔雅那市的象征。

造型独特的约热·普列赤涅克的杰作

近郊的景点　从卢布尔雅那搭乘火车最快 1 小时即可到达

波斯托伊纳溶洞

Map 文前 p.4-B2

Postojnska jama

欧洲最大规模的溶洞，其洞窟群的长度达到了约 27 公里。大约在 10 万年以前，这个地方不断吸收源自 RivièrePika 河的河水侵蚀了原有的石灰岩便形成了现在的洞窟。洞窟内是形状稀奇古怪的钟乳石，但是据说要形成 1 毫米这样的钟乳石需要花上 10~30 年的时间。中世纪时附近的住户就发现了这个洞穴，但是直到 1818 年才有调查队进到洞窟中进行探查。自那以后，这里成了斯洛文尼亚屈指可数的旅游景点，每年都会迎来 35 万人次以上的游客。

被选为溶洞 Logo 的钟乳石“辉煌”

交通 & 线路

火车站位于市区东边的一座山丘之上。从卢布尔雅那等地发车的巴士的终点位于市中心。沿着广场西北方向的 Jamska cesta 大街前进 1 公里即可到达。步行约需 15 分钟。

●跟着旅游团参观　跟着旅游团的导游参观溶洞（约 90 分钟）。进入洞窟后，先乘坐矿车疾行 2 公里左右后下车，剩下的 1.8 公里则跟着导游的讲解慢慢参观。

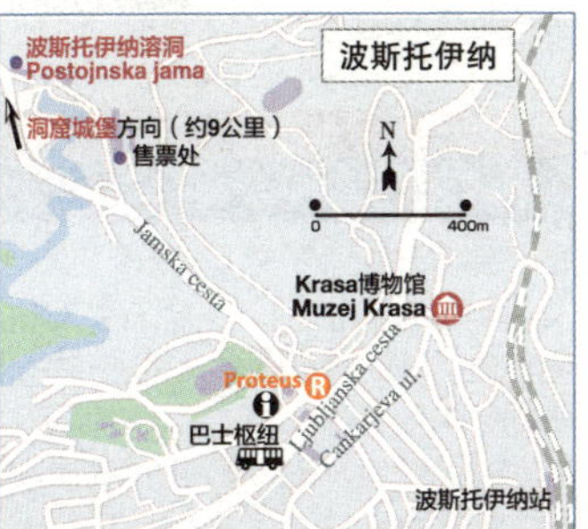

卢布尔雅那的象征，龙的雕像设立在四面栏杆上的龙桥

▶▶Access Guide

从卢布尔雅那到波斯托伊纳

🚃 4:34 5:57 6:35 7:07 8:15 9:43 10:44 12:10 13:17 14:35 15:10 15:45 16:10 16:57 17:45 18:55 19:50 21:03 22:28

周六 · 周日 5:57 6:35 8:15 9:43 13:17 14:35 15:10 15:45 16:10 17:45 18:55 21:03

时长： 约 1 小时

车费： € 5.80~

🚌 5:30 6:05 6:35 7:40 8:15 8:50 10:10 11:00 11:30 12:00 13:30 13:35 15:00 15:50 17:00 17:55 19:55 23:00 23:35

周六 7:40 8:50 10:10 11:00 15:50 17:55 23:00

周日 7:40 8:00 8:50 10:10 11:10 13:30 15:00 15:50 17:45 18:23 18:28 20:00 21:45 23:00 23:35

时长： 45 分钟 ~1 小时 15 分钟

车费： € 6

矿车开启溶洞之旅

旅游咨询处（波斯托伊纳）

MAP p.219
住 Trg padlih
TEL 040-122318
URL www.visit-postojna.si
开 夏季 8:00~20:00
冬季 8:00~18:00
（周六 · 周日 9:00~17:00）
休 无

波斯托伊纳溶洞

住 Jamska cesta 30
TEL （05）7000100
URL www.postojnska-jama.eu

info 卢布尔雅那的象征是龙。传说希腊神话中的英雄伊阿宋降伏了这片土地上的龙。

▶ 溶洞参观

开 5月 · 6月 · 9月
9:00~17:00 期间的整点时刻
7 月 · 8 月 9:00~18:00 期间的整点时刻
4 月 · 10 月 10:00、12:00、14:00、15:00、16:00
11 月 ~ 次年 3 月 10:00、12:00、15:00

休 无

费 成人€ 23.80　学生€ 20.60

▶ 生态箱

开 5月 · 6月 · 9月
8:30~17:00
7 月 · 8 月 8:30~18:00
10 月 ~ 次年 4 月 9:30~15:00
闭馆前 50 分钟禁止入场

休 无

费 成人€ 9.90　学生€ 7.90

▶ 博览馆

开 4 月 10:00~17:00
5 月 9:00~17:00
6 月 · 9 月 9:00~18:00
7 月 · 8 月 9:00~19:00
10 月 10:00~16:00
11 月 ~ 次年 3 月
10:00~15:00
闭馆前 50 分钟禁止入场

休 无

费 成人€ 9.90　学生€ 7.90

▶ 套票

溶洞参观 + 生态箱
费 成人€ 31.80　学生€ 25.40

溶洞旅游团 + 博览馆
费 成人€ 31.80　学生€ 25.40

溶洞旅游团 + 洞窟城堡
费 成人€ 31.80　学生€ 28.60

溶洞旅游团 + 生态箱 + 博览馆 + 洞窟城堡
费 成人€ 41.90　学生€ 33.50

洞窟城堡

没有通向城堡的公共交通工具。从波斯托伊纳搭乘出租车大约需要 30 分钟，€ 35。

URL www.postojnska-jama.eu

▶ 洞窟城堡参观

开 5 月 · 6 月 · 9 月
9:00~18:00
7 月 · 8 月 9:00~19:00
4 月 · 10 月 10:00~17:00
11 月 ~ 次年 3 月
10:00~16:00

休 无

费 成人€ 13.80　学生€ 11

▶ 城堡下方的洞窟参观

开 5 月 ~9 月 11:00、13:00、15:00、17:00
天气恶劣的日子里洞窟内部会形成积水，参观活动就被终止

休 10 月 ~ 次年 4 月

费 成人€ 9.90　学生€ 7.90

●形态各异的钟乳石　钟乳石的形态会随着洞窟的高度和宽敞程度而发生微妙的变化。有的钟乳石会呈现出非常有趣的造型，例如像犀牛、鸡、乌龟、鹦鹉、男士等。其中，纯白细长的被称作为“意面”的冰柱式钟乳石以及表面光滑细腻的白色“辉煌”钟乳石等都非常精美。

●神秘的美人鱼　在后半部分的参观活动中，可以在音乐大厅的前方看到洞螈 Proteus Anguinus，其“美人鱼”的称号得名于自身的肤色。这种珍稀生物的眼睛在适应黑暗环境后便完全退化了，呼吸器官分为鳃和肺，且一年内不进食也能够存活。该洞螈是溶洞的吉祥物，市面上能买到以之为原型的玩偶。

●生态箱　Vivarium　在距离溶洞入口约 50 米的地方设置了一处能够观察洞窟内生物的场所。跟着导游参观的话全程大约需要 45 分钟。

●博览馆　Expo 在邻近售票处南面的建筑物内开设有一个展览，该展览从各个角度对波斯托伊纳溶洞展开了解说，例如溶洞是如何形成的、溶洞内住着怎样的动物。

洞窟城堡

Map 文前 p.4-B2

Predjamski grad　　波斯托伊纳周边

●断崖之上的城堡　在距离波斯托伊纳溶洞约 19 公里的地方，有一个造型独特，让人看一眼就难以忘怀的洞窟城堡。该城堡静悄悄地依傍在高为 123 米的垂直峭立的悬崖之上，悬崖下方是小溪潺潺的娴静田园风光。梦幻般的景象让人仿佛置身于童话世界一般。

这里的城堡始建于 12 世纪，现在看到的是 16 世纪改建后的模样。城堡内部展示了 16~19 世纪的家具和绘画以及再现了当时的生活情景的人偶等。光是走在错综复杂的城堡之内就已经是趣味横生。

●探险于隐秘的洞窟之内　只有在夏季才能参观这隐秘在城堡背面的洞窟。洞窟全长 13 公里，其中大约 600 米的路段可以步行参观（大约需要 30 分钟。内部因恶劣天气发生积水时，参观活动就会被取消）。在这未经雕琢的狭窄路段中需要游客一手拿着照明灯，可谓是惊险十足。据说洞窟内住着 5000 只蝙蝠，有时候还能撞见他们的身影。洞窟的墙壁上残留着类似 1564 年的年号涂鸦以及 16 世纪的城主路德维希 · 冯 · 科本茨尔 Rouis Cobenzl 的签名等的记号。由此可见，过去的人们也非常享受这洞窟的探秘之旅。

建在绝壁之上的洞窟城堡

近郊的景点　从卢布尔雅那搭乘火车或巴士，最快 1 小时 45 分即可到达

什科茨扬溶洞

Map 文前 p.4-B2

Škocjanske jame

什科茨扬溶洞位于卢布尔雅那西南方位约 82 公里的位置。作为喀斯特地形这一说法的词源的这片地区内有着大量的石灰岩，石灰岩在湖水和雨水的侵蚀下便形成了大量的溶洞。据说什科茨扬洞群起源于 3 亿年前，公元前 3000~ 公元前 1700 年间还有人在这里居住过。

info 波斯托伊纳近郊的洞窟城堡作为世界上“规模最大的洞窟城堡”，被列入了吉尼斯世界纪录。

交通 & 线路 迪瓦查站 Divača 是最近的车站。车站和溶洞游客中心 Matavun 之间相隔 5 公里，前往时候可以搭乘车站提供的免费巴士。步行则大概需要 40 分钟。车站处提供有前往溶洞的指示图。

●跟随导游参观 想要参观溶洞只能跟团，可以在游客中心进行申请。线路分为 2 条，线路1 提供导游的解说，途中可以欣赏到高为 15 米的宽敞空间“大厅”和形态独特的钟乳石。此外沿途的石灰架也是不可错过的景点。此条线路最大的亮点就是地底的大溪谷。线路2 则需要游客沿着洞窟中的水流 Reka 方向前行，一直走到溪谷的下方。

卢布尔雅那站

1小时30分钟 4:34 5:57 8:15 9:43 10:44 12:10 13:17 14:35 15:45 16:10 16:57 17:45 18:55 19:50 21:03
周六·周日5:57 8:15 9:43 13:17 14:35 15:45 16:10 17:45 18:55 21:03

迪瓦查站Divača

步行40分钟

接送巴士 9:50 11:15 14:15 15:00 16:30（冬季班次变少）

什科茨扬溶洞

溶洞内的 Reka 溪流和溪流之上的吊桥

世界遗产

什科茨扬溶洞
Škocijanske Jame
1986 年列入世界遗产

什科茨扬溶洞

住 Škocjan z
TEL（05）7082110
URL www.park-skocjanske-jame.si

▶ 线路 1（时长 1 小时 30 分钟 ~2 小时）

开 6~9 月 10:00~17:00 期间的整点时刻
4 月·5 月·10 月 10:00、12:00、13:00、15:30
11 月～次年 3 月 10:00、13:00、周日·节假日 15:00

休 无

费 成人€ 16~20
学生€ 12~16

▶ 线路 2（时长 1 小时 ~1 小时 30 分钟）

6~9 月 10:00~15:00
4 月·5 月·10 月 11:00、14:00

休 11 月～次年 3 月

费 成人€ 12.50 学生€ 9

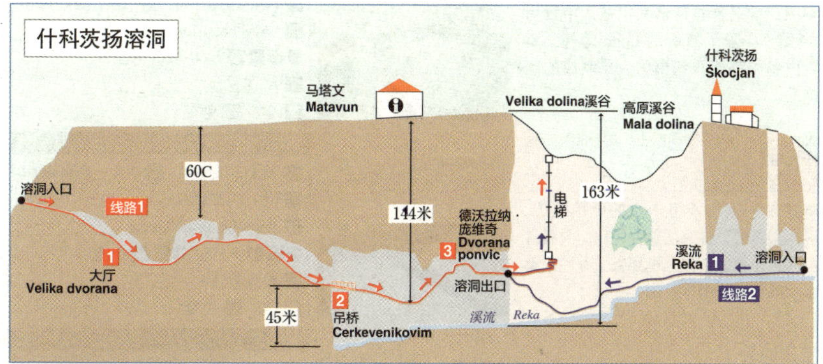

左：石灰架
右：宽广的地下空间

卢布尔雅那的酒店

Hotel

大联盟酒店

Grand Hotel Union Executive

◆该酒店建于 1905 年，建筑风格为新艺术派，许多的名人都曾住过这家酒店。客房非常宽敞，健身中心的设备也很完善。

新城　Map p.216-B2

住 Miloščeva 1　TEL (01) 3081270

FAX (01) 3081015　URL www.union-hotels.eu

S € 250~

W € 260~

CC A D J M V

早餐 含　WiFi 免费

画廊酒店

Galleria

◆正如酒店名字所说的那样，这是一家弥漫着古典气氛的酒店，各个房间内配备了许多古色古香的家具。虽然客房很少，但是公共区域很宽敞，布置整洁的中庭也非常精美。

旧城　Map p.216-B3

住 Gornji trg 3　TEL (01) 4213560

URL www.hotelgalleria.eu

S € 50~

W € 70~

CC A D M V

早餐 含　WiFi 免费

库伯酒店

Cubo Hotel

◆这家设计酒店的客房由斯洛文尼亚设计师所设计。时髦的装修风格使得它在年轻人中很受欢迎。并设的地中海美食的餐馆的评分也很高。

共和国广场周边　Map p.216-A3

住 Slovenska cesta 15　TEL (01) 4256000

FAX (01) 4256020　URL www.hotelcubo.com

S € 100~150

W € 135~185

CC A D J M V

早餐 含　WiFi 免费

斯隆酒店

Hotel Slon

◆酒店的名称在斯洛文尼亚语中意为“大象”。除了酒店的 Logo 之外，酒店内各处都能看到模仿大象制成的装饰品。

斯洛文尼亚大街　Map p.216-A2

住 Slovenska cesta 34

TEL (01) 4701100　FAX (01) 2517164

URL www.hotelslon.com

S W € 60~400

CC A D M V

早餐 含　WiFi 免费

中心酒店

Central Hotel

◆这是一家位于市中心的中档酒店。客房很宽敞，讲究功能性设计。酒店自身并不是很大，但是也配备了芬兰式桑拿、餐馆、酒吧等设施。

卢布尔雅那火车站周边　Map p.216-B1

住 Miklošičeva 9　TEL (01) 3084300

FAX (01) 2301181

URL www.union-hotels.eu

S € 135　W € 160

CC A D M V

早餐 含　WiFi 免费

城市酒店

City Hotel Ljubljana

◆这家酒店的地理位置非常优越，靠近车站和市中心。客房很简单但是很新，舒适度高，设备也很完善。1 楼除了有创意料理餐厅，还并设了酒吧。

新城　Map p.216-B2

住 Dalmatinova 15

TEL (01) 2390000　FAX (01) 2390001

URL www.cityhotel.si

S W € 95~

CC A D M V

早餐 含　WiFi 免费

特雷索青年旅舍

Hostel Tresor

◆这家旅店过去是家银行。酒店内免费提供毛巾和床单。国际青年旅舍的会员入住时可以享受折扣。厨房配备有微波炉和烧水壶以及基础厨具。

旧城　Map p.216-B2

住 Čopova 38　TEL (01) 2009060

FAX (01) 2009069　URL www.hostel-tresor.si

宿舍 € 15~

S W € 42~

CC M V　早餐 € 2~4　WiFi 免费

赛利卡艺术旅馆
Celica

◆这家酒店在奥地利·匈牙利帝国时代是一座监狱，匈牙利独立之后是一家画廊，画廊经过改装之后便成了现在的酒店模样。酒店距离车站非常近，所处的地理位置很优越。因为这家酒店很受欢迎，所以推荐旅客们提前预订。

卢布尔雅那东侧 Map p.216-A1

住 Metelkova 8 TEL（01）2309700
URL www.hostelcelica.com
宿舍 € 17~23
S W € 44~66
CC M V
含 WiFi 免费

卢布尔雅那的餐馆
Restaurant

JB 餐馆
JB Restaurant

◆这是一家入选世界餐馆前 100 的有名餐馆。套餐种类很丰富，平均消费€ 50~95。单点主食平均€ 18~36/ 碟。

卢布尔雅那火车站周边 Map p.216-B1

住 Miklošičeva cesta 19
TEL（01）4307070 URL jb-slo.com
开 12:00~23:00（周六 18:00~23:00）
休 周日·节假日 CC A D J M V
创意美食

索科尔餐馆
Sokol

◆该餐馆以斯洛文尼亚传统美食为中心，面包菌菇汤€ 5、鹿肉排€ 16、野味拼盘€ 20。此外还供应意面和海鲜，菜品十分丰富。

旧城 Map p.216-B3

住 Ciril Metodov trg 18 TEL（01）4396855
URL www.gostilna-sokol.com
开 7:00~23:00（周日·节假日 10:00~23:00）
休 无 CC D M V
斯洛文尼亚美食

Špajza 餐馆
Špajza

◆这家餐馆选址于有着 200 多年历史的传统民家建筑物。每天供应的面包都是用自家的窑烤制而成。餐厅还提供非常优惠的午餐套餐，工作日€ 11、周末€ 15。

旧城 Map p.216-B3

住 Gornji trg 28 TEL（01）4253094
URL www.spajza-restaurant.si
开 12:00~22:00
休 无 CC A D M V
斯洛文尼亚美食

Marley & Me 咖啡馆
Marley & Me

◆田园风格的吧台和家具，营造出了这家咖啡馆和谐的气氛。店内以克拉尼斯卡香肠等乡土美食为代表，此外还提供意大利面和牛排等。

旧城 Map p.216-B3

住 Stari trg 9 TEL 08-3806610
URL www.marleyandme.si
开 11:00~23:00
休 无 CC M V
斯洛文尼亚美食

寿司妈妈
Sushi Mama

◆这家店虽然主要供应寿司，但是供应的其他日本料理的种类也很丰富。寿司拼盘€ 11~、刺身拼盘€ 15~、天妇罗€ 12~、乌冬面€ 6~。

旧城 Map p.216-B2

住 Wolfova 12 ☐ 040-702070
URL www.sushimama.si
开 11:30~22:00
休 周日·节假日 CC D J M V
日本料理

卢布尔雅那的商店
Shop

Majolka 礼品店
Majolka

◆这是一家位于沃德尼克广场附近的礼品店。店里的礼品种类丰富，除了卢布尔雅那的特产之外，店内还能买到斯洛文尼亚各地的各式工艺品和点心以及白兰地葡萄酒。

旧城 Map p.216-B2

住 Ciril Metodov trg 5
TEL（01）2347630
开 夏季 9:00~21:00（周日 10:00~21:00）
冬季 9:00~20:00（周日 10:00~20:00）
休 无 CC M V
白兰地 工艺品

布莱德湖 *Blejsko jezero / Lake Bled*（英语）

湖面泛着绿宝石光泽的布莱德湖自 17 世纪开始就已经是人们心驰神往的一处游览胜地，1981 年被指定为国家公园。被称为“阿尔卑斯山之眼”的湖面之上倒映着特里格拉夫峰，其海拔 2864 米，是朱利安阿尔卑斯山脉的最高峰。湖面上漂浮着一座小岛，它是斯洛文尼亚境内的唯一一座岛屿，在岛上建有一座巴洛克式的教堂，仿佛在守护着它身边的大自然。

▶▶Access Guide

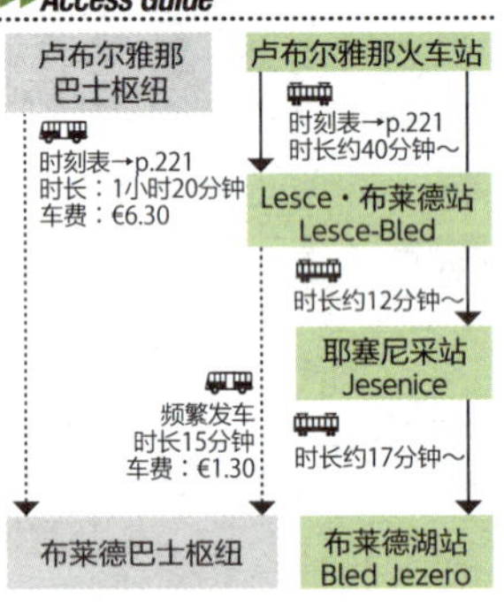

交通 & 出行

●火车站 & 巴士枢纽 旅游景点布莱德湖的东岸并没有火车站，所以比起火车，搭乘巴士出行更方便。若巴士始发于卢布尔雅那时，有时候根据驿站位置的不同，有时候不前往巴士枢纽，而是在前一站的卢布尔雅那大街附近的巴士站下车 Ljubljanska cesta 反而会离目的地更近。

布莱德湖 漫 步

布莱德湖东西长 2120 米，南北宽 1380 米，整个湖泊的范围延伸到了周围约 6 公里的位置，湖泊的沿岸设置了人行道，慢走 1 圈大概需要 2 小时。每走一步所看的湖面的景象都是各不相同的，令游客忍不住驻足观望。此外，还可以通过马车、观光列车和租赁式自行车的方式环游湖畔。

布莱德湖 主要景点

布莱德城堡 Map p.225-B

Blejski grad

布莱德城堡建在湖面上方约 100 米高的断崖之上。步行登城时总会突现坡道。站在城堡之上能将布莱德湖和周边的景色一览无余。雄伟壮丽的自然景象会随着时间的推移而发生改变，其绝美之程度简直让人忘却呼吸。

城堡分为 2 层，第 1 层是罗马式的墙壁和哥特式的建筑，第 2 层建有邸宅和礼拜堂，如今改建成了博物馆和餐馆。

博物院内展出了布莱德湖自青铜器

断崖之上俯瞰依湖而建的布莱德城堡

MAP 文前 p.4-B1
人口约 5000 人
长途区号 04
旅游局
URL www.bled.si

旅游咨询处（布莱德湖）
MAP p.225-B
住 cesta Svobode 10
TEL（04）5741122
URL www.bled.si
开 5 月·6 月·9 月·10 月
8:00~19:00（周日·节假日 9:00~17:00）
7 月·8 月 8:00~21:00（周日·节假日 9:00~17:00）
11 月～次年 4 月
8:00~18:00（周日·节假日 10:00~16:00）
休 无
租赁自行车为 1 小时€ 3.50 半天€ 8

观光列车
运行时间随季节而有所变动。大致为 9:00~17:00（6~8 月 ~21:00）期间每隔 40 分钟发 1 班车，车费为€ 5。11 月～次年 4 月停运。

马车
周游布莱德湖€ 50~。布莱德湖往返费用根据候车的时间而有所变动，大约为€ 60。

租赁船
有几处能租赁手划船的场所。4 人乘一条船，1 小时€ 20~。

布莱德城堡
TEL（04）5729782
URL www.blejski-grad.si/
开 4 月·5 月·9 月·10 月
8:00~20:00
6~8 月 8:00~21:00
11 月～次年 3 月
8:00~18:00
休 无
费 成人€ 11 学生€ 7

info 布莱德湖周边非常盛行漂流和溜索等运动项目。可以在当地的旅行社进行报名。

时代以来的相关历史藏品。拿破仑一世统治时代的家具和中世纪的刀剑枪支等展品实际上并没有在这片土地之上被使用过，但也能让人们感受到这座城堡所走过的历史岁月。

再现谷登堡印刷术的印刷机

圣母升天教堂 Map p.225-A

Cerkev sv. Marijnega vnebovzetja

圣母升天教堂是布莱德湖的标志，岛上这座教堂的历史可以追溯到8~9世纪。17世纪时改建为了一座有着现存白塔的巴洛克式教堂。教堂作为斯洛文尼亚的标志性风景建筑之一，于18世纪起成了明信片图案的经典款式。

教堂的祭坛之上安置着圣母升天的雕像。雕像两边摆放着布莱德君主亨里克二世 Henrik Ⅱ 和他的妻子波西米亚的安妮 Kunigunda 的肖像画。

钟楼建于1534年，据说敲响钟声就能实现愿望。传说有一位年轻的女性将钟扔进了布莱德湖中，以此来祈愿逝去的丈夫能够苏醒过来。但是，她的愿望最终也没能实现，后来在修道院度过了一生。据说当时的罗马教皇为了让人们许下的愿望能够实现，便向教堂捐赠了一个吊钟。

圣母升天教堂的内部

去布莱德城堡时搭乘木质小船名为"Pletna"，一次大概能承载20人。船夫划着两边的船桨，缓慢地将乘客送向布莱德湖。

布莱德城堡内部的礼品店
Manufaktua Mojster Janez

店内的印刷厂采用的是过去活字印刷的方法，可以为客人们印刷出带有自己名字和祝福语的卡片。酒窖内是手工酿造的葡萄酒，将酒桶中的酒直接装瓶，盖上软木塞，再使用焊剂印上图章，客人们可以亲身体验这些操作。

▶ 印刷厂
开 夏季 8:00~20:00、冬季 9:00~18:00
▶ 酒窖
开 夏季 9:00~20:00、冬季 9:00~18:00

圣母升天教堂

前往小岛的公共划艇有2种。Pletna这种传统的手动式划艇在聚集到一定人数的乘客之后就会开船，而电动划艇的出发时间是固定的。费用均按照往返进行收取，Pletna划艇€14、电动划艇€11。Pletna划艇会在岛上停留大约40分钟，要求乘客搭乘同一辆划艇返程，因此需要记住自己所搭乘的那辆划艇。电动划艇每小时运行1班。

TEL (04) 5729782
URL www.blejskiotok.si
开 5~9月 9:00~19:00
4月·10月 9:00~18:00
11月~次年3月 9:00~16:00
休 无
费 成人€6 学生€4

布莱德湖的酒店

Hotel

维拉布莱德酒店

Hotel Vila Bled

◆这家酒店以前是铁托 ▶p.503 居住的别墅。1947 年修建之后，昭和天皇等各国的政要都曾下榻过这家酒店。酒店现在还维持着建设初期的模样，并设了餐馆和桑拿房。

Map p.225-A

住 cesta Svobode 18 TEL (04) 5753710
FAX (04) 5753711 URL www.brdo.si
S € 135~180
W € 150~210
CC A D M V
含 WiFi 免费

公园酒店

Park Bled

◆这是一家有着 150 多年历史的酒店，但内部设施却很现代化。酒店内设有配备了市内泳池和桑拿房的健康中心。海景房装有空调和浴缸。

Map p.225-B

住 cesta Svobode 15
TEL (04) 5791800 FAX (04) 5797801
URL www.sava-hotels-resorts.com
S W € 116~220
CC A D M V
含 WiFi 免费

Penzion Mlino 酒店

Penzion Mlino

◆这家酒店位于从巴士枢纽沿着湖边步行约 15 分钟的地方。1 层是餐馆，2 层是客房。客房虽然不大但是很干净。13 间客房中，有 8 间是海景房。

Map p.225-A

住 cesta Svobode 45 TEL (04) 5741404
URL www.mlino.si S € 45~80
W € 60~90
CC M V
含 WiFi 免费

城堡旅馆 1004

Castle Hostel 1004

◆旅馆内均为宿舍式房间，平均每个房间有 4~12 张床。入住手续需要到旅馆对面的 Altitude Adventures 公司进行办理。

Map p.225-B

住 Grajska cesta 22
070-732799
宿舍 € 10~
CC 不可
无 WiFi 免费

布莱德湖的餐馆

Restaurant

Kavarna Park 餐馆

Restavracija Kavarna Park

◆该餐馆位于同名酒店的对面。餐馆内的布莱德湖特产酥皮奶油蛋糕 Blejska Kremna Rezina 备受好评，€ 4.20/ 份。主食的价位在€ 14.90~32。

Map p.225-B

住 Hotel Park, cesta Svobode 15
TEL (04) 5791818
URL www.sava-hotels-resorts.com
开 夏季 8:00~23:00、冬季 9:00~21:00
休 无 CC A D M V

斯洛文尼亚美食 甜点

亚泽赛克餐馆

Jezeršek

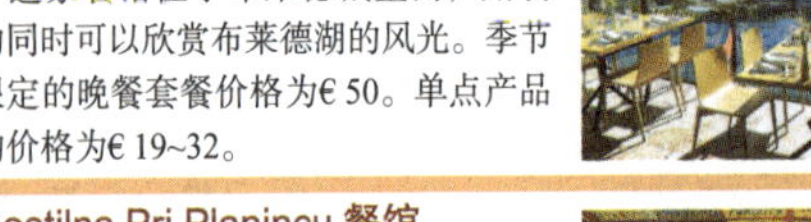

◆这家餐馆位于布莱德城堡内，用餐的同时可以欣赏布莱德湖的风光。季节限定的晚餐套餐价格为€ 50。单点产品的价格为€ 19~32。

Map p.225-B

住 Grajska cesta 61
TEL (04) 6203444 URL www.jezersek.si
开 夏季 11:00~22:00、冬季 11:00~20:00
休 无 CC A D M V

斯洛文尼亚美食

Gostilna Pri Planincu 餐馆

Gostilna Pri Planincu

◆这是一家创立于 1903 年的百年老店。餐馆位于从巴士枢纽沿着布莱德城堡方向步行 100 米的位置。餐馆前面是酒吧，后面是餐馆。热腾腾的肉类菜品非常受欢迎，价位为€ 9.90~23。

Map p.225-B

住 Grajska cesta 8
TEL (04) 5741613
URL www.pri-planincu.com
开 9:00~23:00 休 无 CC A M V

斯洛文尼亚美食 意大利美食

info 在距离布莱德湖巴士车程约 1 小时的地方有一个名为博希尼湖的湖泊。从湖中捕捞上来的鳟鱼是那里的特产。

克罗地亚

Croatia

一边眺望着杜布罗夫尼克的老城区一边享受海水浴

基本信息 General Information

国旗

红白蓝 3 色旗，旗面中间绘有国徽

正式国名

克罗地亚共和国 Republika Hrvatska

国歌

《我们美丽的祖国》

Lijepa Naša Domovino

面积

5.66 万平方公里

人口

408 万（2019 年）

首都

萨格勒布 Zagreb

国家元首

总统：佐兰 · 米拉诺维奇

总理：安德烈 · 普连科维奇

政体

共和制（于 2013 年 7 月加入欧盟）

民族构成

克罗地亚人 89.6%，塞尔维亚人 4.5%，此外还有匈牙利人、斯洛文尼亚人、意大利人和阿尔巴尼亚人等。

宗教

罗马天主教 88%，塞尔维亚正教等。

语言

官方语言为克罗地亚语（斯拉夫语族）。塞尔维亚语和波斯尼亚语之间只是方言的差别。文字使用的是拉丁文字。外语中较为常用的有德语和英语。沿岸地区说意大利亚语的人很多。

→旅行中会用到的克罗地亚语 p.235

货币和兑换汇率

克罗地亚的货币为库纳 Croatian Kuna。在本书中表记为 Kn。辅币单位是利帕 Lipa，1 库纳 =100 利帕。截至 2021 年 1 月，1Kn=1.0454 元，1 € =7.5745Kn。

库纳分纸币和硬币两种，纸币有 7 种面值，分别为 1000Kn、500Kn、200Kn、100Kn、50Kn、20Kn、10Kn、5Kn※。

硬币有 7 种面值，分别为 25Kn※、5Kn、2Kn、1Kn、50Lipa、20Lipa、10Lipa、5Lipa、2Lipa※、1Lipa※。

※ 表示市面流通量较少，不怎么常见

【信用卡】

餐馆和中档以上的酒店、商铺中都能支持信用卡消费。ATM 也很多。

【货币兑换】 在货币兑换商人处兑换外币时需要注意的就是有无手续费。有时存在显示的汇率很好但是手续费很高的情况，所以兑换之前请仔细确认。

1Kn

2Kn

5Kn

10Kn

20Kn

50Kn

100Kn

200Kn

500Kn

1000Kn

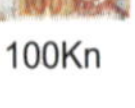
5Lipa

10Lipa

20Lipa

50Lipa

→旅游的预算与花费 p.480

出入境

【签证】

90 天以内的以旅游为目的的入境免签。

【护照】

护照有效期一般要求大于 6 个月。

→中国出入境 p.461
→中欧各国的出入境 p.461

从中国前往克罗地亚的航班

到目前为止，中国国内还没有能够直达克

拨打电话的方法

从中国往克罗地亚拨打电话的方法

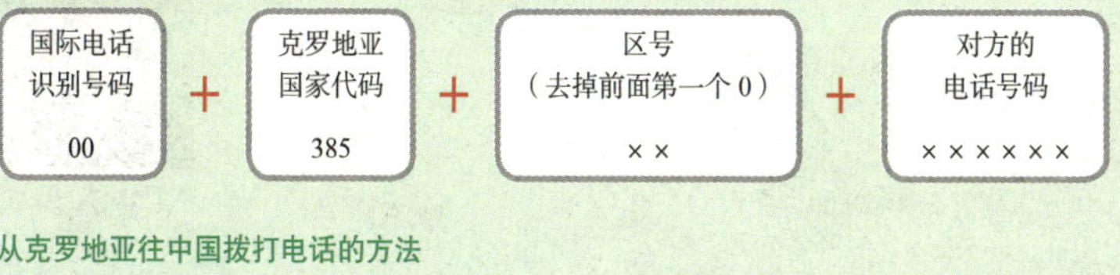

从克罗地亚往中国拨打电话的方法

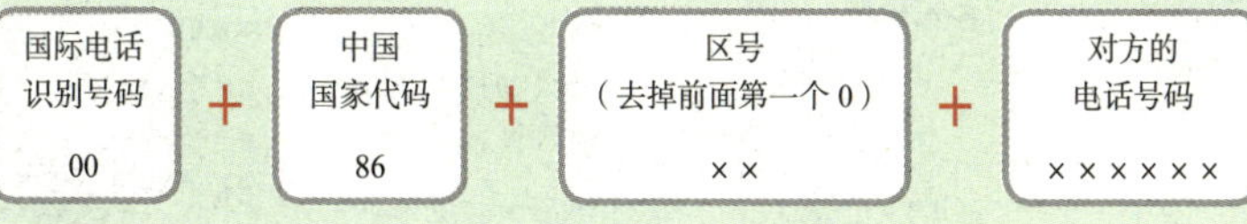

→关于通信与邮寄 p.486

罗地亚的航班，至少需要在周边国家换乘 1 次。包括换乘在内，航班的飞行时间为 15 小时 30 分钟 ~35 小时。若白天从中国出发，经由法兰克福等换乘地后，可于当天到达萨格勒布。

→从中国前往中欧的线路 p.460

从周边各国前往克罗地亚的线路

【火车】 从匈牙利、斯洛文尼亚、塞尔维亚、波斯尼亚和黑塞哥维那等接壤国家搭乘火车即可入境。萨拉热窝 ~ 萨格勒布之间的直达列车目前暂停运行。

【巴士】 和火车一样，有国际巴士运行在近邻各国和萨格勒布、杜布罗夫尼克、里耶卡之间。

→当地交通 p.481

时差和夏令时

克罗地亚和中国的时差为 7 小时，将中国时间减去 7 小时即为克罗地亚时间。也就是说，中国的早上 7 点相当于克罗地亚 0 点。当克罗地亚进入夏令时后，时差将变为 6 个小时。夏令时的实行时间是 3 月最后一个周日的 AM2:00（=AM3:00）~10 月最后一个周日的 AM3:00（=AM2:00）

营业时间

以下是一般情况下的营业时间。

【银行】 周一～周四 8:00~15:00 周五 8:00~13:00 周六·周日休息

【邮局】 工作日 7:00~19:00，周六缩短营业时间，周日休息。萨格勒布中央火车站旁边的邮局营业至 24:00。

【商店】 周一～周五 8:00~20:00，周六～13:00，周日和节假日一般不营业。

【餐厅】 餐馆的营业时间各不相同，大致为 8:00~12:00。很多餐馆都是到深夜才打烊。

气候

克罗地亚的气候有地域之分。内陆地区为大陆性气候，亚得里亚海沿岸地区为地中海性气候。亚得里亚海地区的气候一直到晚秋都很温和，即便是冬季也只是到微凉的程度，但是内陆地区的冬季却严寒。在多晴的亚得里亚海沿岸地区，即便是在夏夜，风也比较大，因此需要备好一件长袖衬衫。

萨格勒布的气温及降水量

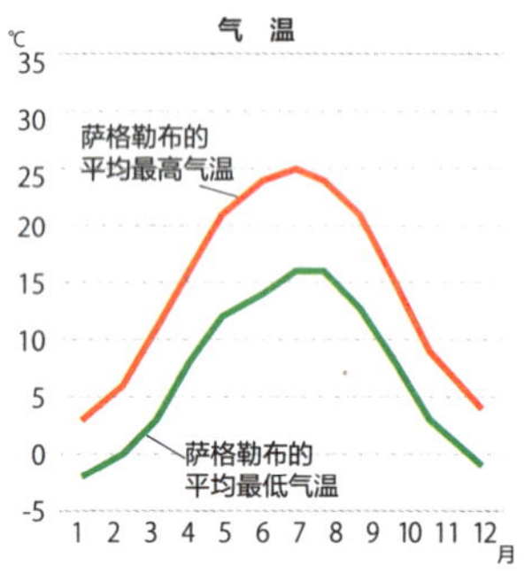

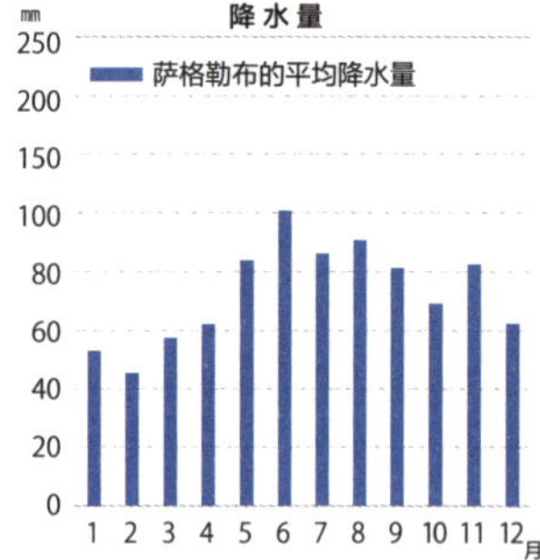

主要的节日

请注意，有些节假日（带 ※ 标志）的日期会根据年份的不同而变化。

时 间	节日名称
1/1	新年
1/6	主显节
4/12（'20）4/4（'21）※	复活节
4/13（'20）4/5（'20）※	复活节次日
5/1	劳动节
6/11（'20）6/3（'21）※	基督圣体节
6/22	反法西斯斗争日
6/25	建国节
8/5	胜利日
8/15	圣母升天日
10/8	独立日
11/1	诸圣日
12/25 · 26	圣诞节

电压和插头

电流的电压是 230V、50Hz。插头多为 C 类的两脚圆插。中国国内的很多电器都不能直接使用这类插头，因此需要转换插头。

视频制式

【DVD 连接方式】

克罗地亚的电视制式是 PAL 制，和中国的电视制式相同，因此中国国内的影碟在克罗地亚的视频软件上能直接播放。

厕所

收费的公共厕所比较多，费用为 2~7Kn。厕所的标志男性：gospoda/muski，女性：gospode/dame。

小费

【餐馆】

当对高级餐厅的服务表示满意时，一般支付用餐费用的 10%。

【酒店】

有什么事情需要麻烦服务员时，一般要支付 10~20Kn。

饮料水

建议不要饮用自来水管道的水，尽量购买矿泉水。超市中 500ml 的瓶装矿泉水售价约为 5 元人民币。

邮政

邮局在克罗地亚语中写作 HP（Hrvatska Pošta）。再小的城市里基本都会设有邮局，据说没有发生过快递事故。不光是在城市地区，常驻的分店里也有很多懂英语的店员。

【邮费】

从克罗地亚寄包裹到中国时，平邮需要三周至一个月的时间，航空挂号信需一周。邮费按照重量计算，普通信函走海运一般为 5~150Kn，走空运一般为 200~450Kn。

→关于通信与邮寄 p.486

税金

在克罗地亚，商品的金额中包含一部分名为 PDV 的流通税（25%）。一次性消费满 740Kn 则可以享受部分退税。需要注意的是，有一些商品不包含在退税的对象内。需要退税时，首先需要从免税店处获取专用的纸张，将相关信息填写在纸张上，并于出境时在海关处盖章。最后将盖好章的纸张提交给克罗地亚机场内的邮局或中国机场内的现金返还窗口即可实现退税。

→中欧各国的出入境 p.461

安全与纠纷

随着中国游客的增多，以中国游客为目标的偷窃和顺手牵羊以及假冒警察的案件也相继发生。希望游客们能采取最低程度的自我防卫措施，例如时常将行李放置在视线范围之内，减少深夜外出等。

【偷窃】乘坐巴士和有轨电车等公共交通工具时要提防小偷。

【顺手牵羊】要提防发生在地铁和人群混杂场所针对游客的偷窃行为，以及发生在酒店大厅和餐馆内的顺手牵羊行为。离开座位时记得带好个人行李。

【假警察】有些人会假冒警察，要求对方出示护照，打着安检和检查钱包的名义诈取钱财。因此要牢记不要随身携带护照以及大量现金（将现金分开放）。

【地雷】与塞尔维亚接壤的东部斯拉沃尼亚地区，从与波斯尼亚和黑塞哥维那接壤的克罗尼亚中心内陆地区到扎达尔的地区，都是曾经发生过战乱的地区，所以残留了当时埋下的地雷。虽然主要干道周边已经完成了排雷工作，但是山野和小道还存在没有完成排雷工作的区域，因此，请不要踏入废弃的房屋和未经铺砌的道路。

中国驻克罗地亚共和国大使馆

Embassy of the People's Republic of China in The Republic of Croatia

住 Mlinovi 132, 10000 Zagreb, Croatia

TEL 00385-1-4637011

FAX 00385-1-4637012

URL http://hr.china-embassy.org/chn/

报警电话 192　消防电话 193

急救电话 194

→旅游中的纠纷与安全措施 p.488

年龄限制

在克罗地亚，未满 18 岁的未成年不能购买酒类和香烟。

度量衡

和中国的度量衡相同，距离为米，重量为克、千克，液体容积为升。

克罗地亚 Croatia 旅行的基础知识

漫步在阳光下熠熠生辉的蔚蓝色亚得里亚海的旅游胜地和橙色屋顶连绵不绝的老城区，巡游历史悠久的遗迹。克罗地亚这个汇聚了多彩魅力的国度是中欧地区首屈一指的旅游大国。

【旅游亮点】

1 杜布罗夫尼克 p.255

有着“亚得里亚海之珠”美称的杜布罗夫尼克过去曾经是一座和威尼斯共和国争夺亚得里亚海贸易霸权的海洋城市。在被牢固的城墙包围起来的旧城中有着许多历史悠久的建筑物。

从Srđ山上眺望到的老城区景象

2 斯普利特 p.246

这是一座以罗马帝国皇帝的宫殿为起源的世界遗产都市。古代和中世纪的风格复杂地交融在一起，这里的街景在世界范围内也是独一无二的。同时，这座城市作为巡游亚得里亚海诸岛的据点而非常受欢迎。

建在罗马帝国皇帝陵墓之上的圣殿

3 普利特维采湖群国家公园 p.242

该国家公园位于距离首都萨格勒布大概2小时巴士车程的地方。公园由16个大大小小的段状湖泊所组成。公园内除了铺设的人行道之外，还有环保巴士，游客们可以根据时间和体力选择合适的环游方式。

瀑布和湖泊交织而成的景色

【国土】

克罗地亚的国土大致上可分为4个区域：萨格勒布周边的中心城区、克罗地亚地区、克罗地亚地区东部、处在匈牙利和波斯尼亚和黑塞哥维那中间的斯拉沃尼亚内陆地区。位于亚得里亚海沿岸的是达尔马提亚地区。位于国土最西部的和意大利接壤的半岛是伊斯特拉半岛。

【特产】

克罗地亚盛产橄榄油和蜂蜜，各地也都酿造葡萄酒。要说起各地的特产，伊斯特拉半岛的松露、斯通的食盐、赫瓦尔岛的薰衣草等非常有名，很适合做伴手礼。此外，萨格勒布北部——克拉皮纳-扎戈列县的传统木质玩具工艺还被列入了联合国教科文组织的物质文化遗产行列。

【B级美食】

如果想节省伙食费的话，Pekara面包店应该就是你的不二之选了。店内除了即食面包和切块比萨之外，还出售着一种叫作“Boreki”的馅饼，这是一种在巴尔干半岛上到处都能买到的馅饼。点单时只需要指出自己想要购买的食物即可。此外，在Konzum这样的大型超市里设有即食家常菜区域，在那里可以买到一些家常菜、芝士和火腿等食材。

info 亚得里亚海沿岸的达尔马提亚地区的名字起源于一种达尔马提亚狗。

【出行】

- 铁路交通网并不是很发达
- 不管去哪里，搭乘巴士都很方便
- 搭乘快速船去亚得里亚海的各个岛屿可以实现当日往返

国内机场线路

克罗地亚航空公司的国内航线连接了萨格勒布、扎达尔、斯普利特、杜布罗夫尼克等国内主要城市。从萨格勒布前往杜布罗夫尼克，搭乘巴士最少需要 8 小时，但是坐飞机的话只需要 1 小时左右。

克罗地亚航空公司
URL www.croatiaairlines.com

铁路

克罗地亚国内的旅客火车线路并不是很多。价格普遍都比巴士便宜，但是比巴士更耗时。

克罗地亚铁路公司
URL www.hzpp.hr

●主要的列车种类

城际夜车 ICN
运行在萨格勒布～斯普利特之间的悬摆式高速列车。全车座位实行预约制。
欧城列车 EC
连接周边各国主要城市的国际急行列车。全车座位实行预约制。
城际列车 IC
连接国内主要城市的急行列车。全车座位实行预约制。
特快列车 Ekspresni EX
城市间的急行列车。
快速列车 Brzi B
快速列车。
Putnički
普通列车。

●车票的购买方式

车票需要在车站窗口购买。很多地方支持信用卡支付。也有自动售票机。1 等座位的车票约为 2 等座位的 1.5 倍。

萨格勒布中央车站

巴士

巴士线路交通网遍布了克罗地亚。基本上是民营企业，许多公司都持有股份。

巴士的班次很多，尤其是在亚得里亚海沿岸的城市间，即便是在旅游淡季发车也很频繁。巴士的运行基本上是准时的，但是当夏季沿岸发生交通堵塞时就经常容易晚点。

●时间表的调查方法

巴士的时刻表张贴于巴士枢纽的售票窗口处，购买乘车券时请做好确认工作。此外，乘客们可以在萨格勒布的巴士枢纽网站上检索到有关始发于萨格勒布的巴士的时刻表和车费等信息。

萨格勒布的巴士枢纽
URL www.akz.hr

●车票的购买方式

车票可以在并设于巴士枢纽的售票窗口购买。一般而言乘客需要在出发的前一天或者当天购买好车票。如果是中途上车，也能够从司机处购票。

●座位表和行李

车上的座位虽然实行的是指定席制度，但是在车上不是很拥挤且有空位时，坐哪里都可以。中途上车的情况下也没有指定座位。

●行李需要另外付费

要将行李存放在巴士的后备箱时，需要另外支付 3~10Kn。

●上厕所时间

基本上超过 3 小时的线路巴士都会每隔 2 小时提供一次上厕所的时间。因为车内没有通知发车的广播，发车比较突然，所以为了不晚点，请事先向司机确认发车时间。

船舶

前往赫瓦尔岛、维斯岛等亚得里亚海上的各个岛屿时需要乘坐船舶。船舶包括能够载车的游轮和只能载人的高速船只。

冬季时，减少班次或者停运的线路较多。

●船票的购买方式

船票可以在始发枢纽处购买，也能在海运公司 JADROLINIJA 的代理店处购买。

Jadrolinija 海运公司
URL www.jadrolinija.hr

长途巴士车票明细

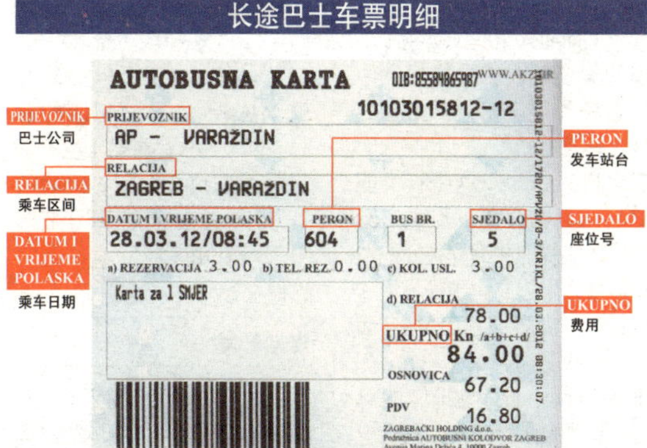

【住宿】

- 在亚得里亚海沿岸地区，夏季的住宿费偏高，冬季时各住宿设施会歇业
- 私人房间数量多，价格跨度大

住宿事项

酒店设施在增加，但游客的数量更多，所以呈现供不应求的现象。尤其是在夏季，亚得里亚海沿岸地区的酒店费用设定高，因此如果是考虑到经济条件，推荐选择私人房间。10 月中旬至复活节期间，沿岸地区歇业的住宿设施很多。

住宿设施的种类

●酒店　普遍是中档以上的酒店，489 元 ~/ 晚。酒店的品质也有很大的差异，从不经改建直接沿用的社会主义时代的大型酒店到有名建筑师修建的最新新锐酒店不等。

●私人房间　即招待所，在克罗地亚语中读作“Soba”。“Sobe”是它的复数形式。虽然费用为 261 元 ~/ 晚，但大多数招待所的设备和酒店并没有什么差别。这类招待所可以通过当地的旅行社进行预约，也可以在 Xperia 和 booking.com 等住宿预约网站进行预约。因为这类招待所大多没有前台接待人员，房东也很少住在附近。所以通过网络预约时，需要使用邮件或电话的方式确认房间钥匙的交付时间和地点。

●青年招待所　近年来，青年招待所的数量随着旅行热潮呈现出增加的趋势。将一整栋建筑物用做青年招待所的地方比较少，很多都是利用公寓的一部分，且总床位数控制在 20 张以内的小规模青年招待所。其中很多招待所都不提供厨房和洗衣房，因此入住之前请做好确认工作。

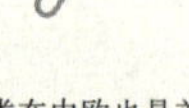

【饮食】

- 丰富的海鲜种类在中欧也是首屈一指，海鲜美食堪称绝品
- 基本上全国各地都能尝到意大利美食
- 想节省伙食费的话，推荐 Pekara 面包店

能吃饭的地方

餐馆 Restoran　无论走到哪里，很多餐馆内都供应有以意大利面和比萨为中心的意大利美食。

戈斯提尼卡 Gostionica　这是一类供应乡土美食的亲民食堂。从商业人士的午餐到小规模的聚会等，食堂能提供的饮食种类很丰富，价格也很良心。

科诺巴 Konoba　这是一类能够品尝到新鲜鱼贝类和红酒的达尔马提亚式海鲜餐厅。在旅游景点附近有氛围很不错的店，但是价格要比一般的店面高出一些。

卡瓦纳 Kavana　咖啡馆的意思。这类咖啡馆基本上只供应咖啡、瓶装果汁等饮料。最近越来越多的店也开始供应蛋糕了。

斯拉斯提卡尔纳 Slastičarna　这是一类蛋糕和甜点专卖店，供应有萨莫博尔地区的特产——Cremeschnitte 等奶黄和鲜奶油奶油蛋糕。因为能品尝到现烤的蛋糕，所以非常有人气。

陈列柜中摆放着蛋糕的甜品专卖店 Slasticarna

佩卡拉 Pekara　面包店的意思。供应的食品种类丰富，从三明治到点心面包、比萨不等。有一些店铺设有桌子和椅子，可以用来吃午餐，非常方便。

肉类餐食

在内陆地区，受到奥地利和匈牙利饮食习惯影响的肉类餐食比较多，例如萨格勒布式炸猪排和匈牙利汤。

生火腿 Pršut
克罗地亚产和伊斯特拉产的生火腿是必点的前菜。此外，烟熏生火腿 Šupek 和伊斯特拉半岛的 Pančeta（腌制五花肉）也很有名。

切巴契契 ćevapčići
这是流行于巴尔干半岛地区的一种肉食，是一种大拇指大小的汉堡。可即食，夹在面包中食用的吃法也比较常见。

鱼类餐食

亚得里亚海沿岸的渔业很发达，因此鱼贝类是餐桌上的常客。海鲜烩饭 Rižot od plodova mora 和炭烤深海螯虾（藜虾）Škampi 都是经典菜式。晒干的鳕鱼 Bakalar 也是常见的食材。炭烧鳟鱼是普利特维采湖群国家公园的特产。

●可选择的烹饪方法　除了炭烧，还可以选择焖煮（用热水烫）和炖煮（用番茄汁熬煮）等烹饪方法。

【旅行中会用到的克罗地亚语】

●打招呼

早上好	Dobro Jutro.
你好	Dobar dan.
晚上好	Dobra večer.
再见	Nasvidenje.
拜拜	Bog.

●回应等

是的 / 不是	Da. / Ne.
谢谢	Hvala.
对不起	Oprostite.
不客气	Molim.
我不知道	Ne razumijem.
不需要	Ne hvala.
拜托了	Molim.

●提问等

这个地方在哪里?
Gdje se nalazimo?

厕所在哪里?
Gdje je WC?

多少钱? Koliko košta?

你能说英语吗?
Govorite li engleski?

请给我 ~Dajte mi~.

我想要 ~Želim ~.

●紧急情况

救命 U pomoć!

有小偷 Lopov !

~被偷了
Ukraden mi je ~.

身体感觉不舒服 Loše mi je.

~痛 Boli me~.

●数字

1	jeden
2	dva
3	tri
4	četiri
5	pet
6	šest
7	sedam
8	osam
9	devet
10	deset
11	jedanaest
12	dvanaest
13	trinaest
14	četrnaest
15	petnaest
16	šesnaest
17	sedamnaest
18	osamnaest
19	devetnaest
20	dvadeset
21	dvadesetjedan
22	dvadesetdva
100	sto
1000	tisuću

●星期和月份

周一	ponedjeljak	1 月	siječanj	8 月	kolovoz
周二	utorak	2 月	veljača	9 月	rujan
周三	srijeda	3 月	ožujak	10 月	listopad
周四	četvrtak	4 月	travanj	11 月	studeni
周五	petak	5 月	svibanj	12 月	prosinac
周六	subota	6 月	lipanj		
周日	nedjelja	7 月	srpanj		

●常用单词

警察	Policija	入口	ulaz	车票	vozna karta
机场	aerodrom	出口	izlaz	厕所	zahod
火车站	željeznički kolodvor	到达	dolazak	房间	soba
巴士枢纽	autobusni kolodvor	出发	odlazak	淋浴	tuš
地图	karta	时刻表	vozni red	今天	danas

info 克罗地亚的代表啤酒 Ožujsko 是一种口感很好的传统啤酒，据说这种啤酒的名字来源于克罗地亚语中表示 3 月的“Ožujak”。

Croatia

★萨格勒布

萨格勒布 *Zagreb*

MAP 文前 p.4-B2
人口约 80 万人
长途区号 01
旅游局
URL www.zagreb-touristinfo.hr
市内交通
URL www.zet.hr

旅游咨询处（萨格勒布）
URL www.zagreb-toursitinfo.hr
▶耶拉其恰广场的旅游咨询处 ℹ
MAP p.239-B2
住 Trg bana Josipa Jelačića 11
TEL（01）4814051
开 夏季 8:30~21:00（周六·周日 9:00~18:00）、冬季 8:30~20:00
（周六 9:00~18:00、周日 10:00~16:00）
休 无
▶萨格勒布中央车站的旅游咨询处 ℹ
MAP p.239-B3
住 Trg kralja Tomislava 12
开 9:00~21:00（周六·周日 10:00~17:00）
休 无
▶巴士枢纽的旅游咨询处 ℹ
MAP p.239-B3 外
住 Avenija M. Držića 4
TEL（01）6115507
开 9:00~21:00（周六·周日 10:00~17:00）
休 无

从蔬果市场处眺望到的圣殿

克罗地亚的首都萨格勒布是一个人口约为 80 万的魅力古都。在这有着高高的小山丘，被绿色所环绕的城市中，有着许多哥特式风格和巴洛克风格的建筑物。走在城市的街道中，就能够感受到这个都市在 13 世纪的文化和艺术氛围中发展起来的历史感。

1992 年，继斯洛文尼亚之后克罗地亚也摆脱了南斯拉夫的统治，实现了独立。这座首都城市在保留珍贵传统的同时吸收新潮的文化，实现了巨大的飞跃。就是在这样一个充满能量的城市里，充满着吸引游客的魅力之处。

枢纽 & 出行

克罗地亚在萨格勒布、斯普利特、杜布罗夫尼克等地都建有国际机场。其中，线路和班次最多的是萨格勒布国际机场。

萨格勒布国际机场
Zračna luka Zagreb

萨格勒布国际机场位于市中心东南方向 17 公里、车程约为 30 分钟的地方。机场的出发大厅和到达大厅都设在 1 楼。

到达大厅内设有 ATM、咖啡馆和酒吧。到达大厅内设有邮局、汽车租赁公司的汽车等，站在 2 层的餐馆内，可以将飞机跑道上的景象一览无余。

●搭乘机场巴士前往市内

克罗地亚航空公司的巴士反复运行于机场和萨格勒布市内的巴士枢纽之间。到达大厅的正门出口的左侧停着一辆标志为“Croatian Airlines”的大型巴士。上车后从司机处购票。时长约为 30 分钟，单程车票为 30Kn。

●搭乘出租车前往市内

在到达大厅正门出口的右侧，会有出租车司机在那里等待客人。费用采取打表制，从机场到市内大约需要 200Kn。

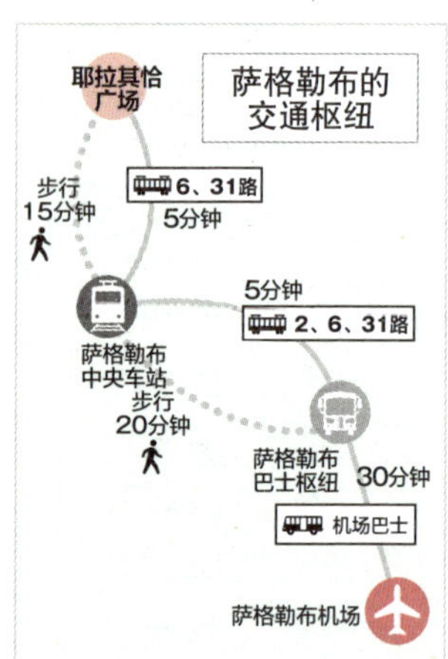

info 萨格勒布举办的圣诞市集曾入选欧洲地区的最佳圣诞市集。在耶拉其恰广场上设置了许多依次排列的流动摊位，火车站前的广场上还设置有滑冰场。

萨格勒布中央车站 Zagreb glavni kolodvor

Map p.239-B3

萨格勒布中央车站是一座地上 2 层的砖红色建筑物。车站 1 层设有铁路咨询处、国内线 · 国外线售票点、货币兑换处、ATM 和投币式储物柜等。

从中央车站步行到耶拉其恰广场 Trg bana Josipa Jelačića 大约需要 15 分钟。车站前设有出租车乘车点。

萨格勒布巴士枢纽 Autobusni kolodvor Zagreb

Map p.239-B3 外

萨格勒布中央车站站内

枢纽是一座 3 层建筑物，1 层是巴士乘车点，2 层是巴士信息咨询处、售票处、旅行社办公室、行李存放处（6:00~22:00 营业）、货币兑换处和餐馆等。机场巴士始发于 1 层北侧。

●搭乘有轨电车前往市内

在枢纽正面搭乘向左边方向行驶的 2 路、6 路、31 路有轨电车的话，5 分钟就能达到中央车站。6 路和 31 路有轨电车是耶拉其恰广场方向。可以从司机处购票，也可以在巴士枢纽外面的小卖店处进行购买。

巴士枢纽和火车站之间相隔了一段距离

市内交通

车票的种类和购买方式

车票有 3 种类型：单次券、1 日券和充值式交通卡，通用于巴士和有轨电车。

●单次券　30 分钟券 4Kn，60 分钟券 7Kn，90 分钟券 10Kn（深夜乘车时 15Kn）。有效期限内可任意换乘，同一条线路不能乘坐 2 次。

● 1 日券　仅限当天有效（不代表 24 小时）。30Kn/ 张。

●充值式交通卡 E-vrijednosna karta　40Kn（其中 30Kn 为卡内余额）。可以在小卖店进行充值。

●检票时的注意事项

持纸质车票乘车时，上车后立刻用车内的检票机给车票打卡计时。持充值式交通卡乘车时，将交通卡贴在刷卡机下方即可。刷卡后 90 分钟之内有效，交通卡自动扣除 10Kn。持 30 分钟券、60 分钟券、1 日券乘车时，点击显示屏上相应的 30minuta、60minuta、Dnevna 图标再刷卡即可。需要注意的是，纸质车票的打卡检票机只设置在车辆的最前面和最后面。

◆有轨电车 Tramvaj

有轨电车（路面电车）主要行驶在市区内，共有 19 条线路（白天 15 条、夜晚 4 条）。其中，经由耶拉其恰广场周边的线路最多，一种有 10 条。线路图不复杂，因此游客也能理解。在旅游咨询处可以免费领取线路图。需要注意的是，在深夜 0:00~4:00 运行的深夜有轨电车的深夜线路号码和白天线路号码是不一样的。

◆市内巴士 Autobus

仅借助有轨电车就能满足市中心的出行需求，但如若是住在萨格勒布郊外时，则需要借助市内巴士。主要的巴士站台位于萨格勒布中央车站的南侧。

萨格勒布市交通局
URL www.zet.hr

储值卡

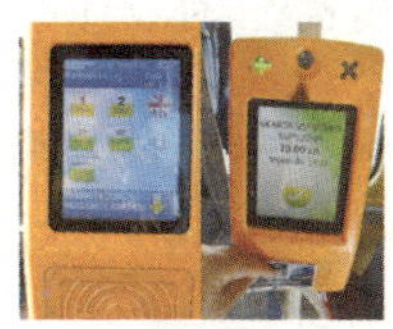
公共交通的刷卡机。不需要操作液晶显示屏，将交通卡轻轻触碰一下机器即可自动扣除 90 分钟的有效乘车时长和 10Kn

在耶拉其恰广场站停车的 11 路有轨电车

始发于萨格勒布中央火车站南侧的市内巴士

info 从巴士和有轨电车司机那里只能买到 90 分钟有效的单次券（15Kn）和 1 日券（30Kn）。

主要的无线出租车

▶ radio taksi
TEL 1717
URL www.radio-taksi-zagreb.hr
▶ Eko Taxi
TEL 1414
URL ekotaxi.hr
▶ Taxi Cammeo
TEL 1212
URL taxi-cammeo.hr

缆车

开 6:00~21:50 期间每 10 分钟 1 班
休 无
费 单程 5Kn

便利的萨格勒布一卡通

持有萨格勒布一卡通便能够享受各种设施的优惠，此外，除了能够免费乘坐所有线路的有轨电车和指定区域内的巴士外，博物馆和美术馆的门票可以打 5~7 折，有合作关系的餐馆和商铺内的消费可以打 8~9 折。在主要的酒店内可购得这种一卡通。

URL www.zagrebcard.com
费 24 小时内有效 98Kn
72 小时内有效 135Kn

考古学博物馆

住 Trg Šubića Zrinskog 19
TEL（01）4873000
URL www.amz.hr
开 10:00~18:00（周四 ~20:00、周日 ~13:00）
休 周一・节假日
费 成人 30Kn　学生 15Kn

4 层鸽子外形的土器

米马拉博物馆

住 Rooseveltov trg 5
TEL（01）4828100
URL www.mimara.hr
开 7~9 月 10:00~19:00（周六 ~17:00、周日 ~14:00）
10 月 ~ 次年 6 月 10:00~17:00（周四 ~19:00、周日 ~14:00）
休 周一・节假日
费 成人 40Kn、学生 30Kn

◆出租车 Taksi

大街上流动的出租车较少。比较可靠的方法是通过电话呼叫无线出租车，或选择在中央车站、巴士枢纽和高档酒店门前待客的出租车。起步价 10Kn 左右，之后每行驶 1 公里增加 6Kn 左右。让出租车等待 1 小时需支付 40Kn。另外，也可以通过克罗地亚出租车公司的手机 APP 呼叫出租车。在克罗尼亚还能使用配车软件 Uber。

◆缆车 uspinjača

通过耶拉其恰广场附近的缆车搭乘点将市内和上城区相连。缆车的落差约为 20 米，单程时长 30 秒左右。

萨格勒布 漫 步

排列着多彩建筑物的耶拉其恰广场

●新城和旧城　萨格勒布区以中央车站为起点向北延伸。中央车站与伊利卡街 Llica 之间的新城建设井然有序，大大小小的街道纵横交错。

●耶拉其恰广场　这是一个被称作处于萨格勒布肚脐眼儿上的广场，也是通向旧城的大门。这个足球场一般大小的广场上总是聚集着大量人群，直到深夜都非常热闹。

●拥有 2 座山丘的旧城　旧城指的是从耶拉其恰广场向高高的小山丘处延伸的北侧地区。旧城分为东边的卡普托尔区 Kaptol 和西边的上城区 Gornji grad。

萨格勒布 主要景点

考古学博物馆

Map p.239-B2

Arheološki muzej　新城

该博物馆对克罗地亚史前时代到中世纪间的文化历史展开了解说。在众多展品中，于克罗地亚东部武科瓦尔近郊发现的鸽子外形的土器非常有名。这件土器是代表了公元前 3000 年到公元前 2000 年间兴盛于多瑙河流域的福塞多尔文化 Vučedol 的发掘品，上面还绘制有 20Kn 纸币的图案。此外，馆内的过去流通于地中海地区的硬币和古埃及的藏品等也获得了很高的评价。

米马拉博物馆

Map p.239-A3

Muzej Mimara　新城

馆内展出了米马拉捐赠的收藏品。玻璃、陶瓷和纺织品等展品的国际色彩强烈，除了来自欧洲地区外，其中也不乏中东、印度、中国和日本等地的作品。此外，馆内还展出了以拉斐尔和乔尔乔内等意大利文艺复兴大师的作品为首的，包括伦勃朗、鲁本斯和戈雅等欧洲近代画家的作品在内的众多画作。

精美的装饰夺人眼球

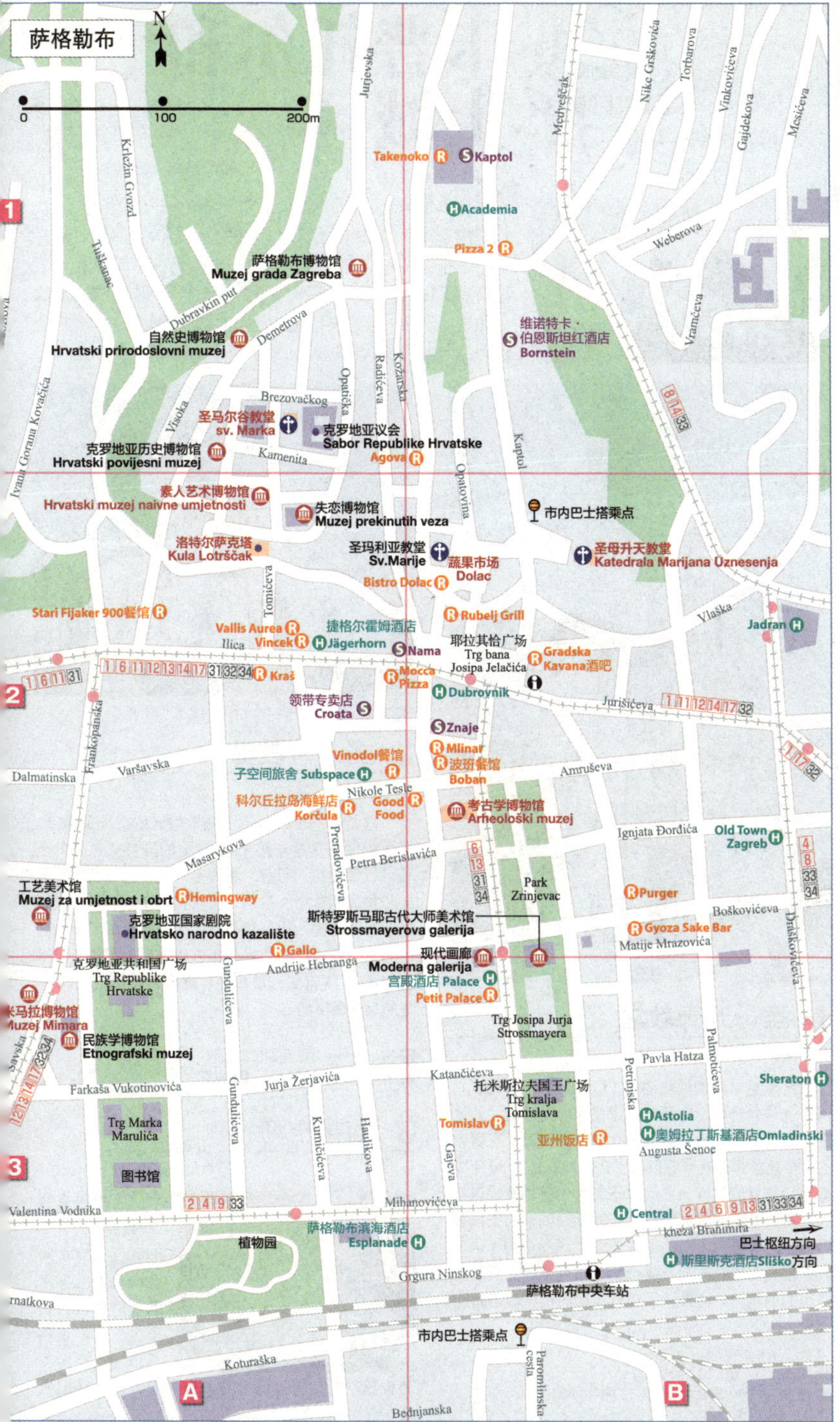
萨格勒布
萨格勒布博物馆 Muzej grada Zagreba
自然史博物馆 Hrvatski prirodoslovni muzej
圣马尔谷教堂 sv. Marka
克罗地亚议会 Sabor Republike Hrvatske
克罗地亚历史博物馆 Hrvatski povijesni muzej
素人艺术博物馆 Hrvatski muzej naivne umjetnosti
失恋博物馆 Muzej prekinutih veza
洛特尔萨克塔 Kula Lotrščak
圣玛利亚教堂 Sv.Marije
蔬果市场 Dolac
市内巴士搭乘点
圣母升天教堂 Katedrala Marijana Uznesenja
耶拉其恰广场 Trg bana Josipa Jelačića
捷格尔霍姆酒店 Jägerhorn
领带专卖店 Croata
子空间旅舍 Subspace
科尔丘拉岛海鲜店 Korčula
考古学博物馆 Arheološki muzej
工艺美术馆 Muzej za umjetnost i obrt
克罗地亚国家剧院 Hrvatsko narodno kazalište
斯特罗斯马耶古代大师美术馆 Strossmayerova galerija
现代画廊 Moderna galerija
宫殿酒店 Palace
克罗地亚共和国广场 Trg Republike Hrvatske
米马拉博物馆 Muzej Mimara
民族学博物馆 Etnografski muzej
托米斯拉夫国王广场 Trg kralja Tomislava
奥姆拉丁斯基酒店 Omladinski
图书馆
植物园
萨格勒布滨海酒店 Esplanade
萨格勒布中央车站
巴士枢纽方向
斯里斯克酒店 Slišk o方向
Takenoko Kaptol Academia Pizza 2
维诺特卡·伯恩斯坦红酒店 Bornstein
Agova Bistro Dolac Rubelj Grill
Stari Fijaker 900餐馆
Vallis Aurea Vincek Nama Kraš
Gradska Kavana酒吧
Mocca Pizza Dubrovnik Znaje Jadran
Vinodol餐馆 Mlinar 波班餐馆 Boban Good Food
Old Town Zagreb Hemingway Purger Gyoza Sake Bar
Gallo Petit Palace Tomislav 亚州饭店
Sheraton Astolia Central
Park Zrinjevac
Trg Josipa Jurja Strossmayera
Trg Marka Marulića
Ilica Vlaška Jurišićeva Amruševa Kaptol Opatovina Tkalčićeva
Masarykova Varšavska Dalmatinska Frankopanska Preradovićeva Gundulićeva
Andrije Hebranga Jurja Žerjavića Mihanovićeva Valentina Vodnika
kneza Branimira Grgura Ninskog Koturaška Bednjanska Paromlinska cesta
Petrinjska Palmotićeva Draškovićeva Boškovićeva Pavla Hatza Augusta Šenoe
Kamenita Brezovačkog Demetrova Dubravkin put Tuškanac Kriežin Gvozd
Medveščak Nike Grškovića Torbarova Vinkovićeva Gajdekova Mesićeva Weberova Vramčeva
0 100 200m
A B 1 2 3

info 2017年，克罗地亚国立剧场前面的广场从铁托元帅广场改名为克罗地亚共和国广场。克罗地亚国内对南斯拉夫领导者铁托的评价褒贬不一。

向耶拉其恰广场北边延伸的旧城

卡普托尔和上城区

Kaptol & Gornij Grad

原本是两个独立的城镇。萨格勒布的城市起源于建在山丘上的卡普托尔和格拉代茨（现在的上城区）这两个中世纪都市。卡普托尔是匈牙利国王马加什一世在（匈牙利名字：拉斯洛）1094年作为罗马天主教的司教居所而建立起来的宗教城市。而另一边的格拉代茨是得到了匈牙利国王贝拉四世认可的自由工商业城市。

夏季的周末会举行精兵的阅兵仪式。具体时间请在旅游咨询处进行确认

1 圣母升天教堂

Katedrala Marijina Uznesenja

这座美丽的圣殿修建于13世纪至18世纪，它同时也是萨格勒布的象征。建在卡普托尔地区的这座圣殿顶端有着2个高为100多米的尖塔，在城市的各个角落都能看到它们。现在的外观是1880年大地震后修复的模样，再建时还加入了新哥特式风格的元素。圣殿的内部安放着文艺复兴风格的祭坛和巴洛克风格的讲坛，以及16世纪奥斯曼帝国军队攻入萨格勒布时，与奥斯曼帝国军队对抗的克罗尼亚勇士们的墓碑。此外，围绕着圣殿的白色围墙是当年为了防守奥斯曼帝国军队的进攻而建的。

住 Kaptol 31　电（01）4814727
开 10:00~17:00（周日·节假日 13:00~17:00）
休 无　费 免费

屋顶绘制的徽章图案令人印象深刻的教堂

2 圣马可教堂

Sv. Marka crkva

这是一座可以称得上是上城区的象征的教堂。美丽的屋顶是这座建于13世纪的哥特式风格的圣马可教堂的特点所在。屋顶上是用青色和红褐色的瓷砖拼成的2个大徽章。面向我们左侧的是代表了克罗尼亚王国、达尔马提亚地区和斯拉沃尼亚地区的徽章，右边的是萨格勒布市的市徽。据说教堂本身起源于13世纪，现在的建筑物和徽章是1880年复原后所留下的。

住 Markov trg　开 弥撒仪式期间
休 弥撒仪式以外的时间　费 免费

3 蔬果市场

Dolac

这里被誉为“萨格勒布的胃”。8:00至15:00间会聚集非常多来购买新鲜食材的市民。下面是肉类市场，有肉类和香肠。在其周边的小路上排列着许多出售旧衣服、杂货和古董的流动摊位。

4 石门

Kamenita vrata

石门内的礼拜堂

初建于中世纪的门是木质的，18 世纪用石头加固后就变成了现在的样子。门的里面是一个安置了圣母玛利亚肖像的礼拜堂，来到这里用蜡烛和鲜花祭拜的人总是络绎不绝。据说 1731 年的一场大火将城门烧塌了，唯有这张玛利亚像完好无损。

5 洛特尔萨克塔

Kula Lotrščak

这是一座建于 13 世纪的哨塔。每天中午的大炮声都响亮到吓人。

电（01）4851768
开 夏季 9:00~21:00
（周日 10:00~）
冬季 9:00~19:00
（周日 10:00~）
休 1/1、11/1、12/25
费 成人 20Kn

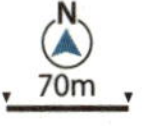

6 梅斯特罗维奇美术馆

Atelijer Meštrović

伊万·梅斯特罗维奇 p.498 是活跃于 20 世纪前半期的克罗地亚的著名雕塑家。不要说克罗地亚了，就算是在前南斯拉夫各地也能看到很多他的作品。这里是 1920~1942 年间被当作画室来使用的一个美术馆，在其中庭和画室中展出了许多的作品。

住 Mletačka 8　电（01）4851123
URL www.mestrovic.hr
开 10:00~18:00（周六·周日 ~14:00）
休 周一·节假日　费 成人 30Kn　学生 15Kn

7 素人艺术博物馆

Hrvatski muzej naivne umjetnosti

在以克罗地亚为首的斯拉夫社会主义联邦共和国中，素人艺术家的作品非常盛行。用油画颜料在玻璃反面绘制出细腻的自然景观是克罗地亚式素人画作的特征所在。美术馆内展出了克罗地亚著名的素人画家，例如伊万·拉布津 Ivan Rabuzin 和伊万·拉科维奇·克罗塔 Ivan Lackovic Croata 等的画作。

住 Sv. Ćiril i Metoda 3　电（01）4851911
URL www.hmnu.org　开 10:00~18:00（周日 ~13:00）
休 节假日　费 成人 25Kn

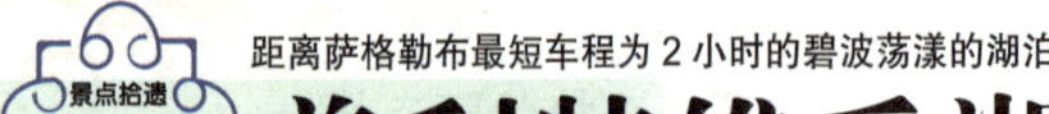

距离萨格勒布最短车程为 2 小时的碧波荡漾的湖泊

景点拾遗 Pick up

世界遗产

普利特维采湖群国家公园

Nacionalni park Plitvicka jezera

湖泊和瀑布编织而成的美景不断延伸

普利特维采湖群国家公园位于萨格勒布向南约 110 公里的位置，公园内有 16 个大大小小的湖泊和 92 条瀑布。

碧波荡漾的普利特维采湖在森林中蜿蜒流淌，其和科拉纳河汇流时形成落差为 78 米的下湖群瀑布，两条河流最终汇入一条河流中。16 个湖泊中，最高处的湖泊处海拔约为 640 米，最低处的湖泊海拔约为 500 米，不同高度的湖泊通过形成阶梯状的瀑布相连，那动感的美景简直可以称得上是大自然的鬼斧神工。

1 拉布多瓦瀑布

上湖群中最有看点的瀑布。夏天的浪花让人神清气爽。

公园内的散步线路

在门票的背面会绘制有简易的地图和按所需时长分类的经典线路。经典线路按英文字母顺序排列，公园内的道路标识和各条线路均标识得很清楚。在旅游咨询处附近的商店可以买到详细的地图。

4 下湖群大瀑布

是普利特维采湖群中落差最大的瀑布，足足有78米。下落时气势磅礴的样子很值得一看。

2 Slap Milke Trnine 瀑布

科齐亚克湖和 miruka tonanina 湖之间的落差形成的瀑布，倾泻而下时的流水让人看了就觉得神清气爽。

科齐亚克湖
Jezero Kozjak

P3

咖啡馆

礼品店

得名于曾给公园捐赠过善款的歌剧歌手

2 Slap Milke Trnine瀑布

上面一个湖泊形成的大瀑布倾泻而下

普利特维察瀑布
Milanovacki slap

利米线诺湖
Milanovac jezero

下湖群

平缓的瀑布和湖泊之间架起来的人行道

公园内最大的瀑布。是拍摄纪念照的最佳地点

4 下湖群大瀑布
Veliki slap

萨斯塔威瀑布
Sastavci

售票处

入口1
Ulaz 1

扎达尔方向→

ST1

咖啡馆

Gavanovac jezero湖泊

Novakovića Brod jezero 湖泊

Šupljara洞窟 3

Kaluđerovac jezero湖泊

前往普利特维采湖群国家公园的线路

始发于萨格勒布，每天 8~9 班次

北边的入口 1 和南边的入口 2 处均设有巴士站台，从萨格勒布市来的巴士依次在入口 1 和入口 2 停车。不论在哪个站台下车，附近都有旅游咨询处，在那里可以买到入场券。如果想要到达之后立刻开始参观，则入口 2 更为方便。

▶ **普利特维采湖群国家公园**

住（053）751015 URL www.np-plitvicka-jezera.hr

开 夏季 8:00~20:00、冬季 8:00~15:00

休 无（积雪厚的日子公园可能会被封锁）

费 7·8 月 180Kn、5 月·6 月·9 月·10 月 110Kn、11 月～次年 4 月 55Kn

3 Šupljara 洞窟

属于喀斯特地形的普利特维采湖群国家公园里也存在着洞窟。这是一个能进到内部的洞窟

info 入口 2 有行李放置点。在售票处借到钥匙即可免费试用。

萨格勒布的酒店

Hotel

中央火车站周边 Map p.239-B3

萨格勒布滨海酒店

Esplanade Zagreb

◆这家酒店装饰艺术风格的白色外观给人留下深刻的印象。为了接待东方快车的乘客，该酒店建成于 1925 年。现在各个国家大使馆主办的宴会也会在这召开。酒店的客房都布置得很时髦。

住 Mihanovićeva 1 TEL（01）4566666

FAX（01）4566050

URL www.esplanade.hr

S W € 129~

CC A D M V

€ 15 WiFi 免费

宫殿酒店

Palace Hotel Zagreb

◆该酒店开业于 1907 年。位于萨格勒布中央车站和耶拉其恰广场的正中央的位置。客房内配备了非常有档次的日常用品，营造出非常时髦的房间氛围。并设的咖啡馆也很有人气。

斯特罗斯马耶广场 Map p.239-B3

住 Trg J. J. Strossmayerov 10

TEL（01）4899600 FAX（01）4811357

URL www.palace.hr S € 80~

W € 120~

CC A D M V

含 WiFi 免费

捷格尔霍姆酒店

Hotel Jägerhorn

◆这家膳宿公寓位于伊利卡街的小拱廊里侧。前台位于 1 层，并设有餐厅。带有喷泉的中庭给人以舒适的心情。

伊利卡街周边 Map p.239-A2

住 Ilica 14 TEL（01）4833877

FAX（01）4833573 URL www.hotel-jagerhorn.hr

S 950Kn

W 1050Kn

CC A D M V

含 WiFi 免费

斯里斯克酒店

Hotel Sliško

◆这家酒店位于巴士枢纽的附近。客房的设备很新，房间也很宽敞。酒店并设有餐厅（仅供应早餐）和酒吧。前台还提供租车服务。

巴士枢纽周边 Map p.239-B3

住 Bunićava 7 TEL（01）6184777

FAX（01）6194233 URL www.slisko.hr

S € 79~99

W € 119~149

CC A D M V

含 WiFi 免费

子空间旅舍

Subspace

◆这是一家以宇宙飞船为理念的崭新设计风格的胶囊酒店。胶囊客房共有 3 种类型，客房大小有所差异，但均配备了电视机和耳机等设备。

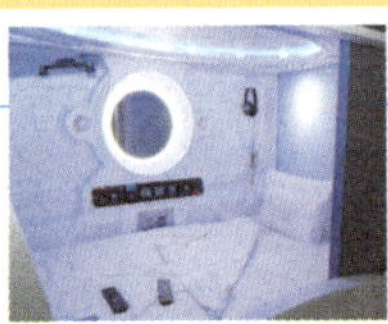

新城 Map p.239-A2

住 Nikole Tesle 12/1 TEL（01）4819993

URL www.subspacehostel.com

宿 € 13.50~25

CC A D M V

无 WiFi 免费

奥姆拉丁斯基酒店

Omladinski Hostel

◆该酒店地理位置优越，从中央车站步行 5 分钟即可到达。夏季经常满房，在年轻人之间很有人气。客房有单独卫浴和公共卫浴两种类型。没有厨房。

新城 Map p.239-B3

住 Petrinjska 77 TEL（01）4841561

URL www.hfhs.hr 宿 77~99Kn

S 215~250Kn

W 246~288Kn

CC M V 无 WiFi 免费

info 阿加莎·克里斯蒂的杰出推理小说《东方快车谋杀案》的舞台背景就是现在的克罗地亚。东部城市布罗德（现斯拉沃尼亚布罗德）和温科夫齐之间发生的一起案件是该小说的剧情设定。

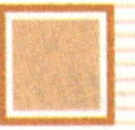

萨格勒布的餐馆
Restaurant

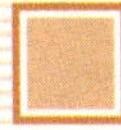

Stari Fijaker 900 餐馆
Stari Fijaker 900

◆这是一家获得克罗地亚“传统美食推荐店”称号认证的餐馆。以经济实惠的价格就能品尝到乡土美食，例如萨格勒布风味的炸猪排，每份100Kn；斯拉沃尼亚布罗德风味的巧克力棒，每份 90Kn。

伊利卡街周边 Map p.239-A2

住 Mesnička. 6 TEL（01）4833829
URL www.starifijaker.hr
开 11:00~23:00（周日 ~22:00）
休 节假日 CC ADJMV
克罗地亚美食 乡土美食

科尔丘拉岛海鲜店
Korčula

◆这是一家以白色为装修基调的时尚海鲜店。推荐菜品有微波炉烤章鱼，每份135Kn；乌贼烩饭，每份 85Kn。每日套餐的鱼类可以亲眼确认后再选择。

新城 Map p.239-A2

住 Nikole Tesle 17 TEL（01）4811331
URL www.restoran-korula. hr
开 11:00~23:00 休 周日、1/1、12/25、复活节 CC ADMV
克罗地亚美食 海鲜美食

Vinodol 餐馆
Vinodol

◆这是一家位于考古学博物馆附近的餐馆。餐馆内有几根大大的石柱，营造出一种庄严的气氛。牛肉和羔羊肉等肉类菜品的价格为 80~185Kn。葡萄酒的品种也很丰富。

新城 Map p.239-A2

住 Teslina 10 TEL（01）4811427
URL www.vinodol-zg.hr
开 11:30~24:00 休 1/1、12/25、复活节
CC ADMV
克罗地亚美食 乡土美食

波班餐馆
Restaurant Boban

◆该餐馆的 1 层是咖啡馆，里面的中庭是露天阳台。地下是天花板呈拱形的红砖餐馆。自制意面每份 65~120Kn。也供应每日套餐等。

新城 Map p.239-B2

住 Gajeva 9 TEL（01）4811549
URL www.boban.hr 开 11:30~24:00
休 1/1、12/25、复活节
CC ADMV
意大利亚美食

Gyoza Sake 酒吧
Gyoza Sake Bar

◆这是一家由日本人和克罗地亚人共同经营的日式居酒屋式的酒吧。除了有咖喱、炸鸡块、饺子的套餐外，还供应每日套餐，每份 55Kn。周六供应午餐。

新城 Map p.239-B2

住 Boškovićeva 6 TEL（01）5584088
URL www.destinatio-tokyo.hr
开 12:00~22:00
休 周日 CC 不可
意大利亚美食

萨格勒布的商店
Shop

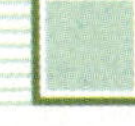

维诺特卡 · 伯恩斯坦红酒店
Vinoteka Bornstein

◆这是一家地下室红砖红酒店。店内有 400 多瓶红酒，其中伊斯特拉产和达尔马提亚产的红酒种类非常丰富。红酒吧台还提供试饮。

卡普托尔 Map p.239-B1

住 Kaptol 19 TEL（01）4812361
URL www.bornstein.hr
开 10:00~20:00
休 周日 · 节假日 CC MV
红酒 红酒吧台

Croata 领带专卖店
Croata

◆克罗地亚是领带的发祥地。这种绽放着高端光泽的正宗品牌领带中，带有格拉哥里文字的传统设计样式很受欢迎。店内也售有女性的围巾和披肩。

伊利卡街周边 Map p.239-A2

住 Llica 5 TEL（01）6457052
URL www.croata.hr
开 8:00~20:00（周六 ~15:00）
休 周日 · 节假日 CC ADJMV
领带 时尚杂货

info 含有意大利餐食的波班餐馆从属于米兰足球俱乐部，克罗地亚代表队队长的兹沃尼米尔 · 博班是这家店的店长。

斯普利特 *Split / Spalato*（意大利语）

从圣殿钟楼上眺望到的风景

斯普利特是亚得里亚海沿岸最大的港口城市。它起源于罗马帝国皇帝戴克里先 p.504 的宫殿，宫殿原封不动变成了旧城，可谓是很罕见的例子。人们在这片原本是宫殿的土地上定居下来的时候是 7 世纪，那时候罗马帝国灭亡，异民族也来到了这里。据说当时从近郊萨罗纳地区被驱逐出来的人们为了避难，便逃到了这座由坚固城墙环绕的宫殿内。人们在对城市进行改造时保留了宫殿的基础部分，在其上部修建起建筑物，于是便形成了一个古代建筑物和中世纪建筑物复杂地交融在一起的城市样貌。特殊的形成过程和城市样貌使得这座城市被列入世界遗产的行列之中。

MAP 文前 p.5-C3
人口约 18 万人
长途区号 021
旅游局
URL www.visitsplit.com
市内交通
URL www.promet-split.hr

世界遗产
斯普利特中世纪古城和戴克里先宫
Dioklecijanova palača u Splitu
1979 年列入世界遗产

▶▶Access Guide
从萨格勒布出发
✈ 1 日 3~5 个航班
时长：1 小时
🚂 15:21 23:00
时长：约 6 小时
车费：208Kn~
🚌 6:00~ 次日 3:00 期间每隔一小时 1~2 班左右
时长：4 小时 50 分钟 ~8 小时 30 分钟
车费：114~176Kn
从杜布罗夫尼克出发
🚌 5:00 8:00 10:00 11:00 12:30 14:15 15:30 18:00 21:00
时长：3 小时 30 分钟 ~4 小时 45 分钟
车费：100~131Kn

旅游咨询处（斯普利特）
URL www.visitsplit.com
▶ 海岸沿线的旅游咨询处 ❶
MAP p.248
住 Obala Hrvastkog Narodnog Preporoda 9
TEL （021）360066
开 夏季 8:00~21:00、冬季 9:00~16:00（周六 ~14:00）
休 冬季的周日 · 节假日
▶ 列柱广场的旅游咨询处 ❶
MAP p.248
住 Peristil bb
TEL （021）345606
开 4 月 · 5 月 · 10 月 8:00~20:00（周日 ~17:00）
6~9 月 8:00~21:00
11 月 ~ 次年 3 月 9:00~16:00（周日 ~13:00）
休 无

出行 & 交通

●**机场** 位于城市向西 30 公里的位置。市中心和机场之间除了通过长途巴士枢纽和机场巴士进行连接之外，也运行着近郊巴士枢纽的巴士和市内 38 路巴士。搭乘出租车的话单程约 300Kn。

●**火车站** 距离市中心步行约 5 分钟的位置。虽然班次较少，但是有萨格勒布方向的线路。

●**长途巴士枢纽** 距离火车站步行约 5 分钟的位置。其运营规模仅次于萨格勒布，是国内各地和相邻各国间的国际线路的始发站和终点站。

长途巴士枢纽和机场巴士

●**近郊巴士枢纽** 运营着萨罗纳遗址和特罗吉尔等近郊城市方向的线路。位于旧城的东北方向，步行约 15 分钟。

●**渡轮巴士枢纽** 在旧城的南边有着几个码头，枢纽的办公大楼在长途巴士枢纽的对面，两者之间夹着一条马路。船票可以在市内的代理店进行购买。

斯普利特 漫 步

●**旧城方向** 旧城宫殿南北长 215 米，东西宽 180 米，四周被巨大的墙壁所包围。通过东南西北四个方向的门可以进到宫殿内，不管走哪个门，最终都会通向列柱广场 Peristil。这里是旧城的中心地段，旅游咨询处 ❶ 也设在

info 火车站和长途巴士枢纽周边有很多行李寄存点，但都不是 24 小时营业。深夜必须取出行李时，请提前和店家确认好打烊的时间。

这里。

●**旧城周边**　从宫殿西边的铁门出来就进入了人民广场 Narodni Trg，广场上排列着哥特式建筑风格的市政厅和新文艺复兴风格的邸宅。再往西走，就是到了一条向南北方向延伸的马蒙塔瓦大街 Marmontova，大街上是鳞次栉比的商铺。再西边的是共和国广场 Trg Republike，这是一个被涂成红色的新文艺复兴风格回廊所包围的广场。往宫殿的东边看去，走出银色大门，西南方向便是蔬果市场。

排列着各式建筑物的人民广场

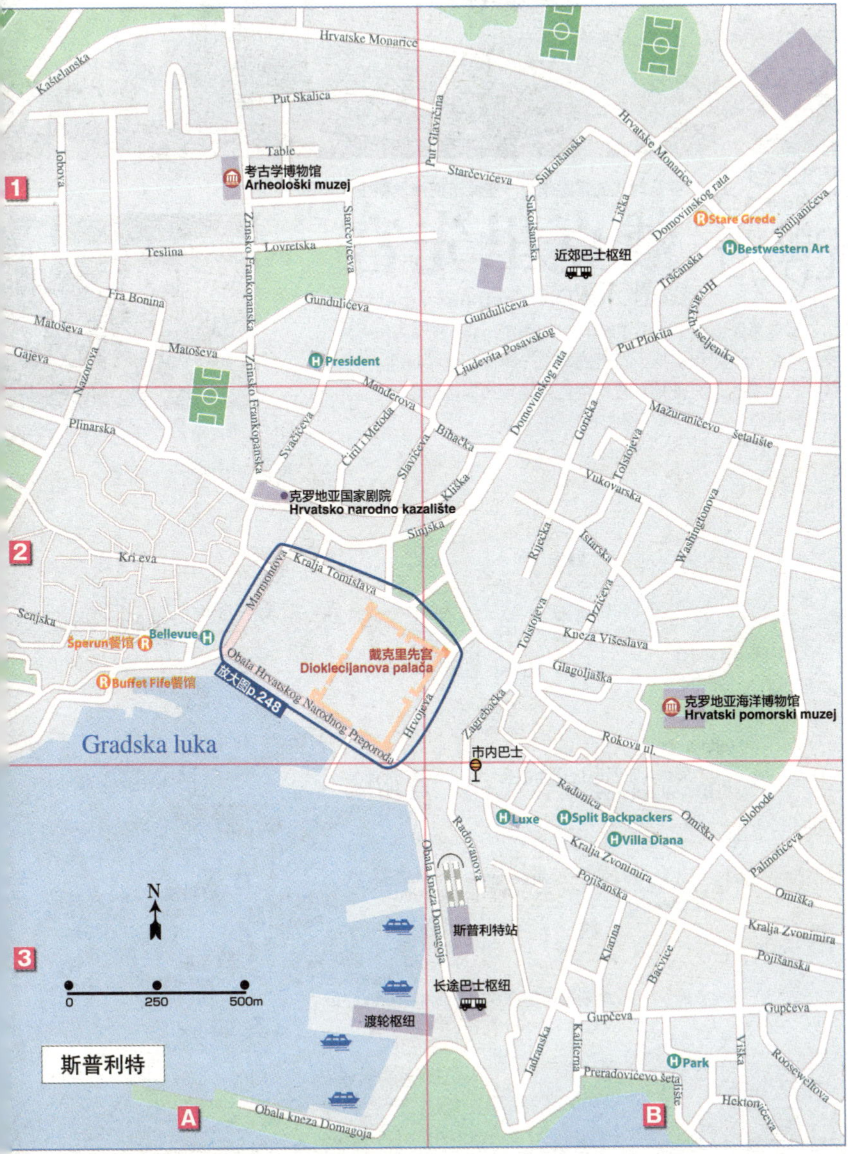

斯普利特

考古学博物馆 Arheološki muzej
近郊巴士枢纽
Stare Grede
Bestwestern Art
President
克罗地亚国家剧院 Hrvatsko narodno kazalište
Bellevue
Šperun餐馆
Buffet Fife餐馆
戴克里先宫 Dioklecijanova palača
放大图p.248
Gradska luka
克罗地亚海洋博物馆 Hrvatski pomorski muzej
市内巴士
Luxe
Split Backpackers
Villa Diana
斯普利特站
长途巴士枢纽
渡轮枢纽
Park
0　250　500m

info　斯普利特的长途巴士枢纽位于旧城的旁边，虽然很方便，但是夏季的旅游旺季也是造成交通堵塞的原因。有时可能会晚点 1 小时以上，因此建议出行时要留出足够的时间。

景点拾遗 Pick up

罗马时代的宫殿作为一座城市而焕发新生

戴克里先宫

世界遗产 Dioklecijanova palača

戴克里先宫建于 295~305 年，四周由坚固的城墙所包围，罗马风格的圣殿和拱形天花板的神殿一直保留到了现在。随着时代的变迁，许多具有时代特色的建筑物拔地而起，它们和宫殿融为一体，形成了现在的城市风貌。

青铜门和列柱广场之间是一条地下通道

Kralja Tomislava
Nigerova
Sv. Duh
Cosmijeva
Kralja Tomislava
Sv. Arnir
宁恩格雷戈里雕像
Spomenik Grgura Ninskog
Domaldova
Tvrtkova
Bosanska
Marmontova
生鲜市场
Obrov
人民广场
Narodni trg
金门（北）
Zlatna vrata
电影院
Zadarska
Dominisova
果里&波西设计青年旅舍
Golly±Bossy
铁门（西）
Zeljezna vrata
市立博物馆
Muzej grada Splita
Kraljce Jelene
卢克索餐馆
Lvxor
Dobrić
Marulićeva
Trg
Braće Radića
洗礼室 4
Jupiterov hram
列柱广场 1
Peristil
3 钟楼
Zvonik
银门（东）
Srebrna vrata
Adriana
斯拉维伽酒店
Slavija
珀里斯提酒店
Peristil
前庭 6
Vestibul
2 圣殿
Katedrala sv. Duje
特罗吉尔主教座堂
Sv. Dominik
维斯蒂布尔宫酒店 Vestibul Palace
宫殿的地下室 5
Podrumi
民族学博物馆
Etnografski muzej
Hrvojeva街道
青铜门（南）
Mjedena vrata
N
50m

info 前庭经常会举办伴有音响设备的达尔马提亚传统男声合唱“克拉帕”的表演。

1 列柱广场

Peristil

这是一个位于旧城市中心的广场。戴克里先宫以此列柱广场为分界线，广场北面是兵营，南面是皇帝的私邸。穿过广场南面的地下通道后再沿着台阶向上走，就到了圣殿、咖啡馆和旅游咨询处 ❶ 等聚集的地方。

2 圣殿

Katedrala sv. Duje

位于列柱广场东侧的这座圣殿是戴克里先宫中最值得一看的建筑物。这里原本是作为戴克里先皇帝自己的祠堂而被建起来的，后来变成了天主教的教堂。

圣殿的内部排列着 8 根科斯林式的柱子，每根柱子上又有 8 根小柱子。在上方柱子高度的墙壁上刻有壁画，壁画上的人物据说是戴克里先和他的妻子普里斯卡玛。圣殿的宝物库里展出了各个时代的宗教艺术品，例如金银工艺品、圣像和手抄本等。

3 钟楼

Zvonik

与圣殿相邻的罗马式钟楼的高度为 57 米。其始建于 13 世纪，耗时 300 年才完工。可以踩着台阶上到钟楼的顶部，从上面可以眺望到非常美丽的景致。

带来好运的宁恩格雷戈里雕像

走出金门，眼前伫立着的就是出自克罗地亚著名雕塑家伊万·梅斯特罗维奇 p.498 之手的 Spomenik Grgura Ninskog 雕像。据说只要触摸这尊雕像左脚的大脚趾就会有好运降临，所以有很多人都去触摸那里。也正是因为如此，整座雕像只有那一个地方被磨得发亮。

4 洗礼室

Jupiterov hram

据说当年戴克里先皇帝准备将这里建为朱庇特神庙，后来经过改建就形成了现在的这个建筑物，该建筑物的天花板上雕刻着美丽的花纹，中央的洗礼盘上安放有中世纪克罗地亚共和国国王克雷斯米尔四世的雕像。进入洗礼室，正面放置的是出自雕塑家伊万·梅斯特罗维奇 p.498 之手的施洗约翰的雕像。

5 宫殿的地下室

Podrumi

宫殿的南半部分虽然是皇帝的私邸，却有着广阔的地下空间。打造地下室是为了支撑宫殿的上部，所以地上和地下部分的构造是一样的。也就是说，看看地下部分就能知道宫殿原本的平面图是什么样子的了。

6 前庭

Vestibul

穿过青铜门朝北走，通过地下道后，就能看到一个圆形的大厅。这个大厅就是前庭，它相当于皇帝私邸的大门。虽然现在的天花板上破了洞，但据说在过去，那上面覆盖着一个镶嵌图案的穹顶，并且在墙壁凹陷下去的各个地方都安置着雕像。

圣殿
开 8:00~17:30（周日 12:30~17:30）
休 无
费 通用券（圣殿 + 地下室 + 洗礼室）25Kn、通用券（圣殿 + 钟楼 + 地下室 + 宝物馆 + 洗礼室）45Kn

洗礼室
开 夏季 8:00~18:00 冬季 9:00~15:00
休 无
费 成人 10Kn

宫殿地下室
开 4 月 · 5 月 · 10 月 8:30~20:00、6~9 月 8:30~21:00、11 月 ~ 次年 3 月 9:00~17:00
休 休
费 成人 42Kn 学生 23Kn

前庭
开 随时
休 无 费 免费

info 宁恩格雷戈里是一位 10 世纪的宁恩主教。当时在天主教中只允许用拉丁语主持弥撒仪式。但是他对此表示反对并用克罗地亚语主持了该仪式。

飘荡着中世纪氛围的街景

世界遗产

特罗吉尔的历史中心

Romanički grad Trogir

1997 年列入世界遗产

▶▶Access Guide

🚌 从斯普利特到特罗吉尔

长途巴士枢纽每小时发车 1~3 班

时长：30~40 分钟

车费：24Kn

近郊巴士枢纽发车频繁

时长：50 分钟　车费：21Kn

旅游咨询处（特罗吉尔）

MAP p.250-B

住 Trg Ivana Pavla Ⅱ 1

电 (021) 885628

URL www.tztrogir.hr

开 夏季 8:00~21:00（周日 9:00~14:00）
冬季 8:00~16:00（周六 9:00~13:00）

休 冬季的周日

特罗吉尔主教座堂

住 Trg Ivana Pavla II

开 4 月 · 5 月 · 10 月 8:00~18:00（周日 12:00~18:00）
6 月 · 9 月 8:00~19:00（周日 12:00~18:00）
7 月 · 8 月 8:00~20:00（周日 12:00~20:00）
11 月～次年 4 月 9:00~12:00

休 11 月～次年 4 月的周日

费 成人 25Kn

近郊的城镇　距离斯普利特最快 30 分钟巴士车程

特罗吉尔

Map 文前 p.4-B3

Trogir

特罗吉尔是一座周边被城墙围起来的小岛，克罗地亚大陆和契奥沃岛之间通过一座桥相连接。这座城市的起源可以追溯到希腊时代。同时，这座被世界遗产的旧城中可以看到各个时代的教堂和历史建筑物。其中，特罗吉尔主教座堂是克罗地亚的代表性教堂。

出　行　巴士枢纽设置在克罗地亚大陆一侧，所以下了车需要跨过一座桥才能到达到岛这边。进了北门之后直走就能到达到若望保禄 · 二世广场 Trg Ivana Pavla II。而这个广场就是景点的中心位置，特罗吉尔主教座堂、市政厅、钟塔 Toranj gradskog Sata 都坐落在这附近。

特罗吉尔主教座堂

Map p.250-B

Katedrala sv. Lovre

这座教堂始建于 13 世纪初期，竣工于 17 世纪。因此，教堂内能看到各种各样建筑样式的组合。站在钟楼的窗户就能看到每一层中不一样的建筑样式。罗马风格的大门两侧放置着亚当和夏娃的雕像，这座门也被誉为是 13 世纪克罗地亚中世纪美术界的杰作。

克罗地亚的代表性建筑物

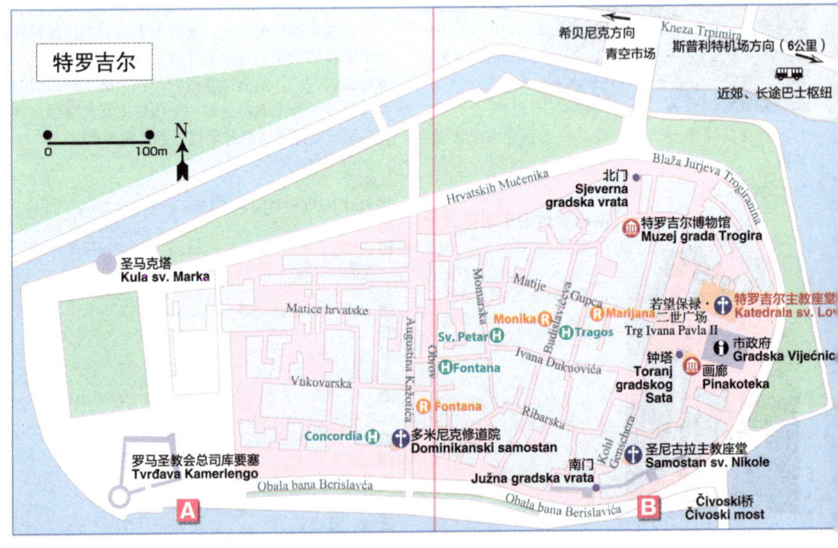

info 斯普利特机场距离特罗吉尔只有 6 公里，所以相比斯普利特市，特罗吉尔市距离机场更近。

近郊的城镇 距离斯普利特最快 1 小时 30 分钟巴士车程

希贝尼克

Map 文前 p.4-B3

Šibenik

地处亚得里亚海海岸正中央的希贝尼克是一座位于克尔卡河河口处的历史古城。古城中有许多的教堂。

出 行 巴士枢纽的西北侧就是旧城。走在沿海的弗拉尼奥·图季曼大街 Obala Dr. Franje Tuđmana 上就能看到右边圣殿的房顶，走上台阶之后就到了圣殿所在的共和国广场 Trg Republike Hrvatske。旅游咨询处 ℹ 也在那附近。

海边的希贝尼克街景

圣雅各布大教堂

Map p.251

Katedrala sv. Jakova

北侧入口处的亚当和夏娃以及狮子的雕像

教堂的建设开始于 1431 年，原计划建设成哥特式风格的这座教堂后来被改建成了新文艺复兴风格，并于 1535 年竣工。教堂东侧的 71 个人头雕像据说是以建设初期的有为市民为原型而打造的。北侧入口处亚当和夏娃的裸体雕像也令人印象深刻。

教堂东南面的台阶之下有一间洗礼室，洗礼台上的雕刻工艺非常考究，天花板的装饰也美得令人惊叹。

▶▶**Access Guide**

🚌 从斯普利特到希贝尼克长途巴士枢纽 5:00~23:00 间，每隔 1 小时发车 1~2 班

时长：1 小时 30 分钟 ~2 小时 20 分钟

车费：48~57Kn

旅游咨询处（希贝尼克）

MAP p.251

住 Obala palih omladinaca 3

TEL（022）214411

URL www.sibenik-tourism.hr

开 10 月 ~ 次 年 5 月 8:00~20:00（周六 · 周日 ~14:00）

6~8 月 8:00~22:00

9 月 8:00~21:00

休 节假日

世界遗产

希贝尼克的圣雅各布大教堂

Katedrala u Šibeniku

2000 年列入世界遗产

圣雅各布大教堂

住 Trg Republike Hrvatske

URL www.ossuary.eu

开 11 月 ~ 次 年 5 月 8:30~18:30（周日 12:00~18:30）

6~10 月 9:30~19:00（周日 12:00~19:00）

休 不定期

费 成人 20Kn、学生 10Kn

巧妙地融合了哥特式风格和新文艺复兴风格的圣雅各布大教堂

圣雅各布大教堂的洗礼室的天花板上雕刻着精美的天使和圣人的图像

info 希贝尼克湾的圣尼古拉要塞于 2017 年列入世界遗产。可以跟着从希贝尼克出发的游船或者包下私人水上出租车去参观该要塞。要塞内部正在改建中，所以不能入场。水上出租车的费用为 200Kn~。

景点拾遗 Pick up

从斯普利特出发，可当天往返

亚得里亚海的环岛之旅

从斯普利特坐渡轮可以抵达位于亚得里亚海海上的多个充满个性的岛屿。对于时间有限的人，夏季时我们准备了能够环游多个岛屿的一日游，希望大家踊跃报名。

坐着轮船出发！

赫瓦尔岛上的圣斯蒂芬广场

海水清澈的波尔海

飘浮着薰衣草香气的度假胜地

赫瓦尔岛

Hvar

从城市要塞处眺望到的全景震撼人心

漂浮在蔚蓝的亚得里亚海之上的有着丰富绿植的赫瓦尔岛是世界上首屈一指的度假胜地。岛上建了许多度假酒店，许多知名人士都会夏季时来此处造访。

赫瓦尔岛 Hvar　赫瓦尔岛中心城市的名称和岛名相同，被称为赫瓦尔城镇。城镇虽小，但有着以圣斯蒂芬大教堂为首的众多历史建筑物，是一个美丽的港口城市。圣斯蒂芬广场位于城镇的中心地段。广场的南侧是建于 17 世纪的阿森纳建筑物，北侧是建于 1612 年的新文艺复兴剧场，东侧是圣斯蒂芬大教堂等历史建筑物。赫瓦尔岛的北侧是一片山丘，站在山丘顶端处的城塞上可以看到赫瓦尔湾的全景。

斯塔里格勒 Stari grad　这是一座修建于公元前 4 世纪的城镇，它有着比赫瓦尔更悠久的历史。城镇中保留着许多建于中世纪的建筑物。

世界遗产　斯塔里格勒平原

位于赫瓦尔岛中心的斯塔里格勒平原上有着大片的橄榄树树林和果树林。公元前 4 世纪时，古希腊人建造了这个城市，从那时起，这周围便开始栽培起了葡萄和橄榄等作物。从上空眺望这片平原时可以清晰地看到用石头墙划分的耕地区域，每一块耕地的面积大概为 180 米 ×900 米。这是当时的区域划分情况，因为保存状态很好，所以被列入了世界遗产。想要前往这片平原的话只有两种方式：一是让旅行社安排车辆，二是步行前往。

通向奇幻洞窟的大门

维斯岛

Vis

前往蓝洞的船只始发于科米扎

和赫瓦尔岛一样，维斯岛也是克罗地亚境内知名度很高的度假胜地。其作为岛西南方向的比舍沃岛上的蓝洞的起点也很有人气。

维斯 Vis

这是一座有着悠久历史的城市，起源于希腊殖民地，过去也曾被叫作“伊萨”(Issa)。城镇沿海呈马蹄形，从一头走到另一头大约需要30分钟。

蓝洞

Modra spilja

在下部光线的照射下而呈现出蓝色光芒的洞窟

这是一个位于维斯岛西面的小岛——比舍沃岛上的洞窟。接近正午时刻时，阳光会照射进洞窟地下部分，海水也因此呈现出蓝色。只能搭乘小船前去。洞窟的洞口非常小，不弯下身子几乎都进不去。

绿洞 Zelena spilja

光线投射在海面上的绿洞

并不是因为太阳光照射进来的范围有限，所以整个洞窟都被染成了绿色，而是因为照射进来的一束光线让海水看上去好似深绿色才有了洞窟的这个名字。昏暗的洞窟中泛着微光，看上去如梦如幻。

在黄金角的海滩边享受海水浴

布拉奇岛

Brač

布拉奇岛漂浮在斯普利特的西南海域上，自古以来作为优质大理石的产地而出名。虽然岛上最大的城市是靠近克罗地亚大陆的苏佩塔尔 Spetar，但是位于南端的波尔 Bol 也吸引着许多来自世界各地的游客。

波尔 Bol

布拉奇岛南端的港口城市。城市虽小，周边却有着许多餐馆和大型酒店，最适宜用来观光旅游。

尖角海滩 Zlatni rat

这是一个形状非常罕见的狭长海滩，两侧加起来全长约为800米。海滩的形状会随着潮汐和海浪方向的变化而变化。波尔市与尖角海滩之间大概相隔2公里。散步在沿海的人行道上也是一大乐趣。

人气海滩 尖角海滩

从斯普利特到布拉奇岛

🚢 每天开往赫瓦尔岛的渡轮大概有2~3班，时长约为1小时，开往斯塔里格勒的渡轮大概有3~7班，时长约为2小时。当渡轮从斯塔里格勒达到赫瓦尔岛时，相应地就会有巴士开始运行。

赫瓦尔岛的旅游咨询处

TEL (021) 471059 URL www.tzhvar.hr 开 6~9月 8:00~21:00(周日 9:00~20:00)、4月·5月·10月 8:00~20:00(周日 9:00~13:00、16:00~19:00) 11月~次年3月 8:00~12:00
休 11月~次年3月的周一、节假日

从斯普利特到维斯岛

🚢 每天大概2~3班，时长约为2小时20分钟。想要参观绿洞和蓝洞的游客可以报名从维斯岛上的维斯、科米扎和赫瓦尔出发的旅游团。这样的旅游团6~9月期间几乎每天都有，此外的时间段则根据游客的要求进行安排。科米扎和绿洞之间的2小时短程线路也可以选择。此外，还安排了从斯普利特出发的，前往蓝洞、绿洞、赫瓦尔岛和帕克林斯基群岛的一日游线路。

维斯岛的旅游咨询处

住 Šetaliste stare Isse 5 TEL (021) 717017 URL www.tz-vis.hr
开 6~9月 8:00~20:00、10月~次年5月 8:00~14:00
休 10月~次年5月的周六·周日

从斯普利特到波尔

🚢 每天1班，时长约为1小时10分钟。安排有从斯普利特到赫瓦尔岛、波尔、尖角海滩的观光线路。

波尔的旅游咨询处

住 Porat Bolskih Pomoraca bb TEL (021) 635638
开 5~9月 8:30~22:00、10月~次年4月 8:30~14:00
休 10月~次年4月的周六·周日

info 与斯普利特间有渡轮往来的维斯岛是电影《妈妈咪呀！2》的取景地。

斯普利特的酒店
Hotel

维斯蒂布尔宫酒店
Hotel Vestibul Palace

◆这是一家和宫殿前庭相接的小型酒店。酒店的地理位置十分优越，此外客房内保留了罗马时代的墙壁，并配以摩登的家具，使得房间整体的设计感很强。

Map p.248

住 Iza Vestibula 4　TEL（021）329329
FAX（021）329333　URL www.vestibulpalace.com
S € 140~
W € 160~
CC A D M V
早餐 含　WiFi 免费

斯拉维伽酒店
Hotel Slavija

◆这是一家位于宫殿内部的酒店，入口在 2 层。客房中保留着部分城墙，也有的客房能够俯瞰旧城。酒店的 1 层是地中海料理店。

Map p.248

住 Buvinina 2　TEL（021）323840
FAX（021）323868　URL www.hotelslavija.hr
S € 78~156
W € 117~208
CC A D M V
早餐 € 9　WiFi 免费

珀里斯提酒店
Hotel Peristil

◆银门里面就是这家酒店。客房里配备了古色古香的家具，有的房间从窗户处可以眺望到圣殿。非常推荐并设餐馆中的达尔马提亚的传统美食。

Map p.248

住 Poljana kraljice Jelene 5　TEL（021）329070
FAX（021）329088　URL hotelperistil.com
S € 60~147
W € 80~176
CC A D M V
早餐 含　WiFi 免费

果里 & 波西设计青年旅舍
Golly + Bossy

◆这是一家位于旧城的大型青年旅舍。客房是以白色为基调的近未来设计风格。房间内放置着 4~8 张床，也有女性专用的房间。1 层是餐馆。

Map p.248

住 Morpurgova poljana 2
TEL（021）510999　URL www.gollybossy.com
D € 16~32
S € 33~130
W € 42~140
CC M V　早餐 无　WiFi 免费

斯普利特的餐馆
Restaurant

Šperun 餐馆
Šperun

◆据说这是一家前总统密特朗曾经到访过的餐馆。店内供应有家庭美食，其中海鲜的价位为 50~150Kn/ 份，萨尔玛（冬季限定）60Kn/ 份。

Map p.247-A2

住 Šperun 3
TEL（021）346999
营 9:00~23:00　休 冬季的周日
CC A D M V
克罗地亚美食　乡土美食

Buffet Fife 餐馆
Buffet Fife

◆是一家可以享受海鲜大餐的亲民食堂，在游客之间很受欢迎。推荐美食有炭烤鲈鱼 68Kn、嫩煎墨鱼 61Kn 等，分量十足。还有中文菜单。

Map p.247-A2

住 Trumbiceva obala 11　TEL（021）345223
营 夏季 6:00~ 次日 1:00（周五 · 周六 ~ 次日 2:00）冬季 6:00~22:00
休 无　CC 不可
海鲜餐食

卢克索餐馆
Kavana & Restoran Lvxor

◆这是一家位于珀里斯提前方历史建筑物中的咖啡店。店内空气流通好，非常宽敞。店门前的遗迹台阶上摆着靠垫，客人们可以坐在那儿品茶。

Map p.248

住 Kraj sv. Ivana 11
TEL（021）341082　URL lvxor.hr
开 夏季 8:00~24:00 冬季 8:00~23:00
休 无　CC A D M V
克罗地亚美食　咖啡

info 500Kn 纸币背面的图案是戴克里先宫。

杜布罗夫尼克 *Dubrovnik / Ragusa*（意大利语）

夜晚灯光下的旧城非常美丽

有“亚得里亚海之珠”美称的杜布罗夫尼克是克罗地亚的著名旅游城市。老城区的屋顶是统一的橙色，城区被高高的坚固的城墙所包围，不管从哪个角度看起来都像是一幅画。1667 年的大地震，1991 年的南斯拉夫联邦军队的进攻等，这座城市曾几度遭受重创。但是在人们的不懈努力之下，这座城市又恢复了往日的美貌。

Croatia

萨格勒布

杜布罗夫尼克

MAP 文前 p.5-C3
人口约 4 万人
长途区号 020
旅游局
URL dubronik.hr
市内交通
URL libertasdubrovnik.hr

世界遗产
杜布罗夫尼克老城区
Stari grad Dubrovnik
1979 年、1994 年列入世界遗产

▶▶Access Guide

从萨格勒布出发
✈ 1 天 2~5 航班
时长：1 小时
🚌 6:00 7:00 7:30 12:00 16:00 21:00 22:30 23:55
时长：8 小时 15 分钟 ~13 小时
车费：208~250Kn

从斯普利特出发
🚌 2:35 5:15 6:15 8:00 10:00 11:45 12:30 14:00 15:45 17:15 20:30
时长：3 小时 30 分钟 ~4 小时 45 分钟
车费：100~131Kn

必游 经典线路

❶在老城区的城墙上散步 ▶p.258

10:00~12:00

走完这条全程长约 2 公里的城墙大概需要 1 小时，如果边走边休息的话大概需要 1 小时 30 分钟。

参观城墙时只能按逆时针方向前进

步行 10 分钟

❷搭乘缆车前往Srđ山上 ▶p.262

13:00~15:00

坐缆车仅需 3 分钟就能达到这座海拔高为 412 米的 Srđ 山的山顶。如果时间充足的话，步行走下山也是可以的。

与缆车站点相邻的观景台

步行 10 分钟

❸参观老城区 ▶p.260

15:00~17:00

如果想要参过老城区的每一个地方，那恐怕花上一天的时间都不够。推荐游客们有选择性地参观，如总督宫、圣母升天教堂和方济各修道院等。

总督府是一座历史博物馆

旅欧咨询处（杜布罗夫尼克）
URL dubrovnik.hr

▶ **派勒城门的旅游咨询处**
MAP p.258
住 Brsacje 5
TEL（020）312011
开 夏季 8:00~22:00
冬季 8:00~19:00（周日 ~15:00）
位于派勒城门巴士站台的附近。
休 无

▶ **格鲁日港的旅游咨询处** ❶
MAP p.256-B1
住 Obala Ivana Pavla II 1
TEL（020）417983
开 夏季 8:00~21:00
冬季 8:00~15:00
休 冬季的周日

info 从克罗地亚的其他城市前往杜布罗夫尼克的途中会经过波斯尼亚和黑塞哥维那。在通过边境时需要出示护照，所以务必记得随身携带。

杜布罗夫尼克国际机场
TEL（020）773100
URL www.airport-dubrovnik.hr

杜布罗夫尼克一卡通

持有该一卡通的游客可在开放期间免费参观城墙、总督宫、海洋博物馆、民族学博物馆等景点。搭乘交通工具时，1 日券不限次数乘车、3 日券可免费乘车 6 次、1 周券可免费乘车 10 次。可在旅游咨询处或通过旅行社和酒店等购入该卡。通过以下网站购入时可享受 9 折优惠。

URL www.dubrovnikcard.com
费 1 日券 200Kn
3 日券 250Kn
1 周券 350Kn

出行 & 交通

连接机场和市内的巴士

●**机场** 位于老城区东南方向约 24 公里的位置。市内方向的机场巴士会根据飞机的到达时间发出途经老城区派勒城门到达巴士枢纽的线路巴士。时长约为 30 分钟，车费 40Kn。从市内到机场的巴士始发于长途枢纽，途经老城区北侧（缆车站点的附近）到达机场。

●**长途巴士枢纽** 位于旧城西北方向约 2.5 公里的位置。枢纽内设有 ATM 和行李寄存点。在巴士枢纽马路对面的巴士站台处搭乘老城区方向的 1A 路、1B 路和 3 路巴士可前往派勒城门。

●**市内巴士** 市内巴士运营着 10 条左右的线路。车票在小卖店购买时售价为 12Kn，在车上购买时 15Kn。搭乘市内巴士时需从前门上车，上车后将车票插入司机座位旁边的打卡机中进行打卡操作。车票的使用时效为 1 小时，1 小时之内可以免费换乘。在换乘的第二辆巴士上无须二次打卡。

杜布罗夫尼克广域图

info 机场巴士是自由座席。推荐提前上车选好靠海的左侧座位。

杜布罗夫尼克 漫 步

●**老城区** 聚集着几乎所有景点的老城区有 3 个入口：西侧的派勒城门 Gradska vrata Pile、北侧的布扎城门 Vrata od Buže 和东侧的普洛策城门 Vrata od Ploča。其中派勒城门的附近有市内巴士站台和旅游咨询处，是老城区的主要大门。

●**斯特拉顿街 ~ 路萨广场** 老城区里的一条非常显眼的街道就是走进派勒城门后的一条长约为 200 米的斯特拉顿街。街道的两侧排列的银行、旅行社、商铺和咖啡馆等建筑物，狭小的街道如网状分布。位于街道尽头的是旧区的中心地段——路萨广场 Trg Luža。

●**路萨广场** 这是一个位于斯特拉顿街东侧的广场。广场的周围是斯彭扎宫和圣布莱斯教堂等建筑物，营造出一种华丽的氛围。广场的中央矗立着一根奥兰多石柱 Orlandov stup。奥兰多（罗兰）是 8 世纪法兰克王国查理曼国王的一名骑士，作为自由的象征，在欧洲的自由城市中都能看到这位骑士的雕像。

沉浸在杜布罗夫尼克夜晚的狂欢中

人流不息的斯特拉顿街

观赏民族舞蹈

林度舞民俗歌舞团 Lindo 每年都会在克罗地亚各地举办舞蹈公演，演出的时间为 5 月 ~7 月上旬以及 8 月下旬 ~10 月中旬，每周大概演出 2~5 次。走出普洛策城门后再前进 200 多米就到了演出地点 Lazareti。演出于 21:30 左右开始，时长约为 1 小时 30 分钟，门票为 100Kn/ 人。

TEL（020）324023
URL lindjo.hr

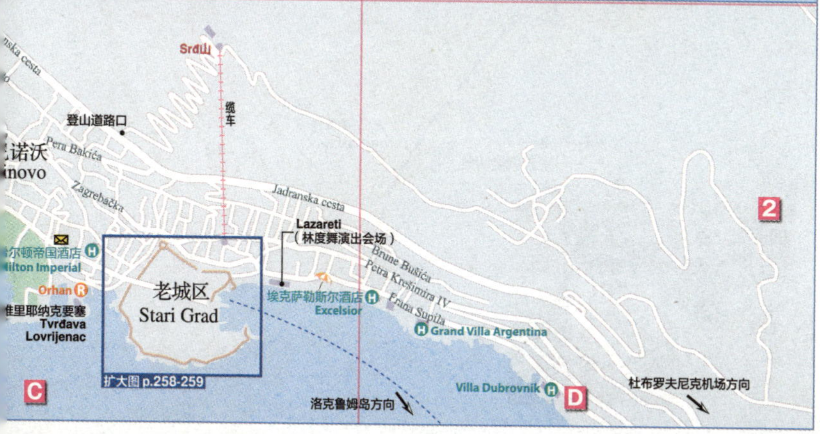

杜布罗夫尼克市内巴士线路图

长途巴士枢纽
格鲁日港
Dubrovnik President
Iva Dulčića
Kardinala Stepinca
Od Batale
Ispod Petke
Komodor
Andrije Hebranga
Jadranska cesta
医院
Lero
Bellevue
Liechtensteinov put
Dr. Ante Starčevića
派勒城门
缆车站点
老城区
Frana Supila
Grand Villa Argentina

Srđ
缆车
登山道路口
Pera Bakića
Zagrebačka
Jadranska cesta
Lazareti（林度舞演出会场）
Brune Bušića
Petra Krešimira IV
Frana Supila
希尔顿帝国酒店 Hilton Imperial
Orhan
洛维里耶纳克要塞 Tvrđava Lovrijenac
老城区 Stari Grad
扩大图 p.258-259
埃克萨勒斯尔酒店 Excelsior
Grand Villa Argentina
Villa Dubrovnik
洛克鲁姆岛方向
杜布罗夫尼克机场方向

info 杜布罗夫尼克夏季艺术季期间，奥兰多雕像上会被挂上代表自由 Libertas 的旗帜。

四周被城墙包围的

杜布罗夫尼克老城区

Stari grad Dubrovnik

世界遗产

被坚固的城墙包围着的杜布罗夫尼克老城区里面是橙色屋顶的建筑物和分散分布的教堂和修道院等。慢慢绕着城墙走 1 圈需要 1 小时 30 分钟，尽情享受城墙之上眺望到的老城区美景吧。

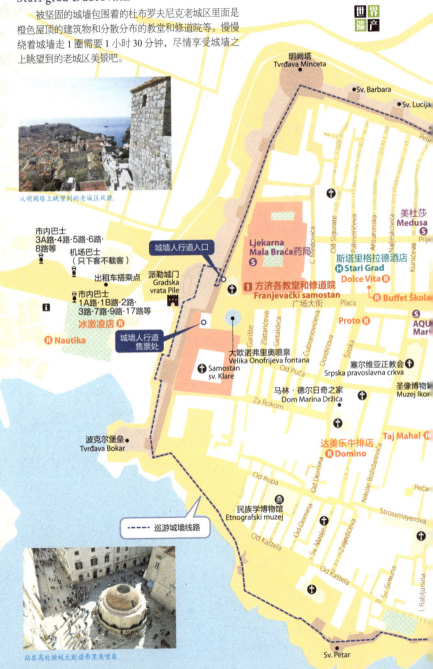

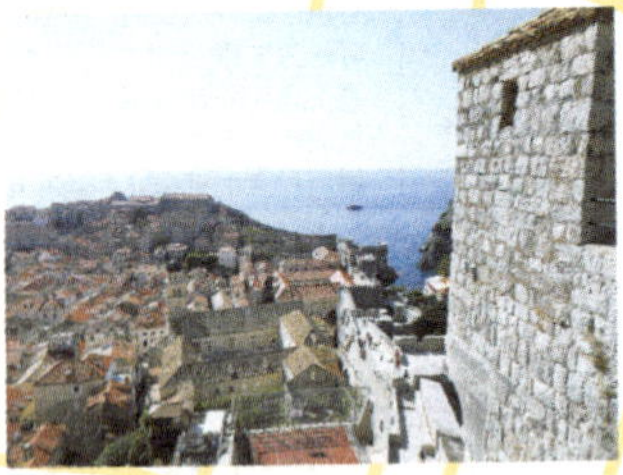

从明阙塔上眺望到的老城区风貌

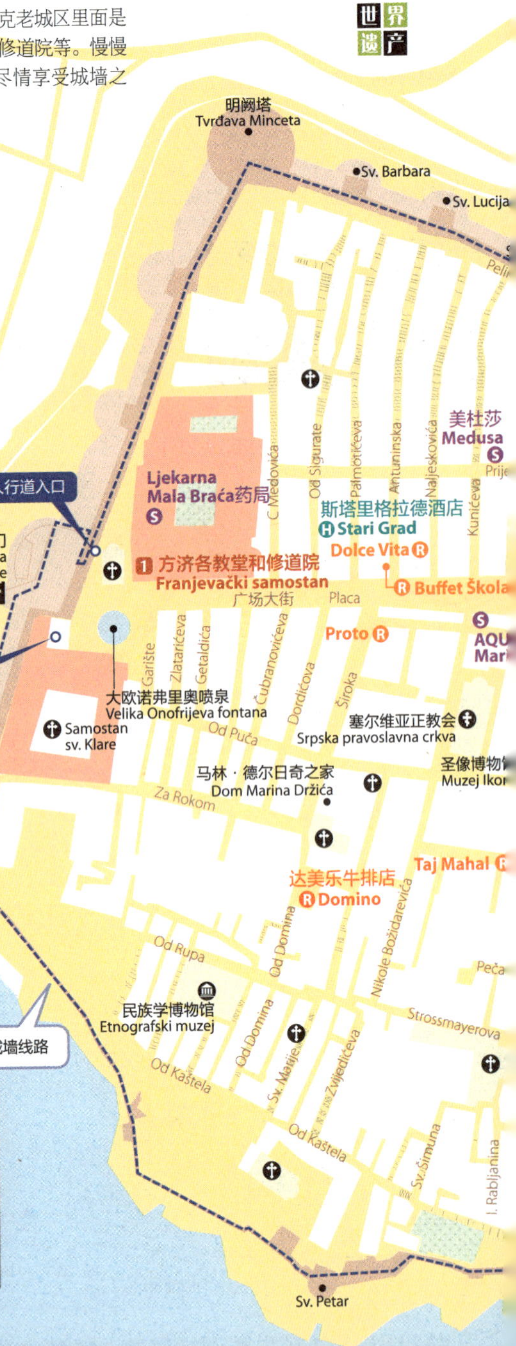

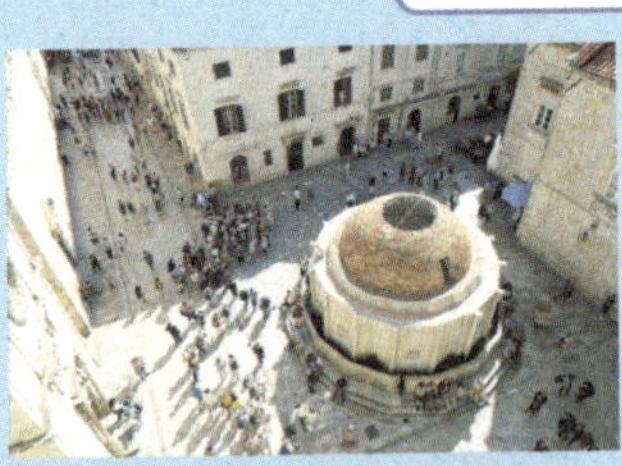

明阙塔
Tvrđava Minceta
Sv. Barbara
Sv. Lucija
市内巴士
3A路·4路·5路·6路·8路等
机场巴士
（只下客不载客）
出租车搭乘点
市内巴士
1A路·1B路·2路·3路·7路·9路·17路等
冰激凌店
Nautika
城墙人行道入口
派勒城门
Gradska vrata Pile
城墙人行道售票处
Ljekarna Mala Braća药局
1 方济各教堂和修道院
Franjevački samostan
广场大街 Placa
大欧诺弗里奥喷泉
Velika Onofrijeva fontana
Samostan sv. Klare
美杜莎 Medusa
斯塔里格拉德酒店
Stari Grad
Dolce Vita
Buffet Škola
Proto
塞尔维亚正教会
Srpska pravoslavna crkva
马林·德尔日奇之家
Dom Marina Držića
圣像博物馆
Muzej Ikon
波克尔堡垒
Tvrđava Bokar
达美乐牛排店
Domino
Taj Mahal
民族学博物馆
Etnografski muzej
巡游城墙线路
Sv. Petar

站在高处俯视大欧诺弗里奥喷泉

城壁

Gradske zidine

环绕着旧城的城墙全长 1940 米，最高处可达 25 米。城墙周边建有要塞、哨兵塔和炮塔等，防御工程之牢固不言而喻。老城区的大部分建筑都在 1667 年的大地震中被摧毁了，唯有此城墙依然屹立不倒。在杜布罗夫尼克建立不久之后的 8 世纪，这座城市就被城墙给包围了起来。15 世纪至 16 世纪时的一次大规模的修筑工程之后便形成了如今的坚固城墙的模样。

走在城墙上的人行道上可以欣赏老城区的周边风貌。城墙的入口有 3 处，分别在派勒城门的旁边、圣约翰要塞处和圣路加要塞处。参观城墙时只能按逆时针方向前进。

城墙的人行道

开 夏季 8:00~19:30、冬季 9:00~15:00（可能发生季节性变动）
休 12/25
费 成人 150Kn、学生 50Kn
门票包括了老城区西侧的洛夫里耶纳克要塞的费用在内。

城墙上设有若干个检查站，对门票进行检查

停泊着许多船只的阿森纳周边

杜布罗夫尼克为何是飞地?

杜布罗夫尼克诞生于614年。据说当年为了躲避因西罗马帝国毁灭而涌入的外来民族的袭击，居住在察夫塔特的人们迁徙到了这里，杜布罗夫尼克也因此而诞生了。后来其作为拉古萨共和国不断向威尼斯、匈牙利和奥斯曼等大国进贡，并通过发展地中海贸易而兴盛了起来。1667年一场大地震改变了这个国家的命运。为了防止威尼斯趁乱侵占领土，拉古萨共和国将涅姆地区割让给了奥斯曼帝国以作为和威尼斯之间的缓冲带。这个复杂的边境地带现如今仍然存在着，它是大地震过后政治局势的产物。

景点拾遗 Pick up

杜布罗夫尼克老城区

Stari grad Dubrovnik

世界遗产

1 方济各教堂和修道院

Franjevački samostan

展示着过去使用的药罐等

建于14~15世纪，这座修道院原本是位于城墙的外部的，后来为了防止其遭到外敌的破坏便被移到了现在的位置。在罗马风格的墙壁上刻画着生病的人们以及治疗他们的修道僧的图像。

现在的修道院是1667年大地震重建后形成的，但是中庭部分还是保留了14世纪时的建筑样式。

修道院内有一家开业于1391年的药局，它也是欧洲历史第三悠久的一家药局。同时，它还是一家药学博物馆，馆内保存着2万多个药壶和一些手写的处方单。

住 Placa 2　TEL（020）321410
开 4~10月 9:00~18:00　11月~次年3月 9:00~14:00
休 无　费 成人 40Kn　学生 20Kn

2 圣母升天教堂

Katedrala Uznesenja Marijna

矗立在路萨广场南侧的这座圣母升天教堂据说是英国的理查德国王于1192年所建立的，后于17世纪时被改建成了巴洛克样式。教堂内珍藏着许多财宝，看着这些财宝就能够让人回想起杜布罗夫尼克在中世纪时作为贸易都市时的繁荣景象。大理石的祭坛也很精美，里面挂有出自意大利著名画家提香·韦切利奥之手的画作《圣母升天》。

住 Kneza Damjana Jude 1
开 8:00~17:00（周日 11:00~17:00）
休 无（只有宝物殿会在冬季时被封锁）
费 免费　宝物殿 20Kn

3 斯彭扎宫

Palača Sponza

路萨广场对面的斯彭扎宫在1516年的建立初期时是贸易城市杜布罗夫尼克的物资和财物的进出管理所。17世纪以后其作为海关的功能减弱，逐渐变成了学者和知识分子聚集的文化沙龙。它是为数不多的幸免于1667年大地震的建筑物之一，杜布罗夫尼克的历史文书和围绕自治城市的裁决文件也没有被烧毁且被成功地保留了下来。这座建筑物现如今成了保存这些贵重资料的古文书馆。

住 Trg Luža 开 10:00~17:00
休 11月～次年4月 费 成人25Kn

4 道明会修道院

Dominikanski samostan

这是一座位于普洛策城门西侧的雄伟建筑物。于1228年来到杜布罗夫尼克的道明会组织在15世纪的时候打造了这座修道院。融入了罗马风格、哥特式风格和新文艺复兴风格的这座修道院是一家宗教美术馆，馆内展示着制作于11世纪的银质圣物储物箱和15~16世纪的宗教画。

住 Sv. Dominika 4 电（020）322200
开 夏季9:00~18:00、冬季9:00~17:00
休 无 费 成人30Kn 学生20Kn

5 圣依纳爵教堂

Crkva sv. Ignacija

这座圣依纳爵教堂建于1699~1725年，其以罗马的一座圣依纳爵教堂为原型，石头材质的祭坛非常精美。圣依纳爵指的是耶稣会▶p.498的创始人圣依纳爵·罗耀拉，这座教堂也隶属于耶稣会。祭坛的天花板上全都是湿壁画，非常值得一看。

住 Poljana Ruđera Boškovića 开 随时 休 无 费 免费

6 总督宫（文化历史博物馆）

Knežev dvor

这里是拉古萨共和国最高权力者总督的官邸，也是聚集了评议院和元老院等行政机关的杜布罗夫尼克的中心。该建筑物属于哥特式风格，建立于15世纪初期，出自当时著名的建筑师雅各布·塔提之手。在那之后，附近的一次火药爆炸使得建筑物遭受了严重的破坏，于是便用新文艺复兴的样式展开了修复工程。因此，这便成了一座融入了两种建筑风格的独特建筑物。

洛可可风格的房间，再现总督宫时的生活

此建筑物如今是一座文化历史博物馆，馆内展出着武器和硬币等丰富多彩的藏品。其中，陶瓷药罐的收藏品是最值得推荐的。在总督宫内有着洛可可和路易十六世风格的房间，每个房间内风格各不相同的家具和墙壁上的许多壁画都在向我们彰显着拉古萨共和国雄厚的经济实力的一部分。

住 Pred dvorom 3 ☐ 091-3214974
开 夏季9:00~18:00、冬季9:00~16:00 休 无
费 成人130Kn、学生50Kn
※ 持该门票的游客还可以参观海洋博物馆

7 海洋博物馆

Pomorski muzej

建在圣约翰要塞上的这座海洋博物馆讲述着杜布罗夫尼克繁荣的海洋史。展厅分为2层，1层介绍了从城市的起源、地中海的繁荣贸易到拉古萨共和国解体期间的海洋史。2层介绍了共和国解体后经过工业革命，这座城市通过造船业再次恢复活力的海洋史。

住 Tvrđava sv. Ivana 电（020）323904
开 夏季9:00~18:00、冬季9:00~16:00 休 周一
费 成人130Kn 学生50Kn
※ 持该门票的游客还可以参观总督宫

Srđ 山方向的缆车
URL www.dubrovnikcablecar.com
开 4 月 · 10 月 9:00~20:00
6~8 月 9:00~24:00
9 月 9:00~22:00、5 月 9:00~21:00
2 月 · 3 月 · 11 月 9:00~17:00
1 月 · 12 月 9:00~16:00
每隔 30 分钟一班缆车（拥堵时间隔为 15 分钟）
休 无
费 往返 150Kn　单程 85Kn

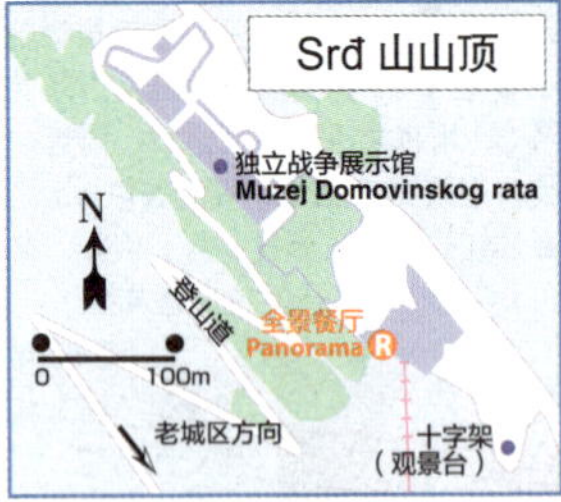

杜布罗夫尼克 主要景点

Srđ 山

Srđ　　Map p.257-C2　　老城区北侧

这是能够将旧城景象尽收眼底、海拔为 412 米的 Srđ 山。山顶上竖立着拿破仑一世赠予的白十字架。现在的这个十字架是独立战争结束后重新立在山顶上的，每当夜幕降临时十字架就会被灯光点亮。从老城区也能看清它的位置。从山顶看到的亚得里亚海和老城区的景色非常美丽。前往山顶时，坐缆车非常方便。山顶站设有咖啡餐厅，装饰在餐厅内的过去的缆车的照片也十分耐人寻味。另外，战争时被破坏的要塞现在变成了一座独立战争展示馆。

缆车开通以后上下山就变得更方便了

被高大城墙包围的斯通市

▶▶Access Guide
从杜布罗夫尼克到斯通
🚌 15 路巴士
10:45 14:15 15:00 15:15 20:30
周日 9:00 15:00 15:15 20:30
从斯通到杜布罗夫尼克
🚌 5:20 6:30 8:35 12:00 19:00
周日 5:20 19:00
时长：约 1 小时 10 分钟
车费：40Kn

斯通的城墙
开 夏季 9:00~19:30
冬季 9:00~15:00（随季节而不同）
休 无
费 成人 40Kn　学生 20Kn

盐田
住 Pelješki put 1
TEL（020）754017
URL www.solanaston.hr
开 8:00~20:00（10 月 ~ 次年 5 月 ~17:00）
休 无
费 成人 15Kn、导游带队 22.50Kn

马里 · 斯通地区以牡蛎为主的贝类养殖业很发达

近郊的城镇　　距离杜布罗夫尼克最快 1 小时 15 分钟的巴士车程

斯通

Ston　　Map 文前 p.5-C3

位于杜布罗夫尼克西北方向 35 公里、坐落于细长的佩列沙茨半岛之上的斯通是一座得名于长长的城墙的城市。这里的城墙是 14~16 世纪时由拉古萨共和国所修建，保存状态也很良好，是继英国哈德良城墙之后欧洲第二长的城墙。斯通是连接克罗地亚本土和佩列沙茨半岛的要冲，盐田产的食盐是拉古萨共和国的重要出口商品。这里的食盐保持着和中世纪相同的制作工艺，在导游的陪同下可以来参观制盐的过程。

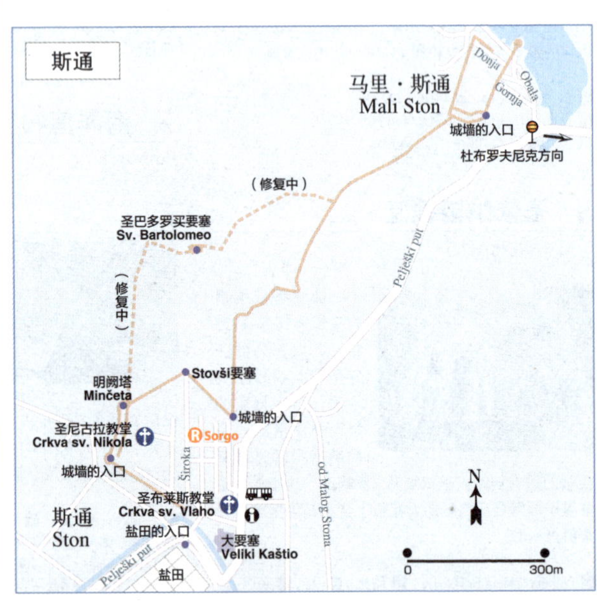

info 盛产牡蛎的马里 · 斯通地区在每年的 3 月都会举办海蛎节。

杜布罗夫尼克的酒店
Hotel

埃克萨勒斯尔酒店
Hotel & Spa Excelsior

◆这家酒店在距离老城区以东 600 米的地方。在杜布罗夫尼克的众多酒店中，从该酒店看到的老城区景致被公认为是最好的。伊丽莎白二世也曾下榻过这里，是杜布罗夫尼克的著名高级酒店。

普洛切 Map p.257-D2

住 Frana Supila 12
TEL（020）353000 FAX（020）353100
URL www.adriaticluxuryhotels.com
S W € 100~432
CC A D M V 含 WiFi 免费

希尔顿帝国酒店
Hilton Imperial

◆该酒店位于派勒城门的旁边，从有的客房里还能眺望到老城区。酒店建在一栋 19 世纪的建筑物之上，木质的家具打造出豪华的客房。室内泳池和健身房是酒店引以为傲的地方。

派勒城门 Map p.257-C2

住 Marijana Blažića 2 TEL（020）320320
FAX（020）320306 URL www.hilton.com
S 4139Kn
W 4303Kn
CC A J M V 含 WiFi 免费

普谢克宫殿酒店
The Pucić Palace

◆这是老城区中仅有的两家酒店中的一家，过去是贵族的官邸。酒店充分利用了原本的房间布局和木梁，同时加入了现代风格的家具。

老城区 Map p.259

住 Od Puča 1 TEL（020）326222
FAX（020）326223
URL www.thepucicpalace.com
S 1538~2363Kn
W 1800~4500Kn
CC A D M V 含 WiFi 免费

斯塔里格拉德酒店
Hotel Stari Grad

◆该酒店所在的 6 层建筑物建于 16 世纪。酒店内的客房并不多，只有 8 间，但是为每一位顾客提供的都是细致入微的服务。从楼顶的餐厅处可以看到很好的老城区景致。

老城区 Map p.258

住 Od Sigurate 4 TEL（020）322244
FAX（020）321256
URL www.hotelstarigrad.com
S € 204~359
W € 269~399
CC A D M V 含 WiFi 免费

卡兹别克精品酒店
Kazbek

◆这家小型酒店改装自修建于 16 世纪的一个贵族府邸。客房内摆放着古色古香的家具，营造出怀旧的情怀。酒店内还并设有游泳池和餐厅。

拉帕德 Map p.256-B1

住 Lapadska 25
TEL（020）362999 FAX（020）362990
URL www.kazbekdubrovnik.com
S W € 150~450
CC A D M V
含 WiFi 免费

亚得里亚海酒店
Hotel Adriatic

◆这是一家拉帕德地区内价格设定最便宜的旅游酒店，因此学生和年轻顾客也有很多。客房内的设备控制在需求的最小限度内。

拉帕德 Map p.256-A1

住 Masarykov put 15
TEL（020）433520 FAX（020）437530
URL www.hotelsindubrovnik.com
S 310~700Kn
W 480~1800Kn
CC A D M V 含 WiFi 免费

奥姆拉丁斯基酒店
Omladinski Hostel

◆这是一家位于老城区和巴士枢纽间的青年招待所。从巴士枢纽步行 15 分钟左右即可到达酒店。房间有男女之分，平均一间房的床数为 4~6 张。

波尼诺沃 Map p.256-B2

住 Vinka Sagrestana 3
TEL（020）423241 FAX（020）412592
URL www.hfhs.hr
寝 100~160Kn
CC M V 无 WiFi 免费

info 老城区虽然只有为数不多的酒店，但是私人房间很多，价格也很实惠。

杜布罗夫尼克的餐馆

Restaurant

Proto 餐馆

Proto

◆这是一家爱德华八世等著名人物到访过的海鲜店。新鲜的海鲜配上克罗地亚产红酒陪你度过片刻欢乐时光。主食的价位为 194Kn~

老城区 Map p.258

住 Široka 1 TEL（020）323234

URL www.esculapestaurants.com

营 11:00~23:00

休 无 CC A D J M V

海鲜美食

达美乐牛排店

SteakHouse Domino

◆这是一家很有人气的牛排店。各种牛排的价位为 163~245Kn。鱼贝类餐食的种类也很丰盛，4 种鱼贝类的海鲜拼盘的价格为 395Kn（2 人份）。

老城区 Map p.258

住 Od Domina 6 TEL（020）323103

URL www.restaurantdomino-dubrovnik.com

营 11:00~24:00 休 无

CC A D J M V

牛排 海鲜美食

Lokanda Peškarija 餐馆

Lokanda Peškarija

◆这是一家位于旧港的人气餐厅。面朝旧港的露天座位非常不错，店内的氛围也毫不逊色。翻台率高，也很推荐午餐时间过来消费。人气超高的海鲜烩饭 123Kn/ 份。

老城区 Map p.259

住 Na Ponti bb TEL（020）324750

URL www.mea-culpa.hr

营 11:00~23:00 休 11/10~ 次年 2 月

CC M V

海鲜美食

全景餐厅

Panorama

◆这家店位于 Srđ 山缆车搭乘点内，食客们可以一边眺望杜布罗夫尼克的风景一边用餐。主食的价位为 98~210Kn。店内还供应汉堡等轻食。

Srđ 山 Map p.262 上

住 Srđ TEL（020）312664

URL www.nautikarestaurants.com

营 夏季 9:00~24:00、冬季 9:00~16:00

休 无 CC A D M V

地中海美食 咖啡

Buffet Škola 餐馆

Buffet Škola

◆沿着斯特拉顿街的小路走一小段路程即可到达这家快餐店。在佛卡夏（一种意大利式面包）一般大的面包里夹着生火腿等的三明治很有人气，售价为 26~30Kn。

老城区 Map p.258

住 Antuninska 1

TEL（020）321096

营 夏季 8:00~24:00 冬季 8:00~17:00

休 无 CC 不可

三明治 快餐

杜布罗夫尼克的商店

Shop

Ljekarna Mala Braća 药局

Ljekarna Mala Braća

◆这是一家并设于方济各教堂和修道院内的药局。用天然草药制成的洗发剂和雪花膏等被装在类似药罐的简单容器中。玫瑰香氛等制品很有人气。

老城区 Map p.258

住 Placa 30 TEL（020）321411

营 7:00~19:30（周六 7:30~16:00）

休 周日・节假日

CC A D J M V

医药品 化妆品

美杜莎

Medusa

◆这是一家出售克罗地亚风情礼品的精品店。店内摆放着许多非常有品位的手工制品，例如人偶。刺绣和用布拉奇岛上的石头制成的摆设品等。

老城区 Map p.258

住 Prijeko 18 TEL（020）322004

URL www.medusa.hr 营 4 月 ~10 月 9:00~19:00 11 月 ~ 次年 3 月 10:00~17:00

休 无 CC D J M V

礼品 手工杂货

info 蛋奶冻布丁搭配玫瑰甜露酒的 Rozata 是克罗地亚地区有名的一道甜品。

波斯尼亚和黑塞哥维那

Bosnia-Herzegovina

位于莫斯塔尔近郊的克拉维斯瀑布

国旗

波斯尼亚和黑塞哥维那的国旗是长方形的，长宽之比为 2 : 1。

正式国名

波斯尼亚和黑塞哥维那　Bosna i Hercegovina

国歌

Državna himna Bosne i Hercegovine
（波斯尼亚和黑塞哥维那国歌）

面积

大约 51126 平方公里

人口

350 万 7017 人（2017 年）

首都

萨拉热窝　Sarajevo

国家元首

主席团行使国家元首职责。现任轮值主席是米洛拉德 · 多迪克（Milorad Dodik）。

国家政体

基于多党制的共和制。由波黑联邦与塞族共和国这两个高度自治的地方政府组成。

民族构成

波什尼亚克人约占 44%，塞尔维亚人约占 31%，克罗地亚人约占 17%。

宗教

伊斯兰教、东正教和天主教。

语言

波斯尼亚语、塞尔维亚语、克罗地亚语

→旅行中会用到的波斯尼亚语 p.273

货币和汇率

波斯尼亚和黑塞哥维那的货币单位是波黑马克，本书以 KM 表示。辅助货币单位是芬尼 Fening，其复数形式为 Feninga，1KM=100Feninga。截至 2021 年 1 月，1KM= 约 4 元人民币，1 € =1.95583KM。

【纸币】

种类有 200KM、100KM、50KM、20KM、10KM。硬币的种类有 5KM、2KM、1KM、50feninga、20feninga、10feninga、5feninga。

200KM 以外的纸币，虽然波黑联邦的与塞族共和国的面额和颜色相同，但是纸币的肖像是不同的。

【信用卡】

中档以上的酒店与高档餐馆可以使用信用卡。一般的城镇也都设有 ATM。

【货币兑换】

在大一些城镇的车站与汽车终点站设有货币兑换处。

1 波黑马克　2 波黑马克　5 波黑马克

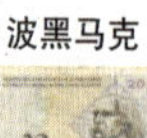

10 波黑马克（联邦）　20 波黑马克（共和国）　20 波黑马克（联邦）

50 波黑马克（共和国）　100 波黑马克（联邦）　200 波黑马克（共和国）

5 芬尼　10 芬尼　20 芬尼　50 芬尼

→旅游的预算与花费 p.480

出入境

【签证】

以旅游观光为目的 90 天以内的停留无须签证。

【护照】

护照的剩余有效期限必须在 6 个月以上。

→中国出入境 p.461
→中欧各国出入境 p.461

拨打电话的方法

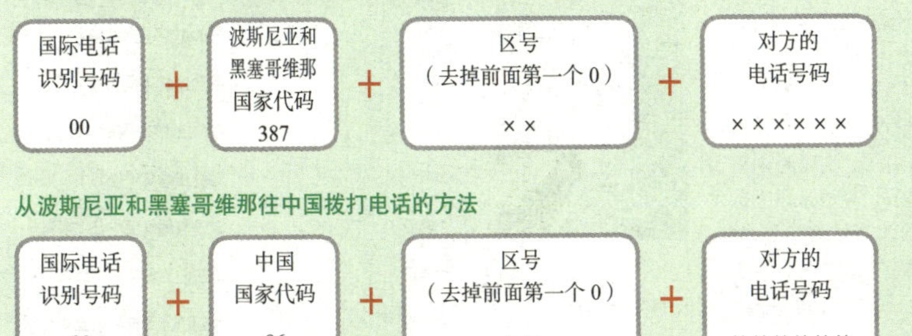

从中国往波斯尼亚和黑塞哥维那拨打电话的方法
国际电话识别号码 00
+
波斯尼亚和黑塞哥维那国家代码 387
+
区号（去掉前面第一个 0） ××
+
对方的电话号码 ××××××
从波斯尼亚和黑塞哥维那往中国拨打电话的方法
国际电话识别号码 00
+
中国国家代码 86
+
区号（去掉前面第一个 0） ××
+
对方的电话号码 ××××××

→关于通信与邮寄 p.486

从中国至波斯尼亚和黑塞哥维那的航班

目前没有连接中国与波斯尼亚和黑塞哥维那的直飞航班，至少需要换乘一次。包括转机时间在内，飞行时间大约在 16 小时以上。无论是在维也纳转机，还是在伊斯坦布尔或者多哈转机，当天或者次日都可以到达萨拉热窝。

→从中国前往中欧的交通 p.460

从周边各国前往波斯尼亚和黑塞哥维那的线路

【铁路】 目前没有开通国际列车。以前有从克罗地亚的萨格勒布、普拉开往萨拉热窝的火车，这些线路何时再开通还是一个未知数。

【巴士】 除了邻国克罗地亚、塞尔维亚和黑山共和国以外，还有来自欧洲各个城市的定期巴士。

→当地交通 p.481

时差和夏令时

与中国有 7 小时的时差，将北京时间减去 7 小时即为当地时间。也就是说，北京的 AM6:00 是波斯尼亚和黑塞哥维那前一天的 PM11:00。实行夏日制的时候，时差为 6 小时。夏令时的实行时间是 3 月最后一个周日的 AM2:00（=AM3:00）~10 月最后一个周日的 AM3:00（=AM2:00）。

营业时间

以下为各商业设施的一般营业时间。

【银行】

周一～周五 8:00~17:00　周六 · 周日 休息。

【百货商场或商店】

大多为 8:00~20:00。

【餐馆】

餐饮店营业到深夜。

气候

虽然夏季平均温度为20℃左右，但是早晚有些凉，还需要穿长袖衣服。备上一件薄毛衣比较好。冬季平均温度在0℃左右。降雪情况因地区而异，不过首都萨拉热窝的积雪曾经达到过50厘米以上。冬季需要准备抗寒防雪的鞋。

旅游最佳季节是5~8月。进入冬季，容易发生因积雪或路面冻结而造成的交通瘫痪。

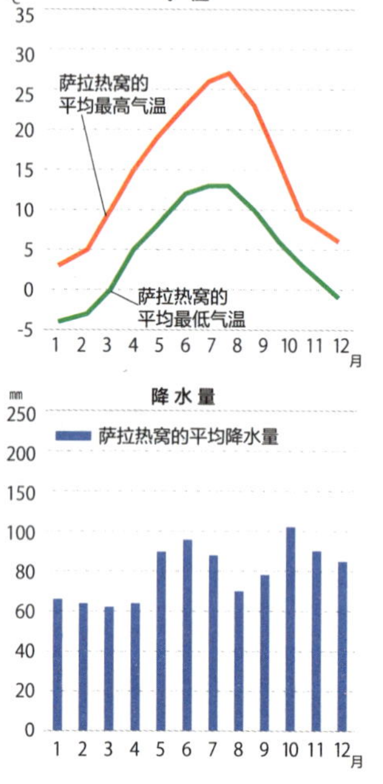

主要的节日

波黑联邦与塞族共和国的节日不同。要注意有的节日因年份不同日期会有所变动。（以※做标记）

时 间	节日名称
1/1~2	元旦
1/6	塞尔维亚东正教的圣诞节前夜（共和国）
1/7	塞尔维亚东正教的圣诞节（共和国）
1/9	共和国日（共和国）
1/14	塞尔维亚东正教的正月（共和国）
3/1	独立纪念日（联邦）
4月份※	天主教耶稣受难日（联邦）
4月份※	天主教的复活节（联邦）
4月份※	天主教复活节的下一个星期一（联邦）
4月份※	塞尔维亚东正教的复活节（共和国）
4月份※	塞尔维亚东正教复活节的下一个星期一（共和国）
5/1	国际劳动节
5/9	反法西斯战争胜利日（共和国）
5/24（'20）5/13（'21）※	开斋节（联邦）
6/28	圣维特日（共和国）
7/30（'20）7/20（'21）※	宰牲节（联邦）
11/1	万圣节（联邦）
11/21	代顿协议日（共和国）
11/25	国庆节（联邦）
12/25	天主教的圣诞节（联邦）

电压和插座

电压230V，50Hz。电源插座一般为两个插孔的C型。需要带转换插头。

视频制式

【DVD制式】

波斯尼亚和黑塞哥维那的电视与视频制式为PAL制式，与中国相同。

卫生间

Muški为男卫生间，Ženski为女卫生间。使用费用一次0.5~1KM。

小费

在高档餐厅，对服务表示满意时，一般支付餐费的10%作为小费。

饮用水

不建议饮用未经处理的自来水管中的水。随处销售的矿泉水有含碳酸和不含碳酸两种。

邮政

没有统一的邮政制度，在波黑联邦是 BH Pošta，在塞族共和国是 Pošta Srpske，而在克罗地亚地区则是 Hrvatska Pošta。

【邮费】

寄往中国的航空邮件费用，从波黑联邦寄出明信片的价格是 1.50KM，20 克以下的信件是 1.80KM。从塞族共和国寄出明信片与 20 克以下信件的价格都是 3.30KM。大约一周可以抵达。

→关于通信与邮寄 p.486

税金

在波斯尼亚和黑塞哥维那，几乎对所有商品都要征收一种被称之为 DPV 的 17% 的增值税，且没有退税制度。

→中欧各国的出入境 p.461

安全与纠纷

战乱结束至今已经过去了 20 多年，已经相当程度地恢复了治安和基础设施。但是，围绕着领土之争与原住民的回归问题，各地都遗留有民族间对立的地区。突如其来的一件小事就有可能成为导火索，使政治情况急转直下、游行示威活动持续不断。作为游客，还是对不测的发生做好准备，谨慎行动为宜。

【地雷】 游览时遭遇地雷的可能性不大，但是战乱时埋下的地雷也并未完全清除。不要接近写有骷髅头或者 MINE 的地区，以及草丛、未铺设的道路、废墟等地方。

【小偷】 在萨拉热窝的车站前、电车里以及莫斯塔尔的老城区，放入口袋或者背包里的护照、钱包等物品不知什么时候就不翼而飞，类似这种遭遇扒手和小偷的事件多有报道。那就采取预防措施吧，例如把背包抱在胸前，将手放在装有钱包的口袋上盖住它。另外，与其说一个人的时候会遭遇扒手，不如说在集体中热衷于聊天时更容易被偷盗。

【安眠药抢劫】 喝了在当地认识的人放入安眠药的饮料后，在失去意识期间贵重物品被抢劫的事件也时有发生。

【入境时的外币申请】 持有相当于 5000KM 以上的货币入境时须履行外币申请手续。如果出境时没有证明文件，却想将 5000KM 以上的货币带出境，则有被没收的可能。

中国驻波斯尼亚和黑塞哥维那大使馆

住 Braće Begića 17，71000 Sarajevo，Bosnia and Herzegovina

TEL 00387-33-215102

FAX 00387-33-215108

24 小时领事保护与协助热线 00387-62-442353

URL ba.china-embassy.org/chn/

警察局 122　消防局 123

急　救 124

→旅游中的纠纷与安全措施 p.488

年龄限制

未满 18 岁的未成年人禁止购买酒类和香烟制品。

度量衡

和国际通用的度量衡一样，距离的单位是米，重量单位用克、千克表示，液体体积用升来表示。

INTRODUCTION

波斯尼亚和黑塞哥维那 旅行的基础知识

Bosnia and Herzegovina

在波斯尼亚和黑塞哥维那，欧洲元素和伊斯兰元素交织在一起，多层次的文化色彩浓厚。从战乱结束至今已经有 20 余年，近年来它的自然之美越来越引人关注。

【旅游热点】

1 莫斯塔尔 p.286

黑塞哥维那地区的中心城市。莫斯塔尔古桥是城市的地标建筑，在战争中曾经被摧毁，战后又得以重建。桥周边的集市总是熙熙攘攘，人多又热闹。很难相信这里曾经是战争时期的激战区。

Stari Most（莫斯塔尔古桥）是莫斯塔尔的象征

3 克拉维斯瀑布 p.289

从莫斯塔尔驱车大约一小时即到。只见很多条高约 27 米的瀑布飞流直下，注入被深绿色环抱的湖泊，堪称绝景。夏天，可以在距离瀑布很近的地方游泳。

不妨以瀑布为背景游泳

2 巴什察尔希亚 p.280

清真寺、饮水处、丝绸交易所，等等，萨拉热窝老城的中心地带保留着这些大量的奥斯曼帝国时代的伊斯兰建筑。悠闲漫步在中东风格的街道上，你很难想象到这里是欧洲。

在集市上尽享购物的乐趣

【地理】

在历史和地理上，将北部称为波斯尼亚地区，以南部的莫斯塔尔为中心的地区称为黑塞哥维那，合起来即是国名。另外，在行政上又分为两个部分，即克罗地亚人和波什尼亚克人居住地区的波黑联邦，以及塞尔维亚人居住地区的塞族共和国。

【民族与宗教】

作为塞尔维亚东正教徒的塞尔维亚人、天主教徒的克罗地亚人以及伊斯兰教徒的波什尼亚克人是波斯尼亚和黑塞哥维那的主要民族。波什尼亚克人在前南斯拉夫时代被称为穆斯林。三个民族在外观和语言上几乎没有差别。询问对方的所属民族是很不礼貌的，这方面不打听为好。

【土特产】

在萨拉热窝的巴西查尔西亚或者是莫斯塔尔的集市上可以发现许多富有奥斯曼帝国时代浓郁色彩、充满异国情调的土特产品，比如波斯尼亚风格的咖啡套装，铜板工艺品，等等。使用战乱时用的弹壳制作的圆珠笔是只有波黑才有的经典土特产。

【交通】

- 巴士为主要交通工具，人们很少乘坐火车
- 在萨拉热窝的巴士终点站，波黑联邦与塞族共和国分别有不同的乘车地点
- 乘坐巴士无法到达很多位于郊外的景点

飞机

●国内线不运行　虽然萨拉热窝、莫斯塔尔、巴尼亚卢卡、图兹拉有机场，但是都只有国际航班，没有国内线。

铁路

●两家铁路公司　有两家铁路公司在运行，波黑联邦铁路ŽFBH（Željeznice Federacije Bosne i Hercegovine）与塞族共和国铁路ŽRS（Željeznice Republike Srpske）。

火车的线路和班次不是很多，便利性也不是太好。旅行者一般能用到的是萨拉热窝～莫斯塔尔之间的线路，每天两班。

萨拉热窝的火车站

波黑联邦铁路公司
URL www.zfbh.ba
塞族共和国铁路公司
URL www.zrs-rs.com

萨拉热窝～莫斯塔尔之间的车厢内

巴士

覆盖全国。来往于主要城市间的班次很多，但是前往其他地区的巴士大多为每天一班。

●车票的购买方法

座位预约　乘坐始发车或者是从有巴士总站的城市出发的时候，由于座席指定，需要提前买票。在萨拉热窝，一般是数日前开始预售车票，也有只在临出发前才售票的班次。

车票窗口　虽然有不止一家巴士公司在运营，但是共用巴士总站的售票窗口。

注意目的地　萨拉热窝然有两个巴士总站，一个是连接莫斯塔尔等波黑联邦一侧城市的巴士总站，另一个是前往维谢格拉德、巴尼亚卢卡等塞族共和国一侧城市的巴士总站。须事先确认好出发和到达的是哪一个巴士总站。

东萨拉热窝巴士总站。前往维谢格拉德、巴尼亚卢卡的巴士在这里抵离

●主要的巴士公司

Autoprevoz
URL www.autoprevoz.ba
除了萨拉热窝～莫斯塔尔的国内线，还运营莫斯塔尔～斯普利特等国际线。

Globtour
URL www.globtour.com
除了萨拉热窝～莫斯塔尔、莫斯塔尔～梅久戈耶的国内线，还运营前往克罗地亚、黑山共和国的国际线路。

行李

●行李寄存在汽车后部的行李箱需收费

手提行李可以免费带上车，无法带进车厢的较大行李如果寄放在汽车后部的行李箱里，则需要另外支付1~1.5KM的寄存费用。

方便旅行的主要直通巴士时刻表

萨拉热窝 p.274 **↔ 莫斯塔尔** p.286
所需时间：2小时10分钟~2小时50分钟
车费：20KM
▶萨拉热窝（波黑联邦方面的巴士总站）发车：6:00 8:15 9:00 10:00 11:30 12:30 15:30 16:00 18:00 19:55
▶莫斯塔尔发车：6:00 6:30 7:00 9:00 11:00 15:00 16:00 18:15 20:00

萨拉热窝 ↔ 维谢格拉德 p.284
所需时间：3小时~3小时30分钟
车费：16KM
▶萨拉热窝（东萨拉热窝巴士总站）发车：6:30 14:00
▶维谢格拉德发车：8:00 12:40 13:00

萨拉热窝 ↔ 萨格勒布（克罗地亚） p.236
所需时间：6小时15分钟~8小时30分钟
车费：54KM
▶萨拉热窝（波黑联邦方面的巴士总站）发车：6:30 9:30 12:30 22:00
▶萨格勒布发车：6:30 12:30 16:45 18:30 22:00

莫斯塔尔 ↔ 杜布罗夫尼克（克罗地亚） p.255
所需时间：3小时15分钟~4小时
车费：20KM
▶莫斯塔尔发车：7:00 10:15（只在夏季运营） 12:30 17:30（只在夏季运营）
▶杜布罗夫尼克发车：8:00（只在夏季运营）16:00 17:15

※ 随着时期和季节的变动，时刻表可能会发生改变

【住宿】

- 以萨拉热窝为中心，大型酒店的数量不断增加
- 民宿在品质和价格上有很大的空间

关于住宿

酒店的费用虽然比较贵，不过，近年来在萨拉热窝、莫斯塔尔等旅游城市增加了许多简易旅馆和简易招待所，拉大了住宿费用的差别幅度。

●高档酒店

单间的价格为每晚人民币 600~1300 元。近年来，设有健身房、游泳池的高档酒店不断增加，万豪、瑞士酒店等国际连锁品牌的酒店也相继开业。

●中档酒店

单间的价格为每晚人民币 250~650 元。房间大多带有空调、电视机。也有一些利用奥斯曼帝国时代的旅馆经营的酒店。

●民宿

借用一般家庭的一间房居住的情况较少，私人房间基本上是利用公寓的一间房解决住宿问题。可以通过当地旅行社或者住宿预约网站预约。

改造了传统民居的酒店也很多

【餐饮】

- 即使是在巴尔干半岛，饮食风格也深受土耳其菜肴的影响
- 一说到咖啡，肯定是指波斯尼亚风格的
- 虽然伊斯兰教徒很多，但是人们也常常饮酒。

波斯尼亚美食

切巴契契 Ćevapčići　将肉馅做成 3 厘米左右长的肉卷，然后放在炭火上烤熟。吃的时候大多夹在皮塔饼面包那样的薄饼里，再放入生洋葱。

卷心菜卷 Sarma　用卷心菜的叶子包住米饭和其他食材，然后再卷起来，就做成了巴尔干风格的卷心菜卷。

葡萄叶包饭 Japrak　用葡萄叶包上大米与肉等食材做成的美食。虽然在土耳其或者整个巴尔干半岛都能够吃到，但是在这里食用时要添加酸奶。

西式馅饼 Burek　馅饼的一种，放入奶酪的叫作 Sirnica，放入蔬菜的称作 Zeljanica。

饮料

啤酒　代表性的品牌有 Sarajevsko 以及 Nektar 等等。

拉基亚 Rakija　用李子、葡萄、梨、杏等原料酿制的一种蒸馏酒。

葡萄酒　主要在莫斯塔尔周边酿造有优质的葡萄酒。

爱酿　一种咸味酸奶饮料，与肉类菜肴有良好的相容性。

波斯尼亚风格咖啡

将咖啡豆粉煮沸，然后饮用清液的传统咖啡就是波斯尼亚风格咖啡 Bosanska Kahva。

煮好的咖啡使用一种叫作 Džezva 的舀子形状的专用器皿盛放。用黄铜或者铜制作而成的 Džezva，大多制作精美，很适合作为当地的特产。

一定要吃到！波斯尼亚的经典美食

●切巴契契

Ćevapčići

小肉丸是一款经典快餐，风靡巴尔干半岛。波斯尼亚风格是将肉丸夹在薄饼里食用。

●波斯尼亚炖锅

Bosanski Lonac

类似于波斯尼亚风格的土豆炖牛肉，将牛肉或羊肉与蔬菜一起放入番茄底料中炖煮。大多用金属器皿盛放。

●蔬菜镶肉

Dolma

把肉塞进青椒、番茄或者洋葱之类的蔬菜里蒸煮而成的菜肴。

info 波斯尼亚风格咖啡也被称为土耳其风格咖啡、传统咖啡，其实都是同样的咖啡。

【旅行中会用到的波斯尼亚语】

●打招呼

早上好	Dobro Jutro.
你好	Dobar dan.
晚上好	Dobro veče
再见	Do viđenja.
嗨!	Zdravo.

●回答

是的 / 不是	Da./Ne.
谢谢	Hvala.
对不起	Izvinite.
没关系	Molim
不明白	Ne razumem.
不要	Ne treba.
拜托了、请	Prosim.

●提问

这里是哪里?
Gde je ovde?

卫生间在哪里?
Gde je toalet?

多少钱? Kolike košta?

会讲英语吗?
Da li govolite engleski?

请给我～ Dajte mi~.

有～吗? Ima li~.

●紧急情况

救命! U Pomoći

有小偷! Lopov!

～被偷了。
Bila sam ukradena~.

感觉不好 Lošo mi je.

～疼 Boli me~.

●数字

1	jedan
2	dva
3	tri
4	četiri
5	pet
6	šest
7	sedam
8	osam
9	devet
10	deset
11	jedanaest
12	dvanaest
13	trinaest
14	četrnaest
15	petnaest
16	šesnaest
17	sedamnaest
18	osamnaest
19	devetnaest
20	dvadeset
21	dvadeset jedan
22	dvadeset d v a
100	sto
1000	hiljada

●星期和月份

周一	ponedeljak	1月	januar	8月	avgust
周二	utorak	2月	februar	9月	septembar
周三	sreda	3月	mart	10月	oktobar
周四	četvrtak	4月	april	11月	novembar
周五	petak	5月	mai	12月	decembar
周六	subota	6月	juni		
周日	nedelja	7月	juli		

●有用的单词

警察	policija	出发	odlazak	开馆	otvoreno
地图	mapa	到达	dolazak	闭馆	zaprto
入口	ulaz	卫生间	toalet	成人	odrasli
出口	izlaz	淋浴	tuš	孩子	deca
换乘	transfer	收银台、售票处	bragajna		

萨拉热窝★

萨拉热窝 *Sarajevo*

MAP 文前 p.5-C2
人口大约 44 万人
长途区号 033
旅游局
URL www.sarajevo-tourism.com
市内交通
URL www.gras.ba

旅游咨询处（萨拉热窝）
MAP p.277-D2
住 Sarači 58
TEL（033）580999
URL www.sarajevo-tourism.com
开 9:00~20:00
休 节日

萨拉热窝国际机场
TEL（033）289100
URL www.sarajevo-airport.ba

机场巴士
机场出发前往市内：4:45 6:30 8:50 9:45 10:45 11:30 13:30 14:00 15:30 16:15 18:00 19:45 20:45 22:00 23:15
市内出发前往机场：4:15 5:30 7:15 9:15 10:30 11:30 12:15 14:15 15:00 16:15 17:15 18:30 20:15 21:15 22:45
所需时间：大约 25 分钟
车费：5KM

从市内发往机场的巴士从巴什察尔希亚东侧出发。

保留了古街道风韵的萨拉热窝

波斯尼亚和黑塞哥维那的首都萨拉热窝，自奥斯曼帝国以来一直商业繁荣。在城市中心地段的老城——巴什察尔希亚，伊斯兰教、天主教、东正教会以及犹太教等多元化的民族、宗教与文化交织在一起，向人们讲述着萨拉热窝的魅力。与塞尔维亚主导的联邦军队的战争始于 1991 年，城市里有 1 万人在战争中丧生。如今，虽然城市在战后恢复中不断发展，但是一些建筑物上残存的弹痕，告诉人们战争并非是遥远过去的事情。

车站和交通

萨拉热窝国际机场 Aerodrom Sarajevo

从市中心向西出发约 12 公里，即是国内最大的机场。到达大厅里有 ATM 和货币兑换处。

● **从机场前往市内**

从机场到巴什察尔希亚东侧有机场巴士在运营。乘坐出租车到达市

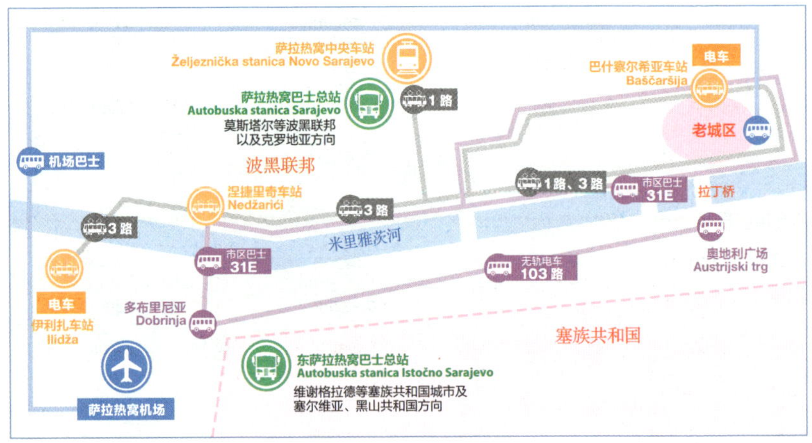

内大约20分钟，20KM左右，大件行李托运费用1.2KM左右。乘坐出租车时，为了避免被敲竹杠，要确认计价器是否被倒拨了。

萨拉热窝中央车站
Željeznička stanica Novo Sarajevo

Map p.276-A·B2

驶自莫斯塔尔的列车抵达萨拉热窝中央车站。

●**乘坐1路电车前往老城区**　火车站前有电车车站。乘坐1路电车前往市中心或者是老城巴什察尔希亚 Baščaršija，需15~20分钟，每隔10~15分钟一班。请注意4路车是由中心街区向反方向行驶。乘坐出租车大约6KM。

萨拉热窝巴士总站
Autobuska stanica Sarajevo

Map p.276-A2

距离萨拉热窝市中心以西2公里、中央车站旁边有一个巴士总站，连通克罗地亚、西欧各个城市、国内各地、莫斯塔尔、维索科、巴尼亚卢卡等地的巴士都在这里抵离。车站里没有货币兑换处，邻接的火车站前有邮局。由于扒手很多，治安较差，要留心行李。

从邻接的火车站前乘坐1路电车可以前往市中心。

东萨拉热窝巴士总站
Autobuska stanica Istočno Sarajevo

Map p.277-C4

前往维斯格拉德等波斯尼亚和黑塞哥维那国内塞族共和国方面的各大城市、塞尔维亚以及黑山共和国的巴士在这里抵离。通常也被称为卢卡维查 Lukavica。

●**乘坐市公交车31E路、无轨电车103路前往老城区**　前往市内的31E路巴士（开往巴什察尔希亚方向）与103路无轨电车（开往奥地利广场方向）的车站位于从巴士总站向北约300米处的右侧。

●**乘坐出租车前往市内**　从巴士总站出发前往市内的出租车大多没有计价器，乘车前需要谈好价格。到市内大约14KM。

市内交通

车票种类和购买方式

萨拉热窝有3种公共交通工具，即电车、市内公交车和无轨电车。在报亭等处事先购买车票为1.6KM，向司机直接买票则为1.8KM。虽然车费一样，但是车票形式却因交通工具不同而有所不同，电车车票为名片形，无轨电车车票为带状形。在报亭买票时，要先讲清楚交通工具的种类再购买车票。

●**检票方法**　乘车后立即将车票放入检票机里。如果乘坐电车，车票后面会有字打印上去，一定要确认一下。即使持有车票，没有完成检票程序，也会被视为无票乘车而被罚款。

●**拥挤的时候委托他人检票**　遇到检票困难、较为拥挤的时候，说一声“旁契，莫利木巴士”（请帮我检票），然后把车票递给其他乘客，请他帮助检票即可。顺便提一句，几乎大多数萨拉热窝市民使用无须检票的定期通行票。

电车的检票机，插入名片大小的车票

与波黑联邦方向的萨拉热窝巴士总站邻接的萨拉热窝中央车站

萨拉热窝巴士总站
TEL（033）213100
▶ 车站里的行李寄存
开 6:00~22:00
费 寄存行李的费用为，第一个小时每件2KM，以后每小时增加1KM

波黑联邦方向的萨拉热窝巴士总站也销售国际巴士车票

无轨电车的检票机。插入纸质车票后，用大拇指向上推机器的上部，然后打个孔

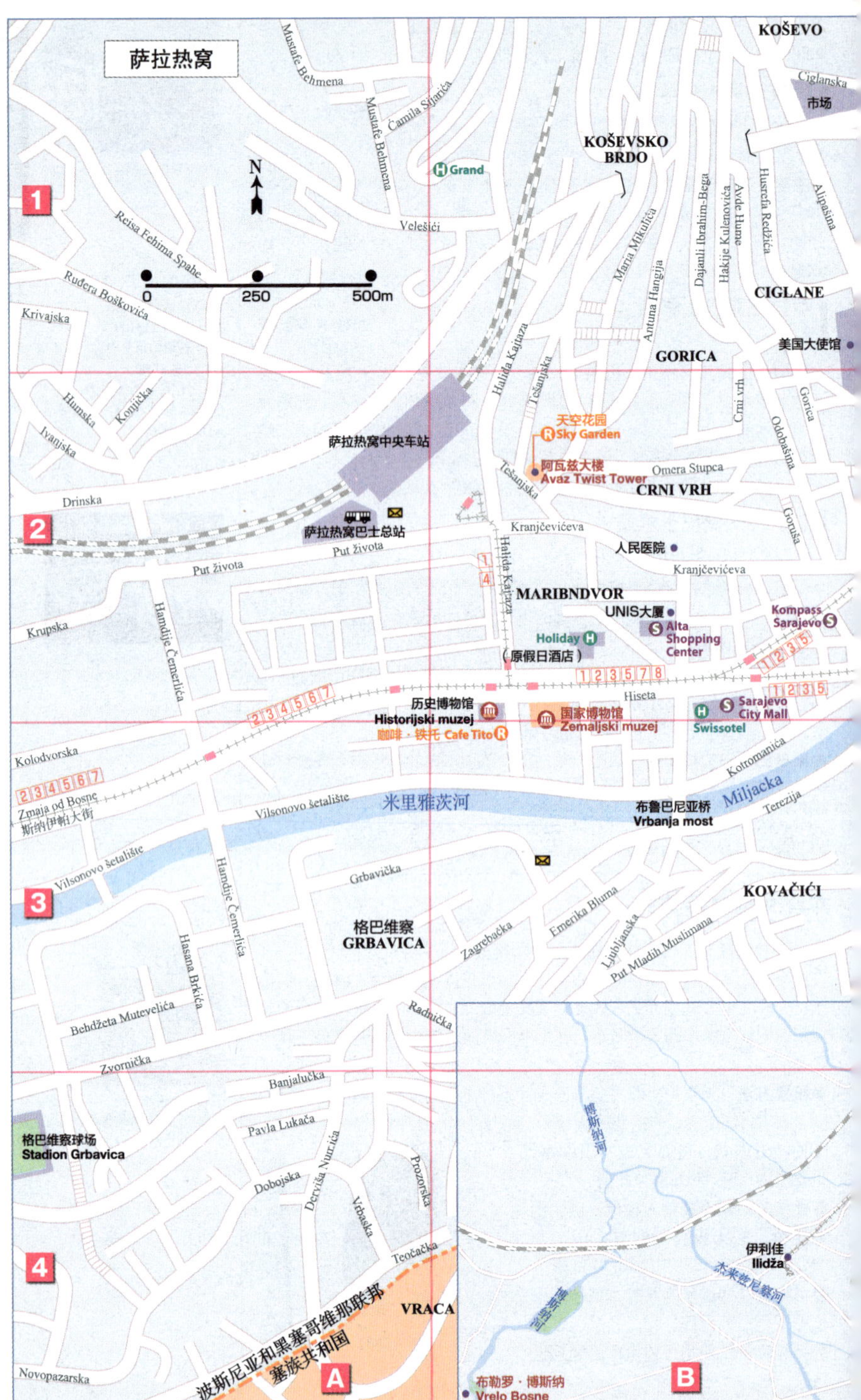

萨拉热窝
0
250
500m
N
KOŠEVO
Ciglanska
市场
KOŠEVSKO BRDO
Grand
CIGLANE
GORICA
美国大使馆
萨拉热窝中央车站
天空花园
Sky Garden
阿瓦兹大楼
Avaz Twist Tower
CRNI VRH
萨拉热窝巴士总站
人民医院
MARIBNDVOR
UNIS大厦
Alta Shopping Center
Kompass Sarajevo
Holiday
（原假日酒店）
历史博物馆
Historijski muzej
咖啡・铁托 Cafe Tito
国家博物馆
Zemaljski muzej
Sarajevo City Mall
Swissotel
米里雅茨河
Miljacka
布鲁巴尼亚桥
Vrbanja most
斯纳伊帕大街
格巴维察
GRBAVICA
KOVAČIĆI
格巴维察球场
Stadion Grbavica
博斯纳河
伊利佳
Ilidža
杰莱兹尼察河
VRACA
波斯尼亚和黑塞哥维那联邦
塞族共和国
布勒罗・博斯纳
Vrelo Bosne
Mustafe Behmena
Čamila Sijarića
Velešići
Reisa Fehima Spahe
Ruđera Boškovića
Krivajska
Humska
Konjička
Ivanjska
Drinska
Put života
Krupska
Hamdije Čemerlića
Kolodvorska
Zmaja od Bosne
Vilsonovo šetalište
Halida Kajtaza
Tešanjska
Kranjčevićeva
Maria Mikulića
Antuna Hangija
Dajanli Ibrahim-Bega
Hakije Kulenovića
Avde Hume
Husrefa Redžića
Alipašina
Crni vrh
Gorica
Odobašina
Goruša
Omera Stupca
Hiseta
Kotromanića
Terezija
Grbavička
Hasana Brkića
Zagrebačka
Emerika Bluma
Ljubljanska
Put Mladih Muslimana
Radnička
Behdžeta Mutevelića
Zvornička
Banjalučka
Pavla Lukača
Dobojska
Derviša Numića
Vrbaska
Prozorska
Teočačka
Novopazarska
1
2
3
4
A
B

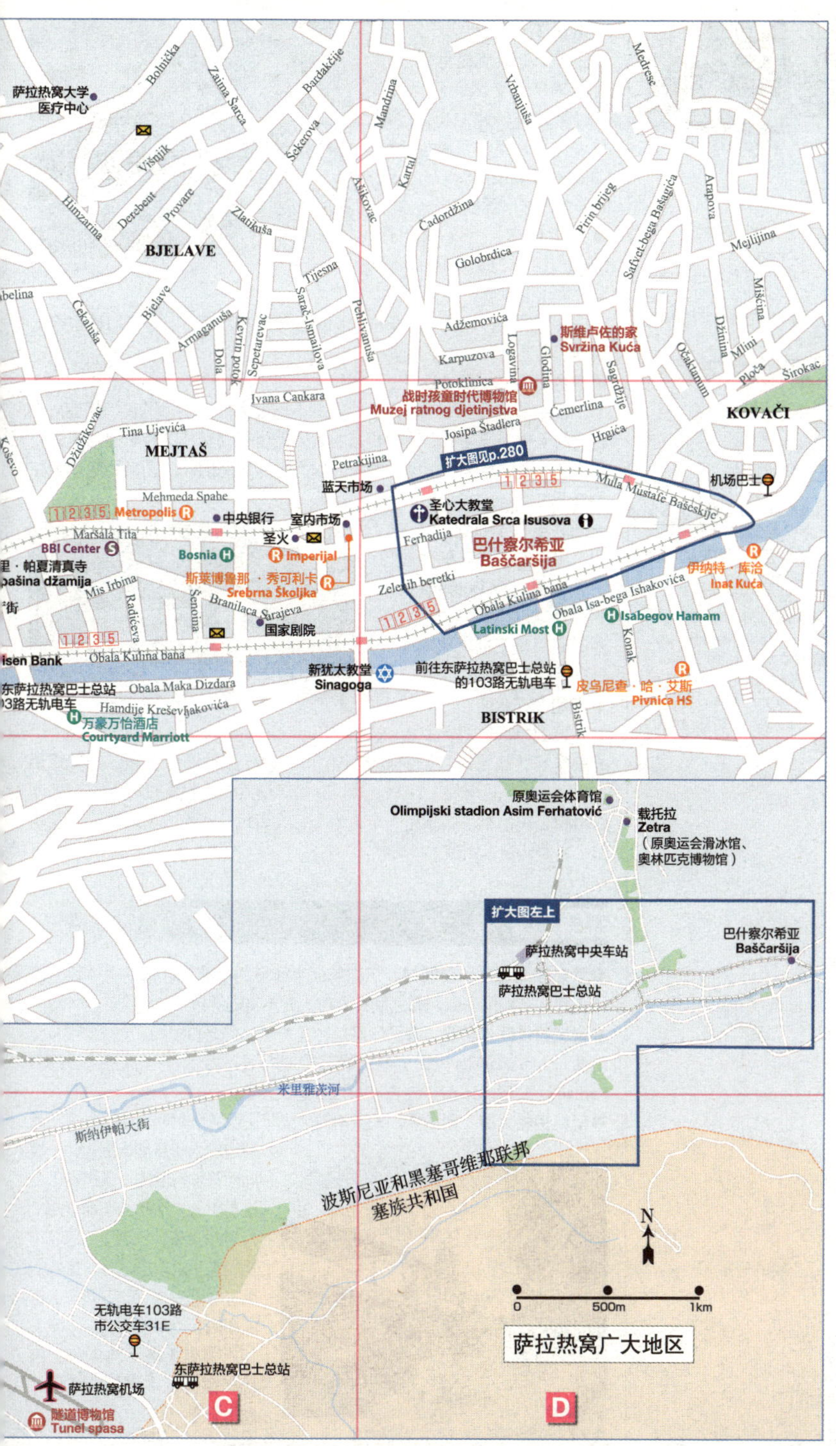
萨拉热窝大学医疗中心
BJELAVE
MEJTAŠ
KOVAČI
BISTRIK
斯维卢佐的家
Svržina Kuća
战时孩童时代博物馆
Muzej ratnog djetinjstva
扩大图见p.280
蓝天市场
圣心大教堂
Katedrala Srca Isusova
巴什察尔希亚
Baščaršija
机场巴士
Metropolis
中央银行
室内市场
圣火
BBI Center
Bosnia
Imperijal
斯莱博鲁那 · 秀可利卡
Srebrna Školjka
国家剧院
伊纳特 · 库洽
Inat Kuća
Isabegov Hamam
Latinski Most
新犹太教堂
Sinagoga
前往东萨拉热窝巴士总站的103路无轨电车
皮乌尼查 · 哈 · 艾斯
Pivnica HS
万豪万怡酒店
Courtyard Marriott
原奥运会体育馆
Olimpijski stadion Asim Ferhatović
载托拉
Zetra
（原奥运会滑冰馆、奥林匹克博物馆）
扩大图左上
萨拉热窝中央车站
萨拉热窝巴士总站
米里雅茨河
斯纳伊帕大街
波斯尼亚和黑塞哥维那联邦
塞族共和国
无轨电车103路
市公交车31E
东萨拉热窝巴士总站
萨拉热窝机场
隧道博物馆
Tunel spasa
0
500m
1km
萨拉热窝广大地区
C
D

外国赠与的市内公交车

旅行社（萨拉热窝）

▶ Ljubičica

除了介绍私人房间以外，也安排各种市内游以及徒步游，等等。还经营简易旅馆。

MAP p.281

住 Mula Mustafe Baševskije 65

☎ 061-131813

URL hostelljubicica.com

开 24 小时

休 无

▶ Insider

可以安排前往近郊小镇以及景点的巴士旅行，还有市内的徒步游。免费的徒步游每天 9:30 和 16:30 出发。

MAP p.280

住 Zelenih beretki 30

TEL & FAX（033）534353

URL www.sarajevoinsider.com

开 夏季 8:00~18:00
（周六 · 周日 9:00~14:00）
冬季 9:00~17:00
（周六 · 周日 ~14:00）

休 无

◆电车 Tramvaj

横贯城市东西方向的 3 路电车

有 7 个系统在运营，线路网单一。老城区没多大，步行就能够转遍，没有必要乘坐电车。不过，乘坐 3 路（Ilidža Baščaršija）电车的话，隔着车窗可以眺望市内全景。

●**上下电车** 上车口叫作 Ulaz，下车口叫作 Izlaz。上车口肯定会设有一个检票机。车内没有广播，也没有下车按钮。而且车内较为拥挤，下车时提前挪动到车门附近吧。

◆市内公交车 Autobus

公交车在旅游和市内移动时发挥不出太大的作用，但它们却是当地居民的重要交通工具。萨拉热窝的大街上也行驶着外国政府赠与的公交车。车体上贴着某国援助的牌子，作为当地居民的代步工具稳稳地跑在大街上。

◆无轨电车 Trolejbus

从阿里 · 帕夏清真寺门前驶过的无轨电车

103 路无轨电车前往位于多布里尼亚 Dobrinja 的东萨拉热窝巴士总站方向。旅游者使用得上的无轨电车大概只有这条线路。

◆出租车 Taksi

数量很多，除了市内的乘车点，也可以打到流动的出租车。实行计价器计费制，初驶费用 1.6KM，每公里增加 1.2KM。建议在酒店请工作人员帮助呼叫有信誉度的出租公司的车。如果是一个人坐车，或者讨价还价或者坐在副驾驶座位上，确认是否倒拨了计价器。

萨拉热窝 漫 步

●**联邦区域与共和国区域** 市内的大半区域属于波黑联邦，另一部分区域是塞族共和国的。两者之间有着市内看不见的界线。

●**老城巴什察尔希亚** 以巴什察尔希亚为中心的老城是城市的旅游中心。从面对 Maršala Tita 大街、悼念第二次世界大战战死者的圣火进入步行街 Ferhadija 大街，15 分钟左右就可以到达巴什察尔希亚。

●**斯纳伊帕大街** 斯纳伊帕大街指的是波斯尼亚战争时期，当时电车沿着东边的原假日酒店周边，一直向西延伸行驶的一条街道。在这条街上，活动的东西全部沦为潜藏在高层建筑里的塞尔维亚狙击手的攻击目标。炮击的受害者范围很广，连孩子、老人和妇女也未能幸免。

乘坐 3 路无轨电车，隔着车窗可以眺望到斯纳伊帕大街全景。

保留着奥斯曼帝国时代遗迹的巴什察尔希亚

国家博物馆

Zemaljski muzej

Map p.276-B2 中央车站附近

建于1888年，当时是奥地利的领土。由环绕着植物园庭院的4栋建筑物合围而成。北馆是考古学和历史部门，南馆是自然科学部门，东馆是民俗学部门，西馆是图书馆。

关于考古学和历史方面的展览，始自旧石器时代，一直到罗马、中世纪，时间跨度很大。自然科学部门的展览以铝箔制品为主，也有一些关于地质和古生物的展览。民俗学部门再现了波斯尼亚大臣奥斯曼·帕西亚·斯科布良库的家中风貌。遮盖天井的装饰，大门以及家具的木雕工艺都不可错过。

阿瓦兹大楼

Avaz Twist Towerr

Map p.276-B2 中央车站附近

波斯尼亚和黑塞哥维那的最高建筑物，代表波斯尼亚的报社——阿瓦兹社就在这里办公。第31层的餐厅，第35层的咖啡馆和第36层的观景台对外开放，可以俯瞰萨拉热窝。

斯维卢佐的家

Svržina Kuća

Map p.277-D1 老城区

再现了传统的生活空间

这是一座建于18世纪末奥斯曼帝国时代的传统民居，向人们再现了当时的内部装饰情况。里面的结构分为招待客人的公共空间和家庭的私密空间，通过参观可以了解到奥斯曼帝国时代伊斯兰教徒的生活方式。

战时孩童时代博物馆

Muzej ratnog djetinjstva

Map p.277-D2 老城区

这座博物馆里展示着引发战争时期度过童年时代的人们对当时情景回忆的物品和相关的解说词。藏品有4000多件，但是仅仅展示其中的50件左右，每3个月左右变换展示的内容。这里曾经获得2018年欧洲博物馆年的欧洲理事会奖。

布勒罗·博斯纳

Vrelo Bosne

Map p.276-B4 布勒罗·博斯纳

萨拉热窝以西约15公里处的布勒罗·博斯纳位于伊古曼山的山脚下，由于接近博斯纳河水源，流水淙淙，十分美丽，是一个著名的天然公园。从岩石缝隙里流淌而出的汩汩清流，汇聚出一个又一个池塘。夏天，居民们常来小憩，十分热闹。这里是萨拉热窝重要的水源地带，战争时期曾经是塞族势力的重要据点。

从萨拉热窝可以轻松前往的天然公园

国家博物馆

住 Zmaja od Bosne 3
TEL (033) 668027
URL www.zemaljskimuzej.ba
开 10:00~19:00
（周六·周日~14:00）
休 周一 费 成人6KM

阿瓦兹大楼

住 Tešanjska 24a
TEL (033) 281350
开 9:00~23:00
休 无 费 成人1KM

阿瓦兹大楼高达142米（不包括天线）

斯维卢佐的家

住 Glođina 8
TEL (033) 535264
URL muzejsarajeva.ba
开 10:00~18:00
（周六~15:00）
休 周日
费 成人3KM

战时孩童时代博物馆

住 Logavina 32
TEL (033) 535558
URL www.warchildhood.com
开 9月~次年6月
11:00~19:00
（7~8月 10:00~20:00）
休 1/1
费 成人10KM 学生8KM

布勒罗·博斯纳

在3路电车终点伊利扎站下车，看到两旁种满大树的道路，沿着道路前行大约3.5公里即到。也可以租借马车或者自行车前往。

可以从伊利扎乘坐马车前往

info 战时的孩童时代博物馆馆长——雅思明科·哈利罗皮奇先生，针对“对于你来说，何为战时的孩童时代”的问题写了一本书，书名为《我们是战场上养大的一代萨拉热窝人 1992-1995》。

红砖古屋鳞次栉比的工匠小镇

景点拾遗 Pick up

巴什察尔希亚

Baščaršija

位于老城中心。在设有饮水处塞比利 Sebilj 的广场上总能看到伫立着的人影。红砖建的老房子鳞次栉比，空气中飘着中东地区的气氛。

街上有很多土特产商店，除了套装的咖啡用具、水瓶以及铜质的土耳其样式的餐具以外，还经营戒指、装饰品等金银手工艺品。传统的咖啡馆、餐馆也争奇斗艳，味道不俗。巴什察尔希亚是游客必游之地，因此这里也常常发生偷盗事件。一定要保管好手提物品。

游览的中心——塞比利（饮水处）

天主教的圣心大教堂

布鲁萨·贝基斯坦

Mula Mustafe Ba
犹太人博物馆 Muzej Jevreja 5
格兹·胡色雷贝伊学
格兹·胡色雷·贝格清真寺（萨拉热窝大清真寺）2 Gazi Husrev- begova Džamija
圣心大教堂 Katedrala Srca Isusova
Ferhadija
Art H
时钟塔
Gazi Husrev-begova
Muvekita
格兹·胡色雷贝伊商品交易所
Čurčiluk
萨拉热窝城市中心青年旅舍 H HCC
H Europe
Kundu
老城 Old Town H
Zelenih beretki
塞尔维亚东正教教堂 Saborna Crkva Rođenja Presvete Bogorodice
萨拉热窝博物馆 Muzej Sarajevo
Insider S
Hadži-Ristića
萨拉热窝事件发生现场
拉丁桥 6 Latinska ćuprija

1 布鲁萨·贝基斯坦

Bursa Bezistan

位于巴什察尔希亚内的原丝绸交易所。由 16 世纪担任奥斯曼帝国宰相的鲁斯特姆·帕夏▶p.508修建。

布鲁萨是一座在当时以丝绸产地而闻名的小城，这里交易的丝绸都来自布鲁萨，因此交易所也被取名为布鲁萨。如今这里已经成为一座历史博物馆，向人们展示着从史前到奥斯曼统治时代萨拉热窝的有关历史。放置在展厅中心的萨拉热窝的城市模型制作精密，值得一看。

住 Abadžiluk 10
TEL（033）239590
URL www.muzejsarajeva.ba
开 夏季 10:00~18:00（周六 10:00~15:00）
冬季 10:00~16:00（周六 10:00~15:00）
休 周日 费 成人 3KM

2 格兹·胡色雷·贝格清真寺（萨拉热窝大清真寺

Gazi Husrev-begova džamija

建于 1531 年，是斯尼亚和黑塞哥维那最要的清真寺。当时担任斯尼亚总督的格兹·胡雷·贝格为萨拉热窝的展做出了贡献。除了这清真寺，在他的倡导还修建了对面的学校、哈玛姆（公共浴池）、带房盖的品交易所等数量众多的公共设施。紧邻清真寺北边的学也可以参观。

住 Sarači 18 TEL（033）532144 URL www.vakuf-gazi.ba
开 夏季 9:00~12:00、14:30~16:00、17:30~19:00
冬季 9:00~12:00
休 空腹月、节假日
费 成人 3KM

旧市政厅

jećnica

位于米里雅茨河岸边。在奥匈帝国时期作为市政大楼而建，之后为一座国家图书馆。虽然可以称之为萨拉热窝的标志性建筑，但是在92 年的炮火中建筑物的外墙全部被烧毁，宝贵的藏书几乎化为灰烬。2014 年修复工程结束，再现了曾经的美丽。

住 Obala Kulina bana
开 9:00~18:00
休 无
费 成人 10KM　学生 5KM

4 原东正教会

Stara pravoslavna crkva

16 世纪建造的塞尔维亚东正教会教堂。建筑的外观虽然没有给人留下深刻的印象，但是内部装潢精美，这里的圣障 ▶p.499 是教堂的亮点，值得一看。同时设有博物馆，展示着历史悠久的圣像 ▶p.498 和圣具。

住 Mule Mustafe Baševskije
TEL（033）571760
开 8:00~18:00（周日 ~16:00）
休 无　费 成人 3KM

莫利查·汗

Morića Han

这家餐馆原来是建于奥斯曼帝时代的一座供商队住宿的旅馆。里洋溢着伊斯兰的气氛，可以品尝到有当地特色的菜肴。主菜价格为-18KM。不提供酒精类饮料。

Sarači 77　TEL（033）236119　开 8:00~22:00　休 无　CC M V

5 犹太人博物馆

Muzej Jevreja

利用犹太教的犹太人集会建成的博物馆。在 15 世纪的奥斯曼帝国时期，基督教徒大量接收被赶出伊比利亚半岛的犹太人，因此在以萨拉热窝为首的原奥斯曼帝国领域内，各地出现了犹太人社区。这里再现了居住在波斯尼亚的犹太人的生活以及药剂师的商店，有关第二次世界大战时期的展览也很有意思。

住 Velika Avlija bb
TEL（033）535688
开 夏季 10:00~18:00（周日 10:00~13:00）
冬季 10:00~16:00（周日 10:00~13:00）
8:00~18:00（周日 ~16:00）
休 周六　费 成人 3KM

6 拉丁桥

Latinska ćuprija

架设在萨拉热窝事件 ▶p.501 现场附近的一座桥梁。由于狙击手名叫嘎布里罗·普林茨普，因此也被称为普林茨普桥。萨拉热窝博物馆位于事件发生现场的前面，里面有关于 1878 年波斯尼亚和黑塞哥维那被奥地利合并后，人们的生活是如何变化的情况介绍。对于当年的暗杀事件也有详细的说明。

萨拉热窝博物馆

住 Zelenih Beretlki 1
TEL（033）533288
开 夏季 10:00~18:00（周六 ~15:00）
冬季 10:00~16:00（周六 ~15:00）
8:00~18:00（周日 ~16:00）
休 周日　费 成人 4KM

info 奥斯曼帝国时代的集市，每条街都会集着经营同样商品的商店。街道名称取自当时所经营商品的土耳其语，萨拉奇大街就是制革匠人街、奇兹梅久卢库街就是鞋匠街的意思。

隧道博物馆
🚗 距离市区 15~20KM
可以参加市内旅行社组织的旅游团
住 Tuneli 1
TEL (033) 778672
URL tunelspasa.ba
开 4月~10月 9:00~17:00
11月~次年3月
9:00~16:00
休 无
费 成人 10KM 学生 5KM

建筑物上还残留有弹痕

隧道博物馆

Map p.277-C4

Tunel spasa

机场周边

作为战争时期的生命线发挥积极作用的地道

这座博物馆向人们展示了 1993 年战争时期建造的部分地道。萨拉热窝当时被原波什尼亚克（前南斯拉夫时代被称为穆斯林）联军包围，正处于孤立无援之中。借助于机场附近的地道，萨拉热窝与波斯尼亚军队占领的其他地区联通在一起，可以运送物资了。虽然在战后关闭了全长 800 米的地道，但还是开放了其中的 25 米供人们参观。博物馆内还上映介绍战争时期情况的录像，展示使用于战争的武器、军装以及物资等物品。

萨拉热窝的酒店

Hotel

瑞士酒店

Swissotel

◆2018 年开业。客房将传统的波斯尼亚装饰与精致的设计融为一体。从 6 层的室内游泳池向外眺望，萨拉热窝的市景一览无余。

中央车站附近 Map p.276-B2

住 Vrbanja 1 TEL (033) 588000
URL www.swissotel.com
S 176~469KM
W 234~528KM
CC A D M V 早餐 含
WiFi 免费

伊萨贝格·哈玛姆酒店

Isabegov Hamam Hotel

◆由波斯尼亚最古老的哈玛姆（土耳其浴池）改建而成的酒店。客房是奥斯曼帝国时期的装饰风格，家具都是手工制作的。店内也有浴池，入住酒店的客人可以免费使用。

老城 Map p.277-D2

住 Bistrik 1
TEL (033) 570050 FAX (033) 570051
URL www.isabegovhotel.com
S W € 120~
CC A D M V
早餐 含 WiFi 免费

欧洲酒店

Hotel Europe

◆建于 1882 年的老牌酒店，当时波斯尼亚刚刚被并入奥匈帝国。健身房、游泳池等设施一应俱全。

巴什察尔希亚 Map p.280

住 Vladislava Skarića 5
TEL (033) 580400 FAX (033) 580580
URL www.hoteleurope.ba
S 176KM
W 208KM
CC A D M V
早餐 含 WiFi 免费

拉丁斯基·莫斯托

Hotel Latinski Most

◆这家受欢迎的小酒店位于拉丁桥南。人气很高，如果春季夏季入住，必须提前几个月预订。酒店的公共空间装饰着 400 年前的钟表以及城市的老照片。

老城 Map p.277-D2

住 Obala Isabega Ishakovića 1
TEL (033) 572660 FAX (033) 572661
URL www.hotel-latinskimost.com
S € 60 W € 80
CC A D M V
早餐 含 WiFi 免费

info 在 2016 年的电影《萨拉热窝的枪声》中出现了一家叫作欧洲饭店的酒店，拍摄地点其实是假日饭店（原假日酒店）。

老城
Old Town

◆位于拉丁桥和格兹·胡色雷·贝格清真寺（萨拉热窝大清真寺）之间，巴什察尔希亚的中心地带，非常方便。客房设施很新，空调、迷你冰箱、保险箱等一应俱全。

巴什察尔希亚 Map p.280

住 Mali Čurćiluk 11a
TEL（033）574200 FAX（033）574202
URL www.hoteloldtown.ba
S € 65 W € 89~
CC M V 含
WiFi 免费

萨拉热窝城市中心青年旅舍
HCC (Hostel City Center Sarajevo)

◆利用建筑物的最上层而建的青年旅舍。多人间床位数为 5~10，所有房间都是男女混住。附有厨房和洗衣房。可以安排前往郊外的旅游团。

巴什察尔希亚 Map p.280

住 Saliha Hadžihusejnovića Muvekita 2/3
061-757587 URL www.hcc-sarajevo.com
€ 10~11
S € 15~20
W € 25
CC 含 WiFi 免费

萨拉热窝的餐馆
Restaurant

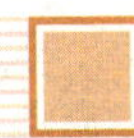

伊纳特·库洽
Inat Kuća

◆隔着米里雅茨河，在老市政大楼的对面。这是一座利用传统建筑而建的餐馆，在当地也深受好评。有切巴契契、蔬菜炖肉等菜肴，价位在 8~25KM。

老城区 Map p.277-D2

住 Veliki Alifakovac 1
TEL（033）447867
开 11:00~22:30
休 无 CC M V
波斯尼亚菜 家乡菜

天空花园
Sky Garden

◆位于阿瓦兹大楼的第 31 层。除了意大利面食、牛排等欧洲美食之外，还经营卷心菜卷、塞尔维亚炖锅等波斯尼亚菜肴。价位在 10~22KM。

中央车站附近 Map p.276-B2

住 Tešanjska 24a TEL（033）865335
开 9:00~23:00
（周六·周日 13:00~22:00）
休 无 CC M V
波斯尼亚菜 欧洲菜

斯莱博鲁那·秀可利卡
Srebrna Školjka

◆位于室内商场的 2 层。可以一边俯视熙熙攘攘的步行街——Ferhadija 大街，一边品尝美味的波斯尼亚炖锅、塞尔维亚炖锅等传统菜肴。价位在 6~22KM。

室内商场 Map p.277-C2

住 Ferhadija 7
TEL（033）205358
开 7:00~23:00
休 周日 CC 不可
波斯尼亚菜 传统菜

皮乌尼查·哈·艾斯
Pivnica HS

◆离萨拉热窝酿酒厂很近的一家小酒馆。鲜榨啤酒 300ml，2KM；500ml，3.50KM。有香肠、牛排、炸鱼等菜肴，每道菜价格 7~30KM。

老城区 Map p.277-D2

住 Franjevačka 15
TEL（033）239740 URL pivnicahs.com
开 10:00~ 次日 1:00
休 无 CC A D M V
酒馆菜肴

咖啡·铁托
Cafe Tito

◆在国家博物馆附近的咖啡吧。内饰以社会主义时期的领导人铁托为主题，是一家颇具特色的咖啡屋。店内销售原创的 T 恤衫和杯子。阳台上也设有座位。

中央车站附近 Map p.276-B3

住 Zmaja od Bosne 5
TEL 无
开 7:00~24:00
休 无 CC 不可
咖啡吧

info 万豪万怡酒店（Map p.277-C2）最上层有一家名叫“S One Sky Lounge”的餐吧，以适合远眺观景而著称。

维谢格拉德
萨拉热窝

MAP 文前 p.5-C2
人口大约 1 万人
长途区号 058
旅游局
URL www.visegradturizam.com

▶▶Access Guide

从萨拉热窝出发

🚌 东萨拉热窝巴士总站出发 时刻表 ▶p.271

从乌日采（塞尔维亚）出发

🚌 11:00 21:40
所需：大约 2 小时
车费：500DIN

写有巴士时刻表和停车地点的告示贴在 ℹ 上，一定要确认回程巴士的时间等信息。

旅游咨询处（维谢格拉德）

MAP p.284
住 Трг Палих бораца
（Trg Palih Boraca）
TEL （058）620950
URL www.visegradturizam.com
开 夏季 8:00~19:00
（周六 · 周日 ~16:00）
冬季 8:00~16:00
休 冬季的周日

多布伦修道院
Манастир Добрун

位于维谢格拉德以东 12 公里，紧邻波黑与塞尔维亚的国境线。建于 14 世纪，内部存留着当时统治这一地区的塞尔维亚沙皇斯特凡 · 杜尚 ▶p.503 及其一家的壁画。另外，矗立在修道院内山顶上的雕像是活跃在 19 世纪的塞尔维亚起义中成为卡拉乔尔杰 · 彼得罗维奇王朝创始人的卡拉乔尔杰 · 彼得罗维奇 ▶p.500。有记录记载，在塞尔维亚起义后，为了波斯尼亚的解放事业，他在这座修道院里曾经滞留了数月。修道院内的博物馆里有关于卡拉乔尔杰的展览，圣像、复活节彩蛋等教堂方面的美术品也向人们开放。

MAP p.284 外
🚗 从维谢格拉德乘坐出租车大约 15 分钟即到。包括 1 小时的等待时间，往返车费大约 20KM。
开 10:00~16:00（平时，教堂与博物馆都上着锁，参观时请拜托修道士打开）
休 无　费 免费

维谢格拉德 Вишеград / Višegrad

安德里奇城的主要街道

维谢格拉德位于波黑与塞尔维亚的国境线附近，静静地伫立在德里纳河河边。这座小城十分有名，在波斯尼亚，甚至是前南斯拉夫全境可以说是无人不知无人不晓。波斯尼亚出生的作家、诺贝尔文学奖获得者伊沃 · 安德里奇 ▶p.498 的杰作——《德里纳河上的桥》也是以这里为作品的舞台。很久以前就有很多安德里奇作品的爱好者到访维谢格拉德。随着横跨德里纳河的穆罕默德 · 帕夏 · 索科洛维奇大桥于 2007 年被联合国教科文组织列入世界遗产名录，进而又开放了安德里奇城，作为旅游城市，这里越来越受到人们的关注。

维谢格拉德 漫 步

●**巴士车站**　没有巴士总站，停车地点因目的地不同而不同。以萨拉热窝为首来自很多城市的巴士大多停靠在穆罕默德 · 帕夏 · 索科洛维奇大桥北侧。

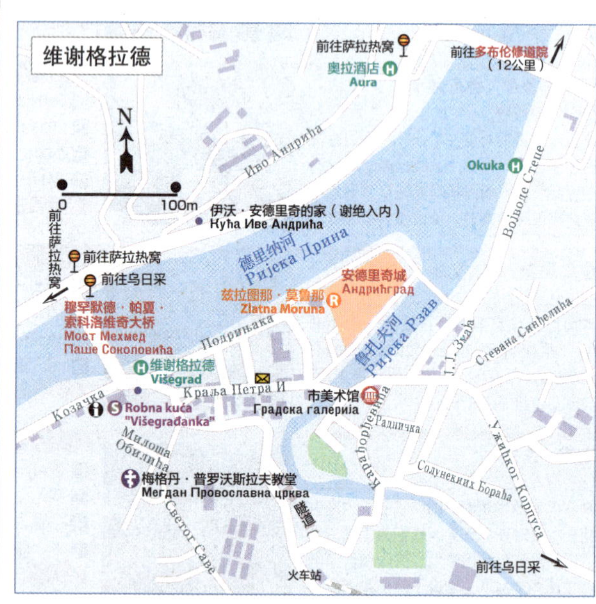

维谢格拉德 主要景点

穆罕默德·帕夏·索科洛维奇桥 Map p.284

Мост Мехмет Паше Сокоровића

索科鲁鲁·穆罕默德·帕夏（穆罕默德·帕夏·索科罗维奇）在历史上曾经担任过以苏莱曼大帝为首的奥斯曼帝国三任苏丹的宰相，他根据奥斯曼帝国建筑巨匠米玛尔·希南 ▶p.507 的设计建成了该桥。

●**巨匠思南的杰作** 桥梁全长175米。这座拥有11个拱形桥洞、造型优美的桥梁，被认为是米玛尔·思南的众多设计中最为杰出的作品。虽然古桥在第一次、第二次世界大战中都未曾免于炮火的毁坏，但是每次都得到了修复。

●**《德里纳河上的桥》的舞台** 伊沃·安德里奇的《德里纳河上的桥》，是一部描述穆罕默德·帕夏·索科洛维奇桥从建造到第一次世界大战被毁坏这一漫长时间段的作品。在大约400年的时间里，出现了各种各样的穆斯林，基督教徒、犹太教徒和波斯尼亚人，而仿佛是同与时俱进的人们形成鲜明对比，德里纳河的河水和桥梁保持不变，在故事中它被提升为种族共生的象征。

世界遗产
穆罕默德·帕夏·索科洛维奇桥
Мост Мехмед-паше Соколовића
2007年被列入世界遗产名录

11个拱形桥墩优美相连的穆罕默德·帕夏·索科洛维奇桥

安德里奇城 Map p.284

Андрићград

以诺贝尔文学奖获得者伊沃·安德里奇的名字冠名的安德里奇城是一座集中了旅游、文化、教育机构的综合设施，由两度在戛纳电影节获奖的导演埃米尔·库斯图里卡 ▶p.499 提议建成。走进被城墙包围的城内，穿过大门，就看到一家家土特产商店、咖啡馆、电影院等。这里也有市政厅和教堂等建筑，给安德里奇城增添了些许老城区的味道。

安德里奇城
☎ 066-703722
URL www.andricgrad.com
开 因设施而异 休 无

安德里奇城的入口

维谢格拉德的酒店&餐馆

Hotel & Restaurant

维谢格拉德

Višegrad

◆位置非常好，面对被评为世界遗产的大桥。酒店内同时设有经营塞尔维亚菜的餐馆。客房风格简约，只有电视机、空调等基本设施。

Map p.284
住 Трг.Палих Бораца 66（Trg Palih Boraca bb）
TEL & FAX（058）620710
S 42KM~
W 84KM~ CC M V
含 WiFi 免费

奥拉酒店

Motel Aura

◆位于一座架在城北的桥梁附近。每个房间都配有电视机、空调和迷你酒吧，一层是一个小餐厅。

Map p.284
住 Г.Принципа 66（G.Principa）
TEL & FAX（058）631021
URL www.auramotel.com
S €17 W €26
CC M V
含 WiFi 免费

兹拉图那·莫鲁那

Zlatna Moruna

◆位于安德里奇城内的一家塞尔维亚餐馆。无论是面对德里纳河的露台座位还是装饰着美丽壁画的室内，气氛都很好。菜肴价位在9.50~21KM。

Map p.284
住 Младе Босне 66（Mlade Bosne）
☎ 065-445674
开 7:00~22:00
休 无 CC M V
塞尔维亚菜

萨拉热窝
★莫斯塔尔

莫斯塔尔 Mostar / *MocTap*

土特产店一家挨着一家的巴扎

莫斯塔尔在波斯尼亚语中是“护桥人”的意思，内雷特瓦河从桥中央流淌而过，拥有优美的拱形桥洞的莫斯塔尔古桥将两岸连接在一起，从而构成了这座城市。莫斯塔尔以这座古桥为中心一路发展过来。虽然这里在波斯尼亚战争中成为战场，桥梁也遭到毁坏的悲剧，不过这里现在已经恢复了和平，古桥也得以修复。莫斯塔尔重新散发出往日的美丽，吸引着越来越多的人们。

MAP 文前 p.5-C3
人口大约 7 万人
长途区号 038
旅游局
URL www.hercegovina.ba

▶▶Access Guide

从萨拉热窝出发

火车 7:07 16:50 出发
所需：大约 2 小时
车费：11.90KM
巴士 从萨拉热窝巴士总站出发
参考时刻表 ▶p.271

从杜布罗夫尼克（克罗地亚）出发

巴士 参考时刻表 ▶p.271

也可以通过参加一日游的旅行团前往，由于要越过国境线，所以别忘了带护照。

世界遗产

莫斯塔尔老城和老桥地区
Stari most i stari dio garada Mostara
2005 年被列入世界遗产名录

旅游咨询处（莫斯塔尔）

MAP p.286-2
住 Rade Bitange 5
TEL （036）580275
URL www.hercegovina.ba
开 11:00~19:00
休 11 月～次年 4 月

旅行社（莫斯塔尔）

▶ 财神之旅
Fortuna Iour

除了市内游，还可以安排巴士游，前往贝拉盖、波奇泰尔、克拉维斯瀑布等黑塞哥维那的主要景点。

MAP p.286-2
住 Kujundziluk
TEL （036）551887
URL www.fortuna.ba
开 夏季 8:00~17:00
冬季 8:30~17:00
休 无

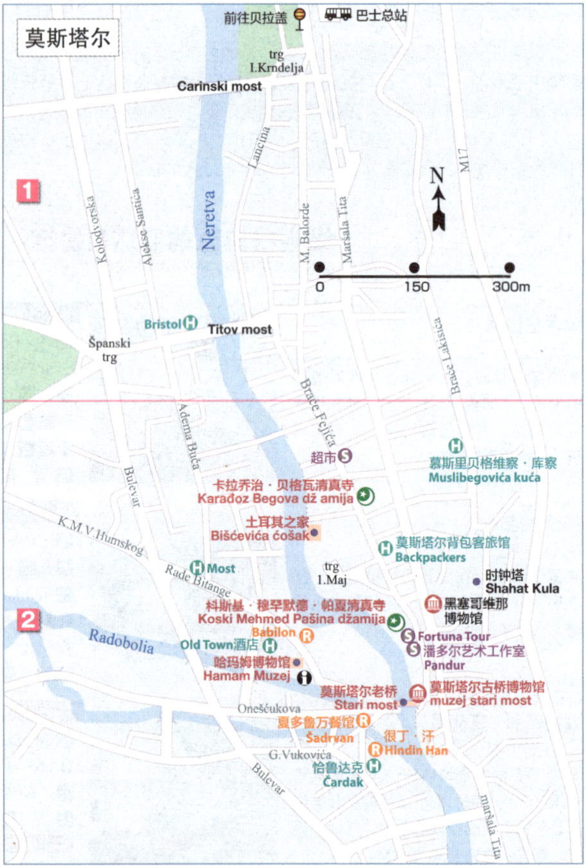

莫斯塔尔

前往贝拉盖
巴士总站
trg I.Krndelja
Carinski most
Lancina
M17
N
1
Kolodvorska
Alekse Šantića
Neretva
M. Balorde
Maršala Tita
0 150 300m
Bristol
Titov most
Španski trg
Braće Lakišića
Braće Fejića
Adema Buća
超市
慕斯里贝格维察・库察
Muslibegovića kuća
Bulevar
卡拉乔治・贝格瓦清真寺
Karađoz Begova dž amija
土耳其之家
Bišćevića ćošak
K.M.V.Humskog
莫斯塔尔背包客旅馆
Backpackers
Most
Rade Bitange
trg 1.Maj
时钟塔
Shahat Kula
2
科斯基・穆罕默德・帕夏清真寺
Koski Mehmed Pašina džamija
黑塞哥维那博物馆
Babilon
Fortuna Tour
Radobolia
Old Town酒店
潘多尔艺术工作室
Pandur
哈玛姆博物馆
Hamam Muzej
莫斯塔尔老桥
Stari most
莫斯塔尔古桥博物馆
muzej stari most
Onešćukova
夏多鲁万餐馆
Šadrvan
很丁・汗
Hindin Han
G.Vukovića
恰鲁达克
Čardak
Bulevar
maršala Tita

莫斯塔尔 漫 步

火车站和巴士总站位于城市的北部。距离古桥所在的老城大约 1 公里。沿着玛夏尔 · 铁托大街 Maršala Tita 一直向南走，应该可以看到右侧的莫斯塔尔古桥。过桥后立即右转就可以看到 ❶。

这座城市夹着内雷特瓦河，河岸两边分别居住着东侧身为伊斯兰教徒的波斯尼亚人以及西侧天主教的克罗地亚人。将两个地区截然分开的莫斯塔尔古桥周边，聚集着一家家气氛很好的餐馆以及土特产店。

可以找到各种各样的伊斯兰土特产

莫斯塔尔 主要景点

莫斯塔尔老桥 Map p.286-2

Stari Most

这座象征莫斯塔尔的桥梁建于 1566 年，当时正处于奥斯曼帝国王朝的统治时期。该桥没有使用桥墩，而是采用拱形结构将两岸连接起来。不仅外观美丽，更体现了当时高超的建筑技术水平。桥的设计者名叫哈依鲁丁，他是著名建造大师米玛尔 · 希南 ▶p.507的弟子。

维谢格拉德的世界遗产——穆罕默德 · 帕夏 · 索科洛维奇桥 ▶p.285、埃迪尔内的塞利米耶清真寺等建筑作品都出自米玛尔 · 希南之手。

●**毁坏与修复** 由于战争时期波斯尼亚人与克罗地亚人隔着河流处于势均力敌的对峙状态，为了阻断交通，1993 年 11 月桥梁被摧毁。在联合国教科文组织的协助下，2004 年实施了再建工程。第二年的 2005 年这里被列为世界遗产。

●**东边的塔是博物馆** 桥两端耸立着两座塔，其中东岸的塔用作莫斯塔尔老桥博物馆 Muzej stari most。馆内展示分为 A、B、C 三个区。A 区是关于桥梁结构的解说、发展的历史；B 区讲述了桥梁再建调查之时偶然发现在莫斯塔尔古桥建造之前的两座桥梁遗迹；C 区则通过展示板和影像资料向人们解说桥梁再建的情形。站在塔楼上可以从正上方俯瞰到游人如织的桥梁。

●**潜水** 夏季这里会举办潜水大会，从桥上潜水是莫斯塔尔的特色。运气好的话，你会看到潜水俱乐部的成员跳下桥的场景。桥面距离水面约 24 米。纵身潜水溅起大大的水花的情景真是令人印象深刻。

莫斯塔尔博物馆
MAP p.286-2
住 Stari Most
开 10:00~18:00
休 冬季
费 成人 10KM　学生 5KM

从桥上纵身飞下的潜水令人印象深刻

架在内雷特瓦河上的莫斯塔尔老桥

科斯基 · 穆罕默德 · 帕夏清真寺 Map p.286-2

Koski Mehmed Pašina džamija

从莫斯塔尔古桥沿着 Braće Fejića 大街一直向北走，左侧即是这座建于 1618 年的伊斯兰寺院。这里的庭院是拍摄莫斯塔尔古桥的绝佳位置。从耸立在河边的尖塔向远处眺望，景色怡人。

内部的装饰也很美

科斯基 · 穆罕默德 · 帕夏清真寺
住 Braće Fejića
开 4~10 月 9:00~20:00
　11~3 月 10:00~17:00
休 礼拜时
费 成人 6KM
　成人 12KM（含尖塔）

卡拉乔治·贝格瓦清真寺

Map p.286-2

Karađoz Begova džamija

这座清真寺由奥斯曼帝国时期的大宰相鲁斯特姆·帕夏 p.508的弟弟——卡拉乔治·穆罕默德·贝根据米玛尔·希南 p.507的设计建成，评价很高，被认为是黑塞哥维那有代表性的伊斯兰建筑，寺内同时设有被称为"梅多莱萨"的伊斯兰教的宗教教育机构。

卡拉乔治·贝格瓦清真寺
住 Braće Fejića
开 8:00~16:30
休 礼拜时
费 成人 6KM
成人 12KM（含尖塔）

外观比例匀称的卡拉乔治·贝格瓦清真寺

土耳其之家

Map p.286-2

Bišćevića ćošak

这座建于 17 世纪奥斯曼帝国时期的传统家宅，依内雷特瓦河河边而建，二层的客厅建得仿佛要伸向河里似的。屋内展示着当时使用的生活工具。

家具的做工也值得关注

土耳其之家
住 Bišćevića 13
电（036）552197
开 夏季 9:00~19:00
冬季 10:00~14:00
休 无
费 成人 4KM

哈玛姆博物馆

Map p.286-2

Hamam muzej

哈玛姆指的是奥斯曼帝国时期的公共浴池，在当时哈玛姆作为市井民众重要的社交场所发挥着不小的作用。这里将 16 世纪末期的哈玛姆修复一新，向人们介绍现在已经废弃了的公共浴池文化。

铺设大理石的浴池内部

哈玛姆博物馆
住 Bišćevića 13
电（036）580200
开 夏季 9:00~21:00
冬季 9:00~17:00
休 冬季的周一
费 成人 4KM　学生 3KM

近郊的城镇　乘坐巴士从莫斯塔尔出发最短 1 小时 15 分钟

梅久戈耶

Map 文前 p.5-C3

Međugorje

1981 年 6 月 24 日，据说有 6 个孩子亲眼看到了圣母玛利亚。从此以后，这座朴素的小村庄就成为天主教教徒的朝圣之地，前来拜访的人络绎不绝。这里就如同葡萄牙的法蒂玛，受到了来自全世界的关注。虽然是一座小村庄，但是拥有很多家民宿，以接待原来的到访者。克罗地亚人占据着大部分地区，这里还是葡萄酒的著名产地。

▶▶Access Guide 交通导航
从莫斯塔尔前往梅久戈耶
6:55 7:10 11:10 16:00 18:50 20:15 22:05
所需时间： 大约 1 小时 15 分钟
车费： 6~7KM

近郊的城镇　乘坐巴士从莫斯塔尔出发最短 30 分钟

贝拉盖

Map 文前 p.5-C3

Blagaj

从莫斯塔尔向南大约 12 公里。建在布那河边的贝拉盖，是连接亚得里亚海及其后方土地的战略要地，早在罗马以前，这座历史古镇就曾经修筑过堡垒。在中世纪时，这里还曾经是黑塞哥维那的地方诸侯斯特凡公爵的据点。

景　点　斯塔拉·德尔维什卡·特基亚 Stara Derviška tekija 是一座建于奥斯曼帝国时代的伊斯兰神秘主义教团的修道院。这座被河流和山崖包围着的建筑，经常出现在波斯尼亚和黑塞哥维那的旅游宣

▶▶Access Guide 交通导航
从莫斯塔尔前往贝拉盖
🚌 6:45 12:15 13:45 15:15 16:15 19:45 周六 6:30 09:10 11:30 16:00 出发
周日停运
所需时间： 大约 1 小时 15 分钟
车费： 2.50KM

建在山丘上的斯塔利·格拉德

伊斯兰教的修道院

传册上或者被设计为邮票上的图案，因自然与建筑巧妙的融合之美而人尽皆知。

建在山丘上的城堡斯塔里·格拉德 Stari grad 从古代开始，后来虽然经过到中世纪的几度改建，但是一直都是城市的守卫要冲。虽然现在已经成为一座废墟，但是可以从这里俯瞰到城市的美景。

古老哈纳卡
开 8:00~19:00
休 无
费 成人 5KM

近郊的城镇　乘坐巴士从莫斯塔尔出发最短 30 分钟

普奇泰利

Map 文前 p.5-C3

Počiteli

建在内雷特瓦河河边的普奇泰利是一座古老的小镇，奥斯曼帝国时代的建筑物密密麻麻地沿着山丘的斜面而建。这里留存着一些伊斯兰建筑，如清真寺、学校、时钟塔，期待它将来被联合国教科文组织列为世界遗产。被小镇的魅力所吸引，自古以来就有很多艺术家聚居于此地。但是由于 20 世纪末的战争这里也饱受重创。现在的普奇泰利重新恢复了往日的魅力，艺术家们也再次回到这里开启了创作活动。

Access Guide 交通导航
从莫斯塔尔前往普奇泰利
乘坐前往察布里纳 Čuplina 的巴士，中途下车
7:00 11:10 18:50 22:25 22:35 出发
所需时间：大约 40 分钟 ~1 小时 20 分钟
车费：6KM

吸引了众多的艺术家前来

近郊的景点　从莫斯塔尔出发坐车最短 1 小时

克拉维斯瀑布

Map 文前 p.5-C3

Slapovi Kravice

可以在距离瀑布咫尺之地纵情地戏水

仿佛从森林里喷涌流出的克拉维斯瀑布是代表波斯尼亚和黑塞哥维那的大瀑布。瀑布全长 120 米，高达 25~27 米，它之所以能够打动每位来访者的心，与其说它扣人心弦，不如说它具有与瀑布前面的周边大自然交织在一起的独特的美丽。水流最丰沛，瀑布最有力量的时候是春季，但是可以到瀑布最下方游泳的夏季最受人们的青睐。这里也有餐馆和出租船只等设施。

Access Guide 交通导航
从莫斯塔尔前往克拉维斯瀑布
乘坐公共交通无法前往。可以包租一辆出租车或者参加旅行社组织的旅游团。

克拉维斯瀑布
TEL (033) 535558
URL www.kravica.ba
开 3·4 月 7:00~18:00
5 月 7:00~20:00
6~9 月 7:00~22:00
10 月 7:00~19:00
11 月 ~ 次年 2 月 7:00~17:00
休 无
费 6~9 月　成人 10KM
10 月 ~ 次年 5 月
成人 8KM

莫斯塔尔的酒店

Hotel

老城酒店

Old Town

Map p.286-2

◆传统风格的精品酒店。客房的家具全部是当地手工制作。1 层同时设有餐馆，前台也销售一些土特产。

住 Onešćukova 30, Rade Bitange 9a
TEL (036) 558877　FAX (036) 558876
URL www.oldtown.ba
S € 89~
W € 125~　CC M V
含　WiFi 免费

慕斯里贝格维察·库察
Muslibegovića Kuća

Map p.286-2

◆奥斯曼风格的豪宅已开放为历史文化遗产。内部装饰和房间摆设均使用传统的物件。博物馆开放时间为4/15~10/15。门票4KM。

住 Osmana Džikića 41
TEL (036) 551379 FAX (036) 551855
URL www.muslibegovichouse.com
S W € 75~
CC 不可
含 WiFi 免费

恰鲁达克
Pansion Čardak

Map p.286-2

◆莫斯塔尔古桥附近的一家膳食公寓。房间宽敞整洁，每个客房都大小不一，基本上宽敞舒适。令人高兴的是还可以使用这里的厨房。

住 Jusovina 3 TEL & FAX (036) 578249
URL www.pansion-cardak.com
S 80~100KM
W 80~120KM
CC 不可 早餐€ 4
WiFi 免费

莫斯塔尔背包客旅馆
Backpackers Hostel Mostar

Map p.286-2

◆旅馆设施很新且整洁，工作人员也笑容可掬，态度亲切。兼营旅行社业务，可以安排巡游黑塞哥维那的旅游团。

住 Braće Fejića 67 063-199019
URL www.thebalkanbackpacker.com
€ 10~
W € 30~
CC A M V 无
WiFi 免费

莫斯塔尔的餐馆
Restaurant

夏多鲁万餐馆
Šadrvan

Map p.286-2

◆这是一家经营家乡菜的餐馆，工作人员身着民族服装提供服务。有葡萄叶包饭8KM，鸡肉蔬菜浓汤4.20KM，塞尔维亚汉堡包10KM等菜肴。推荐宽敞的露台座位。

住 Jusovina 11
TEL (036) 578085
开 8:00~24:00
休 无 CC 不可
黑塞哥维那菜

很丁·汗
Hindin Han

Map p.286-2

◆虽然位于旅游中心地段，但是这里经营的家乡菜也深受当地人欢迎。菜肴价位在7~18KM。夏天，坐在露台座位上眺望内雷特瓦河，非常惬意。

住 Jusovina
TEL (036) 581054
开 9:00~24:00
休 无 CC A M V
黑塞哥维那菜

莫斯塔尔的商店
Shop

潘多尔艺术工作室
Art Studio Pandur

Map p.286-2

◆手工铜制品艺术家的商店兼工作室。这里的杯垫、盘子、波斯尼亚风格的套装咖啡餐具等，都是在传统铜制品的基础上加入原创设计后完成的艺术作品。

住 Kujundžiluk 4 061-385408
开 夏季 9:00~20:00
冬季 9:00~17:00
休 无 CC D M V
铜制品

info 莫斯塔尔没有国际连锁的高档酒店，不过在老城有一家万豪酒店。

塞尔维亚

Serbia

贝尔格莱德的圣萨瓦教堂

国旗

在红、蓝、白三色长条的背景下，画着一只抱着塞尔维亚国徽——塞尔维亚十字的双头老鹰。

正式国名

塞尔维亚共和国　Република Србија

国歌

《上帝，给我公正吧！》Боже правде

面积

8.84 万平方公里（包括科索沃地区 1.09 万平方公里）

人口

696 万（不含科索沃地区，2019 年）

首都

贝尔格莱德　Београд

国家元首

总统：亚历山大 · 武契奇
总理：阿娜 · 布尔纳比奇

国家政体

共和制

民族构成

总体上塞尔维亚人占 83% 以上，然后是阿尔巴尼亚人和匈牙利人等。

※ 不包括科索沃。在科索沃，阿尔巴尼亚人占 90% 以上

宗教

塞尔维亚东正教、伊斯兰教（少数派）

语言

官方语言是塞尔维亚语。

→旅行中会用到的塞尔维亚语 p.299

货币和汇率

塞尔维亚的货币单位是第纳尔 Динар，本书以 DIN 表示。辅助货币是帕拉 Пара。1DIN=100 帕拉。截至 2021 年 1 月，1DIN=0.0673 元人民币。1US$=96DIN、€ 1=117DIN。纸币的种类有 10DIN、20DIN、50DIN、100DIN、200DIN、1000DIN、2000DIN、5000DIN。硬币的种类有 1DIN、2DIN、5DIN、10DIN、20DIN。

【信用卡】

中档以上的酒店与高档餐厅几乎都可以使用信用卡。一般的城镇也都设有 ATM。

【货币兑换】

欧元容易兑换成当地货币。其他外币在贝尔格莱德等大城市的银行或者是外币兑换处可以兑换。

1 第纳尔　2 第纳尔　5 第纳尔　10 第纳尔　20 第纳尔

10 第纳尔　20 第纳尔　50 第纳尔

100 第纳尔　200 第纳尔　500 第纳尔

1000 第纳尔　2000 第纳尔　5000 第纳尔

→旅游的预算与花费 p.480

出入境

【签证】

以旅游观光为目的 30 日以内的停留无须签证。

【护照】

护照的剩余有效期限在 6 个月以上最为理想。

→中国出入境 p.461
→中欧多国的出入境 p.461

从中国前往塞尔维亚的航班

目前没有连接中国与塞尔维亚的直飞航班，至少需要换乘一次。包括转机时间在内，飞行时间大约在 13 小时以上。上午从中国出发，在伊斯坦布尔、法兰克福或者是莫斯科转机，当

拨打电话的方法

从中国往塞尔维亚拨打电话的方法

国际电话识别号码		塞尔维亚国家代码		区号（去掉前面第一个 0）		对方的电话号码
00	+	381	+	××	+	××××××

从塞尔维亚往中国拨打电话的方法

国际电话识别号码		中国国家代码		区号（去掉前面第一个 0）		对方的电话号码
00	+	86	+	××	+	××××××

→关于通信与邮寄 p.486

天就可以到达贝尔格莱德。

→从中国前往中欧的线路 p.460

从周边各国前往塞尔维亚的线路

【铁路】 有来自邻近各国的列车运行，但是晚点的情况较多。

【巴士】 有来自邻近各国的巴士运行。由于塞尔维亚不承认科索沃的独立，所以如果想要从科索沃直接入境塞尔维亚，可能会发生被拒绝入境的麻烦。如果从科索沃进入塞尔维亚，请从黑山共和国或者是北马其顿共和国等第三国前往。

→当地交通 p.481

时差和夏令时

与中国有 7 小时的时差，将北京时间减去 7 小时即为当地时间。也就是说，北京的 AM6:00 是塞尔维亚前一天的 PM11:00。实行夏令时的时候，时差为 6 小时。夏令时的实行时间是 3 月最后一个周日的 AM2:00（=AM3:00）~10 月最后一个周日的 AM3:00（=AM2:00）。

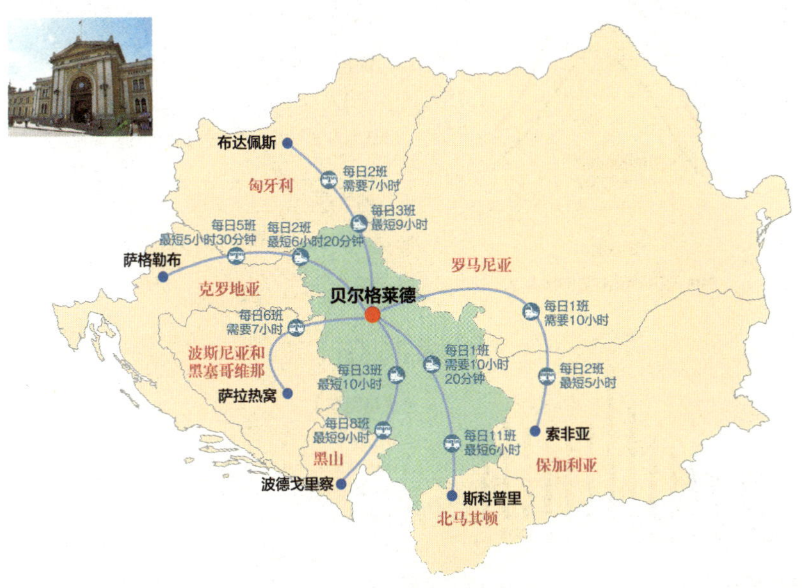

营业时间

以下为各商业设施普遍的营业时间。

【银行】

周一～周五 8:00~19:00；周六 8:00~15:00；周日休息。

【百货商场或商店】

一般商店，周一～周五 8:00~20:00；周六～15:00；周日和节假日一般休息。

【餐馆】

营业开始时间不一，8:00~12:00。很多餐饮店营业到深夜。

气候

属于大陆性气候。由于塞尔维亚多山，所以海拔高的城市有很多。这样的地区，早晚比较凉，因此即使是在夏季，也要带一些可以套着穿的服装为好。穿长袖衣服。冬季多雪，这里也是滑雪胜地。

贝尔格莱德的气温及降水量

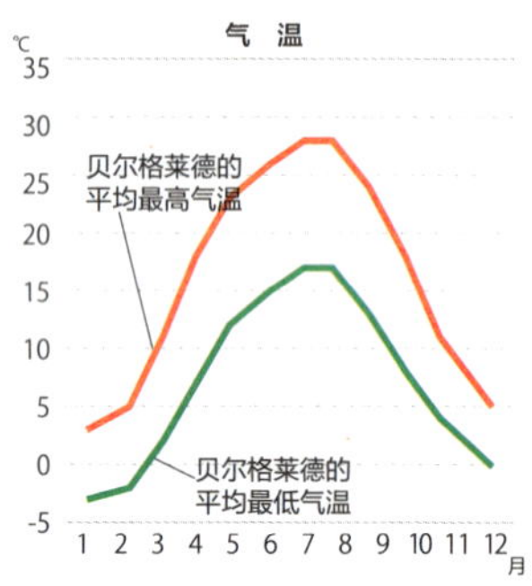

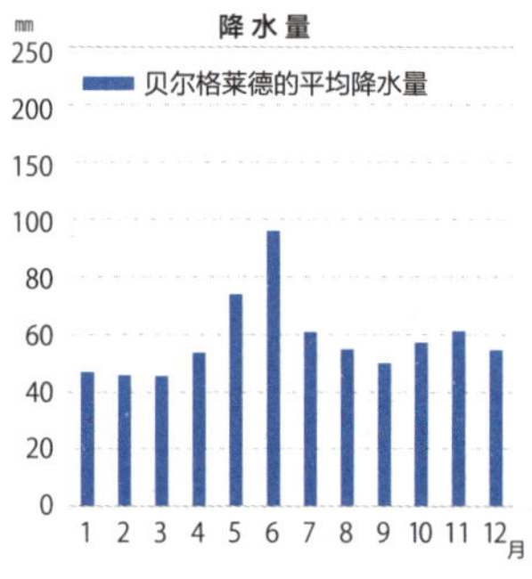

主要的节日

要注意有的节日因年份不同日期会有所变动。（以※做标记）

时 间	节 日 名 称
1/1~2	元旦
1/7	圣诞节
2/15 · 16	国庆节
4/17（'20）4/2（'21）※	耶稣受难日
4/18（'20）4/3（'21）※	复活节前一天
4/19（'20）4/4（'21）※	复活节
4/20（'20）4/5（'21）※	复活节的下一个星期一
5/1 · 2	国际劳动节
5/9	反法西斯战争胜利日
11/11	第一次世界大战结束纪念日

电压与插座

电压 230V，50Hz。电源插座一般为两个插孔的 C 型。插头类型与中国不同，需要带转换插头。

视频制式

【DVD 制式】

塞尔维亚的电视与视频制式为 PAL 制式，与中国相同。

饮用水

自来水管中的水可以直接饮用，用人民币 3.3 元左右可以买到一瓶 500ml 的矿泉水。

洗手间

Мушки 为男洗手间，Женски 为女洗手间。巴士总站和火车站的公共洗手间几乎都收费，使用一次支付 30~500DIN。

小费

【出租车】

基本上不需要付小费。一般付小费的情况是，把零头儿当作小费，或者是只在有什么特别拜托的事情时支付小费。

【餐馆】

如果对服务感到特别满意，不妨支付餐费

的 10% 作为小费。

邮政

邮局一般的营业时间：周一～周五 8:00~19:00，周六 8:00~15:00，周日休息。

【邮费】

寄往中国的航空邮件，需要 5~10 天。明信片费用大约为 60DIN、20 克以下信件的价格是 70DIN。

→关于通信与邮政 p.486

税金

在塞尔维亚，几乎对所有商品都要征收一种被称之为 PDV 的 10%~20% 的附加价值税，且没有退税制度。

→中欧各国的出入境 p.461

安全与纠纷

在塞尔维亚共和国南部地区恐怕会有一些阿尔巴尼亚居民引起的恐怖组织活动，所以有必要关注当地的动向。绝对不要拍摄有关军事相关设施的视频或者照片。设施当然不可以拍，将照相机对着相关人员也会受到严厉的责罚。

【入境时的外币申请】

在塞尔维亚，带 1 万€以上入境，有必要履行外币申请手续。需请入境审查官制作一份外币申请书。虽说不需支付手续费，但是实际上有时会被要求看一下现金。如果没有这个外币申请书，最坏的结果是出境时所持现金可能全部被没收。另外，乘坐巴士入境时，常常会发生入境审查官不懂英语的情况。请对方制作一份外币申请书的塞尔维亚语是这么讲的："Molim Vas da mi izdate potvrdu o prijavljenim stranim valutama koje unosim u vašu zemlju radi kasnijeg nesmetanog izlaska iz vaše zemlje."

要想取得留学、就业、婚姻方面的长期滞留资格，就必须在入境后 72 小时以内找离你最近的警察办理滞留资格的变更手续。

【民族问题】 为了避免无端的麻烦，类似于询问对方的所属民族、谈论战争时期的话题等行为都要谨慎。

【足球观战】 在球场观看足球比赛，因为观众有可能成为暴民，因此不推荐观赛。即使是在外国举办的比赛，在有国际比赛的夜里，还是避免前往人群集中的地方为好。

中国驻塞尔维亚大使馆

住 塞尔维亚贝尔格莱德市乌日策大街 25 号（Užička 25, 11000 Beograd）

TEL 00381-11-3695057

FAX 00381-11-3695057

URL http://rs.china-embassy.org

✉ chinaemb_yu@mfa.gov.cn

TEL +381-11-2651630

FAX +381-11-2650726

警察局 **192** 消防局 **193**

急　救 **194**

→旅游中的纠纷与安全措施 p.488

年龄限制

在塞尔维亚，未满 18 岁的未成年人禁止购买酒类和香烟制品。

度量衡

和国际通用的度量衡一样，距离的单位是米，重量单位用克、千克表示，液体体积用升来表示。

INTRODUCTION

塞尔维亚 Republic of Serbia 旅行的基础知识

曾经的前南斯拉夫中心，位于巴尔干半岛中心地区的塞尔维亚共和国，曾经在南斯拉夫联邦里发挥着核心作用。进入 20 世纪 90 年代，联邦加盟国纷纷独立。作为其中的一个共和国，塞尔维亚也开始走上了自己的发展之路。

苏博蒂察 Суботица
伏伊伏丁那 Војводина
诺维萨德 Нови Сад
贝尔格莱德 Београд
波扎雷瓦茨 Пожаревац
塞尔维亚共和国 Република Србија
扎耶查尔 Зајечар
乌日采 Ужице
克拉列沃 Краљево
乌希切 Ушће
普里耶波列 Пријепоље
尼什 Ниш
新帕扎尔 Нови Пазар

【观光热点】

1 斯图德尼察修道院 p.320

散落于塞尔维亚南部的几座修道院被评为世界文化遗产。其中，位于克拉列沃近郊的斯图德尼察修道院至今还在传颂着中世纪塞尔维亚王国的辉煌。

代表中世纪塞尔维亚王国时代的修道院

萨瓦河

2 贝尔格莱德 p.300

贝尔格莱德坐落在多瑙河与萨瓦河交汇处的广阔平原上，是塞尔维亚的首都。

3 诺维萨德 p.308

诺维萨德是被克罗地亚、匈牙利和罗马尼亚环绕的伏伊伏丁那自治省的首府，也是塞尔维亚第二大城市。在这里，塞尔维亚东正教教堂、天主教大教堂、犹太教的犹太教堂等多元化的宗教设施并存。

建有各种各样宗教派别的教堂，国际色彩丰富的诺维萨德

【特色】

●**溪谷与河流**　被西侧的第纳尔山脉以及东侧的卡鲁帕提亚山脉所包围，河流从山间流过，因此形成了一个个美丽的溪谷。

●**中世纪的修道院文化**　这里保存着大量的文化历史遗迹，比如将中世纪塞尔维亚王国繁荣的基督教文化传承至今的圣像，用壁画装饰的教堂，再比如罗马时代的遗迹等。

【土特产】

用刺绣制品或者是玉米皮制作的穿着民族服装的人形等一些朴素的手工艺品很受人们喜爱。在超市里可以买到把红辣椒做成糊状食品的阿伊瓦露 Ajvar，还有用果实做的蒸馏酒拉基亚 Rakija 以及葡萄酒 Vino，等等。买一盒在当地极受欢迎的饼干——普拉兹玛 Plazma 带回来和亲友分享，或许会让大家都很开心。

【游览提示】

●**从贝尔格莱德出发**　由于也是交通起点，所以去扎伊尔察、诺维萨德和格鲁巴茨都可以安排当天往返的一日游。

●**塞尔维亚南部**　由于公共交通的班次少，所以游览被评为世界遗产的修道院是个难题。以克拉列沃或者是诺维萨德为起点包出租车，抑或请旅行社安排行程都是比较高效的游览方式。

【交通】

- 火车线路少班次少，常常晚点
- 在长途巴士总站有检票
- 行李寄放在巴士行李箱里是收费的，请事先准备好零钱

火车

由塞尔维亚铁路公司 ЖелеЗнице Србије 运营。很难说铁路网覆盖全境，且常常晚点。贝尔格莱德～诺维萨德之间的交通方式，除了乘坐国际列车以外，其他都不方便。

URL www.serbianrailways.com

长途巴士

塞尔维亚的长途巴士连接各个城市，非常准点。

塞尔维亚的巴士信息网址

URL redvoznje.net

成为前往兹拉蒂博尔和波黑起点的乌日采的巴士总站

●巴士公司虽多，窗口却统一

虽然有多家巴士公司在运营，但是大城市里巴士总站的售票窗口却是统一的。地方小城市的话，有时也有分成 3 个售票窗口的情况。

●预留座席的使用

车票上标明了座位号，除了人气高的线路以外，谁也不坐预留座席。

●巴士总站的检票

在大城市，不持有车票不能进入巴士总站的乘车处，进入的话需要支付进站费用。在窗口购票时，这部分费用已经含在常规费用里了，所以不必放在心上。

●也有免费的巴士公司

有的城市，持有特定公司的车票可以免费进入巴士总站，如果是其他公司的车票，有时还必须要另付进站费用。

●大城市的巴士总站

在贝尔格莱德的巴士总站，买票时连同车票一起递给你的还有硬币形状的进站站台票（结通 Jieton Жетон），将它插入检票口后进入乘车处。

●存放行李箱需收费

手提行李可以免费带上车，行李箱等无法带入车厢里的大件行李需另外支付寄放费用。具体费用因公司和线路不同而不同，一般为 30~100DIN 左右。

把行李放入汽车里的行李箱里需付费。不可以随便把行李放进去

主要的直通巴士时刻表

贝尔格莱德 p.300 **⟷诺维萨德** p.308

所需时间：2 小时 15 分钟　车费：大约 660DIN

▶ 从贝尔格莱德出发　3:50~23:59 频繁发车

▶ 从诺维萨德出发　4:30~23:10 频繁发车

贝尔格莱德⟷尼什 p.316

所需时间：2 小时 40 分钟 ~3 小时 50 分钟

车费：大约 1180DIN

▶ 从贝尔格莱德出发　0:30 0:45 4:45 5:50 6:30 7:05 7:40 7:50 9:00 9:30 10:15 10:55 11:20 11:50 12:00 12:30 13:20 13:40 14:00 14:15 14:20 14:30 14:45 15:00 15:25 15:50 16:15 16:30 16:40 17:10 17:45 18:00 18:05 18:20 19:00 20:00 21:00 22:00 23:15

▶ 从尼什出发　0:05 4:30 4:35 4:50 5:40 5:45 7:15 9:00 9:35 9:40 9:54 9:55 10:05 10:10 11:15 12:10 12:30 13:20 14:00 14:09 15:05 16:05 16:30 16:45 17:20 17:40 18:10 18:50 19:10 19:25 19:30 20:05 21:15 21:25 22:15 22:50

※ 随着时间和季节的变化，时刻表会发生改变。

贝尔格莱德⟷扎耶查尔 p.314

所需时间：2 小时 15 分钟　车费：大约 1350DIN

▶ 从贝尔格莱德出发　5:14 8:00 9:40 11:15 13:45 14:21 15:35 17:00 18:15 20:30

周六：5:14 8:00 11:15 13:45 16:45

周日：8:00 11:15 17:00 19:00 20:31

▶ 从扎耶查尔出发　2:30 4:30 5:00 5:06 7:00 9:10 13:25 14:45 16:24

周六：5:00 5:06 8:25 14:45

周日：5:06 13:25 14:45 16:24 18:35

贝尔格莱德⟷克拉列沃 p.322

所需时间：2 小时 15 分钟 车费：大约 800 DIN

▶ 从贝尔格莱德出发　6:00 7:00 8:30 9:00 9:30 9:45 10:35 11:55 12:00 12:30 13:05 13:50 14:00 14:15 14:45 15:25 15:30 16:15 17:00 17:30 17:45 18:00 18:45 19:55 20:00 20:30 20:45 22:45 23:45

▶ 从克拉列沃出发　1:20 2:00 3:15 3:40 4:00 4:30 5:00 5:15 6:00 7:20 7:30 8:05 8:15 8:20 9:30 10:10 10:30 11:00 13:00 13:45 13:50 14:15 14:20 14:39 14:50 15:25 15:30 16:45 16:55 17:00 17:30 18:45 18:50

【住宿】

- 其他物价很便宜，相比之下酒店费用有些昂贵
- 中档酒店好坏差别很大
- 为了谨慎起见，保管好住宿证明

关于住宿

酒店的费用虽然比较贵，不过，近年来在萨拉热窝、莫斯塔尔等旅游城市增加了许多简易旅馆和简易招待所，拉大了住宿费用的差别幅度。

●高档酒店

单间的价格为每晚人民币600~1300元。近年来，设有健身房、游泳池的高档酒店不断增加，万豪酒店、瑞士酒店等国际连锁品牌的酒店也相继开业。

●中档酒店

单间的价格为每晚人民币250~650元左右。房间大都带有空调、电视机。也有一些利用奥斯曼帝国时代的旅馆经营的酒店。

●民宿

借用一般家庭的一间房居住的情况较少，私人房间基本上是利用公寓的一间房解决住宿问题。可以通过当地旅行社或者住宿预约网站预约。

【餐饮】

- 受到土耳其美食和匈牙利美食的影响
- 养猪业盛行，用猪肉做的菜很好吃
- 当地的拉基亚酒种类丰富

拉基亚（水果蒸馏酒）

总称为拉基亚 Ракија 的蒸馏酒是塞尔维亚国民常常饮用的酒。一般家庭都会制作，请人来家里做客时，大多拿出自家产的拉基亚来待客。

乳制品

●酸奶 Јогурт

指的是大多和肉菜一起要的一种酸奶饮料。顺便说一下，基赛罗·姆莱克 Кисело Млеко 指的是固体酸奶。

塞尔维亚菜

塞尔维亚盛行传统的养猪业，这里的美食虽说以土耳其菜为基础，也有很多使用猪肉做食材的菜肴。

各种各样的肉卷组合

主要美食和饮料

考巴西察 Кобасица	塞尔维亚风味香肠
梅夏诺·梅索 Мешано месо	一种猪肉和羊肉等肉类混合的肉卷
奶油（卡伊玛克）Кајмак	一种与肉类菜肴最具兼容性的浓浓的奶油。阿伊瓦鲁是最好的辣椒调料，这两种都大多抹在面包上食用
阿伊瓦鲁 Ајвар	最好的辣椒调料。这两种都抹在面包上食用
布莱基 Бурек	一种派，简餐的代表性食物。有放入奶酪的，也有放肉的
修利沃沃察 шљивовица	用梅子做的拉基亚酒，最为流行
库鲁修科瓦察 крушковача	用洋梨做的拉基亚酒

塞尔维亚的经典美食

●塞尔维亚汉堡包

Пљескавица

塞尔维亚有代表性的一种快餐，在快餐摊上就可以轻松品尝到。厚厚的酱料与奶酪的搭配令人垂涎欲滴。

●塞尔维亚炖锅（姆秋卡里察）

Мућкалица

将猪肉和蔬菜用辣椒粉炖煮。

●梅夏诺·梅索

Мешано месо

一种用香肠、猪肉等食材制作的混合肉卷，一般的餐饮店里都有。

西里尔字母对照表 ▶p.509

●打招呼

早上好	Добро јутро.
你好	Добар дан.
晚上好	Добро вече.
再见	До виђења.
晚安	Лаку ноћ.

●回答

是的 / 不是	Да. / Не.
谢谢	Хвала.
劳驾	Извините.
对不起	Извините.
不明白	Не разумијем.
干杯!	Живели

●提问

（这里）是哪里?
Где је овде?

卫生间在哪里?
Где је WC?

多少钱? Колико кошта?

想要什么? Дајте ми~?

请给我一张去～的车票
Дајте ми једну карту за~.

几点发车? Када иде воз?

●紧急情况

救命! У помоћ!

有小偷! Лопов!

～疼 Боли ме~.

●数字

1	један
2	два
3	три
4	четири
5	пет
6	шест
7	седам
8	осам
9	девет
10	десет
11	једанаест
12	дванаест
13	тринаест
14	четрнаест
15	четрнаест
16	шеснаест
17	седамнаест
18	осамнаест
19	деветнаест
20	двадесет
21	двадесетједан
22	двадесетдва
100	сто
1000	хиљада

●星期和月份

周一	понедељак	1 月	Јануар	8 月	август
周二	уторак	2 月	фебруар	9 月	септембар
周三	среда	3 月	март	10 月	октобар
周四	четвртак	4 月	април	11 月	новембар
周五	петак	5 月	мај	12 月	децембар
周六	субота	6 月	јуни		
周日	недеља	7 月	јули		

●有用的单词

警察	Полиција	孩子	дете	私人房间	приватна соба
出发	полазак	男 / 女	муж / жена	卫生间	тоарет
到达	долазак	昨天	Јуче	房间	соба
开业	отворено	今天	Данас	淋浴	туш
闭馆	затворено	明天	Сутра		

贝尔格莱德 Београд / *Beograd*

熙熙攘攘的米哈伊洛大公大街

位于多瑙河与萨瓦河交汇处的贝尔格莱德是巴尔干半岛的交通枢纽。人们在这里开始居住的历史可以上溯到公元前4500年，罗马人、斯拉夫人等多民族构筑了这一地区的文明。由于地处交通枢纽，曾经多次卷入战争，所以这里的历史建筑物没有保留下来。持续经历了动荡历史的贝尔格莱德，作为塞尔维亚共和国的首都，现在正在开始书写新的篇章。

MAP 文前 p.5-D2
人口大约 137 万人
长途区号 011
旅游局
URL www.tob.co.rs
市内交通
URL www.gsp.rs

旅游咨询处（贝尔格莱德）
URL www.tob.co.rs
▶ 机场内的 ℹ
TEL（011）2097828
开 9:00~21:30
休 无
▶ 米哈伊洛大公大街的 ℹ
MAP p.303-A1
住 Кнез Михаилова 56（Knez Mihailova）
TEL（011）2635622
开 9:00~20:00
休 无

位于卡莱梅格丹公园附近米哈伊洛大公大街上的 ℹ

贝尔格莱德尼古拉·特斯拉国际机场
TEL（011）2094000
URL www.beg.aero

原贝尔格莱德主站
原来的贝尔格莱德主站作为一座火车站虽然已经结束了使命，但它仍然是城市交通的重要地标建筑，多条线路的电车、巴士从它前面驶过，机场巴士也在这里停靠。

车站和交通

贝尔格莱德尼古拉·特斯拉国际机场 Аеродром Београд-Никола Тесла

位于市中心以西大约 19 公里的位置。有两个航站楼，航站楼 1 和航站楼 2，不过都在同一个建筑里面且相邻，不用担心。

●乘坐机场巴士前往市内

机场巴士从机场出发，经停原贝尔格莱德车站，前往斯拉维亚广场。白天 20 分钟 1 班，夜里 1 小时 1 班。全程大约需要 30 分钟，车费 300DIN。

●乘坐 72 路公交车前往市内

72 路公交车连接机场和城市中心附近的泽莱尼·维纳茨 **Зелени Венац**。30 分钟 ~1 小时 1 班，需 30~40 分钟。在车上向司机购票，每张车票 150DIN。

●乘坐出租车从机场前往市内

通过出租车办公中心申请出租车，到达市中心为固定车费 1800DIN。对于招揽乘客的行为还是不要理睬为好。

贝尔格莱德中央车站 Београд–Сентар

Map p.302-A2

贝尔格莱德中央车站于 2018 年 7 月开始启用，原贝尔格莱德主站 **Београд-Главна** 因此关闭。中央车站正与其名字相反，位于城市南部，从那里前往市中心的交通并不方便。前往原贝尔格莱德主站和斯拉维亚广场的 38 路公交车 40 分钟运行 1 班。前往乌日采、黑山共和国方向的巴鲁列车的抵离车站是西南方向、距离这里约 2.5 公里的托普奇德鲁车站 **Топчидер**，而并非中央车站。3 路电车连接托普奇德鲁车站和原贝尔格莱德主站。

机场巴士经过原贝尔格莱德主站

贝尔格莱德巴士总站
Београдска аутобуска станица

Map p.303A2·3

来自国内各地的巴士和国际巴士抵离的长途巴士总站与原贝尔格莱德主站相邻。下车与上车不是一个地方，相隔的距离需步行 5 分钟左右。

贝尔格莱德巴士总站
TEL（011）2636299
URL www.bas.rs
▶ 车站内的行李寄存
开 6:00~9:00、9:30~17:00、17:30~22:00
费 每件行李每天 160DIN

市内交通

车票种类和购买方式

电车、市内公交车和无轨电车的车票通称布斯普鲁斯 БусПлус。除了 1 次票和 1 天票等纸质车票以外，还有可以不限次数充值的塑料质交通卡。

● **1 次车票** 每张 89DIN。在车内向司机购票的话每张 150DIN，且不找零。有效期的 90 分钟内使用，可以不限次换乘。

● **1 天票** 除了每张 290DIN 的 1 天票之外，还有每张 740DIN 的 3 天票和每张 1040DIN 的 5 天票。

● **交通卡** 充值卡式预售票。乘车 1 次的费用为 89DIN，90 分钟之内可以不限次数自由换乘。卡片费用为 250DIN，在报亭充值后即可使用。

● **检票方式** 乘车后，将车票放到车内的刷卡机上刷一下。

◆ **电车 Трамвај**

有轨电车在市内有 12 条线路。有很多线路停靠在原贝尔格莱德主站，如果前往卡莱梅格丹公园、斯拉维亚广场或者是萨瓦河西岸的新贝尔格莱德等地，也有很多旅行者方便乘坐的线路。

◆ **巴士 Аутобус**

从贝拉杰稍向西的泽莱尼·维纳茨 Зелени Венац 周边集中了巴士站点。抵离机场的 72 路公交车的起点也在这里。

◆ **无轨电车 Тропејбус**

无轨电车的动力来自于架在马路上面的电线提供的电源。一般旅游者能用上的只有前往南斯拉夫历史博物馆的线路。

◆ **出租车 Такси**

初驶费 70DIN，每公里 170DIN。抢劫事件频发，所以还是委托酒店前台联系出租车比较好。

贝尔格莱德市交通局
URL www.gsp.rs

乘车后莫忘刷卡

行驶中的外国赠送的公交车

旅游者也方便搭乘的电车

贝尔格莱德 漫 步

● **特拉杰 Теразије** 位于城市中心，鹅卵石铺就的步行街米哈伊洛大公大街 **Кнеза Михаила** 从这里一直通往卡莱梅格丹公园。道路两边的咖啡屋、快餐店一家挨着一家，周末的时候人来人往，络绎不绝。

● **斯卡达利亚 Скадарлија** 在特拉杰以北，从共和国广场 **Трг Републике** 稍微向东北方向移步，就来到了斯卡达利亚步行街，也被称为贝尔格莱德的蒙马特。这里到处都是经营传统菜肴的餐馆、夜总会，很有特色。

被称为波西米亚区的斯卡达利亚

贝尔格莱德交通地图
多瑙河
泽蒙
卡莱梅格丹公园
萨瓦河
市公交车 78路、83路
2路、5路、10路
2路电车
市公交车 84路
特拉杰
贝尔格莱德机场
市公交车 72路
巴士总站
泽莱尼·维纳茨
Зелени Венац
塔什马伊丹
原贝尔格莱德主站
机场巴士
7路、9路、13路电车
2路、9路电车
市公交车 38路
斯拉维亚广场
Трг Слави
贝尔格莱德中央车站
无轨电车 40路、41路
前南斯拉夫历史博物馆
Музеј историје Југославије
贝尔格莱德全图
希比尼亚尼恩·扬科塔
Кула Сибињанин Јанка
泽蒙
ЗЕМУН
见右侧扩大地图
多瑙河
维里科·拉托诺岛
Велико Ратно Острово
Jugoslavija
扩大地图见p.304
卡莱梅格丹公园
Калемегдан
扩大地图见p.303
塞尔维亚王宫
Палата Србије
休塔库·阿莱那
Штарк Арена
Novak
Ušće Shopping Center
凯悦摄政酒店
Hyatt Regency
国会大厦
塔什马伊丹公园
Ташмајдан парк
原贝尔格莱德主站
新贝尔格莱德车站
Нови Београд
新贝尔格莱德
НОВИ БЕОГРАД
萨瓦河
米哈伊洛大公街
圣萨瓦教堂
Храм св. Саве
阿达·茨冈利亚
Ада Циганлија
贝尔格莱德中央车站
Београд Центар
前南斯拉夫历史博物馆
Музеј Историја Југославије
游击队员体育场
Стадион Партизан
贝尔格莱德赛马场
Хиподром
红星体育场
Стадион Црвена Звезда
托布奇德鲁车站
Топчидер
王宫
Краљевски Двор
泽蒙
希比尼亚尼恩·扬科塔
Кула Сибињанин Јанка
多瑙河
83路、84路
维利基广场
Велики трг
马萨利科夫广场
Масариков трг
83路、84路
Карађорђева
Бул Николе Тесле
Бул Арсенија Чарнојевића
Бул Михаила Пупина
Кнеза Милоша
Бул краља Александра
Мост на Ади
Главна
Змај Јовина
Господска
Карамата
Лагумска
Његошева
Гардошка
Висока
Гробљанска
Кеј Ослобођења
1
2
A
B
0 1km
N

info 休塔克·阿莱那（贝尔格莱德·阿莱那）是贝尔格莱德最大的室内比赛体育馆。篮球、网球等项目的国际体育活动以及国际上大牌歌手的演唱会大多在这里举办。

贝尔格莱德市中心地图
巴伊拉克利清真寺
弗莱斯科美术馆
Галерија Фреска
卡莱梅格丹
正门
民族学博物馆
Етнографски музеј
学生公园
Студентски парк
北京饭店
扩大地图见p.304
塞尔维亚东正教
大教堂
兹那库·皮
塔雅
Znak pitanja
Rakija Bar
Ima Dana
多瓦·耶莱纳
Dva Jelena
国家剧院
Народно позориште
国家博物馆
Народни музеј
米哈伊洛大公雕像
斯卡达利亚
СКАДАРЛИЈА
亚力克山大·内弗斯基教堂
Црква Александра
Невски
Парк
војводе
Вука
Beograd
Art
市公交车
Kafana SFRJ
泽莱尼·维纳茨
市营市场
Теразијска
тераса
莫斯科酒店
Moskva
共和国广场
Трг Николе Пашића
塞尔维亚历史博物馆
Историјски музеј Србије
国会大厦
Народна скупштина
巴士下车点
普利斯托尔
Бристол
Парк Луке
Ћеловића
Mr. President
Prag
旧宫殿
Стари Двор
少先队员公园
Пионирски парк
圣马可教堂
Св. Марко
新宫殿
Нови Двор
Excelsior
塞尔维亚航空公司
塔什马伊丹公园
Ташмајдан парк
巴士总站
扎维察伊
Zavičaj
伊窝·安德里奇博物馆
Музеј Ива Андрића
原贝尔格莱德主站
漫画青年
旅舍
Manga
BG都市酒店
BG City
前往机场
升天教堂
Beograd
Финансијски парк
Beograd
前南斯拉夫电视剧剧场
Југословенско драмско
позориште
因1999年的NATO造成的
空袭遗址
Park
尼古拉·特斯拉博物馆
Музеј Николе Тесле
Мањеж
前往机场
斯拉维亚广场
Трг Славија
Slavija
0
250m
500m
圣萨瓦教堂
Храм св. Саве
A
B
1
2
3
4

info 休塔克·阿莱那体育馆附近，有一家名叫“诺瓦克（Novak）”的咖啡餐厅，由职业网球选手诺瓦克·德约科维奇一家经营，里面装饰着各种各样的奖杯、奖牌以及纪念品。

希比尼亚尼恩 · 扬科塔

在泽蒙西北的古拉多休山丘上建有一座希比尼亚尼恩 · 扬科塔 Сибињанин Јанко。希比尼亚尼恩 · 扬科是活跃在 15 世纪的匈牙利民族英雄——亚诺什 · 匈雅提 ▶p.507 的塞尔维亚语的名字。虽然是在之后相隔久远的 19 世纪建的这座塔，但是根据他死于此地的传言，以他的名字命名了这座塔。

从下城（多鲁尼 · 格拉多）仰视上城（高鲁尼 · 格拉多）

卡莱梅格丹公园

从原贝尔格莱德主站前乘坐 2 路电车在塞尔维亚东正教大教堂附近下车。

▶ **军事博物馆**

住 Калемегдан 66（Kalemegdan）

电（011）3343441

开 10:00~17:00

休 周一、节假日

费 成人 200DIN

▶ **动物园**

住 Мали Калемегдан 8（Mali Kalemegdan）

电（011）2624526

开 夏季 8:00~20:00
冬季 8:00~18:00

休 无

费 成人 500DIN

泽蒙的中心——维利基广场

●**泽蒙 Земун** 位于萨瓦河西岸的一片地区，空气中飘荡着浓厚的西欧气氛。窄窄的胡同两侧排列着橘黄色屋檐的低矮建筑，河边的鱼餐厅一家挨着一家，数量非常多。这里现在才成为贝尔格莱德的一部分，从 18 世纪到 20 世纪初期一直处于哈普斯布鲁克帝国的统治之下，是在与贝尔格莱德完全不同的国家和文化的背景下发展起来的。

贝尔格莱德 主要景点

卡莱梅格丹公园

Map p.304

Калемегдан 卡莱梅格丹

公园位于萨瓦河与多瑙河交汇处的一座山丘上。据说公元前 4 世纪就已经建有防御工事了，不过现存的几乎都是 18 世纪以后建造的城堡。

时钟塔的前面是山丘的顶部——上城（高鲁尼 · 格拉多）Горни Град，这里有奥斯曼帝国的达玛托 · 阿里 · 帕夏的墓和胜利者纪念碑。金丹门的旁边有一座瞭望塔，从那里可以眺望到最佳的景致。

从上城穿过金丹门、雷欧婆鲁多门向右去，就看到了利用城墙建成的动物园；向左看，便是圣鲁吉察教堂和以圣水著名的圣佩特卡教堂。圣鲁吉察教堂内部有一个枝形吊灯，它作为面向和平的讯息，在 1915 年用收集的弹壳制作而成。

下台阶再向北行，即是下城（多鲁尼 · 格拉多）Долни Град。这里有土耳其浴室、卡洛六世门和内博伊沙塔，等等。

留比察王妃故居

Конак кнегиње Љубице

Map p.303-A1 卡莱梅格丹附近

建于 1832 年的米洛什·奥布雷诺维奇的公馆，冠以留比察王妃的名字。这座巴尔干塞尔维亚样式的建筑里面充满了 19 世纪各种各样的装饰风格。

以奥斯曼帝国风格装饰的房间

塞尔维亚东正教大教堂

Саборна црква

Map p.303-A1 卡莱梅格丹附近

在留比察王妃故居的斜对面就是大教堂，巴洛克风格的塔令人印象深刻。教堂以前就建在这个位置，后经米洛什·奥布雷诺维奇改建，变成现在的模样。

圣萨瓦教堂

Храм светог Саве

Map p.303-B4 瓦鲁查鲁

作为东方正教系的教堂引以为傲的是，这里是世界规模最大的塞尔维亚东正教的中央教堂。圣萨瓦是奈马尼亚王朝的创始人斯蒂凡·奈马尼亚的儿子，塞尔维亚东正教的创始人。据说 1594 年掀起反对奥斯曼帝国统治的塞尔维亚人叛乱时，作为报复，统治者将原本保存在米雷休瓦修道院里的他的遗骨运到贝尔格莱德，在教堂现在的位置焚毁。教堂内部还在修建中，只有地下礼拜堂开放。

使用大量黄金建造的地下礼拜堂

国家博物馆

Народни музеј

Map p.303-A1 共和国广场附近

耸立在共和国广场米哈伊洛大公像背后外观雄伟的建筑物即是 1844 年开放的塞尔维亚最初的博物馆。由于改造曾经长期闭馆，经重新装修后于 2018 年 6 月再次开放。

博物馆共有三层，一层展出的是从旧石器时代到希腊、罗马时代以及 8 世纪的挖掘品；二层是关于中世纪的展览和 18~19 世纪的塞尔维亚的美术作品；三层展示有 20 世纪塞尔维亚的美术品和 14 世纪到 20 世纪的外国美术作品。

关于罗马时代的展览

民族学博物馆

Етнографски музеј

Map p.303-A1 共和国广场附近

位于学生广场的博物馆，除了数量众多的民族服装以及各地制作的民族工艺品，馆内还展示着关于塞尔维亚生活的各种各样的展品。

留比察王妃故居

住 Кнеза Симе Марковића 8 (Kneza Sime Markovića)

TEL (011) 2638264

开 周二、周三、周四、周六 10:00~17:00
周五 10:00~18:00
周日 12:00~14:00

休 周一

费 成人 200DIN

塞尔维亚东正教大教堂

住 Кнеза Симе Марковића 3 (Kneza Sime Markovića)

开 7:00~20:00

休 无

费 免费

圣萨瓦教堂

住 Катанићева (Katanićeva)

开 8:00~21:00

休 无

费 免费

圣萨瓦教堂的西侧是一座有喷泉的广场

国家博物馆

住 Трг Републике 1а (Trg Republike)

☐ 060-8075020

URL www.narodnimuzej.rs

开 周二、周三、周五 10:00~18:00
周四、周六 12:00~20:00
周日 10:00~14:00

休 周一

费 成人 300DIN
学生 150DIN

公元前 7000 年的遗迹——从雷潘斯基·维鲁出土的石像

民族学博物馆

住 Студенски трг 13 (Studenski trg)

TEL (011) 3281888

URL www.etnografskimuzej.rs

开 10:00~17:00 (周日 9:00~14:00)

休 周一

费 成人 200DIN 周日免费

info 所谓卡莱梅格丹，来源于土耳其语的“卡莱”(“城堡”的意思)和梅伊丹(“广场”的意思)，变成塞尔维亚风格的发音，就成了“卡莱梅格丹”，意思是“城堡广场”。

尼古拉·特斯拉博物馆
住 Крунск a51（Krunska）
TEL（011）2433886
URL nikolateslamuseum.org
开 10:00~20:00
休 周一 费 成人 500DIN

前南斯拉夫历史博物馆
从克乃兹·米洛什大街乘坐 40 路、41 路无轨电车在穆泽伊·伊斯托利亚·南斯拉夫 Музеј Историја Југославије 下车。
住 Михаила Мике Јанковића 6（Mihaila Mike Jankovića）
TEL（011）3671485
URL www.mij.rs
开 夏季 10:00~20:00
冬季 10:00~18:00
休 周一、节假日
费 成人 400DIN
学生 200DIN

王宫
住 Краљевски двор（Kraljevski dvor）
TEL（011）2635622
URL www.royalfamily.org
旅游参观团队（需要在 i 处预约）
开 只有 4~10 月的周六·周日 10:30、13:30 出发
费 成人 650DIN
如果想参加旅游团，至少提前一天，可以的话最好提前 4 天以上提交申请。参观时需要护照。

哥鲁拜克要塞
从贝尔格莱德前往哥鲁拜克要塞大约需要 2 小时 30 分钟、1125DIN。
6:00 9:00 12:15 13:00 15:30 17:00 19:30
周六 6:00 9:00 13:00 15:30 17:00
周日 6:00 9:00 13:00 15:30 17:00 19:00
从哥鲁拜克小镇前往哥鲁拜克要塞，沿着多瑙河岸向东步行，大约需要 1 小时。乘坐出租车 7~8 分钟，车费约 500DIN。
夏季有从贝尔格莱德出发前往杰尔达普溪谷的多瑙河 1 日游旅游团，游览内容含有哥鲁拜克要塞。
TEL（012）638794
开 10:00~18:00 休 周一
费 免费
旅游团 周日 10:30 12:30 14:30 16:00 出发

尼古拉·特斯拉博物馆

Map p.303-B3

Музеј Николе Тесле

塔什马伊丹附近

尼古拉·特斯拉 p.505 是在人类历史上留下足迹的伟大人物，他发明了交流电流和无线发射器，也是塞尔维亚 100DIN 纸币上的肖像人物。馆内展示着他的发明作品以及实验装置，可以了解到他的生平事迹和发明。45 分钟带导游的旅游团费用里包括门票。

前南斯拉夫历史博物馆

Map p.302-A2

Музеј историје Југославије

萨布斯基·崴内茨

从市中心稍向南行，就看到了 3 家博物馆：花之家、5 月 25 日博物馆和老博物馆。

铁托长眠的地方

花之家 Кућа цвећа 铁托 p.503 的陵墓，现在也有很多人来献花。正如名字所表达的，这里鲜花环绕。碑文上写有关于冷战时期铁托领导下的非同盟各国运动的介绍，当时曾经给国际政坛吹来一股新风。

5 月 25 日博物馆 Музеј 25 мај 现在不搞常设展览，而是举办各种各样的特别展览。

老博物馆 Стари музеј 现作为民族博物馆举办世界各国的乐器、武器以及民族艺术品的展览。

王宫

Map p.302-A2

Краљевски двор

托布奇代尔

内部装修考究的王宫

第二次世界大战前在南斯拉夫实行君主制的卡拉乔尔杰维奇家族的宫殿，现在其子孙仍然在里面居住。这是一座塞尔维亚拜占庭风格的建筑，其内部装饰出自俄罗斯建筑师之手。在王宫的占地范围内，还有白亚宫 Бели двор 和礼拜堂 Дворска капела 等建筑。

近郊的景点 从贝尔格莱德乘坐巴士最短 2.5 小时

哥鲁拜克要塞

Map 文前 p.5-D2

Голубачки Град

建于中世纪拥有十座塔的要塞。杰尔达普溪谷的入口处正是多瑙河穿过卡鲁帕奇亚山脉之处，要塞就建在这一重要的位置上。历史上，这里是匈牙利王国、塞尔维亚王国、奥斯曼帝国等众多兵家争夺的要地。从 2018 年到现在，修复工程一直在进行。内部参观的话，只能参加周日的带导游的旅游团进入到一个塔里。同时设有旅游咨询中心。

建在多瑙河岸边的要塞

贝尔格莱德的酒店&餐馆
Hotel & Restaurant

凯悦摄政酒店
Hyatt Regency

◆位于萨瓦河西岸的新贝尔格莱德，7路、9路、11路电车和东岸相接。这里是贝尔格莱德屈指可数的高档酒店，SPA、餐馆的评价也很高。

新贝尔格莱德 Map p.302-A1
住 Милентиjа Поповића 5（Milentija Popovića）
TEL（011）3011234 FAX（011）3112234
URL hyattregencybeograd.rs
S €165 W €180
CC A D M V 含 WiFi 免费

莫斯科酒店
Hotel Moskva

◆贝尔格莱德有代表性、广为人知的分离式风格的老牌酒店，建于20世纪初期。同时设有的咖啡馆制作的莫斯科蛋糕也很有名。

苔拉杰 Map p.303-B2
住 Теразиjе 20（Terazije）
TEL（011）3642071 FAX（011）3642060
URL www.hotelmoskva.rs
S €165 W €175
CC A D M V 含
WiFi 免费

BG都市酒店
BG City Hotel

◆酒店建在原贝尔格莱德主站对面。由4星级主建筑和3星级副建筑组成。自助式早餐。店内同时设立的餐馆可以享有住宿者折扣特惠。

原贝尔格莱德主站附近 Map p.303-A3
住 Савски трг 7（Savski trg）
TEL（011）3600700 FAX（011）6684373
URL www.bgcityhotel.com
S €66~91
W €86~128 CC A M V
含 WiFi 免费

漫画青年旅舍
Manga Hostel

◆乘坐7路电车在塔什马伊丹公园站下车即到。利用一座房屋建成的青年旅舍，位于停车场附近。流行风格的内部装饰，工作人员性格开朗亲切。

塔什马伊丹附近 Map p.303-B3
住 Ресавска 7（Resavska）
TEL（011）3243877
URL www.mangahostel.com
D €11~ S €18~
W €28~ CC 不可
无 WiFi 免费

多瓦·耶莱纳
Dva Jelena

◆内部装修富有高档感，经营塞尔维亚家乡菜肴。烤肉种类十分丰富，价位在640~1680DIN。店内还有演奏传统音乐的乐队。

斯卡达利亚 Map p.303-B1
住 Скадарска 32（Skadarska）
TEL（011）7234885 URL www.dvajelena.rs
开 10:00~次日1:00
休 无 CC A M V
民族音乐 塞尔维亚菜

扎维察伊
Zavičaj

◆在私人住宅风格的内部装修里，可以品尝到卷心菜卷490DIN，塞尔维亚熏肉炖豆子1090DIN等传统佳肴。店内有9种口味塞尔维亚的国民酒——拉基亚酒。

原贝尔格莱德主站附近 Map p.303-A3
住 Гаврила Принципа 77（Gavrila Principa）
TEL（011）7616220 URL restoranzavicaj.rs
开 9:00~23:00 休 无 CC M V
民族音乐 塞尔维亚菜

兹那库·皮塔雅
Znak Pitanja

◆建于1823年的贝尔格莱德最古老的咖啡屋。这里经营的塞尔维亚传统菜肴的口碑也很高，价位在800~1390DIN。店内每晚都有现场演奏民族音乐的乐队。

卡莱梅格丹附近 Map p.303-A1
住 Краља Петра 6（Kralja Petra）
TEL（011）2635421
开 9:00~24:00
休 无 CC D M V
民族音乐 塞尔维亚菜

诺维萨德 Нови Сад / *Novi Sad*

建在兹马伊大街上的塞尔维亚东正教主教的房子

诺维萨德与克罗地亚、匈牙利和罗马尼亚接壤，是 20 个民族生活的伏伊伏丁那自治省的省会城市。以塞尔维亚东正教教堂为代表，天主教大教堂、犹太教集会以及斯洛文尼亚人的鲁塔派教堂等形形色色的宗派的宗教设施都集中在城市中心狭小的地区，由此也可以了解到其民族的多元化。

MAP 文前 p.5-C2
人口大约 29 万人
长途区号 021
旅游局
URL www.turizamns.rs
市内交通
URL www.gspns.co.rs

▶▶*Access Guide* 交通导航

从贝尔格莱德出发

🚃 5:17 7:20 10:00 11:20 14:58 19:21 21:44 出发
所需时间：大约 2 小时
车费：370DIN~
🚃 时刻表 ▶p.297

从苏博蒂察出发

🚃 2:24 5:06 5:29 7:00 10:33 12:25 13:20 14:40 16:30 19:13 20:44 出发
所需时间：大约 2 小时 20 分钟 ~4 小时 20 分钟
车费：434DIN~
🚌 4:30~20:15 之间，1 小时 1 班左右
所需时间：1 小时 30 分钟 ~2 小时
车费：大约 760DIN

诺维萨德 漫 步

火车站与巴士总站挨着，位于城市西北 1 公里左右的地方。步行到市中心大约 15 分钟。也可以乘坐 4 路、5 路市公交车前往。

市中心的自由广场 Трг Слободе 附近是市政厅和天主教大教堂。美术馆都汇聚在米哈伊洛 · 普品大街南端的格莱利亚广场 Трг Галерија。渡过多瑙河就可以看到彼得罗瓦拉丁要塞。

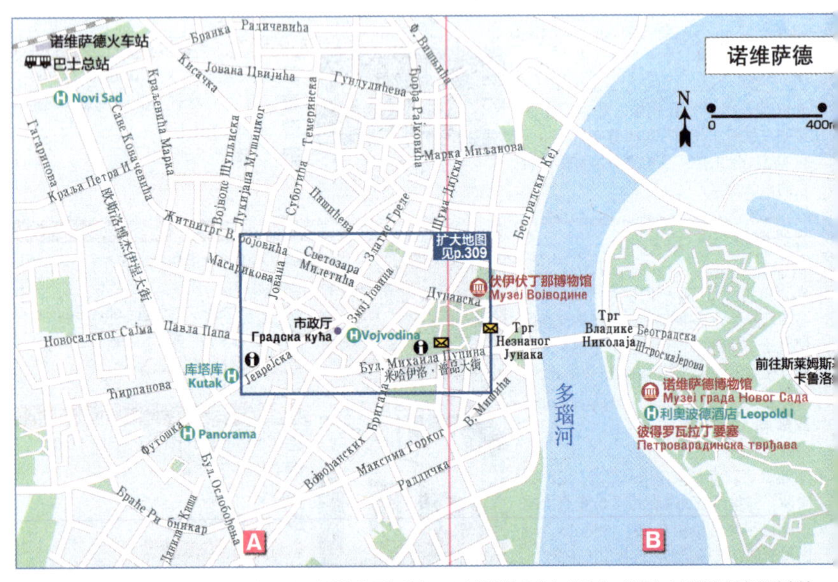

info 诺维萨德成为 2021 年欧洲文化首都的预备城市，正在策划众多的文化活动。没有加入欧盟的国家的城市被选为欧洲文化首都这还是头一次。

诺维萨德 主要景点

彼得罗瓦拉丁要塞

Map p.308-B

Петроварадинска тврђава

屹立在多瑙河岸边的城堡

这座巨大的城堡位于多瑙河东岸，曾经以坚不可摧而闻名遐迩。1692 年开始建造，1780 年竣工。

现在，众多的艺术家在城堡里面设立了工作室，成为一块艺术园地。每年 7 月，它也被用作欧洲领先的户外音乐节和出口 EXIT 的会场。城堡内 18 世纪的兵营现在成了诺维萨德博物馆 Музеј Нови Сад，收藏着关于这座城市和城堡历史的文物。游客也可以参加地下隧道之旅。

马蒂察 · 斯尔普斯卡美术馆

Map p.309

Галерија Матице српске

圣像的藏品十分丰富

所谓马蒂察 · 斯尔普斯卡，是指创立于 1826 年位于布达佩斯的一家最早的塞尔维亚民族文化研究机构。美术部门设立于 1847 年。常设的展览按照年代顺序布展，通过参观可以从圣像 p.498 等宗教方面的绘画入手，了解到以塞尔维亚历史为主题的绘画、抽象画等塞尔维亚美术的变迁情况。

帕夫勒 · 贝尔扬斯科纪念收藏馆

Map p.309

Спомен-збирка Павла Бељанског

帕夫勒 · 贝尔扬斯科是塞尔维亚的外交官兼美术收藏家。他毕生收集塞尔维亚的现代美术作品，并于 1957 年将藏品赠与塞尔维亚人民。馆内展示着数量众多的有代表性的塞尔维亚美术作品。

伏伊伏丁那博物馆

Map p.309

Музеј историје Југославије

在马蒂察 · 斯尔普斯卡的收藏品的基础上于 1947 年开放的一家综合博物馆。展览涉及了考古学、历史、民族学和 20 世纪的生活等很多领域。

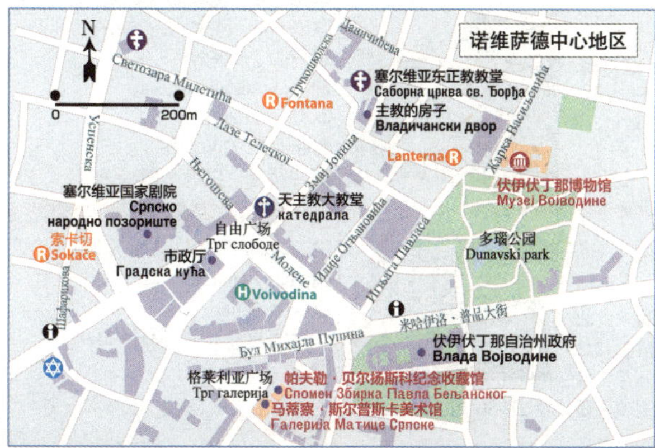

旅游咨询处（诺维萨德）

URL www.turizamns.rs

▶ **米哈伊洛 · 普品大街的 ❶**

MAP p.309

住 Бул. Михаила Пупина 9（Bul. Mihaila Pupina）

TEL & FAX（021）421811

开 8:00~16:00

休 周六 · 周日、节假日

▶ **耶夫莱伊斯卡大街的 ❶**

MAP p.309

住 Јеврејска 10（Jevrejska）

TEL（021）6617343

开 7:30~17:00（周六 10:00~14:00）

休 周日、节假日

诺维萨德博物馆

住 Петроварадинска тврђава 4（Petrovaradinska tvrđava）

TEL（021）6433613

URL www.museumns.rs

开 9:00~17:00

休 周一、节假日

费 成人 300DIN

地下隧道之旅最低 10 人起可以安排

马蒂察 · 斯尔普斯卡美术馆

住 Трг Галерија 1（Trg Galerija）

TEL（021）4899000

URL galerijamaticesrpske.rs

开 10:00~18:00（周六 · 周日 ~20:00）

休 周一

费 成人 100DIN

《斯特凡 · 尼曼雅的加冕礼》。有很多以塞尔维亚历史为主题的作品

帕夫勒 · 贝尔扬斯科纪念收藏馆

住 Трг Галерија 2（Trg Galerija）

TEL（021）4729966

URL www.pavle-beljanski.museum

开 10:00~18:00（周四 13:00~21:00）

休 周一、周二

费 成人 100DIN

伏伊伏丁那博物馆

住 Дунавска 35（Dunavska）

TEL（021）420566

URL www.muzejvojvodine.org.rs

开 9:00~19:00（周六 · 周日 10:00~18:00）

休 周一、节假日

费 成人 200DIN

info 彼得罗瓦拉丁要塞时钟上的分针本来应该长却是短的，时针本来应该短却变成长的。这是为了使航行在多瑙河上的船只方便确认时间。

在民族服装的展示区，游客不仅可以看到塞尔维亚人，还可以欣赏到匈牙利人、斯洛文尼亚人、德意志人等居住在伏伊伏丁那的各民族多姿多彩的服装，十分有趣。

近郊的景点　从诺维萨德乘坐出租车大约 20 分钟即到

弗鲁什卡山国家公园

Map 文前 p.5-D2

Фрушка гора

地区基地——斯勒姆斯基·卡尔洛夫奇小镇

弗鲁什卡山国家公园位于诺维萨德南部广阔的丘陵地带。连绵起伏的丘陵绵延不绝，呈现出大自然的美丽，素有“塞尔维亚的宝石”之美称。这里还以葡萄酒的著名产地而闻名，几家葡萄酒庄分布在山间。

15 世纪以后有很多塞尔维亚东正教的修道院建在这里，因此这里还是著名的东正教圣地。其中，尤为著名的是建于 16 世纪初期的克鲁谢多尔修道院 Крушедор Манастир。米洛什一世、留比察王妃等一些塞尔维亚王族人物埋葬于此地。现存的建筑是 18 世纪中叶再建的，内部装饰着巴洛克风格的壁画。

由于公共交通不是很发达，乘坐公共交通设施游览比较困难。可以或者参加诺维萨德出发的 1 日游旅游团，或者乘坐巴士到达斯勒姆斯基·卡尔洛夫奇小镇，再从那里包辆出租车游览。

▶▶Access Guide 交通导航

▶ 从诺维萨德出发前往斯勒姆斯基·卡尔洛夫奇小镇

巴士 60 路、61 路、62 路巴士每小时有 1~3 班，车费 135DIN，大约需要 25 分钟。

▶ 旅行社

serbianadventures.com 安排每周五从诺维萨德出发的 1 日游旅游团，内容是巡游斯勒姆斯基·卡尔洛夫奇与弗鲁什卡山国家公园的修道院以及葡萄酒庄。

旅游咨询处（斯勒姆斯基·卡尔洛夫奇）

住 Патриjарха Раjачица 1（Patrijarha Rajačića）
TEL（021）882127
URL www.karlovci.org.rs
开 8:00~18:00（周六·周日 10:00~） 休 无

克鲁谢多尔修道院

开 6:00~17:00
休 无 费 免费

弗鲁什卡山国家公园有代表性的修道院

诺维萨德的酒店&餐馆

Hotel & Restaurant

利奥波德酒店

Hotel Leopold I

Map p.308-B

◆位于彼得罗瓦拉丁要塞。房间内部配置古典家具，仿佛宫殿一般。酒店内设有 SPA、餐馆。客房分为现代和古典两种风格。

住 Петроварадинска Тврђава（Petrovaradinska Tvrđava）
TEL（021）4887878 URL leopoldns.com
S W 10800 DIN
CC A D M V
早餐 含 WiFi 免费

库塔库

Hostel Kutak

Map p.308-A

◆从耶夫莱伊斯卡大街一进去，就在 i 的旁边。多人间有 5~6 张床，男女混居。也有带厨房的单间，类似于公寓房。

住 Jevrejcка 22（Jevrejska）
TEL（021）3006595
URL www.hostelkutak.com
寝 1200 DIN~
S W 2700 DIN~
CC A M V 早餐 无 WiFi 免费

索卡切

Sokače

Map p.309

◆政治家和体育选手等也经常光顾的餐馆，人气居高不下。在塞尔维亚式的气氛中尽享正宗的家乡菜，到建于 1823 年的贝尔格莱德最古老的咖啡屋品尝咖啡。塞尔维亚传统菜肴的评价甚高，价位在 273.50~998DIN。店内每晚都有现场演奏民族音乐的乐队。

住 Павла Папа 11（Pavla Papa）
TEL（021）6622007
开 9:00~24:00（周六～次日 1:00；周日 ~23:00）
休 无
CC M V
塞尔维亚菜

Serbia

苏博蒂察
贝尔格莱德

苏博蒂察 *Subotica / Суботица*

苏博蒂察靠近塞尔维亚与匈牙利的边境，是塞尔维亚最北部的城市。在17世纪末到20世纪初期的哈布斯堡帝国统治时期，曾被称为玛利亚·特雷基欧佩尔。城市中心排列着一座座建于19世纪末新艺术风格的建筑，散发着豪华的气氛。漫步街头，有很多情不自禁要一探究竟的建筑物，城市总体上仿佛就是一座博物馆。

MAP 文前 p.5-C1
人口大约 10 万人
长途区号 024
旅游局
URL www.visitsubotica.rs

▶▶Access Guide 交通导航
从贝尔格莱德出发

🚌 5:17 7:20 11:20 14:58 21:44 出发
所需：大约 4~5 小时
车费：666 DIN~
🚆 每小时 1 班
所需时间：2 小时 50 分钟 ~ 4 小时 40 分钟
车费：大约 1080 DIN

苏博蒂察 漫 步

城市的象征——市政厅与蓝色喷泉

从市中心往南1公里左右就是巴士总站。步行到建有市政厅的自由广场 Trg Slobode 大约10分钟。火车站位于市中心的东侧。

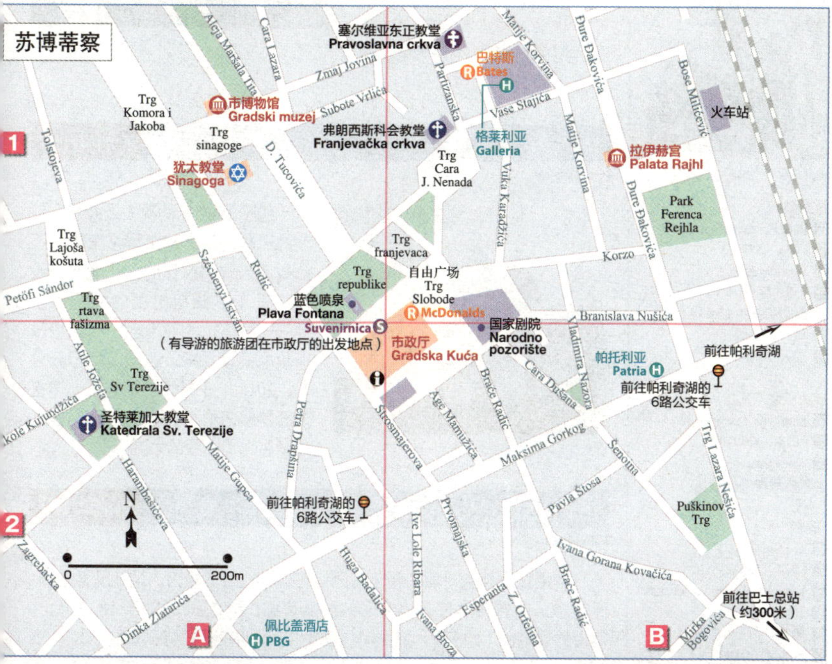

苏博蒂察

塞尔维亚东正教堂 Pravoslavna crkva
巴特斯 Bates
市博物馆 Gradski muzej
弗朗西斯科会教堂 Franjevačka crkva
格莱利亚 Galleria
火车站
拉伊赫宫 Palata Rajhl
犹太教堂 Sinagoga
Park Ferenca Rejhla
蓝色喷泉 Plava Fontana
自由广场 Trg Slobode
McDonalds
Suvenirnica
（有导游的旅游团在市政厅的出发地点）
市政厅 Gradska Kuća
国家剧院 Narodno pozorište
帕托利亚 Patria
前往帕利奇湖
前往帕利奇湖的6路公交车
圣特莱加大教堂 Katedrala Sv. Terezije
前往帕利奇湖的6路公交车
佩比盖酒店 PBG
前往巴士总站（约300米）

Trg Komora i Jakoba · Trg sinagoge · Trg Cara J. Nenada · Trg Lajoša košuta · Trg franjevaca · Trg republike · Trg rtava fašizma · Trg Sv Terezije · Puškinov Trg
Aleja Maršala Tita · Cara Lazara · Zmaj Jovina · Subote Vrlića · Matije Korvina · Đure Đakovića · Bose Milićević · Vase Stajića · Parizanska · D. Tucovića · Vuka Karadžića · Tolstojeva · Széchenyi István · Rudić · Petőfi Sándor · Korzo · Branislava Nušića · Vladimira Nazora · Cara Dušana · Braće Radić · Age Mamužića · Strossmajerova · Petra Drapšina · Matije Gupca · Anile Jožefa · Kole Kujundžića · Harambašićeva · Maksima Gorkog · Senćanska · Trg Lazara Nešića · Pavla Štosa · Ivana Gorana Kovačića · Braće Radić · Prvomajska · Ive Lole Ribara · Huga Badalića · Ivana Broza · Esperanta · Z. Orfelina · Mirka Bogovića · Zagrebačka · Dinka Zlatarića

0 200m

info 从苏博蒂察向东北方向越过与匈牙利的国境线，就来到了匈牙利的小城塞盖多，和苏博蒂察一样，这里也有许多新艺术风格的建筑。以前到这里可以乘坐火车当天往返，但是从2018年12月至今，火车线路一直处于停运状态。

▶▶**Access Guide** 交通导航

从诺维萨德出发

🚌 7:50 9:25 10:03 10:10 13:17 15:51 17:16 19:25 19:26 22:12 23:32

所需时间：2.5 小时

车费：434DIN~

🚆 1 小时 1 班

从苏博蒂察出发

所需时间：1.5 小时 ~2 小时

车费：大约 760DIN

旅游咨询处（苏博蒂察）

MAP p.311-A2

住 Trg Slobode 1

TEL（024）670350

URL www.visitsubotica.rs

开 8:00~16:00

（周六 9:00~13:00）

休 周日、节假日

市政厅

住 Trg Slobode 1

TEL（024）555128

▶ **参观旅游团**

开 周二～周六 12:00 出发

费 成人 150DIN

从市政厅北侧的土特产商店开始参观。有两种参观方式，一个是包括会议室在内的建筑内部的参观，另一个是登塔。

多彩的建筑色调，令人赏心悦目

拉伊赫宫

住 Park Ferenca Rajhla 5

TEL（024）553725

URL sgsu.org.rs

开 8:00~19:00

（周六 9:00~13:00）

休 周日、节假日

费 成人 100DIN

犹太教堂

住 Dimitrija Tucovića 11

TEL（024）670970

URL www.josu.rs

参观内部需要预约

市博物馆

住 Trg Sinagoge 3

TEL（024）555128

URL www.gradskimuzej.subotica.rs

开 10:00~18:00

休 周日、周一、节假日

费 成人 150DIN

苏博蒂察 主要景点

市政厅

Map p.311-B2

Gradska kuća

自 1908 年到 1912 年建成的市政厅，是一座新艺术风格的建筑。与市政厅的实体形象相反，匈牙利风格的花卉装饰随处可见，而且很可爱。

会议室的装饰是必看的

塔高 76 米，在 45 米处设有观景台。只有参加旅游团才可以参观含塔的建筑内部。会议室尤其值得一看，描绘了历代匈牙利国王的彩绘玻璃和其四周的彩色装饰堪称一绝。

拉伊赫宫

Map p.311-B1

Palata Rajhl

作为自己的住宅兼工作室，建筑师弗兰茨·拉伊赫于 1904 年建成了这座堪称新艺术风格的建筑杰作，独具匠心的色彩运用和装饰设计自不必说，错综复杂的玄关部分的制作也令人叹为观止。现在作为一家现代美术馆对外开放，展示着很多 20 世纪后半期前南斯拉夫艺术家们的作品。

拉伊赫宫的外立面充满个性

犹太教堂

Map p.311-A1

Sinagoga

用新艺术风格建成的犹太教堂

建于 1902 年的犹太教教堂。新艺术风格的宗教建筑异常罕见，因此被评为塞尔维亚的文化遗产。设计者是布达佩斯出生的两位设计师——科莫拉和亚卡巴，他们也是市政厅的设计师。改造工程十分漫长，2018 年 3 月终于结束了。建筑内部的新艺术风格特征也十分显著，大多采用了曲线的表现手法。

市博物馆

Map p.311-A1

Gradski muzej

利用犹太教堂对面的新艺术风格建筑成立的博物馆。虽然以考古学、民族学、自然科学等多姿多彩的展品著称，但是到 2018 年 10 月为止，常设的展览由于改造工程而停止开放，变为只有特殊展览可以参观。

近郊的景点 乘坐巴士从苏博蒂察出发 20 分钟即到

帕利奇湖

Map 文前 p.5-C1

Palićko jezero

苏博蒂察以东约 8 公里有一片湖滨休闲区，从苏博蒂察乘坐 6 路市公交车即可到达。看到右侧的水塔后马上下车，穿过门洞向南前行。从大门到湖之间是一片开阔的公园，在园内可以看到维利卡·特拉萨 Velika Terasa 以及杰恩斯基·休特朗多 Zenski Štrand 等新艺术风格的建筑。湖边有租赁游船和自行车的商店，餐馆也很多。

建在帕利奇湖畔的杰恩斯基·休特朗多

帕利奇湖

🚌 乘坐 6 路市公交车大约需要 20 分钟。车费 90DIN，支付给司机即可。

旅游咨询处（帕利奇湖）

住 Park heroja 13

TEL（024）753111

URL visitpalic.rs

开 7:00~15:00 休 周六、周日

公园入口处的水塔和大门

苏博蒂察的酒店

Hotel

格莱利亚

Hotel Galleria

◆这家大型酒店位于市中心稍微以北的位置。客房宽敞，功能性很好。酒店内还设有啤酒屋、餐馆、SPA 等完善的设施。

Map p.311-B1

住 Matije Korvina 17

TEL（024）647111 FAX（024）647110

URL www.galleria-center.com

S €62 W €80

CC A M V 含

WiFi 免费

帕托利亚

Hotel Patria

◆从火车站略向南行，就能看到这家 7 层楼的大型酒店。设有餐馆、健身中心等设施。客房稍微有些老化，倒是还宽敞舒适。

Map p.311-B2

住 Đure Đakovića 1A

TEL（024）554500 URL www.hotelpatria.rs

S 4200DIN~

W 6800DIN~

CC M V

含 WiFi 免费

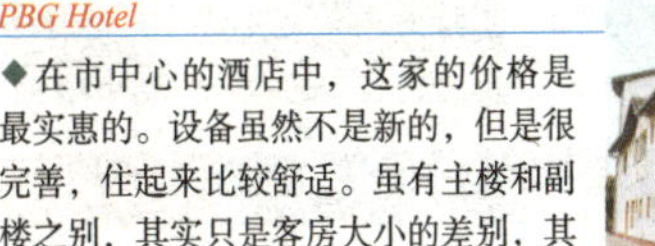

佩比盖酒店

PBG Hotel

◆在市中心的酒店中，这家的价格是最实惠的。设备虽然不是新的，但是很完善，住起来比较舒适。虽有主楼和副楼之别，其实只是客房大小的差别，其他完全相同。

Map p.311-A2

住 Harambašićeva 19

TEL & FAX（024）556542

URL www.pbghotel.co.rs S 3000DIN

W 5400DIN

CC M V 含

WiFi 免费

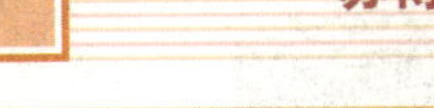

苏博蒂察的餐馆

Restaurant

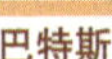

巴特斯

Bates

◆建在格莱利亚酒店对面的餐馆，经营当地的家乡菜。也有骨亚休等匈牙利菜肴，总体上以塞尔维亚口味的烤肉为主，价位在 460~1500DIN。里面有院子。

Map p.311-B1

住 Vuka Karažića 17 TEL（024）556008

URL www.batessubotica.com

开 10:00~22:00（周五 ~24:00；周日 11:00~16:00）休 无 CC M V

塞尔维亚菜 匈牙利菜

Serbia

贝尔格莱德

扎耶查尔

扎耶查尔 Зајечар *Zeječar*

城市的中心——斯克维尔

扎耶查尔位于塞尔维亚东部、与保加利亚接壤的国境线附近，是一座拥有4万人口的城市。15世纪被奥斯曼帝国统治之后这座城市才得以发展，至今仍然可以看到奥斯曼王朝时代的建筑物。另外，在近郊还残留有菲里克斯·罗姆里亚那，这一罗马时代的遗址比城市的历史还要久远。

MAP 文前 p.6-B1
人口大约4万人
长途区号 019
旅游局
URL www.zajecar.info

▶▶Access Guide 交通导航

从贝尔格莱德出发

时刻表 ▶p.297

从尼什出发

7:30 8:40 9:00 11:00 12:15 12:45 14:30 16:15 17:20 18:00 发车
所需时间：大约1小时45分钟
车费：790DIN

旅游咨询处（扎耶查尔）

也经营自行车租赁业务
MAP p.315 右边
住 Светозара Марковића 2（Svetozara Markovica）
TEL（019）421521
URL www.zajecar.info
开 8:00~18:00（周六~14:00）
休 周日

价格划算的通票

参观扎耶查尔博物馆、拉杜尔·贝哥夫·科那克与近郊的菲里克斯·罗姆里亚那，可以使用通票，价格为400DIN。

国家博物馆

住 Моше Пијаде 2（Moše Pijade）
TEL（019）422930
URL www.muzejzajecar.org
开 夏季 8:00~18:00（周六、周日 9:00~16:00）冬季 8:00~16:00
休 无
费 成人300DIN（与拉杜尔·贝哥夫·科那克通用）

拉杜尔·贝哥夫·科那克

住 Носича 66（Nosiča）
开 10:00~18:00（周六 8:00~16:00）
休 周日
费 成人300DIN（与国家博物馆通用）

扎耶查尔 主要景点

巴士总站位于市区的北部，火车站位于巴士总站的西部。从火车站前往市中心，首先要沿着莫拉夫斯卡路 Моравска 向东前行，在市场尽头向南转，再走一会儿很快便可以看见城市的地标建筑——斯鲁比亚酒店 TIS。这一带是市中心，被人们称作斯克韦尔地区 Сквер。

国家博物馆 Map p.315 右

Народни музеј

展览虽然涉及很多领域，但是亮点还是关于菲里克斯·罗姆里亚那的内容。这里有许多当地挖掘出来的马赛克和雕塑，以及该镇的修复模型，值得一看。参观这些遗迹前一定要提前做些功课，好好预习一番。

菲里克斯·罗姆里亚那出土的马赛克

拉杜尔·贝哥夫·科那克 Map p.315 右

Радул-бегов конак

奥斯曼帝国时期的建筑

建于19世纪奥斯曼帝国统治时期的官员宅邸。位于柳巴·内希奇街 Љубе Нешића 的街边。1层展示着当地艺术家的作品，2层再现了当时混搭了土耳其风格和塞尔维亚风格的建筑里房间的样子。

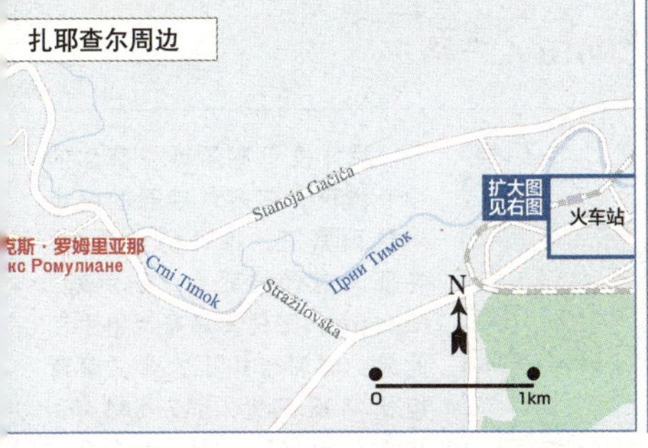

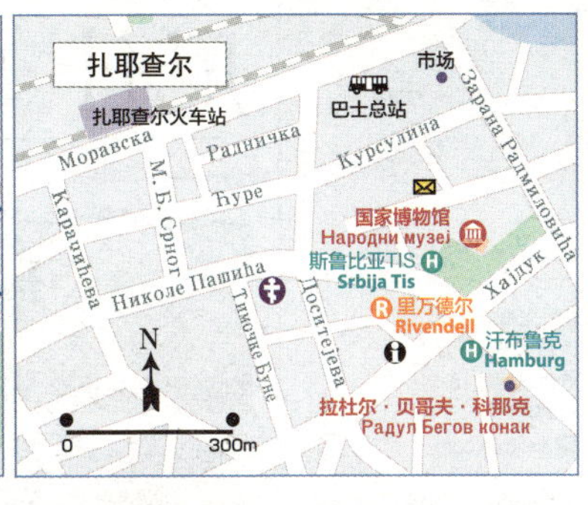

近郊的景点　从扎耶查尔乘坐出租车 15 分钟即到

菲里克斯·罗姆里亚那

Map p.315 左

Феликс Ромулијане

罗马皇帝戴克里先 p.504 的继承者，也是其女婿的伽列里乌斯 p.501 为了供奉其亲生母亲罗姆里亚那而建造了这座小城。在他退位之后，也居住在这里的宫殿。

与斯普利特的戴克里先宫 p.248 相比，这里的规模、状态都略低一等。不过，城墙、宫殿、神殿以及公共浴池等遗址尚存，这些对于现代的人们了解当时罗马帝国的建筑是非常重要的遗迹。宫殿外面还残存着50 多座建筑，挖掘工程正在按照顺序有条不紊地进行中。东门尽头的山丘上建有伽列里乌斯的坟墓。从这里出土的文物都收藏在扎耶查尔的国家博物馆里。

世界遗产

贾姆济格勒 - 罗姆里亚那的伽列里乌斯宫

Римска палата Гамзиград

2007 年被评为世界遗产

菲里克斯·罗姆里亚那

从扎耶查尔乘坐出租车，单程车费 500DIN。回程时可以请工作人员帮忙约出租车。

可以在扎耶查尔的旅游咨询中心租赁到自行车。单程大约 8.5 公里。

URL www.muzejzajecar.org

开 夏季 8:00~20:00
冬季 8:00~16:00

休 无

费 成人 300DIN

扎耶查尔的酒店&餐馆

Hotel & Restaurant

斯鲁比亚 TIS

Hotel Srbija TIS

◆建于市中心的大型酒店。建筑本身虽然有些老化，不过客房干净整洁。健身房、桑拿等设施完善。可以在店内餐厅品尝到传统菜肴。

Map p.315 右

住 Николе Пашића bb（Nikole Pasića）

TEL（019）422540　URL www.srbijatis.co.rs

S 21800DIN~

W 3540DIN~

CC A M V

含　WIFI 免费

汗布鲁克

Garni Hotel Hamburg

◆位于拉杜尔·贝哥夫·科那克附近。酒店设备新，居住舒适，工作人员态度和蔼亲切。自助式早餐品种丰富，口碑很好。

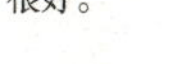

Map p.315 右

住 Светозара Марковића 1（Svetozara Markovića）TEL（019）3100136

URL www.hotelhamburg.rs

S € 25　W € 40

CC A D M V

含　WIFI 免费

里万德尔

Irish Pub Rivendell

◆在旅游咨询处附近有一条窄窄的路，走到尽头就是这家爱尔兰酒馆。菜单内容十分丰富，从比萨饼、三明治到传统的塞尔维亚菜肴都可以品尝到。

Map p.315 右

住 Војводе Мишића 10a（Vojvode Mišića）TEL（019）423005　开 9:00~24:00（周五·周六～次日 1:00、周日 12:00~24:00）休 无

CC M V

酒吧食品　塞尔维亚菜

尼什 Ниш / Niš

MAP 文前 p.6-A1
人口大约 19 万人
长途区号 018
旅游局
URL visitnis.com

▶▶Access Guide 交通导航

从贝尔格莱德出发
🚌 4:00 6:40 7:35 12:55 17:20
所需时间：4 小时 45 分钟 ~ 5.5 小时
车费：854DIN~
🚌 时刻表 ▶p.297

从扎耶查尔出发
🚌 5:00 5:46 7:25 7:40 8:55 10:10 14:10 15:20 17:15 18:10 发车
周六 · 周日 5:46 7:40 10:10 14:10 15:20 17:15 18:10 发车
所需时间：2.5 小时
车费：大约 790DIN

旅游咨询处（尼什）
URL visitnis.com
▶ 斯坦博尔门的 ❶
MAP p.316-A
住 Tvrђава 66（Tvrđava）
TEL（018）250222
开 9:00~18:00
（周六 9:30~14:00、
周日 · 节假日 10:00~14:00）
休 周一
▶ 沃久杜 · 卡拉焦鲁杰大街的 ❶
MAP p.316-B
住 Вожда Карађорђа 5（Vožda Karađorđa）
TEL（018）523118
开 8:00~17:00
（周六 9:00~14:00）
休 周日
▶ 奥比特诺比策瓦大街 ❶
MAP p.316-A
住 Обтрновићева（Obtrnobiceva）
开 9:00~20:00
（周六 9:00~14:00）
休 周日

价格划算的通票
参观考古学博物馆、尼什强制收容所与骷髅塔这三个景点，可以使用通票，价格为 300DIN。能参观两处以上就很合算。

流过市中心的尼沙瓦河

尼什位于塞尔维亚南部的中心地区，在塞尔维亚的城市中位列第三。尼什历史悠久，在罗马时代被称为“纳伊斯”Naissus，三位罗马皇帝出生在此地，即君士坦丁大帝、康斯坦提乌斯三世（612~641 年）和尤斯提努斯一世（435~527 年）。作为交通要冲，尼什繁荣至今。

车站和交通

●**火车站** 位于市中心向西约 10 公里处。乘坐市公交车 1 路、10 路可以到达市中心沃久杜 · 卡拉焦鲁杰大街 Вожда Карађорђа。步行大约 20 分钟。

●**巴士总站** 在城堡旁边，过了尼沙瓦河就可以来到沃久杜 · 卡拉焦鲁杰大街。

尼什 漫 步

●**市内交通** 公共交通只有市公交车，车票在车内向工作人员购买。车费 60DIN 起，因距离而异，买票时告知目的地再购买。所有车门都可以上下车。

info 所谓斯坦博尔门的斯坦博尔，指的是奥斯曼帝国的首都伊斯坦布尔。这里有一扇门，和贝尔格莱德的卡莱梅格丹公园的名字完全一样。

尼什 主要景点

城 堡 Map p.316-A·B

Ћеле-Кула

城堡建在尼沙瓦河的北岸，既是尼什的象征，又是当地居民的休闲场所。原本这里从罗马时代就构筑了城堡，变成现在的模样是18世纪奥斯曼帝国时代的事情。从市中心出发，过了桥就是斯坦博尔门，穿过门洞便进入了城堡。城堡里面，除了艺术画廊、剧院和咖啡馆以外，还保留有伊斯兰寺院的巴里·贝格瓦清真寺、土耳其风格的公共浴室等建筑。

城堡
开 随时开放
费 免费

位于城堡里面的巴里·贝格瓦清真寺

考古学博物馆 Map p.316-A

Археолошка сала Народног музеја на Нишу

市中心博物馆的分馆。虽然只是拥有一间展览室的博物馆，但是罗马时代的展品非常丰富。收藏有关于尼什郊外的梅第亚那遗迹的解说、壁画棺材以及在这里出生的三位罗马皇帝的头像，等等。

展示罗马时代的出土文物

考古学博物馆
住 Николе Пашића 59 （Nikole Pasica）
TEL （018）511531
开 9:00~19:00
休 周一
费 成人 200DIN

尼什强制收容所 Map p.316-A

концентрациони логор Црвени Крст

纳粹党建于1941年的强制收容所。这里是周转站式的收容所，被收容在这里的囚徒会被送往德国等处的最终收容所。由于1942年2月12日有100多囚徒试图逃跑，此后盖世太保又增建了瞭望塔，加强了警戒。

尼什强制收容所
住 Бул. ъъ. фебруар 66 （Bul. 12. februar）
TEL （018）588889
开 9:00~19:00 休 周一
费 成人 200DIN
参观时需跟随英语导游一起参观

骷髅塔 Map p.317-B

Ћеле-Кула

●**对奥斯曼帝国的武装起义** 位于市中心以东3公里处。由于不堪忍受奥斯曼帝国的统治，塞尔维亚人发动起义奋起反抗。1809年，1万奥斯曼帝国军队和4000名塞尔维亚起义军在切卡尔山决一死战，虽然奥斯曼帝国的军队取得了胜利，但那是一场艰苦卓绝的战斗。据说为了防止塞尔维亚人再次发生暴乱，土耳其人带着炫耀的意味建造了这座塔。

●**镶嵌着头骨的塔** 塔的每一面墙上有14行，每行可放17个人头，四面墙加起来一共放入了952名塞尔维亚士兵的头骨。现在留存着58颗头骨。

骷髅塔
巴士 在沃久杜·卡拉焦鲁杰大街的公交车站乘坐1路、3路、10路公交车，大约5分钟。
住 Бул. Др. Зорана Ђинђића （Bul. Dr. Zorana Finfica）
TEL （018）222228
开 9:00~19:00 休 周一
费 成人 200DIN
参观时需跟随英语导游一起参观

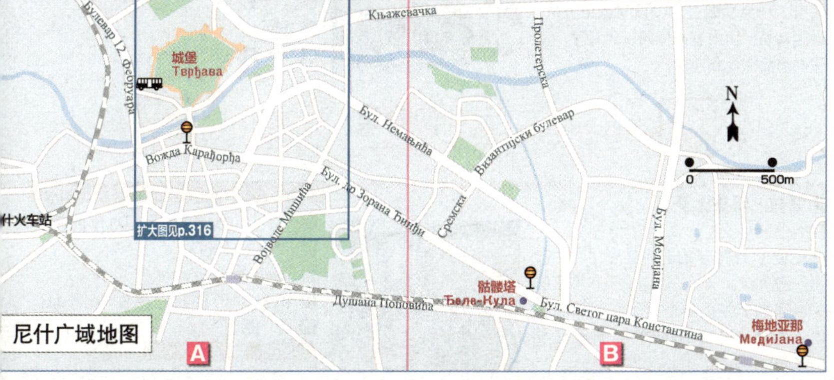

尼什广域地图

埋进塔内的头盖骨。头骨上的刀伤历历在目

●**反抗的象征** 与奥斯曼帝国的意图正相反，这座塔成了塞尔维亚人民反抗土耳其人统治的象征，奥斯曼帝国想要破坏这座塔的时候，塞尔维亚人反而设法保护它。如今，为了防止风雨的侵蚀，人们在塔上加盖了一座教堂式的建筑物，把塔遮盖在里面，从外面就看不到塔了。

梅地亚那

Map p.317-B

Медијана

位于骷髅塔以东 2 公里处。君士坦丁大帝建造的夏季别墅的遗迹。别墅里面建有完善的冷水、热水管道，热水引自近郊的温泉之乡尼什卡·巴尼亚。建筑只剩下基础部分，地面可以看到数量众多的马赛克地砖。

罗马皇帝的别墅梅地亚那

梅地亚那

🚌 在沃久杜·卡拉焦鲁杰大街的公交车站乘坐 1 路、3 路公交车，大约 10 分钟。

住 Бул. Цара Константина 66（Bul. Cara Konstantina）

TEL（018）550433

尼什的酒店

Hotel

新都市

New City

◆建于市中心的酒店。从标间到套房共有 5 种级别的房型，标间也很宽敞，设施新颖。店内有家休闲现代餐厅，制作的甜品深受欢迎。

Map p.316-B

住 Вожда Карађорђа 12（Vozda Karađorđa） TEL（018）504800

URL newcityhotelnis.com

S € 56~ W € 64~

CC A M V

含 WiFi 免费

只此一家

The Only One

◆位于市中心的公寓式酒店。除了本店，在斯维特萨布斯卡大街上还设有分店。入住手续需来本店办理。客房宽敞，挑空很高。

Map p.316-B

住 7 Јули 5a（7 Juli） 063-7836968

URL www.onlyone-apartment.com

S 2500DIN~

W 3500DIN~

CC 不可

含 WiFi 免费

生活街区

Hostel Street Life

◆建于市中心的酒店。从标间到套房共有 5 种级别的房型，标间也很宽敞，设施新颖。店内有家休闲现代餐厅，制作的甜品深受欢迎。

Map p.316-B

住 Боже Јанковића 14（Bože Jankovića）

065-2405040

€ 10~

CC 不可

无 WiFi 免费

尼什的餐馆

Restaurant

斯塔拉·斯鲁比亚

Stara Srbija

◆始创于 1876 年的老字号餐厅。在店里一边听着音乐，一边品尝塞尔维亚的家乡菜肴，是何等惬意。塞尔维亚炖锅（姆秋卡里察）600DIN，拉就尼契 350DIN。

Map p.316-B

住 Трг Републике 12（Trg Republike）

TEL（018）521902

URL www.starasrbija.com

开 10:00~24:00（周五、周六～次日 4:00）

休 无 CC M V

民族音乐 塞尔维亚菜

中世纪塞尔维亚王国的修道院群

Средњовековни српски манастири

被评为世界遗产的斯图德尼察修道院

塞尔维亚的宗教是东正教派的塞尔维亚东正教。那些把院内的教堂装扮得色彩斑斓的美丽的圣像 p.498 以及壁画是中世纪以来引以为傲的文化遗产。

●**塞尔维亚最珍贵的瑰宝** 截至目前，塞尔维亚国内有四处被评为世界遗产（包括科索沃的中世纪建筑群）。实际上，其中的三处世界遗产为中世纪塞尔维亚时代建造的教堂、修道院，从中可以看出这些教堂、修道院是具有多么高的文化价值啊。

●**旅游热线** 索波查尼修道院与斯图德尼察修道院在历史的重要性以及参观价值上都十分突出。索波查尼修道院以装饰在修道院内部的 13 世纪的壁画见长，而斯图德尼察修道院以作为东正教教徒可以称得上是没有前例的雕刻引人瞩目。

兹卡修道院的红色外观特别令人印象深刻

地区游览指南

被评为世界遗产的修道院群都位于郊外，乘坐公共交通工具可以到达的地区有限。

●**变为起点的小城与模板线路** 将这些修道院群落分为南北两个部分，便于游览。北部以克拉列沃 p.322、南部以新帕扎尔 p.323 为起点比较好。第一天乘坐巴士从克拉列沃前往斯图德尼察修道院、玛格里奇、兹卡修道院，第二天从新帕扎尔去索泼查尼修道院、斯塔里·拉斯、德约翰·斯托博维修道院、佩特洛瓦教堂。由于从新帕扎尔出发的景点，都没有公共交通工具可以前往，所以或者包租出租车前往或者拜托当地的旅游公司安排行程比较好。

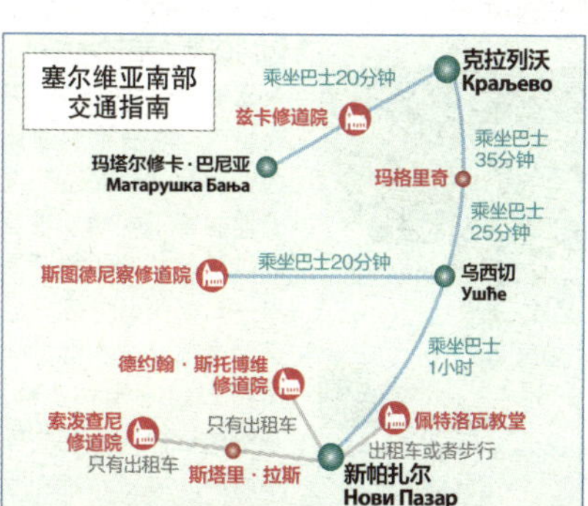

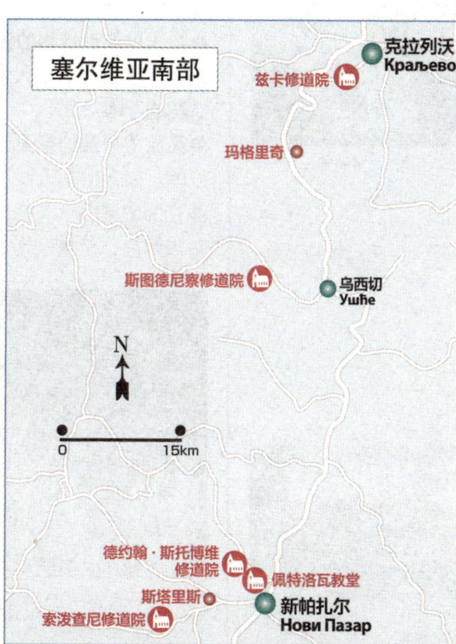

info 在塞尔维亚，除了 1DIN 硬币以外，其他硬币上全都有描绘的修道院、教堂图案。2DIN 上描绘的是弗尔修卡的·戈拉的库尔谢多尔修道院；5DIN 上描绘的是科索沃的格拉查尼察修道院；10DIN 上描绘的是斯图德尼察修道院；20DIN 上描绘的是贝尔格莱德的圣萨瓦教堂。

兹卡修道院

Манастир Жича

Map p.319 右

克拉列沃近郊

兹卡修道院

从克拉列沃的巴士总站乘坐前往玛塔尔修卡·巴尼亚 Матарушка Бања 的巴士，每小时发 1 班车。

需要：大约 15 分钟

车费：80DIN

TEL（036）5816817

URL www.zica.org.rs

开 夏季 7:00~19:00
冬季 8:00~16:00

休 无

费 免费

位于克拉列沃以西约 6 公里处的兹卡修道院建于 1206 年，是一座尊贵的修道院。这里也是举行首位塞尔维亚国王——斯特凡·尼曼雅的加冕仪式的场所。修道院内红色外观的教堂按照这一地区深受罗马式影响的独特的拉什卡风格建造而成，可以看到里面美丽的壁画。

涂成红色外观的令人印象深刻的修道院

斯图德尼察修道院

Манастир Студеница

Map p.319 右

世界遗产 乌西切近郊

世界遗产

斯图德尼察修道院

Манастир Студеница

1986 年入选

斯图德尼察修道院

从克拉列沃的巴士总站乘坐前往乌西切 Ушће 的巴士，换乘前往斯图代尼察的巴士。需要 1 小时 30 分钟、300DIN。

前往修道院的巴士 10:00 13:30 出发。返回时间为 13:10 18:00 发车。

TEL（036）5436050

URL www.manastirstudenica.rs

开 没有具体的开放时间，大致为从日出到日落

休 无 费 免费

圣母安息大厅旁边有一个小教堂——《国王教堂》

所见之处都是精美雕刻

尼曼雅王朝的创始人斯特凡·尼曼雅▶p.503于1190年建造的修道院，在塞尔维亚的众多修道院中以规模最大和其重要性而名闻天下。修道院里的圣母安息教堂是按照中和了罗马风格和拜占庭的拉什卡风格建造而成。

● **圣人以及动植物的壁画**　按照东正教堂的传统不会用雕像来装饰教堂，但是在斯图德尼察人们可以破例地看到以圣母、圣人的像以及动植物为主题的浮雕。

● **又涂了一层的壁画**　教堂内部覆以壁画装饰，旧的部分是 13 世纪时描绘的。很多壁画上留下了无数的伤痕，这是由于人们在 19 世纪至现在能够看到的壁画上又描绘了一层巴洛克风格的壁画时，涂的漆好像很容易腐蚀似的，结果刮伤了古壁画的表面。现在巴洛克的壁画消失了，古壁画的修复工程正在推进。

这幅壁画名为《斯图德尼察修道院的十字架》。该壁画原本完成于 13 世纪，但 16 世纪时左边新添加了一位女性，所以风格有些许出入

● **王族永眠的地方**　以斯特凡·尼曼雅的遗体为首，教堂里面还安放着他的妻子阿纳斯塔西亚以及首位塞尔维亚国王——斯特凡·奈马尼奇的遗体。这些都是唤起奇迹的圣物和遗物，来这里祈祷的人们络绎不绝。

首位国王——斯特凡·奈马尼奇的棺椁

玛格里奇

Map p.319 右

Магпич

乌西切近郊

从克拉列沃前往乌西切的途中，沿着伊巴尔河河流形成的伊巴尔峡谷前行，一路上都是风景。小城玛格里奇正好处于这条观景线路的正中间，是一座在河边悬崖上修建的城堡遗址。建设小城玛格里奇是13世纪的事情。虽然如今成为了一片废墟，但是在塞尔维亚，它是保存状态最好的中世纪的城堡城市，值得一看。

被城墙围绕的中世纪的小城——玛格里奇

索泼查尼修道院

Map p.319 右

Манастир Сопоћани

世 界 遗 产 乌西切近郊

位于新帕扎尔以西大约16公里，由中世纪塞尔维亚王国的国王斯特凡·乌龙须一世建造的修道院。院中央建有圣三位一体教堂，和斯图德尼察修道院一样，按照拉什卡风格建成。

建造工程于13世纪中期进行，西侧的门廊玄关和钟楼则是在14世纪时增建的。教堂内部装饰着美丽的壁画，其鲜艳的色彩和生动的描绘被称为当时最高水平的杰作，尤其是描绘在中殿西壁上的《圣母安息》的壁画非常著名。

斯塔里斯

Map p.319 右

Стари Рас

世 界 遗 产 乌西切近郊

位于从新帕扎尔到索泼查尼修道院的路上。这里是中世纪塞尔维亚王国的首都，曾经极尽繁荣，但是在13世纪的时候变成了一片废墟。现在十分荒凉，很难想象当时的样子。

德约翰·斯托博维修道院

Map p.319 右

Манастир Ђурђеви ступови

世 界 遗 产 新帕扎尔附近

位于新帕扎尔以西4公里左右的地方。斯特凡·尼曼雅p.503于1171年建造了这座修道院。教堂内部曾经覆以壁画装饰，几乎没有留存到现在，只在院内的礼拜堂里残存了一小部分。

保留在礼拜堂里的壁画

佩特洛瓦教堂

Map p.319 右

Петрова црква

世 界 遗 产 新帕扎尔附近

建于10世纪的历史悠久的教堂。斯特凡·尼曼雅、斯特凡·奈马尼奇以及圣萨瓦都在这里受过洗礼，与尼曼雅王朝渊源深厚。教堂里面除了保留有部分壁画以外，还展示着中世纪的墓碑和雕刻，等等。

玛格里奇

从克拉列沃的巴士总站乘坐前往乌西切 Ушће 的巴士，大约40分钟，120DIN。从巴士车站到城堡步行30分钟。

开 随时　费 免费

世 界 遗 产

斯塔里斯与索泼查尼修道院

Стари Рас, Сопоћани

1979年入选

索泼查尼修道院

从新帕扎尔乘坐出租车，连同斯塔里斯一起游览，大约15欧元。

开 8:00~18:00

休 无　费 免费

很想仔仔细细地欣赏里面的壁画

斯塔里斯修道院

从新帕扎尔乘坐出租车，连同索泼查尼修道院一起游览，大约15欧元。

开 随时　费 免费

风蚀严重的斯塔里斯

德约翰·斯托博维修道院

从新帕扎尔乘坐出租车，往返大约10欧元。

开 6:00~17:00

休 无　费 免费

佩特洛瓦教堂

从新帕扎尔的市中心沿着斯特凡·尼曼雅大街一直向北走，大约2公里处即是。步行大约30分钟。

开 周三、周五～周日 8:00~15:00

休 周一、周二、周四

费 成人240DIN

即使在现在，这里也会举办婚礼等仪式

info 被评为世界遗产的“斯塔里斯与索泼查尼修道院”，指的是除了登记名称上的斯塔里·拉斯与索泼查尼修道院之外，还要加上德约翰·斯托博维修道院与佩特洛瓦教堂，一共是四处登记地点。

▶▶Access Guide 交通导航

从贝尔格莱德前往克拉列沃

🚌 见时刻表 ▶p.297

从尼什前往克拉列沃

🚌 7:30~18:00，每小时一班

所需时间：2 小时 45 分钟 ~4 小时 15 分钟

车费：大约 790DIN

从乌日采出发

🚌 7:50、15:00、16:00

所需时间：2 小时

车费：大约 700DIN

旅游咨询处（克拉列沃）

MAP p.322-A

住 Трг Српских Ратника 25（Trg Srpskih Ratnika）

TEL（036）316000

开 7:00~20:00（周日 9:00~14:00）

休 周日

连接巴士车站与塞尔维亚战士广场的 10 月牺牲者大街

国家博物馆

MAP p.322-A

住 Трг св. Саве ь（Trg sv. Save）

TEL（036）337960

URL nmkv.rs

开 9:00~20:00（周六 · 周日 ~13:00）

休 周一　费 成人 100DIN

使用建于 1873 年的学校改建的国家博物馆

起点城市　以北部中心为起点的修道院之旅

克拉列沃

Map 文前 p.5-D2

Краљево

克拉列沃在塞尔维亚语中，是“国王的城市”的意思，在 19 世纪末期、第一位塞尔维亚国王——米朗一世的时候被命名。

漫　步　巴士总站与火车站都位于城市北部，到市中心可以步行前往。

克拉列沃的市中心——塞尔维亚的战士广场

塞尔维亚大公米洛什 · 奥布莱诺维奇修建的圣三位一体教堂

塞尔维亚的战士广场 Трг српских ратника❶ 是市中心。旅游咨询处也在这个广场边上。从广场向西延伸的奥姆拉丁斯卡大街 Омладинска 是一条繁华的街道，街上栉次鳞比地布满了咖啡馆以及商店，与圣萨瓦广场 Трг св. Саве 相通。

景　点　圣萨瓦广场周边汇聚着国家博物馆 Нардони музеј、圣三位一体教堂 Црква св. Троице、19 世纪的私人住宅，被用作宗教中心的果斯泼达尔 · 瓦新 · 科纳克 Господар васин Конак 等具有城市代表性的景点。

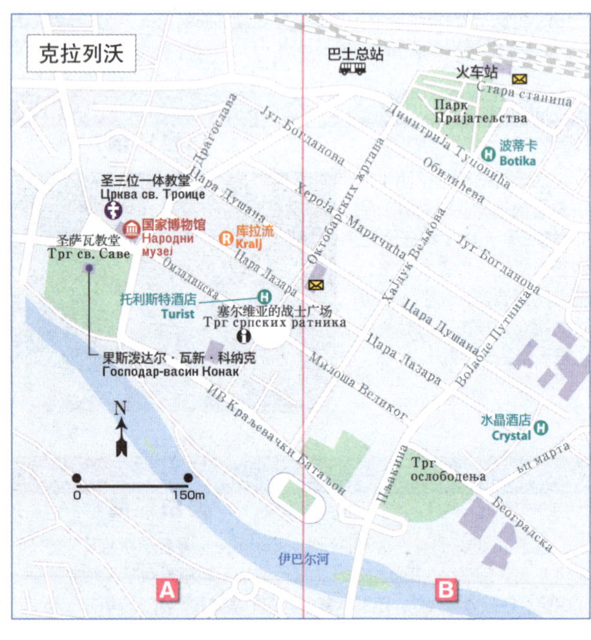

起点城市　以南部中心为起点的修道院之旅

新帕扎尔

Map 文前 p.5-D3

Нови Пазар

新帕扎尔是塞尔维亚西南部桑加克地区的中心城市。它距离科索沃很近，约半数的人口为伊斯兰教徒。建有清真寺、土耳其式浴池遗址等土耳其风格的街景在城市里随处可见。

建在五一大街上的米纳莱特清真寺以及土耳其风格的传统民居一家挨着一家

市中心——伊萨贝格·伊萨科维奇广场

漫　步　巴士总站位于城市北部，步行 15 分钟就可以到达。从巴士车站出来。沿着斯特凡·尼曼雅大街 Стевана Немање 直行，便来到了市中心的伊萨贝格·伊萨科维奇广场 Трг Иса бега Исаковића。

景　点　拉斯博物馆 **Музеј Рас** 位于伊萨贝格·伊萨科维奇广场，可以在这里参观有关当地的历史、民俗学方面的展览。在五一大街两侧林立着伊斯兰建筑，奥斯曼帝国时期的街道面貌保存完好。

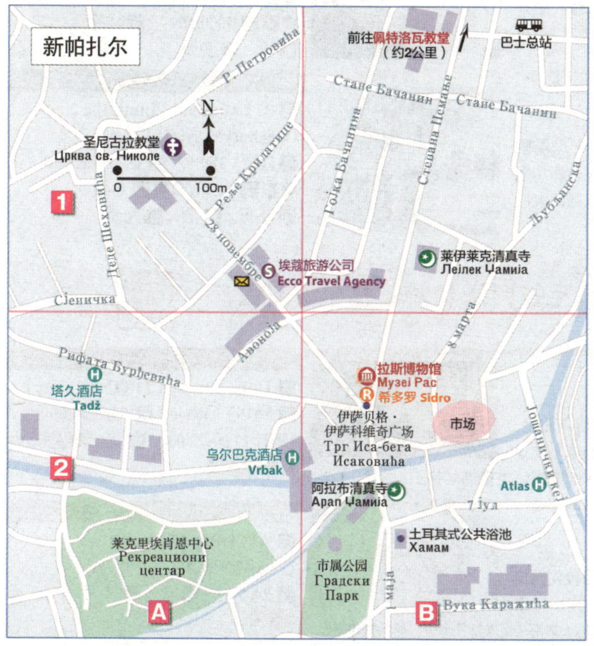

▶▶Access Guide 交通导航

从贝尔格莱德前往新帕扎尔

🚌 6:30~20:00，每 1 小时 ~2 小时出发一班

所需时间：4 小时 30 分钟 ~6 小时

车费：大约 1200DIN

从克拉列沃前往新帕扎尔

🚌 6:40 13:00 14:45 16:30 17:15 17:25 17:55 18:20 18:45 20:05 20:30 21:45 23:15

所需时间：1 小时 50 分钟 ~2 小时 30 分钟

车费：大约 550DIN

从波德戈里察（黑山）前往新帕扎尔

🚌 8:30 9:45 10:00 16:00 23:00

所需时间：4 小时 50 分钟 ~6 小时 30 分钟

车费：€ 11~14

旅游公司（新帕扎尔）

▶ **埃蔻旅游公司**
Ecco Travel Agency

可以安排游览中世纪塞尔维亚王国的修道院等私人旅行业务。

MAP p.323-A1
住 28 Новембре 54（28 Novembre）
TEL（020）311575
URL www.ecco.rs
开 9:00~17:00（周六 ~14:00）
休 周日

拉斯博物馆

MAP p.323-B2
住 Стевана Немање 20（Stevana Nemanje）
TEL（036）337960
URL nmkv.rs
开 8:00~20:00（周六 9:00~14:00）
休 周日
费 成人 100DIN

使用奥斯曼帝国时期的场馆改建而成的博物馆

克拉列沃和新帕扎尔的酒店

Hotel

托利斯特酒店

Turist Hotel

◆位于市中心、面向塞尔维亚的战士广场的绝佳地段。最上面的一层设为经营意大利菜的餐厅，有可以俯瞰广场的露台席位。

克拉列沃 Map p.322-A

住 Трг Српских ратника 1（Trg Srpskih ratnika） TEL（036）322366 FAX（036）334938 URL www.hotel-turist.net

S € 38~42

W € 62~120

CC A D M V　含　免费

水晶酒店

Hotel Crystal

◆这是一家属于某一系列设计的酒店，宽敞的客房里配放着雅致的家具。设有水力按摩池、桑拿的健身设施也十分完善。早餐为自助餐形式。

克拉列沃 Map p.322-B

住 Ибарска 44（Ibarska）

TEL（036）329140 URL www.hotelcrystal.rs

S 4870DIN~

W 5970DIN~

CC M V

含　免费

波蒂卡

Hotel Botika

◆从巴士总站步行5分钟即到，地理位置很好。客房脱俗雅致，没有多余的物品，设施完善。拥有桑拿、健身房等设施，住宿客人可以免费使用。

克拉列沃 Map p.322-B

住 Насеље Моше Пијаде 1A（Naselje Moše Pijade）

TEL（036）36680 URL www.hotelbotika.rs

S € 29~　W € 39~

CC A D M V

含　免费

塔久酒店

Hotel Tadž

◆从市中心伊萨贝格·伊萨科维奇广场向西步行约5分钟即到。这里是新帕扎尔最高档的酒店。前台位于二楼。约有一半的客房安装了空调。

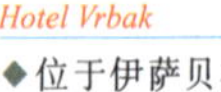

新帕扎尔 Map p.323-A2

住 Рифата Бурџевића 79（Rifata Burdževića）

TEL & FAX（020）311904 URL www.hoteltadz.rs

S 3500DIN~

W 5000DIN~　CC M V

含　免费

乌尔巴克酒店

Hotel Vrbak

◆位于伊萨贝格·伊萨科维奇广场附近。外观虽然有些老旧，不过客房功能完善。客房设置在以天花板挑高的大厅为中心的四周。

新帕扎尔 Map p.323-A2

住 37 Санџачке Дивизије 2（Sandžačke Divizije）

TEL（037）314844 URL www.hotelvrbak.com

S € 21　W € 42

CC 不可　含　免费

克拉列沃和新帕扎尔的餐馆

Restaurant

库拉流

Kralj

◆位于从塞尔维亚的战士广场向北走，下一条街的街边。这里经营的塞尔维亚菜品极为丰富，价位在280~1750DIN。也提供早餐。

克拉列沃 Map p.322-A

住 Цара Лазара 23（Cara Lazara）

TEL（036）336546 开 8:00~24:00（周日 12:00~22:00） 休 无 CC A M V

塞尔维亚菜

希多罗

Sidro

◆人气很旺的餐饮店，用面团包住肉馅烤制的曼提耶 Mantije 深受欢迎。一个18DIN，和烧麦大小差不多。当地人常常一买就是几十个，然后打包带走。

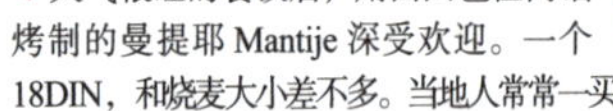

新帕扎尔 Map p.323-B2

住 АВНОЈа 66（AVNOJ-a）

063-7811821

开 24小时 休 无 CC 不可

快餐

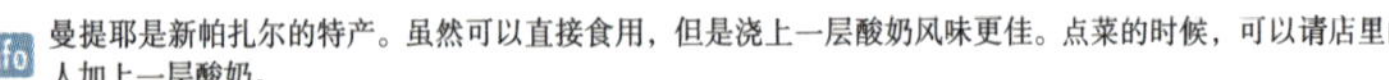

info 曼提耶是新帕扎尔的特产。虽然可以直接食用，但是浇上一层酸奶风味更佳。点菜的时候，可以请店里的人加上一层酸奶。

乌日采 Ужице / Užice

乌日采建在德提那河沿岸，位于连接塞尔维亚首都贝尔格莱德、黑山首都波德戈里察以及波斯尼亚和黑塞哥维亚首都萨拉热窝三个城市的中心位置，自古以来就是一个交通要冲。城市西部建造的中世纪城堡——斯塔里·格拉德，如实地反映出乌日采所处位置在战略上的重要性。在乌日采周围地区，塞尔维亚最具代表性的疗养地兹拉蒂博尔，有保留下来的铁路尚在运行的莫克拉·戈拉，再现传统村庄的希罗戈伊诺等众多名胜。因此，以乌日采为旅游的起点，最合适不过。

MAP 文前 p.5-D2
人口大约 8 万人
长途区号 031
旅游局
URL www.turizamuzica.org.rs

Access Guide 交通导航

从贝尔格莱德出发
🚌 6:22 7:21 12:21 15:35 17:06 19:35
所需时间：大约 3 小时 30 分钟
车费：666DIN~
🚌 6:15~22:00 每小时 1 班
所需时间：大约 4 小时
车费：大约 1300DIN

从兹拉蒂博尔出发
🚌 频发
所需时间：45 分钟
车费：100DIN~

从维谢格拉德（波斯尼亚和黑塞哥维那）出发
🚌 1:10 10:00 13:20
所需时间：大约 1 小时 40 分钟
车费：10KM

旅游咨询处（乌日采）
MAP p.325-B
住 Димитриjа Туцовића 52（Dimitrija Tucovića）
TEL（031）500555
URL www.turizamuzica.org.rs
开 8:00~16:00
休 周六 · 周日

乌日采 漫 步

火车站和巴士总站位于城市南部。走过架设在德提那河上的桥，再往前走不远，然后沿着迪米特里耶·图措维奇路 Димитриjа Туцовића 向西走，在道路旁边就看到旅游咨询处。再往前走，可以来到市中心的帕尔提赞广场 Трг Партизана。城市本身景点很少，可供参观的只有国家博物馆和约卡诺维奇之家这两处。

位于城市以西 1 公里处的悬崖上建有一座中世纪的城堡——斯塔里·格拉德 Стари Град。

位于城市近郊的斯塔里·格拉德

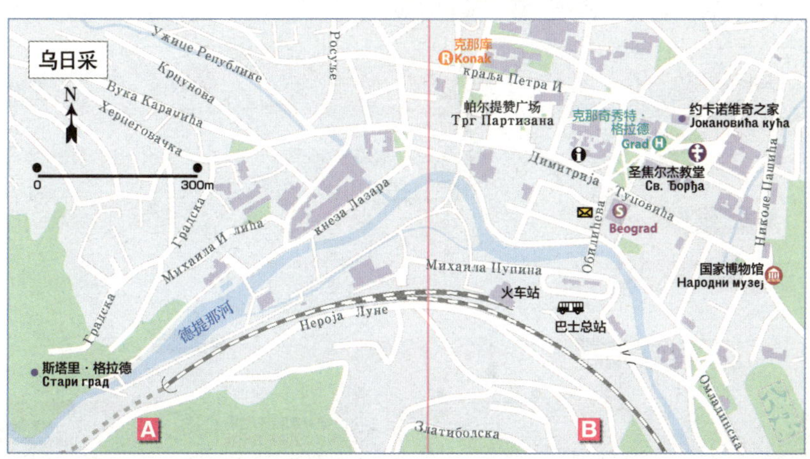

info 乌日采在前南斯拉夫时代，取自领袖铁托的名字，当时的名字是铁托·乌日采 Titovo Užice。

夏尔干斯卡·奥斯米察

▶▶**Access Guide** 交通导航

从乌日采前往莫克拉·戈拉

6:30 11:00 15:05

所需时间：1 小时

车费：380DIN

夏尔干斯卡·奥斯米察

TEL (031) 510288

URL www.zeleznicesrbije.com

开 4~6、9、10 月 10:30、13:30 出发
7、8 月 10:30、13:30、16:10 出发

休 11 月 ~ 次年 3 月

费 500~1000DIN

▶ **莫克拉·戈拉车站的住宿设施**

TEL (031) 800505

TEL (031) 800124

S 2580DIN W 4200DIN

多尔温格莱德

TEL (031) 800686

URL www.mecavnik.info

开 9:00~19:00

休 无

费 成人 250DIN

▶ **多尔温格莱德的酒店**

Tourist Resort Mećavnik

TEL (031) 3152000

S 4960 DIN~ W 7920DIN~

乌日采 主要景点

近郊的城镇 从乌日采乘坐巴士最短 1 小时即到

莫克拉·戈拉 Map p.326-A

Мокра Гора

莫克拉·戈拉是一个小山村，位于乌日采以西约 30 公里、与波斯尼亚和黑塞哥维那接壤的国境线附近。备受人们欢迎的旅游列车——夏尔干斯卡·奥斯米察就是在莫克拉·戈拉车站出发和抵达的。

轨距 760 毫米的窄轨铁路

夏尔干斯卡·奥斯米察 Map p.326-A

Шарганска осмица 莫克拉·戈拉

奥斯米察在塞尔维亚语中是数字“8”的意思，由于火车行驶在地势波澜起伏的地区，从上面俯视，铁路线看起来就像数字“8”的字形一样弯弯绕绕，名字由此而来。这种怀旧风格的火车头穿行在长达 13.5 公里的线路上，途中要穿越 22 个隧道和 5 座桥梁。虽说线路延伸到了波斯尼亚和黑塞哥维那的维谢格拉德，不过，除了情况特殊，一般不会驶向那里。

多尔温格莱德 Map p.326-A

Дрвенград 莫克拉·戈拉

这里是电影《生活是奇迹》的拍摄地点，该电影是前南斯拉夫引以为豪的电影导演埃米尔·库斯图里卡 p.499 的作品。影片中的村庄——多尔温格莱德 Дрвенград 还保留至今。这里有教堂、餐馆、咖啡馆，还有上映库斯图里卡导演的作品的电影院以及美术馆，等等。村里设有酒店、游泳池。不妨在这里停下脚步，慢慢地度过一段美好的时光。

充分领略电影的世界

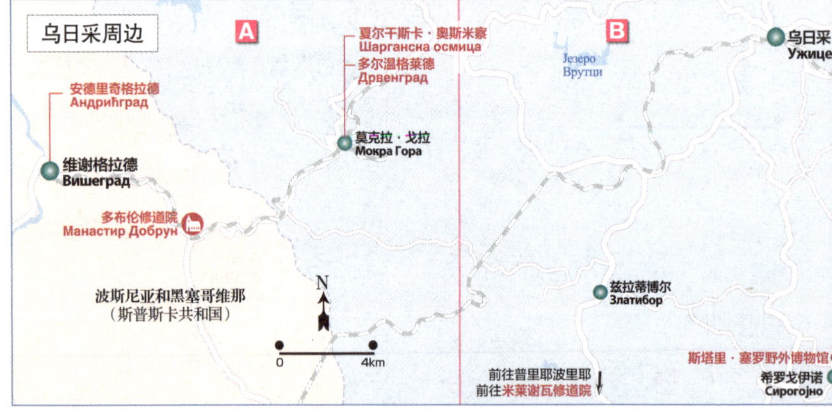

info 埃米尔·库斯图里卡工作过的莫克拉·戈拉的多尔温格莱德村与维谢格拉德的安德里奇格拉德虽然分属不同的国家，但是其实相距不过 20 公里。

近郊的城镇　从乌日采乘坐巴士最短 1 小时即到

兹拉蒂博尔

Map p.326-B

Златибор

塞尔维亚最著名的高原疗养胜地。由于海拔超过 1000 米，夏季天气凉爽，空气清新。这里还是长期的医学康复和体育训练营的场所。夏天健走，冬天滑雪，人们在这里可以尽情享受运动之乐，欣赏周围大自然美丽的景色。

漫　步　巴士总站位于小镇的西边，从这里到东边的兹拉蒂博尔湖的一片区域就是小镇的中心地带。沿途会看到各种各样旅游的必备设施，有销售如当地酒拉基亚，还有各种奶酪等地方特产的市场，还有邮局、货币兑换处，等等。

绿色环绕的疗养胜地——兹拉蒂博尔

▶▶Access Guide 交通导航

从乌日采前往兹拉蒂博尔
5:00~ 次日 1:16，每小时出发 1~3 班巴士。
所需时间： 45 分钟
车费： 200DIN~

旅游咨询处（兹拉蒂博尔）

▶ 兹拉特库斯·兹拉蒂博尔
Zlateks Zlatibor
在巴士总站里。5~9 月、12 月 ~ 次年 2 月安排前往近郊的希罗戈伊诺以及莫克拉·戈拉等地的旅游团。
MAP p.327 上
TEL & FAX（031）841244
开 8:00~20:00
休 节假日

近郊的景点　从乌日采乘坐巴士和出租车最短 2 小时 30 分钟即到

米莱谢瓦修道院

Map p.327 下

Манастир Милешева

塞尔维亚国王斯蒂芬·乌拉提斯拉乌于 1236 年修建的修道院。位于普里耶波里耶以东大约 7 公里处。作为塞尔维亚圣人，至今还深受人民爱戴的圣萨瓦相当于是他的叔父。圣萨瓦的遗体在 16 世纪末被奥斯曼帝国移出，在贝尔格莱德遭到焚毁之前一直保存在这座修道院内。

建在修道院中心的教堂内部覆盖着壁画，其中塞尔维亚最为有名的壁画——《白色天使》一定不能错过。环绕教堂的部分僧房变成了博物馆，向人们展示着圣像 ▶p.498、圣具、圣经等修道院收藏的贵重物品。

《白色天使》的壁画

周围环绕着美丽的大自然的米莱谢瓦修道院

▶▶Access Guide 交通导航

从乌日采前往普里耶波里耶
前往距离修道院最近的小镇——普里耶波里耶 Пријепоље：8:10~次日 1:20 的每 1~2 小时出发 1 班巴士。
所需小时： 2 小时 10 分钟
车费： 大约 550DIN

米莱谢瓦修道院
在普里耶波里耶包一辆出租车，往返大约 700DIN
开 5:00~18:00
休 无
费 免费

info 1963 年从欧洲向北美首次进行卫星播放时，作为和平的象征发送了米莱谢瓦修道院的《白色天使》画像。

建筑物全部是从别的地方挪移过来的

▶▶**Access Guide** 交通导航

巴士从乌日采前往希罗戈伊诺

乘坐巴士无法当天往返，或者从乌日采乘坐出租车前往，或者参加旅游团，这样比较现实。

斯塔里·塞罗野外博物馆

TEL (031) 3802291
URL www.sirogojno.org.rs
开 4~10月 9:00~19:00
11月～次年3月
9:00~16:00
休 无 费 成人150DIN

近郊的景点　从乌日采乘坐巴士最短1小时即到

斯塔里·塞罗野外博物馆

Map p.326-B

Музеју на отвореном Старо село

再现了塞尔维亚闲适的村庄

能够令人充分了解村里生活的展览

希罗戈伊诺是位于兹拉蒂博尔地区山间的一个小村庄。这里有一座叫作斯塔里·塞罗的野外博物馆。在博物馆的占地范围内，有50栋以上出于各种各样的目的使用着的建筑物，比如教堂、民居，还有铁匠铺、干虾小屋，等等。无论哪一栋建筑都是将附近村里实际正使用着的建筑挪移而来。这里还有可以品尝到体现当地特色的奶酪面包、埃尔特皮塔、普罗亚（玉米面包）的传统咖啡馆。

乌日采和兹拉蒂博尔的酒店&餐馆

Hotel & Restaurant

克那奇秀特·格拉德

Konačište Grad

◆位于市中心，将一栋建筑的3层用于酒店。2017年开业，设施很新，空调、电视机、桌子一应俱全。前台的接待也很和蔼可亲。

乌日采　Map p.325-B

住 Трг Светог Саве 11（Trg Svetog Save）
TEL (031) 600555
URL www.konacistegrad.rs
S 3700DIN
W 3990DIN　CC M V
含　WiFi 免费

兹拉蒂博尔·莫娜酒店

Hotel Zlatibor MONA

◆位于巴士总站附近。装修现代的客房非常宽敞。除了供应传统菜肴的餐馆以外，酒店还设有游泳池和健身房，并对住宿者免费。

兹拉蒂博尔　Map p.327 上

住 Миладина Пећинара 26（Miladina Pecinara）
TEL (031) 841021　FAX (031) 841812
URL www.monazlatibor.com
S €90　W €103
CC A D M V
含　WiFi 免费

布拉察·塞库里奇

Braća Sekulić

◆从巴士总站向西步行400米即到，位于一个滑雪场的山脚下。冬季来滑雪的客人较多。还可以安排含晚餐的包价住宿。

兹拉蒂博尔　Map p.327 上

住 Обудовица（Obudovica）
TEL (031) 841864
URL www.bracasekulic.co.rs
S 3700DIN　W 5600DIN
CC 不可　含　WiFi 免费

克那库

Nacionalni Restoran Konak

◆内部装修好似一家塞尔维亚的古老民居，坐在这样的餐馆里品尝着塞尔维亚的家乡菜，是何等惬意。推荐姆秋卡里察（塞尔维亚炖锅）等炖菜。价位在400~800DIN。

乌日采　Map p.325-B

住 Краља Петра I 16（Kralja Petra I）
TEL (031) 510207
开 11:00~23:00（周五·周六～次日1:00；周日12:00~22:00）
休 无　CC A M V
传统菜肴　塞尔维亚菜

info 顾客来到乌日采的餐馆克那库就餐时，可以在留言簿上自由地写下一些留言。上面记载着包括来自亚洲的很多顾客的留言。

黑山

Montenegro

科托尔湾沿岸的小城——佩拉斯特

国旗

国旗的设计近似于黑山公国时代的国旗。双头猫头鹰怀抱着绘有狮子的盾牌。

正式国名

黑山共和国 Crna Gora

国歌

《啊，五月的清晨》
Oj，svijetla majska zoro

面积

1.38 万平方公里

人口

62.2 万（2019 年）

首都

波德戈里察 Podgorica

国家元首

总统：米洛 · 久卡诺维奇
总理：杜什科 · 马尔科维奇

国家政体

共和制

民族构成

黑山人占 45%，塞尔维亚人占 29%，波什尼亚克人占 8.6%，阿尔巴尼亚人占 4.9% 左右。

宗教

主要宗教为东正教。

语言

黑山语（与塞尔维亚语相同），使用希腊文字和拉丁文字两种。

→旅行中会用到的黑山语 p.337

货币与汇率

黑山的货币单位是欧元（简写为 E、EURO、EUR），辅助货币单位是分（¢、CENT）。用黑山语分别发音就是“艾乌罗”和“参特”。截至 2021 年 1 月，1 € =7.9326 元人民币。纸币的种类有 5 欧元、10 欧元、20 欧元、50 欧元、100 欧元、200 欧元、500 欧元。硬币的种类有 1 分、2 分、5 分、10 分、20 分、50 分、1 欧元、2 欧元。

黑山流通欧元，不过它不是正式的欧元加盟国，所以没有该国独自设计的硬币。

1 欧元

2 欧元

5 欧元

10 欧元

20 欧元

50 欧元

100 欧元

200 欧元

500 欧元

1 分

2 分

5 分

10 分

20 分

50 分

→旅游的预算与花费 p.480

出入境

【签证】

中国公民因私前往黑山需要办理签证。

【护照】

护照的剩余有效期限必须在 6 个月以上。

→中欧各国的出入境 p.461

拨打电话的方法

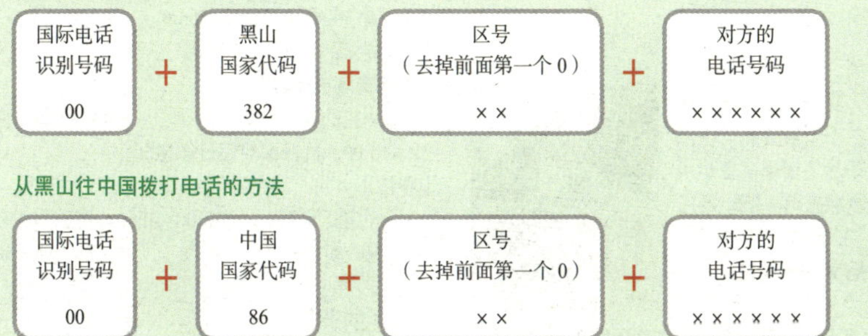

→关于通信与邮寄 p.486

从中国前往黑山的航班

目前没有连接中国与黑山的直飞航班，至少需要在周边其他城市换乘一次。北京凌晨起飞经由伊斯坦布尔转机的航班，可以当天抵达波德戈里察。自巴黎、罗马出发前往波德戈里察的航班也有很多，在这些城市转机，往往当天不能抵达波德戈里察，需要在转机城市住宿一晚。

另外，克罗地亚的杜布罗夫尼克国际机场离赫尔采格·诺维 Herceg Novi 很近，相距 25 公里。不妨先乘机抵达杜布罗夫尼克机场，然后再从陆路进入黑山。

→从中国前往中欧的线路 p.460

从周边各国前往黑山的线路

【铁路】 目前只开通了和塞尔维亚之间的国际列车，其他一概没有开通。从贝尔格莱德（塞尔维亚）经由波德戈里察，前往巴尔的列车线路是一条景观线路，人称“巴尔”铁路。

【巴士】 有来自周边各国的巴士班次。特别是从杜布罗夫尼克前往赫尔采格·诺维、科托尔、布德瓦等亚

得里亚海沿岸城市的南下线路备受欢迎，每逢夏季都会增加巴士的班次。

→当地交通 p.481

气候

黑山属于地中海式气候，夏季温暖而降水量少，冬季雨量变多。山部地区即使是夏季夜里也可能会着凉感冒，所以要注意服装，预备一件长袖衬衫还是很有必要的。旅行季节为4~10月。每年的7、8月会有来自欧洲的众多度假客来到这里。

波德戈里察的气温及降水量

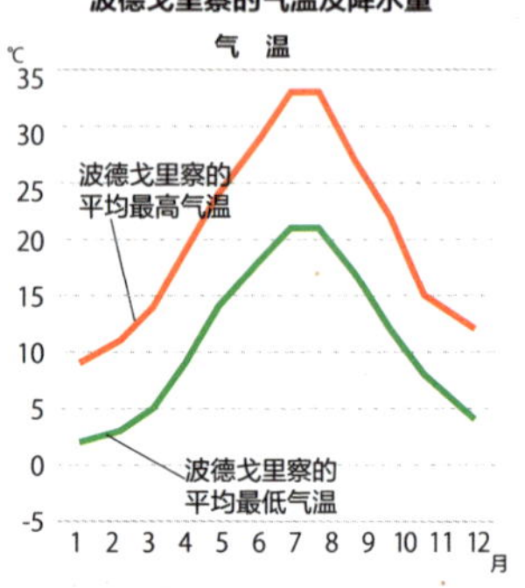

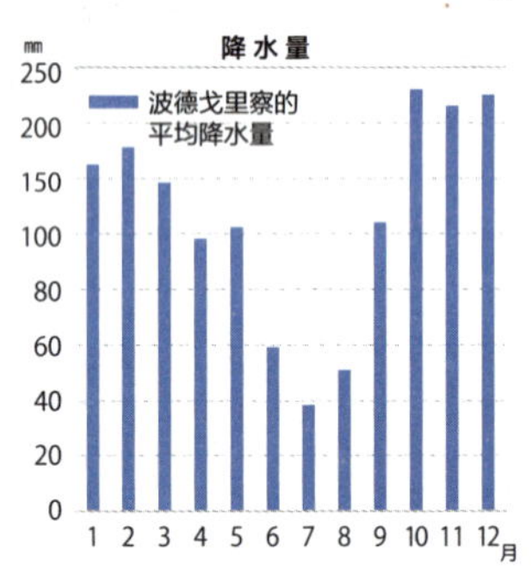

时差与夏令时

与中国有7小时的时差，将北京时间减去7小时即为当地时间。也就是说，北京的AM6:00是黑山前一天的PM11:00。实行夏令时的时候，时差为6小时。

夏令时的实行时间是3月最后一个星期日的AM2:00（=AM3:00）~10月最后一个星期日的AM3:00（=AM2:00）。

营业时间

以下为各商业设施普遍的营业时间。

【银行】

周一～周五：8:00~15:00

周六：8:00~13:00　周日：休息。

【百货商场或商店】

一般的商店：周一～周五：8:00~20:00；周六~15:00；周日和节假日休息。

【餐馆】

开店时间不一，在8:00~12:00。营业到深夜的情况较多。

主要的节日

要注意有的节日因年份不同，日期会有所变动。（以※做标记）

时　间	节日名称
1/1	元旦
1/6・7	圣诞节
4/17（'20）4/12（'2）※	耶稣受难日
4/19（'20）4/4（'21）※	复活节
4/20（'20）4/5（'21）※	复活节周一
5/1	国际劳动节
5/9	反法西斯战争胜利日
5/21	独立纪念日
7/13	国家日

电压和插座

电压230V，50Hz。电源插座一般为两个插孔的C型。但是插头类型与中国不同，需要带转换插头。

视频制式

【DVD制式】

黑山的电视与录像制式为PAL与SECAM制式。

饮用水

自来水管里的水可以饮用，500ml一瓶的矿泉水大约人民币3.3元可以买到。

洗手间

Muški为男洗手间，Ženski为女洗手间。巴士总站或者是火车站等地的公共卫生间基本都收费，使用费用一次€ 0.20~0.50。

小费

【出租车】

基本上无须付小费，不过一般情况下，会将找零作为小费，或者是有什么特别拜托的事情时也会支付小费。

【餐馆】

对服务感到特别满意时，一般支付餐费的10% 作为小费。

邮政

邮局一般的营业时间为周一～周五的7:00~19:00、周六的 8:00~14:00，周日休息。

【邮费】

寄往中国的航空邮件，明信片与 20 克以下信件的邮费为€ 1.50。

→关于通信与邮寄 p.486

税金

在黑山，几乎对所有商品都要征收一种被称为 PDV 的 19% 的增值税，且没有退税制度。

安全与纠纷

同中欧各国相比，黑山的治安还算好的。特别是还没有看到对于外国人的犯罪报道。不过，在亚得里亚海沿岸的度假地，由于夏季有很多游客到访，所以扒手、偷盗等轻微犯罪现象有增加的倾向。虽然不至于过于敏感，还是要在基本方面多加小心，比如，不要把行李放在原位就离开座位，等等。

入境时的外币申请

持有一万以上欧元（€）入境时须履行外币申请手续。须请入境审查官做好外币申请书。如果没有外币申请书，最坏的情况是出境时所持有的所有金额全部被没收。请对方帮助做一份外币申请书，用黑山语是这样表达的：Molim Vas da mi izdate potvrdu o prijavljenim stranim valutama koje unosim u vašu zemlju radi kasnijeg nesmetanog izlaska iz vaše zemlje。

民族问题

在黑山，人口的 45% 是黑山人，塞尔维亚人占 29%，波什尼亚克人占 8.6%，阿尔巴尼亚人占 4.9%。民族构成复杂，加上又经历了前南斯拉夫的战争，在科索沃的独立问题上，因所属民族不同也是众说纷纭，因此谈论民族问题或者是政治话题容易招来麻烦。要避免向当地人询问所属民族，避免不加选择地谈论政治话题。

中国驻黑山大使馆

住 Radosava Barića bb，81000 Podgorica，Montenegro

TEL &FAX +382 20609275（在黑山境内直拨 02060 9275）

URL http://me.china-embassy.org/chn/

警察局 122　消防局 123

急救 124

→旅游中的纠纷与安全措施 p.488

年龄限制

在黑山，未满 18 岁的未成年人禁止购买酒类和香烟制品。

度量衡

和国际通用的度量衡一样，距离的单位是米，重量单位用克、千克表示，液体体积用升来表示。

黑山 Montenegro 旅行的基础知识

在面向亚得里亚海的沿岸地区，像科托尔、布德瓦这样的历史小城一座接着一座，作为度假地也人气高涨。内陆地区多山且地势险峻，可以体验到动态的景观。

Pljevlja
黑山
Crna Gora
杜米托尔国家公园
Nacionalni Park Durmitor
Berane
尼克希奇
Nikšić
Trebinje
奥斯特洛修道院
Manastir Ostrog
赫尔采格·诺维
Herceg Novi
科托尔
Kotor
采蒂涅
Cetinje
波德戈里察
Podgorica
布德瓦
Budva
斯库台湖
巴尔
Bar
乌尔齐尼
Ulcinj

【旅游热点】

1 采蒂涅 p.339

静悄悄地矗立在洛夫琴山山脚下的一座古城。这里有采蒂涅修道院和众多的博物馆，虽然是一座小城，但是景点很多。

黑山的文化、历史中心

2 科托尔 p.344

位于海岸线曲曲折折的科托尔湾最里面的一座港口城市，保留着中世纪时期的街景。身后耸立的陡峭山峰被城墙包围，站在城墙上向下俯视，老城的市容市貌和科托尔湾的美丽身姿一览无余。

特里喷大教堂

3 杜米托尔国家公园 p.347

被评为世界遗产的黑山最大的国家公园，园内的塔拉溪谷是欧洲最大的溪谷，非常有名。有从科托尔或者是布德瓦出发游览风景的巴士旅游团和漂流旅游团。

公园里的景观——茨鲁诺湖和博沃托福·库库

【国名】

国名 Montenegro 来自于意大利语的威尼察方言，意思是“黑色的山峦”。当地叫作“Crna Gora”，意思相同。所谓黑山，有人说指的是耸立在亚得里亚海沿岸的群山，树木繁茂，郁郁葱葱，所以看起来黑黑的；也有人说指的是四周被深绿色树木环绕的洛夫琴山。

【国土】

黑山虽然是一个国土面积很少的小国，狭小的国土上却坐拥 5 个国家公园，延伸着富于变化的景致。长达 293 公里的海岸线中有 73 公里的沙滩；布德瓦、赫尔采格·诺维保留着古老而美丽的街景，同时它们也是吸引很多游客的度假小镇。

【游览提示】

由于黑山是一个不大的国家，住宿地点不妨定在一个地方，或者科托尔，或者布德瓦，等等。以住宿地点为中心，安排当天往返的 1 日游，这样效率比较高。不过，不能乘坐巴士前往郊外的景点，必须乘坐出租车前往。夏季的时候，当地旅行社会安排游览近郊景点的巴士旅游团，积极地报名参加吧！

【交通】

- 铁路沿线景色优美，但是火车常常晚点，便利性不够好
- 长途巴士总站的乘车处设有检票口
- 即使预约了迷你巴士，座位也是先到先得

铁路

由黑山铁路 Željeznicki prevoz Crne Gore 负责运行。有两条运送旅客的国内线路，一条连接巴尔、波德戈里察和毕耶罗·坡里埃 Bijelo Polje，另一条连接波德戈里察、尼克希奇 Nikšić。

黑山铁路的列车车身

黑山铁路
URL www.zcg-prevoz.me

巴尔铁路

连接塞尔维亚的贝尔格莱德与巴尔的巴尔铁路行驶在巴尔干半岛有代表性的旅游线路上，十分有名，尤其是黑山这一侧的毕耶罗·坡里埃～波德戈里察之间的线路，最高处与最低处的海拔相差近千米，列车就这样疾驶在如此波澜起伏的山间。

巴士

巴士的班次很多，连接各个城市，是黑山主要的公共交通工具。从波德戈里察经由采蒂涅、布德瓦、科托尔前往赫尔采格·诺维的线路是主要线路，班次很多。

● **要小心迷你巴士** 即使是主要线路，有时也会因班次安排 20 人左右乘坐的迷你巴士的情况。如果不是始发车站，会有因满员而无法乘坐的情况。即使事先预约了巴士车票，也会有以满员为理由被拒载的情况发生。所以乘车时要留有富裕的时间。时刻表上不标明巴士种类，所以事先确定不了是大型巴士还是迷你巴士。

● **巴士总站的检票** 波德戈里察或布德瓦的巴士总站里面的乘车处设有检票口，没有车票的人无法进入。

● **寄存行李箱需付费** 手提行李可以免费带进车厢，行李箱等无法带进车内的大件行李需另外付费寄存。

网上预约

除了在各巴士总站的窗口预约车票，也可以网上预约。因巴士公司而异，有的公司有电子车票，上车时给工作人员看一下智能手机的相关页面就可以乘车；大多数的情况下必须事先将预约信息打印在纸上并在乘车时出示。

黑山巴士预约
URL busticket4.me

方便旅行的主要直通巴士时刻表

波德戈里察 p.338 **↔ 布德瓦** p.342

所需时间：1 小时 30 分钟　车费：€ 6.80

► 波德戈里察出发：0:30 6:20 7:05 7:25 7:42 7:55 8:15 8:30 9:13 9:38 9:55 10:00 10:55 11:08 11:45 11:55 12:24 12:55 13:07 13:25 14:23 14:55 15:25 15:45 15:59 16:25 17:14 17:44 18:20 19:45 20:20

► 布德瓦出发：5:55 7:09 7:30 8:03 9:00 9:25 10:30 10:55 11:15 11:35 12:35 13:25 13:52 14:35 14:58 15:31 16:05 16:40 16:55 17:20 18:07 18:20 18:33 18:40 19:15 20:04 20:20 20:45 21:25

波德戈里察 ↔ 采蒂涅 p.339

所需时间：40~50 分钟　车费：€ 3.10

► 波德戈里察出发：6:20 7:05 7:25 7:42 7:55 8:15 8:30 9:13 9:38 9:55 10:00 10:15 10:29 10:53 11:08 11:45 11:55 12:24 12:55 13:07 13:25 14:25 14:55 15:25 15:45 15:59 16:25 17:14 17:44 17:54 18:20 18:30 18:45 19:45 20:20

► 采蒂涅出发：6:35 6:50 7:57 8:15 8:48 9:45 10:02 10:50 11:15 11:40 12:06 12:15 13:15 13:40 14:05 14:37 15:15 15:43 16:12 16:50 17:30 17:35 17:48 18:10 19:02 19:10 19:17 19:34 20:00

※ 随着时间和季节的变化，时刻表可能会发生改变。

布德瓦 ↔ 科托尔 p.344

所需时间：3 小时 40 分钟　车费：€ 3.50

► 布德瓦出发：2:00 8:00 8:30 9:00 9:30 10:20 10:43 11:08 11:16 11:50 12:40 13:20 14:00 14:36 15:44 15:53 16:55 17:17 17:20 17:55 18:00 18:44 19:15 19:25 19:40 20:00 21:47

► 科托尔出发：5:00 5:15 6:40 7:46 8:17 8:40 8:58 9:19 9:47 9:48 10:17 11:40 11:55 12:15 12:45 13:25 13:55 14:23 14:49 14:55 15:15 15:40 16:10 16:15 16:37 17:30 17:32 17:50 18:00 18:13 18:35 19:15 19:32 19:50 22:00

科托尔 ↔ 赫尔采格·诺维 p.346

所需时间：1 小时　车费：€ 3.50

► 科托尔出发：8:44 9:10 9:40 9:45 10:10 11:18 11:40 12:05 12:35 13:08 13:36 14:1- 14:4- 15:12 16:28 16:45 17:52 18:42 19:30 20:00 20:16

► 赫尔采格·诺维出发：4:20 5:45 6:28 7:20 7:25 7:50 8:14 9:17 9:34 10:30 10:45 11:05 12:15 13:18 13:38 14:05 14:40 14:45 14:55 15:20 16:29 6:45 16:49 18:20

【住宿】

- 首都波德戈里察的酒店很少
- 海滨度假区酒店的类型很多
- 为了谨慎起见，保管好住宿证明书

关于住宿

● 住宿证明书

在黑山，住宿人员有必要在警察局登记。住宿证明书由警察发放，在酒店住宿时由酒店代行。如果是民宿，原则上由房东履行手续；如果在朋友家留宿，则必须与屋主一起前往警察局亲自办理手续。一般出境时要求出示住宿证明书的可能性几乎没有，但是为了谨慎起见，还是事先保管好吧。

酒店的类型

● 高档酒店

单间价格为每晚人民币950元起。黑山的高档酒店基本都是依靠当地资本在运营，近年来也出现了增加著名的国际连锁酒店的倾向。

● 中档酒店

单间价格为每晚人民币330~660元左右。几乎没有比这档次更便宜的酒店。

● 民宿

数量很多，价格靠谱且负担得起。每晚人民币100元起。有的民宿规定最低住宿日数，3晚以下的话会提高每晚的住宿费用。通过旅行社或者是住宿预约网站联系。

【餐饮】

- 塞尔维亚菜＋意大利菜
- 有很多切开零售的比萨饼店
- 亚得里亚海沿岸盛产新鲜的海鲜

黑山虽然国土面积很小，但是位于几个饮食文化圈的交叉点上，因此在这里可以品尝到种类丰富的各种菜肴。

内陆地区的美食

和塞尔维亚一样，以肉菜以及使用乳制品烹饪的菜肴为主。有卷心菜卷 Sarma、木莎卡 Musaka、西式馅饼 Burek 等从土耳其传入的美食。

切瓦皮 Ćevapi　一种烤制的小肉丸，大多夹在薄面包里食用。

塞尔维亚汉堡包 Pljeskavica　在巴尔干半岛人们广泛食用的一种汉堡。

拉就尼奇 Ražnići　烤羊肉串或者是烤鸡肉串。

西式馅饼 Burek　放入奶酪、蔬菜的一种经典零食。

乳制品

在亚得里亚海沿岸可以获得新鲜的海鲜，这也是黑山的魅力之一。由于这里也曾经是威尼托的领域，因此深受意大利菜的影响。另外，在黑山还有很多将比萨饼切开零售的餐馆。

休康皮 Škampi　意大利红虾，意大利菜里所说的龙虾，可以烤着吃也可以蘸粉油炸。

利骨涅 Lignje　金乌贼的一种，经典吃法也是烤着吃或者蘸粉油炸。

酒类

乌拉那茨 Vranac　黑山名品红葡萄酒，适合搭配生火腿、海鲜饮用。

拉基（水果蒸馏酒）Rakija　周边国家也广为饮用的一种水果蒸馏酒，用杏或者梅子酿制而成。

黑山的经典美食

● 海鲜拼盘 Morska Plata

可以一次品尝到很多种亚得里亚海的新鲜海鲜，很超值。

● 亚骨内提尼亚·伊斯坡多·萨恰（羊肉炖锅）

Jagunetinja ispod Sača

将羊肉和土豆放入一种叫作萨恰的传统的锅里炖熟。使用牛肉的叫作特莱提那·伊斯坡多·萨恰。

●库莱姆皮塔

Krempita

在科托尔湾周边的餐馆和咖啡馆中可以品尝到这种奶油蛋糕。

【旅行中会用到的黑山语】

● 问好

早上好	Dobro Jutro.
你好	Dobar dan.
晚上好	Dobro veče.
再见	Do viđenja.
你好！	Zdravo.

● 回答

是的 / 不是	Da. / Ne.
谢谢	Hvala.
对不起	Izvinite
没关系	Molim
不知道	Ne razumem.
不要	Ne treba.
拜托了，请！	Prosim.

● 提问

这里是哪里？ Gde je ovde?

洗手间在哪里？
Gde je toalet?

多少钱？ Kolike košta?

会讲英语吗？
Da li govolite engleski?

请给我～Dajte mi~.

有～吗？ Ima li~.

● 紧急情况

救命！ U Pomoći

有小偷！ Lopov!

～被偷了。Bila sam ukradena~.

感到恶心 Lošo mi je.

～疼 Boli me~.

● 数字

1	jedan
2	dva
3	tri
4	četiri
5	pet
6	šest
7	sedam
8	osam
9	devet
10	deset
11	jedanaest
12	dvanaest
13	trinaest
14	četrnaest
15	petnaest
16	šesnaest
17	sedamnaest
18	osamnaest
19	devetnaest
20	dvadeset
21	dvadeset jedan
22	dvadeset d v a
100	sto
1000	hiljada

● 星期和月份

周一	ponedeljak	1 月	januar	8 月	avgust
周二	utorak	2 月	februar	9 月	septembar
周三	sreda	3 月	mart	10 月	oktobar
周四	četvrtak	4 月	april	11 月	novembar
周五	petak	5 月	mai	12 月	decembar
周六	subota	6 月	juni		
周日	nedelja	7 月	juli		

● 有用的单词

警察	policija	出发	odlazak	开业	otvoreno
地图	mapa	到达	dolazak	闭馆	zaprto
入口	ulaz	卫生间	toalet	大人	odrasli
出口	izlaz	淋浴	tuš	孩子	deca
换乘	transfer	收银台、售票处	bragajna		

Montenegro

★波德戈里察

波德戈里察 *Podgorica* / Подгорица

横跨莫拉恰河的米莱尼阿姆大桥

黑山的首都波德戈里察位于莫拉恰河畔。城市的历史可以追溯到罗马时代以前，令人遗憾的是，这座城市的大部分建筑在第二次世界大战中都遭到了破坏，如今城市中只残留下来为数不多的几处古建筑。除了几座博物馆和美术馆之外，这座城市基本上没有什么景观。不过，波德戈里察拥有国际机场，是黑山的门户，也是国内交通网的中心。

MAP 文前 p.5-C3
人口大约 18 万人
长途区号 20
旅游局
URL www.podgorica.travel
市内交通
URL podgorica.me/autobus

旅游咨询处（波德戈里察）
MAP p.338-B
住 Slobode 47
TEL（020）667535
URL www.podgorica.travel
开 8:00~20:00
（周六 9:00~14:00）
休 周日

波德戈里察机场
TEL（020）444244
URL www.montenegroairports.com

火车站
MAP p.338-B
住 Trg Golootockih Zrtava 7
TEL（020）441211

巴士总站
MAP p.338-B
住 Trg Golootockih Zrtava
TEL（020）620430
URL busterminal.me

交通和运输

●机场 波德戈里察机场位于城市中心以西 12 公里处。从机场到市内没有公共交通工具，只有出租车。从机场乘坐出租车抵达市中心大约需要 12 欧元。从市中心到机场为 6~8 欧元。

●火车站和巴士总站 均位于城市的东侧，步行便可以由此前往市中心的共和国广场。虽然没有直达共和国广场的市内巴士，不过可以乘坐 L2-3 或者是 L6 等市内巴士在希尔顿酒店附近的车站下车。乘坐市公交车时，从前门乘车，车费为 0.90 欧元，直接付给司机即可。

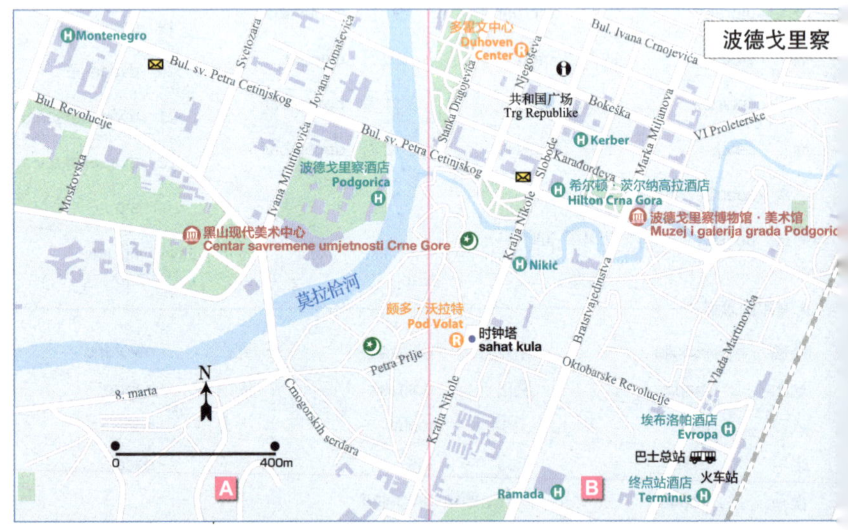

波德戈里察 漫步

共和国广场 Tgr Republike 是城市的中心，旅游咨询处位于广场的北部，波德戈里察博物馆 · 美术馆也距此不远。渡过莫拉恰河来到西岸后，即是黑山现代美术中心 Centar savremene umjetnosti Crne Gore，这里曾经是尼古拉国王的夏季离宫。

近郊的城镇 从波德戈里察乘坐巴士最短 40 分钟即到

采蒂涅

Map 文前 p.5-C3

Cetinje

人口只有区区 1.5 万人的小城，坐落在裸露的岩山相连的洛夫琴国家公园的山脚下。在首都移至铁托格莱德（现在的波德戈里察）的 1946 年之前，在近大约 500 年间，这座小城曾经一直是黑山的首都。由于黑山在 1918 年以前是一个独立国家，因此在采蒂涅可以看到一排排各个国家的使馆建筑，还有老王宫改建后的博物馆，等等。

如今在采蒂涅还设有总统府

游览方式 巴士总站位于城市西侧，从市中心的共和国广场 Trg Kralja Nikole 步行过去大约 10 分钟即到。景点基本上都在这个广场的附近。从广场西行，马上就可以看到采蒂涅修道院。再往西去，有一座山丘，站在山丘上，城市的景色尽收眼底。

采蒂涅修道院

Map p.339-A

Cetinjski manastir 采蒂涅

最初在这里建造修道院是 15 世纪末的事情。之后，在与奥斯曼帝国的频繁战争中，修道院屡次被毁坏，现在的修道院重建于 18 世纪。珍宝

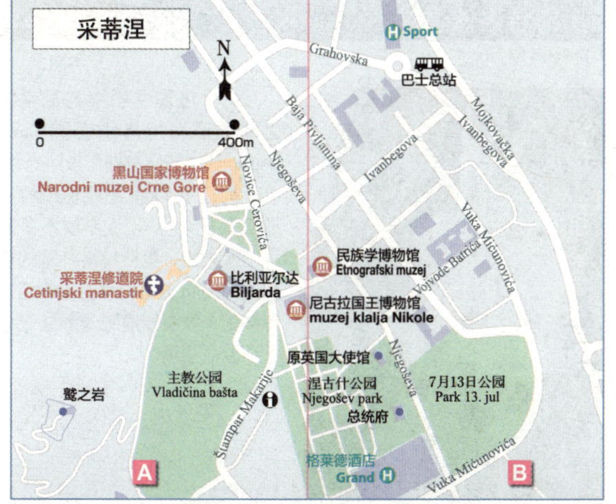

波德戈里察博物馆 · 美术馆
MAP p.338-B
TEL (020) 242605
开 9:00~20:00
休 周一
费 成人€ 3 学生€ 1.5

黑山现代美术中心
MAP p.338-A
开 9:00~17:00
休 周六、周日 费 免费

▶▶ Access Guide 交通导航
从波德戈里察前往采蒂涅
巴士 时刻表 P.335
从布德瓦前往采蒂涅
巴士 5:55~21:25，每小时 1~4 班
所需时间：40 分钟
车费：€ 4
从科托尔前往采蒂涅
巴士 5:00~22:00，每小时 1~3 班
所需时间：1 小时 20 分钟
车费：€ 4.50~6.50

旅游咨询处（采蒂涅）
MAP p.339-A
☎ 067-266260
URL www.cetinje.travel
开 8:00~18:00 休 无

旅游咨询处醒目的绿色建筑

采蒂涅修道院
住 Cetinjski manastir
开 8:00~17:00
休 不定期
费 免费
参观博物馆需 8 人以上。

会聚着众多朝圣者的采蒂涅修道院

info 前南斯拉夫联邦时代，构成联邦政府的每个共和国以及自治州里，都有一座冠以铁托名字命名的城市。波德戈里察在那时叫作铁托格勒，意思是铁托的城市。

馆里收藏有最早于15世纪印刷的斯拉夫语书籍，还有17~18世纪的圣像 p.498，以及雕刻精美的十字架，等等。

此外，修道院的礼拜堂里存有圣母玛利亚的圣像——《费拉尔蒙的圣母》（原作收藏于黑山国家博物馆），据说是圣约翰骑士团拥有的福音书作家卢卡绘制的，还珍藏有施洗者圣约翰的右手，以及一小段耶稣遇难时的十字架。由于这些珍藏的圣物免费向人们开放（需请修士打开保管圣物的盒子），所以引来世界各地的朝圣者前来朝拜。

黑山国家博物馆
住 Novice Cerovića bb
电 (041) 230310
URL www.mnmuseum.org
开 夏季 9:00~17:00
冬季 8:00~16:00
休 11月～次年3月的周日
▶历史部门
费 成人€3 学生€1.5
▶美术部门
费 成人€4 学生€2
▶民族学博物馆
费 成人€2 学生€1
▶比利亚尔达
费 成人€1
▶博物馆通票
采蒂涅所有的博物馆都可以使用
费 成人€10 学生€5

黑山国家博物馆

Map p.339-A

Narodni muzej Crne Gore

采蒂涅

使用了20世纪初建成的宫殿

无论藏品的品质还是数量，在黑山都是最大的，黑山国家博物馆以此为傲。全馆分为5个部门，在主馆举办历史部门和美术部门的展览。美术部门珍藏有《费莱尔蒙的圣母》的原作。其他的三个部门是尼古拉国王博物馆 Muzej klalja Nikole、民俗学博物馆 Etnografski muzej 和比利亚尔达 Biljarda，它们分别是每一个独立的建筑，无论去哪个部门都在步行范围之内。

洛夫琴国家公园
🚗 在采蒂涅包一辆出租车，到达涅古什陵墓附近，包含1小时的等待时间，往返费用是€25~30。
费 成人€2 冬季免费
▶涅古什的陵墓
开 8:00~18:00
休 11月～次年4月左右
费 成人€3

梅休托洛维奇创作的涅古什的雕像

洛夫琴国家公园

Map p.342-B

Nacionalni park Lovćen

采蒂涅近郊

在采蒂涅与布德瓦之间耸立着海拔1749米的洛夫琴山代表黑山，山顶裸露的石灰岩给人一种粗犷的感觉。根据遗言，19世纪的黑山大主教——佩塔尔·彼得罗维奇·涅戈什 p.506 被埋葬在这座山上。当时建好的教堂毁于第一次世界大战的战火中，在1951年又建成了新的陵墓。陵墓内放置着雕刻家伊万·梅斯特罗维奇 p.498 亲手制作的涅古什的雕像。

▶▶Access Guide 交通导航
从波德戈里察前往奥斯特洛修道院
🚗 包租一辆出租车前往，往返€40左右。
夏季有从布德瓦等海滨度假地区出发的旅游团。

奥斯特洛修道院
开 5~9月 8:00~20:00
10月～次年4月 8:00~18:00
休 无
费 免费

近郊的景点　从波德戈里察乘坐出租车最短1小时即到

奥斯特洛修道院

Map 文前 p.5-C3

Manastir Ostrog

朝圣者络绎不绝的奥斯特洛修道院

位于波德戈里察与尼克希奇之间的奥斯特洛修道院 Manastir Ostrog 建得仿佛被埋在悬崖绝壁里。

创建于17世纪的奥斯特洛修道院是巴尔干半岛为数不多的敬拜维希里埃·奥斯特洛什基的朝圣地。约翰骑士团拥有的圣物遗物在转移到采蒂涅修道院 p.339 之前一直存放在这里。

info 佩塔尔·彼得罗维奇·涅戈什的《山地花环》是一部以黑山为背景的长篇叙事诗，被誉为塞尔维亚与黑山文学的最高杰作。作品被翻译成其他语言。

波德戈里察的酒店
Hotel

希尔顿·茨尔纳高拉酒店
Hotel Podgorica Hilton Crna Gora

◆2016年11月开业的波德戈里察最高档酒店。SPA 设施在这座城市里数它面积最大，同时设有 4 个餐厅等，拥有无可挑剔的设施。

波德戈里察 Map p.338-B

住 Bul. sv. Petra Cetinjskog 2
TEL (020) 443443 FAX (020) 634294
URL www.podgoricacrnagora.hilton.com
S W € 125 CC A D M V
含 WiFi 免费

波德戈里察酒店
Hotel Podgorica

◆建于莫拉恰河河岸的四星级酒店。可以一边享受美食，一边从设在酒店里的餐厅平台眺望河景。设有商务中心、健身房。

波德戈里察 Map p.338-A

住 Svetlane Kane Radević 1
TEL (020) 402500 FAX (020) 402501
URL www.hotelpodgorica.co.me
S € 95~ W € 100~
CC A D M V
含 WiFi 免费

埃布洛帕酒店
Hotel Evropa

◆位置很好，从巴士总站步行过来 5 分钟即到。1 层是餐厅，前台接待在 2 层。客房设施完善，有线电视、迷你酒吧一应俱全。

波德戈里察 Map p.338-B

住 Orahovačka 16
TEL&FAX (020) 623444
URL www.hotelevropa.co.me
S € 34 W € 54
CC M V 含 WiFi 免费

终点站酒店
Hotel Terminus

◆与巴士总站在同一地区，设施崭新、舒适。店内有一家叫作 Intours 的旅行社，可以在接待处申请私人旅游团。

波德戈里察 Map p.338-B

住 Bul. Mitra Bakića
TEL&FAX (020) 622003
URL www.terminushotel.me
S € 35 W € 60
CC M V 含 WiFi 免费

格莱德酒店
Hotel Grand

◆位于采蒂涅市区南侧的好地段上，周边公园环绕。城市唯一的大型酒店，遗憾的是设施老旧且正在不断老化。

采蒂涅 Map p.339-B

住 Njegoševa 1
TEL (041) 231651
URL hotelgrand.me
S € 46.30 W € 66.60

CC A D M V 含 WiFi 免费

波德戈里察的餐馆
Restaurant

颇多·沃拉特
Pod Volat

◆紧邻时钟台的大众餐厅。切瓦皮以及塞尔维亚汉堡、烤肉条等传统的烧烤菜肴深受欢迎，价位在€ 3.50~14。

波德戈里察 Map p.338-B

住 Trg Vojvode Bećira Osmanagića 1
☐ 069-618633 开 7:00~24:00
休 无 CC A D M V
黑山菜

多霍文中心
Duhoven Center

◆塞尔维亚东正教教堂经营的咖啡馆，店内绘有壁画。午餐时间（11:00~17:00）供应汤€ 1.50、荤菜€ 3。也有小吃和冻糕。

波德戈里察 Map p.338-B

住 Njegoševa ☐ 067-243528
开 8:00~23:00（周日 10:00~14:00）
休 无 CC 不可

黑山菜

info 圣约翰骑士团与圣殿骑士团、德意志骑士团并称三大骑士团，是三大骑士团之一。圣地陷落以后，根据地不断转移，先是罗得岛，后来又转到了马耳他岛，所以也称为“马耳他骑士团”。《费拉尔蒙的圣母》的费拉尔蒙是罗得岛上一个山丘的名字。

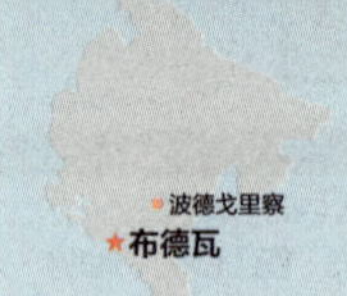

波德戈里察
布德瓦

布德瓦 *Budva* / будва

MAP 文前 p.5-C3
人口大约 2 万人
长途区号 033
旅游局
URL www.budva.travel

▶▶*Access Guide* 交通导航

从波德戈里察出发

🚌 参考时刻表▶p.335

从科托尔出发

🚌 参考时刻表▶p.335

从赫尔采格 · 诺维出发

🚌 4:20~19:45，每小时 1~4 班
所需时间：大约 1 小时 40 分钟
车费：€ 6

旅游咨询处（布德瓦老城区）

MAP p.343-B2
住 Njegoševa 28
TEL（033）452750
URL www.budva.travel
开 夏季 9:00~21:00
（周日 17:00~21:00）
冬季 9:00~14:30
休 冬季的周日

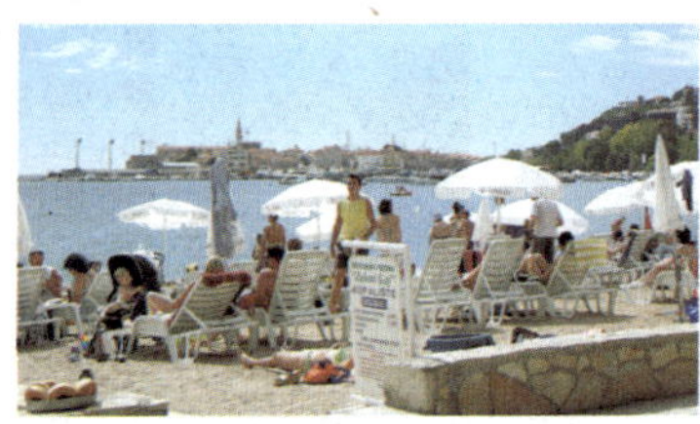

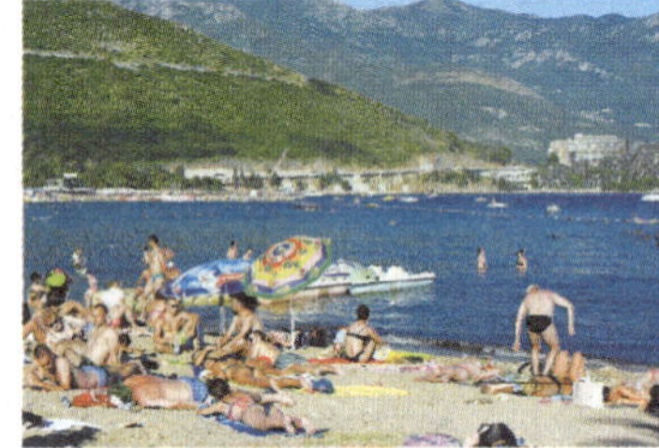

因度假游客而热闹非凡的斯洛文斯卡沙滩

布德瓦是包括贝奇奇 Bečići、斯韦提 · 斯特凡 Sveti Stefan 等在内的，长达 25 公里的布德瓦 · 里维埃拉 Budvanska Riviera 的中心地区，是一座拥有着数量众多的住宿设施、旅行社的度假小镇。以这里作为起点，可以完成对世界遗产科托尔、杜尔米特尔国家公园、前首都采蒂涅等地的一日游。布德瓦不仅地理位置绝佳，在其被城墙包围着的老城区内，还保留着中世纪的气息。

布德瓦 漫 步

巴士总站位于小镇北侧，前往南部的老城区步行 15 分钟左右即可到达。乘坐出租车约需 5 分钟、€ 2。从老城区向东，延伸着约 600 米长的斯洛文斯卡沙滩。沙滩沿岸餐馆林立，夏季的时候人多热闹。

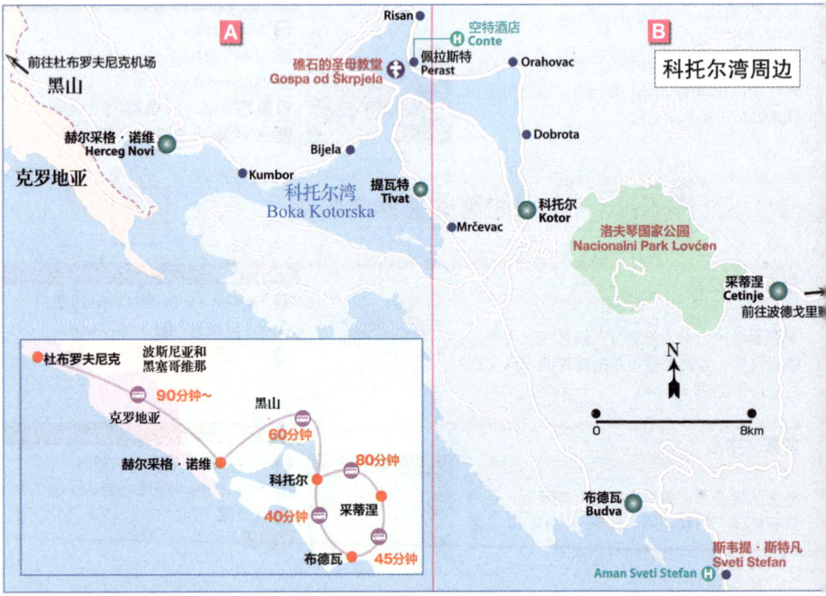

科托尔湾周边
A
B
Risan
空特酒店
Conte
佩拉斯特
Perast
礁石的圣母教堂
Gospa od Škrpjela
Orahovac
前往杜布罗夫尼克机场
黑山
赫尔采格 · 诺维
Herceg Novi
克罗地亚
Bijela
Dobrota
Kumbor
科托尔湾
Boka Kotorska
提瓦特
Tivat
Mrčevac
科托尔
Kotor
洛夫琴国家公园
Nacionalni Park Lovćen
采蒂涅
Cetinje
前往波德戈里察
N
0
8km
布德瓦
Budva
斯韦提 · 斯特凡
Sveti Stefan
Aman Sveti Stefan
杜布罗夫尼克
波斯尼亚和黑塞哥维那
90分钟~
克罗地亚
黑山
60分钟
赫尔采格 · 诺维
80分钟
科托尔
采蒂涅
40分钟
布德瓦
45分钟

布德瓦 主要景点

布德瓦老城区 Map p.343-B2

Stari Grad Budve

城墙环绕的老城区有 6 处入口，西门是主要入口。从主要入口一直往前走，就看到了右侧的旅游咨询处。一过旅游咨询处便是小镇的东南部，这里有一座汇聚着众多教堂的广场。

小镇南部有座城堡 Citadela，里面设有小规模的海洋博物馆和图书馆。

橘红色的屋顶十分鲜艳

旅游咨询处（亚多朗斯基大街）

MAP p.343-A1
住 Trg Sunca
TEL（033）402814
URL www.budva.travel
开 夏季 8:00~20:00
（周日 ~14:00）
冬季 8:00~20:00
休 冬季的周日

城堡

住 Citadela Budva
开 夏季 9:00~24:00
冬季 9:00~17:00
休 无 费 成人€ 3.50

城堡上还同时设有咖啡屋

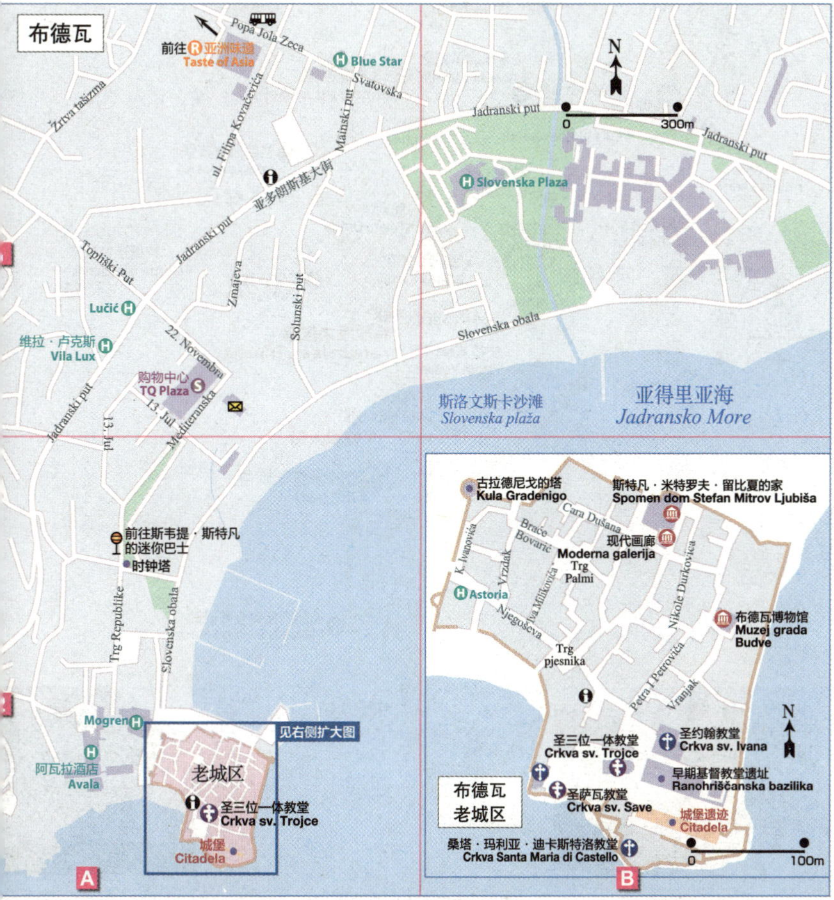

布德瓦

前往 亚洲味道 Taste of Asia
Popa Jola Zeca
Blue Star
Svatovska
Žrtva fašizma
ul. Filipa Kovačevića
Mainski put
Jadranski put
亚多朗斯基大街
Slovenska Plaza
0 300m
Toplički Put
Lučić
维拉·卢克斯 Vila Lux
22. Novembra
购物中心 TQ Plaza
13. Jul
Mediteranska
Znajeva
Solunski put
Slovenska obala
斯洛文斯卡沙滩 Slovenska plaža
亚得里亚海 Jadransko More
前往斯韦提·斯特凡的迷你巴士
时钟塔
Trg Republike
Mogren
阿瓦拉酒店 Avala
见右侧扩大图
老城区
圣三位一体教堂 Crkva sv. Trojce
城堡 Citadela
A
B

布德瓦老城区

古拉德尼戈的塔 Kula Gradenigo
斯特凡·米特罗夫·留比夏的家 Spomen dom Stefan Mitrov Ljubiša
Cara Dušana
Braće Bovarić
现代画廊 Moderna galerija
Trg Palmi
K. Ivanovića
Vrzdak
Iva Milkovića
Astoria
Njegoševa
Nikole Đurkovića
布德瓦博物馆 Muzej grada Budve
Trg pjesnika
Petra I Petrovića
Vranjak
圣约翰教堂 Crkva sv. Ivana
圣三位一体教堂 Crkva sv. Trojce
早期基督教堂遗址 Ranohrišćanska bazilika
圣萨瓦教堂 Crkva sv. Save
城堡遗迹 Citadela
桑塔·玛利亚·迪卡斯特洛教堂 Crkva Santa Maria di Castello
0 100m

从布德瓦乘坐巴士 40 分钟，
位于海湾最里面的城堡城市

科托尔

Kotor

世界遗产

从城堡向下俯视，科托尔老城区和科托尔湾一览无余

在黑山西部、亚得里亚海沿岸有一片被称为波卡·科托尔斯卡 Boka Kotorska 的地区，曲折的海岸线形成了科托尔湾，而科托尔就位于该港湾的最里面。

科托尔被坚固的城堡包围，是一座拥有天然优良港口的城市。老城区里随处可见豪华的馆舍和美丽的教堂，通商贸易给这座城市带来了繁荣和富足。由于 1979 年的地震，城市遭到了很大的破坏，但是在联合国教科文组织的帮助下，经过修复，城市又焕发出往日的光彩。

什克尔达河
Rijeka Škurda
Trg sv. Marije od Rijeke
堡垒 Bastion
圣玛利亚议会教堂 Svete Marije Koleđate
圣尼古拉教堂 Crkva sv. Nikole
Istok Zapad
4 城墙入口
Trg od drva
Marija
圣卢卡教堂 3 Crkva sv. Luke
Rendez-Vous
Trg sv. Nikole
圣米卡埃尔教堂 Crkva sv. Mihaila
2 海洋博物馆 Pomorski muzej
Trg od oruzja
Trg sv. Mihaila
时钟塔 Kula gradskog sata
Trg Grgurina
正门 Glavna gradska vrata
圣约瑟夫教堂 Crkva sv. Josipa
比扎提埃馆 Palata Bizantije
邮局
Vardar
Sjever-Jug
戏剧馆 Palata Drago
贝斯克察馆 Palata Beskuća
皮马馆 palata Pima
救世圣女教堂 Gospe od Zdravlja
阿斯托利亚·科托尔 Astoria
历史图书馆 Istorijski arhiv
圣保罗教堂 Crkva sv. Pavla
Trg od brasna
Trg od Katedrale
20m
1 特里喷大教堂 Katedrala sv. Tripuna
夫拉基伊因馆 Palata Vrakijen
Pjaca od salate
4 城墙入口
老城区青年旅舍 Oldtown
科托尔湾 Luka Kotor
弗朗西斯科会修道院 Manastir Svetog Francisa
南门
↓前往巴士总站（150米）

进了城门首先映入眼帘的时钟塔

被城墙包围的科托尔老城区

1 特里喷大教堂

Katedrala sv. Tripuna

科托尔位于罗马天主教文化圈和东正教文化圈汇聚的地方。城市里建造有两种宗教的教堂。特里喷大教堂属于罗马天主式样的教堂。这座教堂的塔以外的部分保留了1160年修建时的状态，内部于1667年与1979年地震后都进行了改建。

在中厅与侧廊之间搭设的拱形结构上绘有壁画，传递着中世纪时期的气氛。主祭坛是15世纪由不同的金工艺匠制作的，上半部分的工匠来自瑞士的巴塞尔，下半部分的工匠是科托尔的。

2 海洋博物馆

Pomorski muzej

博物馆建筑利用了18世纪建造的巴洛克式样的馆舍，一至三楼为海洋地图、航海工具、武器等，以及装饰品、服装、陶瓷等多方面的展示，最值得看的是船只的模型，从14世纪的帆船到20世纪的巡洋舰，内容丰富。

3 圣卢卡教堂

Crkva sv. Luke

在斯韦塔·尼古拉广场Trg sv. Nikole建造有两座教堂，圣卢卡教堂是其中小的那座。它创建于1195年，从入口进入后，在右侧保留有少量的壁画。与教堂正面的圣幛 ▶p.499 相比，左侧里面的圣像壁更值得一看。

4 城墙

Zidine grada

沿着老城区背后耸立的山坡，建造有长达4.5公里的城墙，最高处达20米。入口有两处，一处位于城东北部，另一处在东南部。在城墙中间附近有一座于1518年建造的小小的救世圣女教堂Gospe od Zdravlja。

从城墙顶部，可以眺望到科托尔城和科托尔港湾，景色迷人。步行登至顶部需要30分钟~1小时。

堡垒

Bastion

穿过老城区北门后不远，是一家著名的海鲜店。招牌菜是堡垒风味的鱼肉拼盘Mijesana Riba a la "Bastion"，16欧元。

住 Stari grad 电 (032) 322116 URL www.bastion123.com
开 11:00~23:00 休 无 TC M V

前往科托尔的方法

🚌 有发自国内主要城市的各个巴士班次（见时刻表 →p.335）。巴士总站位于城市南部，步行到老城区5分钟左右。

科托尔的 ❶（旅游咨询处）
电 (032) 325950 URL www.kotor.travel
开 夏季8:00~20:00 冬季8:00~18:00 休 无

特里喷大教堂
住 Trg od katedrale
开 3月 9:00~17:00 4月、10月 9:00~18:00
5月 9:00~19:00 6~9月 9:00~20:00
11月 9:00~16:00 12月~次年2月 10:00~17:00
休 无 费 成人€2.50

圣卢卡教堂
住 Trg sv. Nikole 电 (032) 325826
开 9:00~21:00 休 11月~次年3月 费 免费

城墙
开 8:00~20:00 休 1月~3月 费 成人€3

海洋博物馆
住 Trg Bokeljske Mornarice
电 (032) 304720 URL www.museummaritimum.com
开 4~10月 9:00~18:00（周日~13:00）
11月~次年3月 9:00~15:00（周六·周日~13:00）
休 无
费 成人€4 学生€1（含英语等语言的音频导游讲解）

周海水浴游客的到来变得人声鼎沸的赫尔采格·诺维海滩

►►*Access Guide* 交通导航

从波德戈里察前往赫尔采格·诺维

🚌 6:20~20:20，每小时1~3班

所需时间：3小时

车费：€10.50

从布德瓦前往赫尔采格·诺维

🚌 7:45~21:45，每小时1~3班

所需时间：1小时40分钟

车费：€6

从科托尔前往赫尔采格·诺维

🚌 参考时刻表▶P.335

旅游咨询处（赫尔采格·诺维）

URL www.hercegnovi.travel

►主要的 ℹ

MAP p.346-A

住 Jova Dabovića 12

TEL（031）350820

开 7:00~15:00

休 冬季的周日

►尼古拉·就尔科维奇广场的 ℹ

MAP p.346-A

住 Trg Nikola Đurkovića

开 8:00~21:00 休 冬季的周日

血腥塔

MAP p.346-A · B

开 9:00~17:00（7、8月~21:00）

休 11月~次年3月左右

费 成人€2

福特马雷城堡

MAP p.346-A

开 10:00~19:00（7、8月~21:00）

休 11月~3月左右

费 成人€2

近郊的城镇　从布德瓦乘坐巴士最短40分钟即到

科托尔

Map 文前 p.5-C3

Kotor

科托尔是一座有历史的港口城市，周围环绕着复杂的海岸线和险峻的山峰。由于贸易带来了财富，被城墙包围的老城区建有一座座豪华的住宅和教堂。

近郊的城镇　从布德瓦乘坐巴士最短1小时40分钟即到

赫尔采格·诺维

Map p.342-A

Herceg Novi

位于被称为波卡·科托尔斯卡入口的战略要地。纵观赫尔采格·诺维的历史，它曾经几度易主，15世纪时被奥斯曼帝国统治，18世纪时又归于威尼察共和国。城墙内保留着多元化风格的建筑物，向人们讲述着这座城市在不同文化圈的统治下发展繁荣的故事。

步行方式　从位于城市西北部的巴士总站仿佛下坡一般向东南前行，便来到了老城区的入口——尼古拉·就尔科维奇广场 Trg Nikole-Đurkovića。

尼古拉·就尔科维奇广场

●**老城区**　尼古拉·就尔科维奇广场的时钟塔建于17世纪，当时正值奥斯曼帝国的统治时代，它也被用于赫尔采格·诺维的城市徽章。时钟塔的门前是贝拉维斯塔广场 Trg Belavista。这一带是老城区的中心。

圣大天使米哈伊尔教堂

●**三座城堡**　有三座城堡包围着老城区，仿佛守护着它一般。它们是老城区北面的血腥塔 Kanli kula，西南的福特马雷以及南面的希塔黛拉 Citadela 城堡。

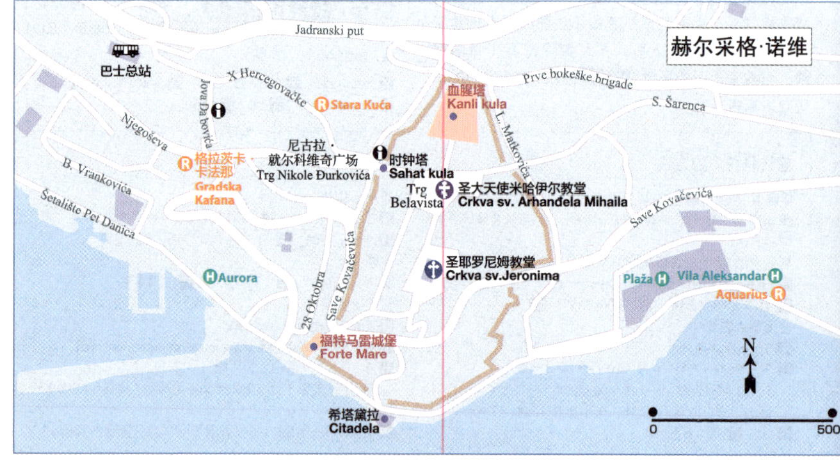

近郊的城镇 从布德瓦乘坐巴士 25 分钟即到

斯韦提·斯特凡

Map p.342-B

Sveti Stafan

位于布德瓦以南 6 公里处的斯韦提·斯特凡岛是一座与陆地微微相连的小岛，曾经的渔村被完全改造成了酒店。现在作为阿曼度假村系列酒店在经营。全岛四周城墙围绕，由于隐私可以得到很好的保护，因此全世界的名流都对这里青睐有加。职业网球选手诺瓦克·德约科维奇在这里举办了婚礼。小岛四周是广阔的海滩，陆地一侧也有很多酒店、宾馆。

近郊的景点 从科托尔乘坐巴士 20 分钟即到

礁石的圣母教堂

Map p.342-A

Gospa od Škrpjela

教堂建在科托尔湾沿岸的小镇——贝拉斯特 Perast 附近的岛上。这座海岛是由岩石堆积而成的人工岛。传说在这里发现了圣母玛利亚的圣像 p.498，据说因此平安结束航海的水手每次都会投放一块岩石，使这里变成一个小岛。岛上同时设有博物馆，展示着人们捐献的的物品。

现在的教堂是 17 世纪时再建的

近郊的景点 从布德瓦、科托尔出发的一日游（仅限夏季）

杜米托尔国家公园

Map 文前 p.5-C3

Nacionalni park Durmitor

位于黑山东北部的国家公园。被冰川切开的动态地形延伸在广阔的大地上，以 1300 米的高度差引以为豪的塔拉峡谷作为欧洲最大的峡谷十分著名。园内有 18 个冰川湖泊，特别是位于黑山的最高峰——博沃托福·库库山脚下的茨尔诺湖作为“山之瞳”而知名，吸引了众多的人们前来。

杜米托尔国家公园

黑山首屈一指的高级度假酒店

▶▶Access Guide 交通导航

从布德瓦前往斯韦提·斯特凡

从时钟塔附近的巴士车站出发，6:00~22:00 的每小时有 1~3 班的巴士运行。

所需时间：25 分钟

车费：€ 1.50

▶▶Access Guide 交通导航

从科托尔前往贝拉斯特

从巴士总站乘坐前往赫尔采格·诺维的巴士，或者是在老城区南门附近的巴士车站乘坐蓝线公司 Blue Line 的巴士。每小时 1~4 班。

所需时间：20 分钟

车费：€ 1~1.50

从贝拉斯特前往礁石的圣母教堂

有游艇运行，人数达到一定数量就出发。抵达后停留 30 分钟再返回，往返费用每人€ 5。

礁石的圣母教堂

开 9:00~17:00

休 冬季

费 成人€ 1.50

世界遗产

杜米托尔国家公园

Nacionalni park Durmitor

1980 年、2005 年被评为世界遗产

▶▶Access Guide 交通导航

杜米托尔国家公园一日游旅游团

4~10 月，会有来自布德瓦、科托尔、波德戈里察等多个城市的一日游旅游团。有的中途将礁石的圣母教堂、奥斯特洛修道院也一起安排游览，也有的安排塔拉峡谷的漂流活动。

架设在塔拉峡谷上的德约尔杰维奇大桥

info 斯韦提·德约尔杰岛与礁石的圣母教堂相邻，是一座天然海岛。虽然岛内建有贝内提库特会的修道院，不过不能参观。

布德瓦的酒店
Hotel

阿瓦拉酒店
Hotel Avala

◆位于老城区旁边的布德瓦最高档的酒店，拥有游泳池和私人沙滩，客房宽敞舒适。非常适合度假型住宿。

布德瓦 Map p.343-A2

住 Mediteranska 2 TEL (033) 441000
FAX (033) 402659 URL www.avalaresort.comm
S € 110~275 W € 130~315
CC A D M V
含 WiFi 免费

维拉·卢克斯
Vila Lux

◆位于从巴士总站到老城区的途中。配以木雕家具的内饰，令人心情舒缓。迷你酒吧、吹风机、保险箱也一应俱全。全店禁烟。

布德瓦 Map p.343-A1

住 Jadranski put b.b TEL (033) 455950
FAX (033) 455946 URL www.vilalux.com
S € 38~65 W € 58~127
CC M V
含 WiFi 免费

阿斯托利亚·科托尔
Hotel Astoria Koto

◆利用建于13世纪的宫殿改造而成的时装酒店。配有古典家具的客房设计风格沉稳大气。同时开设的餐馆气氛很好。

科托尔 Map p.344

住 Trg od pošte
TEL (032) 302720 FAX (032) 302721
URL www.astoriamontenegro.com
S € 120~180
W € 150~230 CC M V
含 WiFi 免费

老城区青年旅舍
Hostel Oldtown

◆位于老城区的青年旅舍。由东楼和西楼两栋建筑组成。多人间的床位有4~14张。也可以安排近郊旅行、漂流的旅游业务。

科托尔 Map p.344

住 Stari grad 284 TEL (032) 325317
URL www.hostel-kotor.me
€ 10~ S W € 26~
S W € 31~ CC M V
无 WiFi 免费

空特酒店
Hotel Conte

◆位于佩拉斯特的中心地区，就在乘坐前往礁石的圣母教堂的游艇的乘船处旁边。客房配备了四星级的崭新设施，一定要预订这里的海景房。酒店还设有餐厅。

佩拉斯特 Map p.342-A

住 Marka Martinovića bb
TEL (032) 373687
URL www.hotelconte.me
S W € 55~125
CC M V 含 WiFi 免费

布德瓦的餐馆
Restaurant

亚洲味道
Taste of Asia

◆从巴士总站步行3分钟即到。经营中餐、泰国菜、越南菜等品种丰富的亚洲菜，在亚洲菜餐馆稀少的这一地区十分难得。

布德瓦 Map p.343-A1 外

住 Popa Jola Zeca bb TEL (032) 455249
开 夏季 12:00~23:00 冬季 12:00~22:00
休 无 CC M V
亚洲菜

格拉茨卡·卡法那
Gradska Kafana

◆从时钟塔西行，左边即是。这是一家利用原来的剧院改建而成的大型餐厅。位于港口的正上方，以景色优美为傲。也可以在这里品尝到比萨饼、意大利饭、牛排等正餐。

赫尔采格·诺维 Map p.346-A

住 Njegoševa 31 TEL (031) 324067
URL www.gradskakafana.me
开 夏季 7:00~24:00 冬季 7:00~23:00
休 无 CC A M V
咖啡 黑山菜

北马其顿

North Macedonia

奥赫里德的湖滨度假地

国旗

国旗呈长方形，长宽之比2∶1。原来国旗上的“科拉比之巅太阳”放射十六道光芒象征北马其顿的历史和古老文化，但因它也被希腊的马其顿人所顶礼膜拜，希腊政府提出抗议，因此变为现在的国旗。

正式国名

北马其顿共和国 Република Македонија

国歌

《今天在马其顿之上》Денес над Македонија

面积

25713 平方公里

人口

207.7 万（2019 年）

首都

斯科普里 Скопје

国家元首

总统：斯特沃 · 彭达罗夫斯基
总理：佐兰 · 扎埃夫

国家政体

共和制

民族构成

马其顿人约占64.18%，阿尔巴尼亚人约占25.17%，土耳其人约占3.85%，罗姆人约占2.66%，塞尔维亚人约占1.78%。

宗教

居民多信奉东正教，少数信奉伊斯兰教。

语言

官方语言为马其顿语。也有很多人讲阿尔巴尼亚语、土耳其语。文字方面，一般使用西里尔字母，但是最近使用拉丁文字的情况有所增加。

→旅行中会用到的北马其顿语 p.357

货币与汇率

北马其顿的货币单位是代纳尔 Денар（复数形式是代纳里 Денари），本书以 DEN 表示。截至 2021 年 1 月，1DEN=0.12 元人民币，1 € =61DEN。硬币的种类有 1DEN、2DEN、5DEN、10DEN、50DEN。纸币的种类有 10DEN、50DEN、100DEN、200DEN、500DEN、1000DEN、2000DEN、5000DEN。10DEN 与 50DEN 为塑料钞票。

10 代纳里

50 代纳里

100 代纳里

200 代纳里

500 代纳里

1000 代纳里

2000 代纳里

5000 代纳里

1 代纳尔

2 代纳尔

5 代纳尔

10 代纳尔

50 代纳尔

→旅游的预算与花费 p.480

出入境

【签证】

中国公民因私前往北马其顿需要办理签证。

【护照】

护照的剩余有效期限必须自预计出境日期起 6 个月以上。

→中国出入境 p.461
→中欧多国的出入境 p.461

拨打电话的方法

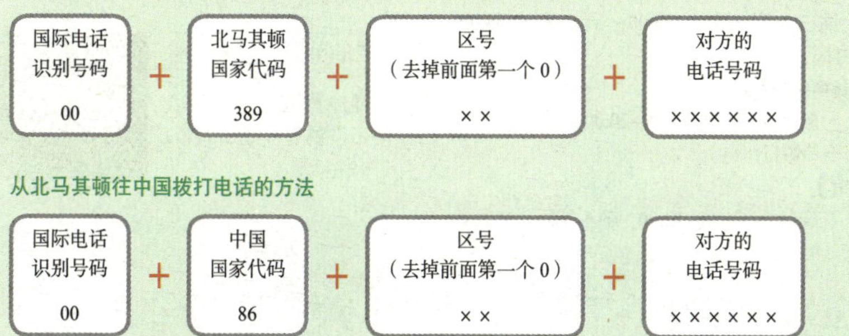

从中国往北马其顿拨打电话的方法
国际电话识别号码 00
+
北马其顿国家代码 389
+
区号（去掉前面第一个 0） × ×
+
对方的电话号码 × × × × × ×
从北马其顿往中国拨打电话的方法
国际电话识别号码 00
+
中国国家代码 86
+
区号（去掉前面第一个 0） × ×
+
对方的电话号码 × × × × × ×

→关于通信与邮寄 p.486

从中国前往北马其顿的航班

目前没有连接中国与北马其顿的直飞航班，需要经由周围其他国家进入北马其顿。

从中国可以直接飞到维也纳、苏黎世、伊斯坦布尔，再从这些城市换乘到斯科普里。也可以从中东的多哈转机。但是无论哪种情况，包括转机时间，20 小时左右都可以到达。

→从中国前往中欧的线路 p.460

从周边各国前往北马其顿的线路

【铁路】 虽然开通了来自希腊和塞尔维亚等周边国家的火车，但是班次较少，花费的时间又很长。晚点情况也很多。

【巴士】 有来自周边各国的巴士，连接塞尔维亚的贝尔格莱德以及普里什蒂纳的班次较多。另外，塞萨洛尼基在马其顿语里被称为索伦 Солун。

→当地交通 p.481

时差和夏令时

与中国有 7 小时的时差，将北京时间减去 7 小时即为当地时间。也就是说，北京的 AM6:00 是北马其顿前一天的 PM11:00。实行夏令时的时候，时差为 6 小时。夏令时的实行时间是 3 月最后一个星期日的 AM2:00（=AM3:00）~10 月最后一个星期日的 AM3:00（=AM2:00）。

营业时间

以下为各商业设施普遍的营业时间。

【银行】

周一～周五 8:00~19:00；周六 8:00~15:00；周日休息。

【百货商场或商店】

一般为周一～周五 8:00~20:00、周六～15:00，周日与节假日休息。

【餐馆】

开店时间在 8:00~12:00，各不相同。有很多店营业到深夜。

气候

属于温暖的大陆性气候，四季分明。山脉环绕的中央部位属于地中海式气候。与阿尔巴尼亚国境线接壤的科拉比山海拔 2764 米，是北马其顿的最高峰。

最佳季节是 5~9 月。5~6 月，郊外的田园里盛开着火红的罂粟花，分外美丽。夏季，包括奥赫里德的山岳地带气候凉爽。

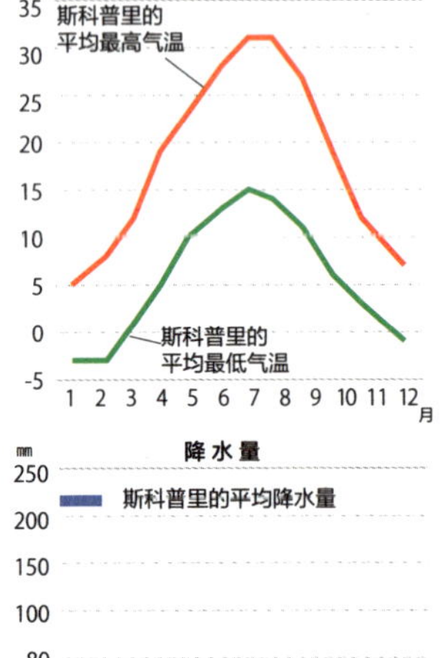

根据当年的气候、节假日活动以及游客人数的增减来定下旺季的时间，因此著名旅游景点的营业时间也会有所变动。

主要的节日

要注意因年份不同会出现不同的有变动节假日。（以 ※ 做标记）

时 间	节日名称
1/1	元旦
1/6 · 7	圣诞节
4/17（'20）4/12（'21）※	耶稣受难日
4/12 · 13（'20）4/4 · 4/5（'21）※	复活节与下一个周一
5/1	国际劳动节
5/24	圣西里尔与美多德纪念日
5/24（'20）5/13（'21）※	开斋节
8/2	共和国日
9/8	独立日
10/11	人民起义日
10/23	革命斗争纪念日

电压与电源插座

电压 230V，50Hz。电源插座一般为两个插孔的 C 型。但是插头类型与中国不同，需要带转换插头。

视频录像

【DVD 制式】

北马其顿的电视与视频制式为 PAL、SECAM 制式。

饮用水

不建议饮用未经处理的自来水管中的水。可以买到 500ml 的瓶装矿泉水，大约 3 元人民币。

洗手间

公共洗手间普遍收费。Мушки（姆休基）表示男洗手间，Женски（杰恩斯基）表示女洗手间。

小费

【餐馆】

对服务感到特别满意的话，一般支付餐费的 10% 作为小费。

【酒店】

每件行李支付 30DEN 给酒店的搬运工。

【出租车】

基本上不用支付小费。

邮政

邮局的营业时间一般是周一～周五 8:00~20:00、周六 8:00~13:00、周日休息。

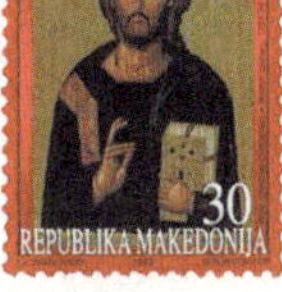

【邮费】

寄往中国的航空邮件一般 5~10 日可以到达。寄出明信片的费用为 30DEN、20 克以下信件的价格都是 36DEN。

→关于通信与邮寄 p.486

税金

在北马其顿，几乎对所有商品都要征收一种被称为 ДДВ 的 18% 的增值税，且没有退税制度。

安全与纠纷

武力冲突

在 21 世纪的前几年里，阿尔巴尼亚派的武装势力与北马其顿治安部队发生了武力冲突，不过后来签订了停战协议，现在双方归于了平静。与其相邻的一些周边国家及地区可能发生难以预测的事态的风险。旅途中要勤于收集这方面的信息。

一般犯罪

北马其顿的犯罪现象就特别的多，但是近些年来瞄准旅游者的偷盗和抢劫等犯罪现象的确有增加的倾向。有必要做到手提行李不要离开视线，包要放在前面等注意事项。还有，现金和护照要分开放，以便遭遇被盗时分散风险。

入境时的外币申请　在北马其顿入境时，持有 1 万欧元以上的现金须履行外币申请手续。请入境审查官做好外币申请书。

中国驻北马其顿大使馆

住 Street Lermontova，No.2，1000，SKOPJE，North MACEDONIA

斯科普里市莱尔蒙托瓦大街 2 号

TEL 00389-2-3213163

FAX 00389-2-3212500

URL http//mk.china-embassy.org/chn

警察局 192　**消防局 193**

急救 194

→旅游中的纠纷与安全措施 p.488

年龄限制

在北马其顿，未满 18 岁的未成年人禁止购买酒类和香烟制品。

度量衡

和国际通用的度量衡一样，距离的单位是米，重量单位用克、千克表示，液体体积用升来表示。

北马其顿 The Republic of North Macedonia 旅行的基础知识

山峦环绕的小国北马其顿。与狭窄的国土无关，以奥赫里德湖为代表的美丽景色以及中世纪以来壮丽的修道院等都拥有迷人的魅力。和热情好客的当地人打交道也令旅途更加难忘。

科基诺 Кокино
库马诺沃 Куманово
斯科普里 Скопје
卡梅尼库库利 Камени Кукли
克拉托沃 Кратово
泰托沃 Тетово
科查尼 Кочани
北马其顿共和国 Република Македонија
戈斯蒂瓦尔 Гостивар
韦莱斯 Велес
斯托比 Стоби
拉多维什 Радовиш
德巴尔 Дебар
基切沃 Кичево
内戈提诺 Неготино
斯特鲁米察 Струмица
代米尔卡皮亚 Демир Капија
克鲁舍沃 Крушево
普利雷夫 Прилеп
斯特鲁加 Струга
盖夫盖利亚 Гевгелија
奥赫里德 Охрид
奥赫里德湖
比特拉 Битола
普雷斯帕湖

【旅游热点】

1 奥赫里德 p.365

如果来到北马其顿旅游，这里是深受游客欢迎的不可不来的景区。因为它既是联合国的世界文化遗产，又是世界自然遗产，是一处两美兼得的综合遗产。美丽的湖泊与建在湖畔的教堂组合在一起，构成了一幅别样的画卷。

以奥赫里德湖为背景修建的圣约翰·卡内奥教堂

3 斯托比 p.363

建在连接多瑙河与爱琴海的交通要冲上的古代城市遗址。罗马时代成为早期基督教的中心地带，在剧场、住宅遗址的基础上，很多的教堂遗址也保留了下来。施洗场所的镶嵌图案被用于10DEN纸币的设计画面。有从科托尔或者是布德瓦出发游览风景的巴士旅游团和漂流旅游团。

孔雀的镶嵌图案

2 斯科普里 p.358

曾在1963年地震灾害之后重建过。一方面城市里保留有奥斯曼帝国时代以来的集市，另一方面近年来添加了一些复古主义建筑和有些看上去摆放得杂乱无章的雕像，街道变得有些混沌不清。

北马其顿广场的夜景

【国名的纷争】

所谓马其顿这个地名，在北马其顿共和国的基础上，还包括希腊内陆的部分地区和保加利亚西部的广泛区域。邻国希腊对于他国使用马其顿这一国名表示强烈的反感，这是因为会使他们联想起古代亚历山大国王的帝国。为了解决这一分歧，国名变更为“北马其顿共和国”。

【马其顿人】

马其顿人的热情好客自前南斯拉夫时代就十分有名。亲切朴实的人们总是热情地迎接着旅游者。酒店前台的接待应答亲切友好；民宿住宿的时候，房东一家人不是奉茶就是老父亲拿出自家酿制的拉基酒来招待客人。

【土特产】

在斯科普里的古老集市上，可以找到民族色彩丰富的刺绣布艺制品，以及很多手工艺品。也有传统的条纹工艺与奥赫里德湖的珍珠、粉色红宝石等组合在一起制作的珠宝首饰。超市里的商品推荐物美价廉的马其顿葡萄酒、拉基酒、阿伊瓦鲁，等等。

【交通】

- 火车的线路少，还经常晚点
- 长途巴士虽然是指定座位，但是相当的随便
- 前往郊外的旅游景点主要乘坐出租车

铁路

由北马其顿铁路公司Македонски Железници运行。只有从斯科普里前往南北方向的主要线路，班次很少且常常晚点。

北马其顿铁路公司
URL www.mzi.mk

北马其顿铁路公司的火车

巴士

奥赫里德的巴士总站

以首都斯科普里为中心的线路网十分发达，作为国内的交通手段利用率最高。准时准点，价格低，使用也很方便。

- **指定座位的安排** 基本上都是对号入座，车票上也打印好座位号码。但是有的巴士班次的乘客完全不在意，喜欢哪里就坐在哪里。
- **要注意外地线路** 由于某个地方的线路乘客较少，于是就没有理由取消的事情也有可能会发生。
- **售票窗口** 因城市而异，在斯科普里，各巴士公司共享售票窗口；在奥赫里德，各巴士公司的售票窗口是分开的。
- **手提行李的安排** 将大件行李寄存在巴士的行李厢里，通常是不收费的。不过，有的国际线路会收费，每件30DEN左右。

出租车

在北马其顿，游览郊外的修道院或者是历史遗址，多为只有包出租车前往这种交通方式。

- **注意不合理的费用** 因不打表、绕远路等违法行为而要求高收费的出租车有很多。
- **在酒店叫车** 有乘坐出租车的游客，不要乘坐街上流动的出租车，还是请酒店前台呼叫出租车比较好。如果路上要乘坐出租车，为了避免纠纷，就要事前对大致的费用做到心里有数。

共享出租车

前往奥赫里德与比托拉、斯科普里与库马诺沃等需要2小时以内的周边城市时，出租车司机会在巴士总站前告知目的地，招徕乘客。出发时间事先不定，集齐四个人就出发。乘坐巴士迟到的时候很方便，车费虽说比巴士车费高了1.3倍，感觉还是很合适。

方便旅行的主要直通巴士时刻表

斯科普里 p.358 **⟷ 奥赫里德** p.365
所需时间：3小时30分钟~4小时　车费：400~490DEN

▶斯科普里发车：4:30 5:30 6:30 7:00 9:00 10:00 12:00 13:30 14:00 14:45 15:00 16:00 16:30 18:00 18:30 20:30 20:55 21:30

▶奥赫里德发车：5:00 5:30 6:30 7:15 7:30 9:30 10:45 11:45 12:45 15:00 16:30 17:00 17:45 18:00 19:00 20:30

奥赫里德 ⟷ 斯韦提·瑙姆 p.368
所需时间：大约50分钟　车费：110DEN

▶奥赫里德发车：6:15 8:30 11:30 13:30 15:30 18:30

▶斯韦提·瑙姆发车：7:00 9:20 12:20 14:20 16:20 19:20

奥赫里德 ⟷ 比托拉 p.369
所需时间：大约1小时45分钟　车费：190~310DEN

▶奥赫里德发车：6:00 8:15 10:00 10:24 13:15 15:30 16:30 18:00

▶比托拉发车：6:30 9:00 9:30 10:30 13:15 15:00 16:00 18:45 19:30

斯科普里 ⟷ 比托拉
所需时间：3~4小时　车费：450~600DEN

▶斯科普里发车：5:00 5:50 6:30 7:10 8:26 8:30 10:10 11:00 11:47 13:00 14:30 16:30 19:00

▶比托拉发车：5:00 5:45 7:20 9:00 11:00 11:50 13:00 14:00 16:00 16:30 17:25 18:45 19:00

※ 随着时间和季节的变化，时刻表可能会发生改变。

【住宿】

- 和其他的物价相比，感觉酒店住宿费用有些贵
- 旅游城市奥赫里德有很多民宿

关于住宿

国际资本投资的高档酒店只有首都斯科普里才有。国内最大的旅游城市奥赫里德也没有最高级别的度假酒店。比起酒店住宿，来奥赫里德度假的北马其顿人大多住在民宿或者是公寓型的宾馆里，且一般都长期逗留。

住宿设施的种类

● **高档酒店**　单间的价格为每晚人民币 1000 元起。除了斯科普里和奥赫里德以外几乎没有。

● **中档酒店**　几乎所有的酒店都在这个范畴。单间的价格为每晚人民币 260~1000 元。

● **民宿**　用马其顿语表示是"索巴"、Соба，复数形式是"索贝"、Собе。原来是一般家庭拿出一个房间用来租赁的住宿设施，如今还继续以前那样形态的地方变少了，有很多民宿感觉更像是一家家没有前台的酒店。在旅游城市奥赫里德，除了请旅行社介绍以外，也可以登录网上的预约网址联系住宿事宜。以前有很多在巴士总站拉客的身影，现在随着互联网的普及已经消失得无影无踪了。住宿费用因设施和规模而异，一晚大约人民币 100~330 元。有很多地方带有厨房，可以自己做饭。

【餐饮】

- 深受土耳其菜肴的影响
- 北马其顿国民的食物是塔夫切·古拉夫切

北马其顿美食

有很多菜肴与深受土耳其美食影响的巴尔干各国是共通的。

开巴皮 Ќебапи　和塞尔维亚的切瓦皮等一样，是一种细长的烤肉丸。

西式馅饼 Бурек　一种放入奶酪、蔬菜等馅料的派。经典的零食或者是街边摊位上常常售卖的食品。

阿伊瓦鲁 Ајвар　一种糊状的大众食物。在巴尔干全岛都能吃到，但是据说北马其顿的特别好吃。

● **奥赫里德湖的鳟鱼**　在奥赫里德湖里捕捞到的褐鳟（鳟鱼的同伴）是当地有名的特产。个头相当大，重约 700 克。可以在湖畔的咖啡馆等餐饮店品尝到。

酒类

拉基酒 Ракија　一种水果果实的蒸馏酒，其他的巴尔干各国也广为饮用。

玛斯提卡 мастика　加入水就会变混浊的一种酒。与土耳其的拉葵、希腊的乌佐是同系列的酒。

● **啤酒**　国产品牌斯科普斯科 Skopsko 深受欢迎。

● **葡萄酒**　虽然也有国际品牌，但是建议一定要试饮一下用布拉乃兹品种 Вранец、斯塔努希纳品种 Станушина 等固有品种酿制的红葡萄酒。斯托比 STOBI、婆婆瓦库拉 Popova Kula 这些葡萄酒庄园很有名。

乳制品

● **酸奶** Јогурт　指的是和肉质菜肴一起点的酸奶饮料。固体形状的酸奶称作卡洛·姆塞克 Кисело млеко。

一定要吃到！北马其顿的经典美食

● **塞尔维亚汉堡包** плескавица
巴尔干美食的经典汉堡包。在快餐店里，与面包放在一起，交替食用洋葱和青椒。

● **塔夫切·古拉夫切** Тавче гравче
这道菜是把煮好的芸豆用烤箱烤熟，做好以后盛放在用茶色陶瓷制成的烤箱盘子里。

● **塞尔斯科·梅索** селско месо
将猪肉、洋葱、蘑菇煮熟的一道大众炖菜。也有用烤箱烤熟的做法。

info 用于北马其顿葡萄酒的固有品种——布拉乃兹品种与黑山的布拉乃兹品种是同一品种。

【旅行中会用到的马其顿语】

西里尔字母对应表 ▶p. 509

●打招呼

早上好	Добро утро.
你好	Добар ден.
晚上好	Добра вечер.
晚安	Лека ноќ.
再见	До гледање.

●回答

是的	Да.
不是	Не.
谢谢	Благодарам.
对不起（向对方搭话）	Молам.
不明白	Не Развирам.
我是~	Јас сум~
拜托了，请！	Prosim.

●提问

这里是哪里？ Каде е ова место

~在哪里？
Каде е ~

现在是几点？ Колку е часот

多少钱？
Колку чини

我想要~ Дајте ми~.

●紧急情况

救命！ Помош!

有小偷！ Крадец!

~被偷了。Украле ~.

医院在哪里？ Каде е болница

~疼 Ме боли ~.

●数字

1	еден
2	два
3	три
4	четири
5	пет
6	шест
7	седум
8	осум
9	девет
10	десет
11	единаесет
12	дванаесет
13	тринаесет
14	четиринаесет
15	петнаесет
16	шеснаесет
17	седумнаесет
18	осумнаесет
19	деветнаесет
20	дваесет
21	дваесет еден
22	дваесет два
100	сто
1000	илјада

●星期和月份

周一	понеделник
周二	вторник
周三	среда
周四	четврток
周五	петок
周六	сабота
周日	недела

1月	јануари
2月	февруари
3月	март
4月	април
5月	мај
6月	јуни
7月	јули
8月	август
9月	септември
10月	октомври
11月	ноември
12月	декември

●有用的单词

警察	Полицаец
出发	поаѓање
到达	доаѓање
男	маж
女	жена
开门了	отворено
关闭了	затворено
昨天	вчера
今天	денес
明天	утре
邮局	пошта
私人房间	приватна соба
卫生间	тоалет

★斯科普里

斯科普里 Скопје / Skopje

MAP 文前 p.6-A2
人口大约 50 万人
长途区号 02
市内交通
URL www.jsp.com.mk

旅游咨询处（斯科普里）

▶飞利浦·弗托里·马其顿斯基大街的 ❶
MAP p.359-A2
住 филип Втори Македонски 66（Filip Vtori Makedonski）
TEL（02）3223644
开 8:30~16:30 休 周六·周日

▶老城区的 ❶
MAP p.359-B1
住 Битпазарска 12(Bitpazarska)
TEL（02）3214091
开 8:30~16:30 休 周六·周日

旅游公司（斯科普里）

▶博海米阿 BOHEMIA
除了经营介绍民宿的业务，还安排了北马其顿国内的旅游团业务。
MAP p.359-A1
住 Пиринска 29（Pirinska）
TEL（02）3232947
URL www.bohemia.mk
开 8:00~16:00
休 周六·周日

斯科普里的市内交通

▶**市内巴士** 斯科普里的公共交通工具只有市内巴士。线路覆盖市内，市内巴士总站位于斯科普里巴士总站的南面。

▶**车票和检票** 乘车时需要充值式的交通卡。每张卡150DEN，含两次乘车费用。最低充值三次，105DEN 起。交通卡可以在市内巴士总站或者是斯科普里的购物中心的窗口购买。

▶**出租车** 由于没有计价器的车或者是违法改装计价器的情况很多，还是请酒店安排出租车为好。市价是初驶费用 40DEN，每公里 25DEN。

城市的中心——北马其顿广场

在北马其顿的首都斯科普里的街头，林立着东正教派的教堂、伊斯兰寺庙，还有一些庞大而呆板的建筑，有些杂乱无章。倾听人们交谈的话语，发现里面交织着马其顿语、阿尔巴尼亚语，还有土耳其语，不由得重新意识到这是一个多民族的国家。

车站和交通

距离城市主大街以东 23 公里处。除了巴尔干半岛的主要城市，来自伊斯坦布尔和维也纳的巴士也在这里抵离。

斯科普里国际机场
Меѓународен Аеродром Скопје

● 乘坐机场巴士前往市内

机场巴士的运营安排迎合飞机的抵达情况。有两家公司，一家是瓦尔达尔速通 Vardar Express，另一家是马诺拉 Manora，都是从机场出发经停巴士总站前往假日酒店。到巴士总站大约 25 分钟，180DEN。从市内前往机场的班次的出发时间因日期不同而有所变动，这一点要注意。车票在巴士总站里面的旅游公司购买。

● 乘坐出租车前往市内

到达市内中心地区大约 20 欧元。

斯科普里中央车站
Железничка станица Скопје

Map p.359-B2

虽然班次不多，不过有来自塞尔维亚的贝尔格莱德、希腊的塞萨洛尼基的火车班次抵离。朝着市中心的北马其顿广场步行 15 分钟即到。

斯科普里巴士总站
Скопска автобуска станица

Map p.359-B2

和斯科普里中央车站相邻。里面也设有旅游公司、餐馆等。各家公司共用售票窗口，国内线与国际线虽然是分开的，但是一部分的国际班次与机场巴士的车票需在旅游公司购买。行李寄存处与售票处在一起。

info 斯科普里以前的名称是亚历山大大帝机场。2018 年，为了改善同希腊的关系，更改了名字。

斯科普里 漫步

● **北马其顿广场 Плостад Македонија** 中心街区位于石桥（卡门·莫斯特 Камен мост）南侧的北马其顿广场。广场周边餐馆、商店林立，在它的东南方有斯科普里购物中心 Градски трговски центар。向南行，可以到达老火车站的斯科普里博物馆。

斯塔拉·查尔夏与老巴扎

● **巴扎 Стара чаршија** 过了石桥向北，再度过一座陆桥，就是被称作老巴扎的集市。这里居住着很多土耳其人，可以看到很多半圆形屋顶、光塔（伊斯兰教寺院的塔尖）等穆斯林建筑。再往里去，便来到了食品市场。北马其顿博物馆也在附近。

● **斯科普里城周边 Скопско Кале** 在巴扎西面斯科普里城的山丘上，有一个拥有美丽草坪的公园，保留着 11 世纪的城堡遗迹。视野非常棒，可以 360 度一览斯科普里的城市景观。

连接城市南北的奥斯曼帝国时代的石桥

拥有六只翅膀，用其中的两只隐藏身体的炽天使的雕像。经常被描绘在东正教堂的壁画上

北马其顿

斯科普里

斯科普里

J. Крчовски
Самоилова
库尔休姆利·汗
Куршумли Хан
Bushi H
北马其顿博物馆
Музеј на Македонија
穆斯塔法·帕夏清真寺
Мустафа Пашина џамија
老巴扎
Стара чаршија
N
0 200m
前往马特卡峡谷（15公里）
前往北马其顿自然史博物馆（1公里）
国家美术馆（奇弗特·阿玛姆）
Национална Галерија на Македонија
Битпазарска
圣斯帕斯教堂
Црква св. Спас
Бул. Илинден
斯科普里城
Тврдина кале
迪斯坦
Destan R
超8酒店
Super 8
Бул. Крсте Мисирков
圣西里尔·梅托迪伊大学
Универзитет Кирил и Методиј
安巴萨多尔酒店
Ambasador
陆桥
Стоковна Кука Мост
国家美术馆
（达沃特·帕夏·阿玛姆）
Национална Галерија на Македонија
Bohemia
圣克莱门特教堂
Саборна црква св. Климент
圣迪米托利亚教堂
св. Димитрија
戈采德尔切夫大道
Бул. Гоце Делчев
Бул. Партизан
国家剧院
Народен Театар
霍洛科斯特记忆中心
Меморијален центар на Холокаустот
北马其顿自治独立斗争博物馆
Музеј на Македонската Борба за Државност и Самостојност
Stone Bridge H
石桥（卡门·莫斯特）
Камен мост
北马其顿考古学博物馆
Археолошки музеј
老城之家
Old City House
斯科普里万豪酒店
Marriott
Максим Горки
кеј 13 Ноември
凯多尼亚广场
пл. Македонија
Бул. св. Климент Охридски
Димитрие Чуповски
斯科普里购物中心
Градски трговски центар
瓦尔达尔河
迪克 DEKO
北马其顿门
Holiday Inn Skopje
香提青年旅舍
Shanti
Turist H
特雷莎修女纪念馆
Спомен Куќа на Мајка Тереза
Бул. Кузман Јосифовски Питу
Vero Center
Петричка
Македонија
Филип Втори Македонски
Св. Кирил и Методиј
超市
Tinex
Ramstore Mall
бул. Кочо Рацин
бул. Крушевска Република
Ferijalen Dom Skopje
11 Октомври
斯科普里博物馆（老火车站）
Музеј на град Скопје
斯科普里中央车站
Железничка
巴士总站
市内巴士总站
A
B

info 近年来斯科普里增加的很多古典风格的建筑物、雕像都是被称为斯科普里 2014 年的前政权规划下的产物。由于对这些规划有很多批判性的意见，又加上 2017 年政权交替，规划因而终止。撤掉一部分雕像等，对于城市规划的调整正在进行之中。

俯视城市的城堡

圣斯帕斯教堂

住 Макалиев Фрицковски 8（Makaliev Frickovski）
电（02）3163812
开 9:00~17:00（周六 · 周日 ~15:00）
休 周一 费 成人 120DEN

穆斯塔法 · 帕夏清真寺

住 Самуилова（Samuilova）
开 随时 休 礼拜的时候
费 免费

停留在当初建设时的状态

北马其顿考古学博物馆

住 Кеј Димитар Влахов 6б（Dimitar Vlahov）
电（02）323399
开 10:00~20:00
休 周一、节假日
费 成人 150DEN

建在瓦尔达尔河沿岸的古典风格的建筑

北马其顿博物馆

住 ЈосефМихаиловиќ 7（Josef Mihailovic）
电（02）3116044
开 9:00~16:00（周六 ~15:00；周日 ~13:00）
休 周一、节假日
费 成 100DEN 学生 50DEN

特雷莎修女纪念馆

住 Македонија 9（Makedonija）
电（02）3290674
URL www.memorialhouseofmotherteresa.org
开 9:00~20:00（周六、周日：~14:00）
休 节假日 费 免费

斯科普里 主要景点

圣斯帕斯教堂

Map p.359-B1

Црква Свети Спас

老巴扎

建于 18 世纪前期，内部施以华美的装饰，其华美的程度从外部是无法想象的。特别是圣幛 p.499 的木雕工艺精致，被一致评为达到了北马其顿木雕艺术的最高峰。现在这里并没有作为教堂使用，而是作为博物馆向外开放。

穆斯塔法 · 帕夏清真寺

Map p.359-A·B1

Мустафа-пашина џамија

老巴扎

斯科普里被奥斯曼帝国攻陷后不久的 1492 年，在苏丹、塞利姆一世时任职的宰相穆斯塔法 · 帕夏建造了这座伊斯兰寺院。清真寺以首屈一指的造型美傲居北马其顿为数众多的伊斯兰寺院之首。

内部装饰着美丽的阿拉伯式装饰图案

北马其顿考古学博物馆

Map p.359-A2

Археолошкиот музеј на Македонија

北马其顿广场周边

建在瓦尔达尔河岸边的哑白色的雄伟建筑。里面展示着国家博物馆考古学部门收藏的展品。一层展示有统治北马其顿地区的各种各样的政权时代的货币以及在斯托比、斯科普里挖掘的雕像，等等。二层展示有石器时代的母神像、5~6 世纪制作的早期基督教的镶嵌图案，等等。

北马其顿博物馆

Map p.359-B1

музеј на Македонија

老巴扎

位于穆斯塔法 · 帕夏清真寺以东的老巴扎里。这里是北马其顿最大的博物馆，展览分为两个部分。一个是展示北马其顿各地的民族服装以及传统家具模型的民俗学部门，另一个是介绍奥斯曼帝国时代以后的历史的历史部门。汇聚了各地圣具的画廊也归入了历史部门，但是由于修复工程，截至 2018 年 10 月圣具画廊还没有开放。

特雷莎修女纪念馆

Map p.359-A2

Спомен-куќа на Мајка Тереза

北马其顿广场周边

由于在印度的活动而广为人知的特蕾莎修女出生于阿尔巴尼亚裔的天主教家庭，18 岁以前的时光都是在斯科普里度过的。

为了纪念她的功绩，2009 年特蕾莎修女纪念馆对外开放。里面再现了 20 世纪的北马其顿民居，展示有关于特蕾莎修女的照片、身边的物品、出生证明等。展览在二层，三层是礼拜堂。

斯科普里博物馆

Map p.359-A2

Музеј на град Скопје

老巴扎

发生于1963年的大地震，使得斯科普里损失惨重，80%的建筑物被毁，大约3000人死亡。利用地震中部分被毁坏的老火车站建成了这座博物馆，里面展示有这里挖掘的硬币、服饰用品、雕刻，等等。

7500年前制作的地母神像

国家美术馆

Map p.359-B1

Национална Галерија на Македонија

老巴扎

达沃特·帕夏·阿玛姆位于老巴扎入口附近，是15世纪后半期的一处土耳其式公共浴室，国家美术馆利用它改建而成。在保留着公共浴室特点的馆内，展示有北马其顿现代作家的作品。在老巴扎里还有一处奇弗特·阿玛姆，这里被用作美术馆的分馆。

总是令人印象深刻的半圆形穹顶的奇弗特·阿玛姆

圣克莱门特教堂

Map p.359-A1

Природонаучен музеј на Македонија

斯科普里中部

单凭拱形和半圆形构建的时尚外观给人们留下了深刻印象的教堂。1972年开始建造，1990年竣工。一定要参观圆形的内部空间，巨大的天井绘画，用橡树木材制作的圣幛 ▶p499 也值得一看。

教堂的内部装饰有也十分壮观

北马其顿自然史博物馆

Map p.359-A1 外

Природонаучен музеј на Македонија

斯科普里西部

从市中心向西步行15~20分钟。作为巴尔干半岛最大的自然史博物馆，评价很高。

从矿物、古生物化石开始，展示有各种各样的动植物标本以及剥制标本。动物园就在旁边。

马特卡峡谷

Map p.359-A1 外

Матка Кањон

马特卡

特雷斯卡河的侵蚀造就出马特卡峡谷险峻而美丽的魅力。从斯科普里可以轻松前往马特卡峡谷，它是深受大众欢迎的户外景点。周边散布着几处有历史的教堂，可以一边远足一边游览。峡谷的入口有酒店、餐馆、旅行社等设施，可以参加游船旅游团或者租赁皮划艇。

用水库建造的人造湖、马特卡湖

斯科普里博物馆

住 Св. Кирил и Методиј 66 (Sv. Kiril i Metodij)
TEL (02) 3114742
开 9:00~17:00 (周日 ~13:00)
休 周一
费 免费

国家美术馆

URL nationalgallery.mk
▶**达沃特·帕夏·阿玛姆**
住 Крушевска 1A (Krushevska)
TEL (02) 3133102
开 10:00~21:00 (冬季 ~18:00)
休 周一
费 成人50DEN、学生20DEN
▶**奇弗特·阿玛姆**
住 Битпазарска (Bitpazarska)
开 10:00~21:00 (冬季 ~18:00)
休 周一
费 成人50DEN、学生20DEN

圣克莱门特教堂

住 Бул.Партизански Одреди 17 (Bul. Partizanski Odredi)
开 随时
休 无
费 免费

北马其顿自然史博物馆

住 Бул.Илинден 86 (Bul. Ilinden)
TEL (02) 3116453
开 9:00~16:00
休 周一
费 成 60DEN、学生 30DEN

伊斯兰教徒组织赠送的教堂前的喷泉

前往马特卡峡谷的方式

🚌 从斯科普里市内巴士总站乘坐60路巴士，大约需要1小时15分钟即可到达。7:00~22:30的每1~2小时出发一班。在终点站下车，朝着车的行进方向步行15分钟左右。

建在马特卡湖畔的圣昂多莱阿教堂

前往沃多诺山的方式

🚌 在斯科普里市内巴士总站乘坐前往斯莱多诺·沃多诺 Средно Додно 的 25 路巴士，到达缆车入口。8:00~21:20 的每 1~2 小时出发一班。

所需时间：大约 30 分钟

开往沃多诺山山顶的的缆车

URL zicnica.jsp.com.mk

开 11 月 ~ 次年 3 月 9:00~16:30
4 月、10 月 10:00~16:30
5~9 月 10:00~19:30
每 30 分钟重复一次运行和停驶。

休 周一

所需时间：大约 10 分钟

缆车费：100DEN

乘坐缆车欣赏斯科普里的市容市貌

圣潘泰来盟修道院

🚌 在斯科普里市内巴士总站乘坐前往北马其顿斯科·赛洛 СМакедонско Село 的 28 路巴士，每天有 7~10 个班次。

所需时间：大约 40 分钟

开 夏季 9:00~17:00
冬季 11:00~16:00

休 周一 费 成人 120DEN

千禧十字架

Map p.362-A

Милениумски крст

沃多诺山周边

建在沃多诺山顶 66 米高的十字架是世界上最大的十字架，从斯科普里市内都可以看到。2011 年开设了缆车，可以轻松地来到这里。登山线路也修整一新，很多人从巴士车站步行登山。从山顶眺望斯科普里市内的全景，美极了。

耸立在山顶的巨大的十字架

圣潘泰来盟修道院

Map p.362-A

Црква Св. Пантелејмон - Горно Нерези

沃多诺山周边

建在沃多诺山的山脚、创立于 1164 年的修道院。里面装饰着壁画，特别是北面墙壁上的一幅杰作十分有名，描绘着靠近耶稣的圣母玛利亚带着悲伤的情景，绝妙地表达出隐藏在人们心中的悲哀。这些壁画是在 12 世纪和 16 世纪描绘的，参观者可以同时欣赏到不同时代的作品。有时会不定期的关闭。

8 月 9 日是圣潘泰来盟的死亡日，这一天有几百人的信徒会集而来

近郊的景点 从斯科普里乘坐出租车 1 小时

科基诺

Map 文前 p.6-B1

Кокино

被认定为世界第四重要的古代天文观测台

位于斯科普里东北大约 50 公里处的古代天文观测台的遗迹。专家们认为它建于公元前 1800 年左右，据说当时的人们用岩石的印记作为比较的参照物来观察太阳和月亮的动态。现在，向联合国教科文组织申请被评为世界遗产的工作正在进行之中。虽然可以乘坐巴士抵达库马诺沃后再换乘出租车来到这里，但是没有导游的讲解，很难弄明白古人在科基诺是如何进行天文观测的。附近还出土陶器等文物，出土文物都收藏于近郊小镇——库马诺沃的博物馆里。

近郊的景点 从斯科普里乘坐出租车 1 小时

卡梅尼库库利

Map 文前 p.6-B2

Камени кукули

石柱上有用于新郎、新娘和服务人员的盘子

所谓的卡梅尼库库利指的是石头人形。直立的石头的确看起来如同人的身姿。奇妙的石柱连接在一起，这一不可思议的景象形成于 1000 万年左右以前。

根据传说，石柱原本是婚礼仪式的所有参加者。新郎的妻子发现，新郎正要和别的女子举行婚礼。于是，在她的诅咒下，新郎新娘和所有参加者都变成了石头。

近郊的景点 从斯科普里乘坐出租车 2 小时

斯托比

Map 文前 p.6-B2

Стоби

在北马其顿留存的罗马遗址中，斯托比遗址是其中最重要且规模最大的。罗马时代，斯托比是堪比希腊的塞萨洛尼基的北马其顿的首都，基督教被公认以后，这里作为信仰中心而欣欣向荣。在广阔的占地范围内保留着跨越好几个世纪的遗址。教堂曾经被扩建了三次，洗礼所镶嵌图案上的孔雀还成了 10DEN 纸币上的设计图案。

遗址门票含有带导游的旅游团费用。旅游团有两种，可以在网上预约。

保留着早期基督教的镶嵌图案的洗礼所遗址

▶▶Access Guide 交通导航
从斯科普里前往科基诺
🚗 没有公共交通工具。请斯托比的旅游公司安排英语导游和专车，游览科基诺、卡梅尼库库利，这样效率比较高。

留存在山顶的观测所遗址

▶▶Access Guide 交通导航
从斯科普里前往卡梅尼库库利。
🚗 没有公共交通工具。请斯托比的旅游公司安排英语导游和专车，游览科基诺、卡梅尼库库利，这样的效率比较高。

排列在一起的人形奇石

▶▶Access Guide 交通导航
从斯科普里前往斯托比
🚌 6:00 16:55 发车
所需时间： 1 小时 20 分钟
🚌 乘坐前往内戈提诺 Неготино 的巴士，然后请司机在遗址前停一下车。由于会有不给停车的情况，那么就从距离 13 公里的内戈提诺乘坐出租车前往。

斯托比遗址
TEL (043) 251026
URL www.stobi.mk
开 4~9 月 8:30~20:00
10 月 ~ 次年 3 月 8:30~16:30
休 无
费 成人 120DEN
学生 50DEN

info 斯托比村里有一家以北马其顿葡萄酒著名的葡萄酒庄 STOBI Winery，可以安排 90 分钟 ~8 小时的葡萄酒庄旅游团。URL www.stobiwinery.mk TEL (043) 215800

斯科普里的酒店
Hotel

斯科普里万豪酒店
Marriott Skopje

◆面对北马其顿广场，斯科普里最高档的酒店。拥有设有室内泳池、蒸汽浴室的健身SPA等设施。所在的地理位置、设备以及服务都没什么可说的。

Map p.359-A2

住 Плостад Македонија 7（Plostad Makedonija） TEL（02）5102510 TEL（02）5102513 URL www.marriott.com
S W €170 CC A D M V
早餐 €15 WiFi 免费

安巴萨多尔酒店
Hotel Ambasdor

◆和旅游公司博海米阿是同一个老板经营的中档酒店。客房干净舒适。靠近市中心，周围有很多餐馆、酒吧。

Map p.359-A1

住 Пиринска 38（Pirinska）
TEL（02）3121383 FAX（02）3215729
URL www.hotelambasador-sk.com.mk
S 2400DEN
W 3100DEN CC A D M V
早餐 含 WiFi 免费

超 8 酒店
Hotel Super 8

◆位于老巴扎东侧。可以在宾客休息室免费饮用咖啡。客人在这里能够享用到提供北马其顿的特产阿伊瓦鲁以及丰富的蔬菜和水果的早餐，这家酒店以此为傲。

波德戈里察 Map p.359-B1

住 Бул. Крсте Мисирков 57（Bul. Krste Misirkov） TEL（02）3212225
FAX（02）3217660 URL www.hotelsuper8.com.mk
S €35 W €45
CC M V 早餐 含 WiFi 免费

香提青年旅舍
Shanti Hostel

◆从火车站步行5分钟即到。利用独栋房屋建成的青年旅舍，带一个庭院，可以好好地放松。多人间的床位数是4~8张。令人欣慰的是可以免费使用厨房、洗衣房。

波德戈里察 Map p.359-B2

住 Раде Јовчевски Корчагин 11（Rade Jovchevski Korchagin） TEL（02）6090807
URL www.shantihostel.com
S €8~11 W €25~27
CC 不可 早餐 含 WiFi 免费

斯科普里的餐馆
Restaurant

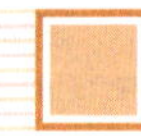

老城之家
Old City House

◆使用传统民居改建的餐馆，服务员身穿民族服装给客人提供服务。家乡菜品种丰富，塞尔斯科·梅索390DEN，塔夫切·古拉夫切150DEN，等等。

Map p.359-B2

住 Пајко Маало 14（Pajko Maalo）
TEL（02）3131376
URL www.starakuka.com.mk 休 无
开 8:00~24:00（周六·周日 12:00~24:00）
CC A M V 北马其顿菜肴 老民居餐馆

迪斯坦
Destan

◆1913年开业。以一百多年历史为傲的串儿吧。10个受欢迎的小号烤肉串210DEN。阿伊瓦鲁120DEN，塔夫切·古拉夫切150DEN。

波德戈里察 Map p.359-B1

住 Казанчиска（Kazanchiska）
TEL（02）3224063 开 8:00~23:00
休 无 CC M V
北马其顿菜肴 串儿吧

斯科普里的商店
Shop

迪克
DEKO

◆这家商店经营的珠宝首饰，由北马其顿产的粉色红宝石与传统的条纹工艺结合在一起制作而成。设计成斯科普里的象征——蝴蝶的珠宝首饰很受欢迎。

Map p.359-A2

住 Димитрија Чуповски 5（Dimitrija Chupovski）
☐ 070-344146
开 10:00~20:30（周六 10:30~15:30）
休 周日 CC M V 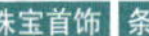 珠宝首饰  条纹工艺

奥赫里德 Охрид / *Ohrid*

马其顿有代表性的夏季度假区

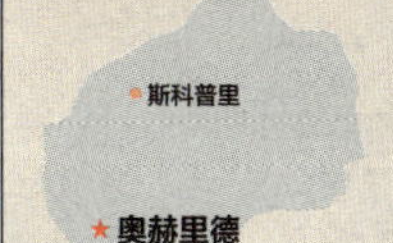

位于北马其顿西南地区的奥赫里德湖，湖水清澈透明，348 平方公里的面积中，有四分之一在阿尔巴尼亚境内，横跨两国边境。以海拔 2764 米的科拉比山为首，白雪覆盖的高峰一座连着一座。中世纪的时候，圣西里尔与美多德 p.503 的弟子圣克莱门特与圣瑙姆在这一带进行传教活动，从此奥赫里德在斯拉夫社会里作为基督教文化的中心地区而繁荣昌盛。以老城区为首，保留在湖畔的数个教堂以雄辩的事实向人们讲述着昔日的繁荣。拥有美丽的自然与文化遗产的奥赫里德被评为世界遗产，是北马其顿首屈一指的旅游地区。

交通和运输

● **巴士总站**　奥赫里德的巴士总站位于城市的东北部。从巴士总站步行前往汇聚着土特产商店的斯维提·克莱门特·奥赫里德斯基大街 св. Климент Охридски 约需 20 分钟。乘坐出租车大约 100DEN。

奥赫里德 漫 步

● **探入湖中的老城区**　沿湖而行进到老城区里，右侧是白色的国家博物馆建筑，它的上层部分非常突出。再向前行，就看到了圣索非亚教堂。从这里上坡，便来到圣克莱门特教堂和圣具博物馆。

● **萨穆伊尔要塞**　从圣具博物馆向西一路上坡，就到了山丘上的萨穆伊尔要塞。从这里眺望城市和湖水，景致最佳。然后从那里南行，保留着早期基督教的镶嵌图案的普拉奥休尼克便映入眼帘。再向南行，来到湖角的最前端，就看到圣约翰·卡内奥教堂建造得仿佛漂浮在湖面上一般。可以步行返回市中心，也可以乘坐出租游艇。

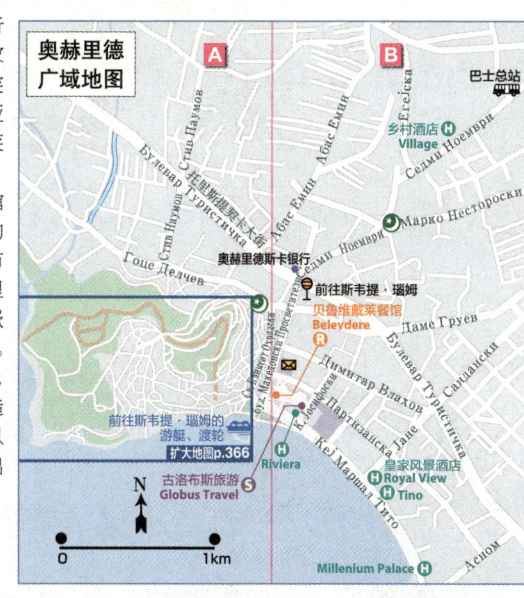

MAP 文前 p.6-A2
人口大约 4 万人
长途区号 046
旅游局
URL www.ohrid.com.mk

▶▶ *Access Guide* 交通导航
从斯科普里出发
见时刻表 p.355

世界遗产
奥赫里德地区的自然遗产和文化遗产 Охрид
1979 年、1980 年入选

旅游咨询处（奥赫里德）
URL www.ohrid.com.mk
在奥赫里德没有国家设立的 ❶。

旅游公司（奥赫里德）
▶古洛布斯旅游
Globus Travel
经营介绍住宿设施、自行车租赁、一日游等业务。
MAP p.365-B
住 Кузман Јосифовски 2（Kuzman Josifovski）
TEL（046）611511
URL www.globustravel.com.mk

圣约翰·卡内奥教堂

扩展到湖岸的胜地

奥赫里德老城区

Стариот град Охрид

圣西里尔与美多德的弟子圣克莱门特与圣瑙姆在这一带进行传教活动，从此以后奥赫里德在斯拉夫社会里作为基督教文化中心而欣欣向荣。保留在湖畔的数个教堂与奥赫里德湖的自然环境被评为世界遗产的综合遗产。

圣西里尔与美多德

圣西里尔与美多德是 9 世纪在斯拉夫社会里进行传教活动的兄弟。为了书写之前没有文字的斯拉夫语他们考察了古斯拉夫文字，后来经过他们的弟子的改良，成了西里尔文字。

普拉奥休尼克的圣潘特莱蒙教堂

古代剧院
Антички театар
萨穆伊尔要塞 5
Самуилова тврдина
Кузман Капидан
圣迪米托利亚教堂
Свети Димитрија
圣具博物馆
Галерија на икони
阳光之湖青年旅舍
Sunny Lake
1 圣克莱门特教堂
Св. Климент
Григор Прличев
Браќа Миладиновци
Илинденска
长方形大会堂
Базилика
圣弗拉奇教堂
Свети Власиј
圣尼古拉教堂
Свети Никола
普拉奥休尼克
Плаошник 2
圣潘特莱蒙教堂
Св. Пантелејмон
洗礼台
Крстилница
Б. Миладиновци
国家博物馆
Народниот музеј 4
Metodi Patcev
Методи Патчев
Цар Самоил
奥赫里德手工纸张店
Ohrid Handmade Paper
Antiko
维瓦·库桑
Viva Ksantik
3 圣索非亚教堂
Света Софија
Кочо Рацин
6 圣约翰·卡内奥教堂
Свети Јован Канео
奥赫里德湖
Ohridsko ezero
N
50m

1 圣克莱门特教堂

Црква Св. Климент

圣克莱门特是圣西里尔与美多德的弟子，公元886年左右来到奥赫里德传教。30年以来，为这一地区基督教文化的发展做出了贡献。这里原本是献给圣母玛利亚的教堂，由于圣克莱门特的遗骨移到了这里，因此便改名为圣克莱门特教堂。布满内壁的13世纪末期的壁画不可错过。这里还设有一座圣具博物馆，里面的藏品也值得一看。

070-97939　开 夏季 9:00~19:00　冬季 9:00~16:00
休 无　费 教堂 100DEN　圣具博物馆 100DEN

2 普拉奥休尼克

Плаошник

位于潘特莱蒙教堂附近的早期基督教设施遗址。在长方形大会堂、洗礼室的地板上留存着镶嵌壁画，值得一看。洗礼室的镶嵌壁画上显示了钩形十字记号，那是还没有被人们避讳的纳粹之前的符号。

开 8:00~ 日落　休 无
费 成人 100DEN　学生 30DEN

3 圣索非亚教堂

Црква Света Софија

建在奥赫里德老城区里一座山丘山脚的教堂。虽然这里曾经是建于11世纪的奥赫里德有代表性的教堂，但是在奥斯曼帝国统治的时代，又被转用为伊斯兰寺院，壁画全部被涂抹掉。第二次世界大战以后，又还原为基督教堂，经过修复，被涂抹的壁画又重新焕发出往日的光彩。在教堂的占地范围内设有舞台，在奥赫里德夏季节日期间，这里是表演的舞台。

开 4~9月 8:00~20:00　10月~次年3月 8:00~16:30
休 无　费 成人 100DEN　学生 30DEN

4 国家博物馆

Народниот музеј

进入老城区马上就是。这里是一座使用19世纪有代表性的贸易富商洛贝维的宅邸建成的博物馆。里面收藏有希腊、罗马时代的出土文物，还有中世纪的圣具、硬币等各种各样的藏品。建筑物本身按照奥斯曼帝国时代的传统样式建成，被称为奥赫里德样式。将这里与同为世界遗产的阿尔巴尼亚的培拉特 p.387 以及吉罗卡斯特拉 p.391 的传统建筑比较一下，非常有趣。

TEL (046) 267173　开 夏季 9:00~19:30　冬季 9:00~15:00
休 周一、节假日　费 成人 100DEN

5 萨穆伊尔要塞

Самуилова тврдина

矗立在奥赫里德老城区山丘上的萨穆伊尔要塞是北马其顿保存状态最好的要塞。从10世纪末到11世纪初期，保加利亚帝国的皇帝萨穆伊尔定都奥赫里德，建造了这座要塞。从这里可以眺望到城市全景和奥赫里德湖的美丽风景，非常适合远眺。

TEL (046) 262386
开 6~8月 9:00~19:30　9月~次年5月 9:00~16:00
休 无　费 成人 60DEN

6 圣约翰·卡内奥教堂

Црква Свети Јован Канео

这座建在湖角端上、创建于13世纪的教堂小巧又可爱，可以看出其建筑风格受到了亚美尼亚教堂的影响。遗憾的是壁画的保存状态不佳，圣具也曾经被偷盗过。给人的印象是和外观相比，教堂内部的魅力欠佳。

078-330402　开 夏季 9:00~20:00　冬季 9:00~17:00
休 不定期　费 成人 100DEN

重现古代水上村落的博物馆

水上博物馆
🚌乘坐从奥赫里德前往斯韦提·瑙姆的巴士中途下车。
时刻表见 ▶p.355
所需时间：大约 30 分钟
车费：60DEN
📱 077-603030
开 8:00~19:00
休 周一
费 成人 100DEN
学生 60DEN

该岛是通过将桩打入浅滩而成的

圣瑙姆修道院
🚌乘坐从奥赫里德前往斯韦提·瑙姆的巴士，大约需要 50 分钟。
时刻表见 ▶p.355
⛴ 旺季的时候，有从奥赫里德出发的游艇。出发时间因日期而异，请事先确认好。
所需时间：1 小时 30 分钟
费用：大约€ 10
☎ (047) 235329
开 7:00~ 日落
休 无
费 成人 100DEN
学生 30DEN

修道院里饲养的孔雀

奥赫里德 主要景点

近郊的景点 从奥赫里德乘坐巴士最短 30 分钟即到

水上博物馆

Map p.368 上

Музејот на вода

这座室外博物馆是通过将桩打入湖里的浅滩而制成的人工岛，位于从奥赫里德通往斯韦提·瑙姆的中途。该博物馆复原了公元前 12~17 世纪，建在奥赫里德湖上的古代人的村落，实际上在湖水下面还留存有水上遗址。

被复原的人工岛上有几座建筑物，据说四边形的建筑是民居，圆形建筑则是聚会的场所。人们用一座桥将人工岛和陆地相连，不过桥梁本来是可以被移走的。

在同时设立的展览室里可以看到这里出土的陶器、动物的骨骼等等。另外，博物馆的占地范围内还有罗马时代的堡垒遗迹。由于这里也有桌子、椅子，可以享受野餐的乐趣。

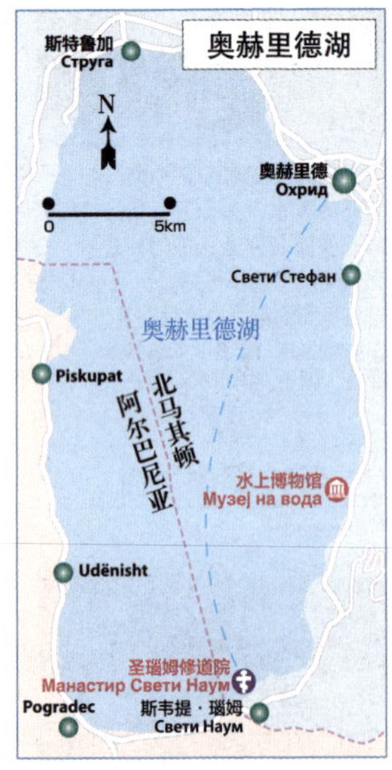

近郊的景点 从奥赫里德乘坐巴士最短 50 分钟即到

圣瑙姆修道院

Map p.368 下

Манастир Свети Наум

这座修道院位于奥赫里德以南 30 公里、靠近与阿尔巴尼亚的国境线的斯韦提·瑙姆。20 世纪初期的一段时期这里曾经是阿尔巴尼亚的领土。10 世纪的时候，圣瑙姆在这里进行传教活动，并创建了这座修道院，他的遗骸也被保存在这里。建筑内部留存有美丽的壁画。

每年 7 月 2~3 日是圣瑙姆的祭日，每逢此时，人们纷纷前来瞻仰纪念。修道院设在斯韦提·瑙姆的一家结构复杂的酒店里，可以用餐和住宿。

近郊的城镇　从奥赫里德乘坐巴士最短 1 小时 30 分钟即到

比托拉

Map 文前 p.6-A2

Битола

奥赫里德以东 45 公里的比托拉是距离邻近希腊的北马其顿南部的主要城市。它历史悠久，公元前 4 世纪亚历山德罗斯大王的父亲——菲力浦斯二世创建了这座城市。在奥斯曼帝国的统治下这里又被称为马纳斯蒂尔。在河边的老城区里还保留着巴扎、清真寺等建筑。

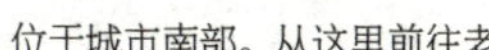

菲力浦斯二世的雕像矗立在老城区的中心

漫游方式　火车站与巴士总站相邻，位于城市南部。从这里前往老城区的中心地区，步行 20 分钟左右即可。路上会经过比托拉博物馆，里面展示着考古学、民族学、圣具等多元化的藏品，一定要进去看看。博物馆附近有一条向北延伸的希洛克大街 Широк сокак，一直通到老城区的中心地区。

赫拉克里亚遗址早期基督教的镶嵌壁画

▶▶ Access Guide 交通导航

从斯科普里前往比托拉

🚌 6:42　14:30　17:10　20:10 发车

所需时间：3 小时 30 分钟

车费：314DEN

🚌 见时刻表 p.355

从奥赫里德前往比托拉

🚌 见时刻表 p.355

赫拉克里亚遗址

从巴士总站步行 15 分钟

☎ 075-298767

开 随时　休 无

费 成人 100DEN

学生 30DEN

赫拉克里亚遗址

Map p.369 右 2

Хераклеа

比托拉在古代的名字是赫拉克里亚。不用说，这一名字来自于希腊神话的英雄赫拉克里亚，菲力浦斯二世的后裔马其顿王室被认为是赫拉克里亚的子孙，因此起了这个名字。

位于城市南部的这个遗址十分庞大，据说现在挖掘的仅仅是全部的大约 10%。古代的剧院、教堂以及公共浴室都保留了下来，尤其是教堂的镶嵌壁画（为了保护遗址，冬季不能参观）必看无疑。

容纳 2000 人的剧院

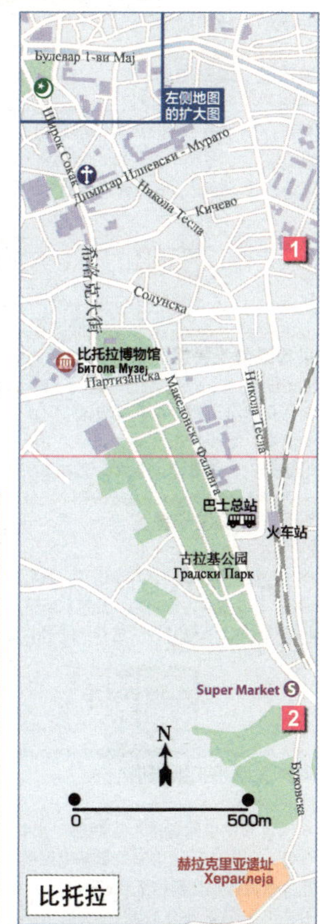

info　使用奥斯曼帝国时代的预备军官学校的校址建筑建立了比托拉博物馆。在当年这个学校的毕业生里，就有作为土耳其共和国的建国之父而备受人们尊敬的凯末尔・阿塔图尔克，博物馆里也有歌颂他的事迹的相关展览。

奥赫里德的酒店
Hotel

皇家风景酒店
Royal View

◆排列在湖边的酒店中的一家，大约一半以上的房间是湖景房。同时设有桑拿（800DEN），此外还可以租赁自行车（1天750DEN）。

奥赫里德 Map p.365-B

住 Јане Сандански 2（Jane Sandanski）
TEL（046）263072 FAX（046）231071
URL www.royalview.com.mk
S €40~80 W €59~80
CC M V 含 WiFi 免费

乡村酒店
Hotel Village

◆从巴士总站步行5分钟即到。这是一家于2017年12月开业的新酒店，客房使用木纹地板，自然又时尚。同时设有餐馆。

奥赫里德 Map p.365-B

住 7ми Ноември 179（7mi Noemvri）
TEL（046）251621
URL www.hotelvillage.mk
S €30~35 W €40~50
CC M V 含 WiFi 免费

阳光之湖青年旅舍
Sunny Lake

◆亲切友好的老板经营的一家青年旅舍，使用老城区的一栋房屋建成。多人间的床位数是4~8张，为每个人准备了存放行李的柜子。厨房也可以使用。

奥赫里德 Map p.366

住 11 Октомври 15（11 Oktomvri）
075-629571
URL www.sunnylakehostel.mk
€8~12 CC 不可
含 WiFi 免费

斯韦提·瑙姆酒店
Hotel Sveti Naum

◆建在斯韦提·瑙姆高地上的酒店，圣瑙姆修道院在中庭院子里。客房配有古典风格的家具，可以俯视湖面的餐馆提供传统菜肴。

斯韦提·瑙姆 Map p.368 下

住 Св.Наум（Sv. Naum）
TEL & FAX（046）283080
URL www.hotel-stnaum.com.mk
S €31 W €41~51
CC M V 含 WiFi 免费

奥赫里德的餐馆
Restaurant

贝鲁维戴莱餐馆
Belvedere

◆店里十分开阔，装饰着乐器，有时举办钢琴演奏。院子也很宽敞，可以一边眺望奥赫里德湖，一边用餐。菜肴价位150~950DEN。

奥赫里德 Map p.365-B

住 Кеј Маршал Тито 2（Kej Marshal Tito） TEL（046）231520
开 8:00~24:00(周五·周六~次日1:00)
休 无 CC M V 北马其顿菜

维瓦·库桑提卡餐馆
Viva Ksantika

◆以轻松的价格就可以在这里享受到塞尔维亚汉堡包、塔夫切·古拉夫切以及塞尔斯科·梅索这些北马其顿的传统佳肴。菜肴价位110~300DEN。

奥赫里德 Map p.366

住 Цар Самоил 23（Tsar Samoil）
TEL（046）205003 开 夏季8:00~次日1:00
冬季8:00~23:00 休 无
CC 不可 北马其顿菜肴

奥赫里德的商店
Shop

奥赫里德手工纸张店
Ohrid Handmade Paper

◆国家博物馆附近的一家画廊。出售着用古登堡的印刷机印刷出来的奥赫里德的风景画。在这里可以观赏到抄纸和印刷工艺。

奥赫里德 Map p.366

住 Самоилова 60（Samoilova）
078-223231
URL ohridhandmadepaper.mk
开 8:30~21:00(周日9:00~16:00)
休 无 CC 不可 纸张 印刷品

阿尔巴尼亚

Albania

保留着传统街道的吉罗卡斯特拉

国旗

红色旗上的一只黑色双头鹰。国旗的设计来自于从15世纪奥斯曼帝国手中实现独立的斯坎德培的印章。

正式国名

阿尔巴尼亚共和国
Republika e Shqipërisë

国歌

《团结在我们国旗的周围》
Rreth Flamurit të Përbashkuar

面积

2.87万平方公里

人口

90.6万（2020年1月）

首都

地拉那 Tiranë

国家元首

总统：伊利尔·梅塔
总理：埃迪·拉马

国家政体

共和制

民族构成

阿尔巴尼亚人占82.58%，还有希腊人、罗马尼亚人、马其顿人、罗姆人等。

宗教

56.7%的居民信奉伊斯兰教，6.75%信奉东正教，10.1%信奉天主教。

语言

官方语言是阿尔巴尼亚语。从事旅游观光行业的很多人讲英语。有很多普通人讲意大利语、希腊语。

→旅行中会用到的阿尔巴尼亚语 p.379

货币与汇率

阿尔巴尼亚的货币单位是列克 Lek（复数形式 Lekë），辅助货币单位是昆塔 Qindarkë（复数形式 Qindarka）。1Lek=100Qindarka。截至2021年1月，1Lek=0.0636元人民币，1US$=101.85Lek，1€=123.77Lek。

纸币的种类有200Lek、500Lek、1000Lek、2000Lek、5000Lek。硬币的种类有1Lek、5Lek、10Lek、20Lek、50Lek、100Lek。1Lek的硬币几乎不流通。

【货币兑换】

带些美元或者是欧元的现金比较好，有很多地方都可以兑换。

【信用卡】

除了高档酒店、部分餐馆、商店以外，有很多地方不能使用信用卡，在购物方面的通用性比较低，而ATM普及的范围很广。

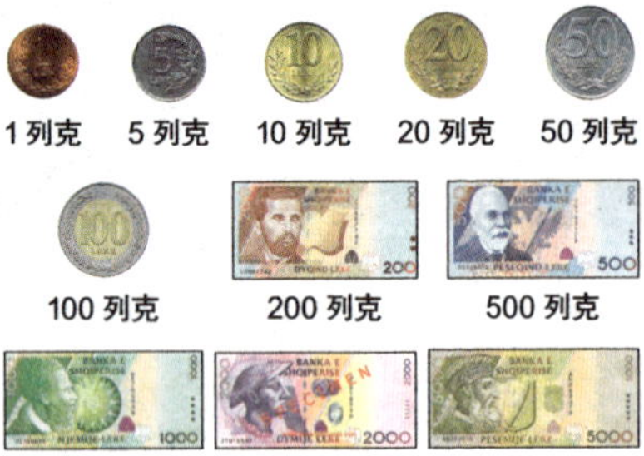

1列克

5列克

10列克

20列克

50列克

100列克

200列克

500列克

1000列克

2000列克

5000列克

→旅游的预算与花费 p.480

出入境

【签证】

中国公民因私前往阿尔及利亚，停留每180日累计不超过90日，可免办签证入境。

【护照】

护照的剩余有效期限必须在6个月以上。

→中欧各国的出入境 p.461

从中国前往阿尔巴尼亚的航班

目前没有连接中国与阿尔巴尼亚的直飞航班，中途至少需要换乘一次。包括转机时间在

拨打电话的方法

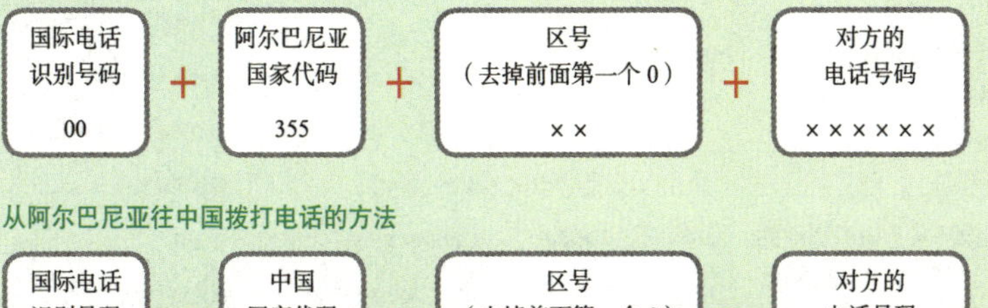

从中国往阿尔巴尼亚拨打电话的方法
国际电话识别号码 00
+
阿尔巴尼亚国家代码 355
+
区号（去掉前面第一个0）××
+
对方的电话号码 ××××××
从阿尔巴尼亚往中国拨打电话的方法
国际电话识别号码 00
+
中国国家代码 86
+
区号（去掉前面第一个0）××
+
对方的电话号码 ××××××

→关于通信与邮寄 p.486

内，飞行时间大约在14小时以上。在伊斯坦布尔转机的航班深夜从中国出发，当地时间当天上午可以到达地拉那。

→从中国前往中欧的线路 p.460

从周边各国前往阿尔巴尼亚的线路

【铁路】截至目前，阿尔巴尼亚没有开通国际列车。

【巴士】有从相邻各国的首都发往地拉那的国际巴士，但是来自黑山、北马其顿的班次较少。大致准点运行。

→当地交通 p.481

时差和夏令时

与中国有7小时的时差，将北京时间减去7小时即为当地时间。也就是说，北京的AM6:00是阿尔巴尼亚前一天的PM11:00。实行夏令时的时候，时差为6小时。夏令时的实行时间是3月最后一个星期日的AM2:00（=AM3:00）~10月最后一个星期日的AM3:00（=AM2:00）。

营业时间

以下为各商业设施的一般营业时间。

【银行】

周一～周五 9:00~15:00　一般周六·周日休息

【百货商场或商店】

虽说是营业时间为 9:00~20:00，但是很多都在 15:00~18:00 休息。周六 · 周日营业的店铺也有很多。

【餐馆】

开店时间不同，在 8:00~12:00，很多餐馆营业至深夜。

气候

阿尔巴尼亚属于稳定的地中海式气候。终年温暖，即使在冬季也几乎没有 0℃ 以下的时候。虽然夏季几乎不降雨，但是 10 月 ~ 次年 5 月降水量很多。山部地区有时会降雪。旅行的最佳季节是 4~10 月。

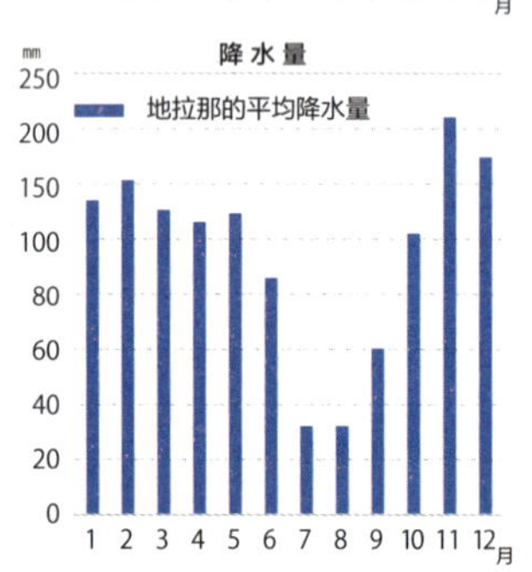

主要的节日

要注意有的节日因年份不同日期会有所变动。（以 ※ 做标记）

时 间	节 日 名 称
1/1	元旦
3/14	夏节
3/22	纳乌鲁斯节（穆斯林春节）
4/12（'20）4/4（'21）※	复活节（天主教）
4/19（'20）4/11（'21）※	复活节（阿尔巴尼亚东正教）
5/1	国际劳动节
5/24（'20）5/13（'21）※	开斋节
7/30（'20）7/20（'21）※	宰牲节（联邦）
10/19	特蕾莎修女日
11/28	独立纪念日
11/29	解放纪念日
12/25	圣诞节

电压和插座

电压 230V，50Hz。电源插座一般为两个插孔的 C 型。但是插头类型与中国不同，需要带转换插头。

视频制式

【DVD 制式】

阿尔巴尼亚的电视与视频制式为 PAL 制式，与中国相同。

洗手间

洗手间除了坐便，还有类似蹲便形式的。公共洗手间大多收费。布拉托 burrat 为男洗手间，古拉塔 gratë 为女洗手间。

小费

【出租车】

基本不用支付小费。支付的话也就是把找零的零头给司机的程度。

【餐馆】

基本不用支付小费。对服务表示特别满意时，一般支付餐费的 10% 作为小费即可。

饮用水

不要饮用自来水管中的水。在报亭或者是超市，都可以买到 500ml 的瓶装水，约合人民币 2 元。

邮政

邮局一般的营业时间是周一～周五 8:00~19:00，周六 8:00~13:00，周日休息。

【邮费】

寄往中国的航空邮件需要 5~10 天送达。明信片的邮费是 100Lek，20 克以下的信件是 150Lek。

→关于通信与邮寄 p.486

税金

在阿尔巴尼亚，几乎对所有商品都要征收一种被称之为 TVSH 的 20% 的增值税，且没有退税制度。

安全与纠纷

阿尔巴尼亚存在毒品组织、黑帮等问题，不过迄今为止还没有外国旅行者被卷入相关事件。希望不要忘记基本的防范措施，例如夜晚的行动要小心谨慎、在巴士总站或广场等人流集中的地方戒备小偷、留意行李，等等。

【一般犯罪】 虽然在阿尔巴尼亚，还几乎没有关于偷盗、安眠药抢劫等以旅游者为目标的犯罪报道，但是还是要多加防范，例如移动时视线不要离开行李、不要把贵重物品随意放在酒店的房间等，不要认为这些安全对策是微不足道的。

【交通情况】 和中国相比，驾驶不够文明的司机有很多。由于在没有信号灯的人行横道上，司机不一定会为了步行者而停下车来，所以过马路时一定要十分小心。阿尔巴尼亚的汽车和中国一样，都是右侧通行。

【停电】 电力供应并不稳定，由于时常停电，准备一个手电筒会方便许多。

【照片拍摄】 禁止拍摄与军队设施有关的照片。

【入境时的外币申请】 在阿尔巴尼亚入境时，携带 1 万欧元以上的外币需要履行外币申请手续。

中国驻阿尔巴尼亚大使馆

住 SKENDERBEL STR57，TIRANA，ALBANIA

TEL 00355-4-2232385

FAX 00355-4-2233159

24 小时领事保护与协助热线 00355-692088899

URL http://al.chineseembassy.org

警察局 129　**消防局 128**

急救 127

→旅游中的纠纷与安全措施 p.488

年龄限制

吸烟须年满 18 岁。关于饮酒，没有制订特别的年龄限制。

度量衡

和国际通用的度量衡一样，距离的单位是米，重量单位用克、千克表示，液体体积用升来表示。

INTRODUCTION

阿尔巴尼亚 Republic of Albania 旅行的基础知识

原始的自然、历史悠久的街道、社会主义时代的遗产……被称为“欧洲的未开发区域”的阿尔巴尼亚，已成为受关注度年年增加的目的地。

【旅游热点】

1 地拉那 p.380

地拉那是阿尔巴尼亚的首都，在这里社会主义时代的建筑与中世纪以来的伊斯兰建筑奇妙地矗立在一起。除了国家有代表性的博物馆、美术馆，近年来增加了举办有关社会主义时代的展览的博物馆。

矗立在城市中心的斯坎德培的雕像

2 蓝眼睛泉 p.396

位于萨兰达与吉罗卡斯特拉之间的泉水。透明度很高的水晶蓝的泉水颜色美得足以洗涤人们的心灵，来访的人流络绎不绝。

泉水的颜色令人感动

3 培拉特 p.387

这座被评为世界遗产的城市，完好地保留着奥斯曼帝国时代的城市面貌。山丘上的要塞适合远眺，此外山上装饰得很棒的教堂也值得一看。老城区里留存着很多和伊斯兰相关的设施，这些也一定要参观。

千窗之城——培拉特

【社会主义时代】

第二次世界大战以后，阿尔巴尼亚在恩维尔·霍察的领导下作为社会主义国家迈开了发展的步伐，不过它和前南斯拉夫联邦、苏联、中国以及其他社会主义国家的关系不断恶化，最终采取了闭关锁国的政策。现在保留下来的数量很多的碉堡（障碍物），是当初为了抵御外国侵略而修建的，数量达16万之多。

【土特产品】

有织物、袜子、手袋等编织物以及民族服装等很多可爱的土特产品。酒类的话，除了葡萄酒、拉基酒以外，推荐一种名为“Skënderbeu”的白兰地。使用草药的山茶 Çaj Mali 具有舒缓放松的功效，可以预防睡眠不足、感冒等，作为万能药而广为人知。

【旅程提示】

参观阿尔巴尼亚的主要景点，建议安排一星期左右的时间。在地拉那住宿两晚，一天用来市内观光，另外一天前往克鲁亚短途旅行。接下来在贝拉提也住宿两晚，一天市内游，另外一天用于阿波罗尼亚和阿尔德尼察的郊外游。最后以吉罗卡斯特拉或者是萨兰达作为基地，游览布特林特和蓝眼睛泉。

【交通】

- 火车班次少，巴士是主要交通工具
- 座位上有很多乘客了，迷你巴士才会发车
- 车票大多在车内购买

火车

由阿尔巴尼亚铁路公司运营。很难将铁路网络覆盖全境，和巴士相比班次很少，还常常晚点。

阿尔巴尼亚铁路
URL www.hsh.com.al

巴士

●巴士总站

阿尔巴尼亚的许多城市都没有统一的巴士总站，出发地点因目的地、经营公司而异。在首都地拉那，按照目的地，分为北行方向、南行方向、国际巴士这几处巴士总站。

地拉那的向北方向的巴士总站

●有两种目的地的表达方法

如同阿尔巴尼亚语里有 Tiranë 与 Tirana、Berat 与 Berati 一样，城市的名字也有两种表达方法。哪一个都有可能会被用来表示目的地，所以不要过于在意语尾的拼写。

●时刻表的查阅方法

很多地方没有统一的时刻表。巴士的运营时间只能事先在 ❶ 或者是酒店前台、巴士司机确认好。还有，由于各家公司变更频繁，信息也不完整，时间上会很紧张。

●确认最后一班巴士的时间

有很多线路的最后一班巴士在夜幕降临之前抵达目的地。因此，一日游的时候，想要傍晚返回，却有可能没有巴士了。从贝拉提前往地拉那的最后一班的发车时间为 15:50（可能发生改变），相当早。考虑一日游的旅行者，到达目的地以后，首先要确认好最后一班巴士的时间，注意别晚了赶不上。

大型巴士与迷你巴士

在阿尔巴尼亚，大型巴士和迷你巴士都在运行。

●大型巴士 按照规定时间运营，但是在道路状况不太好的阿尔巴尼亚，行驶的速度慢，耗费时间。

●迷你巴士 没有规定的时刻表，何时客人集齐，座位满员何时发车。车费和大型巴士差不多，稍微贵一点儿。

●车票的购买方式 包括首都地拉那在内，很多地方的巴士总站以及迷你巴士的停车地点根据目的地而分开设立。也有运营的巴士公司在其办公室销售巴士车票的情况，但是大多数情况下乘客在车内从售票员那里直接购买车票。

便于旅游的主要直通巴士时刻表

地拉那（多夏纳） p.380 **↔ 培拉特** p.387
所需时间：2 小时 30 分钟　车费：400~500Lek
▶从地拉那出发：5:40 6:30 7:15 7:45 8:15 8:50 9:20 9:50 10:20 11:00 12:00 12:40 13:10 13:40 14:10 14:40 15:10 15:40 16:15 17:00
▶从培拉特出发：4:30 5:00 5:30 6:00 6:30 7:00 7:30 8:00 8:30 9:00 10:00 10:30 11:00 11:30 12:30 13:10 13:50 14:30 15:10 15:50

地拉那（北行方向的巴士总站）↔ 克鲁亚 p.384
所需时间：1 小时 15 分钟　车费：100Lek
▶从地拉那出发：10:00 11:00 13:00 15:00 17:00 18:00
▶从克鲁亚出发：7:00 8:00 13:00 15:00 16:00

地拉那（多夏纳）↔ 吉罗卡斯特拉 p.391
所需时间：4 小时　车费：1000Lek
▶从地拉那出发：5:00 6:30 8:00 9:00 12:00
▶从吉罗卡斯特拉出发：5:00 7:00 8:00 9:00 10:00 15:00

※ 随着时间和季节的变化，时刻表可能发生改变

地拉那（多夏纳）↔ 萨兰达 p.394
所需时间：5 小时 30 分钟　车费：1300Lek
▶从地拉那出发：5:30 7:30 8:30 9:45 12:30 16:00 22:00
▶从萨兰达出发：5:00 6:30 8:30 9:30 10:30 14:00 22:00

培拉特 ↔ 萨兰达
所需时间：5 小时　车费：1200Lek
▶从培拉特出发：8:00 14:00
▶从萨兰达出发：8:00 10:15 14:30

培拉特 ↔ 吉罗卡斯特拉
所需时间：3 小时 30 分钟　车费：800Lek
▶从培拉特出发：8:00 14:00
▶从吉罗卡斯特拉出发：9:30 16:00

吉罗卡斯特拉 ↔ 萨兰达
所需时间：3 小时 30 分钟　车费：800Lek
▶从吉罗卡斯特拉出发：9:00 9:30 10:00 10:30 11:00 11:30 12:00 13:00 16:00 17:00 20:00
▶从萨兰达出发：5:00 6:30 8:00 8:30 9:30 10:30 11:00 11:30 14:00 15:00 22:00

info 如同巴士的目的地可能写成 Tirana 或 Tiranë、Berati 或 Berat 一样，人们会写出两种表达方法中的任一种来。这是由于在阿尔巴尼亚语中，有使名词的语尾发生变化的语法表达，相当于英语中所说的 The 或者 A 等冠词的用法。

【住宿】

- 国际上的名牌酒店很少
- 使用传统家居房屋作为酒店的情况很多

关于住宿

阿尔巴尼亚在社会主义时代，几乎没有面向外国人经营的酒店，如今，和别的国家一样，这里具有各种各样类型的住宿设施。

酒店的种类

●**高档酒店** 单间价格为每晚人民币 650 元起。除了地拉那有国际上的高级连锁酒店进入以外，几乎都是当地的资本在经营。即使是建在亚得里亚海、爱奥尼亚海岸的度假地区的高档度假酒店，与欧美旅游地区的高档度假酒店相比，在设施以及服务方面还是落后很多。

使用传统民居建成的酒店大多配备古典家具

●**中档酒店** 几乎都属于这一范畴的酒店。价格幅度很大，设备也是情况各异，一般而言能够住得舒适的地方还是很多的。几乎所有的地方都可以使用信用卡。

●**青年旅舍** 针对来阿尔巴尼亚到访的背包客日益增多的情况，青年旅舍的数量也随之增多。有很多青年旅舍刚刚建成，设施也很完善。

【餐饮】

- 以土耳其美食为基础，受地中海美食的强烈影响
- 有很多经营意大利菜的餐馆，厨艺相当高

阿尔巴尼亚菜

和其他巴尔干各国一样，饮食风格深受土耳其美食的影响。另外，由于阿尔巴尼亚面向亚得里亚海，也拥有和意大利、希腊相通的地中海饮食文化。

肉制菜肴

这个国家在传统上盛行养羊，羊肉的品质很高。另外，也有一些餐馆以脑髓、心脏等羊的脏器为食材烹饪菜肴。

海鲜大餐

除了在亚得里亚海、爱奥尼亚海获取的海鲜以外，还可以品尝到斯库台湖、奥赫里德湖里的淡水鱼等，海鲜品种十分丰富。

主要美食与饮料

烤羊肉串 Shish qebap	烹调方法虽然简单，但是却能品尝到羊肉本来的味道。
科夫塔 Koftë	阿尔巴尼亚风格的汉堡包。在周边各国里有叫“俏夫特”的，其实是同一种食物。
拉基 Raki	使用果实酿制的蒸馏酒。和周边各国饮用的拉基酒相同。
波扎 Boza	在巴尔干各国以及土耳其被广泛饮用的用麦芽制作的发酵饮料。和其他国家相比，阿尔巴尼亚的波扎饮品味道既清淡又好喝。

一定要吃到！ 阿尔巴尼亚的经典美食

●**来布来克** Levrek

鲈鱼是亚得里亚海、爱奥尼亚海最大众化的一种鱼，在餐馆里点菜时可以要求烤或者炖。

●**托里来切** Trilece

使用牛奶、奶油、加糖的炼乳这三种乳制品制作而成的甜点。

●**西式馅饼** Burek

经典款的快餐食品。一种盐味很浓的派，菠菜、奶酪、肉等制作的馅料很大众化。

【旅行中会用到的阿尔巴尼亚语】

●打招呼

早上好	Mirë mengjes
你好	Mirë dita.
晚上好	Mirë mbrëma.
再见	Mirupafshim.
晚安!	Natën e mire.

●回答

是的 / 不是	Po./Jo.
谢谢	Faleminderit.
对不起	Me vejn keq.
劳驾（和别人搭话）	Me Falni.
不明白	Nuk kuptoj.
我是中国人	~ dhemb.

●提问

这里是哪里？Ku jemi këtu?

~在哪里？Ku Janë~?

多少钱？Sa kushton ajo?

几点（分）发车？
Kur është nisja?

到~是多少钱？Sa kushton~?

请结账 Faturën të lutem.

●紧急情况

救命！Ju lutem më ndihmoni!

~警察 Polici

~被偷了。Me kane vjedhur~.

医院在哪里？Ku është spitali?

~疼 ~dhemb.

●数字

1	një
2	dy
3	tre
4	katëri
5	pesë
6	gjashtë
7	shtatë
8	tetë
9	nëntë
10	dhjetë
11	njembëdhjetë
12	dymbëdhjetë
13	trembëdhjetë
14	katërmbëdhjetë
15	pesëmbëdhjetë
16	gjashtëmbëdhjetë
17	shtatëmbëdhjetë
18	tetëmbëdhjetë
19	nëntëmbëdhjetë
20	njëzet
21	njëzet e një
22	njëzet e dy
100	njëqind
1000	njëmijë

●星期和月份

周一	hënë	1 月	Janar	8 月	Gusht
周二	martë	2 月	Shkurt	9 月	Shtator
周三	merkurë	3 月	Mars	10 月	Tetor
周四	enjtë	4 月	Prill	11 月	Nëntor
周五	premtë	5 月	Maj	12 月	Dhjetor
周六	shtunë	6 月	Qershor		
周日	dielë	7 月	Korrik		

●有用的单词

出发	nisja	关闭了	mbyllur	银行	banka
到达	mbërritja	昨天	dje	洗手间	banjë
男	burra	今天	sot		
女	gra	明天	nesër		
开了	hapur	邮局、售票处	postë		

info 东西流向的什昆比尼河从阿尔巴尼亚的中部流过，将这个国家分为南北两大区域。语言也因此出现了差异，北方说的语言叫盖古方言，南方讲的是托斯库方言。

MAP 文前 p.6-A2
人口大约 42 万人
长途区号 04
旅游局
URL www.tirana.gov.al

地拉那 *Tirana / Tiranë*

国家博物馆前的喷泉

阿尔巴尼亚的首都地拉那是由 17 世纪奥斯曼帝国的领主苏莱曼·帕夏建造的一座城市。据说当初只有清真寺、土耳其浴池和面包点心屋，随着这里作为商队往来的要冲发展起来以后，1920 年变成了阿尔巴尼亚的首都。乍一看，城市里有规模很大的广场和大街，可是什么都是冷冰冰的，缺少温情。不过，慢慢地走在城市里，可以看到美丽的清真寺、钟楼、奥斯曼帝国时代的石桥以及现代的色彩斑斓的建筑。

旅游咨询处（地拉那）
MAP p.381 上 B1
除了各种地图、小册子，还可以获取到阿尔巴尼亚国内巴士、国际巴士的时刻表。
住 Dedgjaluli
TEL（04）2223313
URL www.tirana.gov.al
开 8:00~16:00
休 周六 · 周日

车站和交通

地拉那特蕾莎修女国际机场 Aeroporti Nënë Tereza

从市中心向西北出发约 15 公里处，即是国内唯一的机场。规模不大，建筑物全长 150 米左右。机场里设有银行、ATM。

●乘坐机场巴士前往市内

出了机场一直向前走，便是连接市中心地区的巴士的车站。车票在车内购买。市里的巴士车站位于斯坎德培广场东侧，巴士从歌剧院后面的公园出发。

到巴什察尔希亚东侧有机场巴士在运营。

●乘坐出租车前往市内

出了机场所在的建筑，便是出租车乘车处。到达市中心需要 2000Lek（17 欧元）左右。

地拉那特蕾莎修女国际机场
住 Tirana International Airport, Rinas,
TEL（04）2381600
URL www.tirana-airport.com

阿尔巴尼亚的国门

地拉那南行方向的巴士总站（多戛纳）Dogana

Map p.381下A

地拉那有 3 处巴士总站，都位于从斯坎德培广场向西北的都拉斯大街的延长线上。

其中，前往都拉斯、贝拉提、吉罗卡斯特拉、萨兰达等向西、向南方向的巴士在南行方向的巴士总站（通称多戛纳巴士总站）抵离。南行方向的巴士总站位于从斯坎德培广场 3 公里左右、建有双头鹰纪念碑的回旋处的尽头。

●乘坐市内巴士前往市内

用 Institute 表示目的地的市内巴士连接着城市的中心地区。乘坐出租车的话，费用为 700Lek 左右。

机场巴士
☐ 069-3794848
机场出发：8:00~19:00 的每个整点时刻、21:00、22:00
市内出发：7:00~18:00 的每个整点时刻、20:00、22:00
所需时间：大约 25 分钟
车费：250Lek

连接机场和市中心的机场巴士

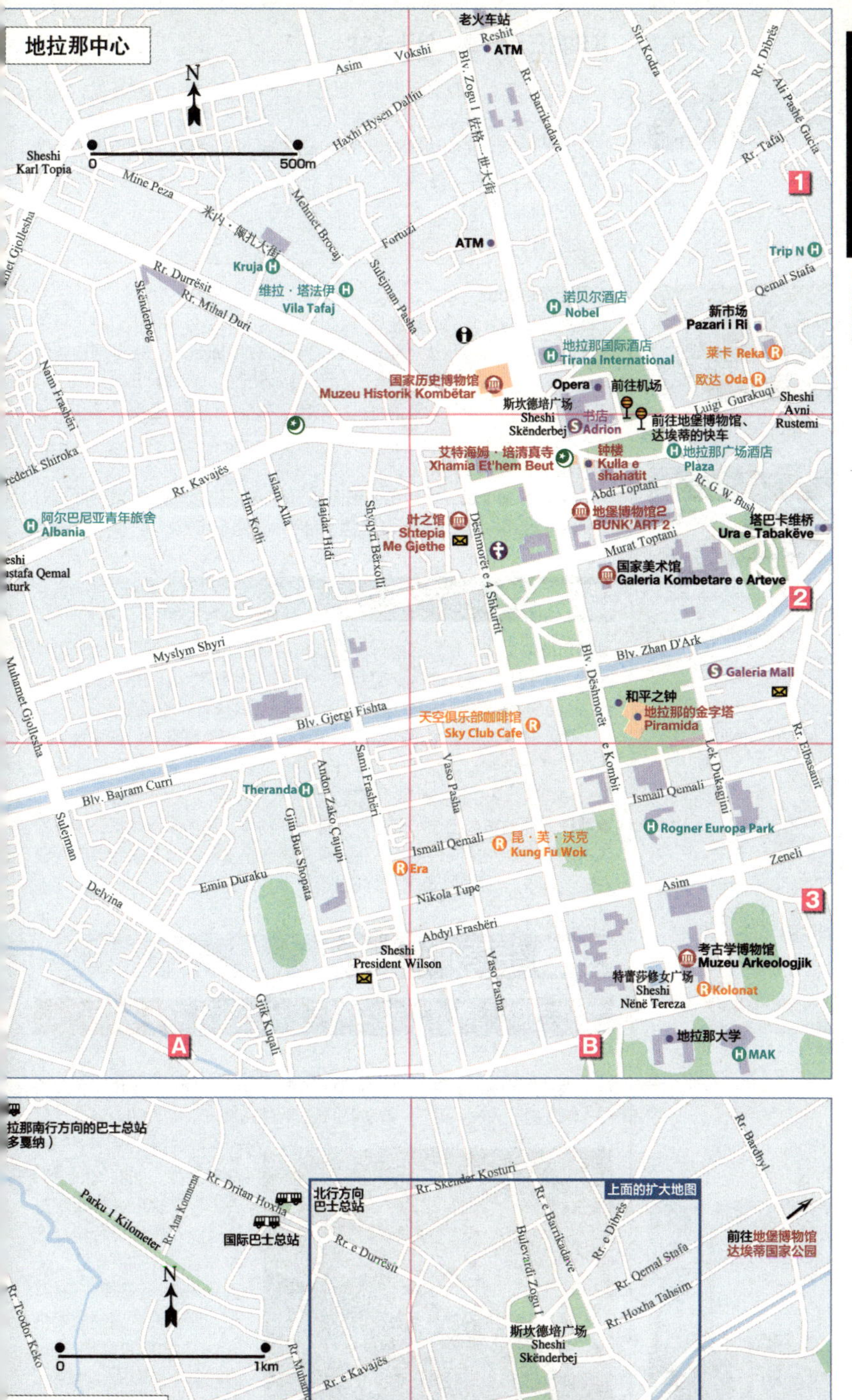

地拉那中心
老火车站
Sheshi Karl Topia
Mine Peza
米内·佩扎大街
Rr. Durrësit
Rr. Mihal Duri
Kruja
维拉·塔法伊
Vila Tafaj
诺贝尔酒店
Nobel
地拉那国际酒店
Tirana International
新市场
Pazari i Ri
莱卡 Reka
欧达 Oda
国家历史博物馆
Muzeu Historik Kombëtar
Opera
前往机场
斯坎德培广场
Sheshi Skënderbej
书店
Adrion
前往地堡博物馆、达埃蒂的快车
艾特海姆·培清真寺
Xhamia Et'hem Beut
钟楼
Kulla e shahatit
地拉那广场酒店
Plaza
阿尔巴尼亚青年旅舍
Albania
叶之馆
Shtepia Me Gjethe
地堡博物馆2
BUNK'ART 2
塔巴卡维桥
Ura e Tabakëve
国家美术馆
Galeria Kombetare e Arteve
Galeria Mall
和平之钟
地拉那的金字塔
Piramida
天空俱乐部咖啡馆
Sky Club Cafe
Theranda
Rogner Europa Park
昆·芙·沃克
Kung Fu Wok
Era
Sheshi President Wilson
考古学博物馆
Muzeu Arkeologjik
特蕾莎修女广场
Sheshi Nënë Tereza
Kolonat
地拉那大学
MAK
Trip N
1
2
3
A
B
地拉那扩大区域图
拉那南行方向的巴士总站
多蔓纳）
北行方向巴士总站
国际巴士总站
上面的扩大地图
前往地堡博物馆
达埃蒂国家公园
Parku i Kilometer
斯坎德培广场
Sheshi Skënderbej

阿尔巴尼亚

地拉那

其他的巴士总站、巴士车站

前往克鲁亚的巴士抵离的北行方向的巴士总站

前往斯库台、克鲁亚等地的巴士从北行方向的巴士总站出发；国际巴士从国际巴士总站出发，它与北行方向的巴士总站隔着一条街道，位于对面的一侧。目的地显示为 Institute 的市内巴士将这里和市中心地区相连。

市内交通

前往巴士总站或者郊外景点时乘坐市内巴士很方便

◆巴士 Autobus

地拉那的公共交通设施只有巴士。巴士有线路号码，不过由于目的地显示在电子公告板上，事先记住巴士总站为 Institute、地堡博物馆为 Porcelan、中心地区为 Qender，以此为目标乘坐的话比较好。乘坐时，从市内巴士的哪个车门上车都可以。车票向在车内巡逻的售票员购买。每人 40Lek。

黄色车身的阿尔巴尼亚出租车

◆出租车 Taksi

初驶费 300Lek，之后每公里递增 100Lek。有的司机不竖起计价器、有的特意绕远，因此尽量拜托酒店前台呼叫出租车比较好。

地拉那 漫 步

●斯坎德培广场 地拉那的市中心以斯坎德培广场为中心，北面向佐格一世大街 Blv.Zogu I、南面向达休莫拉特 · 埃 · 空比特大街 Blv. Dĕshmorĕt e Kombit 延伸。北面与老火车站，南面与特蕾莎修女广场相通。

中心地区的景点集中在从斯坎德培广场到特蕾莎修女广场这块区域里，可以步行游览。通往佐格一世大街的街边散布着运营国际巴士的旅游公司、银行和货币兑换处，等等。

●前往郊外的市内巴士 步行前往地堡博物馆、往达埃蒂国家公园去的缆车等景点，路途有些遥远。不妨乘坐市内巴士前往，发车地点位于建在斯坎德培广场的歌剧院后面的公园。

地拉那 主要景点

艾特海姆 · 培清真寺

Map p.381 上 B2

Xhamia Et'hem Beut

斯坎德培广场

艾特海姆 · 培清真寺
住 Sheshi Skĕnderbej
TEL（04）2223701

建在斯坎德培广场边上的伊斯兰寺院。它是由身为城市创建者苏莱曼 · 帕夏的子孙——莱曼 · 帕夏于 1793 年到 1821 年建造而成。玄关部分与寺院内部布满了密密麻麻的壁画，西欧的画家们为人们描绘出河边当时的街景以及桥梁等场景。这些作品即使在伊斯兰美术里都堪称是唯一的存在。由于具有高度的文化价值，在禁止宗教活动的社会主义时代这些壁画也十分幸运地得以保存了下来。

斯坎德培广场

美丽的夜景

钟楼

Kulla e shahatit

Map p.381 上 B2

斯坎德培广场

建于19世纪初期，与相邻的清真寺几乎是同一时期。安装时钟是在1928年，那时已经距离竣工过去了长达一个世纪以上的时间。

钟楼高达30米，由于建在城市中心，因此适合远眺。

保留着奥斯曼帝国时代的痕迹

钟楼
住 Sheshi Skënderbej
开 8:00~16:00（周六 9:00~14:00）
休 周日
费 成人 200Lek

国家历史博物馆

Muzeu Historik Kombëtar

Map p.381 上 B1

斯坎德培广场

面向斯坎德培广场的北侧，建筑物正面巨大的镶嵌图案是其标志。

博物馆里面的展览按照古代、中世纪、民族复兴时期、独立时期、第二次世界大战、社会主义时代的年代顺序展开，讲解的领土变迁、外来民族的侵略等阿尔巴尼亚的历史流程通俗易懂。

以在都拉斯出土的公元前4世纪的阿尔巴尼亚最古老的镶嵌图案为首，还有很多从都拉斯、阿波罗尼亚、布特林特等地出土的文物，可以在这里欣赏到许多珍贵的收藏。关于圣像 ▶p.498 与民族服装的展览也很棒。

国家历史博物馆
住 Sheshi Skënderbej
开 夏季 9:00~19:00
冬季 10:00~19:00（周日 9:00~14:00）
休 冬季的周一
费 成人 200Lek 学生 60Lek
※4/18、5/18、5/21、6/5、9/27、9/29、11/28、11/29、9~5月的最后一个周日免费

阿尔巴尼亚有代表性的博物馆

地堡博物馆 2

BUNK'ART 2

Map p.381 上 B2

斯坎德培广场周边

位于斯坎德培广场南侧的一处地下设施，建于1981年到1986年的社会主义时代。当时成为国家的工作人员能够紧急避难的场所，被设计成可以耐受核武器、化学武器。堡垒形状的入口令人印象深刻，但这是近些年做出来的。总共24间房间，主要用来举办关于社会主义时代的治安维护、政治犯的对待等方面的展览。

利用地下室举办展览

地堡博物馆 2
住 Rr. Abdi Toptani
☎ 067-2072905
URL www.bunkart.al
开 9:00~21:00（冬季 ~18:00）
休 无
费 成人 500Lek 学生 300Lek

地堡形状的入口

地拉那的金字塔

Piramida

Map p.381 上 B2

拉纳河南岸

作为纪念社会主义时代的领导人恩维尔·霍察的博物馆，在其去世以后过了3年的1988年向人们开放。在那以后，伴随着社会主义制度在阿尔巴尼亚的结束，用途不断有所变更，一度成为文化中心，现在变为一片废墟。里面的“和平之钟”是将发生于1997年暴动时纷飞的子弹弹壳熔化后，制作而成。钟的表面用阿尔巴尼亚语刻着这样的文字：我生来就是子弹，但是期望孩子们的希望能够实现。

地拉那的金字塔
住 Blv. Dëshmorët e Kombit
不能进入

地拉那的金字塔与和平之钟

叶之馆
住 Rr. Dëshmorët e 4 Shkurtit
☎ 068-2686566
URL www.muzeugjethi.gov.al
开 10:00~17:00（周日 ~14:00）
休 周一
费 成人 700Lek

接近社会主义时代的黑暗的展览

地堡博物馆
巴士 从钟楼前的巴士车站乘坐显示“Porcelan”的巴士，大约 15~20 分钟。
住 Rr.Fadil Deliu
☎ 067-2072905
URL www.bunkart.al
开 夏季 9:00~18:00
冬季 9:00~16:00
休 周一、周二
费 成人 500Lek

恩维尔・霍察的房间

达埃蒂国家公园
巴士 从钟楼前的巴士车站乘坐显示“Porcelan”的巴士，大约 15~20 分钟。再换乘泰来菲力克（缆车）的达埃蒂快车 Dajti Ekspres，约 20 分钟即到。
▶达埃蒂快车
☎ 067-2084471
URL dajtiekspres.com
开 9:00~21:00（冬季 ~19:00）
休 周二
费 成人 800Lek

▶▶ **Access Guide**
从地拉那前往克鲁亚
巴士 时刻表见 p.377
直达的巴士以外，还有经停弗希・克鲁亚 Fushë Krujë 的迷你巴士，6:00~19:00 每 15 分钟发出发一班。

克鲁亚的巴扎

叶之馆
Shtepia Me Gjethe

Map p.381 上 B2
斯坎德培广场周边

位于中央邮局附近的建筑物。原本是一家建于 1931 年的妇产科医院，在社会主义时代这里是秘密警察西格里米的基地。当年处于锁国状态下的阿尔巴尼亚，认为所有的外国国家都是敌人，老百姓当中说不定也有反对政府思想的敌人，想要通过偷听、偷拍、告密等手段完全地控制人们的身心。这里的展览向人们展示了关于西格里米的说明、偷听等间谍活动所使用的器具，等等，曝光了当时独裁下的阿尔巴尼亚的恐怖。

地堡博物馆 专栏介绍
BUNK'ART

Map p.381 下 B 外
地拉那东部

位于地拉那郊外建于 1975 年到 1978 年的地下设施，是社会主义时代建造的 16.8 万处碉堡中最大的一处。和位于地拉那中心地区的地堡博物馆 2 一样，这里也被设计为可以耐受核武器、化学武器。中间的房间数超过 100 间，用于使有毒煤气无毒化的过滤房间、紧急状态时召开国会的会议室以及恩维尔・霍察本人的房间等用途，可以参观。另外，使用其他空置的房间举办关于社会主义时代的阿尔巴尼亚的展览，包括负面因素在内从各种各样的角度进行解说。

达埃蒂国家公园 专栏介绍
Parku Kombëtar i Dajtit

Map p.381 下 B 外
地拉那东部

俯视地拉那的绝妙风景

达埃蒂是地拉那东部海拔 1613 米高的一座山。在地堡博物馆旁边有缆车乘车处，可以轻松到达海拔 1000 米的地方。缆车终点有酒店、观景餐厅，可以一边从远处一览地拉那的街景，一边品尝阿尔巴尼亚的佳肴。

近郊的城镇　从地拉那乘坐巴士最短 1 小时 15 分钟即到

克鲁亚
Kruja/Krujë

Map 文前 p.6-A2

变成博物馆的克鲁亚城

位于地拉那以北 47 公里的山间小镇。这里是英雄斯坎德培 p.502 继续抵抗奥斯曼帝国军队的民族抵抗根据地。集市上销售着许许多多可爱的民族工艺品，很适合探寻一些土特产。

交通 & 通行 巴士车站位于小镇北面。向南经过全景酒店 Hotel Panorama 之后，巴扎就在眼前伸展开来，狭窄的石板路的两侧土特产商店一家连着一家。店头摆放着民族服装、民族乐器、带有刺绣的桌布上陈列着铜质的盘子，等等，各种各样的商品琳琅满目。再往前行 150 米，便来到了克鲁亚城。

景点 俯瞰着小镇的克鲁亚城是斯坎德培三次击退奥斯曼帝国的攻击的地方。里面变成一座举办有关斯坎德培展览的国家博物馆，可以按照年代顺序参观，了解他的生平事迹。他的山羊头形状的头盔和剑是复制品，真品收藏于维也纳的美术史博物馆里。占地范围内保留着一处建于18世纪的宅邸，现在作为民族学博物馆对外开放。这里曾经是颇有势力的贵族托普塔尼的家宅，据说常居人口曾经有25~30人。天井的建造工艺、壁画等令人惊叹，人们可以从中很好地了解到当时的生活方式。

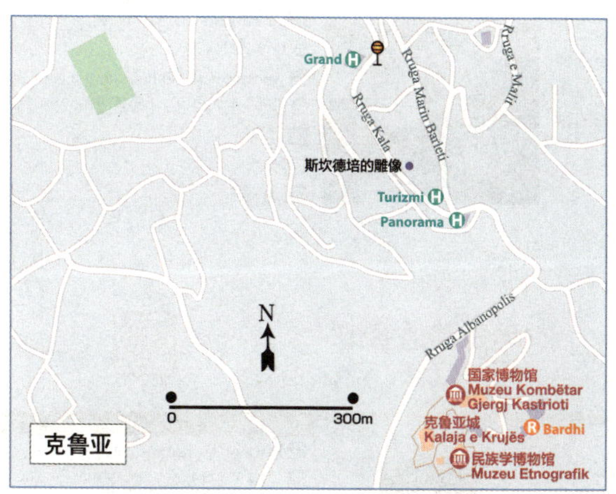

博物馆里展示的斯坎德培的头盔的复制品

奥斯曼风格的著名建筑

克鲁亚城 Map p.385
▶国家博物馆
TEL (0511) 22225
开 夏季 9:00~18:00
冬季 9:00~13:00、15:00~18:00
休 冬季的周一
费 成人 200Lek
▶民族学博物馆
开 夏季 9:00~18:00
冬季 9:00~13:00、15:00~18:00
休 冬季的周一
费 成人 300Lek

地拉那的酒店
Hotel

地拉那广场酒店
The Plaza Tirana

◆建在斯坎德培广场南侧、23层高的五星级酒店。里面设有3家餐馆，健身房24小时营业等，是代表地拉那的最高档酒店。

斯坎德培广场周边 Map p.381 上 B2
住 Rruga 28 Nëntori TEL (04) 2211221
FAX (04) 42211331 URL www.plazatirana.com
S € 116~ W € 136~
CC A D M V
含
WiFi 免费

地拉那国际酒店
Tirana International

◆位于斯坎德培广场北侧，是一座15层高的建筑，城市的地标建筑之一。商务客人使用的较多。拥有土耳其式的蒸汽浴室、游泳池。

斯坎德培广场周边 Map p.381 上 B1
住 Sheshi Skënderbej 8 TEL (04) 2234185
FAX (04) 2232521 URL tiranainternational.com
S € 116~ W € 126~
CC A D M V
含
WiFi 免费

维拉·塔法伊
Vila Tafaj

◆以宽敞的客房和待客服务水平之高在旅行业界以及欧美商务客人中享有美誉。同时设有咖啡馆和餐馆，庭院也十分美丽。

米内·佩扎大街 Map p.381 上 A1
住 Rr. Mine Peza 86 TEL (04) 2227581
FAX (04) 2235956 URL www.villatafaj.com
S € 50
W € 60
CC A M V
含 WiFi 免费

info 阿尔巴尼亚最高金额的纸币5000Lek的肖像人物是斯坎德培，背面绘有克鲁亚城。

诺贝尔酒店
Nobel

◆位于斯坎德培广场附近。老板在郊外也拥有酒店，他引以为傲的是与地理位置和设备相比，酒店的价格定得非常合适。也有公寓型的房间。

斯坎德培广场周边 Map p.381 上 B1

住 Rr. Urani Pano 9 📱 069-2020787
URL www.hotelnobeltirana.com
S € 25~ W € 35~
CC A M V
含
WiFi 免费

阿尔巴尼亚青年旅舍
Hostel Albania

◆位于市中心的西部，这家青年旅舍设在一幢建筑物的 4 层。多人间的床位数为 7~10 张，夏季可以在屋顶的帐篷里住宿。配有厨房、洗衣房。

卡瓦耶休大街附近 Map p.381 上 A2

住 Rr. Kavajes 80, Njesia Nr. 7
📱 069-7874879
URL www.hostelalbania-homestel.com
寝 € 7.90~12 W € 20~25
CC 不可
含
WiFi 免费

地拉那的餐馆
Restaurant

欧达
Oda

◆店内分为两个房间，都是传统的装修风格。经营阿尔巴尼亚各地的传统菜肴，特别是内脏方面的菜肴比较丰富。每道菜价位 450~1400Lek。

新市场附近 Map p.381 上 B1

住 Rr Luigj Gurakuqi
TEL （04）2249541
📱 069-9668881
开 11:00~22:00
休 无
CC 不可

天空俱乐部咖啡馆
Sky Club Cafe

◆位于建筑物的最高层的旋转式观景咖啡馆，大约 70 分钟旋转一圈。一杯咖啡可以令你尽享 360 度的美丽风景。下一层设有餐厅。

拉纳河南岸 Map p.381 上 B2

住 Dëshmorët e 4 Shkurtit 5
TEL （04）2221111
开 8:00~24:00
休 无
CC A M V
观景咖啡馆

莱卡
Reka

◆于 1924 年创建的一家甜品商店。除了冰激凌、蛋糕等西点外，也经营罗库姆、巴克拉瓦、卡达伊芙、托里莱切等传统点心。

新市场附近 Map p.381 上 B1

住 Rr. Shenasi Dishnica, Pazari I Ri
📱 069-6633333
URL www.pasticerireka.al
开 7:30~23:00
休 无 CC 不可
甜品店

昆·芙·沃克
Kung Fu Wok

◆这是一家中餐快餐店。点菜的时候，首先从好几种主食（面、米饭）里选定主食，再选择浇在上面的菜品。价位 430~690Lek。也有日式拉面。

拉纳河南岸 Map p.381 上 B3

住 Rr. Ismail Qemali
TEL （067）5225555
开 11:30~23:00
休 无
CC M V
中餐 快餐食品

培拉特 *Berati / Berat*

在社会主义时代的1961年，在阿尔巴尼亚最早进行博物馆城市宣言的就是培拉特。仿佛要把斜面都填满一般，砖头颜色的屋檐与白色墙壁的房屋并排矗立，这一情景使这里被称为“千窗之城”，拥有一排排传统民居的历史地区被评为世界遗产。

从培拉特城眺望到的风景

地拉那

★培拉特

MAP 文前 p.6-A2
人口大约 6 万人
长途区号 036

▶▶ Access Guide
从地拉那出发
🚌 见时刻表 ▶p.337
从萨兰达出发
🚌 见时刻表 ▶p.337

世界遗产
培拉特和吉罗卡斯特拉历史中心
Berati & Gjirocastra
2005 年、2008 年入选

交通和运输

●**巴士总站** 巴士总站位于城市西北 2.5 公里处，前往城市中心地区可以乘坐橘红色的巴士，车费 30Lek。出租车的话大约 300Lek。

培拉特 漫步

从王的清真寺 Xhamia Mbret 到铅的清真寺一带是老城区的中心地区，也是城市中心。旅游咨询处与铅的清真寺所在的广场相邻。

培拉特的历史地区分为奥斯姆河北侧的曼戈莱米地区、南侧的戈里察地区以及培拉特城内这三个部分。

培拉特 主要景点

培拉特城 Map p.388 上 A1

Kalaja e Beratit　培拉特城

培拉特城建得仿佛要坚守住自己一般。其历史悠久，公元前 4 世纪就筑有堡垒。现如今，城墙中一排排的民居拔地而起，很多人生活在里面，给人的印象是与普通的市区没有什么区别。

培拉特城位于依水而立的大山上

城内有很多建于 13 世纪的教堂。其中的圣母安息教堂作为奥努弗里圣像博物馆 Muzeu Ikonografik Onufri 对外开放，值得一看。里面展示了包括 16 世纪阿尔巴尼亚有代表性的圣像画家奥努弗里的作品在内的数量众多的圣像 ▶p.498、圣幛 ▶p.499 的木雕工艺也非常精美。

培拉特国家民族学博物馆 Map p.388 上 B1

Muzeu Kombëtar Etnografik Berat　曼戈莱米地区

使用建于 18 世纪的宅邸改造的博物馆。据说将 1 层用于储藏室，2

旅游咨询处（培拉特）
MAP p.388 上 B2
开 夏季 8:00~20:00 冬季 8:00~18:00
休 无

旅游公司（培拉特）
▶1001 阿尔巴尼亚 · 冒险
1001 Albanian Adventures
安排培拉特老城区的英语音频导游、自行车租赁、前往阿波罗尼亚与阿尔德尼察的旅游等业务。
MAP p.388 上 B2
住 Rr. Mihal Komneno 31
☎ 067-5692739
URL www.1001 albanianadventures.com
开 夏季 8:00~20:30
冬季 8:30~18:00
休 无

培拉特城
开 随时 休 无 费 免费
▶奥努弗里圣像博物馆
TEL（032）232248
URL www.muzeumet-berat.al
开 夏季 9:00~18:00
冬季 9:00~16:00（周日 ~14:00） 休 周一
费 成人 200Lek 学生 100Lek

城里建了很多一排排的传统民居

培拉特国家民族学博物馆
☎（032）232224
🌐 www.muzeumet-berat.al
开 5~9 月 9:00~18:00
10月~次年4月、9:00~16:00
（周日 ~14:00）
休 周一
费 成人 200Lek 学生 100Lek

层用于生活空间是奥斯曼帝国时代民居的特征。通过参观这里的展览人们很容易了解当时的生活方式，例如为了家里的女性能够看到客厅，宅邸里专门设有一扇窗户。这是由于房子的主人是伊斯兰教徒，按照教规女性不能在客人目前抛头露面所致。

1851 年，培拉特遭到了地震的破坏，当时很多建筑毁于一旦。据说从那以后，这一区域的建筑采取了一层用坚固的石材、二层木材的方法

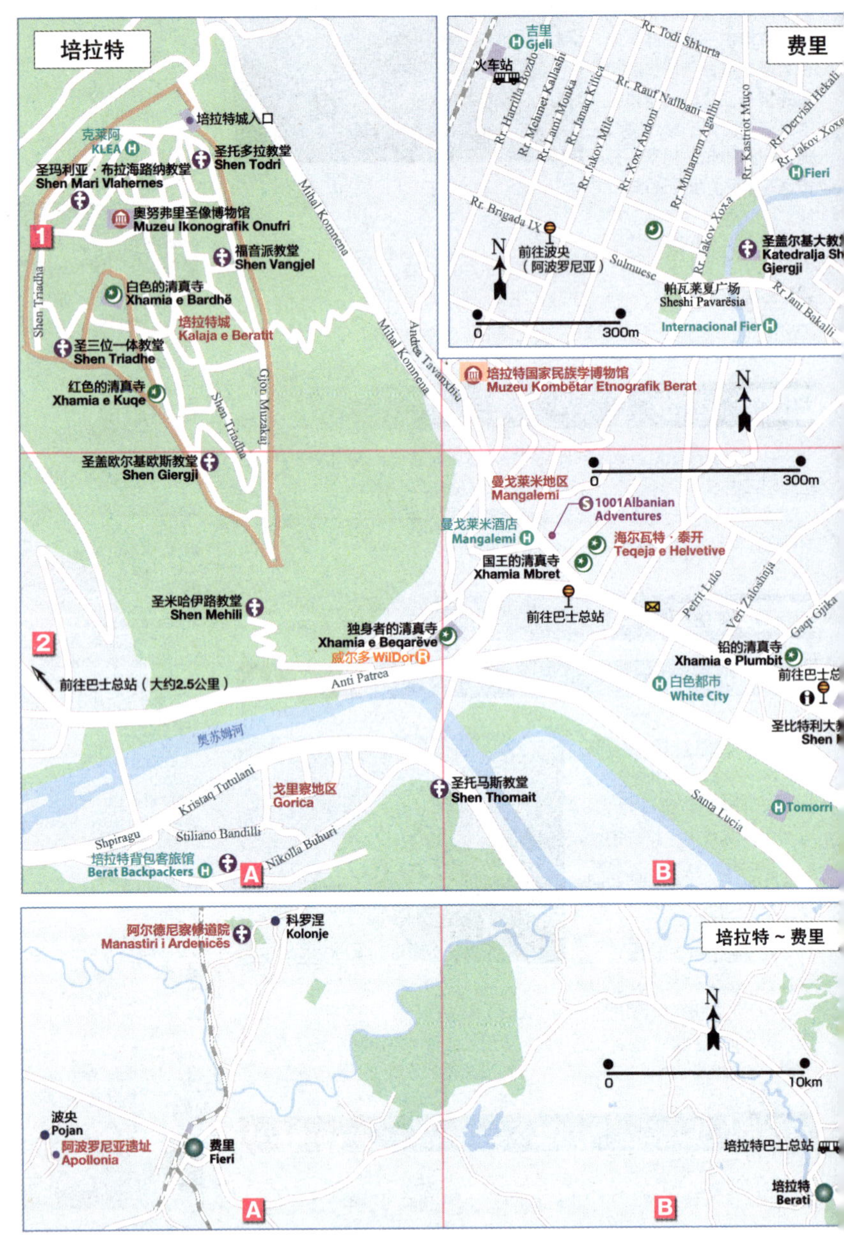

来建造。这是由于轻而柔韧的木材会吸收地震的摇动，从而防止建筑物被破坏。也正是在那场地震之后，培拉特变成了“千窗之城”。

由于二层采用木质建筑材料，因此也可以制作出宽敞的窗户了。

海尔瓦特 · 泰开

Map p.388 上 B2

Teqeja e Helvetive

曼戈莱米地区

这里是伊斯兰神秘主义宗教团体海尔瓦特的道场，建于 18 世纪。海尔瓦特教团把音乐作为一种神秘体验的手段，在二楼阳台的座席上举办乐器演奏会。为了提高音响效果，当时的人们特意在墙壁上开了孔洞。巴洛克风格装饰的天井十分美丽。奥斯曼帝国的苏丹——巴亚吉特二世建造的国王的清真寺 Xhamia Mbret 就在旁边。

巴洛克风格的伊斯兰建筑

近郊的景点　从培拉特乘坐巴士和出租车最短 1 小时 30 分钟即到

阿波罗尼亚遗址

Map p.388 下 A

Apollonia

阿波罗尼亚是希腊、罗马时期亚得里亚海岸地区一座繁华的城市。据说最初这里作为学问之都而众所周知，后来成为罗马第一代皇帝的奥古斯都屋大维，正在阿波罗尼亚学习知识和军事的时候知道了恺撒被暗杀的情况（公元前 44 年 3 月）。

将罗马时代的繁华传承到今天的阿波罗尼亚遗址

由于 3~4 世纪发生了地震，河流的流向发生了改变，于是海岸线也变了，这里失去了作为港口的功能而步入了衰退的轨道。在位于遗址入口附近、创建于 13 世纪的修道院里举办着关于遗址里的出土文物的展览。

近郊的景点　从培拉特乘坐巴士和出租车最短 1 小时 40 分钟即到

阿尔德尼察修道院

Map p.388 下 A

Manastiri i Ardenices

位于费里以北 10 公里处建造的阿尔德尼察修道院创建于 13 世纪，历史悠久。15 世纪的时候，斯坎德培 ▶p.502 在这里举办了婚礼。

必看的壁画　修道院里的教堂因装饰着内壁的壁画而广为人知，它们出自 18 世纪阿尔巴尼亚有代表性的宗教画家——康斯坦丁与阿萨纳斯的佐格拉菲兄弟之手。另外，希腊东正教的圣地——阿托斯山上也保留着佐格拉菲兄弟的作品。木雕工艺十分精美的圣幛 ▶p.499 也值得一看。

阿尔巴尼亚有代表性的修道院

接触一下传统的生活方式

海尔瓦特 · 泰开
开 7:00~19:00
休 不定期
费 免费

国王清真寺
曾在 2018 年 9 月因修复工程处于闭馆状态。

▶▶ Access Guide
从地拉那出发前往费里
🚌 每天座席一满即刻发车
所需时间： 1 小时 15 分钟
车费： 250Lek
从费里出发前往阿波罗尼亚遗址
🚌 乘坐前往波央 Pojan 的巴士在终点下车，然后步行 500 米左右。
费里出发 7:30 8:30 11:00 12:00 14:00 15:30 17:30
波央出发 7:00 8:00 9:00 11:30 13:30 14:30 16:15
🚗 包括等待时间在内，全程 1500Lek 左右。

阿波罗尼亚遗址
开 4~9 月 8:00~20:00
10 月 ~ 次年 3 月 9:00~17:00
休 无　费 成人 400Lek

▶▶ Access Guide
从地拉那出发前往费里 Fieri
🚌 每天座席一满即刻发车
所需时间： 1 小时 15 分钟
车费： 250Lek
从费里出发前往阿尔德尼修道院
🚌🚗 前往阿尔德尼察，先乘坐前往地拉那、都拉斯方向的巴士，在科罗涅下车。在这里再换乘出租车，大约 10 分钟即到。
🚗 包括等待时间在内，全程 2500Lek 左右。

阿尔德尼察修道院
开 日出 ~ 日落
休 无
费 免费

阿尔德尼察修道院里保留着美妙的壁画

info　在巴尔干半岛发生过几次大地震，频率少但是破坏性却很强。例如，1667 年的杜布罗夫尼克，1851 年的培拉特，1963 年的斯科普里，1979 年的布德瓦与科托尔，等等，这些地区都受到了很严重的破坏。

培拉特的酒店
Hotel

曼戈莱米酒店
Hotel Mangalemi

◆由建于历史地区的建筑物经改建而成的酒店，客房布置得仿佛时空都停留在当时的气氛中。同时设立的餐馆口碑也很好，经营食材考究的传统菜肴。

曼戈莱米地区　Map p.388 上 B2

住 Rr.Mihal Komneno
☐ 068-2323238
URL www.mangalemihotel.com
S € 25~45　W € 35~55
CC M V
早餐 含
WiFi 免费

白色都市
White City

◆位于市中心莱普布里卡大街的街边，前台设在上楼梯以后的二楼。酒店比较新，客房装饰成彩色粉笔画的风格。巴士总站附近有其系列酒店。

莱普布里卡大街　Map p.388 上 B2

住 Lagijja 22 Tetori, Bul. Republika
TEL （032）239070　URL whitecityberat.com
S € 30　W € 35
CC A D V
早餐 含
WiFi 免费

克莱阿
KLEA

◆位于培拉特城里的酒店，进了城门口向右，一直往前走，尽头即是。全部五间客房，虽然加入了传统民居的要素，设备是崭新的。同时设有餐厅。

培拉特城　Map p.388 上 A1

住 Rr.Shën Triadha，Kala Berat
☐ 069-7684861
S W € 30
CC M V
早餐 含
WiFi 免费

培拉特背包客旅馆
Berat Backpackers

◆将传统民居改建后的青年旅馆。多人间为男女混住，床位数为6~8张的房间有三间。可以安排前往近郊的瀑布以及参观社会主义时期设施的旅游团。

戈里察地区　Map p.388 上 A2

住 Gorica 295　☐ 069-697854219
URL beratbackpackers.com
D € 10~
S W € 25~28
CC 不可
早餐 含　WiFi 免费

杰里
Gjeli

◆这是一家紧靠巴士总站和火车站的酒店。房间宽敞，带有咖啡馆。可安排去往阿波罗尼亚和阿尔德尼察 Ardenica 的出租车。

费里　Map p.388 右上 B1

住 Rr.Rauf Nallbani　☐ 069-4031001
S € 25~　W € 32~
CC A M
早餐 含
WiFi 免费

培拉特的餐馆
Restaurant

威尔多
WilDor

◆店内分为两个房间，都是传统的装修风格。经营阿尔巴尼亚各地的传统菜肴，特别是内脏方面的菜肴比较丰富。每道菜价位为200~600Lek。

曼戈莱米地区　Map p.388 上 A2

住 Rr.Antipatrea
TEL （032）237555
开 12:00~22:00
休 无
CC 不可
阿尔巴尼亚菜肴

地拉那

★吉罗卡斯特拉

吉罗卡斯特拉 *Gjirokastra / Gjirokastër*

吉罗卡斯特拉坐落在俯瞰德里诺河峡谷的山脚下，是一座开阔的城镇。在奥斯曼帝国时代，这里作为阿尔巴尼亚南部的行政、贸易中心而繁荣昌盛，建造了大量的宅邸。当时的城市面貌得到了很好的保留，因此这里也被评为世界遗产。还有，这里也是社会主义时期的国家领导人——恩维尔·霍查与阿尔巴尼亚有代表性的作家——伊斯梅尔·卡达莱出生的地方。

依山而建的传统民居户户相连

MAP 文前 p.6-A3
人口约 2 万人
长途区号 084
旅游局
URL www.gjirokastra.org

▶▶ Access Guide

从地拉那出发
🚌 见时刻表 ▶p.377
从萨兰达出发
🚌 见时刻表 ▶p.377

世界遗产
培拉特与吉罗卡斯特拉的历史地区
Berati & Gjirocastra
2005 年、2008 年入选

旅游咨询处（吉罗卡斯特拉）
MAP p.392-B2
住 Sheshi Çerçiz Topulli
URL www.gjirokastra.org
开 夏季 8:00~20:00、冬季 9:30~14:00
休 无

交通和运输

●**巴士总站** 巴士总站位于城市北部，距离老城区相当远。从巴士总站前往老城区，先沿着通向西南方向的大街前行，在体育场旁边的十字路口左转，爬上石板路铺就的陡坡便到了。从巴士总站步行前往老城区，大约 15 分钟左右；乘坐出租车的话单程 300Lek，大约 5 分钟。

吉罗卡斯特拉 漫 步

吉罗卡斯特拉老城区建在山丘的半山腰上。由于上坡路较多，步行旅游会额外的消耗体力。首先乘坐出租车到达位于最高处的吉罗卡斯特拉城堡，其余的几乎都是下坡路，因此可以轻松地游览。

吉罗卡斯特拉 主要景点

吉罗卡斯特拉城堡 Map p.392-A·B2

Keshtjella e Gjirokastres

建在山丘上的吉罗卡斯特拉城堡是一座四周被城墙包围的坚固要塞。虽然我们知道公元前就修建了城堡，但是如今变成现在的模样还得说是出自阿里·帕夏·台佩莱纳之手，他是 19 世纪初期、在奥斯曼帝国占领下这里的统治者。

从城堡向下俯瞰，可以看到建有一排排传统民居的市区街景。遍布着灰色的石质屋顶的城市景观，非常适合“石头城”这一称呼。

建在城市西端的钟楼

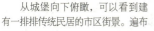

在老城区中心，土特产商店栉次鳞比

吉罗卡斯特拉城堡
开 夏季 9:00~19:30、冬季 9:00~16:00
休 无
费 成人 200Lek

耸立在老城区的吉罗卡斯特拉城堡

民族学博物馆 Map p.392-A2

Muzeu Etnografik i Gjirokastres

社会主义时期的领导人恩维尔·霍查幼年时期住过的房屋。参观时附有英语解说，非常礼貌地告诉游客各个房间的作用、功能以及展品。

民族学博物馆
开 4~10 月 9:00~19:00
11 月~次年 3 月 9:00~17:00
休 无 费 成人 200Lek

博物馆所在的建筑是 1966 年重新建造的。

宰卡特之家 Map p.392-A2

Shtëpia e Zekateve

墙上的壁画令人惊叹

建于 1812 年的 3 层私人住宅。在里面可以看到以郁金香、石榴为主题的壁画。这座住宅建在吉罗卡斯特拉格外高的地方，从这里俯瞰城堡以及老城区的中心地区，景观棒极了。

宰卡特之家

房屋的所有者（不会讲英语）就住在里面，可以请他们把门打开。参观后，在入口处付费即可。

费 成人 200Lek

吉罗卡斯特拉有代表性的宅邸

斯坎多利之家 Map p.392-A2

Skenduli Shtepi

斯坎多利之家

开 9:00~19:00

休 不定期

费 成人 200Lek

位于民族学博物馆旁边。这座宅邸建于 1700 年，改建于 1827 年，

吉罗卡斯特拉

N

0 200m

1

2

A

B

巴士总站

体育场

卡达莱之家 Shtëpia e Kadaresë

民族学博物馆 Muzeu Etnografik

斯坎多利之家 Skenduli Shtepi

宰卡特之家 Shtëpia e Zekateve

Kalemi

巴扎·清真寺 Xhamia e Pazarit

科多拉餐馆 Kodra

石头城青年旅舍 Stone City

切尔奇兹·托布里广场 Sheshi Çerçiz Topulli

洽由皮 Çajupi

钟楼 Kulla e Sahatit

军事博物馆 Muzeu i Armeve

吉罗卡斯特拉酒店 Gjirokastra

吉罗卡斯特拉城堡 Keshtjella e Gjirokastres

入口

Rr. Zeman Haska

Rr. Tahir Kadare

Rr. Mihal Duri

Rr. Misto Mame

Rr. Vangjel Zhapa

Rr. Vangjel Koca

Rr. Studenti

Bulevardi 18 Shtatori

Rr. Rauf Fico

Rr. Dr. Vasil Jorgji

Rr. Xhorxh Sorros

Rr. Petro Poga

Rr. Bilbilenjve

Rr. Jomiz Xhelo

Rr. Reshat Kokalari

Rr. Veli Hashorva

Rr. Rexhep Qosja

Rr. Gole Gushi

Rr. Grigor Gjirokastriti

Rr. Dr. Vasil Laboviti

Rr. Ilia Dilo Sheperi

Rr. Alqi Kondi

Rr. Bekim Ramiz Harxhi

Rr. 7 Kronjtë

Rr. Kilindasve

Rr. Bukurie Bazo

Rr. Astrit Toto

Rr. Koço Koçollari

Rr. Cone Roze

Rr. Lufta e Mashkullorës

Rr. Dino Çeço

Rr. Ropi Jani

Rruga Hysen Hoxha

Rr. Egerem Hoxha

Rr. Gjin Zenebisi

Rr. Pazari i Vjetër Plake

Rr. Mustafa Matoh

Rr. Papavangjeli

Rr. Fato Berberi

Rr. Kapo Baco

Rr. Nuzi Haderi

Rr. Dr. Kalivopulli

Rr. Vezirit

Rr. Zejtareve

Rr. Petef Kokona

Rr. Ismail Kadare

Rr. Bashkim Kokona

Rr. Partizani

Rr. Gjin Bue Shpata

Rr. Evlia Celebi

Rr. Syrja Kasi

Rr. Hasan

Rr. Agrit Karagjozi

是当时在阿尔巴尼亚南部非常有势力的家族——斯坎多利家族的私宅。内部状态保存得非常好，描绘在天井、暖炉上的壁画值得参观。社会主义时期曾被国家没收，变为博物馆，之后又被归还了。

卡达莱之家

Map p.392-A2

Shtëpia e Kadaresë

这里是阿尔巴尼亚有代表性的作家——伊斯梅尔·卡达莱出生的地方，他因《梦宫殿》等作品而知名。由于作家橙色的家在 1997 年的火灾中烧毁，现在看到的是后来重建的房屋。里面除了展示卡达莱以及 20 世纪 90 年代阿尔巴尼亚的照片以外，还举办各种各样的企划展览。从露台上远眺老城区的街景，一定不可错过。

卡达莱之家
开 4~10 月 9:00~19:00
11 月 ~ 次年 3 月 9:00~13:00
休 无 费 成人 200Lek

奢华的斯坎多利之家

吉罗卡斯特拉的酒店

Hotel

吉罗卡斯特拉酒店

Gjirokastra Hotel

Map p.392-A2

◆位于老城区里，由传统民居经改建而成的酒店。有效地利用了古老的房间布局打造的客房，每个房间的内饰都有所不同。同时设有餐厅。

住 Lagjia Partizani
TEL（084）265982
☐ 068-4099669
S € 25~
W € 35~
CC M V
☐ 含 WiFi 免费

洽由皮

Hotel Çajupi

Map p.392-B2

◆酒店面对切尔奇兹·托布里广场，客房的设施比较新，配以令人色调稳重的内饰。最高一层的餐厅，视野非常好。

住 Sheshi Çerçiz Topulli
TEL（084）269010 FAX（084）269009
URL www.cajupi.com
S € 35
W € 45 CC 不可
☐ 含 WiFi 免费

石头城青年旅舍

Stone City Hostel

Map p.392-A2

◆使用传统民居建成，里面十分漂亮。多人间的床位数为 6~10 张，从 6 张床位数的房间可以眺望到培拉特城。还设有厨房，冬季停业。

住 Rr.Alqi Kondi ☐ 069-3484271
URL www.stonecityhostel.com
D 1300~1430Lek
W 3250Lek
CC M V ☐ 无
WiFi 免费

吉罗卡斯特拉的餐馆

Restaurant

科多拉餐馆

Kodra

Map p.392-A2

◆设在酒店内的餐馆，从宽敞的露台可以眺望到很棒的景观，因此而出名。无论是肉团子契夫契（500Lek），还是甜点欧谢夫（300Lek），都是吉罗卡斯特拉有名的特色风味。

住 Lagjia 11 Janari，Rr.Zejtareve
☐ 069-4062661
开 11:30~ 次日 2:00
休 无
CC A M V
阿尔巴尼亚菜肴

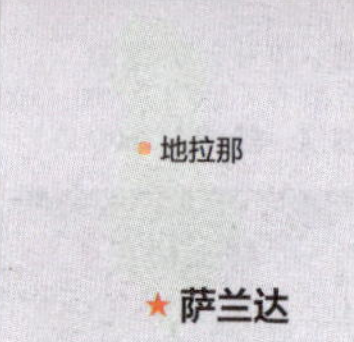

萨兰达 *Saranda / Sarandë*

MAP Map 文前 p.6-A3
人口约 2 万人
长途区号 085

▶▶ Access Guide

从地拉那出发
🚌 见时刻表 ▶p.377

从吉罗卡斯特拉出发
🚌 见时刻表 ▶p.377

从莱库莱希城眺望到的萨兰达的城市风景

面向美丽的爱奥尼亚海的港口城市萨兰达是阿尔巴尼亚南部的海滩胜地。阿尔巴尼亚有两个世界遗产——布特林特 ▶p.395 和吉罗卡斯特拉 ▶p.391，无论是哪一个，都可以从这里当天往返。此外，有渡轮将萨兰达与希腊的科孚岛连接在一起。

旅游咨询处（萨兰达）

▶海边散步道路上的旅游咨询处 ⓘ
MAP p.394-B
住 Promnade
开 夏季 8:00~22:00
冬季 9:00~17:00
休 无

▶犹太人教堂遗址对面的旅游咨询处 ⓘ
MAP p.394-A
住 Skënderbeu
电（085）225011
开 8:00~16:00
休 周六 · 周日

萨兰达 漫步

城市以南是一望无际的爱奥尼亚海。西起渡轮的乘坐码头，东到布特林蒂酒店，可以说夹在这东西之间一公里左右的区域是旅游者的活动范围。

●巴士总站～老城区 巴士总站位于从海岸深入陆地 300 米左右的位置。从这里一直向南行，左侧是建于 5 世纪时的犹太人集会旧址，旅游咨询处 ⓘ 也在这里。这一带相当于老城区，虽然曾经被城墙包围，但是现在能看到的城墙不过是包括建在海岸边上的瞭望塔旧址在内的非常少的一小部分。

保留在城中的犹太人集会旧址

古代剧院遗址

洗礼堂里的马赛克画，几年里只对公众开放一次，且时间极为短暂。平时上面铺上沙子，无法看到

景点拾遗 Pick up

供奉药神的古代城市

布特林特 Butrint

世界遗产

医神阿斯克勒庇俄斯的圣地　布特林特登上历史的舞台，是在公元前4世纪的时候，这里作为医学之神——阿斯克勒庇俄斯的圣域会聚了来自古希腊世界众多的朝圣者。在罗马时代，恺撒、奥古斯都推行殖民政策，很多退役军人被送到了这里。水管管道、桥梁以及公共浴池等众多公共设施都是这段时间建造的。

阿斯克勒庇俄斯神庙周边

拜占庭～威尼斯　罗马帝国推行基督教，这里就变成了这一带的基督教中心，建起了很多教堂。山丘上保留着威尼斯时期的城堡，如今作为考古学博物馆对外开放，里面展示着这一带发掘的文物。

威尼斯时期的城堡

《埃涅阿斯纪》与布特林特

维吉尔的叙事诗《埃涅阿斯纪》讲述了一个宏大的故事，继承着特洛伊王家血统的英雄埃涅阿斯在特洛伊沦陷以后，为了寻求一块可以安居的乐土而一路奔波，最后来到了意大利，筑造起古罗马的基石。作品中有一处描写漂泊中的埃涅阿斯在登陆意大利以前到访布特林特的场景。布特林特的创建者海勒纳斯被认为是特洛伊国王普里阿摩的儿子，和埃涅阿斯一样拥有特洛伊王家的血统。

前往布特林特的方法

🚌 在位于犹太教堂遗址旁边的巴士车站乘坐巴士，终点站下车。7:30~17:30 期间每小时发车

需要：35 分钟

车费：100Lek

布特林特

☎ 069-2436689

URL butrint.al

开 夏季 8:00~19:00
　 冬季 8:00~17:00

休 无

费 成人 700Lek

莱库莱希城

🚗 从萨兰达乘坐出租车大约 500Lek。

开 随时 休 无 费 免费

▶城里的咖啡馆 · 餐馆

☐ 069-95372300

开 11:00~ 次日 2:00

休 11 月 ~ 次年 4 月

从城堡俯瞰萨兰达，风景好极了

▶▶ **Access Guide**

从萨兰达前往蓝眼睛泉

🚌 乘坐前往吉罗卡斯特拉的巴士或者是迷你巴士，大约 40 分钟，请提前告知司机想在蓝眼睛泉附近下车。下车后步行 20~30 分钟。

蓝眼睛泉

开 随时 休 无 费 免费

萨兰达 主要景点

莱库莱希城堡

Map p.394-B 外

Kalaja e Lëkurësit

建在可以将萨兰达城一览无余的山丘顶上的城堡。城堡里有咖啡馆、餐馆，夏季这里举办晚场演出，表演传统的合唱、民族舞蹈。

近郊的景点　从萨兰达乘坐巴士，再加步行最短 1 小时

蓝眼睛泉

Map 文前 p.6-A3

Syri i kaltër

你一定会被这里的青山绿水折服

距离萨兰达约 24 公里，距离吉罗卡斯特拉约 46 公里，位于两个城市之间的泉水。水深 50 米以上，透明度很高的清澈的泉水汩汩涌出。泉水带着蓝色，与周围大自然的绿色非常相称，美得仿佛可以洗涤人们的心灵。夏季，这里是深受大众欢迎的游泳的地方，所以带上泳衣、毛巾吧。

萨兰达的酒店和餐馆

Hotel & Restaurant

维拉 · 多拉库

Vila Duraku

◆哑白色的外观十分醒目的四星级酒店。客房配以暖色的内饰，浴室的功能齐全。酒店虽然不大，但是设有游泳池和餐厅。

Map p.394-B

住 Sarandë TEL（085）224931

☐ 069-2042156

S W € 50~

CC M V

早餐 含

WiFi 免费

提塔尼亚酒店

Hotel Titania

◆位于港口附近的酒店。白色基调的客房十分整洁，带有阳台。有海景房。早餐在景色引以为傲的屋顶享用。

Map p.394-A

住 Rr.Jonianët

TEL（085）222869

S W € 35~

CC M V

早餐 含

WiFi 免费

萨兰达背包客青年旅舍

Saranda Backpackers

◆设在公寓里的青年旅舍，床位数为 4~6 张的多人间有三间。每张床配有带钥匙的柜子，厨房、洗衣房也很完善。

Map p.394-A

住 Rr. Mithat Hoxha, Pallati Nr.10, Lagjia Nr.4

☐ 069-4345426

€ 7~12

CC 不可

早餐 无

WiFi 免费

利马尼

Limani

◆建在海边的餐厅兼酒吧，以视野好引以为傲。这里的海鲜菜肴十分丰富，可以品尝到新鲜的鲈鱼、鲳科鱼等产自爱奥尼亚海的鱼。

Map p.394-A

住 Rr.Jonianete

TEL（085）225858

开 8:00~24:00

休 无

CC M V

海鲜菜肴

罗马尼亚

Romania

位于锡纳亚的名城——佩莱什城堡

国旗

从左到右依次为蓝色、黄色、红色的三色旗。

正式国名

罗马尼亚 România

国歌

《醒来吧，罗马尼亚人！》
De,steaptă-te Române !

面积

23.8 万平方公里

人口

1941 万（2019 年）

首都

布加勒斯特 Bucureşti

国家元首

总统：克劳斯 · 约翰尼斯
总理：卢多维克 · 奥尔班

国家政体

共和制

民族构成

罗马尼亚人占 88.6%，匈牙利人占 6.5%，罗姆人占 3.2%，日耳曼人和乌克兰人各占 0.2%，其他为俄罗斯、土耳其、鞑靼等。城市人口所占比例为 53.8%，农村人口所占比例为 46.2%。

宗教

罗马尼亚东正教 86.5%，新教 3.2%，罗马天主教 4.6%。

语言

罗马尼亚语（罗曼语族）。特兰西瓦尼亚的部分地区也说马扎尔语（匈牙利语）、德语。英语、意大利语、法语能够作为外语沟通。不少人会说多国语言。

→旅行中会用到的罗马尼亚语 p.405

货币和汇率

罗马尼亚的货币是列伊（Leu，复数为 Lei）。除了 Lei，有时还可以表示为 RON，这两者的区别相当于人民币的 Yuan 和 CNY。辅币名为巴尼（Ban，复数为 Bani）。1 列伊 =100 巴尼。截至 2021 年 1 月，1 列伊 =1.62 元人民币、1 欧元 =4.8663 列伊。

纸币面值有 500 列伊、100 列伊、50 列伊、10 列伊、5 列伊、1 列伊。硬币面值有 50 巴尼、10 巴尼、5 巴尼、1 巴尼。

【信用卡】 在餐馆、中高端酒店、百货商场等都可以使用信用卡。市中心里多设有自动取款机。

【货币兑换】 不同兑换点的汇率不一样。在人流较多的地方能以银行税率或低于银行的税率进行兑换。需要注意的除了汇率，还有手续费。火车站、酒店、兑换处附近如果有人前来问你 "Change，money?" 请不要理会，直接走开。

500 列伊

100 列伊

50 列伊

10 列伊

5 列伊

1 列伊

50 巴尼

10 巴尼

5 巴尼

1 巴尼

→旅游的预算与花费 p.480

出入境

【签证】

中国公民因私前往罗马尼亚需要办理签证。

【护照】

护照上的剩余有效期在出境时必须留 6 个月以上。

→中国出入境 p.461
→中欧各国的出入境 p.461

拨打电话的方法

从中国往罗马尼亚拨打电话的方法

国际电话识别号码 00 + 罗马尼亚国家代码 40 + 区号（去掉前面第一个 0）×× + 对方的电话号码 ××××××

从罗马尼亚往中国拨打电话的方法

国际电话识别号码 00 + 中国国家代码 86 + 区号（去掉前面第一个 0）×× + 对方的电话号码 ××××××

→关于通信与邮寄 p.486

从中国前往罗马尼亚的航班

目前中国没有直达罗马尼亚的航班，至少需要中转一次。包括中转的飞行时长最快需要17小时45分钟。可在法兰克福、莫斯科、伦敦、伊斯坦布尔、中东的多哈等地中转。不到20小时就可以到达布加勒斯特。

→从中国前往中欧的线路 p.460

从周边各国前往罗马尼亚的线路

【铁路】国际列车班次并不多。匈牙利、摩尔多瓦、乌克兰等地有到布加勒斯特的班次。但所需时间较长，所以大多是夜班车。

【巴士】从伊斯坦布尔（土耳其）出发的巴士会经过保加利亚。也有从布达佩斯（匈牙利）、基希讷乌（摩尔多瓦）、雅典（希腊）出发的巴士。

→当地交通 p.481

时差和夏令时

罗马尼亚与中国时差为6小时，北京时间减去6小时即是罗马尼亚时间。即，北京时间AM6:00相当于同一天罗马尼亚时间的AM0:00。若采用夏令时，时差则为6小时。

夏令时的实行时间是3月最后一个周日的AM2:00（=AM3:00）~10月最后一个周日的AM3:00（=AM2:00）。

营业时间

以下是各设施的大致营业时间。

【银行】

周一至周五 9:00 ~15:30。周六、周日不营业。购物中心内有部分店面在周六 · 周日照常营业。

【百货商场和商店】

一般的商店会于 9:00~10:00 开门，18:00~20:00 关门，周六只在上午营业，周日和节假日则不营业。市中心一些商店会 24 小时营业。

【餐馆】

许多店周六 · 周日照常营业，营业时间多为 10:00~ 深夜。

气候

罗马尼亚属于大陆性气候，四季分明。但是，以穿过罗马尼亚国土的镰刀形的喀尔巴阡山脉为分界线，山岳地带和平原地带的气候明显不同。山岳地带积雪较多，即使是夏天，早晚温度也较低，建议备上外套。

布加勒斯特的气温及降水量

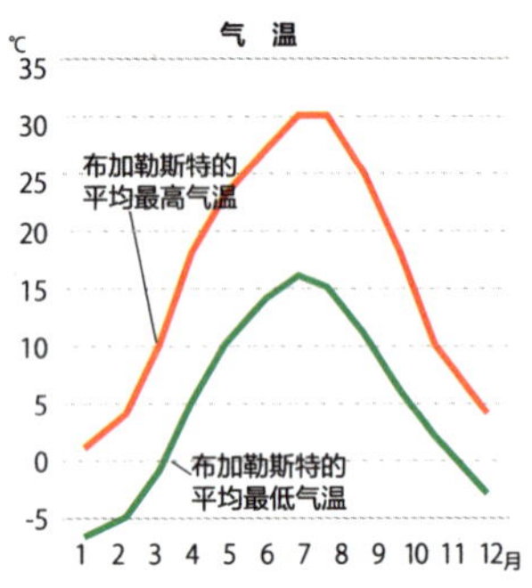

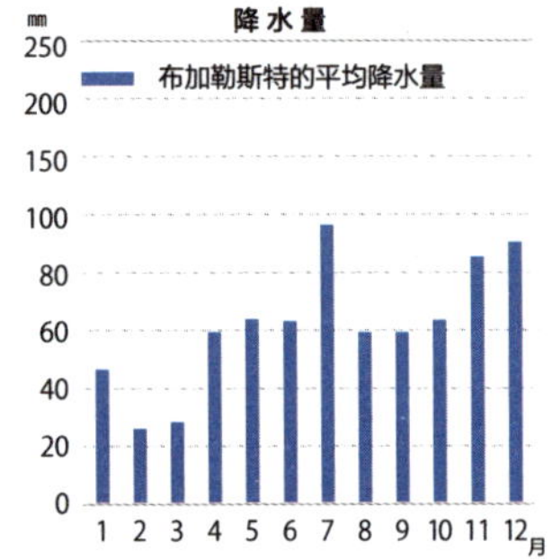

主要的节日

※ 代表日期随年份变化而变化的节日

时 间	节日名称
1/1~2	新年
4/19（'20）4/4（'21）※	复活节
4/20（'20）4/5（'21）※	复活节翌日
5/1	劳动节
5/2	青年节
6/7（'20）5/30（'21）※	圣灵降临节
12/1	国庆节
12/25~26	圣诞节

电压和插座

电压 230V，频率 50Hz。插头是 C 型或 SE 型，C 型占大多数；插座样式如图。但是插头类型与中国不同，需要带转换插头。

视频制式

【DVD 制式】

由于罗马尼亚的电视和录像制式（SECAM）与中国（含香港地区）的制式（PAL）不同，中国大陆的录像机一般无法播放当地的录像带。另外、罗马尼亚的 DVD 的地域限制代码为“2”，而中国为“6”，而且和录像带一样，影像的输出方式不同，所以一般的家庭用 DVD 机也无法播放。

洗手间

公共洗手间大多收费 1~1.5 列伊。此费用在大城市和旅游景点可能接近两倍。多用马桶，但水流很弱，使用后的废纸要扔进垃圾桶。

小费

【出租车】

若是短距离，可以给一点零钱。若是远距离包租，则按照全程价格的 5%~10% 给小费。

【餐馆】

若服务周到，可以给 10% 的小费。

【酒店】

若有使用客房服务或搬运服务，给 1~10 列伊小费。

饮用水

可以喝自来水，但不建议。矿泉水（Apa Minerala）在超市和售货亭就可以轻松买到，1

瓶（500ml）2 列伊。

邮政

邮局的说法是 Posta Romană，在罗马尼亚的任何小城镇里都有它的身影。邮送物品过程中几乎不会出现失误。各城市的中央邮局营业时间为周一至周五 7:00~20:00（分局 7:00~17:00）以及周六上午，周日不营业。

【邮寄费用】

寄往中国的航空邮件，明信片（Carte Po,stală）和书信（Scrisoare）都是 20g 以内 7 列伊。后来，在布加勒斯特能寄送国际邮件的邮局被限定到了两所，邮寄服务呈现混乱趋势。

→关于通信与邮寄 p.486

税金

购买罗马尼亚的几乎所有物品都要缴纳 24% 的消费税（TVA），且没有退税制度。携带 10000 欧元以上外币入境时，必须进行申报。此时下发的关税申报证明书在出国时必不可少，请妥善保管。

→中欧各国的出入境 p.461

安全与纠纷

在布加勒斯特和度假区经常发生假冒警察诈骗和小偷盗窃案件。

【出租车】被黑心司机要求支付高额费用，下车时被夺取贵重物品等案件频发。还曾发生过命案。在路边、火车站附近若有司机前来搭话，不要上他们的车。

【警察】警察的说法是 Politist，身穿蓝灰制服的就是他们。街上也有巡逻警车。

【假冒警察】经常有游客被兑换外币的小贩搭话，正当游客拒绝兑换外币时，出现一名假冒警察，指责游客黑市兑换是违法行为，并在检查随身物品之时趁机从钱包里顺手牵羊。这是最常见的行骗招数。

真正的警察一般不会在路上要求游客出示所带款项。

【盗窃】在拥挤的列车内、地铁、火车站、巴士枢纽站等地经常发生盗窃案件。

【下药劫财】陌生人前来搭话，招呼游客喝咖啡吃点心，游客接受“好意”过后失去意识，醒来发现被洗劫得身无分文。

【流浪狗】市中心的流浪狗近几年越发猖狂。白天相对老实的流浪狗，夜里一旦碰上相当危险。

中国驻罗马尼亚大使馆

住 罗马尼亚布加勒斯特市北方路 2 号

Sos. Nordului Nr.2, Sector 1, Bucharest, 014101, Romania

TEL 0040-21-2328858（值班）

URL http://www.chinaembassy.org.ro/chn/

http://www.chinaembassy.org.ro/rom

警察 消防 急救 112

→旅游中的纠纷与安全措施 p.488

年龄限制

在罗马尼亚未满 18 岁不可以购买烟酒。

度量衡

和中国一样，距离用米，重量用克、千克，液体用升。

罗马尼亚 Romania　旅行的基础知识

罗马尼亚继承了爽朗欢快的拉丁血统，欧洲的古老传统至今仍保留在这片土地上。城市里中世纪色彩浓厚，仍有一些地方村落遵循传统习惯生活。

【主要旅游景点】

1 锡吉什瓦拉 p.420

12 世纪时萨克逊人移民至此，建造了锡吉什瓦拉这座城市。小山上的老城区残存着中世纪的气息，踏上石板路，仿佛穿越到遥远的过去。吸血鬼德古拉的原型——弗拉德三世就诞生于此。

老城区入口处耸立的钟塔

2 布拉索夫 p.417

特兰西瓦尼亚的代表性城市。除了散发历史魅力的中世纪街道，郊外还有布朗城堡、要塞教堂等景点，可以说是去特兰西瓦尼亚旅游的必经之处。

据说布朗城堡是德古拉城堡的原型

3 五座修道院 p.427

布科维纳位于罗马尼亚东北方，散布着许多满墙壁画的教堂。彩色装饰的教堂立于美丽的自然中，从任何角度观赏都美如一幅画卷。

五座修道院中最大的斯切维查修道院

【罗马尼亚人】

中欧地区唯一拥有拉丁民族血统的罗马尼亚人，总体来说开放、热情、开朗、欢快。另外，直到第一次世界大战前，特兰西瓦尼亚都一直是匈牙利的领土，所以现在也居住着不少匈牙利人。以前有许多德国来的撒克逊人，现在几乎找不到了。

【国土】

由南部的瓦拉几亚、西北部的特兰西瓦尼亚、东部的摩尔多瓦三部分构成。喀尔巴阡山脉与阿普塞尼山脉相连，将处于国土中央的特兰西瓦尼亚盆地包围，四周是一片平原。沿着罗马尼亚与保加利亚的国界流淌的多瑙河，经过漫长的旅程，最终从罗马尼亚东部流入黑海。

【纪念品】

在罗马尼亚能买到各种纯朴、暖心的手工纪念品。其中最有名的是精致的木雕勺子（Lingula）和霍雷祖烧制的彩色陶质工艺品。罗马尼亚还是个隐藏的美容大国，比如药妆品牌婕柔薇达（Gerovital），极具抗衰老功效，比在中国购买划算很多。

info　罗马尼亚在 2005 年实施了货币改革，新旧列伊兑换率为 1∶10000，新旧纸币采用同样的设计，区别在于新纸币少了 4 个 0，所以存在着和 1 列伊纸币设计相同的 10000 列伊纸币。

【交通】

- 巴尔干半岛国家拥有最发达的铁路网
- 小型巴士行驶中距离线路
- 巴士枢纽站根据目的地方向和巴士公司的不同而散布在各地

国内航空线路

罗马尼亚国土辽阔，利用飞机跨城出行是一个不错的选择。虽然航班数量不多，但是有从布加勒斯特到各大城市的航班。

罗马尼亚航空公司（TAROM）
URL www.tarom.ro

铁路

罗马尼亚铁路 C.F.R（Căile Ferate Române）的站点遍布全国。有时会晚点，但班次较多，2 等座比巴士还要便宜。

C.F.R
URL www.cfrcalatori.ro

●主要列车种类

InterCity IC
往返于各大城市的快车。所有座

布拉索夫的火车站

位需要预约。

Rapid RM
快车。所有座位需要预约。

Accelerat A
加速列车。所有座位需要预约。

Personal P
普通列车。

●如何购票

出发当天前可以在 C.F.R 的各站点预约取票。当天购买则可以在火车站售票窗口直接购买，但列车出发前售票窗口处会比较混乱，建议提前买好车票。英语在当地基本不通，可以把目的地写在纸上。

巴士

长途巴士线路覆盖全国。但是，在布加勒斯特等城市，若交通公司不同，通常起点站也会不一样，对于游客来说比较麻烦。长途巴士在周六 · 周日会大幅度减少班次。

●如何购票

在 Autogara 巴士枢纽站的购票窗口买票。有的班次无法在窗口购买，特别是在非起点站出发的情况，通常不能预约，需要在车上买票。一般都用现金支付，而非刷信用卡。

搜索巴士时间表、购票
URL www.autogari.ro

●面包车（Maxi Taxi）

这是一种能容纳 20 人的小型巴士，也叫作 Micro Buz，用于中长距离线路。车票可在 Autogara 窗口或直接在司机处购买。一般没有固定座位，但有些线路会指定座位。

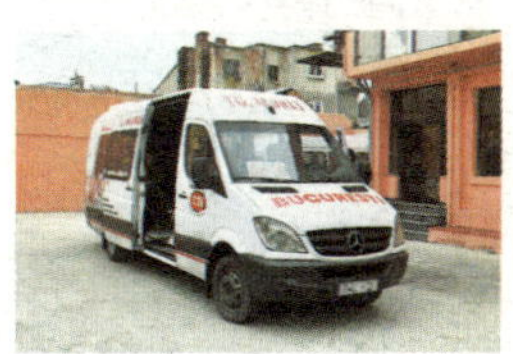
从布加勒斯特到布拉索夫的巴士

主要直达列车时间表

布加勒斯特 p.406 **↔（锡纳亚）↔布拉索夫** p.417
所需时间：2 小时 25 分钟 ~3 小时 51 分钟
车费：21.60~44.15 列伊

▶布加勒斯特发：6:05R 6:22 7:00R 8:10R 10:00R 12:15R 14:00R 14:20 15:10R 16:36 16:43R 17:45R 18:00R 18:45R 20:16 21:10R

▶布拉索夫发：3:32R 4:14 4:55R 5:27R 5:45R 6:04 7:40R 8:40R 9:38R 13:10 13:42R 14:15R 14:25 16:25 17:05R 18:30 19:09R 20:04R 20:34R

布拉索夫↔锡吉什瓦拉 p.420
所需时间：2 小时 35 分钟 ~3 小时 40 分钟
车费：16.50~51.45 列伊

▶布拉索夫发：6:10 8:58R 14:30 15:08 R 16:10 20:09 21:32R

▶锡吉什瓦拉发：2:18 2:46R 7:15 14:04 R 15:30 17:51R

R 座位预约制

※ 随着时间和季节的变化，时刻表可能发生改变。

主要直达列车时间表

布加勒斯特↔（锡纳亚）↔布拉索夫
所需时间：约 3 小时 30 分钟　车费：48 列伊

▶布加勒斯特发：6:30 8:30 10:30 12:30 14:30 16:30 18:30 20:30 22:30

▶布拉索夫发：6:00 7:00 8:00 9:00 11:00 13:00 14:00 15:00 16:00 17:00 18:00 19:00 21:00

布拉索夫↔锡吉什瓦拉
所需时间：2 小时 ~2 小时 30 分钟　车费：26 列伊

▶布拉索夫发：9:00 11:00 13:00 15:00 17:00 19:00 21:00 23:00

▶锡吉什瓦拉发：8:56 11:26 15:36 17:26 21:26

布加勒斯特↔苏恰瓦 p.429
所需时间：6 小时 45 分钟 ~8 小时　车费：90 列伊

▶布加勒斯特发：8:00 9:00 10:00 11:00 17:00 20:00

▶苏恰瓦发：6:00 9:00 11:00 12:00 21:00 22:40

【住宿】

- 地方酒店比布加勒斯特的酒店便宜不少
- 中档酒店的质量参差不齐
- 旅游景点处的小旅馆既实惠又舒适

住宿设施的种类

●**高档酒店**　布加勒斯特有许多四星级、五星级国际连锁酒店，但在地方城市几乎没有。一晚约830元起。

●**中档酒店**　不同酒店在设施质量方面会有较大出入。布加勒斯特的中档酒店一晚约320元起。

●**小旅馆**　罗马尼亚语叫作Pensiune。景点周围有许多带有独立卫浴的小旅馆，价格非常合适。

●**民宿**　这是一种租住家庭里房间的住宿方式。近几年越来越多的人将自己公寓的房间出租，房间里还配有独立卫浴，非常重视隐私。入住时会把房门钥匙交给租客，大多不会设置关门时间。需要在旅行社或者住宿预约网站申请。

●**青年旅舍**　一个房间和其他人合住，一晚约65元起。多数房间为男女混住，但若提出要求，有的青年旅舍也会准备女性专用房间。有些青年旅舍还会组织跟团游。

【美食】

- 以土耳其料理为基底，常加入酸奶油
- 不吃米饭，而吃用玉米粉制成的玉米糊
- 比萨店有售意大利面和汉堡

美食关键词

●**咖啡酒吧**
罗马尼亚有许多咖啡馆和酒吧融为一体。从咖啡到酒类，各类饮品应有尽有。也有不少店卖三明治和比萨，可以当作便餐来享用。

●**比萨店（Pizzeria）**
除了比萨，还提供意大利面和汉堡。桌面上放有啤酒。

罗马尼亚美食

牛肚酸汤
Ciorbă de burtă

加入了牛的内脏，有酸味。

肉丸汤
Ciorbă de perişoare

加入了肉丸的蔬菜汤。

玉米糊
mămăligă

在玉米粉中加入牛奶，搅拌均匀后蒸熟。外观看起来像土豆泥，实际上是摩丝状，吃起来是松软的口感。一般作为配菜食用。

套餐中的玉米糊

酒类

位于乡下的梅子白兰地蒸馏厂

梅子白兰地 Ţuică

罗马尼亚国酒，用梅子蒸馏而成。酒精度数50%。

穆法特拉 Murfatlar

罗马尼亚的代表性葡萄酒。口感清爽。有红白之分。

超想吃！ 罗马尼亚经典美食

●**米提提肉肠** Mititi

保加利亚的柯夫塔和塞尔维亚的切巴契契类似，都是较小的肉饼。是小摊上的经典美食。

●**烧猪肉** Tochitură

猪肉炖菜的总称。各地有不同的做法。

●**帕帕纳西** Papanaşi

这种奶酪甜甜圈是罗马尼亚的经典甜品。炸好后拌着樱桃果酱和酸奶油吃。

【旅行中会用到的罗马尼亚语】

●寒暄

早上好	Bună dimineaţa.
你好	Bună ziua.
晚上好	Bună seara.
再见	La revedere.
晚安	Noapte bună.

●回答等

是的 / 不是	Da. / Nu.
谢谢	Mulţumesc.
对不起	Vă cer scuze.
没关系	N-aveţi pentru ce.
不知道	Nu vă înţele.
拜托了	Vă rog.
你叫什么名字?	Cum vă numiţi?
我叫~	Numele meu este~.

●提问

在哪? Unde?

多少钱? Cât costâ?

想要~Aş vrea~.

想去~Aş vrea să merg la ~.

请给我~Daţi-mi~.

有空房间吗?
Aveţi camere libere?

埋单 Faceţi-mi nota vă rog.

●紧急

救命! Ajutor!

有小偷! Hoţii!

叫警察! Chemaţi poliţia!

医院(中国大使馆)在哪?
Unde este spital (ambasadă japoniei)?

●数字

1	unu (una)
2	doi (două)
3	trei
4	patru
5	cinci
6	şase
7	şapte
8	opt
9	nouă
10	zece
11	unsprezece
12	doisprezece
13	treisprezece
14	paisprezece
15	cincisprezece
16	şaisprezece
17	şaptesprezece
18	optsprezece
19	nouăsprezece
20	douăzeci
21	douăzeci şi unu
22	douăzeci şi doi
100	o sută
1000	o mie

●星期和月份

周一	luni	1 月	ianuarie	8 月	august
周二	marţi	2 月	februarie	9 月	septembrie
周三	miercuri	3 月	martie	10 月	octombrie
周四	joi	4 月	aprilie	11 月	noiembrie
周五	vineri	5 月	mai	12 月	decembrie
周六	sâmbătă	6 月	iunie		
周日	duminică	7 月	iulie		

●能派上用场的单词

洗手间	toaletă	女	femeie	昨天	ieri
使用中	ocupata	时间表	mersul	明天	mâine
出发	plecare	火车站	gară		
到达	sosire	机场	aeroport		
男	barbat	今天	azi		

Romania

Map 文前 p.9-C2 · 3
人口约 184 万人
长途区号 021
市内交通
URL www.ratb.ro

旅游咨询处（布加勒斯特）

目前布加勒斯特还没有官方的问询服务站。

旅行社（布加勒斯特）

▶ VISIT S.A. ROMANIA

该旅游社有会外语的工作人员。可以预约酒店、导游等。

TEL（021）2231818
URL www.visit-romania.ro

亨利 · 科安德国际机场

TEL（021）2041000
URL www.bucharestairports.ro

布加勒斯特 București / *Bucharest*（英语）

雅典娜神庙是布加勒斯特的一座音乐厅，也是罗马尼亚的代表性建筑

罗马尼亚的首都布加勒斯特大约有 184 万人口。其街道风景优美，甚至有“巴尔干半岛的小巴黎”之称，但如今只有老城区的极少部分地区以及通往凯旋门的街道上还存留着那般景象。现在，距离 1989 年罗马尼亚革命已经过去了 30 年的岁月，老城区已经恢复了昔日风貌，政府用禁止车辆通行等方式对美丽的街道进行了复原。到城里逛一逛，享受悠闲的时光吧。

车站和交通移动

亨利 · 科安德国际机场
Aeroportul Internaţional Henri Coandă

通称奥托佩尼机场（Otopeni Airport）。位于布加勒斯特北方约 18 公里处。国际航班的到达楼层为 2 楼，国内航班为 1 楼。

● **乘市内巴士到市中心**　去往市内的巴士在机场到达楼层的地下的巴士乘车点出发。车票可在乘车点附近的售票窗口购买。

783 路　经过奥雷尔 · 弗拉伊库机场、胜利广场、罗马尼亚广场、大学广场，约 1 小时到达统一广场。24 小时运营，1 小时 1~2 班车。

780 路　15 分钟 ~1 小时发 1 班车，开往北站。5:35~23:10（周六 · 周日 5:25~23:00）内 1 小时发 1~2 班。

● **乘巴士与铁路到市中心**　乘坐接送巴士到离机场最近的火车站，换乘亨利 • 科安德特快列车（Henri Coanda Expres）。到北站大约需要 60 分钟。可以购买巴士与列车的套票（单程 7.65 列伊）。

● **若深夜到达**　783 路巴士和触屏式出租车呼叫机都是可以全天 24 小时利用的，但是考虑到安全，最好是使用旅行社或者酒店的接送机服务。绝对不可以上揽客的出租车，或者让刚认识的人带你去市中心。

航站楼出口处的出租车呼叫机。在北站也设有出租车呼叫机

机场 ~ 市内出租车

航站楼出口处设有触摸屏的出租车呼叫机。画面上会显示出租车公司便览，从中选择中意的出租车公司，拿好打印出的小票，即可到机场出口的出租车乘车点坐车。

从机场到市内的车费大约 35 列伊起。

奥雷尔·弗拉伊库机场
Aeroportul Internaţional Aurel Vlaicu

Map p.409-B1

通称伯尼亚萨机场 Băneasa Airport。位于布加勒斯特北部约 8.5 公里处。有包机航班。

●**乘市内巴士到市中心**　乘坐亨利·科安德机场出发的市内巴士会经过奥雷尔·弗拉伊库机场。

北站
Gara de Nord

Map p.410-A2

布加勒斯特有四个铁路车站，但是游客会用到的国际列车和国内主要列车是在北站出发和到达。

北站，晚上很危险，需要注意

●**市内少数治安较差的地区之一**　北站周边是布加勒斯特治安最差的地区。甚至有人袭击当地警察，所以一个人经过时，夜晚外出时一定要多加小心。

●**乘地铁到市中心**　北站和地铁站彼此相邻。到统一广场可乘坐地铁 M1 号线，需 15 分钟。

●**乘出租车到市内**　北站设有出租车呼叫机。操作方法和机场的出租车呼叫机相同。在售票处附近的出口等待揽客的出租车是没有得到政府许可的。

布加勒斯特的长途巴士枢纽站

布加勒斯特的长途巴士枢纽站（Autogara）根据目的地方向和公司的不同而散布在各地。

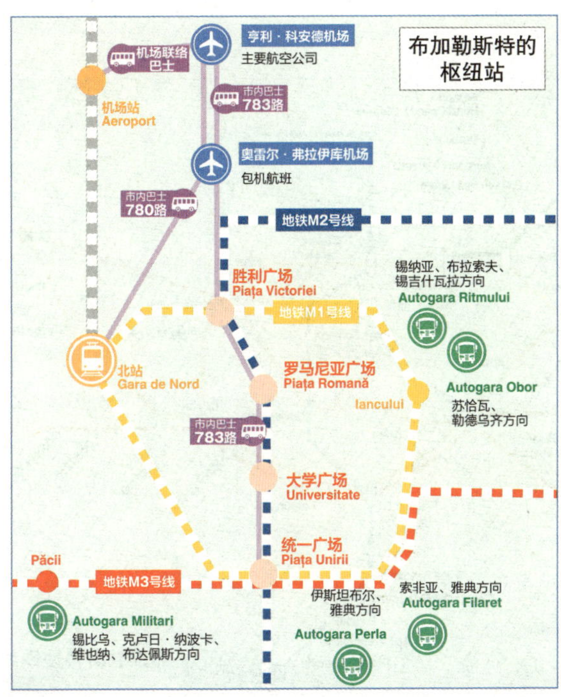

官方出租车正在火车站等待揽客

布加勒斯特的长途巴士枢纽站

Autogara Ritmului

Map p.409-B2

开往锡纳亚、布拉索夫方向。从地铁 Iancului 站步行 10 分钟就可以到达，但还是出租车比较快。

Autogara Militari

Map p.409-A2

除霍雷祖、锡比乌、克卢日·纳波卡以外，还有开往维也纳、布达佩斯等地的国际班车。从地铁 Păcii 站下车后就能看到。

Autogara Obor

Map p.409-B2

有开往东北部、东部方向的苏恰瓦、勒德乌齐等地的班车。从地铁 Obor 站步行 15 分钟即可到达。

Autogara Matache

Map p.410-B2

位于中央市场后面。有开往康斯坦察的班车。从北站步行 10 分钟即可到达。

Autogara IDM

Map p.410-A2

有开往雅西、布加勒斯特郊外的特尔戈维什泰等地的班车。从地铁 Basarab 站下车后就能看到。

Autogara Perla

Map p.410-B4

有开往伊斯坦布尔、雅典的班车。使用公共交通不容易到达，推荐从统一广场坐出租车去，约 10 分钟。

Autogara Filaret

Map p.410-B4

有开往雅典、索非亚、鲁塞、基希讷乌的班车。使用公共交通不易到达，推荐从统一广场坐出租车去，约 10 分钟。

布加勒斯特市交通局（ratb）
URL www.ratb.ro
Metrorex（布加勒斯特地铁）
URL www.metrorex.ro

地铁入口

可随时上下车的观光巴士

主要巡回于各个旅游景点，6~10 月的 10:00~21:00 内每 20~25 分钟发一班车。巴士从北边出发，经过凯旋门、罗马尼亚农村博物馆、胜利广场、统一广场、议会宫等地。

URL bucharestcitytour.stbsa.ro
▶ 24 小时券　25 列伊

往返于各个景点的敞篷观光巴士

市内交通

车票的种类和购买方法

除地铁以外，车票都是通用的，都是充值式磁卡。包含地铁的通用车票价格比较贵。

● **Multiplu**　能在市内巴士、无轨电车、有轨电车上使用。一张售价 1.60 列伊，购买时充入要使用的金额（2~10 列伊）即可使用。不能再次充值。

● **Activ**　能在市内巴士、无轨电车、有轨电车上使用。Activ 是塑料制的卡片，不同于 Multiplu，它是可以反复充值使用。可在巴士车站附近的售票处 Casa de bilet 充值。一张售价 3.70 列伊。

● **地铁专用车票**　只能乘坐两次地铁的 2 次票，一张售价 5 列伊。另外还有 1 日票（8 列伊）、10 次票（20 列伊）。

● **通用车票**　地铁、市内巴士、无轨电车、有轨电车都能用。售价为单次票 5 列伊、10 次票 30 列伊、1 日票 16 列伊。

● **读卡机上刷一刷**　乘坐市内巴士、无轨电车、有轨电车时，需要用车票在竖杆的读卡机上刷一刷，使车票上留下乘车记录。可能会有乘务员进行检票，若被发现有逃票行为，将被罚款。

地铁　Ⓜ 记号代表地铁出入口。地铁有 4 条线路，其中 Ⓜ1 号线呈环状围绕市中心，Ⓜ2 号线贯穿南北经过市中心。这两条线路对游客来说比较有利用价值。

有轨电车 · 市内巴士 · 无轨电车　陆上公共交通的线路比较复杂。若有智能手机，使用谷歌地图来搜索行进线路会非常方便。

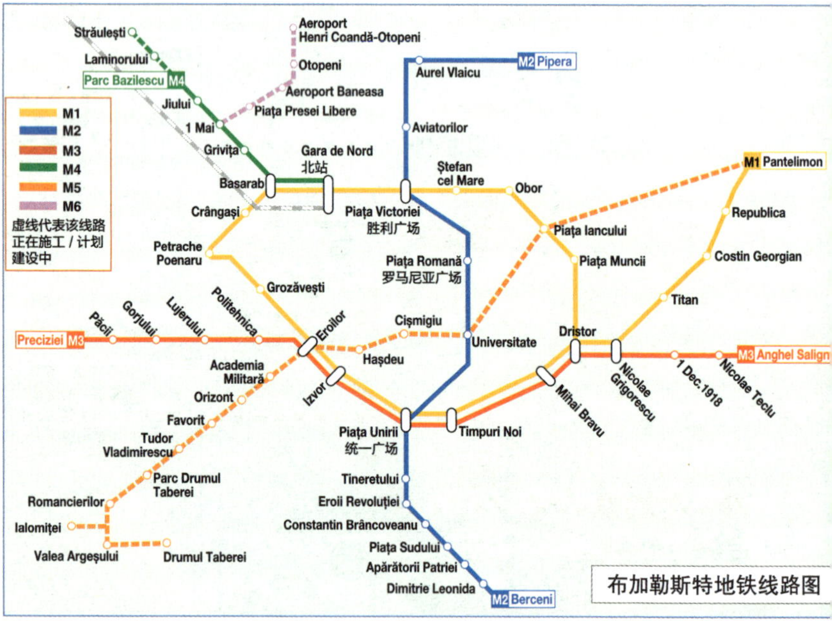

布加勒斯特地铁线路图

布加勒斯特 漫 步

●**马格鲁大道～革命广场** 马格鲁大道 Bd. Gh Magheru 遍布着许多高档酒店和服装店，是布加勒斯特的主干道。位于马格鲁大道西边 300 米处的就是南北贯穿的胜利大街 Calea Victoriei。维克多利亚大道的中部，就是 1989 年 12 月罗马尼亚革命的舞台——**革命广场 Piaţa Revoluţiei**。革命广场周围建有**共和国宫、雅典娜神庙、共产党旧址**。

●**大学广场周边** 沿马格鲁大道南下，布加勒斯特大学对面就是大学广场 Piaţa Universităţii。这一带是繁华街区，聚集了许多电影院和餐馆。

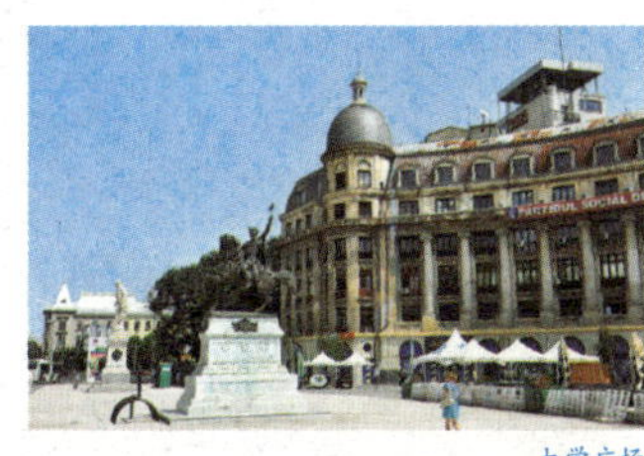

●**统一广场** 从大学广场出发，沿**布勒蒂亚努大道** Bd. I. C. Brătianu 南下，即可到达修建有巨大喷泉的统一广场 Piaţa Unirii。而横贯东西的**统一大道** Bd. Unirii，是齐奥塞斯库总统仿照香榭丽舍大道建成的。

●**老城区** 老城区位于统一广场的南边，有各式餐馆与精致的咖啡馆，目前正在进行改造开发。这里还存留着一些历史悠久的建筑物，比如 Hanul Manuc 餐馆就是用以前的宫廷和商队驿站改造而成的。

大学广场

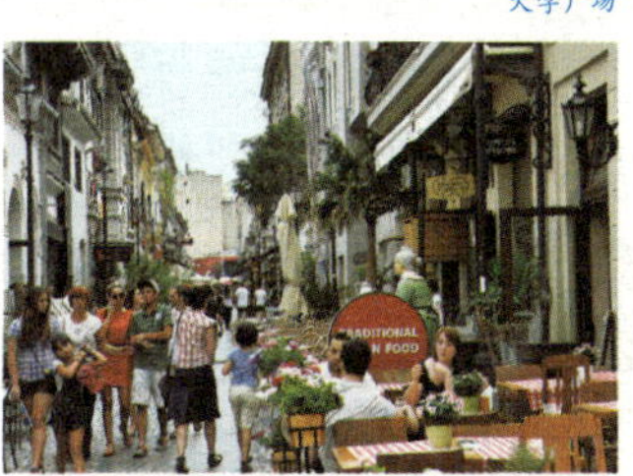

布加勒斯特老城区的咖啡馆

要坐官方承认的出租车

政府准许经营的出租车在其车窗下有一条黑白的检查标记线，会标明起价里程与车费，也配有计价器。注意，有不少司机会向乘客搭话，以敲诈高额车费。特别是北站附近，有特别多的黑心司机。

▶**主要出租车公司**

Meridian ☎（021）9444
Speed ☎（021）9477
Cobalcescu ☎（021）9451
Leone ☎（021）9425
2000 ☎（021）9494

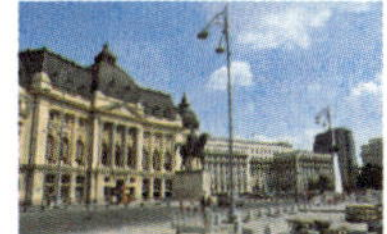

革命广场

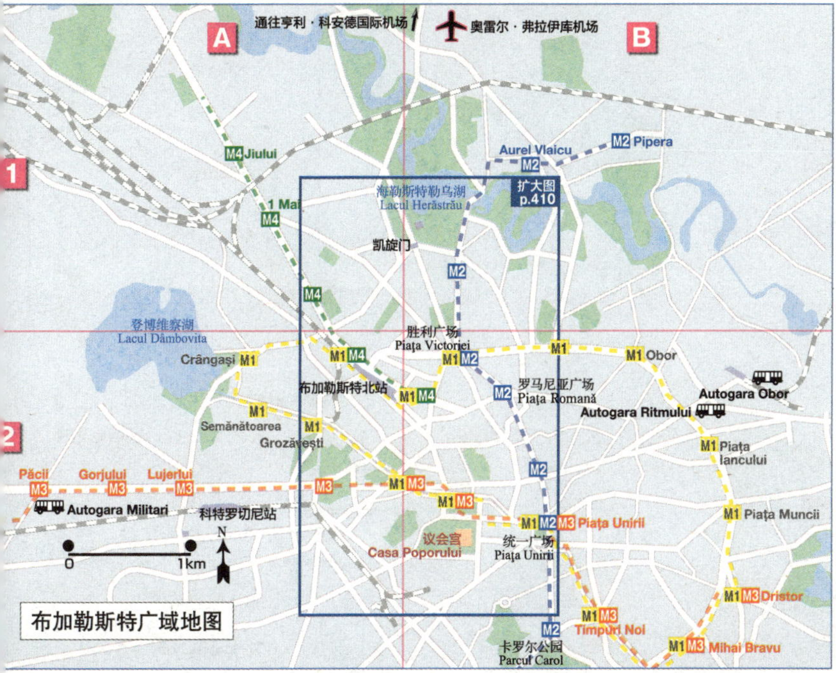

A
B
1
2
通往亨利·科安德国际机场
奥雷尔·弗拉伊库机场
M4 Jiului
1 Mai M4
M2 Pipera
Aurel Vlaicu M2
扩大图 p.410
海勒斯特勒乌湖
Lacul Herăstrău
凯旋门
M2
M4
登博维察湖
Lacul Dâmbovita
Crângaşi M1
胜利广场
Piaţa Victoriei
M1 M4
M1 M2
M1
M1 Obor
布加勒斯特北站
M1 M4
M2
罗马尼亚广场
Piaţa Romană
Autogara Obor
Autogara Ritmului
M1
Semănătoarea
M1
Grozăveşti
M1 Piaţa Iancului
Păcii M3
Gorjului M3
Lujerului M3
M3
M1 M3
M2
M1 M3
M1 Piaţa Muncii
Autogara Militari
科特罗切尼站
M1 M2 M3 Piaţa Unirii
议会宫
Casa Poporului
统一广场
Piaţa Unirii
0
1km
N
M1 M3 Dristor
M1 M3 Timpuri Noi
M2
卡罗尔公园
Parcul Carol
M1 M3 Mihai Bravu

布加勒斯特广域地图

布加勒斯特街道图
❶～⓮ 敞篷观光巴士
海勒斯特勒乌湖
Lacul Herăstrău
Pullman
Bd. Expoziţiei
Bd. Mărăşti
Şos. Kiseleff
罗马尼亚农村博物馆
Muzeul Naţional Satului
海勒斯特勒乌公园
Parcul Herăstrău
Bd. Ion Mihalache
凯旋门
Arcul de Triumf
去往亨利·科安德国际机场、奥雷尔·弗拉伊库机场
春宫
Palatul Primăverii
Piaţa Arcul de Triumf
Piaţa Charles de Gaulle
M2 Aviatorilor
Eliade
Calea Floreasca
Triumf
罗马尼亚国营电视台
M4 Griviţa
Bd. Aviatorilor
Şos. Kiseleff
地质博物馆
罗马尼亚农村博物馆
自然史博物馆
Calea Griviţei
M1 M2 Victoriei
Ştefan cel Mare M1
Şos. Nicolae Titulescu
胜利广场
Piaţa Victoriei
去往亨利·科安德国际机场、奥雷尔·弗拉伊库机场
Autogara IDM
M1 M4 Basarab
Autogara Augustina
M1 M4 Gara de Nord
Calea Victoriei
扩大图p.411
罗马尼亚广场
Piaţa Romană
Bd. Dacia
M2 Piaţa Romană
北站
Gara de Nord
去往亨利·科安德国际机场
哈喽酒店
Hello
C.F.R.
国际欧洲酒店
Euro Hotels International
Sir
Splaiul Independenţei
Autogara Matache
M1 Grozăveşti
Vulcanescu
Athénée Palace Hilton
老友青年旅舍
Friends
Str. Mircea
军事博物馆
Str. S. Vodă
Bd. N. Bălcescu
奇什米久公园
Parcul Cişmigiu
Str. Buzeşti
Calea
Cotroceni
Str. S. Vodă
歌剧院
M2 Universita
M3 Politehnica
Şos.
M1 M3 Eroilor
Bd. Regina Elisabeta
大学广场
Piaţa Universităţii
Bd. Iuliu Maniu
Bd. E. Sanitari
Victoriei
M1 M3 Izvor
Bd. I. C. Brătianu
Bd. Geniului
AFI Palacer Cotroceni
Bd. Naţiunile Unite
Str. Izvor
议会宫
Casa Poporului
(Palatul Parlamentului)
Bd. Libertăţii
Bd. Unirii
统一广场
Piaţa Unirii
Str. Progresului
Str. Drumul Taberei
Marriott Grand
Piaţa Unirii M1 M2 M3
Bd. Regina Maria
寄国际邮件
Bd. Dimitrie Cantemir
Zen Sushi
Calea Ferentarilor
Autogara Marina
Autogara Murat
Autogara Filaret
Autogara Star
Str. Constantin Istrati
Şos. Viilor
Str. Petre Ispirescu
Tineretului M2
Autogara Perla
0 500m
N
1
2
3
4
A
B

布加勒斯特中心图
罗马尼亚广场
Piața Romană
Piața Romană M2
Sheraton Bucharest
去往亨利·科安德国际机场
奥雷尔·弗拉伊库机场
Bd. Dacia
胜利大街
Umbrella
法国大使馆
艺术收藏博物馆
陶瓷器博物馆
Calea Victoriei
马格鲁大道
Nottara剧院
Bd. Gh Magheru N.
Mama餐馆
La Mama
Ambasador
Str. G-Ral Henri Berthelot
雅典娜宫希尔顿酒店
Athénée Palace Hilton
Radisson Blu
雅典娜音乐厅
Ateneul Român
革命广场
Piața
Revoluției
Str. Stirbei Voda
宫廷剧院
（音乐厅）
共和国宫
（罗马尼亚艺术博物馆）
Palatul Regal(Național de Artă)
共产党旧址
Balcescu大道
Bd. N.Balcescu
克雷楚莱斯库教堂
Biserica Crețulescu
Operetta剧院
Inter Continental
国家剧院
奇什米久公园
Parcul Cișmigiu
Novotel
ODEON剧院
M2 Universitate
Capitol
Ramada Majestic
大学广场
Piața Universității
Z酒店 Z Hotel
去往亨利·科安德国际机场、
奥雷尔·弗拉伊库机场
Regina Elisabeta大道
Bd. Regina Elisabeta
布兰德拉剧院
中央酒店
Central
市政府大楼
登博维察河
Str. Splaiul Independenței
M1 M3 Izvor
卡卢库·贝勒餐馆
Caru'cu Bere
Rapsodia剧院
老城区
罗马尼亚历史博物馆
Muzeul Național de Istorie a României
喜剧剧院
泪与圣徒餐馆
Lacrimi și Sfinți
Bd. I.C. Brătianu
Bd. Libertății
Bd. Națiunile Unite
Dâmbovița
宫殿遗址
Curtea Veche
Hanul Manuc
C.F.R.
售票处
百货商店
Unirea
统一广场
Piața Unirii
议会宫
Casa Poporului
(Palatul Parlamentului)
自由大道
统一大道
Bd. Unirii
N
5～9
散篷观光巴士
0
250m
M1 M2 M3 Piața Unirii
去往亨利·科安德国际机场、
奥雷尔·弗拉伊库机场
Horoscop
Bd. Regina Maria
主教教堂
Catedrala Patriarhală
1
2
3
4
A
B

布加勒斯特 主要景点

议会宫

Map p.411-A4

Casa Poporului

议会宫

议会宫是已故的齐奥塞斯库总统 p.503 投入了折合人民币约 56 亿元的金额下令建成的，但是并没有完工。虽然原名叫作人民宫，但实际上是齐奥塞斯库为了满足私欲而建造的，“人民”二字名不副实。地上 8 楼，地下 5 楼，地下的最底层被设计为核庇护所，整个建筑拥有多达 3107 所房间。议会宫地上部分的楼面面积高达 33 万平方米，在全世界的政府机关、宫殿等建筑中，该规模仅次于美国国防部五角大楼。

宫殿内部甚至连天花板、墙壁、窗框上都有黄金装饰。宫殿内最气派的要数宽 18 米、长达 150 米的长廊 Honour Gallery 和高 18 米、总面积 2200 平方米的大走廊 Union Hall。支撑起整个宫殿的柱子由白色、红色、黑色、粉色、驼色的大理石制成，据说这些大理石是从罗马尼亚的各个地区收集而来的。

春宫

Palatul Primăverii

绿色环绕的美丽宫殿

齐奥塞斯库实际居住的宫殿其实不是议会宫，而是春宫。春宫的房间有文艺复兴、巴洛克等不同装修风格，无不豪华绚丽。还有室内泳池、电影放映室等设施。通过参观齐奥塞斯库夫妇的服饰收藏，可以一窥独裁者的私生活实貌。

罗马尼亚艺术博物馆

Map p.411-B2

Muzeul Național de Artă

这里是罗马尼亚的代表性艺术博物馆，该建筑的一部分也作为共和国宫使用。馆内分为罗马尼亚国立展和欧洲美术展两部分，门票需要单独购买。

●**罗马尼亚国立展** 这里展出着罗马尼亚的珍宝与美术品。金银制的圣髑盒、十字架、餐具等闪闪发光的收藏品不可错过。

罗马尼亚艺术博物馆

此外，还有从各地区收集而来的古老的基督教圣像 p.498、木雕技艺精湛的圣幛等，非常值得观赏。

●**欧洲美术展** 这里收藏着伦勃朗、埃尔·格列柯、鲁本斯、克拉纳赫等绘画巨匠的作品。

议会宫

游客入口在正对议会宫的右侧。

住 Calea 13 Septembrie
电 (021) 4141426
开 3~10 月 9:00~17:00
11 月~次年 2 月 9:00~16:00
休 无

只接受团体参观。团体参观的线路并非每天固定。参团必须出示护照（不能出示复印件）。

▶**标准线路**
所需时间：1 小时
费 成人 40 列伊 学生 20 列伊
▶**标准线路 & 地下室线路**
所需时间：1 小时 30 分钟
费 成人 45 列伊 学生 23 列伊

Rosetti Hall 的水晶吊灯重达 5 吨

春宫

住 Bul.Primaverii 50
电 (021) 3180989
URL palatulprimaverii.ro
开 10:00~17:00
休 周一
费 成人 50 列伊 学生 40 列伊

只接受 45 分钟流程的团体参观。三语导游（英语、法语、罗马尼亚语）。建议至少提前 24 小时预约。

尼古拉·齐奥塞斯库的书房

罗马尼亚艺术博物馆

住 Calea Victoriei 49-53
电 (021) 3133030
URL www.mnar.arts.ro
开 10:00~18:00
休 周一、二、节假日
▶**罗马尼亚国立展**
费 成人 15 列伊
▶**欧洲美术展**
费 成人 15 列伊
▶**套票**
费 成人 25 列伊

罗马尼亚农村博物馆 Map p.410-B1

Muzeul Național al Satului

● **从各地移建到这里的农村建筑** 该野外博物馆的展品是从罗马尼亚各地的农村移建到此地的农家、教堂、水车等共计 297 座农村建筑。这里再现了 18~19 世纪罗马尼亚各地的代表性农家建筑风格，处处都可领略到罗马尼亚作为民俗文化的宝库的魅力。其中一部分民家和教堂对外开放，游客可以了解当时农民的生活状态。在农村博物馆内游览一圈，感觉仿佛将罗马尼亚走了个遍。

马拉穆列什县的木质教堂

罗马尼亚农村博物馆
🚌 观光巴士 p.408
住 Sos. Kiseleff 28-30
电（021）3179106
开 夏季 9:00~19:00
冬季 9:00~17:00
休 周一
费 成人 15 列伊 学生 4 列伊

现场演示商品使用方法的商贩

宫殿遗址 Map p.411-B3•4

Curtea Veche 老城区

这里是布莱姆·斯托克所著小说《吸血鬼德古拉》的原型——弗拉德三世（别名：穿刺公）在 15 世纪建造的城堡的遗址。这一带是布加勒斯特中历史最久远的区域，由于地震或火灾，当时的大部分建筑都遭到了严重破坏，但宫殿遗址幸免于难，依然残留着往年的模样。宫殿遗址附近的 Curtea Veche 教堂是布加勒斯特最古老的教堂。

克雷楚莱斯库教堂 Map p.411-B2

Biserica Crețulescu 老城区

18 世纪建于革命广场。其上方有两座塔，是典型的东正教风格建筑。教堂内无比安静，甚至让你忘记正处于城市的正中心。入口门廊处的天花板上有 18 世纪完成的《最后的审判》的壁画。

克雷楚莱斯库教堂
住 Calea Victoriei 12
开 9:00~18:00
休 无
费 免费

罗马尼亚独特的建筑形式

罗马尼亚历史博物馆 Map p.411-B3

Muzeul Național de Istorie a României 老城区

面对着胜利大街。复制版的罗马“图拉真柱”将讲述图拉真大帝征服达契亚（罗马尼亚）的螺旋状原版浮雕进行了分解展示，是该博物馆的镇馆之宝。所有浮雕都可以近距离观赏。另外，不可错过的还有古代达契亚人的装饰品、罗马尼亚王室的收藏品等。

可以欣赏分解版的圆柱浮雕

罗马尼亚历史博物馆
住 Calea Victoriei 12
电（021）3158207
URL www.mnir.ro
开 夏季 10:00~18:00
冬季 9:00~17:00
休 周一、周二
费 成人 10 列伊

凯旋门 Map p.410-A1

Arcul de Triumf

为了纪念第一次世界大战胜利于 1919 年修建了凯旋门。其实最初的凯旋门是在表面涂抹了灰泥的木质建筑，1930 年经由罗马尼亚的几位雕刻家之手改造成了现在的模样。从亨利·科安德国际机场开往市中心的巴士上就可以透过车窗看到凯旋门。

由于凯旋门的诞生，布加勒斯特曾被称为巴尔干半岛的“小巴黎”

凯旋门
🚌 从罗马尼亚广场坐 131 路巴士到 Arcul de Triumf（凯旋门）
🚇 从地铁 Aviatorilor 站沿公园步行 5 分钟左右

▶▶ **Access Guide**

布加勒斯特
Autogara Ritmului
↓ 🚌
时间表→ p.403
所需时间：2 小时 30 分钟
车费：35 列伊
锡纳亚站前
↑ 🚌
时间表→ p.403
所需时间：1~2 小时
车费：13 列伊
布拉索夫
Autogara 1（Unu）

布加勒斯特 · 北站
↓ 🚆
时间表→ p.403
所需时间：至少 1 小时 30 分钟
锡纳亚站
↑ 🚆
时间表→ p.403
所需时间：至少 1 小时
布拉索夫站

卡罗尔一世大道

锡纳亚修道院
开 8:00~19:00
休 无
费 成人 5 列伊 学生 2 列伊

老教堂入口处的壁画

近郊的城镇　从布加勒斯特北站乘坐火车最快 1 小时 30 分钟可到达

锡纳亚

Sinaia

Map 文前 p.8-B2

落座于山间的锡纳亚城

布加勒斯特往北约 120 公里处就是锡纳亚，被誉为“喀尔巴阡明珠”，位于以奇岩怪石闻名的布切吉山的半山腰处，恰似被喀尔巴阡山脉那高达 2000 米的缓缓相连的群山所包围。17 世纪，锡纳亚修道院建造于此，到 18 世纪时作为布加勒斯特王侯贵族的别墅而发展、闻名。

步行线路　锡纳亚站正对面的树丛里有一段较陡的石阶。登上石阶便来到锡纳亚的主干道——卡罗尔一世大道 Bd. Carol Ⅰ，沿街有许多酒店和餐馆。从卡罗尔一世大道沿着 Str. Octavian Goga 大街步行 5~6 分钟即可到达锡纳亚修道院 Mănăstirea Sinaia。从修道院后方的岔路继续步行 15 分钟即可到达佩莱什城堡 Castelul Peleş。

锡纳亚修道院

Mănăstirea Sinaia

Map p.414-B

瓦拉几亚大公康塔库齐诺（Cantacuzino）于 17 世纪访问此地，作为纪念，人们修建了这座修道院。进门后正对的新建筑是 19 世纪时由卡罗尔一世 ▶p.501 修建的。

老教堂保留了建成初期的样子

而左侧的老建筑物，除了 Brâncoveanu（继康塔库齐诺之后成了瓦拉几亚大公）新建了门廊以外，其余部分都按照当年原本的样子保存了下来。墙上的壁画是不可错过的观赏项目。

佩莱什城堡 Map p.414-A

Castelul Peleș

1875 年，卡罗尔一世 p.501 花 8 年时间建造了此宫殿，作为罗马尼亚王室的避暑离宫。宫殿内部有意大利文艺复兴、巴洛克、洛可可等各种风格的装饰，外部则采用哥特和德国文艺复兴的建筑风格，是一座无比壮丽的城堡，在广阔庭院的映衬下更是美不胜收。宫殿内有 160 个房间，每个房间里都摆放着卡罗尔一世所收集的绘画、雕刻等美术品、陶瓷器、金银、珠宝装饰品、中世纪武器等有趣的物件。佩莱什城堡只接受团体参观。

佩莱什城堡被美丽的大自然包围着

佩莱什城堡
TEL（0244）310918
URL peles.ro
团体参观
开 9:15~16:15（周三 11:00~16:15）
休 周一、冬季的周二
费 成人 30 列伊 学生 7.50 列伊
※ 闭馆前 1 小时后不能入场

佩利绍尔城堡 Map p.414-A

Castelul Pelișor

佩利绍尔城堡位于佩莱什城堡所在地的左侧靠里位置，是卡罗尔一世用于狩猎的城堡，于 1902 年修建完成。尽管外观是朴素的德国中世纪风格，但城堡内部却是豪华的水晶吊灯和地毯，甚至还有招待来客就寝的房间。

从城堡沿着草木丛中的小道继续步行 100 米左右，即可看见掩映在树林中的弗伊绍尔城堡 Castelul Foișor。这是齐奥塞斯库 p.503 总统在社会主义时代居住过的豪华别墅。

佩利绍尔城堡
只接受团体参观
TEL（0244）310918
URL peles.ro
▶团体参观
开 9:15~16:00（周三 11:00~16:15）
休 周一、周二
费 成人 20 列伊 学生 5 列伊
※ 闭馆前 1 小时后不能入场

海报上经常能看见美丽的佩利绍尔城堡

布切吉山 Map p.414-A 外

Munții Bucegi

乘坐索道（上车点位于锡纳亚中心），可到达海拔 2000 米（COTA2000）的布切吉山高处。在那里可以眺望连绵于眼下的喀尔巴阡山脉，那番景象实在令人心旷神怡。

去布切吉山的索道
开 夏季 8:30~17:00（周一 10:30~19:30）
冬季 9:00~17:00（周二 12:00~17:00）
休 无
▶到海拔 1400 米处
费 单程 19 列伊 往返 32 列伊
▶到海拔 2000 米处
费 单程 30 列伊 往返 55 列伊

布加勒斯特的酒店

Hotel

雅典娜宫希尔顿酒店

Athénée Palace Hilton

◆自 1914 年开业以来的 100 多年里，代表布加勒斯特迎接了各国著名人物，是一座历史悠久的酒店。有许多水疗、健身设施。

Map p.411-B2
住 Str.Episcopiei 1-3 TEL（021）3033777
FAX（021）3152121 URL www.hilton.com
S W 650 列伊
CC A M V
含
WiFi 免费

Z 酒店

Z Hotel

◆一家位于老城区的时尚酒店。房间装饰新潮，有 3 种房型，单人间也配备大床房，比较宽敞。接送机服务 25 欧元。

Map p.411-B3
住 Str.Ion Nistor 4 TEL 0373-403777
URL www.zhotels.ro
S 75 欧元起
W 150 欧元起
CC A M V 含 WiFi 免费

中央酒店
Hotel Central

◆这家酒店以黑、白、红为基调色，以现代艺术为概念，设有大厅、休息室、酒吧。早餐自助。接送机服务 25 欧元起。

Map p.411-A3

住 Str.Brezoianu 13　TEL (021) 3155636
FAX (021) 3155637　URL www.centralhotel.ro
S W 115 欧元
CC A M V
早餐 含
WiFi 免费

哈喽酒店
Hello Hotels

◆北站周边同等级酒店中颇有人气的一家酒店。客房不算大，但功能齐全，快捷又舒适。在网站直接预订可能有优惠。

Map p.410-A2

住 Calea Grivitei 143　TEL 0372 121800
FAX 0372 121801　URL www.hellohotels.ro
S 37 欧元起
W 42.3 欧元起
CC A M V
早餐 6 欧元　WiFi 免费

国际欧洲酒店
Euro Hotels International

◆位于离北站约 500 米处。有新楼和旧楼，内部装修都是以白色为基调色，给人沉稳的感觉。也有为长期停留者提供的公寓型房间。

Map p.410-B2

住 Calea Grivitei 130　TEL (021) 3179971
FAX (021) 3168360　URL www.euro-hotels.ro
S W 60~95 欧元
CC A M V
早餐 含
WiFi 免费

老友青年旅舍
Friends Hostel

◆从北站步行约 15 分钟。客房只有男女混住的多人房，1 个客房内有 3~8 个床位。可使用地下的厨房。酒店是独栋的建筑，内有庭院。

Map p.410-A3

住 Str. Mircea Vulcanescu 114　TEL 031-8053414
URL www.friendshostel.ro
费 30~55 列伊
CC 不可
早餐 含
WiFi 免费

布加勒斯特的餐馆
Restaurant

Mama 餐馆
La Mama

◆这家餐馆的罗马餐食价格良心，很受欢迎。主食人均 25~57 列伊。两人套餐的罗马尼亚风味烤制餐食拼盘定价 75 列伊。

Map p.411-B1

住 Str. Episcopiei 9
☐ 072-1526262
URL www.lamama.ro
开 10:00~24:00
休 无　CC M V
罗马尼亚美食

卡卢库 · 贝勒餐馆
Caru'cu Bere

◆这是一家 1879 年起营业至今的老店，由于那特殊的氛围，随时都生意火爆，必须提前预约。工作日限定的午餐套餐价格为 23~26 列伊。主食价格适中，21.9 列伊起。

Map p.411-B3

住 Str. Stavropoleos 5
TEL (021) 3137560
URL www.carucubere.ro
开 8:00~24:00（周五 · 周六 ~ 次日 2:00）
休 无　CC A M V
罗马尼亚美食

泪与圣徒餐馆
Lacrimi şi Sfinţi

◆一家位于老城区的人气餐馆，店内是统一的田园乡村风格。食材与葡萄酒由罗马尼亚西部城市——卡拉法特的合作农户直接供应。主食售价 33~65 列伊。

新市场附近　Map p.411-B3

住 Str. Sepcari 16　☐ 072-5558286
URL www.lacrimisisfinti.com
开 12:30~次日 1:00（周一 18:30~次日 1:00；周五 · 周六 12:30~ 次日 2:30）
休 无　CC M V
有机食品　罗马尼亚美食

布拉索夫 Braşov/*Kronstadt*（德语）

布拉索夫位于坦帕山和波斯塔瓦鲁山的山脚下，是一座保留了中世纪街道样貌的美丽古城。布拉索夫原本由萨克逊人创建，后来，萨克逊人、罗马尼亚人、匈牙利人，这三个民族一起推动了布拉索夫的发展。和罗马尼亚其他城市不同的是，布拉索夫给人一种能强烈感受到德国色彩的独特印象。此外，若要去与吸血鬼德古拉的传说有“缘分”的布朗城堡、布拉索夫的世界遗产——要塞教堂等旅游景点，就要从布拉索夫出发。

位于议会广场的历史博物馆

布拉索夫★

布加勒斯特

Map 文前 p.8-B2
人口约 25 万人
长途区号 0268
市内交通
URL www.ratbv.ro

Access Guide

从布加勒斯特

时间表 p.403

时间表 p.403

旅游咨询处（布拉索夫）

Map p.418-A2
住 Str.Prundului 1
TEL（0268）419078
开 11:00~14:00
休 周六 · 周日

线路 & 交通

●铁路车站 位于布拉索夫北部，在站前乘坐 4 路市内公交巴士，10 分钟即可到达中心街道。若乘坐出租车，花费约为 5~10 列伊。

●远距离巴士枢纽站 铁路车站旁的 Autogara 1（Unu）往返着罗马尼亚国内各城市的巴士。去市中心的方法同上，可乘坐 4 路市内巴士或出租车。

布拉索夫的市内交通

布拉索夫市内运营有市内巴士和无轨电车。游客常用的是连接铁路车站和剧院广场的 4 路巴士，以及连接 Autogara 2（Doi）和市中心的 12 路、22 路巴士等。2 次票的售价为 4 列伊。上车后将车票放入检票机剪票。

URL www.ratbv.ro

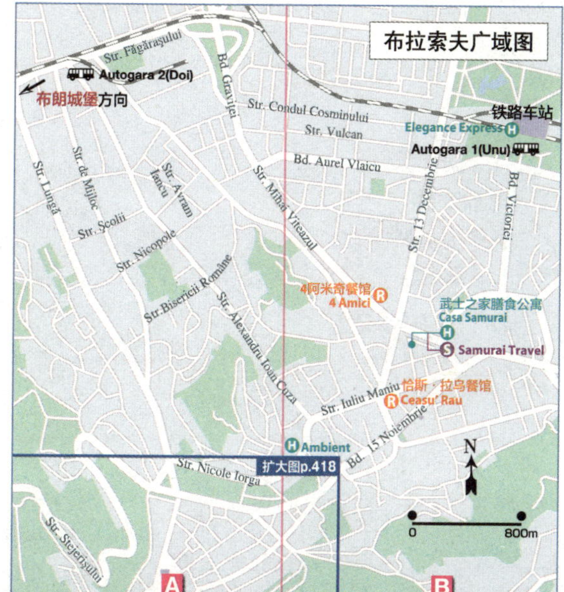

议会广场

info 布拉索夫没有机场，所以许多人都去布加勒斯特的亨利·科安德国际机场乘坐飞机。虽然布拉索夫的机场建设已在进行中，但由于资金不足、法律欠缺等原因好几次中断了建设进程。目前计划于 2020 年前实现通航。

位于斯凯伊地区的圣尼古拉教堂

斯凯伊门，以前以此划分罗马尼亚人地区和萨克逊人地区

布拉索夫的代表性教堂

黑教堂

住 议会广场（Piata Sfatului）

开 夏季 10:00~19:00（周日 12:00~19:00）

冬季 10:00~16:00（周日 12:00~16:00）

休 周一、节假日

费 成人 10 列伊 学生 6 列伊

●**近郊巴士枢纽站** 去布朗城堡和勒什诺夫城堡，可在位于布拉索夫西北方的 Autogara 2（Doi）乘坐 12 路或 22 路市内巴士。出租车费用为 5~10 列伊。

布拉索夫 漫 步

从铁路车站出发的市内巴士可到达剧院广场 Piaţa Teatrului。往前走是一条热闹的步行街，叫作共和大道 Str. Republicii，两侧有许多咖啡馆和餐馆。再往前走，便来到了布拉索夫市中心——议会广场 Piata Sfatului。

●**老城区** 从市中心步行 15 分钟便可到达老城区的斯凯伊地区。德国移民最初建立起布拉索夫时，罗马尼亚原住民被隔离开来，被迫迁移到了斯凯伊地区。隔离这两个民族的就是斯凯伊门，这道门至今仍然存在并发挥着作用，并且出入这道门有着严格的限制。

布拉索夫 主要景点

黑教堂

Map p.418-A1•2

Biserica Neagră

黑教堂是特兰西瓦尼亚地区最大的后哥特式教堂，耸立于布拉索夫市中心，高约 65 米。建造黑教堂花费了从 14 世纪后期至 15 世纪初的约

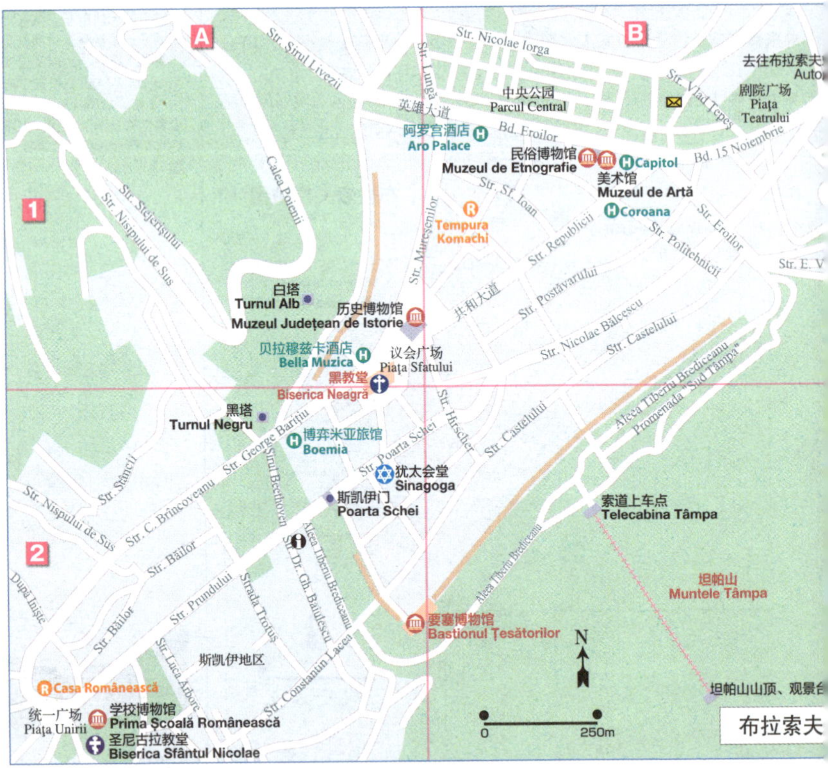

80 年时间。1689 年黑教堂遭到哈布斯堡军队的攻击，教堂外墙被烧得一片焦黑，由此得名“黑教堂”。

教堂内收藏着 1839 年制造的罗马尼亚最大的管风琴，拥有约 4000 根音管和四层手键盘。而且，教堂内墙壁上处处挂饰着 15~18 世纪的土耳其绒毯。

坦帕山

Map p.418-B2

Muntele Tâmpa

耸立于布拉索夫东南方，乘坐索道仅需数分钟即可到达海拔 865 米的坦帕山山顶。从山顶往下俯瞰的老城区是绝对美景。山顶站处有适合远眺的餐馆。

要塞博物馆

Map p.418-A·B2

Bastionul Ţesătoril

要塞博物馆位于坦帕山下，原本是 16 世纪的要塞遗址，后来被开发成博物馆，展出中世纪武器、基尔特行会的遗留物品、货币、老布拉索夫城的模型等历史资料。

在要塞远眺也是一个不错的选择

近郊的景点　从布拉索夫乘坐巴士最快 20 分钟

勒什诺夫要塞

Map p.419

Cetatea Râşnov

从布拉索夫向布朗城堡方向前进约 15 公里处有一座较高的小山，山顶上便是勒什诺夫要塞。虽然由于以前的地震出现了部分垮塌，但是仍然是特兰西瓦尼亚的代表性大要塞。

1331 年，勒什诺夫城（当时叫作 Rosnou）首次出现在了历史文书中。萨克逊人为了防御其他民族的侵略而修建起了勒什诺夫要塞，其历史非常悠久，在 15 世纪时作为最坚不可摧的要塞之一而为人所知。堡垒的设计可容纳 5000 人居住，里面颇有韵味地摆放着残破的马车和生活用品等。有几间小房子现在被作为了出土物品的展览室和礼品店。

要塞内的房子被改造成了游客用建筑

坦帕山索道

开 9:30~17:00（周一 12:00~18:00、周六 · 周日 9:30~18:00）

休 无

费 单程 10 列伊 往返 18 列伊

从山顶俯瞰老城区

要塞博物馆

住 Str. George Coşbuc 9

TEL（0268）472368

开 夏季 10:00~18:00
冬季 10:00~17:30

休 周一

费 成人 7 列伊 学生 1.5 列伊

▶▶ **Access Guide**

从布拉索夫到勒什诺夫要塞

巴士 在 Autogara 2（Doi）的 2 号上车点乘坐通往 Moeciu de jos（经由布兰）的巴士。途中看到一座山上挂有 RASNOV 字样的牌子后便可请司机停车。大约需要 20 分钟、5 列伊。

看到 RASNOV 字样的牌子后下车

直上山顶的缆车

勒什诺夫要塞

乘坐缆车可在勒什诺夫的统一广场上车，往返 12 列伊。也可顺着一旁的阶梯爬上要塞。

TEL（0268）230115

开 夏季 9:00~19:00
冬季 9:00~17:00

休 无

费 成人 12 列伊 学生 6 列伊

从布拉索夫乘坐铁路最快 2 小时

Map 文前 p.8-B2

锡吉什瓦拉

Sighişoara

建在丘陵上的老城区

位于布拉索夫西北部约120公里处，位于特兰西瓦尼亚的中心。街道保留着浓烈的中世纪色彩，从中能感受到不同于周边城镇的朴素的魅力。说起锡吉什瓦拉的历史，要追溯到12世纪匈牙利国王盖萨二世带领萨克逊人迁入此地。锡吉什瓦拉德语名叫作 Schäßburg，是一座曾在15~16世纪的繁荣鼎盛期有过15个基尔特行会（同业团体组织）的城寨。锡吉什瓦拉的地标——钟楼是14世纪的建筑物。

钟楼

Turnul cu Ceas

Map p.421-A2

石板路小巷上方的钟楼

14世纪，作为锡吉什瓦拉成为工商业行会（基尔特）的自治城市的纪念，城市的地标建筑——钟楼诞生了。德语叫做 Stundturm。1670年，在大火中被烧毁后，进行了重建，到现在仍然在机械装置的牵引下正常报时。该钟楼有玩偶自动报时的机关，每到整点，钟面一旁窗子里的玩偶就会敲响钟声。

钟楼内部是历史博物馆 Muzeul de Istorie，展出的物品上至罗马时代前的生活用品，下至18世纪的外科手术用具。

中世纪武器博物馆

Colecţia de Arme Medievale

Map p.421-A2

位于钟楼旁的小博物馆。规模其实就是一个展览室，收藏有中世纪的大炮、枪，以及弗拉德三世的谱系图等。也有关于弗拉德三世（p.499）的资料。

拷问室

Camera de Tortură

Map p.421-A2

穿过 ❶ 处的第一个门，左侧就是拷问室。只是一个小小的房间，展示品非常少，只有铁手铐、拷问时使用的梯子等。

世界遗产
锡吉什瓦拉老城区
Centrul Istoric Sighişoara
1999 年入选

被赶出故乡的萨克逊人

以前有许多德裔萨克逊人住在特兰西瓦尼亚，但在第二次世界大战后，他们遭到驱逐，迫不得已移居别处，就连原本占锡吉什瓦拉一半人口的德裔也沦为了少数派。

山上教堂在以前由萨克逊人使用，那里展出了许多装饰品，这些装饰品从萨克逊人居住过的周边村落收集而来。

▶▶ Access Guide

从布拉索夫到锡吉什瓦拉

🚌 时间表 p.403
🚆 时间表 p.403

从铁路车站到老城区入口，步行需 15 分钟左右。

旅游咨询处（锡吉什瓦拉）

Map p.421-A2
住 Str.Turnului 1
电（0268）882937
开 9:00~17:00
休 无

钟楼

开 夏季 9:00~18:30
（周六 · 周日 10:00~17:30）
冬季 9:00~15:30
休 周一
费 成人 15 列伊 学生 4 列伊

钟楼的机关玩偶。右下角的人偶会敲钟，发出钟鸣

中世纪武器博物馆

电（0265）771108
开 夏季 9:00~18:30（周六 10:00~17:30）
冬季 9:00~15:30
休 周一
费 成人 6 列伊 学生 1.5 列伊

拷问室

开 夏季 9:00~18:30（周六 10:00~17:30）
冬季 9:00~15:30
休 周一
费 成人 4 列伊 学生 1 列伊

山上教堂 Map p.421-A2

Biserica din Deal

顶棚的木质阶梯顶端处就是14世纪建成的山上教堂，在罗马尼亚的哥特式建筑物中具有代表性。教堂内不仅有残留下来的壁画，还装饰着从萨克逊人居住过的周边村落收集来的路德教派壁画等。现在教堂被作为博物馆，让现代的人们了解萨克逊人的文化。地下还有骨灰存放室。每年5~9月，每周五18:00会举办音乐会。

美丽的哥特式教堂

山上教堂

住 城堡广场（Piaţa Cetăţii）
开 10:00~17:00
休 无
费 成人8列伊

给人留下深刻印象的小窗

弗拉德．德古勒之家 Map p.421-A2

Casa Lui Vlad Dracul

弗拉德．德古勒之家是一家面对着钟楼所在广场的餐馆。德古勒是吸血鬼德古拉的原型——弗拉德三世 p.499 的父亲。1431~1435年的4年时间里，德古勒被匈牙利国王软禁于此。弗拉德三世就出生在这里。

德古拉（=德拉库拉、卓库勒）的字面意思是“德古勒之子”，而其父亲的名字德古勒的字面意思则同“Dragon（龙）”。餐馆招牌上还加入了龙的设计，仿佛是为了配合这段历史。

餐馆内展出了中世纪的武器和弗拉德三世的人像，也可以品味到德古拉主题的美食。

弗拉德．德古勒之家

电（0265）771596
开 夏季 10:00~22:00
冬季 12:00~21:00
休 2月
CC M V

有历史感的餐馆内部

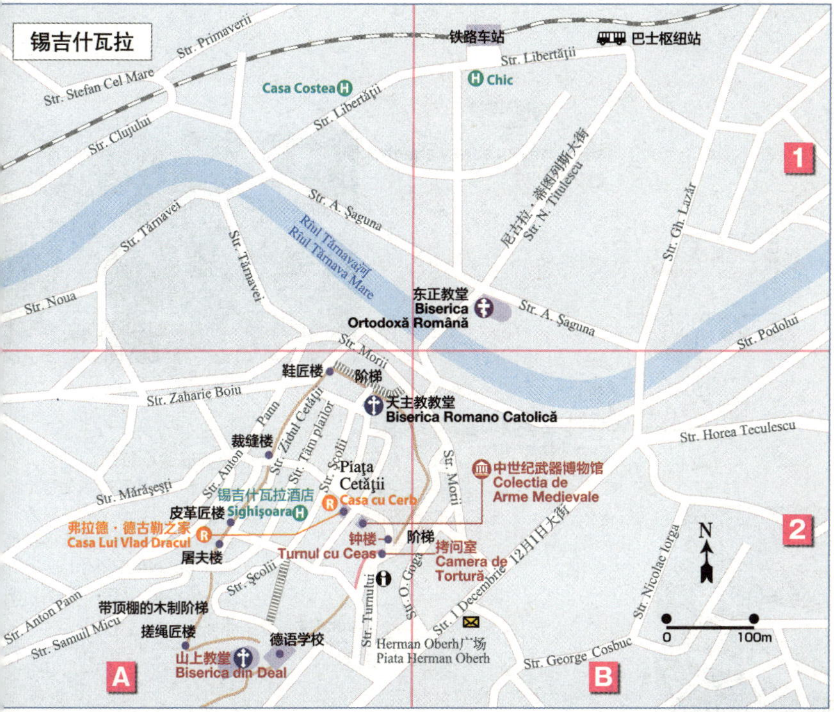

传说中的吸血鬼实际上是保家卫国的英雄

景点拾遗 Pick up 吸血鬼德古拉寻根之旅

小说中的德古拉 爱尔兰作家布莱姆·斯托克于 1898 年出版了小说《德古拉》。小说中的德古拉是伯爵，而其原型弗拉德三世 ▶p.499 则是大公，弗拉德三世也只是一个原型，作者并没有将小说中的德古拉描绘成和弗拉德三世一模一样的形象。

充满坎坷的弗拉德三世的一生 弗拉德三世和匈牙利王国大将军亚诺什·匈雅提 ▶p.507 争夺瓦拉几亚大公的后继人选时，得到奥斯曼帝国的支持，接替父亲成了瓦拉几亚大公。之后，弗拉德三世拒绝向奥斯曼帝国纳贡，和穆罕默德二世展开了游击战。虽然此后遭到亚诺什·匈雅提之子马加什一世 ▶p.507 的软禁，却依然作为瓦拉几亚大公东山再起。

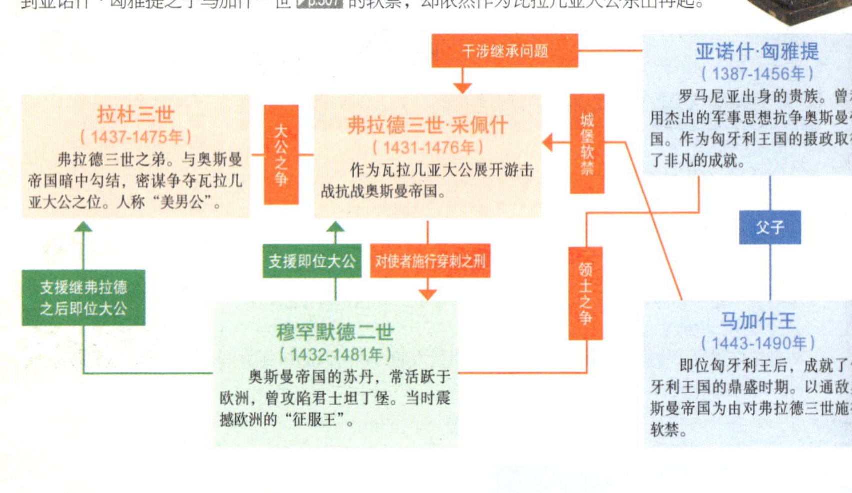

干涉继承问题
亚诺什·匈雅提
(1387-1456年)
罗马尼亚出身的贵族。曾
用杰出的军事思想抗争奥斯曼
国。作为匈牙利王国的摄政取
了非凡的成就。
拉杜三世
(1437-1475年)
弗拉德三世之弟。与奥斯曼帝国暗中勾结，密谋争夺瓦拉几亚大公之位。人称“美男公”。
大公之争
弗拉德三世·采佩什
(1431-1476年)
作为瓦拉几亚大公展开游击战抗战奥斯曼帝国。
城堡软禁
父子
支援继弗拉德之后即位大公
支援即位大公
对使者施行穿刺之刑
领土之争
穆罕默德二世
(1432-1481年)
奥斯曼帝国的苏丹，常活跃于欧洲，曾攻陷君士坦丁堡。当时震撼欧洲的“征服王”。
马加什王
(1443-1490年)
即位匈牙利王后，成就了
牙利王国的鼎盛时期。以通敌
斯曼帝国为由对弗拉德三世施
软禁。

布拉索夫 Braşov

与弗拉德三世的祖父有着千丝万缕的联系
1 布朗城堡 Castelul Bran

远离人烟的要塞
2 波奈里要塞 Cetatea Poenari

阿尔杰什河畔库尔泰亚 Curtea de Argeş

瓦拉几亚公国的首都
3 特尔戈维什泰的宫廷 Curtea Domnească

特尔戈维什泰 Târgovişte

普洛耶什蒂 Ploieşti

弗拉德三世沉睡于此
4 斯纳戈夫修道院 Mănăstirea Snagov

布加勒斯特 Bucureşti

特尔戈维什泰的宫廷

据说弗拉德三世埋葬于此

游览线路小技巧

布朗城堡和特尔戈维什泰的宫廷都可以乘坐公共交通工具到达，但斯纳戈夫修道院和波奈里要塞位于郊外，交通不便，所以建议利用出租车、包车前往。

info 布莱姆·斯托克写作《德古拉》时，故事的发生地点——特兰西瓦尼亚还是匈牙利的领土，并不属于罗马尼亚。第一次世界大战后，特兰西瓦尼亚才成了罗马尼亚的领土。

虽无直接关联，但成了吸血鬼小说的参考

布朗城堡

stelul Bran

布朗城堡是典型的中世纪城寨，屹立于布兰村山上，而布兰村在布切吉山下，位于布拉索夫西南方向约30公里处。据说，1377年，德国商人为了尽早侦察到从瓦拉几亚平原偷偷进入布拉索夫的奥斯曼帝国军队，而建造了这座城堡。

14世纪末，弗拉三世的祖父米尔恰大公曾在此城堡居住。如今布朗堡已经返还给了罗马尼亚国王斐迪南一世的后代，其仍作为博物馆对外开放，游客可以参观许多房间，如国王的办公室。从城堡最高楼眺望，周围的景色览无余。

从Autogara 2（Doi）去布朗城堡的巴士1小时发车1~2班。
需时间：45分钟
费：8列伊
（0268）237700 休 www.bran-castle.com
夏季 9:00~18:00（周一 12:00~18:00）
冬季 9:00~16:00（周一 12:00~16:00）
无 费 成人40列伊 学生25列伊

瓦拉几亚公国的旧都

3 特尔戈维什泰的宫廷

Curtea Domnească

特尔戈维什泰在1689年迁都到布加勒斯特之前的约200年时间里，一直都是瓦拉几亚公国的首都。1396年，米尔恰大公建造了宫廷，此后成了历代大公的居住地点。

另有15世纪建造的瞭望塔Chinda（Turnul Chinda），现在被改造为历史博物馆，展示有弗拉德三世的有关资料。

如何去特尔戈维什泰

从布加勒斯特出发

北站 5:28 7:30 9:30 12:30 13:30 14:07 15:05 16:30 17:30 19:20
所需时间： 1小时25分钟~2小时15分钟
车费： 9.55列伊起
Autogara IDM 6:30~21:00 内1小时发车2班

从特尔戈维什泰的宫廷出发

住 特尔戈维什泰 Calea Domnească 181-189
TEL （0245）613946
开 夏季 9:00~18:30 冬季 9:00~17:00
休 周一 费 成人12列伊 学生6列伊

弗拉德三世所建

波奈里要塞

tatea Poenari

从阿尔杰什河畔库尔泰亚沿着阿尔杰山涧北上约公里即是波奈里要塞。由弗拉德三世建成，位于人罕至的山上，四周被草木包围。想要去到山顶上的奈里要塞，必须爬上1480段台阶，异常辛苦。山顶有门票售卖处。要塞前放置了两个被施行穿刺之刑男性人偶。

没有可到达的公共交通工具。可在布拉索夫或布加勒斯特乘坐出租车、包车前往，或申请团体参观。
夏季 9:00~17:00 冬季 9:00~16:00
无
成人6列伊 学生2列伊

浮岛上的圣德古拉修道院

4 斯纳戈夫修道院

Mănăstirea Snagov

布加勒斯特北部约30公里处，有一座漂浮在斯纳戈夫湖上的岛屿，斯纳戈夫修道院就建在这座岛屿上。据说弗拉德三世永远沉睡在这里。1476年，在布加勒斯特近郊，弗拉德三世战死在和奥斯曼帝国的战争中。他的头部被运往了伊斯坦布尔。但据说遗体的其他部分被埋葬在这里。修道院内部的祭坛下即是弗拉德三世之墓，祭坛旁挂有一幅弗拉德的小肖像画。在20世纪30年代的挖掘调查中确实发现了一具无头遗体，但其究竟是否弗拉德本人，至今没有定论。

没有可到达的公共交通工具。可在布拉索夫或布加勒斯特等地乘坐出租车、包车前往，或申请团体参观。
开 夏季 8:00~20:00 冬季 8:00~17:00
休 无
费 15列伊

info 有游客反映波奈里要塞周边有熊出没。为了游客的人身安全，目前只接受10:00和15:00从山下出发的、配有护卫的团体参观。

世界遗产

信仰与防御作用兼备的特兰西瓦尼亚的象征

特兰西瓦尼亚地区的要塞教堂村落群

Aşezări săseşti cu biserici fortificate din Transilvania

由于 13 世纪起，德裔、匈裔逐渐迁移到此地，如今的特兰西瓦尼亚南部地区散落着些小村庄，我们从中可以充分体会到他们的文化特点和建筑形式。村落中心教堂里的圣起到瞭望台的作用，其周围建有防护墙。这些教堂叫作“要塞教堂”，是这个地方特有的筑物。

别尔坦的要塞教堂

Viscri 某教堂内部

城墙上开有射击用洞口

如何观览各要塞教堂

各个要塞教堂所在的村庄的散布范围很广，而且交通也不方便。建议从布拉索夫 ▶p.417 或锡吉什瓦拉乘坐出租车或包车前往，也可以请住宿地点派车前往。

许多教堂没有设定开馆时间，只要管理人在教堂里就可以开门。

普莱梅尔

ejmer

普莱梅尔位于布拉索夫东边15公里处。这个要塞教堂的防护墙高12米，厚9米，其特点是防护墙内部有3层，是一个有250个房间的集体住宅。其中有几个房间被用作陈列室。

布拉索夫的 Autogara 2（Doi）西侧约500米处，有巴尔托梅奥站 Gara Bartolomeu。站前教堂旁每隔30分钟会发1班往普莱梅尔的巴士，周六·周日则1小时发1班。
需时间：20分钟
费：6列伊
（0268）362052
夏季 9:00~18:00（周日 11:00~18:00）
冬季 9:00~16:00（周日 11:00~16:00）
周一 费 成人8列伊 学生4列伊

要塞教堂的构造

要塞教堂的大小会根据村落的规模而各不相同，但通常处处都围有城墙，甚至其中有一些教堂像别尔坦乡的要塞教堂一样围有三重城墙。城墙内不仅有兼作瞭望塔的教堂，还设有许多居住设施，以便住民在避难时也能正常生活。

萨斯琪兹

aschiz

萨斯琪兹村的要塞教堂以巨大钟楼为特征。这座楼和锡吉什瓦拉的钟楼是同一位设计家的作品。该教堂建于15世纪，最初是天主教堂，宗教改革之后成为了路德派教堂。

没有可到达的公共交通工具。可在锡吉什瓦拉或布拉索夫地乘坐出租车、包车前往，或申请团体参观。

2 韦斯克利

Viscri

韦斯克利是韦斯克利村的要塞教堂，位于布拉索夫西北方约60公里处。村庄规模虽小，教堂保存良好。英国王室查尔斯王子特别钟爱这个村庄，在村头拥有一幢别墅。

没有可到达的公共交通工具。可在锡吉什瓦拉或布拉索夫等地乘坐出租车、包车前往，或申请团体参观。

查尔斯王子的别墅

查尔斯王子的别墅位于韦斯克利，目前是营业中的小旅馆。这个小旅馆从特兰西瓦尼亚的传统住宅改造而成，其内部装修让人感受到传统与格调的完美交融。住宿包3餐，单人138欧元，双人236欧元。可到布拉索夫或布加勒斯特接客。

The Prince of Wales's Guesthouse
住 Valea Zălanului, house no. 1,Jud. Covasna
☎ 074-2202586
URL zalan.transylvaniancastle.com

4 别尔坦

Biertan

这座教堂位于锡吉什瓦拉的西南方向约27公里处。围了三重又厚又高的防护墙，是这个地区的要塞教堂中最坚固的一座。还有能眺望整个城镇的瞭望台。

没有可到达的公共交通工具。可在锡吉什瓦拉或布拉索夫等地乘坐出租车、包车前往，或申请团体参观。
开 10:00~13:00 14:00~19:00（周六 10:00~13:00 14:00~17:00）
休 10月～次年3月
费 成人10列伊

布拉索夫的酒店和餐馆
Hotel & Restaurant

阿罗宫酒店
Aro Palace

◆虽然外观看起来比较陈旧，有些许乏味之感，实际上却是布拉索夫最好的高级酒店。从靠近坦帕山一面的客房可以观赏到绝佳景色。游泳池、水疗等设施应有尽有，餐馆也具有非常不错的口碑。

布拉索夫 Map p.418-B1

住 Bd.Eroilor 27-29
TEL（0268）478800 FAX（0268）478889
URL www.aro-palace.ro S 102 欧元 W 122 欧元
CC A M V 含
WiFi 免费

贝拉穆兹卡酒店
Bella Muzica

◆这家酒店从具有400多年历史的建筑物改建而成，客房内家具均为统一的古色古香风格。内有洞穴主题餐厅，也有匈牙利美食和墨西哥美食。

布拉索夫 Map p.418-A1

住 Piata Sfatului 19
TEL（0268）477956 URL www.bellamuzica.ro
S 240 欧元
W 295 欧元
CC A M V 含
WiFi 免费

武士之家膳食公寓
Casa Samurai

◆公寓主人是住在布拉索夫的日本人，可以接受旅游相关咨询。可提供火车站和机场的接送服务以及布拉索夫周边的旅游安排服务。

布拉索夫 Map p.417-B

住 Str. Petru Maior 12A TEL（0268）547162
FAX（0268）547163
074-5076938（可以讲外语）
URL casasamurai.com
S 180 列伊 W 250 列伊
CC M V 含 WiFi 免费

博弈米亚旅馆
Boemia

◆这是一家老城区中心的青年旅舍。比较新。客房只有男女混住的多人房，1个房间4~8个床位。使用洗衣机、干燥机需支付20列伊。

布拉索夫 Map p.418-A2

住 Str. George Baritiu 13
073-7795805
URL www.hostel-boemia.com
宿 63~69 列伊
CC M V
不含 WiFi 免费

锡吉什瓦拉酒店
Hotel Sighişoara

◆位于锡吉什瓦拉老城区中心的世界遗产。由具有历史的建筑物改建而成，会议室的墙上还保留着500年前的壁画。

锡吉什瓦拉 Map p.421-A2

住 Str. Scolii 4-6 TEL（0265）771000
FAX（0265）777788 URL www.sighisoarahotels.ro
S 55 欧元起 W 60 欧元起
CC M V
含
WiFi 免费

恰斯 · 拉乌餐馆
Ceasu' Rău

◆位于火车站和老城区的正中间，是一家直销精品肉的人气餐馆。配有宽敞的露天座席，气氛极佳。主食17.50~47列伊。晚餐高峰期生意非常火爆。

布拉索夫 Map p.417-B

住 Str. Iuliu Maniu 56
TEL（0268）476670
开 10:00~24:00
休 无
CC M V
牛排 罗马尼亚美食

4 阿米奇餐馆
4 Amici

◆在当地人中口碑极佳的餐馆。菜单上有自创的罗马尼亚美食。其中四季豆汤面包包饭 Ciorba de cu a fumatura în pita（如图，13.5 列伊）非常受欢迎。

布拉索夫 Map p.417-B

住 Str. 13 Decembrie 17
TEL（0268）470906
开 10:00~21:00（周日 12:00~22:00）
休 无
CC M V
原创美食 罗马尼亚美食

五座修道院★
布加勒斯特

五座修道院（布科维纳修道院群）

Cinci Manastiri Bucovinene / Five Monasteries in Bucovina（英语）

苏切维察修道院的《通往天国的阶梯》

与奥斯曼帝国进行战争之后，摩尔多瓦公国获得独立，其布科维纳地区在 16~17 世纪建起了许多修道院。这个时期修建的修道院有一个共同特征，即外墙满是鲜艳亮丽的壁画。壁画内容有圣人的肖像画和圣书的场面等，被涂绘成彩色。这样的修道院中有八座被选为了世界遗产，我们将这八座当中最主要的修道院称为"五座修道院"。

地区引导

布科维纳的修道院不仅散步范围广，而且距离城镇较远。附近的城镇可以乘坐巴士到达，但去往修道院的交通非常不便，许多地方巴士无法到达。

●**起点城镇**　苏恰瓦（Suceava，p.429）是该地区的交通中心，住宿地点较多，可以作为旅游起点城镇。可以参加苏恰瓦旅游公司的跟团游，或者预约好出租车、导游进行游览。跟团游 1 人 50 欧元起，五座修道院的包车（带导游）一日游 1 辆车约 100 欧元。

Map 文前 p.8-B1
人口约 10 万人
（苏恰瓦）
长途区号 0230

▶▶ Access Guide

从布加勒斯特到苏恰瓦
✈ 1 天 1~2 班
所需时间：1 小时 10 分钟
🚆 时间表 p.403
🚌 6:15 11:15 13:45 17:05 21:30 23:20
所需时间：6 小时 15 分钟 ~7 小时
车费：90.80~140.20 列伊

●**跟团游**
旅行社跟团游的大多数线路是逆时针方向游览，从苏恰瓦出发，经过胡莫鲁卢伊修道院、沃拉内特修道院，通常不会去阿博修道院。

●**游览小技巧**
建议在前一天到达苏恰瓦后，安排好出租车或预订好跟团游，第二天早上 8:00 出发。修道院都是夏季 8:00~20:00、冬季 8:00~17:00 可以参观。

●**乘坐公共交通工具游览**
没有从苏恰瓦直达各修道院的巴士。从勒德乌齐乘坐巴士可到苏切维察修道院和阿博修道院；从坎普朗·莫道尼斯乘坐巴士可到摩尔达维亚修道院；从古拉·胡莫鲁卢伊乘坐巴士可到沃拉内特修道院。

▶▶ Access Guide

从苏恰瓦到勒德乌齐
🚌 8:00 10:00 10:30 12:40 14:50 15:00
周六 9:34 10:30 14:50
周日 10:30 14:50
所需时间：1 小时
车费：8~9 列伊

从苏恰瓦到坎普朗·莫道尼斯
🚆 4:38~20:21 内 1~3 小时发 1 班车
所需时间：1 小时 30 分钟 ~2 小时
车费：10.60 列伊起
🚌 6:30 7:00 8:50 9:30 10:30 11:30 12:30 13:30 14:30 15:30 18:30
所需时间：1 小时 20 分钟 ~2 小时
车费：18 列伊

从苏恰瓦到古拉·胡莫鲁卢伊
🚆 4:38~20:21 内 1~2 小时发 1 班车
所需时间：45 分钟 ~1 小时
车费：6.80 列伊
🚌 6:30~20:10 内 1~2 小时发 1 班车
所需时间：1 小时
车费：9 列伊

世界遗产

摩尔多瓦地区的修道院（五座修道院）

Biserici din Moldova

1993 年入选

修道院通用信息

开 夏季 8:00~20:00
冬季 8:00~17:00

休 午休 费 5 列伊

▶▶ **Access Guide**

从勒德乌齐到苏切维察修道院

6:30~20:05 内 30 分钟发 1 班车

所需时间： 20 分钟

车费： 5 列伊

苏切维察修道院的壁画非常清晰

▶▶ **Access Guide**

从坎普朗·莫道尼斯到摩尔达维亚修道院

6:00~19:00 内 1 小时发 1 班车

所需时间： 40 分钟

车费： 11 列伊

摩尔达维亚修道院那红色基调的壁画令人印象深刻

▶▶ **Access Guide**

从勒德乌齐到阿博修道院

9:40 12:30 14:00 15:50

所需时间： 30 分钟

车费： 7 列伊

▶▶ **Access Guide**

从古拉·胡莫鲁卢伊到胡莫鲁卢伊修道院

在布科维纳贝斯特韦斯特酒店前 7:00~19:00 内 30 分钟发 1 班车

所需时间： 10 分钟

车费： 2.5 列伊

除南边以外，胡莫鲁卢伊修道院所有的壁画都发生了脱落

五座修道院（布科维纳修道院群） 主要景点

苏切维察修道院

Map p.427

Mănăstirea Sucevița

这是一座 17 世纪初建成的修道院。在“五座修道院”中占地面积最大。由于苏切维察修道院的防护墙阻挡了北风，其外墙壁画在所有修道院中保存状态最好。穿过大门，最先映入眼帘的是北边外墙上画满的壁画——《通往天国的阶梯》。壁画中，通往天国的阶梯有 32 级，以此为界，右边是天国，左边是地狱，描绘了修道士一边奋力抵抗恶魔的诱惑一边爬上阶梯的情形。异教徒全部长着土耳其人的脸庞，可见当时的政治状况。

东边外墙上的壁画叫《圣人传》，整面墙都画满了圣人与天使。南边外墙是《耶西之树》，这棵树表现的是从大卫王的父亲耶西开始的基督谱系图。西边外墙是《最后的审判》，穿过入口拱门即可看到。包围圣堂的僧房内有博物馆。

摩尔达维亚修道院

Map p.427

Mânăstirea Moldovița

由斯特凡大公的儿子彼得鲁·拉莱士建于 1532 年。任何一座修道院，外墙壁画的主题都如出一辙，摩尔达维亚修道院也不例外，其东边外墙壁画以圣母子为中心，四周画着圣人与天使。画这样的壁画，目的在于用简单易懂的方式将基督教传播给不能读懂圣经的农民们。圣堂南边一角壁画展现了一幅战斗场面，这是摩尔达维亚修道院独特之处。壁画主题是 626 年波斯军队来袭，波斯军队海上进军拜占庭帝国的首都——君士坦丁堡，基督教徒殊死守护。然而，士兵的脸庞和装备无论怎么看都让人觉得其原型是土耳其军。

阿博修道院

Map p.427

Mânăstirea Arbore

在五座修道院中规模最小

由摩尔多瓦公国的某个贵族于 1503 年修建完成，规模相对较小。西边外墙上的壁画保存完整，以绿色为基调，和四周的草坪极具协调之美。壁画主题有《圣人们的生活》《创世纪》等。

胡莫鲁卢伊修道院

Map p.427

Mănăstirea Humorului

由摩尔多瓦公国的弗弗伊奥戈夫妇于 1530 年建成。外墙壁画除南边以外，均受损严重，不能辨别内容。南边壁画描绘的是前东正教总部——君士坦丁堡的主教谢尔盖向 626 年时在波斯军队攻击下守护了君士坦丁堡的圣母玛利亚献上 24 首赞美诗的场面。《君士坦丁堡包围战》将从苏恰瓦的堡垒俯瞰君士坦丁堡的视角作为构图，描绘了土耳其人战败的情形。

沃拉内特修道院

Map p.427

Mănăstirea Voroneț

受斯特凡大公之命建成于 1488 年。外墙壁画东边是《圣人传》，南边是《耶西之树》，西边是《最后的审判》。在《最后的审判》中，不仅是生者，就连死者也复活过来，生前是善是恶要接受神的裁决，这是人类最后的一天。被神选中的人去往天国之门，而罪孽深重的人或异教徒则将被打入地狱。画中天使吹奏的乐器是罗马尼亚的本土乐器布丘姆 Bucium，那些坠入地狱的人同样是土耳其人。

普特纳修道院

Putna Monastery

Map p.427

这座东正教修道院由斯特凡大公建造于 1466 年，其闪闪发亮的白色外墙是最大的特点，内部墙面画满了壁画。由于其圣堂外墙没有壁画，所有没有计入“五座修道院”，而且也不是世界遗产，通常只是跟团游顺便游览到此处。

普特纳修道院的外墙虽然没有壁画，却是布科维纳的代表性修道院

起点城市

苏恰瓦

Suceava

Map 文前 p.8-B1

苏恰瓦曾在 1388 年被选定为摩尔多瓦公国的首都，繁荣一时。之后成了摩尔多瓦公国的文化、政治中心，在 1565 年迁都到雅西之前得到了极大的发展。

交通 & 通行 **●铁路车站** 苏恰瓦站是主要的铁路车站，位于苏恰瓦中心往北约 5 公里处。2 路市内巴士会开往市中心并经过 12 月 22 日广场附近，车费为 2.50 列伊，乘坐出租车约 15 列伊。途中会经过大型商场尤利乌斯购物中心 Iulius Mall。

虽然发车班次较少，但一部分列车会在苏恰瓦站、北站往返。从北站出发，可乘 5 路市内巴士前往苏恰瓦市中心。

●巴士枢纽站 巴士枢纽站位于城市中心，再往南边走，可到达切斯库大道。

▶▶ **Access Guide**

从古拉·胡莫鲁卢伊到沃拉内特修道院

没有可到达的公共交通工具。可乘坐出租车或包车前往。路程 10 分钟，往返车费约 10 欧元。

沃拉内特修道院内部画有包括闰年的 365 天的日历

▶▶ **Access Guide**

从苏恰瓦到普特纳修道院

虽有从苏恰瓦到普特纳的火车，但 1 天只有 2 班，而且必须在德鲁奈斯特 Dorne□ti 换乘，实现一日游比较困难。比较现实的做法是参加跟团游或者包出租车前往游览。

旅游资询处（苏恰瓦）

Map p.429-A

住 Str.Mitropoliei 4

☐（0230）803124

URL www.turism-suceava.ro

开 8:00~16:30（周五 ~14:00、周六 9:00~13:00）

休 周日、10 月 ~ 次年 4 月的周六

苏恰瓦会在每年 8 月中旬举办中世纪文化节

旅行社（苏恰瓦）

▶**艾琳青年旅舍**

Irene's Hostel

Map p.429-A

住 Str. Aleea Nucului 1, Building Entrance A, Apartment 3

☐ 074-4292588

URL hellobucovina.com

▶**安盛旅行社**

Axa Travel

Map 地图外

住 George Enescu Blv. 29

☐ 074 1477047

URL www.axatravel.ro

大堡垒

Map p.429-B

开 夏季 8:00~21:00
冬季 10:00~17:30

休 无

费 成人 12 列伊 学生 3 列伊

野外村落博物馆

Map p.429-B
开 夏季 10:00~18:00
冬季 9:00~17:30
休 无
费 成人 6 列伊 学生 3 列伊

圣格奥尔基教堂

Map p.429-B
开 6:00~21:00
休 无
费 免费

步行线路 12 月 22 日广场 Piaţa 22 Decembrie 是城市的中心。这附近有许多旅行社，可以预订去往五座修道院的车辆和导游服务。

看点 摩尔多瓦的初代大公——彼得鲁一世建造的大堡垒 Cetatea de Scaun 位于城东高地。附近的野外村落博物馆 Muzeul Satului Bucovinean 在一片辽阔的区域内复原了布科维纳地区的传统民家与生活情景。此外，圣格奥尔基教堂 Biserica Sf. Gheorghe 也是被选为世界遗产的教堂群中的一座，虽然保存状态不容乐观，但是还是可以欣赏到外墙的壁画。

世界遗产——圣格奥尔基教堂

苏恰瓦的酒店 *Hotel*

大陆酒店 *Hotel Continental*

◆从巴士枢纽站步行约 5 分钟。酒店前若有一个小教堂便是大陆酒店。2015 年经过全面翻新，客房崭新，设备齐全。早餐是自助形式。

苏恰瓦 Map p.429-A
住 Str. Mihai Viteazul 4-6
TEL（0230）304904 FAX（0230）304905
URL continentalhotels.ro
S 156 列伊
W 182 列伊
CC A M V
含 WiFi 免费

爱丽丝别墅酒店 *Villa Alice*

◆一家位于安静的住宅街区的小酒店。外观为粉色，很容易找到。客房有 3 种规格，最高级的客房带有巨屏电视和按摩浴缸。早餐是自助形式。

苏恰瓦 Map p.429-A
住 Simion Florea Marian 1
TEL（0230）522254 FAX（0230）522255
URL www.villaalice.ro
S W 149~349 列伊
CC A M V
25 列伊 WiFi 免费

艾琳青年旅舍 *Irene's Hostel*

◆位于城中心，提供修道院跟团游服务。客房为男女混住，一个房间 3~4 个床位。前台并非一直有人，必须提前联系。

苏恰瓦 Map p.429-A
住 Aleea Nucului 1, Building 1, Apartment 3
072-1280100
URL ireneshostel.ro
7 欧元起
CC 不可
含 WiFi 免费

苏恰瓦的餐馆 *Restaurant*

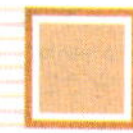

希尔德酒店 *Hilde's Residence*

◆古拉·胡莫鲁卢伊中心出发沿干线道路前进约 1 公里即可到达。菜单会根据季节变换而推陈出新，可以随时享受当季食材。主食价格 15~40 列伊。

古拉·胡莫鲁卢伊 Map p.427
住 Str. Sipotului 2, Gura Humorului
TEL（0230）233484
URL www.lucy.ro
开 8:00~22:00
休 无 CC M V
传统美食 罗马尼亚美食

保加利亚

Bulgaria

扬特拉河沿岸建起的大特尔诺沃老城区

基本信息 General Information

国旗

白色、绿色、红色三色旗。

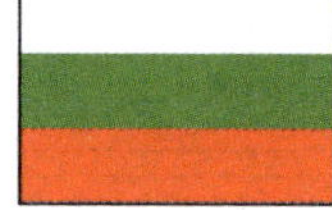

正式国名

保加利亚共和国　Република България

国歌

《亲爱的父母邦》
Мила Родино

面积

11.1 万平方公里

人口

700 万人（2019 年）

首都

索非亚

国家元首

总统：鲁门·拉德夫
总理：博伊科·鲍里索夫

国家政体

共和制（2007 年 1 月起加入欧盟）

民族构成

保加利亚人占 84%、土耳其人占 9%，罗姆人占 5%，马其顿人、亚美尼亚人等占 2%。

宗教

85% 信奉东正教，13% 信奉伊斯兰教，其他信奉天主教和新教等。

语言

通用语言为保加利亚语。若在酒店、餐厅以及索非亚这样的大城市，英语比较通用。俄语、德语也能交流。东北方说土耳其语的人较多。

→旅行中能用到的保加利亚语 p.439

货币和汇率

保加利亚的货币是列弗 Лев（复数形式为 Лева）。列弗采取与欧元挂钩的固定汇率制，截至 2021 年 1 月，1 列弗 =4.0323 人民币，1 欧元 =1.9556 列弗。辅助货币是斯托丁基 стотинки，1 列弗 =100 斯托丁基。

流通的纸币有 100 列弗、50 列弗、20 列弗、10 列弗、5 列弗、2 列弗。硬币有 1 列弗、50 斯托丁基、20 斯托丁基、10 斯托丁基、5 斯托丁基、2 斯托丁基、1 斯托丁基。

【信用卡】

可以在中端或高端酒店、餐馆、超市等使用信用卡。

【外币兑换】

保加利亚语叫作"奥不米啊那（那把无他）"Обмяна（на валута）。市内的货币兑换处会摆出写有英语"EXCHANGE"的广告牌和汇率表。兑换时原则上需要出示护照，兑换后会发放兑换证明书（收据）。

1 列弗

2 列弗

5 列弗

10 列弗

20 列弗

50 列弗

100 列弗

1 斯托丁基

2 斯托丁基

5 斯托丁基

10 斯托丁基

20 斯托丁基

50 斯托丁基

→旅游的预算与花费 p.480

出入境

【签证】 中国公民因私前往保加利亚需要办理签证。

【护照】 护照上的剩余有效期在入境时必须留 6 个月以上。

→中国出入境 p.461
→中欧各国的出入境 p.461

拨打电话的方法

从中国往保加利亚拨打电话的方法

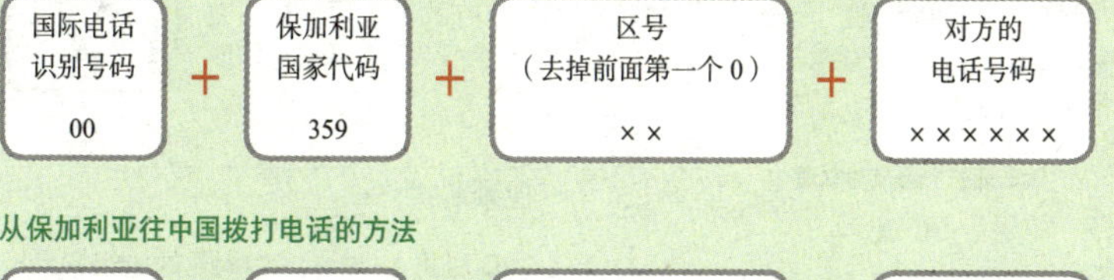

从保加利亚往中国拨打电话的方法

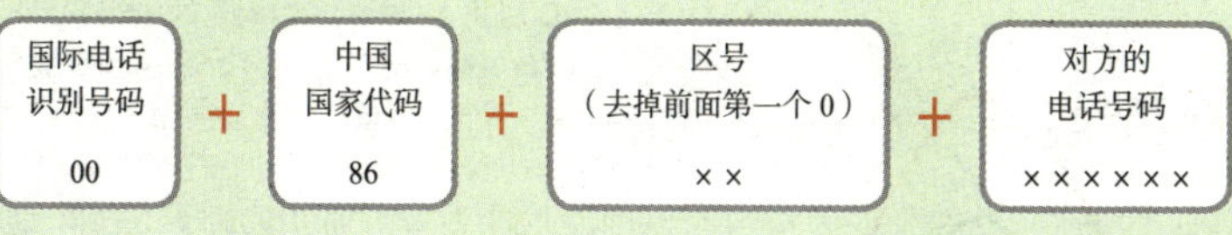

→关于通信与邮寄 p.486

从中国前往保加利亚的航班

目前中国没有直达保加利亚的航班，至少需要在周边国家各城市中转一次。在慕尼黑、莫斯科、伦敦等中转，当天可到达；在伊斯坦布尔、多哈中转，则是夜晚出发，次日上午到达。包括中转的飞行时长最快需要 14 小时 5 分钟。

→从中国前往中欧的线路 p.460

从周边各国前往保加利亚的线路

巴士　从邻国土耳其可以乘坐到达保加利亚主要城市。除了索非亚、普罗夫迪夫（土耳其语叫 Filibe）、瓦尔纳以外，还有许多到舒门的班次，这里土耳其族的居民较多。也有从布加勒斯特到索非亚或鲁塞的班车。巴士虽比列车安全，但由于跨国可能会花费较多时间。

→当地交通 p.481

时差和夏令时

保加利亚与中国时差为 6 小时，北京时间减去 6 小时即是保加利亚时间。即北京时间 AM6:00 相当于同一天保加利亚时间的 AM0:00。若采用夏令时，时差则为 6 小时。

夏令时的实行时间是 3 月最后一个周日的 AM2:00（=AM3:00）~10 月最后一个周日的 AM3:00（=AM2:00）

营业时间

以下是各设施的大致营业时间。

【银行】　周一至周五 8:30 ~16:30。周六、周日不营业。

【百货商场和商店】　一般的商店周一至周五在 10:00~20:00 营业，周六则是 10:00~13:00 营业，周末和节假日不营业。购物中心营业时间大致为 10:00~21:00，全年无休。

【餐馆】　营业时间多为 12:00~24:00。城里还有 24 小时营业的餐馆。

气候

保加利亚整体属于大陆性气候。但是，东西横跨国土中央的巴尔干山脉的南北两侧即使是同一时期也会在气温或降水量上呈现出较大差异。山脉北侧，冬季严寒干燥，夏季高温多湿；山脉南侧明显受地中海气候影响，温暖多湿。

索非亚的气温及降水量

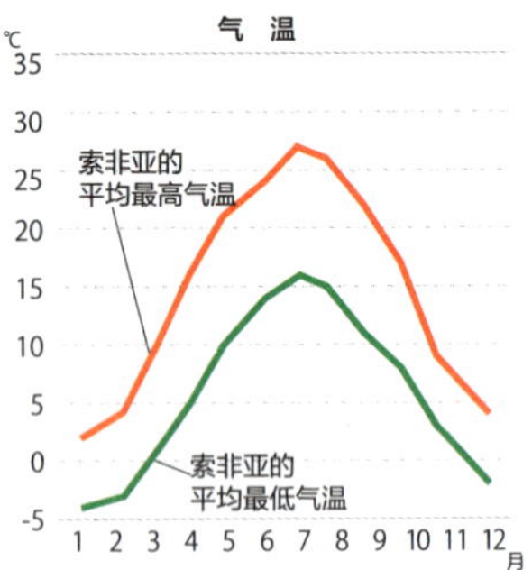

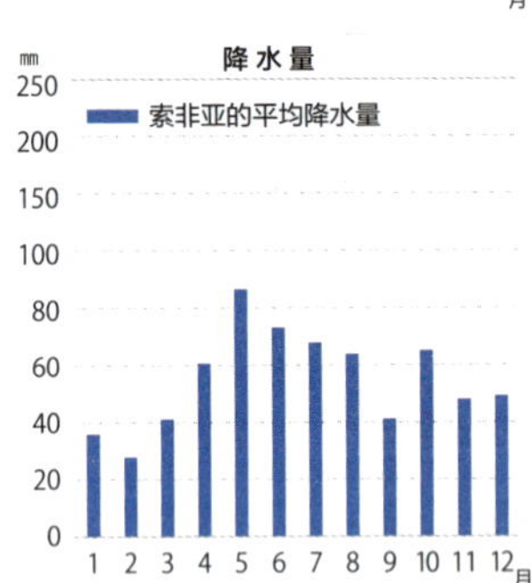

主要的节日

※ 代表日期随年份变化而变化的节日

时　间	节 日 名 称
1/1	元旦
3/3	解放日
4/28（2019） 4/19（'20）4/11（'21）※	复活节（Velikden）
4/29（2019） 4/20 日（'20）4/12（'21）※	复活节翌日
5/1	劳动节
5/6	圣格奥尔基日、军队日
5/24	教育文化和斯拉夫文字节
9/6	统一日
9/22	独立日
11/1	民族启蒙者日
12/24~26	圣诞节

电压和插座

电压 230V，频率 50Hz。插头一般是两根角的 C 型；插座样式如图。但是插头类型与中国不同，需求带转换插头。

视频制式

【DVD 制式】 由于保加利亚的电视和录像制式（SECAM）与中国（含香港地区）的制式（PAL）不同，中国大陆的录像机一般无法播放当地的录像带。另外、保加利亚的 DVD 的地域限制代码为“2”，而中国为“6”，所以一般的家庭用 DVD 机无法播放。

小费

【出租车】 可以给一点零钱。
【餐馆】 若服务周到，可以给 10% 的小费。
【酒店】 若拜托工作人员做了某事，可以给 1 列弗小费。

洗手间

公共洗手间（托瓦莱特纳 Тоалетна）大多收费 0.5 列弗。女厕叫作“杰尼”Жени，男厕叫作“么杰”Мъже。

饮用水

自来水基本上可以饮用，但自来水管道陈旧，有时放出的水会比较浑浊。也有售矿泉水（咪内啦尔纳 · 沃嗒 Минерална Вода）500ml 规格售价约 0.50 列弗。还有许多人选择到名为“切锡梅”的接水处接水喝。

邮政

邮局写有大大的 ПОЩА（珀舒塔），比较好找。周一至周五营业时间为 8:00~18:00，周六 · 周日不营业。
【邮寄费用】 寄到中国的航空邮件，明信片和书信都是 20 克以内 1.7 列弗。到达中国需要约 1 周时间。
→关于通信与邮寄 p.486

税金

在保加利亚，几乎购买物品都附有 20% 的

消费税 ДДС。大多数情况下，标示价格已包含税价，不需要单独缴税，但在一些高档酒店，可能会要求顾客单独缴纳消费税和住宿费。若在免税店购物，可以请工作人员开具免税证明，这样在回国后就可以申请退税。

→中欧各国的出入境 p.461

安全与纠纷

除了首都索非亚和鲁塞等国家边境地区，游客较多的瓦尔纳等地针对游客的犯罪事件频发，需要提高警惕。索非亚内需要多加小心的地区有国立文化宫、圣内德利娅广场、普利斯卡酒店前的巴士车站周边、中央火车站（中央巴士枢纽站）附近等。

【警察】保加利亚语的警察叫作“珀利查伊 Полицай”，身着蓝色基调的制服。也会有假冒警察，但真正的警察最多要求出示护照，不会要求出示钱包。

【小偷】索非亚中心、中央火车站、中央巴士枢纽站周边、有轨电车以及市内巴士车厢内多发偷盗案件。惯常的作案手法是：数人包围住作案目标，制造混乱以转移注意力，然后趁机从包、衣兜里盗取贵重物品。

【下药劫财】下药劫财是指，游客在城里被陌生人搭话邀请一起喝咖啡（或吃饼干），接受“好意”过后失去意识，醒来发现被洗劫得身无分文。最近的作案手法越来越难以辨析，就算提高警惕也有许多游客上当。假如是邀请吃饼干的情况，骗子会先在游客面前开封饼干并亲自食用，以让游客放松警惕，而轮到游客吃饼干时，骗子已经用针管往袋中注入了安眠药。还有一种性质恶劣的骗人手法，骗子会在前几天自己掏腰包请客，一旦得到游客的信赖，立马骗取钱财。总之，最好的预防方法就是不要轻易接收陌生人的食物。

【黑市换钱贩、假冒警察】兑换外币的小贩向游客搭话“change money”，若有游客上钩，则冒出一名假冒警察，以“非法兑换外币”为由要求上钩游客出示护照和现金，结果这名假冒警察在假装数钱的过程中顺手牵羊。这样的案例非常多见。

【出租车】保加利亚的出租车一定是黄色车身且明示里程价格。不同出租车会有不同的价格体系，所以乘车前请一定确认车身上标示的价格表。在主要城市或国家边境地区，能见到一些改造过的出租车，它们虽然会标明价格，但是极其昂贵，高达正常出租车价格的 10 倍。在某些案例中，也有司机在乘客付钱后偷摸或抢夺其钱包，将乘客赶下车后逃之夭夭。所以建议乘车时记下车检信息上的电话和车辆号码。

中国驻保加利亚大使馆

住 58 James Bourchier Blvd, 1407 Sofia, Republic of Bulgaria

国家地区号：00359-2（在保加利亚境内拨打时只需在号码前加拨 02）

TEL 9733873

URL 9711081

网址：http://bg.chineseembassy.org

http://bg.china-embassy.org

www.chinaembassy.bg

警察 166

急救 150

消防 160

→旅游中的纠纷与安全措施 p.488

年龄限制

在保加利亚未满 18 岁不可购买烟酒。

度量衡

和中国一样，距离用米，重量用克、千克，液体用升。

保加利亚 Republic of Bulgaria 旅行的基础知识

保加利亚以玫瑰和酸奶闻名于世。那林木青翠的大山里的教堂，以里拉修道院为代表，无不藏着美丽的壁画，将遍地开花的基督教文化传递给现在的我们。

【主要旅游景点】

1 里拉修道院 p.448

由伊凡·里拉斯基建造于10世纪。这里是该地区基督教文化的中心，即使在奥斯曼帝国长达500年的统治下也未曾熄灭信仰之火。

五彩缤纷的壁画令人流连忘返

2 索非亚 p.440

索非亚是保加利亚的首都，建于维托沙山下。索非亚拥有充满历史气息的建筑物和现代景观完美融合的街道，在郊外还有世界遗产博雅纳教堂。

拥有镀金大圆顶的亚历山大·涅夫斯基大教堂

3 大特尔诺沃 p.452

12~14世纪繁荣一时的保加利亚第二帝国的首都。不仅留有许多城墙与老教堂，在老城区里还有制作和贩卖传统陶器、铜制品的匠人街。光是在石板路小巷中走走就觉得心旷神怡。

地形起起落落的古都

【玫瑰节】

全世界70%的香水用玫瑰精油都产于保加利亚。保加利亚中部的玫瑰谷以盛产玫瑰而闻名，在这里，每年6月玫瑰大量盛开时，都会举行“玫瑰节”。摘采玫瑰、展示民族舞、举办游行等，多样的活动吸引了大量游客前来参观。

【摇头与点头】

大多保加利亚人在表示“是”的意思时会摇头，而在表示“不是”的意思时会点头，这和中国人的习惯恰恰相反。如果是一个会说英语的保加利亚人，则有可能会考虑到英语的习惯，将点头和摇头反过来使用，但这可能造成更多混乱。所以比起看肢体语言，不如听声判断对方的意思，保加利亚语中“是”读作“哒”，“不是”读作“呢”。

【纪念品】

Refan（蕾芬）和Rose of Bulgaria（保加利亚玫瑰）是比较出名的化妆品品牌，均加入玫瑰提取成分。有的化妆品还加入了酸奶成分。手工艺品中，从特罗扬烧制的陶器、刺绣桌垫等布制品能够体会到朴素之感。至于酒，就不得不尝试一下保加利亚葡萄酒和水果蒸馏酒。

【交通】

- 主要城市间来回利用铁路比较方便
- 不同城镇会有好几个不同的巴士枢纽站
- 假冒有名公司的山寨出租车公司

铁路

保加利亚国家铁路公司叫做 БДЖ（BDZ）。以索非亚～瓦尔纳、索非亚～普罗夫迪夫等主干线为首，其他铁路网遍布保加利亚。但除了主干线以外，其他线路班次较少，甚至有的线路使用的是老式列车。速度比巴士慢，但 2 等座比巴士便宜。

保加利亚铁路
URL www.bdz.bg

●如何看时间表

铁路站内显示的时间表，左半边表示车站出发时间（杂咪娜拜奈 Zаминаване），右半边是到达车站的时间（普利斯提噶奈 Пристигане）。车站名用斯拉夫字母标示。

时间表检索
URL razpisanie.bdz.bg

●如何购票

英语基本行不通

购票窗口处除国际列车车票窗口以外几乎都不能讲英语。由于多数当地人看不懂罗马字母，所以建议写下想去的地点递给售票员。

提前到达售票窗口处

特快列车和一些地方城镇的列车班次较少，许多乘客会聚集在一辆列车，所以售票窗口前都排着长长的队伍，要是按照发车时间前往的话，可能会错过乘车。

●主要列车种类

Екс прес E
快车。所有座位需要预约。
Bărz Бърз
加速列车
Pătničeski Пътнически
普通列车

巴士

保加利亚国内巴士公司泛滥，出名的有 Group、ETAP 等。各公司巴士之间的线路和费用没有太大差别。

ETAP 公司的巴士

●如何购票

巴士枢纽站

除首都索非亚外，大城市里会根据巴士公司和目的地方向不同而分成好几个巴士枢纽站。

不通巴士公司购票窗口也不同

巴士枢纽站内设有不同公司的购票窗口，张贴有发车时间表。除线路遍布全国的大公司以外，均标示有目的地。

出租车

公司不同，费用也不同

虽和中国相同，是里程计费，但不同公司之间费用会有较大变化。在大城市，改造计价器或违法操作的黑心出租车已经不是稀奇的事了。

小心假冒公司

索非亚有一家有名公司叫作 OK Supertrans，但有不少公司改动几个字母，将其变成 OK XX trans、CK Supertrans 等山寨名称营业。

主要直达巴士时间表

索非亚 p.440 **↔ 里拉修道院** p.448
所需时间：2 小时 30 分钟　车费：11 列弗
▶索非亚发（库佩尔·奥夫查站）：10:20
▶里拉修道院发：15:00

大特尔诺沃 p.452 **↔ 阿巴纳西** p.456
所需时间：20 分钟　车费：1.5 列弗
▶大特尔诺沃发（西站）：
周一～周五：6:20 7:05 8:05 11:35 13:05 14:20 17:20 18:20 19:20
周六·周日：8:05 13:05 17:05 18:20
▶阿巴纳西发：周一～周五：6:45 7:30 8:30 12:00 13:30 14:45 17:45 18:45 19:45
周六·周日：8:30 13:30 17:30 18:45

索非亚 ↔ 大特尔诺沃（ETAP·GRUP 公司）
所需时间：约 3 小时 15 分钟　车费：19 列弗
▶索非亚发：0:30 5:30 9:00 11:30 12:30 13:31 14:00 15:00 16:01 16:30 17:00 18:30 19:30 21:30
▶大特尔诺沃发：2:15 4:15 4:30 6:15 7:30 9:00 9:20 10:30 12:30 15:00 17:00 17:30 21:15

索非亚 ↔ 大特尔诺沃（其他公司）
所需时间：约 3 小时 15 分钟　车费：19~20 列弗
▶索非亚发：5:00~次日 0:30 内每 1 小时发车 1~3 班
▶大特尔诺沃发：每 1~2 小时发车 1~2 班

※ 随着时间和季节的变化，时刻表可能会发生改变。

info 斯拉夫字母也译做西里尔字母或基里尔字母。与此相对，所有罗马字统一叫作拉丁字母。

【住宿】

- 相对物价来说酒店费用较高
- 中档酒店的质量参差不齐
- 有的青年旅舍会组织近郊跟团游

住宿设施的种类

●高档酒店

在大城市和度假村有大规模国际连锁酒店和四星级、五星级高档酒店。

中档酒店

有国营酒店、新装开业不久的酒店、公寓型小酒店等，各式各样。

民宿

一晚 95 元起，非常便宜，有的民宿比一星级酒店还要便宜、舒适。出租家庭房间这种类型的比较少，基本上是没有前台的、个人经营的小酒店。因为没有前台，所以必须事先联系好交付房间钥匙的时间、地点。可在住宿预约网站上预约，也可以请旅行社代理预约。

青年旅舍

在索非亚和大特尔诺沃有不少面向背包客的青年旅舍。常驻有基本能用英语沟通的工作人员，打听旅游信息也十分方便。也有的青年旅舍同时经营着旅游公司，组织近郊跟团游。

【美食】

- 保加利亚美食和邻国有许多相似之处，特点是喜欢加入乳制品和鸡蛋
- 有很多中餐厅，一人份的量非常足
- 拥有欧洲一流的葡萄酒品质与种类

保加利亚美食

保加利亚美食与土耳其美食、巴尔干半岛的美食相似。烤肉（Kebapche）和肉丸（Kjufte）一类的美食，哪怕名字会有所不同，但在保加利亚一带也受到大家的喜爱。在此基础之上，保加利亚美食也有其自己的特色，那就是经常加入酸奶、奶酪等乳制品和鸡蛋。叫作 Güveç 的砂锅也是保加利亚人平时爱吃的美食，其中就有保加利亚的代表性美食 Kavurma，一定要尝试一下。

美食关键词

Mehana Механа

Mehana 是保加利亚小酒馆，酒水种类丰富，提供保加利亚美食。店面装修多数采用传统风格。有的高档 Mehana 还会在晚餐时间演奏音乐。

荤菜

烤肉（Kebapche）Кебапче

一种细长的烤肉饼，可以尽情地体验香料、香草的美味。

肉丸（Kjufte）Кюфте

将烤肉（Kebapche）弄成丸子形状烧烤出的即是肉丸 Kjufte。小摊一般将其做成三明治供顾客享用。

烤肉卷（Djuner Debap）Дюнер Кебап

其实就是土耳其旋转烤肉，小摊均有售卖。

酒类

●葡萄酒

保加利亚是欧洲一流的葡萄酒生产国，其梅尔尼克产的红葡萄酒闻名世界。保加利亚东南部的哈斯科沃 Хасково、扬博尔 Ямбол 生产的葡萄酒也深受人们的喜爱。白葡萄酒则是东部舒门周边产的比较有名。

拉基亚 Ракия

一种蒸馏酒，用梅子等水果制作而成。通常作为开胃酒饮用。

超想吃！保加利亚经典美食

●酸奶黄瓜汤 Таратор

这是一种用酸奶打底的冷汤，加入了黄瓜。内有大蒜、莳萝等，起调味作用。

●卡弗尔玛 Кавърма

这是一种用番茄酱底料将肉与蔬菜煮熟而成的美食。有的使用砂锅，有的做成焗芝士，做法比较多样。

●绍普斯卡沙拉 Шопска салата

在保加利亚，提到沙拉，大家想到的一定是绍普斯卡沙拉。切碎的蔬菜上撒满山羊奶酪，让人食欲满满。

【旅行中能用到的保加利亚语】

斯拉夫字母对应表 ▶p.509

●寒暄

早上好	**Добро утро.**
你好	**Добър ден.**
晚上好	**Добър вечер.**
再见	**Довиждане.**
晚安	**Лека нощ.**

●回答等

是 / 不是	**Да./Не.**
谢谢	**Благодаря/Мерси**
对不起	**Извинете.**
不好意思，请问……/ 劳驾	**Моля.**
幸会	**Приятно ми е.**
我叫 ~	**Казвам се ~.**

●提问

（这里）是哪里？**Къде е Тук?**

多少钱？**Колко струва?**

不知道 **Не разбирам.**

请给我 ~ **Дайте ми~.**

想要 ~ **Искам~.**

●紧急

救命！**Помощ!**

有小偷！**Крадец!**

我的 ~ 被偷了
Откраднали са ми ~).

~ 很疼 **Боли ме~.**

医院（中国大使馆）在哪？
Къде е болницата
(Японското посолство)?

●数字

1	**един**
2	**два**
3	**три**
4	**четири**
5	**пет**
6	**шест**
7	**седем**
8	**осем**
9	**девет**
10	**десет**
11	**единадесет**
12	**дванадесет**
13	**тринадесет**
14	**четиринадесет**
15	**петнадесет**
16	**шестнадесет**
17	**седемнадесет**
18	**осемнадесет**
19	**деветнадесет**
20	**двадесет**
21	**двадесет и един**
22	**двадесет и два**
100	**сто**
1000	**хиляда**

●星期和月份

周一	**понеделник**	一月	**януари**	八月	**август**
周二	**вторник**	二月	**февруари**	九月	**септември**
周三	**сряда**	三月	**март**	十月	**октомври**
周四	**четвъртък**	四月	**април**	十一月	**ноември**
周五	**петък**	五月	**май**	十二月	**декември**
周六	**събота**	六月	**юни**		
周日	**неделя**	七月	**юли**		

●能派上用场的单词

警察	**Полицай**	成人	**възрастен**	关门	**затворен**
洗手间	**тоалетна**	儿童	**дете**	昨天	**вчера**
出发	**заминаване**	男	**мъж**	今天	**днес**
到达	**пристигане**	女	**жена**	明天	**утре**
时间表	**разписание**	开门	**отворен**	票	**билет**

info “Не（哩）”在保加利亚语中表示否定，而在希腊语中表示肯定。

索非亚 София / *Sofia*（英语）

Map 文前 p.6-B1
人口约 124 万人
长途区号 02
旅游局
URL www.visitsofia.bg
市内交通
URL www.sofiatraffic.bg

旅游咨询处（索非亚）
▶保加利亚旅游局
Map p.443-B1
住 пл. Св. Неделя 1（pl. Sv. Nedelya）
TEL（02）9335811
URL bulgariatravel.org
开 8:30~17:30
休 周六·周日以及其他节假日
▶索非亚市的 ℹ
Map p.443-B3
住 Цар Освободител 22（Tsar Osvoboditel）
TEL（02）4918344
URL www.visitsofia.bg
开 9:30~18:00
休 周六·周日

索非亚的 ℹ 位于去往地铁 M2 号线的地下

索非亚机场
TEL（02）9372211~3
URL www.sofia-airport.bg

索非亚中央火车站

国家剧院前的广场

保加利亚首都索非亚位于保加利亚西部、巴尔干半岛中央，人口 124 万人，海拔 550 米，是一座建在维托沙山下的高原城市，以甘甜之水闻名于世，北边的巴尔干山脉、南边的维托沙山、西边的留林山环绕在四周。

枢纽站 & 线路

保加利亚在索非亚、瓦尔纳、布尔加斯这三个城市有国际机场，其中索非亚机场的飞行线路和班次较多。

索非亚机场
Летище София

位于市中心东北方向约 10 公里处的 Vrazhdebna。一般航空公司在第 2 航站楼起降，廉价航空公司在第 1 航站楼起降。在两座航站楼之间可乘坐摆渡车往返。

●**乘地铁 M2 号线到市中心** 可以从与第 2 航站楼紧邻的地铁 M2 号线机场站去市中心圣内德利娅广场（塞迪卡 2 站 **Сердика 2**）。约 30 分钟发 1 班车，运营结束时间在末班航班之后。至市中心所需时间约 30 分钟，车费约 1.60 列弗。

●**乘出租车到市内** 到市中心花费 20~30 列弗。等客的出租车可能会违法要价，请小心。

索非亚中央火车站
Централна железопътна гара София

Map p.443-A1

国际列车、国内列车都会在索非亚中央火车站出发和到达。站内 1

楼内有售卖国际列车车票的 Rila 等。

●**到市中心**

可乘坐地铁 M2 号线在塞迪卡 2 站 **Сердика 2** 下车后去往圣内德利娅广场 **пл. Св. Неделя**。若乘坐有轨电车，12 路可到圣内德利娅广场。

索非亚中央巴士枢纽站
Централна автогара София

Map p.443-A1

紧挨着索非亚中央火车站。是一个集行李寄存、出租车乘车站、餐饮区为一体的大型枢纽站。餐饮区为一体的大型枢纽站。国内主要城市的巴士（里拉修道院等除外）在此出发和到达。

索非亚中央巴士枢纽站
TEL 0900 63 099
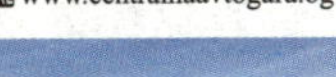
URL www.centralnaavtogara.bg

中央巴士枢纽站

库佩尔·奥夫查巴士枢纽站
Автогара Овча Купел

Map p.443-A3外

位于索非亚西南部，也叫作西站 **Автогара Запад**。这里的车可以去往皮林山脉方向，如里拉修道院、班斯科等。

●**到市中心** 乘坐 5 路有轨电车约 20 分钟即可到达。若乘坐出租车需花费 8~10 列弗。

市内交通

车票的种类和购买方法

●**单次票** 车票叫作“比列特”。1 张 1.60 列弗。有轨电车、巴士、无轨电车之间可通用。地铁专用单次票也是 1.60 列弗，闸口附近的窗口有售。

●**多次票（塔洛恩）** 可乘坐有轨电车、巴士、无轨电车 10 次。1 张 12 列弗。不可与他人共用。也有地铁专用的多次票。

●**单日票（卡尔塔）** 可乘坐有轨电车、巴士、无轨电车、地铁。1 张 4

地铁 2 号线塞迪卡站

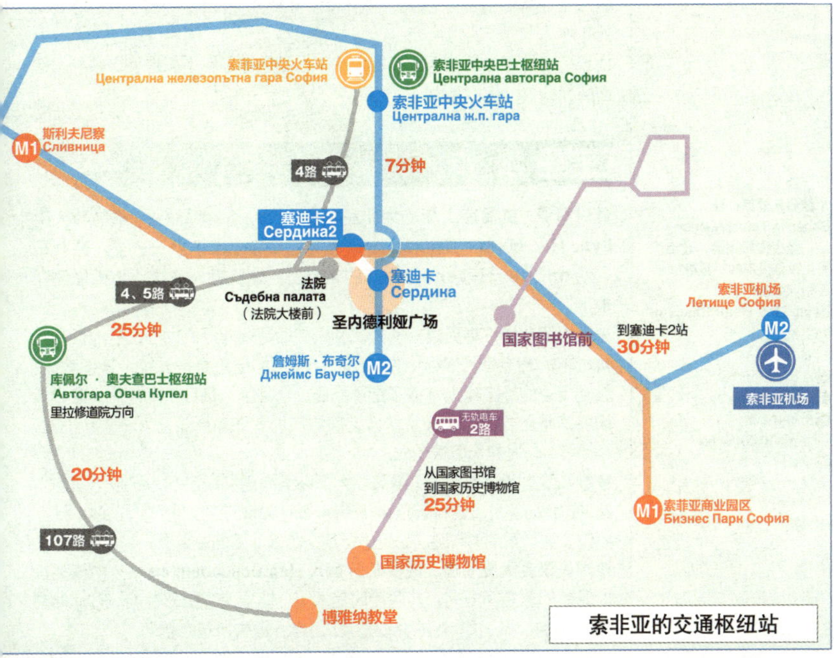

索非亚的交通枢纽站

列弗。

●**如何购买车票**　可在车站附近的售票处或售货亭购买。售票处营业时间大概为 7:15~18:30。但并不是在所有车站都可以买票，所以车票之类建议提前准备好。虽然有轨电车和无轨电车在车内也能购票，但是可能会有售罄的情况。

●**检票方法**　上车后，在柱子或窗边的黄色检票机上打孔检票。时不时有列车员临时验票，所以违法行为会立马暴露。就算是外国人也免不了罚款（20 列弗）。另外，卡尔塔不需要打孔。

地铁闸口

◆地铁 Метро

索非亚有两条地铁线路。地铁 M1 号线横贯索非亚东西；地铁 M2 号线从塞迪卡 2 站到机场，南北连接着索非亚中央火车站、中央巴士枢纽站以及索非亚的城镇。

如果能熟练利用有轨电车出行，游览将会变得非常轻松

◆有轨电车 Трамвай

运行着 15 条线路。若要去库佩尔·奥夫查巴士枢纽站或郊外的维托沙山，选择有轨电车则比较方便。

◆巴士 Автобус / 无轨电车 Тролейбус

运营时间都是首班 5:30~6:00，末班 22:30~24:00 左右。

◆出租车 Такси

经常有司机看见乘客是外国人，就漫天要价。也有的司机故意不打开计价器，或者对计价器做手脚以让它多算点价格。特别是那些在索非亚中央火车站周边待客的出租车，很有可能宰游客。靠谱的做法是在酒店前台等地拜托工作人员帮忙叫车。电话预约出租车也是让人放心的做法，但是常常出现不能用英语顺利沟通的情况。

OK Supertrans 公司的出租车

主要出租车公司

▶ OK Supertrans

TEL 9732121

TEL 18294（用手机打）

URL www.oktaxi.net

▶ Green Taxi

TEL （02）810810

TEL 0878 810810（用手机打）

URL greentaxi.bg

索非亚　漫　步

●**玛丽亚·路易莎大街**　索非亚中央火车站前的玛丽亚·路易莎大街 **бул. Кн. Мария Луиза** 一直延伸到索非亚市中心——圣内德利娅广场 **пл. Св. Неделя**，距离约 1 公里，地铁就沿着这条大街修建在地下。

●**圣内德利娅广场周边**　圣内德利娅广场是索非亚的中心，是地铁和有轨电车的起点站。广场中央只凸出了顶部的建筑是圣佩特卡地下教堂。教堂周边的地下通道有许多纪念品店、咖啡馆，整日热闹非凡。旁边紧挨着的是圣内德利娅教堂。教堂前的广场有许多街头艺人、卖花小贩、小摊等，总是聚集着很多人。

●**维托沙大街**　玛丽亚·路易莎大街以圣内德利娅广场为界限继续向南延伸的部分名称变为维托沙大街 **бул. Витоша**。这里排列着许多咖啡馆、餐馆、流行新潮的时装店、纪念品店，是索非亚的主干道。

●**国民议会大厦周边**　俄罗斯街 **бул. Цар Освободител** 从圣内德利娅广场延伸至东南方向，其两侧的美术馆、博物馆等精彩看点一直延伸到国民议会广场。该广场的北边是亚历山大·涅夫斯基大教堂。

旅行社（索非亚）

▶波西米亚旅行社

Bohemia Travel Agency

除市内跟团游，还组织有里拉修道院的一日游

Map p.443-B3

住 ул. Цар Иван Шишман 2A

（ul. Tsar Ivan Shishman）

TEL （02）9808950

URL www.bohemia.bg

开 8:30~19:00

（周六 10:00~14:00）

休 周日

索非亚中心图
中央市场
ЦентралХали
班亚巴希清真寺
Баня баши Джамиа
Tzum
塞迪卡
遗址入口
圣佩特卡地下教堂
Храм Св. Петка
阿特酒店
Arte
Сердика2 M1 M2
Сердика M2
索非亚巴尔干
Sofia Balkan
共产党旧址
圣内德利娅广场
пл. Св. Неделя
圣格奥尔基教堂
国家民族学博物馆·
国家美术馆分馆
圣内德利娅教堂
Катедрален
Храм Св. Неделя
Trops
Foods餐馆
国家考古学研究所
附属博物馆
法院
索非亚中央火车站
M2 Централна ж.п. гара
塞迪卡巴士枢纽站
中央巴士枢纽站
索非亚拉玛达酒店
Sofia Ramada
Adria
斯利夫尼察大街
бул. Сливница
M2 Лъвов мост
狮子酒店 Lion
女性市场
(Женски Пазар
=Ladies Market)
Владайска река
бул. Ген. Данаил Николаев
ул. СВ. Кирил и Методий
ул. Цар Симеон
瓦西尔·列夫斯基街
бул. Васил Левски
ул. Георги Сава Раковски
ул. Искър
西美昂沙皇街
玛丽亚·路易莎大街
бул. Мария Луиза
米拉迪诺夫兄弟大街
ул. Братя Миладинови
赫里斯托·博泰夫大街
Maria Luisa
犹太会堂
Софийска Синагога
皮罗特斯加大街
扩大图右上角
中央市场
ЦентралХали
班亚巴希清真寺
Tzum
托多尔·亚历山德罗夫大街
亚历山大·斯坦博利斯基大街
Сердика2 M1 M2
Сердика M2
圣内德利娅广场
圣内德利娅教堂
Катедрален
Храм Св. Неделя
共产党旧址
圣格奥尔基教堂
国家民族学博物馆·
国家美术馆分馆
国家考古学研究所
附属博物馆
保加利亚礼堂
ул. Чаталджа
бул. Княз Ал. Дондуков
肯聂兹·亚历山大·东杜科夫大街
塞尔迪卡
舞台酒店
Arena di
Serdica
国家歌剧院
斯卡拉酒吧
Skara Bar
Center of Folk Arts & Crafts
圣索菲亚教堂
国家美术馆
圣尼古拉
俄罗斯教堂
亚历山大·涅夫斯基
大教堂
Храм-паметник
Св. Ал. Невски
бул. Цар Освободител
俄罗斯街
国民议会大厦
国家图书馆
索非亚大学
(地下)
莫斯特尔青年旅舍
Hostel Mostel
бул. Христо Ботев
ул. Алабин
阿拉宾街
库佩尔·奥夫查巴士枢纽站方向
市美术馆
索非亚大酒店
Grand
伊万·瓦佐夫国家剧院
Rila
中央邮局
沙皇解放者纪念碑
波西米亚旅行社
Bohemia Travel Agency
Radisson BLU
СУ „Св. Климент Охридски" M1 M2
色雷斯酒店
Thracia
ул. Солунска
格莱斯顿街
ул. Христо Белчев
索非亚城酒店
Sofia Place
ул. Стефан Караджа
格拉夫·伊格纳季耶夫街
ул. Граф Игнатиев
ул. Иван Вазов
ул. Славянска
ул. Ген. Гурко
迪瓦卡餐馆
Divaka
ул. Неофит Рилски
ул. Хан Аспарух
国家历史博物馆方向
埃夫蒂米伊总主教街
ул. Патриарх Евтимий
Manastirka
Magernitsa餐馆
бул. Витоша
M2 НДК
бул. Фр. Нансен
维托沙大街
бул. Васил Левски
列夫斯基街
бул. Евлоги и Христо Георгиеви
瓦西尔·列夫斯基
体育场
自由公园
Борисова Градина
格奥尔基耶夫街
бул. Христо Смирненски
бул. Драган Цанков
国家文化宫
(NDK)
索非亚

索非亚 主要景点

亚历山大 · 涅夫斯基大教堂

亚历山大 · 涅夫斯基大教堂

Map p.443-B3

Храм-паметник Св. Александър Невски

国民议会大厦附近

教堂内充满了庄严的气氛

●巴尔干半岛的代表性教堂

这是一座新拜占庭式的豪华教堂，能容纳 5000 人，高 60 米，拥有 12 个镀金圆顶。在俄土战争（1877~1878 年）中，保加利亚实现了解放，为了祭奠战死的 20 万俄军，以俄罗斯建筑家波默兰塞夫的设计开始动工修建此教堂。教堂的修建于 1882 年竣工，总共花费了 40 年时间。

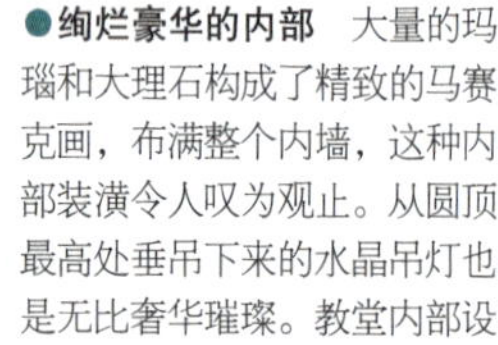

●绚烂豪华的内部 大量的玛瑙和大理石构成了精致的马赛克画，布满整个内墙，这种内部装潢令人叹为观止。从圆顶最高处垂吊下来的水晶吊灯也是无比奢华璀璨。教堂内部设有 3 座祭坛，中间、右边、左边的祭坛分别供奉着俄罗斯、保加利亚以及其他的各个斯拉夫国家的战死者。地下室的圣像博物馆也值得观览。

亚历山大 · 涅夫斯基大教堂

开 7:00~19:00 左右

休 无

费 免费

▶**地下的圣像博物馆**

入口位于面对教堂正面的左侧

开 10:00~17:30

休 周一

费 成人 6 列弗　学生 3 列弗

圣内德利娅教堂

Map p.443-B1

Църква Св. Неделя

圣内德利娅广场

这是一座石造的保加利亚东正教堂，位于圣内德利娅广场。以前原本是一座木质的小教堂，从奥斯曼帝国解放过后，周围的教堂和神学院被合并进来，于是有了现在的圣内德利娅教堂。

发黑的教堂外墙上缠满了爬山虎，乍一看给人败落的感觉，但实际上教堂内部别有洞天。圣幛 ▶p.499、墙上画的圣像 ▶p.498 以及到访的教徒在几百盏烛火的照耀下显得格外雅致。

圣内德利娅教堂

住 пл. Св. Неделя（pl. Sv. Nedelya）

电（02）9875748

开 7:00~19:00

休 无

费 免费

建于索非亚中心

圣尼古拉俄罗斯教堂

Map p.443-B3

Църква Св. Николай Чудотворец

圣内德利娅广场

圣尼古拉教堂是一座俄罗斯教堂，5 个镀金圆顶以及翡翠色尖塔，1914 年，受俄罗斯外交官赛蒙特夫斯基 · 可力洛之命，为祭奠圣尼古拉而建立。俄罗斯人和保加利亚人信奉的同样是东正教，但派别不同，据说为了保护自己国家的宗教自体性免受威胁，所以有了修建这座教堂的想法。

金光闪烁的圆顶非常漂亮

圣尼古拉俄罗斯教堂

住 бул. Цар Освободителя（Tsar Osvoboditel Blvd.）

电（02）9862715

开 7:45~18:30

休 无

费 免费（欢迎捐款）

东正教拥有同样的信仰，但俄罗斯有俄罗斯东正教会，保加利亚有保加利亚东正教会，各国家的宗教组织有所不同。

圣佩特卡地下教堂

Map p.443-B1

Църква Св. Петка Самарджийска　圣内德利娅广场

这座教堂有一半处于地下，在大街交叉处仅有屋顶部分露出地表。教堂建于 14 世纪，当时还是奥斯曼帝国统治时期。其外观十分质朴，甚至没有窗户，一眼望去很难让人想到是教堂，但内部装饰十分华丽。

现在，教堂周围建起了下凹的通道，包围着教堂，已经成了拥有许多纪念品店和咖啡馆的露天商业街。

圣佩特卡地下教堂
住 бул. Мария Луиза 2
（bul. Maria Luiza）
电（02）9807899
开 8:00~19:30
休 无
费 成人 2 列弗

四周的巨大建筑物之中，悄悄矗立着圣佩特卡地下教堂

班亚巴希清真寺

Map p.443-B1

Баня Баши Джамия　圣内德利娅广场

清真寺一旁的喷泉。寺内建筑是分离样式的中央浴场

位于玛丽亚·路易莎大街靠近中心部分的一侧，是一座伊斯兰教堂，即使在很远的地方也能看到这座清真寺的圆顶与尖塔。于 1566 年由米玛尔·希南 ▶p.507 设计。土耳其语中“班亚”的名字来源于这右边不远处的中央浴场。这座清真寺是从奥斯曼帝国统治时代存留下来的少数建筑物之一，周边至今仍生活着许多土耳其裔居民，能感觉到这里有种别具一格的氛围。

班亚巴希清真寺
住 бул. Мария Луиза 14
（bul. Maria Luisa）
开 3~10 月 10:00~20:00
11 月～次年 2 月 10:00~18:00
休 无
费 免费
※ 女性需要在入口处借戴头巾的绿色外套，穿好并带上帽子后方可进入

奥斯曼帝国统治时代的残留物

圣索非亚教堂

Map p.443-B3

Църква Света София　国民议会大附近

“索非亚”在希腊语中是“智慧”的意思。这座城市的名称的由来其实与圣索非亚教堂有非常深的渊源。原本是查士丁尼大帝于 6 世纪创建的拜占庭式教堂，在奥斯曼帝国统治时期被用作了伊斯兰教堂。现在看到的圣索非亚教堂是 20 世纪修复过后的建筑。

圣索非亚教堂
住 ул. Париж 2（ul. Parizh）
开 10:30~16:30
休 午休
费 免费（欢迎捐款）

索非亚这座城市名称的由来就源于这座教堂

中央市场

Map p.443-B1

Централни Софийски Хали　中央市场附近

隔着一条玛丽亚·路易莎大街，班亚巴希清真寺对面那个大型石质建筑物就是中央市场。

中央市场是一个建于 1910 年的大型石制建筑物，在班亚巴希清真寺对面，中间隔着玛丽亚·路易莎大街。1989 年政变后曾一度停止营业，但 2000 年时换上了新装，作为购物中心再次开始散发出活力。这个购物中心地上有两层，地下有一层，售卖食品和生活杂货的商店一家接着一家，是一条从早到晚都热闹非凡的商业街。它周边是很早就开设了集市的街区，十分热闹。地下残留有罗马时代的城墙和浴场的旧迹。设计为拜占庭风格的市场外观也非常值得观赏，在夜晚灯光的照耀下美丽至极。

哪怕抱着一窥百姓饮食习惯的心态去逛一逛，也能满足你的好奇心

中央市场
住 бул. Мария Луиза25
（Maria Luiza Blvd.）
电（02）9176106
开 7:30~21:00
休 无

索非亚犹太会堂
住 ул. Екзарх Йосиф 16
(Ekzarh Joseph Str.)
TEL (02) 9831273
URL www.sofiasynagogue.com
开 9:00~16:00
休 周六 · 周日
费 成人 2 列弗

索非亚犹太会堂和国家美术馆东翼都由弗里德里希·格鲁楠戈担任建筑设计

索非亚犹太会堂

Map p.443-A2

Софийска синагога

中央市场附近

犹太人分为东欧的阿什肯纳兹犹太人，以及南欧的塞法迪犹太人两大派，这里的犹太会堂属于塞法迪一派，是欧洲最大的塞法迪犹太会堂。该教堂建成于 1909 年，保加利亚国王斐迪南一世还出席了当时的竣工仪式。教堂中央的大圆顶上吊下来的大型水晶吊灯是保加利亚最大的水晶吊灯，重量足有 2 吨。

色彩鲜艳的犹太教集会场地

国家考古学研究所附属博物馆
住 ул. Съборна 2 (ul. Saborna)
TEL (02) 9882406
URL www.naim.bg
开 夏季 10:00~18:00
冬季 10:00~17:00
休 冬季的周一
费 成人 10 列弗　学生 2 列弗

展示的黄金饰品令人如痴如醉

国家考古学研究所附属博物馆

Map p.443-B1

Национален археологически музей

圣内德利娅广场附近

原本是 1494 年建成的伊斯兰教堂（大教堂），19 世纪起被用作考古学博物馆。

1 楼大厅是一个像仓库的展示区域，放有罗马时代的出土文物等。2 楼的收藏品则是以中世纪保加利亚的教会文化为中心，比如圣像 ▶p.498。

●马达拉骑士浮雕是必看项目　这里收藏的马达拉骑士浮雕虽然是仿制品，但为 20 世纪初雕刻而成，其保存状态比遭受了风化的真浮雕还要好。珠宝室内展示了许多色雷斯人使用过的黄金饰品。该黄金收藏的规模仅次于国家历史博物馆。

内部装饰着马达拉骑士浮雕

国家美术馆
URL www.nationalartgallerybg.org
▶总馆
住 ул. 19-ти февруари 1
(ul. 19 Fevruari)
TEL (02) 9884922
开 10:00~18:00
休 周一
费 成人 6 列弗　学生 3 列弗
▶分馆
Map p.443-B1
住 пл. Княз Ал. Батенберг 1
(pl. Knyaz Al. Batenberg)
TEL (02) 9800093
开 10:00~18:00
休 周一
费 成人 6 列弗　学生 3 列弗

国家美术馆

Map p.443-B3

Национална художествена галерия

国民议会大厦附近

保加利亚的首个国家美术馆。居住在国外的富裕的保加利亚人们筹备基金建造了这幢白色宫殿般的建筑。经过改建装修后，于 2015 年 5 月对外开放。它还有一个用于举办企划展览等的分馆，位于市中心，分馆的右边部分是国立民族学博物馆。

国家民族学博物馆
住 пл. Княз Ал. Батенберг 1
(pl. Knyaz Al. Batenberg)
TEL (02) 9874191
开 3~10 月 10:00~18:00
11 月 ~ 次年 2 月 10:00~17:00
休 周一
费 成人 3 列弗　学生 1 列弗

国家民族学博物馆

Map p.443-B1

Националният етнографски музей

中央市场附近

面对国家美术馆分馆，右半边就是国家民族学博物馆。这里展出了民族服饰、工艺品、生活用品等与人们的生活密切相关的物品，透过这些物品可以了解到以前的生活样貌。博物馆商店里有售民间艺术品、玫瑰发油等种类繁多的纪念品。

博亚纳教堂

Map p.447

Боянска църква

博亚纳

这座教堂位于索非亚市中心西南方向约 8 公里处的维托沙山下，由于其精美的壁画而闻名于世。

●**增建两次** 11 世纪建成后，在 13 世纪和 19 世纪进行了两次增建，所以博亚纳教堂整体由 3 个部分构成。东边由砖头砌起来的部分是最初的圣堂，之后往西边进行了增建，所以从入口越往里走，古代的痕迹就越多。

●**中世纪保加利亚美术的杰作** 13 世纪加建的正中央的圣堂最具美术价值，由当时的索非亚领主卡洛扬下令增建而成。1259 年完成的壁画为圣堂内部增添了色彩，和以往那些缺乏写实性、循规蹈矩的宗教画不同，该壁画更加写实，表现力更加丰富，作为中世纪保加利亚美术的最高杰作而为人熟知。

国家历史博物馆

Map p.447

Национален исторически музей

博亚纳

保加利亚最大的博物馆，从全国收集而来的藏品足有 65 万件，而实际展出的藏品仅为十分之一。通过这些藏品，可以了解到保加利亚从公元前至 20 世纪的历史。展品按照史前、古代、中世纪、奥斯曼帝国统治时代、民族复兴时期的时代来区分。

从教堂迁来的壁画

●**古代色雷斯的藏品**

这里有各式各样的收藏品，从古墓出土的物品，到珠宝、武器、民族服饰、圣像等，令人应接不暇。但其中最亮眼的还要属古代色雷斯的金银工艺品，它们能让人想到色雷斯曾经的繁荣。

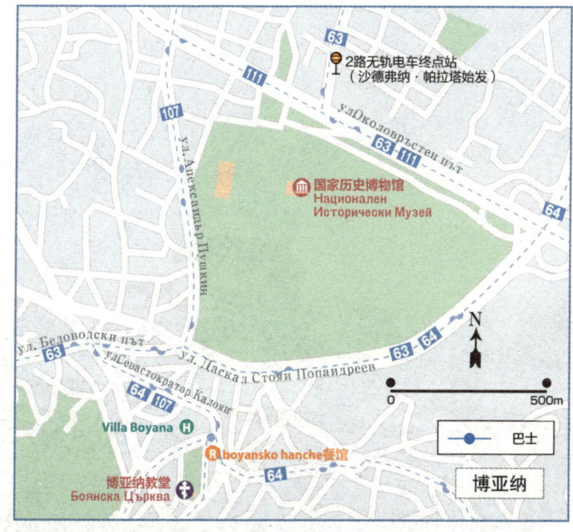

内有 3 座圣堂

世界遗产
博亚纳教堂
Боянска Црква
1979 年入选

博亚纳教堂
乘坐 5 路有轨电车前往库佩尔 · 奥夫查站，换乘 107 路巴士。107 路巴士在博亚纳教堂附近有停车点。
住 ул. Боянско Езеро 1-3（ul.Boyansko Ezero）
TEL（02）9590939
URL www.boyanachurch.org
开 夏季 9:30~17:30
冬季 9:00~17:00
休 无
费 成人 10 列弗 学生 1 列弗
博亚纳教堂和国家历史博物馆的套票 12 列弗
英语跟团游 10 列弗

这幅壁画展示了 13 世纪对博亚纳教堂进行了增建的保加利亚贵族卡洛扬和他的妻子德西 · 斯拉瓦

国家历史博物馆
乘坐 2 路无轨电车，在终点站下车。步行 3 分钟
住 ул. Витошко Лале 16（ul. Vitoshko Lale）
TEL（02）9554280
URL www.historymuseum.org
开 夏季 9:30~18:00
冬季 9:00~17:30
休 无
费 成人 10 列弗 学生 1 列弗
国家历史博物馆和博亚纳教堂的套票 12 列弗
多语种导游（需预约）30 列弗

景点拾遗 Pick up

索非亚出发单程 3 小时

里拉修道院

世界遗产

Рилски манастир

保加利亚东正教的总寺院

里拉修道院静静地矗立在索非亚以南约 65 公里的里拉山脉深处，是保加利亚东正教的总寺院，历史可以追溯到 10 世纪。有位名叫伊凡·里拉斯基的僧人将此地选作隐遁之地，从而建立了一座小小的修道院。到了 14 世纪，里拉修道院才有了现在的外观。在当时国王的庇护下，修道院文化得到了发展。在长达 500 年的奥斯曼帝国支配下，别提拥有基督教信仰，就连阅读保加利亚语的书籍都被受到限制。在这种氛围下，唯独在里拉修道院，以上行为得到了默许。

里拉七湖

里拉国家公园

里拉修道院周边区域被指定为里拉国家公园，在这里可以欣赏到保加利亚首屈一指的美丽景色。其中具有最高人气的是由 7 口冰蚀湖连接起来的里拉七湖。花一天的时间逛完里拉修道院和里拉七湖可能有点困难，但是这里处处都在组织从索非亚出发的一日游项目。

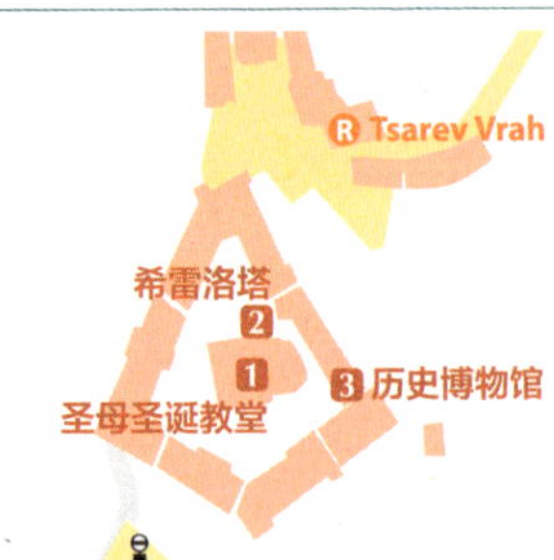

1 圣母圣诞教堂

Църква Рождество Богородично

被4层高的甬道围在中央的就是圣母圣诞教堂。建筑物本身在1833年的火灾后经过重建，是根据叫作“民族复兴式”的建筑风格建造的。

满墙的壁画 教堂正面的拱门上有黑白横条纹，给人以深刻印象。穿过拱门，外墙上，还有天花板上都满是壁画。画面用五颜六色为我们呈现了36处圣经上的场面以及该地区各个时代的生活样貌。

巨大的圣幛 圣母圣诞教堂的圣幛▶p.499宽度达到了10米，十分气派。上面雕刻着精致的图案，表面附有一层金箔。制作这面圣幛花费了5年时间，被誉为保加利亚木雕艺术的最高杰作。

2 希雷洛塔

Хрельова кула

里拉修道院的古建筑在1833年的大火中几乎都被烧毁，但希雷洛塔幸免于难，保持着14世纪建成时的样子。外墙上的壁画几乎没有褪色，十分具有欣赏价值。现在，希雷洛塔的1楼成了纪念品店。

3 历史博物馆

исторически Музей

从奥斯曼帝国支配下解放后创立，展示的藏品有圣像▶p.498和古老的圣经等。

拉法尔的十字架

“拉法尔的十字架”完成于19世纪初，是不可错过的精彩项目。高50厘米的十字架上，僧人拉法尔亲手雕刻了圣经中的140个场面，登场人物数量竟有600余人。据说拉法尔花12年时间完成十字架的雕刻后已经完全失明。

此外，还展示了一些教堂里的宝物，如毛毯、挂毯、19世纪的铜版印刷机，尼奥非特·里拉斯基制作的地球仪等。

图亚里夫·乌拉夫

Царев Връх

这是家店，位于修道院后门外，民间工艺的装修风格。许多等待巴士的回程游客选择在这里用餐。店里的招牌菜是鳟鱼，是从附近河里钓上来的。有客房，可住宿。

TEL（07054）2180 开8:30~21:00
休 无 CC 不可

从索非亚到里拉修道院

🚌 参照时间表 p.437

索非亚出发的里拉修道院一日游

旅行公司的服务通常是包1辆车的私人游，价格为50~150欧元。以下公司可以组织拼车旅游。

波西米亚旅行社 ▶p.442

开9:30发车（5人起发）
所需时间：8小时
休 无 费90列弗/人 私人游450列弗

莫斯特尔青年旅舍 ▶p.451

开9:30发车（3人起发）
所需时间：7小时
休 无 费40列弗

也组织去里拉七湖的一日游，9:00出发，17:30返回。若是3人起发，价格为50列弗/人。吊椅索道的18列弗需要另行支付。

圣母圣诞教堂

开7:00~20:00左右
休 无 费 免费

希雷洛塔

开10:00~16:00
休 无 费 成人5列弗

历史博物馆

开6~8月 8:30~19:30 11月～次年5月 8:30~16:30
费 成人8列弗 ※1小时的英语导游费用为20列弗。
不可以带入相机

圣像画廊

开6~10月 8:30~19:30 11月～次年5月 8:30~16:30
休 无 费 成人3列弗

在里拉修道院住宿

面向游客的住宿设施位于里拉修道院内，前台在历史博物馆附近。修道院关门时间为21:00（冬季为19:00），22:00以后无法开门。客房钥匙需要在离店日的10:00前交还给工作人员。未婚情侣不可住同一间房。

TEL 089-6872010

索非亚的酒店

Hotel

索非亚巴尔干

Sofia Balkan

◆面对圣内德利娅广场，是索非亚的代表性酒店之一。附设有水疗设施、赌场。地下与圣格奥尔基教堂相连。

圣内德利娅广场　Map p.443-B1

住 пл. Света Неделя 5（pl. Sveta Nedelya）

TEL（02）9816541 FAX（02）9806464

URL www.sofiabalkan.net S 71 欧元起

W 81 欧元起

CC A D M V 含 WiFi 免费

索非亚大酒店

Hotel Grand

◆采用全玻璃幕墙，现代感十足。但客房和大厅却充满了稳重的气息，给人高端之感。客房最小也有 45 平方米，十分宽敞。

格鲁克街　Map p.443-A3

住 ул. Ген. Гурко 1（ul. Gen Gurko）

TEL（02）8110811 FAX（02）8110953

URL www.grandhotelsofia.bg S 100 欧元起 W 132 欧元起

CC A D M V 不含

WiFi 免费

塞尔迪卡舞台酒店

Arena di Serdica

◆这是一家在罗马时代的圆形竞技场遗迹之上建立起来的时尚酒店。客房宽敞，装修设计新颖，深受入住者的喜爱。在酒店的地下广场还可以步行于竞技场遗迹之上。

圣内德利娅广场　Map p.443-B3

住 ул. Будапеща（ul. Budapeshta）

TEL（02）8107777 FAX（02）8107770

URL arenadiserdica.com S 104 欧元起 W 114 欧元起

CC A M V 15 欧元

WiFi 免费

色雷斯酒店

Thracia Hotel

◆位于热闹的维托沙大街西边两个街区处。客房装修高雅、有格调，面积宽敞，功能齐全。酒店内还有按摩设施等。

维托沙大街附近　Map p.443-A3

住 ул. Солунска 30（ul. Solunska）

TEL（02）8017900 FAX（02）8017979

URL www.thracia.rosslyn-hotels.com

S W 70 欧元起

CC A M V 包含 WiFi 免费

索非亚拉玛达酒店

Sofia Ramada

◆这是一家高端大型酒店，距离索非亚中央火车站很近。酒店内不仅附设有室内游泳池、桑拿、按摩浴缸，还有赌场。

玛丽亚·路易莎大街　Map p.443-A1

住 бул. Мария Луиза 131（bul. Maria Luiza）TEL（02）9338888 FAX（02）9338777

URL www.wyndhamhotels.com S 80 欧元起 W 90 欧元起

CC A D M V

不含 WiFi 免费

狮子酒店

Hotel Lion

◆位于狮子桥前，紧挨地铁站。入口处有一家现代风格装修的餐馆。客房宽敞舒适，装修简洁精练。可在 1 楼餐馆用早餐。

玛丽亚·路易莎大街　Map p.443-A2

住 бул. Мария Луиза 60（bul. Maria Luiza）TEL（02）9178400 FAX（02）9178401

URL www.hotelslion.bg S 45 欧元起

W 55 欧元起

CC A M V 含 WiFi 免费

阿特酒店

Arte Hotel

◆位于共产党旧址北边。性价比高，客房设施齐全。有标准间和豪华间两种房型。

共产党旧址附近　Map p.443-B1

住 бул. Княз Александър Дондуков 5（bul. Knyaz Aleksandar Dondukov）

TEL（02）4027100 FAX（02）9811699

URL www.artehotelbg.com

S 66 欧元起 W 75 欧元起

CC A D M V 10 欧元 WiFi 免费

info 索非亚有许多商务旅客，因此酒店价格在周末设置得较低。

索非亚城酒店
Sofia Place

◆位于维托沙大街的第一个岔路口内。距离旅游景点很近，却很安静，客房设计新颖、设备齐全。还可以在附设的餐馆享受地方美食。

维托沙大街附近　Map p.443-A3

住 ул. Христо Белчев29（ul. Hristo Belchev）☐ 088-4789203 FAX（02）4811401
URL www.sofiaplacehotel.com　S 137 列弗　W 157 列弗
CC M V　含
WiFi 免费

莫斯特尔青年旅舍
Hostel Mostel

◆由 19 世纪的建筑物改装而成。不仅会发放毛巾和床单，晚饭（含酒）也免费提供。还组织有去里拉修道院、里拉国家公园的跟团游。

北马其顿广场　Map p.443-A3

18 列弗　S 42 列弗
W 45 列弗
CC 不可
含　WiFi 免费

索非亚的餐馆
Restaurant

Manastirska Magernitsa 餐馆
Manastirka Magernitsa

◆这家餐馆主打保加利亚传统美食。装修是老宅风格，配有古董家具。主食售价 9.70~35.80 列弗，菜品丰富。

阿斯帕鲁赫汗街　Map p.443-A4

住 ул. Хан Аспарих 67（ul. Han Asparuh）
TEL（02）9803303
开 11:00~23:00　休 无　CC M V
传统美食　保加利亚美食

斯卡拉酒吧
Skara Bar

◆“Skara”是 BBQ 烤肉的意思，菜单上的美食以“西西契”烤串、保加利亚式 Kjufte 肉丸等为主。主食售价 9.30~34.90 列弗。

亚历山大·东杜科夫大街 Map p.443-B3

住 ул. Бенковски12（ul. Benkovski）
TEL（02）483441　URL skarabar.com
开 12:00~23:30　休 无　CC 不可
BBQ 烤肉　保加利亚美食

迪瓦卡餐馆
Divaka

◆从 Kebapche 烤肉等传统美食，到意大利面、意大利烩饭等，菜品非常丰富。店内装修为温室风格，在玻璃天棚下的桌椅上用餐，感觉新颖时髦。

维托沙大街附近　Map p.443-A3

住 ул. Гладстон54（ul. Gladston）
☐ 088-74400011
URL divaka.bg
开 10:00~24:00　休 无　CC M V
保加利亚美食

Trops Foods 餐馆
Trops Foods

◆这是一家保加利亚菜快餐店，实惠又美味。午餐时段会涌入大量商业人士。点餐时可以用手指，对外国游客比较方便。仅需 5~7 列弗即可吃饱。

圣内德利娅广场　Map p.443-B1

住 ул. Съборна 11（ul. Saborna）
☐ 089-4661200
URL www.tropsfood.bg
开 8:00~20:00　休 无　CC M V
快餐　保加利亚美食

boyansko hanche 餐馆
Boyansko Hanche

◆紧挨博亚纳教堂附近的巴士车站。宽阔的中庭是该餐馆的亮点，露天桌椅更是让人感到惬意。不仅可以享受各式肉类美食，鱼类美食也有很多选择。

博亚纳　Map p.447

住 пл. Сборище 1（ul. Sborishte）
☐ 089-8592906
开 10:30~23:00
休 无　CC M V
保加利亚美食

★大特尔诺沃
索非亚

Map 文前 p.7-C1
人口约 9 万人
长途区号 062
旅游局
URL www.velikoturnovo.info

大特尔诺沃

Велико Търново/*Veliko Tarnovo*

大特尔诺沃曾在 1187~1393 年作为保加利亚第二帝国的首都繁荣一时，当时的保加利亚第二帝国在沙皇伊凡·阿森统治下的繁盛时期甚至超过了拜占庭帝国，几乎支配了整个巴尔干半岛。然而，阿森沙皇去世后，保加利亚第二帝国开始衰落，屈服于宿敌拜占庭帝国。经过 1398 年和奥斯曼帝国的长达 3 个月的首都攻防战，保加利亚第二帝国走向了灭亡。在大特尔诺沃，有几座小山被包裹在森林中，有一条扬特拉河在山丘间蜿蜒流淌，那陡峭的河岸具有独特之美。在大特尔诺沃，中世纪的街道融汇进了大自然，在一片绿色中总能触摸到文明的痕迹。

▶▶ **Access Guide**

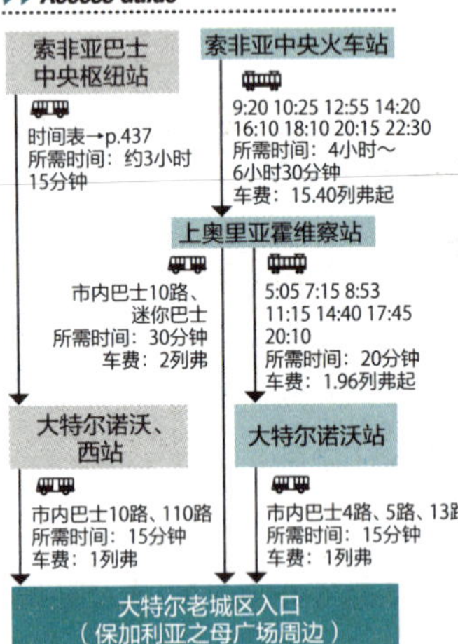

查雷维茨山

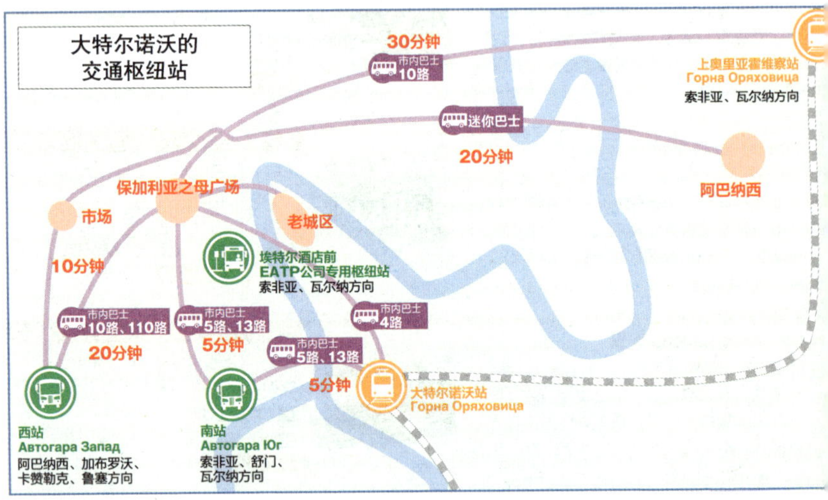

线路 & 交通

● **大特尔诺沃站** 大特尔诺沃站位于距离老城区较远的山下。从这里到保加利亚之母广场只有2公里，但由于是上坡路，所以步行需要30分钟左右。从大特尔诺沃站乘坐4路、5路、13路巴士可去往广场附近的瓦西尔·列夫斯基大街 **ул.ВасилЛевски**。

● **上奥里亚霍维察站** 虽班次较少，却是到大特尔诺沃方向的换乘车站。到保加利亚之母广场的的市内巴士10路和迷你巴士在该火车站发车。到保加利亚之母广场的的市内巴士10路和迷你巴士在该火车站发车。

● **南站 Автогара Юг** 这里主要往返着索非亚、舒门、瓦尔纳方向的巴士。步行上坡到保加利亚之母广场约10分钟。若乘坐市内巴士则可乘坐5路和13路。

● **西站 Автогара Запад** 位于城镇西边，除阿巴纳西外，加布罗沃、卡赞勒克、鲁塞方向的巴士也在这里出发和到达。到保加利亚之母广场，可乘坐10路、110路市内巴士。乘坐出租车则需要4~5列弗。

● **埃特尔酒店前 EATP 公司专用枢纽站** ETAP公司的巴士（索非亚出发等）在保加利亚之母广场附近的埃特尔酒店1楼出发和到达。有售票处。

市内交通

● **市内巴士** 保加利亚之母广场周边散布着去往各个方向的乘车点。车票在车内购买，售价1列弗。

● **出租车** 在保加利亚之母广场、巴士枢纽站、查雷维茨山入口附近等地揽客。

大特尔诺沃 漫步

大特尔诺沃城市中心是保加利亚之母广场 **пл. Майка България**（玛伊卡·保鲁嘎利亚）。保加利亚之母广场位于新城区，稍往东边行进则是老城区。

旅游咨询处（大特尔诺沃）
Map p.454-B2
住 **ул. Христо Ботев 5**（ul. Hristo Botev）
TEL（062）622148
URL www.velikoturnovo.info
开 9:00~12:00 13:00~18:00（周六·周日 9:00~12:00 13:00~17:00）
休 11月~次年4月的周六·周日

南站

西站

矗立于保加利亚之母广场的纪念碑

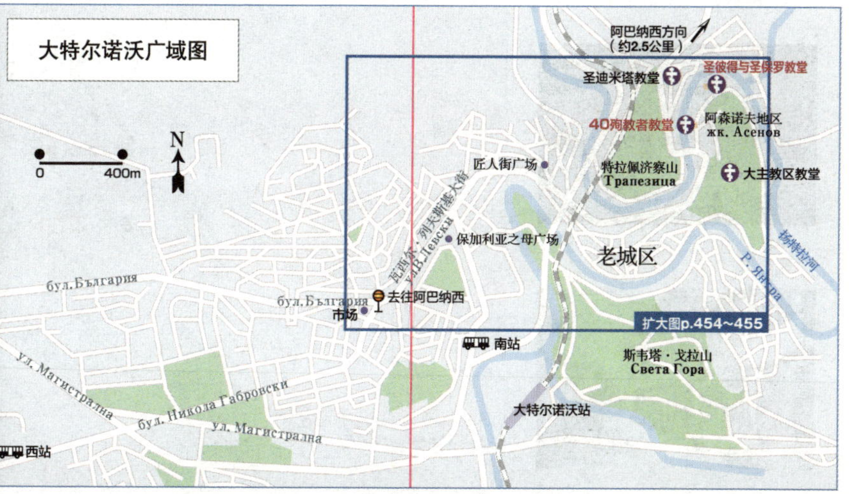

●**保加利亚之母广场～老城区**　广场附近集结了从价格适中到高端的各式酒店，ⓘ也在这里。主干道是从广场到查雷维茨山的没有分叉的大街。这条大街的名字随着街道的延伸依次为独立大街 **ул. Независимост**、斯特凡·斯塔姆博洛夫大街 **ул. Стефан Стамболов**、尼古拉·皮科洛大街 **ул. Никола Пиколо**。从斯特凡·斯塔姆博洛夫大街一带开始属于老城区。

●**老城区**　斯特凡·斯塔姆博洛夫大街南侧的古尔库街上排列着民族复兴样式的建筑，风情十足。北侧是匠人街，想逛纪念品店可以来这里。

●**查雷维茨山**　扬特拉河蜿蜒于查雷维茨山四周，将其包围起来。查雷维茨山上残存有保加利亚第二帝国的城寨等遗迹，远眺的视野非常不错。

●**阿森诺夫地区**　这是一片散布了许多教堂的历史区域。除 40 殉教者教堂外，阿森诺夫地区的历史久远的教堂都由大特尔诺沃市管理。这些教堂的管理人常驻在圣彼得与圣保罗教堂。

大特尔诺沃　主要景点

匠人街

Map p.455-C1

Самоводска чаршия　老城区

老城区的斯特凡·斯塔姆博洛夫大街的北侧就是匠人街，其中心是匠人街广场。在传统建筑物鳞次栉比的石板路上散步令人心情愉悦。匠

颇具情趣的古尔库街

阿森诺夫地区的圣格奥尔基教堂以美丽的壁画闻名

现场演示制作从保加利亚第二帝国时代流传下来的五彩拉毛陶器

查雷维茨山的灯光音乐秀

查雷维茨山的华丽灯光音乐秀的照片一定会出现在大特尔诺沃的明信片和宣传册上。灯光音乐秀分为免费和收费两种，开始时间也各不相同。确认举办时间和购买入场券可在以下网站进行。

URL www.soundandlight.bg

☐ 088-5080865

现场演示制作从保加利亚第二帝国时代流传下来的五彩拉毛陶器

位于老城区的匠人街

人街上，售卖金银手工艺品、陶器、纺织品、皮革制品、木雕、绘画等的老店一家连着一家。每一家店都兼作制作工坊，现场售卖匠人们制作的手工艺品。

莎拉夫吉娜之家 Map p.455-C1

Сарафкина къща　　老城区

这是一座建于 1860 年的民族复兴风格建筑，是富有的银行家莎拉夫吉娜的住宅。该建筑共 5 楼，建筑入口位于沿着扬特拉河急转弯处的北侧的古尔库街 ул.Гурко，入口处其实是建筑的 4 楼。由于莎拉夫吉娜之家沿扬特拉河崖壁而建，所以 1~3 楼的高度低于古尔库街。只有 4、5 楼可参观内部。除民族服饰、纺织物、民间工艺品等，在 5 楼还展有在动物皮毛上描绘以色列的珍贵圣像。

建筑内部的展品也不可错过

莎拉夫吉娜之家

住 ул. Гурко 88（ul. Gurko）
TEL（062）635802
开 9:00~18:00
休 周日
费 成人 6 列弗　学生 2 列弗

特尔诺夫格勒多媒体中心 Map p.455-C2

Посетителски център Мултимедия Царевград Търнов　　老城区

保加利亚语“**Царевград**（Carevgrad）”的意思是“皇帝城”。这里以保加利亚第二帝国时代（1185~1396 年）为主题来吸引游客，用人偶等物件再现了王侯、神职人员、匠人等的生活样态与历史事件，可通过视

特尔诺夫格勒多媒体中心

住 ул. Никола Пиколо 6（Nikola Pikolo Str.）
TEL（062）682525
开 夏季 9:30~18:30
冬季 10:30~17:30
休 无
费 成人 10 列弗 学生 5 列弗

再现保加利亚帝国加冕仪式的场景

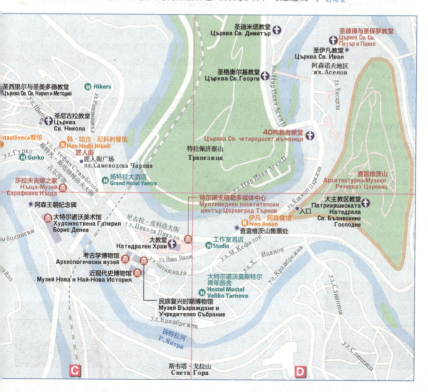

圣迪米塔教堂 Църква Св. Димитър
圣彼得与圣保罗教堂 Църква Св. Св. Петър и Павел
圣伊凡教堂 Църква Св. Иван
阿森诺夫地区 жк. Асенов
圣格奥尔基教堂 Църква Св. Георги
圣西里尔与圣美多德教堂 Църква Св. Св. Кирил и Методий
Hikers
圣尼古拉教堂 Църква Св. Никола
40殉教者教堂 Църква Св. четиридесет мъченици
韩·哈吉·尼科利餐馆 Han Hadji Nikoli
匠人街
ул. Гурко
Gurko
匠人街广场 пл. Самоводска Чаршия
特拉佩济察山 Трапезица
扬特拉大酒店 Grand Hotel Yantra
莎拉夫吉娜之家 Къща-Музей Сарафкина Къща
查雷维茨山 Архитектурно-Музеен Резерват Царевец
特尔诺夫格勒多媒体中心 Мултимедиен посетителски център Царевград Търнов
阿森王朝纪念碑
大特尔诺沃美术馆 Художествена Галерия Борис Денев
尼古拉·皮科洛大街 ул. Никола Пиколо
伊凡·阿森餐馆 Ivan Assen
入口
大主教区教堂 Патриаршеската Катедрала Св. Възнесение Господне
查雷维茨山售票处
大教堂 Катедрален Храм
工作室酒店 Studio
考古学博物馆 Археологически музей
近现代史博物馆 Музей Нова и Най-Нова История
大特尔诺沃莫斯特尔青年旅舍 Hostel Mostel Veliko Tarnovo
民族复兴时期博物馆 Музей Възраждане и Учредително Събрание
ул. Цар Иван Асен II
ул. Крайбрежна
扬特拉河 Р. Янтра
ул. Сливница
斯韦塔·戈拉山 Света Гора
C
D

觉来了解当时的社会。在这里，放映着制作陶器、圣像的视频，可以接触到中世纪人们的生活百态。

查雷维茨山

Map p.455-D1·2

Крепостта Царевец

查雷维茨山

从老城区的东北方向能看见这座小山，山上矗立着教堂。从山上远眺老城区的景色十分震撼。在保加利亚第二帝国时代，这座小山整体都是宫殿，但由于奥斯曼帝国的猛烈进攻，现已化为瓦砾之山。山顶上的教堂是大主教区教堂。教堂内的壁画是由保加利亚现代绘画巨匠之手绘画而成。

查雷维茨山
TEL（062）638841
开 8:00~19:00（18:15 之后不可入山）
休 无
费 成人 6 列弗　学生 2 列弗

售票处位于和伊凡·阿森餐馆并排的建筑内

40 殉教者教堂

Map p.455-D1

църква Св. Четиридесет мъченице

阿森诺夫地区

虽经过修复，也残留有古代的痕迹

由伊凡·阿森二世建造于保加利亚第二帝国时代的 1230 年。由于 2006 年 9 月经过修复，乍一看是一座颇新的教堂，但教堂内的柱子上刻有克鲁姆、奥莫尔塔格、阿森一世的文字，其历史价值非常贵重。以前装饰教堂壁的壁画也展出了一部分。

40 殉教者教堂
住 ул. Митрополска（ul. Mitropolska Str.）
TEL（062）622722
开 9:00~18:00（周一 12:00~18:00）
※ 闭馆前 30 分钟后不可入场
休 无
费 成人 6 列弗　学生 2 列弗

圣彼得与圣保罗教堂

Map p.455-D1

църква Св. Св. Петър и Павел

阿森诺夫地区

该教堂建于保加利亚第二帝国时代的 13 世纪。在奥斯曼帝国时代，该教堂承担了特尔诺沃主教区的主教区圣堂的作用。教堂内残留的壁画的质量和保存状态俱佳，值得观赏。尤其是伊凡·里拉斯基、圣母安息、耶西之树等壁画十分著名。

圣彼得与圣保罗教堂
住 ул. Митрополска（ul. Mitropolska Str.）
TEL（062）623841
开 9:00~18:00（周三 12:00~18:00）
休 11 月 30 日～次年 4 月 1 日
费 成人 6 列弗 学生 2 列弗
若想去附近的圣迪米塔教堂和圣格奥尔基教堂，可以找这里的工作人员开门

近郊的城镇　从大特尔诺沃乘迷你巴士最快 20 分钟到达

阿巴纳西

Map 文前 p.7-C1

Арбанаси

充满历史感的街道

阿巴纳西是一个大特尔诺沃往北 4 公里处的小村落。19 世纪这里曾直属于奥斯曼帝国的苏丹家族，所以在税制方面有特殊的优惠条件，村民们得以建造豪华的房屋。该村落保留下来了奥斯曼帝国时代的传统房屋 80 余栋，其中 36 栋被指定为国家文化遗产，还有几栋作为博物馆对外开放。

▶▶ Access Guide
从大特尔诺沃到阿巴纳西
巴士 时间表 p.437
出租车 单程 4~6 列弗

圣诞教堂

Map p.457-A

Църква Рождество Христово

阿巴纳西

这是阿巴纳西最古老的教堂。内部由画廊、前厅、正殿 3 部分构成，每个部分尽管外观朴素，但里面充满了色彩鲜艳的壁画。尤其是画在画廊中的《命运的车轮》。前厅也有非常珍贵的壁画，但不是基督教高僧所画，而是

圣诞教堂的圣幛

圣诞教堂
住 ул. Рождество Христово 1（ul. Rojdestvo Hristovo）
☐ 088 5105254（冬季参观预约）
开 9:00~17:30
休 11 月～次年 3 月（只接受团体参观，需预约）
费 成人 6 列弗　学生 2 列弗

壁画《命运的车轮》

info 塞尔维亚的圣萨瓦客死在了大特尔诺沃，被埋葬于 40 殉教者教堂。之后的一段时间，遗体被安置在米列赛瓦修道院，最终由奥斯曼帝国在贝尔格莱德的圣萨瓦圣堂所在的小山上对其进行了火化。

希腊文人的作品。

康斯坦察莉艾弗之家 Map p.457-A

Констанцалиева къща　阿巴纳西

可了解传统生活方式

这是奥斯曼帝国时代的大特尔诺沃总督的某位女性亲戚的老家，据说是阿巴纳西最美的房子。

2 楼是客厅。客厅十分宽敞，土耳其风格的沙发上搭着保加利亚传统纺织品。厨房里摆着餐具，卫生间也是土耳其式的。1 楼还会售卖民间工艺品。

大天使迈克尔与加布里埃尔教堂 Map p.457-B

Църква Св. Св. Архангели Михаил и Гавраил　阿巴纳西

建成于 1760 年，是阿巴纳西最大的教堂，也是唯一拥有圆顶的教堂。和圣诞教堂相同，都是由 3 部分构成。从入口进入后依次是画廊、用作女性礼拜场所的前厅、用作男性礼拜场所的正殿这 3 个房间。有圆顶的房间是正殿。

该教堂正殿两侧分别有 4 人的圣歌队

前厅的壁画是塞萨洛尼基和布加勒斯特的画家所作，天花板的壁画里的光环还使用了纯金。

康斯坦察莉艾弗之家
住 ул. Опълченска 18（ul. Opalchenska）
☎ 088 5105282
开 9:00~17:00（周一 9:00~12:00）
休 11 月 ~ 次年 3 月
费 成人 6 列弗　学生 2 列弗

大天使迈克尔与加布里埃尔教堂
住 ул. Софроний Врачански 7（ul. Sofronii Vrachanski）
开 9:00~18:00（周一 12:00）
※ 闭馆前 30 分钟后不可入场
休 11 月 1 日 ~ 次年 3 月 20 日
费 成人 6 列弗　学生 2 列弗

前厅天花板上的壁画

去往阿巴纳西的迷你巴士

info 阿巴纳西宫酒店的建筑用的是社会主义时代保加利亚国务委员会主席托多尔·日夫科夫的避暑别墅。

大特尔诺沃的酒店&餐馆

Hotel & Restaurant

扬特拉大酒店

Grand Hotel Yantra

◆位于匠人街广场附近，是城里最高端的酒店之一。客房设计得十分宽敞。附设有远眺视野极佳的餐厅和水疗设施。

老城区 Map p.455-C1

住 ул. Опълченск 2（Opalchenska Str.）

TEL（062）600607 FAX（062）600569

URL www.yantrabg.com

S 86 列弗起

W 134 列弗起

CC M V 含 WiFi 免费

总理酒店

Hotel Premier

◆选址便利，距离老城区不远。水疗、泳池、按摩浴缸等设施齐全。1 楼大厅装饰着出身于大特尔诺沃的琴欧洲（译者注：著名相扑选手）的照片和新闻报道。

保加利亚之母广场附近 Map p.454-B1

住 ул. Сава Пенев 1（ul. Sava Penev）

TEL（062）615555 FAX（062）603850

URL www.hotelpremier-bg.com

S W 98 列弗起

CC M V 含 WiFi 免费

工作室酒店

Hotel Studio

◆位于尼古拉・皮科洛大街的时尚酒店。客房以单色加红色为基础色调，浴室也有许多功能。住起来十分舒适。附设餐馆的红酒种类丰富。

老城区 Map p.455-D2

住 ул. Тодор Лефтеров 4（ul. Todor Lefterov）

TEL（062）604010 FAX（062）604009

URL www.studiohotel-vt.com

S 75 列弗起

W 90 列弗起

CC M V 含 WiFi 免费

大特尔诺沃莫斯特尔青年旅舍

Hostel Mostel Veliko Tarnovo

◆索非亚人气青年旅舍的第 2 分店。从露台可以望到查雷维茨山，晚餐招待保加利亚美食和啤酒。客房为男女混合宿舍，6~10 人间。

老城区 Map p.455-D2

住 ул. Йордан Инджето10（ul. Yordan Indzheto）

☎ 089-7859359 URL www.hostelmostel.com

18~22 列弗

S 46 列弗起 W 60 列弗起

CC 不可 含 WiFi 免费

Shtastliveca 餐馆

Shtastliveca

◆靠窗座位可观赏扬特拉河的美景。炭烧比萨售价为 6.50~18.90 列弗，另外，推荐肉类美食，种类非常丰富。2 人份的烤肉拼盘售价 26.90 列弗。

老城区 Map p.455-C1

住 ул. Стефан Стамболов 79（ul. Stefan Stambolov）

TEL（062）600656 URL www.shtastliveca.com

开 11:00~23:00 休 无 CC M V

比萨 保加利亚美食

伊凡・阿森餐馆

Ivan Asen

◆地址绝佳，位于查雷维茨山前。主打保加利亚地方美食，比如呼应店名的入罐烧烤“伊凡・阿森”、梅沙纳・斯卡拉烤肉等。

老城区 Map p.455-D2

住 пл. Цар Иван Асен 2（pl. Tsar Ivan Asen）

☎ 088-5800830 URL www.ivan-asen.com

开 10:00~23:00（周日 ~19:00）

休 无 CC M V

保加利亚美食

韩・哈吉・尼科利餐馆

Han Hadji Nikoli

◆由 1858 年建造的老建筑改建而成。在这里可以品尝到从保加利亚传统美食得到启发的原创美食。可用玻璃杯请店员盛一些餐馆自制红酒。

老城区 Map p.455-C1

住 ул. Г. С. Раковски 19（ul. G. S. Rakovski）TEL（062）651291 URL www2.hanhadjinikoli.com

开 11:00~24:00 休 无 CC M V

原创美食 保加利亚美食

去往中欧的通路

Access to Central Europe

维也纳的皇宫在灯光的照耀下十分美丽

从中国前往中欧的线路

连接中国与中欧的主要航空公司及通航城市

▶ 中国国航

URL www.airchina.com.cn

▶ LH 德国汉莎航空

URL www.lufthansa.com

法兰克福、慕尼黑

华沙

▶ LO LOT 波兰航空

URL www.lot.com/jp/ja

▶ TK 土耳其航空

URL www.turkishairlines.com

伊斯坦布尔

▶ OS 奥地利航空

URL www.austrian.com

维也纳（仅夏季）

▶ BA 英国航空

URL www.britishairways.com

伦敦

去往中欧的通路

●**便于换乘的城市** 中国没有直达中欧的航班，所以去中欧国家必须换乘。推荐选用便于换乘的航空公司，若上午从中国出发则当天可到达，若晚上从中国出发则第二天上午可到达。

●**华沙机场**p.104 中国有直达华沙的航班，每周 3~5 班。若要去波兰的古都克拉科夫p.116或捷克的布拉格，可当天换乘到达。

●**维也纳机场**p.462 维也纳机场是枢纽机场，这里有往返中欧各国主要城市的航班。最短换乘时间仅需 30 分钟（通常需要 60~90 分钟），其出名的便利性在欧洲首屈一指。

●**慕尼黑机场**p.468 这里的航班可达布拉格、布达佩斯等主要城市，其中不少城市可在当天换乘到达。慕尼黑中央火车站有许多列车去往捷克的布拉格。也有不少从这里去布拉格的巴士。

●**伊斯坦布尔机场** 土耳其航空以稀有航线而著名，推出了去北马其顿和波黑的定期航班等，其中不少航线在其他航空公司的班次非常少。晚上从中国出发，第二天中午之前几乎可到达所有中欧国家的首都。2018 年 10 月，伊斯坦布尔的新机场正式通航。

●**莫斯科谢列梅捷沃机场** 这里的航班多往返以前的共产圈国家，如保加利亚、罗马尼亚、前南斯拉夫各国等，但有的航线无法当天换乘，可能需要找酒店住宿。

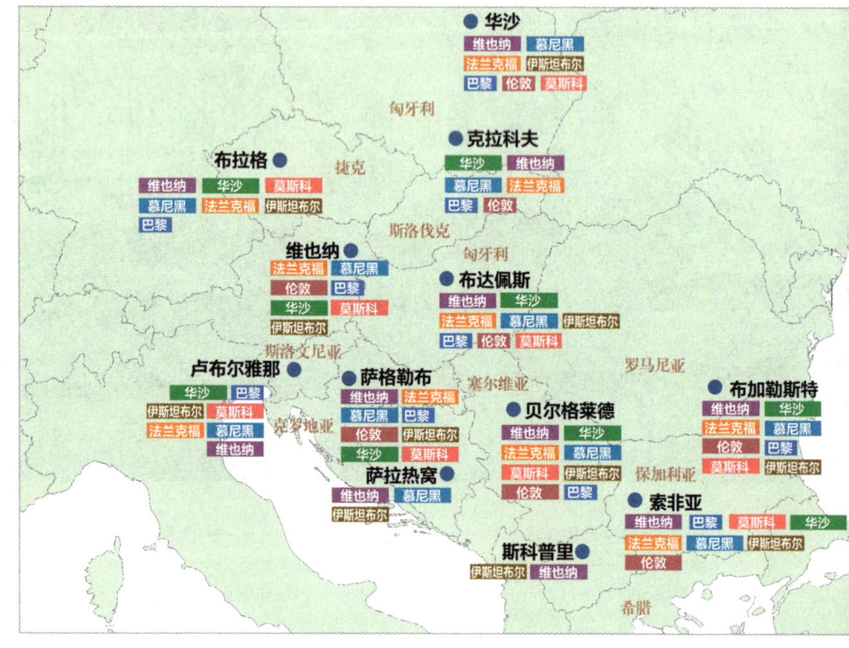

中国出入境

主要的境外机票对比网站
▶天巡网
URL www.tianxun.com

出境、入境的流程在任何国家都大同小异。只要记住办手续的流程就不会有大问题。建议出发日和回国日当天早点去机场，以便完成手续。记住回国时要在飞机内领一份《携带品·另寄物品申报书》并填写好。

入境中欧各国

①**入境检查** 出示护照。经由申根协定国（参照下表）入境可不需要签证。

申根协定国

冰岛、意大利、爱沙尼亚、奥地利、荷兰、希腊、瑞士、瑞典、西班牙、斯洛伐克、斯洛文尼亚、捷克、丹麦、德国、挪威、匈牙利、芬兰、法国、比利时、波兰、葡萄牙、马耳他、拉脱维亚、立陶宛、列支敦士登、卢森堡

②**取行李** 在显示有搭乘航班号的转盘处等待行李。如果转盘中没有自己托运的行李，凭行李票申报行李遗失。

③**海关申报** 入境携带物品在免税范围内可以不用申报直接出海关。超过免税范围则需要提交海关申报书。

入境携带物品的免税范围（欧盟国家）

烟 纸烟 200 根、叶子烟 50 根、烟丝 250g 中的任意一种。

酒类 22 度以上的酒精饮料 1L（22 度以下 2L）、葡萄酒 2L。

香水 香水 50g 或花露水 250ml。

※ 非欧盟国家的免税范围各不相同，详情请咨询各国大使馆等机构

从中欧各国出境

①**登记手续** 通常在开始登机前 2 小时后可办理登机手续。排队值机、出示护照、领取登机牌（boarding pass）和行李票（baggage claim tag）。

②**出境检查** 出示护照和登机牌，工作人员在护照上盖出国章。

③**免税手续** 免税手续的柜台有时非常拥挤，建议尽早去。如果是在几个欧盟国家之间旅游，则在欧盟国家最终出国海关办理手续。也有的国家不实行免税返还制度。

欧盟国家

爱尔兰、意大利、爱沙尼亚、荷兰、奥地利、塞浦路斯、希腊、克罗地亚、瑞典、西班牙、斯洛伐克、斯洛文尼亚、捷克、丹麦、德国、匈牙利、芬兰、法国、保加利亚、比利时、葡萄牙、波兰、马耳他、拉脱维亚、立陶宛、卢森堡、罗马尼亚

严禁购买盗版商品!

绝对不能在旅游地点购买仿造名牌logo、设计、人物等的假冒名牌商品和违法复制游戏软件、音乐软件的“盗版商品”。若持以上物品回国，不仅会在机场海关被没收，严重时可能要求赔偿经济损害。“假装不知道”并不能瞒天过海。

维也纳★

维也纳 *Wien / Vienna*（英语）

Map 文前 p.4-B1
人口约 190 万人
长途区号 01
旅游局
URL www.wien.info/ja
市内交通
URL www.wienerlinien.at

维也纳曾作为统治过许多中欧国家的哈布斯堡帝国的首都实现了空前的繁荣，如今成了周游中欧国家的起点。

维也纳国际机场（VIE）（施韦夏特机场）Flughafen Wien-Schwechat

维也纳国际机场
URL www.viennaairport.com

维也纳的国际机场在市中心东南方向约 20 公里处。位于施韦夏特市，也叫维也纳 · 施韦夏特机场。

机场巴士
URL www.viennaairportlines.at

●**机场巴士**　在机场到达楼层外揽客。有两条线，一条去往 Morzinplatz/Schwedenplatz，另一条经由维也纳中央火车站去往维也纳西站。都是约半小时发 1 班车，单程 8 欧元。

●**S-Bahn（城市快铁）**　S-Bahn 是奥地利联邦铁路（ÖBB）的近郊列车，S7 号线在维也纳中心站停车。4.20 欧元。

●**Railjet**　乘坐奥地利联邦铁路的高速列车 Railjet 需要特急票，但仅限去维也纳中央火车站的二等车和 S-Bahn 一样仅需普通车票便可乘车。到维也纳中央火车站约 15 分钟，4.20 欧元。

机场列车 CAT（City Airport Train）
URL www.cityairporttrain.com

●**机场列车 CAT**　从机场站 3 号站台直达城市航站楼 / 维也纳中心站，中途不停靠。所需时间约 16 分钟，单程 12 欧元。列车内购票加 2 欧元。

●**出租车**　到市中心约 30 分钟，40 欧元。除计价器收费制外，还有可向

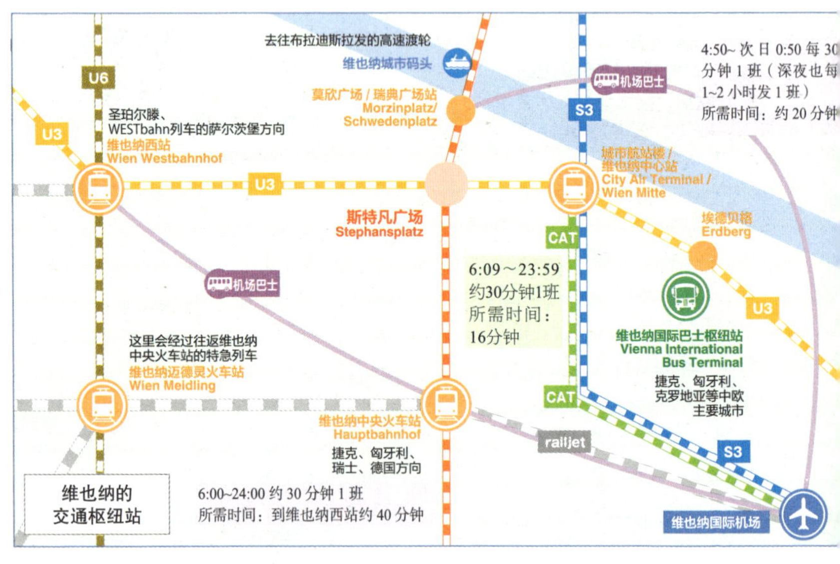

机场的出租车公司办公处申请的定额制。

维也纳中央火车站 Wien Haputbahnhof

Map p.465-C4

这里是国际列车出发和到达的主要铁路车站。这里的部分列车往返意大利、克罗地亚、匈牙利、捷克、斯洛伐克、波兰、斯洛文尼亚方向以及德国方向。这里可乘坐地铁 U1 号线和 S-Bahn。

维也纳国际巴士枢纽站（VIB） Vienna International Bus Terminal

Map p.465-D3·4

这里的国际巴士往返布拉迪斯拉发、布达佩斯、布拉格、华沙等周边国家城市。这里可乘坐开通中欧、东欧线路的 Flixbus、Eurolines 等公司的巴士。地铁 U3 号线的埃德贝格站 Erdberg 是离该巴士枢纽站最近的铁路车站。

维也纳城市码头 Schiffstation Wien City

Map p.467-C2

该码头位于瑞典广场附近，这里有往返于斯洛伐克的布拉迪斯拉发和维也纳的渡轮 Twin City Liner。

维也纳中央火车站

维也纳国际巴士枢纽站

维也纳国际巴士枢纽站
URL www.vib-wien.at

Twin City Liner
URL twincityliner.com

在维也纳城市码头可乘坐 Twin City Liner 往返布拉迪斯拉发

市内交通

●**车票的种类** 路面电车、巴士、S-Bahn（城市快铁）、U-Bahn（地铁）一票互通，实行区域制。若购买了 1 次票，则可以在同一区域内自由换乘，90 分钟内有效。2.40 欧元。24 小时自由通行票 8 欧元。

●**购买车票** 车票和各种自由通行票可都在奥地利联邦铁路（ÖBB）的枢纽站、地铁站、售货亭等地购买（电子票用手机购买）。自动贩卖机上也有英文服务。在路面电车和巴士的车内则只能购买 1 次票，且价格较贵。

●**别忘了打票** 就算手上有票，但如果票上没有打票痕迹，被工作人员检查到会被罚款。路面电车和巴士在乘车后打票，S-Bahn 和 U-Bahn 需进入展台前在打票机上打票。

S-Bahn

维也纳交通局 VOB
URL www.wienerlinien.at

去往机场的中型客车

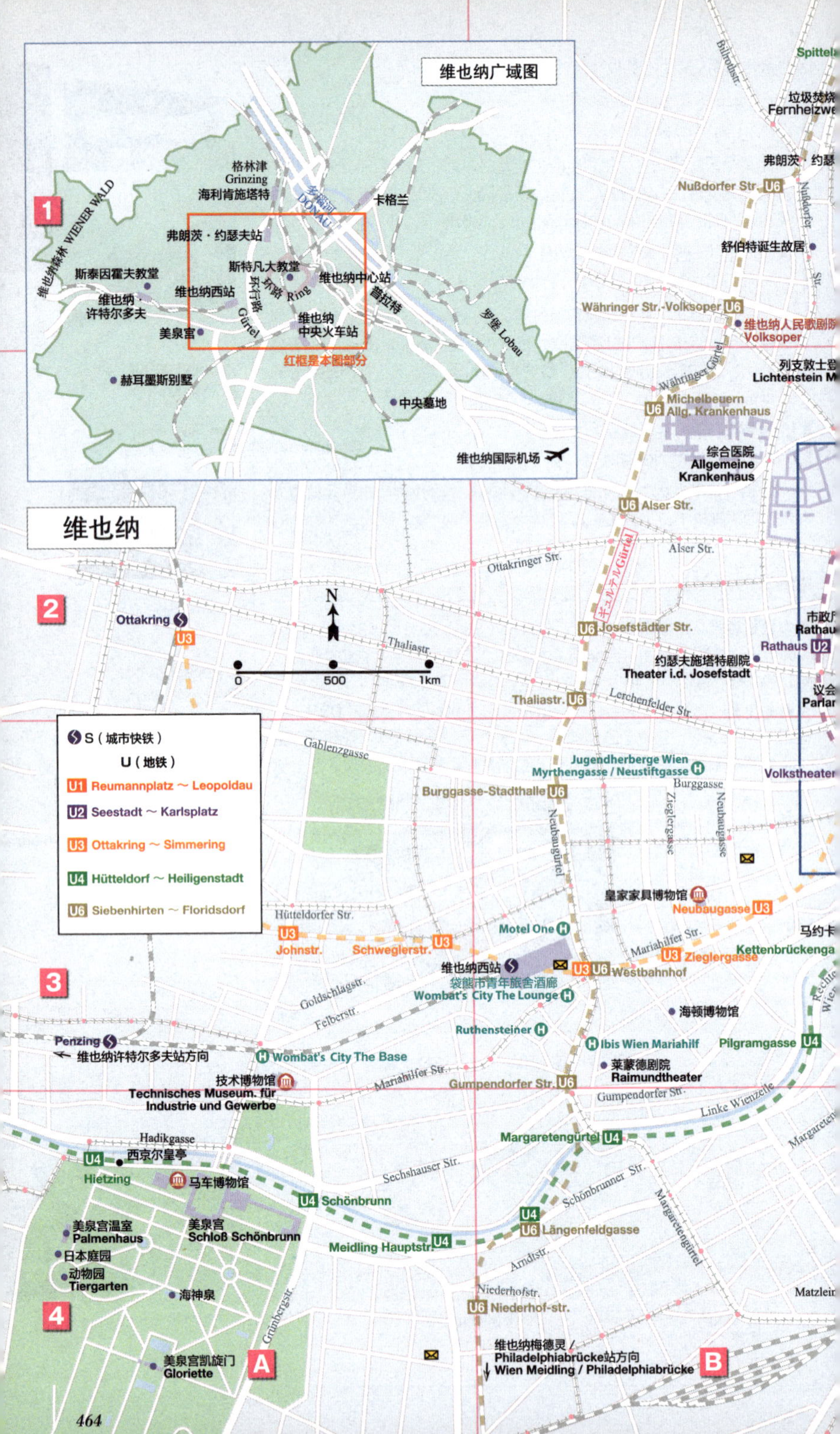

维也纳广域图
1
维也纳森林 WIENER WALD
格林津
Grinzing
海利肯施塔特
多瑙河
DONAU
卡格兰
弗朗茨・约瑟夫站
斯特凡大教堂
维也纳中心站
斯泰因霍夫教堂
维也纳西站
环行路 Ring
环行路
Gürtel
普拉特
维也纳·
许特尔多夫
维也纳
中央火车站
罗堡 Lobau
美泉宫
红框是本图部分
赫耳墨斯别墅
中央墓地
维也纳国际机场
维也纳
2
Ottakring
U3
N
0
500
1km
S（城市快铁）
U（地铁）
U1 Reumannplatz ～ Leopoldau
U2 Seestadt ～ Karlsplatz
U3 Ottakring ～ Simmering
U4 Hütteldorf ～ Heiligenstadt
U6 Siebenhirten ～ Floridsdorf
3
Penzing
← 维也纳许特尔多夫站方向
4
Billrothstr.
Spittel
垃圾焚烧
Fernheizwe
弗朗茨・约瑟
Nußdorfer Str. U6
Nußdorfer Str.
舒伯特诞生故居
Währinger Str.-Volksoper U6
维也纳人民歌剧院
Volksoper
列支敦士登
Lichtenstein M
Währinger Gürtel
Michelbeuern
U6 Allg. Krankenhaus
综合医院
Allgemeine
Krankenhaus
U6 Alser Str.
Alser Str.
Ottakringer Str.
ギュルテル Gürtel
U6 Josefstädter Str.
市政厅
Rathaus
Rathaus U2
约瑟夫施塔特剧院
Theater i.d. Josefstadt
议会
Parlar
Thaliastr.
Thaliastr. U6
Lerchenfelder Str.
Gablenzgasse
Jugendherberge Wien
Myrthengasse / Neustiftgasse
Volkstheater
Burggasse-Stadthalle U6
Burggasse
Zieglergasse
Neubaugasse
Neubaugürtel
皇家家具博物馆
Neubaugasse U3
Hütteldorfer Str.
U3 Johnstr.
Schweglerstr. U3
Motel One
马约卡
Mariahilfer Str.
U3 Zieglergasse
Kettenbrückenga
维也纳西站
U3 U6 Westbahnhof
袋熊市青年旅舍酒廊
Wombat's City The Lounge
Goldschlagstr.
Felberstr.
海顿博物馆
Ruthensteiner
Ibis Wien Mariahilf
Pilgramgasse U4
Wombat's City The Base
莱蒙德剧院
Raimundtheater
技术博物馆
Technisches Museum. für
Industrie und Gewerbe
Mariahilfer Str.
Gumpendorfer Str. U6
Gumpendorfer Str.
Linke Wienzeile
Hadikgasse
Margaretengürtel U4
Margaretenstr.
U4
西京尔皇亭
Hietzing
马车博物馆
Sechshauser Str.
U4 Schönbrunn
Schönbrunner Str.
美泉宫温室
Palmenhaus
美泉宫
Schloß Schönbrunn
U4
U6 Längenfeldgasse
Margaretengürtel
Meidling Hauptstr. U4
日本庭园
动物园
Tiergarten
Arndtstr.
海神泉
Niederhofstr.
U6 Niederhof-str.
Matzlein
Grünbergstr.
维也纳梅德灵 /
Philadelphiabrücke站方向
↓ Wien Meidling / Philadelphiabrücke
美泉宫凯旋门
Gloriette
A
B

U6 Jägerstr.
U6 Dresdner Str.
Traisengasse
新多瑙河
多瑙河 Donau
联合国城 UNO City
Kaisermühlen-Vienna int. Centre U1
1
Donauinsel U1
多瑙岛 Donauinsel
Handelskai
U4 Friedensbrücke
奥花园 Augarten
高射炮台
瓷器厂
Obere Augartenstr.
Vorgartenstr. U1
Ibis Budget Wien Messe
Ibis Wien Messe
Schiffahrtzentrum Wien
U4 Roßauer Lände
普拉特斯登 U1 U2
Praterstern(Wien Nord)
Messe-rater U2
Schottenring U2 U4
Obere Donaustr.
Taborstr.
Praterstr.
普拉特摩天轮 Riesenrad
2
Schottentor
Nestroyplatz U1
展览会 Messegelände
U2 Stadion
カイ Kai
U1 U4 Schwedenplatz
Hauptallee
斯特凡大教堂 Stephansdom
奥地利应用美术博物馆
Österr. Museum für angewandte Kunst
Stephansplatz U1 U3
U3 Stubentor
Wien Mitte
维也纳中心站
U3 U4 Landstraße
普拉特公园 Prater
Kärntner Str. 克恩滕大街
市公园 Stadtpark
Schüttelstr.
Erdberger Lände
多瑙运河
国家歌剧院 Staatsoper
U4
Am Heumarkt
U3 Rochusgasse
Donaukanal
Museumsquartier
U1 U2 U4 Karlsplatz
扩大图p.466~467
3
卡尔教堂 Karlskirche
Landstr.
美景宫下宫
（中世纪与巴洛克美术馆）
U3 Kardinal-Nagl-Platz
Rennweg
Hauptstr.
Prinz-Eugen-Str.
Schlachthausgasse U3
U1 Taubstummengasse
Rennweg
美景宫 Schloß Belvedere (Österreichische Galerie)
维也纳国际巴士枢纽站 (VIB)
U3 Erdberg
Landstr. Gürtel
Gürtel
St.Marx
A23（高速公路）
Südtiroler Platz/Hauptbahnhof U1
维也纳中央火车站
Gasometer U3
Wiedner
Ghegastr.
军史博物馆 Heeresgeschichtliches Museum
4
圣马克思墓园（莫扎特之墓）
Simmeringer Hauptstr.
Arsenalstr.
U3 Zippererstr.
Keplerplatz U1
C
罗意曼广场站方向 Reumannplatz
维也纳国际机场方向
D
中央墓地方向

维也纳中心
病理解剖学博物馆
Pathologisch-Anatomisches Bundesmuseum
人民歌剧院方向
弗洛伊德博物馆
Sigmund-Freud-Museum
Schlickgasse
Schwarzspanierstr.
奥地利国家银行
Österr. Nationalbank
沃蒂夫教堂
Votivkirche
Otto-Wagner-Platz
Schottentor-Universität
Schottenring
证券交易所
Börse
法院
Landesgericht
维也纳大学
Universität Wien
贝多芬纪念馆
Schottengasse
Schweizer Pension Solderer
河畔圣母教堂
Maria am Gestade
苏格兰教堂
Am Hof
Am Hof教堂
Rathauskeller
市政府
Rathaus
Rathausplatz
城堡剧院
Burgtheater
伊丽莎白雕像
Herrengasse
彼得教堂
Graben
Kohlmarkt
Demel
议会大厦
Parlament
人民公园
Volksgarten
Michaelerplatz
Pertschy Palais
Stephansplatz
DO & CO
圣米夏埃尔教堂
霍夫堡宫
Hofburg
Rathaus Wein & Design
西班牙骑马学校
Spanische Reitschule
王宫礼拜堂
卡尔大公骑马雕像
Dr-Karl-Renner-Ring
Heldenplatz
Josefsplatz
尤金大公骑马雕像
嘉布遣会教堂/皇家墓穴
奥古斯丁教堂
Augustinerkirche
大众剧场
Volkstheater
自然博物馆
Naturhistorisches Museum
新霍夫堡宫
（以弗所博物馆，狩猎、武器展厅与古乐器收藏）
阿尔贝蒂娜博物馆
玛丽亚・特蕾西亚雕像
城堡花园
Burggarten
Albertinaplatz
MUMOK
莫扎特雕像
Sacher
Café Sacher
国家剧院预售中心
美术史博物馆
Kunsthistorisches Museum
Burgring
Opernring
维也纳国家歌剧院
Staatsoper
博物馆区
Museumsquartier
布里斯托尔酒店
Bristol
Stiftgasse
维也纳艺术学院画馆
Akademie der bildenden Künste, Gemäldegalerie
Karlsplatz
协同教堂
玛利亚希尔夫大街
Mariahilfer Str.
分离派会馆
Secession
维也纳河畔剧院
Theater an der Wien
纳许市场
Naschmarkt
维也纳理工大学
Technische Universität
0 200 400m
N

4小时观光 参考线路

1 斯特凡大教堂 Map p.467-C2 · 3

10:00~10:30

一座哥特式大圣堂，哈布斯堡家族的历代国王就沉睡在此。从塔上能眺望城市景观。

2 霍夫堡宫 Map p.466-B3

11:00~12:30

650年，哈布斯堡家族居住在这个王宫。茜茜公主博物馆和皇帝的房间不可错过。

3 美术史博物馆 Map p.466-A · B3

13:00~14:00

欧洲三大美术馆之一。这里主要展出的是哈布斯堡家族收集的勃鲁盖尔、弗美尔、鲁本斯等画家的作品。

维也纳的酒店

国家歌剧院附近有较多高端酒店。经济酒店和青年旅舍则集中在维也纳西站附近。

特色美食

维也纳炸肉排和煮牛肉是维也纳的代表性美食。另外，维也纳的咖啡十分正宗，休息的时候逛逛咖啡馆也颇有情趣。其中著名的是Sacher咖啡馆和Demel咖啡馆，这两家咖啡馆一直在争夺“正宗萨赫蛋糕”的头衔。

酒店清单

布里斯托尔酒店 Map p.466-B4
Bristol URL www.bristolvienna.com

DO & CO酒店 Map p.466-B3
DO & CO URL www.doco.com

卡爱娜霍夫酒店 Map p.467-C2
Kärntnerhof URL www.karntnerhof.com

奥地利酒店 Map p.467-C2
Austria URL www.hotelaustria-wien.at

袋熊市青年旅舍酒廊 Map p.464-B3
Wombat's City The Lounge
URL www.wombats-hostels.com

柏林

慕尼黑

Map 文前 p.4-A1
人口约 145 万人
长途区号 089
旅游局
URL www.munich-touristinfo.de
市内交通
URL www.mvv-muenchen.de

慕尼黑 *München / Munich*（英语）

巴伐利亚王国成立后诞生的古都。如今是德国南部的中心城市，有许多博物馆和美术馆，以歌剧等艺术文化闻名。慕尼黑是交通要地，可去往奥地利、捷克、瑞士等接近德国南部的国家，也是国际列车和国际巴士的起点城市。

慕尼黑机场（MUC）弗朗茨・约瑟夫・施特劳斯机场 Flughafen München

慕尼黑机场
URL www.munich-airport.com
机场巴士
URL www.airportbus-muenchen.de

位于慕尼黑东北方向距市中心约 28.5 公里处。有两座航站楼，德国汉莎航空和星空联盟的航空公司在第二航站楼，其他均在第一航站楼。

●**机场巴士** 乘坐汉莎航空的机场巴士（airport bus）可往返于机场和慕尼黑中央火车站。所需时间约 45 分钟。单程 11 欧元。

● **S-Bahn（城市快铁）** 乘坐 S1、S8 号线可去中央火车站和市中心的玛利亚广场，45~50 分钟。S1、S8 号线的经过站点不同，所以若要去机场，请先确认 "Flughafen München" 字样。

慕尼黑中央火车站 München Hauptbahnhof

Map p.470-A1·2

德国首屈一指的枢纽火车站，占地面积巨大，站台有 30 个以上。有去瑞士、意大利、奥地利方向的列车，有德国铁路（DB）与捷克国铁（CD）共同运营的到捷克布拉格的特急列车 EC（Eurocity），还有到布拉格的私铁 Alex 特急列车。

德国铁路
URL www.bahn.de
Alex（私铁）
URL www.laenderbahn.com/alex
慕尼黑中央巴士枢纽站
URL www.muenchen-zob.de
慕尼黑交通局 MVV
URL www.mvv-muenchen.de

慕尼黑中央巴士枢纽站（ZOB）Zentraler Omnibusnahnhof München

Map p.470-A1外

位于哈克桥站 Hackerbrücke 附近，从慕尼黑中央火车站乘 S-Bahn 往西坐一站即到哈克桥。这里往返着许多长途巴士，如 Eurolines 和 FLiXBUS 的国际线路等。

市内交通

●**车票通用** S-Bahn（城市快铁）、U-Bahn（地铁）、有轨电车、市内巴士，这四种交通工具的车票可通用。在有效时间内可在交通工具间自由换乘。

●**区域制车费** 市中心和慕尼黑机场分别被划分为区域 1、区域 4，乘车费用取决于移动区间（跨了多少个区域）。1 次票的一个区域是 2.90 欧元。1 日票的价格也根据移动区域数来定。还有 1.50 欧元的短距离票，S-Bahn 和 U-Bahn 两站以内可用，有轨电车和市内巴士是四站以内可用。

慕尼黑交通线路图（S-Bahn和U-Bahn）

随着时间推移，可能会发生改变

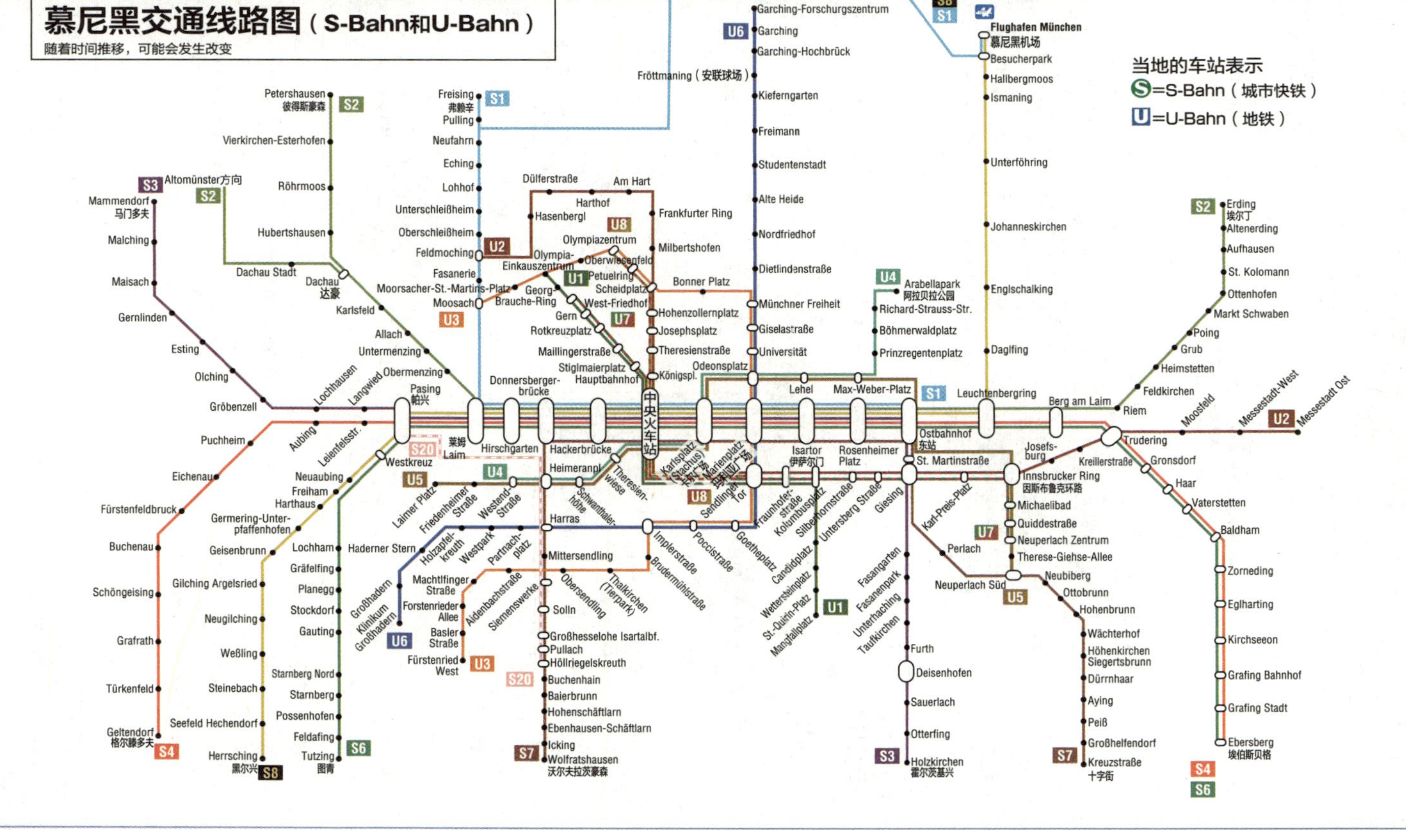

4小时观光 参考线路

1 米夏埃尔教堂 Map p.470-B2

10:00~10:25

文艺复兴式教堂，内部呈穹顶状，颇具特色。建于1583~1597年，是反宗教改革的标志。地下墓地放有巴伐利亚国王路德维希二世之棺。

2 圣母教堂 Map p.471-C2

10:35~11:00

哥特式教堂，慕尼黑的标志性建筑。若天气良好，可在高100米的塔上远眺巴伐利亚阿尔卑斯山脉。

3 玛利亚广场 Map p.471-C2

11:15~11:45

慕尼黑老城区的中心。附近可游览以机关钟而闻名的新市政厅和慕尼黑最古老的彼得教堂等。这里的圣诞集市也非常出名。

4 王宫 Map p.471-C1

12:00~14:00

巴伐利亚王室的宫殿。内部奢华的房间和大厅是博物馆展厅。排列了121幅王族肖像画的画廊是这里最精彩的看点。

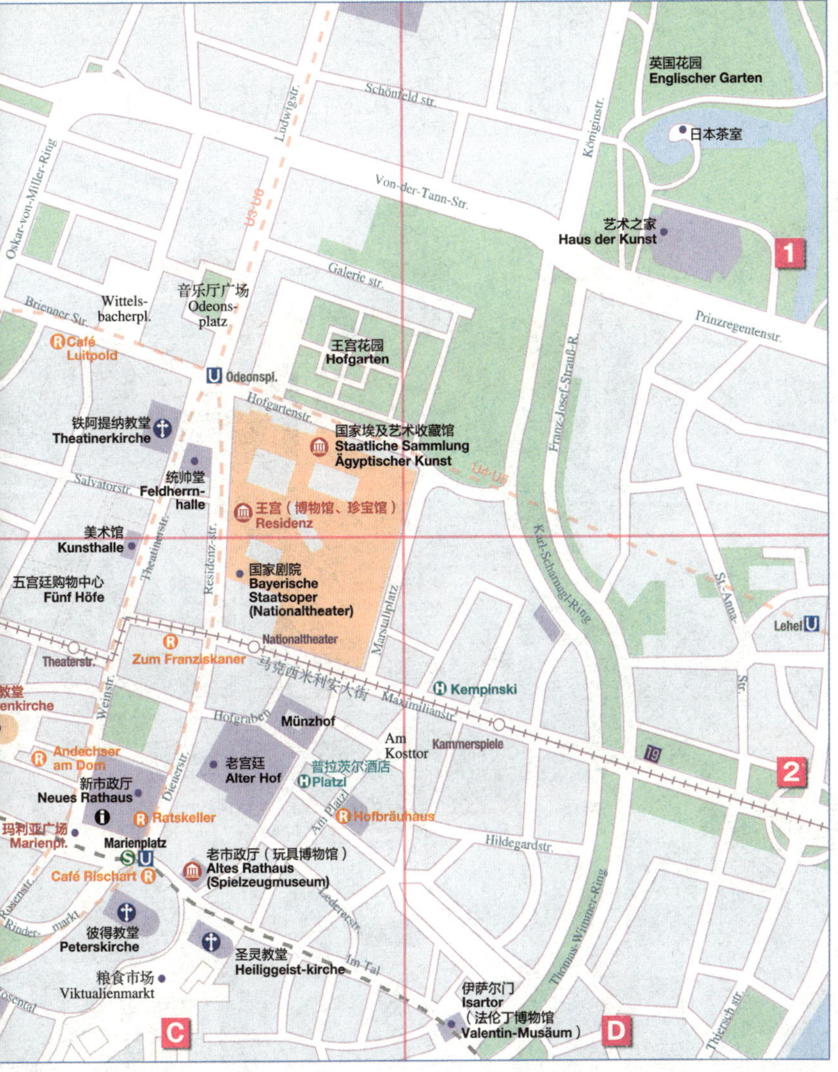

特色美食

●**白香肠**　德语中叫作 Weißvurst（Weisswurst）。由剁碎的小牛肉制成，放有欧芹、香料等。两根起点。吃的时候切成合适的大小，剥开肠衣蘸甜芥末吃。

●**啤酒花园（Biergarten）**　大街小巷随处可见酿酒厂直营的啤酒花园和啤酒馆。均为自助式，先选餐食，后点啤酒。

慕尼黑的酒店

中央火车站附近酒店较多。火车站北边主要是中档～高档酒店，南边则经济型酒店和青年旅舍较多。

另外，在每年举办数次的商品展览会期间酒店都比较难订，费用也会大幅度上涨。

酒店清单

普拉茨尔酒店 Map p.471-C2
Platzl URL www.platzl.de

NH 德国皇帝酒店 Map p.470-A1
NH Deutcher Kaiser URL www.nh-hotels.com

欧洲霍夫酒店 Map p.470-A2
Europäischer Hof München URL www.heh.de

艾德酒店 Map p.470-A2
Eder URL www.hotel-eder.de

欧洲青年酒店 Map p.470-A2
Euro Youth Hotel URL www.euro-youth-hotel.de

本系列已出版丛书
涵盖世界70个国家和地区

旅游的准备与技巧

Travel Information

阿尔巴尼亚的传统音乐演奏

旅游的必需品

护照申请咨询

北京市公安局出入境接待大厅

TEL 84020101

住 东城区安定门东大街 2 号

其他省市请咨询各地方公关机关出入境管理部门

中国领事服务网

URL http://cs.mfa.gov.cn/zggmzhw/hzlxz

护照

中国普通护照

护照是一种合法证件，可证明某游客具有中国国籍，亦用于请求目的入境国家或地区给予持照人通行便利及安全保护。若计划境外旅游，首先就要办好护照。

剩余有效期 需要注意的是，若护照的剩余有效期不满足某些国家或地区规定的有效期限，有可能无法入境（参考各国信息概览的出入境一栏）。若剩余有效期不足 1 年，可以申请更换护照。

5 年有效与 10 年有效 护照的有效期分为 5 年有效和 10 年有效两种（未满 16 周岁的人员申领普通护照有效期为 5 年）。申领护照需到到公关机关的出入境管理部门办理（从 2019 年 4 月 1 日开始可以异地办理护照）。一并递交所有必要证件及已填写完毕的《中国公民出境申请表》至出入境管理部门。护照办理需要等待 15 个工作日左右。

签证与护照的剩余有效期

不同国家对签证的要求不同，出发前请提前确认。针对护照的剩余有效期，各国有各自不同的规定，所以请参考各国信息概览的出入境一栏进行确认。

申请护照需要的材料	
1	登录“海外申请护照在线预约”系统，成功预约并打印《中华人民共和国护照 / 旅行证申请表》1 份
2	近期（6 个月内）正面免冠彩色半身证件照片（光面相纸）一式三张，照片尺寸为 48mm × 33mm，头部宽 15 ~ 22mm、高 28 ~ 33mm，背景为白色，不得着浅色衣服。表情自然，双眼睁开，双唇自然闭合，全部面部特征清晰可见
3	**居民身份证原件** 在居民身份证领取、换领、补领期间，可以提交临时居民身份证
4	证明申请人中国国籍及身份的材料（如户口簿、身份证或出生公证等）原件及复印件
5	未满 16 周岁人员申办护照，应由一名法定监护人（父 / 母 / 其他法定监护人）陪同办理，并出具同意办理护照的书面意见。
6	**办证费** 160 元 / 本，加注每项 20 元。

领取护照需要的材料	
1	申请后 15 日内办结（需要补充申请材料、核查或调查的时间不计算在内）。证件办结后 1 ~ 5 天申请人到原受理机关领取或通过邮政快递方式送达证件。具体领证方式、时间详见《受理回执》。

出发前需提前申请好的各种证书

国际学生证 (ISIC) 是一张由联合国教科文组织所认可并鼓励，由国际学生旅游联盟（ISTC）所发行的世界唯一的国际学生证。到世界上任何地方都可以轻松证明学籍信息。除了学生优惠外，还有持卡者专属优惠、特权、服务等，适用于全世界 15 万处优惠点。

国际青年旅行证 (IYTC) 和国际学生证类似，持卡者可享受特权，未满 26 周岁的人可以办理此证。国际青年旅行证可拜托旅游当地旅行社办理发行，若在中国忘记办理，可以找旅游目的地的旅行社打听。

国际青年旅社会员卡 在旅游时考虑入住青年旅舍的游客有必要办理青年旅舍会员证。可在官方网站申请或在各家青年旅舍前台办理。

国际驾驶许可证 想在国外租车驾驶，就必须提前取得国际驾驶许可证 International Driver Permit。

※ 不承认国际驾驶许可证的国家 中国目前不是日内瓦国际道路交通公约的缔约国，所以中国大陆居民无法取得国际驾驶许可证。需要确认目的国家是否承认中国大陆驾驶证，若承认，可以使用中国大陆驾照，检查证件时出示驾照原件和翻译件即可。

境外旅游保险

以防万一 中国的健康保险不适用于在境外发生事故或生病的情况，所以请一定购买旅游保险，就当买个安心。例如，突然生病的时候，有的保险公司会免费提供介绍、预约医院的中文电话服务，治疗费用也由保险公司直接向医院支付。

伤害保险与各种特约保险 境外保险的种类以意外伤害保险（死亡、后遗症、治疗费用）为基本，其下分有疾病保险（治疗费用、死亡）、赔偿责任保险（不小心损坏物品、伤及他人等）、个人行李及随身物品保险（旅游中行李丢失、损坏、偷窃）等特约保险。

去捷克旅游必须购买境外旅游保险

捷克法律规定，旅居捷克必须购买境外旅游保险。境内逗留期间可能有警察要求出示保险购买证明。请在大使馆网站确认详细信息。

捷克共和国驻中华人民共和国大使馆

URL www.mzv.cz/beijing/zh/index.html

中华人民共和国驻捷克共和国大使馆

URL www.fmprc.gov.cn/ce/cecz/chn

国际学生证

ISIC China

URL www.isicchina.com

办理费用

可选择线上申请，电子卡 100 元（办理实体卡加 20 元；自提或邮政挂号信免费，快递 20 元）

申请材料

- 本人照片
- 身份证和学生证的正面照

国际青年旅行证

URL www.isicchina.com/buy-isic-cards

办理费用

约 110 元（邮寄费用另算）

申请材料

- 本人照片
- 有效身份证件

国际青年旅社会员卡

URL www.yhachina.com

办理费用

根据类型，50 ~ 500 元不等

申请材料

- 有效身份证件

服装与携带物品

从克罗地亚的亚得里亚海度假村，到严冬的波兰，气候变化幅度非常大。冬季旅游需要因地制宜地做好防寒准备。另外，由于夏季也有许多地区日夜温差较大，建议带上 1 件轻薄的户外夹克。

平均气温	1月	2月	3月	4月	5月	6月	7月	8月	9月	10月	11月	12月
华沙（波兰）	0℃ -6℃	0℃ -6℃	6℃ -2℃	12℃ 3℃	20℃ 9℃	23℃ 12℃	24℃ 15℃	23℃ 14℃	19℃ 10℃	13℃ 5℃	6℃ 1℃	2℃ -3℃
布达佩斯（匈牙利）	2℃ -3℃	5℃ -1℃	11℃ 3℃	17℃ 7℃	22℃ 11℃	22℃ 15℃	27℃ 17℃	27℃ 16℃	23℃ 13℃	16℃ 8℃	9℃ 3℃	4℃ -1℃
杜布罗夫尼克（克罗地亚）	12℃ 6℃	13℃ 6℃	14℃ 8℃	17℃ 11℃	21℃ 14℃	25℃ 18℃	29℃ 21℃	28℃ 21℃	25℃ 18℃	21℃ 14℃	17℃ 10℃	14℃ 8℃

行李核对清单

	物品	核对
贵重物品	护照 推荐准备好照片页的彩色复印件	
	机票（电子票） 预约订单号确认、电子邮件打印等	
	信用卡 慎重起见，推荐带 2 ～ 3 张	
	境外旅游保险证明 若忘记，可在出发机场办理手续	
	国际学生证、国际青年旅舍会员卡	
	国际驾驶许可证	
	欧元等外币现金 可能会出现无法用人民币兑换的情况	
	人民币现金 从家到机场的往返交通费等	
更衣	换洗内衣 无法连续住宿时有洗衣服务	
	保暖内衣 冬季去中欧必带	
	袜子	
	长袖衬衫	
	防水外套 夏季也需要准备方便折叠的外套	
	帽子	
	泳装	
	拖鞋	
	太阳镜	

	物品	核对
日用品	便携牙刷套装	
	洗发乳、护发素	
	剃须刀、洗面奶	
	洗涤剂 / 洗衣粉、旅行用晾衣架	
医药品	常备药	
	肠胃药	
	橡皮膏	
	生理用品	
通信·家电制品	手机	
	充电线	
	充电宝	
	耳机	
	相机	
	电吹风	
其他	伞、雨衣	
	笔记本、笔	
	闹钟	
	旅游指南	
	折叠手提包	
	面部证件照	
	针线包	
	塑料袋	
	多功能折叠刀	
	挂锁	

旅游的信息收集

旅游前收集信息是相当重要的环节。若能获得旅游目的地的最新信息当然最好，不过由于时间和语言的障碍，收集信息不是那么容易的事情。许多国家的旅游局有中文版网站，为我们提供了一些有用的信息。

可用于收集旅游信息的网站

类别	名称	网址
中欧各国的驻华大使馆	捷克驻华大使馆	URL www.mzv.cz/beijing/zh/index.html
	波兰驻华大使馆	URL pekin.msz.gov.pl/zh
	斯洛伐克驻华大使馆	URL www.mzv.sk/web/peking
	匈牙利驻华大使馆	URL peking.mfa.gov.hu/zho
	斯洛文尼亚驻华大使馆	URL www.beijing.embassy.si
	克罗地亚驻华大使馆	URL cn.mvep.hr/cn
	塞尔维亚驻华大使馆	URL www.beijing.mfa.gov.rs
	阿尔巴尼亚驻华大使馆	URL www.ambasadat.gov.al/china/en
	罗马尼亚驻华大使馆	URL beijing.mae.ro/cn
	保加利亚驻华大使馆	URL www.mfa.bg/zh/embassies/china
	奥地利驻华大使馆	URL www.bmeia.gv.at/zh/oeb-peking
国家旅游局	捷克旅游局	URL www.czechtourism.com/cn/home
	波兰旅游局	URL www.bolan.travel/zh
	斯洛伐克旅游局	URL slovakia.travel/zh
	匈牙利旅游局	URL hellohungary.com/cn
	斯洛文尼亚旅游局	URL go2slovenia.cn
	克罗地亚旅游局	URL go2croatia.cn
	波斯尼亚和黑塞哥维那旅游局	URL www.bhtourism.ba/eng
	塞尔维亚旅游局	URL cn.serbia.travel
	黑山旅游局	URL www.montenegro.travel/en
	北马其顿旅游局	URL www.exploringmacedonia.com
	阿尔巴尼亚旅游局	URL www.albania.al
	罗马尼亚旅游局	URL romaniatourism.com
	保加利亚旅游局	URL www.bulgariatravel.org/en
	奥地利旅游局	URL www.aodili.info
文化交流协会	中捷经贸文化交流协会	URL www.sino-czech.com
	匈中文化交流中心	URL www.kinainfo.hu
	中罗协会	URL chinaro.ro
境外旅游信息	中国领事服务网 中国公民在海外	URL cs.mfa.gov.cn/zggmzhw
	In Your Pocket	URL www.inyourpocket.com 旅游指南“In Your Pocket”的网站
	TripAdvisor(猫途鹰)	URL www.tripadvisor.cn 全世界的游客上传的海量口碑信息，包括旅游景点、酒店、餐馆等
	EXCHANGE-RATES.ORG	URL cn.exchange-rates.org 查询中欧各国汇率

旅游的参考线路

由于时差，若安排从中国出发的旅行日程，需花费至少往程1天，返程2天的时间。若要在当地停留6～7天，则需空出8～9天时间。

最快 7 天 5 晚 中欧人气城市精选

维也纳　布达佩斯　布拉格　捷克克鲁姆洛夫

旅游的必须项目		
交通	中国～维也纳	往返
交通	维也纳～布达佩斯	往返
交通	维也纳→布拉格	单程
交通	布拉格～捷克克鲁姆洛夫	往返
交通	布拉格→维也纳	单程
住宿	维也纳2晚	
住宿	布拉格2晚	

布拉格 第4天 第5天 第6天
捷克
斯洛伐克
捷克克鲁姆洛夫 第5天
维也纳 第1天 第2天 第3天 第6天
布达佩斯 第3天
奥地利
匈牙利

Day 1 中国出发～换乘～维也纳

除直达航班外，还可以经由慕尼黑、法兰克福到达维也纳p.462。酒店推荐选在方便出行的西站或地铁U1号线途经的卡尔广场周边。

维也纳机场巴士

Day 2 维也纳市区

上午参观远离市中心的美泉宫，下午参观位于市中心的王宫附近或斯特凡大教堂等。若对美术感兴趣，推荐去美术史博物馆、美景宫；喜欢音乐的话，可以去歌剧院或维也纳金色大厅举办的音乐会。

Day 3 布达佩斯一日游

乘坐高速列车Railjet到达布达佩斯约2小时40分钟。上午参观多瑙河西岸的城堡山，下午逛一逛东岸的圣伊什特万圣殿、国民议会大厦等。到17:00左右充分享受旅游乐趣后，到塞切尼温泉浴场体验匈牙利温泉。

Day 4 维也纳～布拉格 布拉格市区

早上离开维也纳，中午到达布拉格p.38。旅游线路从布拉格城堡开始，到查理大桥，再到老城广场。在充满历史气息的街道上漫游享受吧。

老城广场

Day 5 布拉格～捷克克鲁姆洛夫一日游

到捷克克鲁姆洛夫p.82，若乘坐铁路必须换乘，所以我们建议乘坐巴士。城市不大，可以围着捷克克鲁姆洛夫城堡悠闲地参观。

捷克克鲁姆洛夫城堡

Day 6 布拉格～维也纳～返回中国

从布拉格换乘到维也纳的航班，返回中国。若维也纳出发的航班在上午，则需要在布拉格早起；若在夜晚，那么可以享受最后一上午的布拉格旅游时间。可选择在犹太区放松，或再次回味一下环绕着美丽建筑物的老城广场的魅力。

最快 13 天 11 晚 中欧世界遗产巡游

华沙 | 克拉科夫 | 布拉格 | 捷克克鲁姆洛夫 | 维也纳 | 萨格勒布 | 普利特维采湖群国家公园 | 杜布罗夫尼克 | 莫斯塔尔

旅游的必须项目

交通	中国～华沙 往返
	华沙→克拉科夫 单程
	克拉科夫→布拉格 夜行
	布拉格→捷克克鲁姆洛夫 单程
	捷克克鲁姆洛夫→维也纳 单程
	维也纳→萨格勒布 单程
	萨格勒布～普利特维采湖群国家公园 往返
	萨格勒布→杜布罗夫尼克 单程
	杜布罗夫尼克～莫斯塔尔 往返
	杜布罗夫尼克→克拉科夫 单程
住宿	华沙 1 晚
	克拉科夫 2 晚
	布拉格 2 晚
	维也纳 1 晚
	萨格勒布 2 晚
	杜布罗夫尼克 2 晚

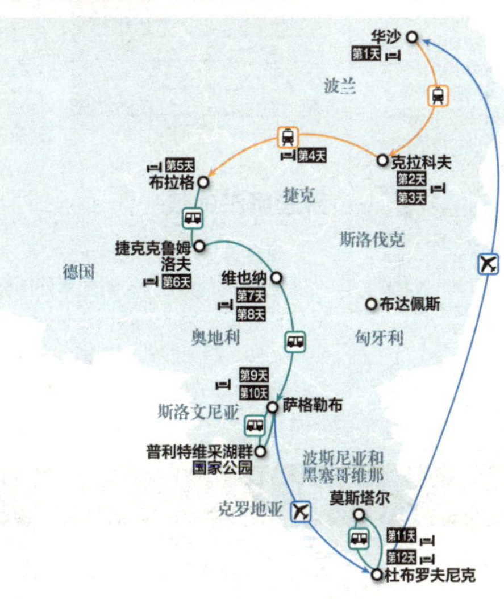

Day 1 2 中国出发～华沙 华沙市区

有到华沙 p.99 的直达航班，但并不是每天都有班次，这种情况下就需要经由法兰克福、慕尼黑等地中转到达。第 2 天晚上去往克拉科夫 p.116。

Day 3 4 克拉科夫老城区 & 近郊半日游

上午参观奥斯维辛、维利奇卡，参加郊外半日跟团游，下午返回后参观克拉科夫市区。第 4 天乘坐夜行列车去往布拉格 p.38。

Day 5 6 布拉格 & 捷克克鲁姆洛夫

第 5、6 天和 p.478 的玩法相同，不过第 6 天不是在布拉格一日游，而是住在捷克克鲁姆洛夫 p.82。

Day 7 8 维也纳老城区 去往萨格勒布

乘坐早上的巴士到维也纳 p.462。第 7 天参观维也纳市中心，第 8 天参观美泉宫、美景宫后去往萨格勒布 p.236。

Day 9 萨格勒布～普利特维采湖群国家公园一日游

从萨格勒布乘坐巴士去普利特维采湖群国家公园 p.242 一日游。可在前一天从维也纳到萨格勒布时提前购买门票，以免第二天排队的麻烦。

Day 10 11 杜布罗夫尼克老城区 & 莫斯塔尔一日游

乘飞机去往杜布罗夫尼克 p.255，当天参观老城区。第 2 天可参加莫斯塔尔 p.286 一日跟团游。

Day 12 杜布罗夫尼克～华沙～返回中国

经由华沙回国。

旅游的预算与花费

Information

建议多国旅游时计划好外币兑换

在中欧国家之间移动时必须注意钱币的兑换问题。有些国家禁止或限制携带当地货币出国，就算没有禁止或限制，经常出现在自己的国家外不便兑换外币的情况。虽然可以考虑将用不完的当地货币一次性兑换掉，但若少额多次地兑换又会被收取不少手续费，这种做法效率较低。所以最好有计划地兑换外币，尽量在回国前将当地货币使用完毕。

中欧各国的物价

以欧盟国家奥地利为首，斯洛文尼亚和克罗地亚的物价均较高。交通费比西欧稍便宜，乘坐火车 2 小时花费约 65 元起。所有中欧国家的酒店费用均较高，经济型酒店 1 晚约 220 元起，中档酒店 1 晚约 380 元起。

带去旅游的钱

现金选择欧元 欧元最方便，在任何地方都能兑换。其次是美元。在高档酒店等场所，价格是用外币标示的，有时还可以直接用外币支付。另外，要是使用当地钱币支付时出现不够的情况，欧元的小额纸币就能当场兑换，避免浪费。在银行和旅游景点的兑换点均可将人民币兑换成当地的货币。

国家	货币单位	矿泉水	可口可乐 500ml	烟（万宝路）	麦当劳巨无霸汉堡套餐
捷克 EU	约 0.32 元（1 克朗）	约 5 元起（16 克朗起）	约 8.5 元起（27 克朗起）	约 33 元（104 克朗）	约 43 元（136 克朗）
波兰 EU	约 1.9 元（1 兹罗提）	约 3.2 元起（1.70 兹罗提起）	约 6.8 元起（3.60 兹罗提起）	约 30.4 元（16 兹罗提）	约 36 元（19 兹罗提）
斯洛伐克 EU	约 8.1 元（1 欧元）	约 4.9 元起（0.60 欧元起）	约 8.13 元起（1 欧元起）	约 30 元（3.70 欧元）	约 45.9 元（5.65 欧元）
匈牙利 EU	约 0.03 元（1 福林）	约 3.3 元起（130 福林起）	约 7.6 元起（300 福林起）	约 31.6 元（1250 福林）	约 41.1 元（1624 福林）
斯洛文尼亚 EU	约 8.13 元（1 欧元）	约 2.7 元起（0.33 欧元起）	约 5.4 元起（0.67 欧元起）	约 32.5 元（4 欧元）	约 46.3 元（5.70 欧元）
克罗地亚 EU	约 1.1 元（1 库纳）	约 5.5 元起（5 库纳起）	约 6.6 元起（6 库纳起）	约 29.7 元（27 库纳）	约 39.6 元（36 库纳）
波黑	约 4.1 元（1 马克）	约 2.5 元起（0.60 马克起）	约 4.1 元起（1 马克起）	约 18.5 元（4.50 马克）	约 32.9 元（8 马克）
塞尔维亚	约 0.07 元（1 第纳尔）	约 2.5 元起（38 第纳尔起）	约 4 元起（58 第纳尔起）	约 22.1 元（320 第纳尔）	约 37.4 元（543 第纳尔）
黑山	约 8.13 元（1 欧元）	约 2.9 元起（0.35 欧元起）	约 6.6 元起（0.82 欧元起）	约 26 元（3.20 欧元）	国内无店铺
北马其顿	约 0.13 元（1 代纳尔）	约 2.4 元起（18 代纳尔起）	约 4.7 元起（35 代纳尔起）	约 18.6 元（140 代纳尔）	国内无店铺
阿尔巴尼亚	约 0.07 元（1 列克）	约 2 元起（30 列克起）	约 4.9 元起（75 列克起）	约 19.5 元（300 列克）	国内无店铺
罗马尼亚 EU	约 1.75 元（1 列伊）	约 2.6 元起（1.50 列伊起）	约 5.3 元起（3 列伊起）	约 21.1 元（16.50 列伊）	约 33.1 元（19 列伊）
保加利亚 EU	约 4.11 元（1 列弗）	约 3.1 元起（0.75 列弗起）	约 5.4 元起（1.30 列弗起）	约 22.6 元（5.50 列弗）	约 37 元（9 列弗）
奥地利 EU	约 8.13 元（1 欧元）	约 4.5 元起（0.55 欧元起）	约 10.2 元起（1.25 欧元起）	约 43.9 元（5.40 欧元）	约 65 元（8 欧元）

以上价格基本上都是在超市或售货亭的购买价格。但是，随着时间推移，会发生改变，请注意核实确认。

人民币和外币的分配比例　根据旅游目的地城市的情况，选择欧元现金或美元和信用卡，再加上人民币现金（出国、回国时足够的程度），即需要带去旅游的钱。

携带的现金越少越好　不在旅游目的地携带大额现金是境外旅游的原则。因为这种做法非常危险，一旦遭遇盗窃或丢失，多半找不回来。推荐在当地尽量使用信用卡。

在当地兑换外币

兑换点　任何国家的国际机场或火车站等都有兑换点。另外，在银行、部分酒店、城里的兑换点、旅行社等同样可以兑换。

仔细确认汇率　有的兑换点在受理窗口上标示的汇率实际包含高额手续费，比如城里的兑换点。哪怕说出你想兑换的外币额度，请工作人员计算需要上缴的额度，然后再决定是否兑换也为时不晚。一般来说，机场和酒店的兑换点都不划算，最好避免。

信用卡

中欧各国的信用卡普及率高于中国。在中档以上的酒店或餐馆几乎都能使用信用卡。

支付方法　支付时将信用卡递给店员，确认金额后输入4位密码或签名。近几年欧洲开始流行非接触式支付，只要信用卡支持非接触式支付功能，在机器上轻轻一刷即可支付。

信用卡提现　使用ATM就可提取当地货币。周日和晚上都能正常使用。请一定提前确认提现额度。虽然当地货币的提现率高于货币兑换处，但有的ATM会收取手续费，并且通常比较贵。

国际现金卡

持有该卡，可以在境外的ATM上以当地外币取出中国账户内的存款。该功能需要在有Cirrus或PLUS联合品牌标识的ATM上使用，有手续费（各银行不同）。

旅游预付卡

这是一种十分方便的卡，可以省去兑换外币的麻烦。可刷许多国家的外币，汇率还比国内兑换外币划算，申请新卡还不需要审查。出发前通过ATM等方式冲入人民币，之后便可在旅游地点（该卡支持的范围内）提现当地货币。虽然各种手续费需要单独缴纳，但心理上不会有超额和携带太多现金的不安。

USD 4.050 4.100
GBP 5.130 5.190
CHF 4.020 4.099
CAD 3.040 3.140
COMISION 0%

最好选择不坑人的兑换商

主要信用卡公司

中国银行

URL

维萨 (VISA)

URL www.visa.com.cn

万事达卡 (MasterCard)

URL www.mastercard.com.cn

美国运通 (American Express)

URL www.americanexpress.com.cn

大来卡 (DinersClub)

URL www.dinersclub.com

Information

刷卡支付时需注意外币种类与汇率

刷卡支付时，有时默认的支付货币不是当地货币而是人民币。这本身合法，但店家会选择对自己有利的汇率，请一定注意。签名前需要确认货币与汇率。支付过程中若店家未作说明，请在返程回国后联系该卡公司客服。

当地交通

廉价航空公司（LCC）

廉价航空公司不断扩大着中欧各大城市之间的线路网，可在网站等直接购买机票，价格便宜，轻松出行。

乘坐廉价航空时的注意点　机舱内所有服务几乎都要收费。换乘时，

开通中欧线路的主要廉价航空公司

瑞安航空 Ryanair

URL www.ryanair.com

易捷航空 easyJet

URL www.easyjet.com

欧洲之翼航空 Eurowings

URL www.eurowings.com

Wizzair

URL www.wizzair.com

智能翼航空 Smartwings

URL www.smartwings.com

Carpatair

URL www.carpatair.com

Blueair

URL www.blueairweb.com

主要铁路公司

捷克铁路

URL www.cd.cz

PKP inter city（波兰）

URL www.intercity.pl

斯洛伐克铁路

URL www.slovakrail.sk

匈牙利铁路

URL www.mavcsoport.hu

斯洛文尼亚铁路

URL www.slo-zeleznice.si

克罗地亚旅客铁路

URL www.hzpp.hr

波黑联邦铁路

URL www.zfbh.ba

塞族共和国

URL www.zrs-rs.com

塞尔维亚铁路

URL www.zeleznicesrbije.com

黑山铁路

URL www.zcg-prevoz.me

北马其顿铁路

URL mzt.mk

罗马尼亚旅客铁路

URL www.cfrcalatori.ro

保加利亚铁路

URL www.bdz.bg

奥地利联邦铁路（ÖBB）

URL www.oebb.at

Regiojet

URL www.regiojet.com

Leo Express

URL www.leoexpress.com

欧洲铁路全境通票（欧洲31国）覆盖国

英国、爱尔兰、法国、德国、比利时、荷兰、瑞士、意大利、西班牙、葡萄牙、奥地利、挪威、瑞典、芬兰、丹麦、波兰、立陶宛、捷克、斯洛文尼亚、塞尔维亚、黑山、波黑、北马其顿、希腊、罗马尼亚、保加利亚、土耳其

需要取回行李后再次值机，也有可能出现航班晚点而导致错过换乘航班的情况。

中欧的铁路

不同国家间的铁路网有差别。在波兰、捷克、斯洛伐克、匈牙利、罗马尼亚、保加利亚，往返于各大城市之间时可以选择铁路出行。除此之外，还有城市间的远距离列车以及一部分国家（波兰、捷克、匈牙利）的高速列车可供选择，班次也非常充足。而像塞尔维亚、黑山、波黑、北马其顿、阿尔巴尼亚这些国家的铁路网不够发达，一般不将铁路作为出行的交通工具。在斯洛文尼亚，从首都卢布尔雅那到波斯托伊纳溶洞、什科茨扬溶洞可以乘坐铁路交通，但去往地方城市时就需要乘坐巴士。在克罗地亚，从首都萨格勒布到斯普利特、里耶卡可利用铁路，而去之外的城市则乘坐巴士更方便。

列车的种类

不同国家的列车种类也不同，以下列车比较具有代表性。

EuroCity(EC)　国际特快列车

EuroNight(EN)　国际夜行列车

InterCity(IC)　国内特快列车

Railjet　奥地利联邦铁路、捷克铁路运营的国际高速列车

SuperCity(SC)　捷克铁路运营的国际高速列车。有到斯洛伐克的国际线。

Regiojet　Regiojet 公司运营的远距离列车。在捷克、斯洛伐克、波兰、奥地利运营。

Leo Express　Leo Express 公司运营的远距离列车。在捷克、斯洛伐克运营。

需要预约的列车

在波兰、斯洛伐克、匈牙利、罗马尼亚、保加利亚，连接国内主要城市的国内远距离列车（高速列车、EC、IC 等）实行对号入座，必须提前预约。在波兰、斯洛伐克、匈牙利、罗马尼亚、保加利亚，连接国内各大城市的国内远距离列车（高速列车、EC、IC 等）实行对号入座，必须提前预约。Regiojet 和 Leo Express 公司也是对号入座的列车较多。乘坐夜行列车时也需要预约卧铺和 Couchette（简易卧铺）。夜行列车的座位也实行对号入座，还是提前预约比较放心。

铁路通票

铁路通票是指各国国家铁路或各大铁路公司通用的铁路周游券，在适用范围内含有车费和特快、快车费用。由于不包含选定座位的费用和卧铺的费用，乘坐对号入座的列车或夜行列车时必须单独支付预约费用和指定费用。

可以在中欧地区使用的铁路通票有 4 种：欧洲铁路全境通票 Eurail

Global Pass、欧洲铁路一国通票、东欧铁路通票 European East Pass、巴尔干半岛活期铁路通票 Balkan Flexi Pass。

欧洲铁路全境通票　该铁路通票可在欧洲 31 国使用，本书介绍的国家中除阿尔巴尼亚外均可使用。该铁路通票分为两种：15 天、22 天、1 个月、2 个月、3 个月有效期的连续通票；1 个月有效期内自选 3 天、5 天、7 天和 2 个月有效期内自选 10 天、15 天的活期通票。

欧洲铁路一国通票　该通票可在一国境内使用，本书介绍的国家中除波黑、黑山、阿尔巴尼亚外均可使用。1 个月有效期内自选 3 天、4 天、5 天、6 天、8 天的活期通票。

欧洲铁路全境通票和欧洲铁路一国通票内除一般费用外，还含有可供 12 ~ 27 岁青年以及 60 岁以上老年人使用的优惠。

东欧铁路通票　该铁路通票可在捷克、斯洛伐克、奥地利、匈牙

欧洲铁路一国通票
保加利亚 罗马尼亚

	1等座 成人	1等座 老年(60岁以上)	1等座 青年(12~27岁)
3天	123 欧元	111 欧元	98 欧元
4天	152 欧元	137 欧元	122 欧元
5天	179 欧元	161 欧元	143 欧元
6天	205 欧元	185 欧元	164 欧元
8天	253 欧元	228 欧元	202 欧元
	2等座 成人	2等座 老年(60岁以上)	2等座 青年(12~27岁)
3天	92 欧元	83 欧元	80 欧元
4天	114 欧元	103 欧元	99 欧元
5天	134 欧元	121 欧元	116 欧元
6天	154 欧元	139 欧元	133 欧元
8天	190 欧元	171 欧元	164 欧元

欧洲铁路全境通票
连续通票

	1等座 成人	1等座 老年(60岁以上)	1等座 青年(12~27岁)
15天	590 欧元	531 欧元	454 欧元
22天	690 欧元	621 欧元	530 欧元
1个月	893 欧元	804 欧元	686 欧元
2个月	975 欧元	975 欧元	750 欧元
3个月	1202 欧元	1082 欧元	924 欧元
	2等座 成人	2等座 老年(60岁以上)	2等座 青年(12~27岁)
15天	443 欧元	399 欧元	341 欧元
22天	518 欧元	466 欧元	398 欧元
1个月	670 欧元	603 欧元	515 欧元
2个月	731 欧元	658 欧元	562 欧元
3个月	902 欧元	812 欧元	693 欧元

欧洲铁路全境通票
活期通票

	1等座 成人	1等座 老年(60岁以上)	1等座 青年(12~27岁)
3天	291 欧元	262 欧元	224 欧元
5天	376 欧元	338 欧元	289 欧元
7天	446 欧元	401 欧元	343 欧元
10天	534 欧元	481 欧元	411 欧元
15天	657 欧元	591 欧元	505 欧元
	2等座 成人	2等座 老年(60岁以上)	2等座 青年(12~27岁)
3天	218 欧元	196 欧元	168 欧元
5天	282 欧元	254 欧元	217 欧元
7天	335 欧元	302 欧元	258 欧元
10天	401 欧元	361 欧元	308 欧元
15天	493 欧元	444 欧元	379 欧元

欧洲铁路一国通票
捷克 波兰 斯洛伐克 斯洛文尼亚
克罗地亚 塞尔维亚 北马其顿
保加利亚

	1等座 成人	1等座 老年(60岁以上)	1等座 青年(12~27岁)
3天	78 欧元	70 欧元	62 欧元
4天	99 欧元	89 欧元	79 欧元
5天	119 欧元	107 欧元	95 欧元
6天	139 欧元	125 欧元	111 欧元
8天	176 欧元	158 欧元	141 欧元
	2等座 成人	2等座 老年(60岁以上)	2等座 青年(12~27岁)
3天	59 欧元	53 欧元	51 欧元
4天	74 欧元	67 欧元	64 欧元
5天	89 欧元	80 欧元	77 欧元
6天	104 欧元	94 欧元	90 欧元
8天	132 欧元	119 欧元	114 欧元

※ 随着时间推移，可能会发生改变

利使用。不同于欧洲铁路全境通票、欧洲铁路一国通票的是，该铁路通票不能用于 Regiojet、Leo Express 公司运营的列车。是一种可在 1 个月有效期内自选 5 ~ 10 天乘坐铁路的活期通票。

巴尔干半岛活期铁路通票 该铁路通票可在罗马尼亚、保加利亚、塞尔维亚、黑山、波黑、北马其顿、希腊、土耳其使用。是一种可在 2 个月有效期内自选 3 天、5 天、7 天、10 天、15 天乘坐铁路的活期通票。通票内除一般费用外，还含有可供 12 ~ 25 岁青年以及 60 岁以上老年人使用的优惠。而罗马尼亚比较特殊，持有该通票不能乘坐罗马尼亚旅客铁路（C.F.R），只能乘坐 Regiotrans 公司的列车，这点不同于其他铁路通票。

如何使用铁路通票

开始使用铁路通票，可在火车站受理窗口请工作人员在票上记录开始使用日期、结束日期、护照番号并盖章。这个手续叫做 validation（activation 激活）。请注意，未经此程序直接乘车会被罚款。若使用活期通票，需要在列车员检票前用圆珠笔等不易掉色的笔填好“乘车日”一栏。若乘坐夜行列车，欧洲铁路全境通票上将会记录“乘车日”而非“到达日”。

远距离巴士

在铁路网不发达的国家，出行主要依靠巴士。尽管同样的线路由多家巴士公司运营，但通常售票窗口是通用的。有的城市，目的地不同，巴士枢纽站也不同，所以请确认好是哪一个巴士枢纽站。

租车

本书提到的中欧国家均靠道路右方行驶。想租车行驶，需要有国际驾驶许可证（中国大陆公民无法取得该证）。若该国家认可中国大陆驾驶证，租车时出示驾驶证、翻译件、护照、信用卡即可。有的国家或租车公司规定只将车租给“25 岁以上且取得驾照 1 年以上”的人。所以需提前了解目的旅游国是否承认中国大陆驾照。

海路

多瑙河是一条穿过中欧各国最终注入黑海的跨国河流。想要享受多瑙河船上之旅，可采用贯穿维也纳（奥地利）、布拉迪斯拉发（斯洛伐克）、布达佩斯（匈牙利）3 个城市的海上线路。原则上该海路线路冬季停运。除此之外，还有连接北欧各国和波兰的波罗的海海路，连接意大利、克罗地亚、斯洛文尼亚、阿尔巴尼亚的亚得里亚海海路。

欧洲铁路全境通票

	1 等座	2 等座
5天	266 欧元	183 欧元
6天	292 欧元	207 欧元
7天	318 欧元	231 欧元
8天	344 欧元	255 欧元
9天	370 欧元	279 欧元
10天	396 欧元	303 欧元

欧洲铁路全境通票

	1等座 成人	1等座 老年(60岁以上)	1等座 青年(12~25岁)
3天	127 欧元	108 欧元	95 欧元
5天	180 欧元	144 欧元	108 欧元
7天	243 欧元	196 欧元	146 欧元
10天	314 欧元	252 欧元	188 欧元
15天	378 欧元	303 欧元	227 欧元
	2 等座 成人	2 等座 老年(60岁以上)	2 等座 青年(12~25岁)
3天	91 欧元	77 欧元	68 欧元
5天	134 欧元	107 欧元	80 欧元
7天	183 欧元	145 欧元	106 欧元
10天	233 欧元	187 欧元	140 欧元
15天	280 欧元	225 欧元	168 欧元

中欧主要巴士公司

FLIX BUS
URL global.flixbus.com
Eurolines
URL www.eurolines.eu
Regiojet
URL www.regiojet.com

能在中国预约的主要租车公司

赫兹国际租车 (Hertz)
URL www.hertz.cn
欧乐驾国际租车 (Europcar)
URL europcarchina.cn
安飞士租车 (AVIS)
URL www.avischina.cn

国际海路渡轮公司

DDSG 蓝色多瑙河
URL www.ddsg-blue-danube.at
波兰海运
URL www.polferries.com
Jadrolinija
URL www.jadrolinija.hr
Ventouris Ferries
URL ventourisferries.com

酒店的基础知识

哪怕设施陈旧，住宿价格依然很贵，这就是酒店。若想在住宿上少花点钱，推荐入住小旅馆或民宿，性价比高，相对划算，

中高档酒店

外资高端酒店 国际连锁酒店正以城市和旅游景点为中心不断扩张。设施齐全，服务周到，所以许多酒店即使在物价比较便宜的国家也按照发达国家的消费水平收费。

杜布罗夫尼克的度假酒店面朝亚得里亚海

社会主义时代建造的酒店 也有的酒店由社会主义时代建造的老建筑或老酒店改建、改装而成。这些酒店中既有经过大规模改装后脱胎换骨的，也有内部几乎原封不动继续营业的。

中档酒店 规模有大有小，设施质量有好有差。客服前台24小时服务，入住前或退房后可以请工作人员保管行李。客房内的设施与小旅馆相似。

小旅馆 这种住宿设施就像家庭经营的小规模酒店。许多小旅馆虽有前台，一到深夜便无人服务。但如果提前与旅馆联系好，即使半夜到达小旅馆，旅馆方也灵活应对。客房设施与中档酒店相似，但费用比酒店低。

入住国际连锁酒店在任何国家都能享受同等服务

主要酒店预订网站

携程网
URL www.ctrip.com
安可达 (Agoda)
URL www.agoda.com
缤客 (Booking)
URL www.booking.com
亿客行 (Expedia)
URL www.expedia.com
全球青旅 (Hostel World)
URL www.chinese.hostelworld.com

民宿

中欧随处可见的民宿 民宿是指将个人的家或空房间租给游客。也有的地方挂出了“ROOM”“Zimmer”“Sobe”“Pokoj”等字样的招牌。实际上现在很少出租单个房间，较多的是出租集合住宅的整个一间房。

旅行社介绍 虽然民宿和 ❶ 可以请旅行社介绍，但房间数量不多，向房主提出延迟入住也可能被拒绝，这一点需要注意。

网站预约 在酒店预约网站上也能预约民宿。但由于没有前台或房主住在别处等原因，交付钥匙、入住、退房的时间需要通过邮件或电话沟通，这要求一定的外语表达能力。如果房主不住在附近，那么入住后的行李保管问题就比较棘手。

青年旅舍

许多青年旅舍配有个人锁柜

青年旅舍是指面向学生或背包客的廉价宿舍。到了夏天，许多学生寝室会对游客开放。若是混住宿舍，一般是4～12人间，公共卫浴。提供有床上纺织用品，但许多青旅不提供毛巾。越来越多的青旅开始在各床铺设置专用锁柜、电灯、电源插口。

关于通信与邮寄

如何从中欧各国往中国拨打电话

00 国际冠码

+

86 中国国家代码

+

长途电话区号 去掉开头的 0

+

对方电话号码

邮寄

中欧各国邮递物流状况良好，航空邮寄到中国的明信片或信件 1 周左右就能到达。若要往中国邮寄信件，收件地址可以写中文，但一定要写清楚“CHINA”“AIR MAIL”。邮寄包裹的到达时间视不同国家对重量的限制等详细条款而定，若是航空邮寄，1 周左右就能到达中国。

公用电话

咨询国际长途
中国移动
TEL 10086
URL www.10086.cn
中国电信
TEL 10000
URL www.189.cn
中国联通
TEL 10010
URL www.10010.com

公用电话分为插卡式和投币式，可打国际长途。售货亭等有售国际电话专用卡，购买前请事先确认。电话卡也分两种：和中国一样插入电话机的电话卡、输入 PIN 码后拨号的 PIN 式电话卡。

PIN 式电话卡 输入电话公司的接入号码，刮掉电话卡背面的封条，得到 PIN 码并输入，听筒内播报余额后输入想打的电话号码。

手机

询问通信运营商可开通国际漫游服务，但是接听电话也需要扣除话费，流量费用非常贵。

在当地购买 SIM 卡

有全网通终端就可使用当地通信运营商的 SIM 卡。使用时会出现 APN 和密码等几项设置。若机场内有 SIM 卡商店，可以请工作人员帮忙设置，他们经常帮外国人解决困难。不同国家或通信运营商的流量费用也会不同。

使用酒店或咖啡馆的 Wi-Fi

基本所有酒店都能连接 Wi-Fi，不少咖啡馆、餐馆内也能连接。有的廉价酒店可能会出现房间内连不上 Wi-Fi，只有大厅附近能连上的情况。连接 Wi-Fi 基本免费，除了一些高端酒店内的高速网络。连接 Wi-Fi 时通常都要输入密码，可以在酒店前台咨询。

境外移动 Wi-Fi 路由器

境外移动 Wi-Fi 路由器
环球漫游
URL www.vipwifi.com
趣旅
URL www.qulv.com/wifi
海鸟窝
URL www.hainiaowo.com/mall/wifi

若有境外移动 Wi-Fi 路由器，到旅游目的地后，智能手机、平板电脑、笔记本电脑可以立即连接 Wi-Fi 使用。有许多公司推出了这种境外移动 Wi-Fi 路由器租赁服务。

在当地使用 Wi-Fi

❶ 出国前关闭移动数据

iPhone 手机在设置→通过移动网络关闭“移动数据”。

Android 手机不同品牌的设置画面或用语不同，在“移动网络”项目下关闭“移动数据”即可。

❷ 检测 Wi-Fi 热点

在 Wi-Fi 等菜单项目下搜索现在能连接的 Wi-Fi。

❸ 输入密码

公用 Wi-Fi 很多时候不需要输入密码，连接后登录个人信息即可上网。酒店的 Wi-Fi 密码请询问工作人员。咖啡馆的 Wi-Fi 密码可能标示在小票上或墙上。

使用当地的 SIM 卡

❶ 出国前关闭移动数据

提前将 SIM 取出保管。关闭移动数据的方法参照左边一栏。

❷ 在当地购买预付 SIM 卡

在当地手机店等地购买 SIM 卡。不同运营商有不同套餐。

❸ 设置移动数据

设置移动数据通常要设定 APN 和密码。这个流程可以在你购买 SIM 卡的商店请店员搞定。需要注意的是，要将设备设置为当地语言后交给工作人员。

iPhone 手机在设置→通用→语言与地区→iPhone 语言选择更改的语言

Android 手机不同品牌的设置画面或用语不同，在设置项目下可更改语言。

租用境外移动 Wi-Fi 路由器

❶ 出发前预订

提前通过网络等渠道预定租赁境外移动 Wi-Fi 路由器，在机场领取。机场柜台处也可以租赁境外移动 Wi-Fi 路由器。

❷ 到达境外目的地后使用

检测网络（SSID），输入密码，连接到路由器。

使用运营商的定额流量

不同运营商之间可能有出入，如果是国外定额对象的线路，就可以定额使用流量。这对收发信息、运行应用等需要流量的操作没有影响，但在当地通话一般都需要单独缴费。由于各国家、地区的使用规则不同，请使用前在各运营商网页进行确认。

INFORMATION

在中欧使用智能手机和网络

首先，想要充分利用酒店等地的网络服务（收费或免费）、Wi-Fi 热点（网络接入点，免费）要讲求一定方法。中欧的各大酒店或城里都有 Wi-Fi 热点，可以趁这个时候上网查一下入住酒店的 Wi-Fi 是否可用以及哪些地方有热点。但热点有个缺点，那就是网络速度不稳定，时常掉线，能正常使用热点的场所并不多。想要放心使用智能手机和网络，可以尝试以下方法。

☆ 各通信运营商的“定额流量”

定额流量是指每天产生的流量费受到限制。

可以直接用平时使用的智能手机。另外，还有一种服务，允许我们在任意一天（而不是境外旅游期间）使用有限的流量，我们可以在没有其他任何联络方法的紧要关头时使用这项服务。而且，有些国家或地区，“定额流量”并没有涵盖到，在这些地方使用流量，有时价格会非常高昂，请一定小心。

☆ 租用境外移动 Wi-Fi 路由器

给大家介绍一下如何租到在中欧也能使用的境外移动 Wi-Fi 路由器。境外移动 WiFi 路由器在“海鸟窝（URL www.hainiaowo.com/mall/WiFi)”等许多地方都可以租到，支付一定定额费用即可使用。路由器是一种机器，它能让智能手机、平板电脑、笔记本电脑在没有有线网络的地方连接无线网。提前预约好路由器后可在机场等地点领取。不仅租赁费用低廉，1 个路由器可连接多台设备（可以和旅伴共同使用），而且无论何时何地都能立即上网，如今越来越多的境外游客选择使用移动 Wi-Fi 路由器。

在机场等地领取移动 Wi-Fi 路由器

旅游中的纠纷与安全措施

目前，中欧各国发生的恶性犯罪事件并不多。但由于越来越多的外国游客到此游玩，偷盗、诈骗等犯罪事件数量总体呈上升趋势。如果我们提前了解作案手法和应对措施，就可以阻止许多犯罪事件的发生。

作案手法及注意事项

黑市换钱贩与假冒警察团伙 常见的作案手法是：一位黑市换钱贩到跟前来搭话："change money?" 一旦游客理会，立马出现一位假冒警察，以非法兑换为理由要求检查游客的护照和钱包，假警察在这时趁机顺手牵羊偷走财物。就算游客没有理会换钱贩，假冒警察也会说："你和换钱贩在说什么？东西拿出来我检查！" 硬让游客拿出钱包。

下药劫财 这是一种常见于索非亚和布加勒斯特的犯罪手法。陌生人前来搭话，招呼游客喝咖啡吃点心，接受"好意"过后失去意识，醒来发现被洗劫得身无分文。

盗窃 在地铁站的长扶梯和地铁车厢出入口附近经常发生盗窃案件。小偷在扶梯上得手贵重物品后，身后的犯罪团伙一个接一个地往后传递赃物，瞬间失窃物品很难找回。另外，列车内相对空旷，唯独出入口或狭窄过道挤满了人，这种情况需要提高警惕。实际上犯罪团伙营造出了拥挤的假象，故意在推推嚷嚷之时盗取钱财。有的案例中，受害者从人群脱身后发现包的拉链被打开，或者包被小刀划开。

盗窃身边行李 旅游景点的餐馆、酒店、机场等地也有这类惯犯，需多加小心。另外，吃饭时，避免把背包或装有贵重物品的上衣当作靠背，而应尽量放在脚下一边或视线常驻的位置。

危险区域与当地形势 在塞尔维亚、波黑、北马其顿、阿尔巴尼亚，某些地区的形势处于不稳定状态。比如波黑的某些地带埋设有地雷，这就关系到生命安全了。建议出发前咨询目的国驻华使馆，确认治安情况。

关注外交部全球领事保护与服务 12308 是中国外交部全球领事保护与服务应急热线，海外中国公民如需紧急情况下的领事保护与协助服

Information

遭遇假冒警察时的应对措施

出示护照的复印件 若有假冒警察要求出示护照，只出示复印件。复印件丢了也无大碍，所以一定要准备好。

准备两个钱包 事先准备好两个钱包，一个放少量零钱，另一个放大额钞票。若被要求出示钱币，只出示放零钱的钱包，并态度坚决地表明身上只有这一个钱包。如果问道"中国人怎么不带人民币？"那这个人百分之百是假冒警察。

威胁带去警察局 条件允许的话，告诉他"到了警察局之后我再出示护照和钱币"，尽量和他一起去警察局。如果这时他理直气壮地回答："好啊，既然你说要去……"并把你带去可怕的地方，那就糟糕了。所以有必要事先确认好警察局的位置。没确认位置，而且又是只身一人的情况下，绝对不可以跟他走。

跑为上计 不管用汉语还是英语，要大声呼喊，引起周围人的注意。或者一边假装听不懂，一边构思如何逃跑。要向着人来人往的大马路跑。

Information

骗吃骗喝的人最终骗了你

在咖啡馆或餐馆有位"朋友"帮你付钱，你觉得过意不去说"下次我请"，他说知道一家很不错的餐馆并把你带去吃饭，你埋单时才发现被宰了。你说身上没带钱，硬要你刷信用卡，想方设法地逼你掏钱（这时那位"朋友"肯定早已不见了踪影）。至于被美女诱惑到酒吧或酒店的下场，也就不必多说了。

Information

小心夜行列车上的盗窃

夜行列车（尤其是卧铺车）也是盗窃案件高发地点，一定要保管好自己的物品。当然，白天乘车也最好不要打盹或将行李放一边去上卫生间。要是不放心，推荐购买一等座。条件允许的情况下最好给包厢上锁。在青年旅舍的混住宿舍里也不可掉以轻心。

务、或要进行领事保护与领事证件业务咨询，都可在全球任何时间、任何地点拨打该热线寻求帮助（在境外可以拨打 0086-10-12308）。下载“外交部 12308”APP（或关注“领事直通车”微信公众号）可以实时获得境外安全信息。12308 手机客户端现开通通知公告、安全提醒、领侨播报、出行指南、应急电话等栏目，权威发布重要海外安全提醒、涉及中国公民的海外重大突发事件处置情况。推荐下载安装 APP 或关注公众号，以防万一。

预防受害的基本措施

财不外露　将相机挂在脖子上、用录像机摄影，这是在旅游景点再常见不过的行为，但一眼就能看出这是游客，很容易被不法分子盯上。

财物分散　不能要把贵重物品集中放在一处，应分散开来，尤其是现金，外出时尽量少带钱。

眼不离财　结伴出游时，人多放心，往往就忽视了对行李的看管。结伴出游时比起独自一人时更容易遭遇溜包贼，需要加倍小心。

知晓危险地带　各个城市治安较差的地区基本上都在火车站附近、偏僻的后街小巷等地。甚至有在大白天不知不觉闯进危险区域后遭遇强盗的案例。建议提前向酒店或消息灵通人士打听周围的危险区域。

重要证件复印或拍照备份　无论怎样小心，意外都会发生。建议做好准备，以免遭遇事故后措手不及。假设真的遭遇了意外，那个时候会需要用到什么信息？将护照照片页、电子机票 / 火车票、信用卡号码、境外保险证明等复印下来或将证件号码单独记下来即可。用手机拍照备份也十分方便，随时可调出查看。

丢失护照

如果护照被偷或丢失，先到当地警察局挂失，开具《盗窃 / 丢失登记证明》。之后携证明书立即去往中国驻当地使馆（领事馆）补办护照或办理旅行证，否则无法回国。如果知道护照号码、下发年月日、下发地点，补办过程会更顺利，所以护照最好要复印备份。补办用照片可以用自己准备的照片，所以最好带上去旅游。

丢失信用卡

立刻办理挂失　为了不让钱财遭到盗用，丢失后应立即联系信用卡公司，办理挂失。所以，为了防止这种局面的出现，别忘了记下信用卡公司的紧急联系电话和信用卡号。除了拨打紧急联系电话，还可以向信用卡发行公司的各分店或中国办公处申报丢失。

新卡回国后也能补办，所以在旅游国先仔细确认账单，检查有无盗刷行迹。

生病或受伤

若病情恶化，请告诉旅游服务台或酒店的工作人员，不要拖延。也许他们就知道能用汉语或英语专门接诊游客的医院。联系境外旅游保险公司，也许能打听到去能用汉语接诊的医院的线路，在某些医院治疗还接受非现金支付。

中国领事服务网安全提醒
URL cs.mfa.gov.cn/gyls/lsgz/lsyj/

Information
夜间乘坐出租车

临近夜晚出行的时候尽量乘坐出租车，避免步行。即使在索非亚、布加勒斯特这样的首都，街头灯光也比较昏暗。近距离出行也不可放松警惕。另外，电话预约的出租车比串街揽客的出租车更安全。

补办护照需要的材料

- 登录“海外申请护照在线预约”系统，成功预约并打印《中华人民共和国护照 / 旅行证申请表》1 份
- 近期（6 个月内）正面免冠彩色半身证件照片（光面相纸）一式三张，照片尺寸为 48mm × 33mm
- 原护照复印件或其他证明申请人中国国籍和身份的材料（如户口簿、身份证或出生公证等）复印件
- 个人有关护照遗失、被盗抢、损毁情况说明
- 护照遗失、被盗的，需填写声明：“本人已被告知并确认，即使丢失的护照找回也不能再次使用，也不可撤销补证申请，并将承担由此引起的法律责任”。护照损毁的，需交回损毁护照

申领旅行证需要的材料

- 填写《中华人民共和国护照 / 旅行证申请表》1 份
- 近期（6 个月内）正面免冠彩色半身证件照片（光面相纸）一式三张，照片尺寸为 48mm × 33mm
- 原护照复印件或其他证明申请人中国国籍和身份的材料（如户口簿、身份证或出生公证等）原件及复印件
- 护照遗失、被盗书面情况报告。内容包括个人情况，遗失、被盗护照情况和经过，护照号码、签发机关、签发时间，家庭住址、工作单位等
- 护照遗失、被盗的，需填写声明：“本人已被告知并确认，即使丢失的护照找回也不能再次使用，也不可撤销补证申请，并将承担由此引起的法律责任”。护照损毁的，需交回损毁护照

详细信息请登录中国领事服务网确认
URL cs.mfa.gov.cn/zggmzhw/hzlxz/

中欧的历史

1~6 世纪　罗马时代 ~ 日耳曼人与斯拉夫人的迁移

罗马帝国的国境　罗马帝国曾拥有广袤的国土，北以莱茵河、多瑙河为境。图拉真大帝在极盛时期跨越多瑙河，统治了达契亚（现在的罗马尼亚）。

日耳曼与斯拉夫的迁移　4~5 世纪，大批日耳曼人入侵罗马帝国。395 年，罗马帝国分裂为东、西罗马帝国，西罗马帝国于 476 年灭亡。东罗马帝国后来被称为拜占庭帝国，6 世纪时在查士丁尼大帝的统治下迎来了鼎盛时期。

戴克里先宫
p.246 斯普利特（克罗地亚）

菲利克斯·罗慕利亚纳宫殿
p.314 扎耶查尔（塞尔维亚）

斯拉夫人的迁移与保加利亚人

6~7 世纪，拜占庭帝国的斯拉夫民族开始出入中欧。西斯拉夫人于 9~10 世纪在捷克西部、斯洛伐克成立了大摩拉维亚公国，并派来传教士圣西里尔与美多德，使得基督教在此地发展。定居在巴尔干半岛的南斯拉夫人也吸收了基督教并成立了保加利亚第一帝国（681~1018 年）、保加利亚第二帝国（1185~1396 年）、中世纪塞尔维亚王国（1171~1346 年）、中世纪克罗地亚王国（926~1102 年）等。

7~11 世纪 在中欧建立的王国

神圣罗马帝国 位于捷克西部的波西米亚地区曾经是神圣罗马帝国领土的波西米亚公国，后来形成波西米亚王国，政治上被德意志化。

各国家的形成 斯拉夫人、马札尔人的迁移告一段落后，中欧的各个民族开始形成国家。这些国家成了之后的近代国家的基础，但在某些时代里发生了较大的领土变化，这为之后的领土之争埋下了种子。

老城广场

11 世纪前后，许多商行聚集于此，逐渐形成广场

p.38 布拉格（捷克）

中央广场

波兰的旧都，从 11 世纪中叶起约 500 年时间内繁荣一时

p.116 克拉科夫（波兰）

马加什教堂

匈牙利建国之父伊什特万的雕像坐落于马加什教堂前

p.167 布达佩斯（匈牙利）

保加利亚第一帝国

7 世纪下半叶，阿斯帕鲁赫汗率领亚裔保加尔人（原保加利亚人）入侵拜占庭帝国，在多瑙河流域的多布罗加地区联合斯拉夫人打败了拜占庭帝国，并于 681 年成立保加利亚第一帝国。帝国首都设为普利斯卡。原本居住于此的色雷斯人、迁移到此地的斯拉夫人、极少数保加尔人，这三个民族之间发生了血统融合，形成了如今的保加利亚人。

匈牙利王国的成立

5 世纪前后，匈牙利人自称马札尔的游牧民族开始从乌拉尔山脉向西迁徙，在 896 年征服了现在的喀尔巴阡盆地。他们曾远征到瑞士和北非，却于 955 年在奥格斯堡附近败给了德意志国王奥托大帝的军队。在之后的 1000 年，伊什特万战胜了马札尔人内部的异教徒族长，并将基督教定为匈牙利国教，因为拥护圣罗马帝国皇帝奥托二世，加冕为王。

波兰王国

5-7 世纪，各地逐渐成立起了部族国家。在此过程中，格涅兹诺将本地的波兰尼族和其他部族会集起来，形成了波兰王国的统一。据说如今我们所说的“波兰（Poland）”一词就来源于“波兰尼（Polanie）”。

皮雅斯特王朝的波兰尼族之王梅什科一世于 966 年接受洗礼后，将基督教定为波兰的国教，在神圣罗马帝国、波西米亚公国、俄罗斯等国家之间举行政治、军事活动，确立了波兰独立国家的地位。然而，梅什科一世去世后，波兰王国再次分离为几位王侯的领地。由于王位继承权的争夺与豪门权贵等新兴势力的崛起，波兰王国早已四分五裂。

12~15 世纪　拜占庭帝国的衰落与中欧各王国的发展

拜占庭帝国的衰落与十字军东征　拜占庭帝国被保加利亚帝国、奥斯曼帝国包围，丢失了部分领土。在 1204 年的第四次十字军东征中，首都君士坦丁堡遭到占领。

卡雷尔（查理）四世于布拉格的繁荣　查理四世被选为神圣罗马帝国的皇帝后，布拉格成了首都。之后布拉格创建了总主教堂和中欧地区的首座大学，实现了飞速发展。

查理大桥

于查理四世统治时期开始建造，成了“黄金”的布拉格的象征建筑。

p.38　布拉格（捷克）

吕贝克　不来梅　汉堡　但泽　格但斯克　柯尼斯堡　加里宁格勒　条顿骑士团国　布吕赫　克隆　莱比锡　华沙　美因茨　神圣罗马帝国　波兰王国　立陶宛大公国　布拉格　克拉科夫　奥格斯堡　维也纳　布达佩斯　米兰　威尼斯　匈牙利王国　摩尔多瓦公国　热那亚　萨格勒布　佛罗伦萨　威尼斯共和国　贝尔格莱德　瓦拉几亚公国　特尔诺夫格勒　大特尔诺沃　教宗国　瓦尔纳　拉古萨　索非亚　保加利亚第二帝国　罗马　阿德里安堡　埃迪尔内　斯科普里耶　斯科普里　君士坦丁堡　伊斯坦布尔　那不勒斯　拜占庭帝国　那不勒斯王国　阿尔巴尼亚　布尔萨　奥斯曼帝国　中世纪塞尔维亚王国

兹卡修道院

1217 年，斯特凡 • 尼曼雅二世的加冕仪式在此举行

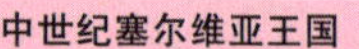

p.322　克拉列沃（塞尔维亚）

城堡山

这里除城堡外、还留下了许多马加什教堂这样的雄伟建筑

p.167　布达佩斯（匈牙利）

中世纪塞尔维亚王国

9 世纪前后，塞尔维亚人接受了基督教；12 世纪，斯特凡 · 尼曼雅（1113~1200 年）统一了塞尔维亚各部族，开启了尼曼雅王朝。塞尔维亚东正教从君士坦丁堡独立，这决定了塞尔维亚在巴尔干半岛的优越地位。

14 世纪，斯特凡 · 杜尚掌握了包括阿尔巴尼亚和北马其顿在内的大范围区域，自封为塞尔维亚王国皇帝。

匈牙利王国的繁荣

匈牙利在 12~13 世纪进行了领土扩张，领土范围达到巅峰，其中包括现在的克罗地亚、斯洛伐克、特兰西瓦尼亚等地。马加什国王统治时期（1458~1490 年）引入了文艺复兴文化，极尽荣华。如今，在维谢格拉德古堡、布达皇宫、马加什教堂的部分角落还可以体会到这个时代的昔日繁华。

波兰王国

1320 年，瓦迪斯瓦夫一世再次统一波兰，并设克拉科夫为首都。瓦迪斯瓦夫一世之子卡齐米日三世据说在波兰实现了“从木房升级为砖房”的转变。他还在克拉科夫开办了雅盖隆大学，为国家建设效力，为之后波兰的繁荣奠定了基础。

15~17 世纪　奥斯曼帝国挺进欧洲

征服王穆罕默德二世　奥斯曼帝国的穆罕默德二世在 1453 年占领了君士坦丁堡，覆灭了拜占庭帝国。瓦拉几亚的弗拉德三世、摩尔多瓦的斯特凡大公、匈牙利的亚诺什・匈雅提和马加什国王、阿尔巴尼亚的斯坎德培，他们都是与穆罕默德二世同一时代的人物，为保卫祖国而战，在各个国家被大家视为英雄而受到敬仰。

第一次围攻维也纳　苏莱曼大帝在 1529 年率领 12 万大军包围维也纳长达 2 个月，其强大的战斗力震撼了欧洲各国。

柯尼斯堡
加里宁格勒
普鲁士公国
立陶宛大公国
汉堡
华沙
波兰王国
基辅
克隆
神圣罗马帝国
布拉格
克拉科夫
纽伦堡
围攻维也纳 1529年
克里米亚汗国 1475年
慕尼黑
摩尔多瓦公国 1529年
特兰西瓦尼亚公国 1541年
布丁 布达 1541年
克劳森堡 克卢日-纳波卡
法兰西
莫哈奇 1526年
蒂米什瓦拉 蒂米什瓦拉 1552年
布库雷什 布加勒斯特 1462年
米兰
威尼斯
热那亚
贝尔格莱德 1521年
尼科波尔之战 1396年
尼什 1390年
瓦尔纳之战 1444年
威尼斯共和国
莫斯塔尔 1468年
索非亚 1382年
教宗国
拉古萨 杜布罗夫尼克
科索沃战役 1389年
于斯屈普 斯科普里 1392年
埃迪尔内 1361年
伊斯坦布尔 1453年
布尔萨
罗马
那不勒斯王国
那不勒斯
都拉奇 都拉斯 1503年
萨洛尼卡 塞萨洛尼基 1430年
伊兹密尔
黎凡特海战 1571年
罗得岛 1522年

卢达温泉
奥斯曼帝国时代建造的土耳其式公共浴场

p.167　布达佩斯（匈牙利）

波兰立陶宛联邦

1569 年经过卢布林联合，波兰王国与立陶宛大公国结为联邦，共有君主。雅盖隆王朝的最后一位国王齐格蒙特二世去世后，由什拉赫塔（国内的权力贵族）选举君主。

1596 年，瑞典瓦萨王朝出身的齐格蒙特三世将首都从克拉科夫迁到华沙。

与胡斯派长达 30 年的战争

16 世纪，胡斯派发起宗教改革运动，天主教与新教之间的斗争升级为国际纷争。1618 年，30 年战争爆发。战后，神圣罗马帝国变得有名无实，天主教与新教取得同等教权。

位于老城广场的扬・胡斯雕像（→ p.58）

17~19 世纪　维也纳体系下的欧洲

奥斯曼帝国的衰落　1683 年，奥斯曼帝国第二次围攻维也纳失败后，渐渐失去中欧领土，开始被称为欧洲病夫。

法国大革命与拿破仑　进入 19 世纪，拿破仑称霸欧洲。神圣罗马帝国虽解体，但在拿破仑没落后的维也纳体系下德意志联邦复活。然而，拿破仑带进欧洲的民族主义却催生了各个民族抵抗帝国统治的运动。

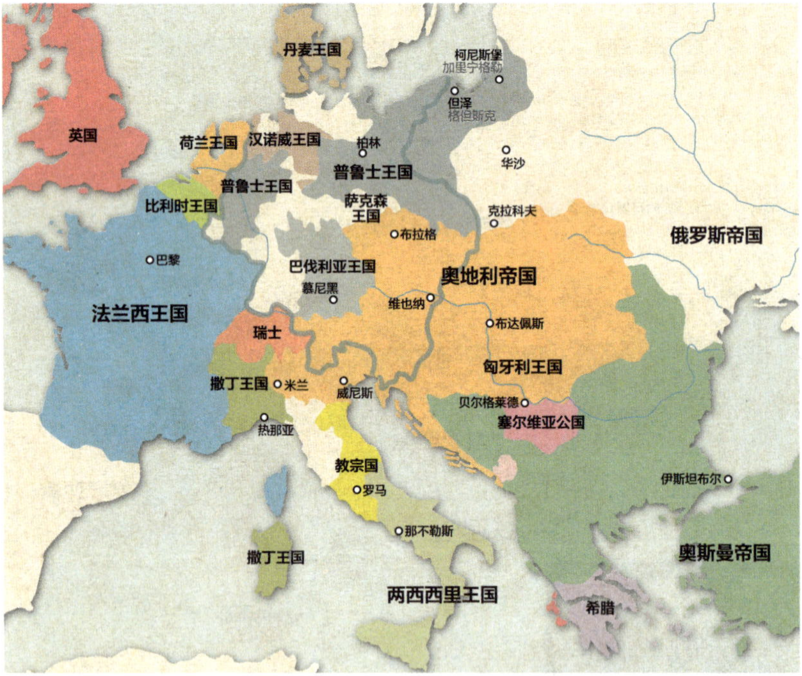

哈布斯堡帝国

1526 年，匈牙利国王拉约什二世战死在莫哈奇之战后，哈布斯堡家族开始兼任匈牙利国王和波西米亚国王，并且开始世袭神圣罗马帝国的帝位。1683 年，在第二次围攻维也纳中，哈布斯堡家族攻破奥斯曼帝国，并在 1699 年的卡洛维茨条约中获得奥斯曼帝国领土内的匈牙利、特兰西瓦尼亚、斯拉沃尼亚等地，逐渐开始了对中欧广阔土地的支配。

18 世纪中叶，玛丽亚 · 特蕾西亚统治时期实行中央集权，但经过拿破仑战争后帝国内各民族的民族意识觉醒，维也纳体系难以继续维持，1867 年改组为奥匈帝国。

波兰分裂

1654 年，俄罗斯军队和瑞典军队开始进攻波兰。对于此次对外危机（之后被称作“大洪水”），波兰国王试图通过强化王权来平息，却遭到什拉赫塔（国内的权力贵族）的阻止，此时波兰国内形势陷入一片混乱。

俄罗斯沙皇彼得大帝介入波兰形势后，在俄罗斯的影响下，波兰王国失去中央政府功能，名存实亡。很快，俄罗斯、普鲁士、奥地利三国列强于 1772 年、1793 年、1795 年分三次分割波兰领土（三国分割），波兰灭亡。

美泉宫

哈布斯堡家族的宫殿，建于玛丽亚 · 特蕾西亚时代

p.462　**维也纳**（奥地利）

19~20 世纪　第一次世界大战前后的欧洲

巴尔干战争　1911~1913 年，巴尔干半岛在以俄罗斯为后盾的泛斯拉夫主义下爆发了两次战争，奥斯曼帝国几乎丧失所有欧洲领土。

凡尔赛体系　奥匈帝国、奥斯曼帝国在第一次世界大战战败后灭亡。匈牙利王国、波兰共和国、捷克斯洛伐克诞生。

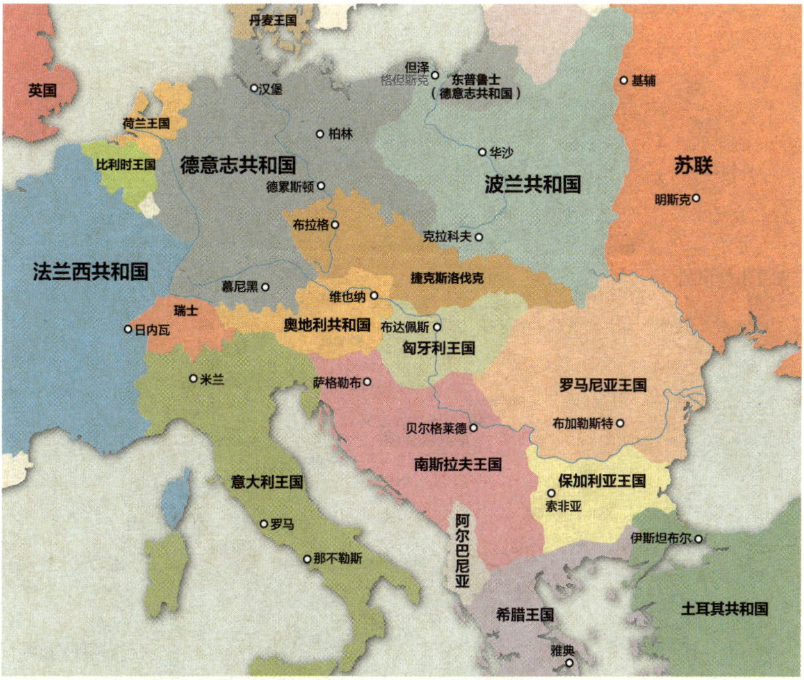

丹麦王国
但泽
格但斯克
东普鲁士
（德意志共和国）
汉堡
基辅
英国
荷兰王国
柏林
华沙
比利时王国
德意志共和国
苏联
德累斯顿
波兰共和国
明斯克
布拉格
克拉科夫
法兰西共和国
捷克斯洛伐克
慕尼黑
维也纳
瑞士
日内瓦
奥地利共和国
布达佩斯
匈牙利王国
米兰
萨格勒布
罗马尼亚王国
贝尔格莱德
布加勒斯特
南斯拉夫王国
意大利王国
保加利亚王国
索非亚
罗马
阿尔巴尼亚
伊斯坦布尔
那不勒斯
希腊王国
土耳其共和国
雅典

南斯拉夫王国的成立

1914 年，奥地利皇储斐迪南大公夫妇在萨拉热窝时，被青年波斯尼亚党的塞尔维亚青年加夫里洛•普林西普暗杀，这成为第一次世界大战的导火索。塞尔维亚在战争中接连遭到重创，但在 1918 年奥匈帝国解体后，举着统一斯拉夫人的旗帜成立了“塞尔维亚—克罗地亚—斯洛文尼亚王国”。然而，该国功能运转不周，直到 1929 年被强制改名为塞尔维亚人主导的第一个南斯拉夫王国。

民族之春

1848 年革命被称为民族之春，在捷克、波兰、匈牙利等国展开。虽然革命结果多以失败告终，未能实现独立，但 1867 年起哈布斯堡帝国计划延续奥匈帝国内的民族。另一边，奥斯曼帝国统治下的各个民族开始向往独立，塞尔维亚凭借两次起义在 1817 年以塞尔维亚公国获得自治权，希腊也在 1830 年脱离奥斯曼帝国统治，实现了独立。1878 年《柏林条约》确认塞尔维亚、黑山、罗马尼亚独立；而保加利亚则获得自治权，后于 1908 年实现独立。

第二次世界大战～冷战结束

纳粹党的出现与第二次世界大战 德国在第一次世界大战中战败，背负了巨额赔款。之后纳粹党在德国崛起，以保护中欧德意志民族生存圈的名义进驻东方，对犹太人施行了惨无人道的杀害。

共产圈 由于第二次世界大战后大部分中欧国家都由苏联军解放，所以它们成了社会主义国家，处于原苏联势力范围之内。

南斯拉夫游击队对乌斯塔沙

1939 年，捷克斯洛伐克被德国侵略后，南斯拉夫倾向了轴心国的德国和意大利。塞尔维亚急进党的支持者不满于纳粹德国的统治，奋力抵抗，但立即受到了报复，只好投降。1941 年，纳粹德国组织了以帕韦利奇总统为元首的傀儡政权“克罗地亚独立国”，帕韦利奇率领的恐怖组织乌斯塔沙对居住在克罗地亚国内的塞尔维亚人、伊斯兰教徒等实行杀害、驱逐，并逼迫他们改信天主教。而在这种法西斯主义体系下，铁托率领的南斯拉夫游击队（共产党）在克罗地亚展开着行动。南斯拉夫游击队不断对抗纳粹德国的统治，直到第二次世界大战结束。此过程中诞生了南斯拉夫人民解放军。由于南斯拉夫游击队运动的开展，1945 年诞生了社会主义体制的南斯拉夫联邦人民共和国，1963 年改名为南斯拉夫社会主义联邦共和国。

冷战时期的东欧各国

第二次世界大战后，除奥地利外，中欧各国均在苏联的势力范围内，成了共产党统治的社会主义国家。

社会主义时代的南斯拉夫联邦在铁托的领导下，于非同盟各国之间发挥了中心作用。罗马尼亚总统齐奥塞斯库向西侧靠拢，之后走独立自主路线。阿尔巴尼亚曾和苏联保持距离，亲近中国，之后也走上了独立自主路线。

1953 年，苏联最高领导人斯大林去世。继任的赫鲁晓夫在 1956 年对斯大林展开批判，虽然此举在中欧各国掀起了反斯大林主义和民主化运动，但是 1956 年的匈牙利暴乱和波兰的波兹南事件、1968 年的布拉格之春等都遭到了镇压。

20 世纪 80 年代后期，苏联领导人戈尔巴乔夫推行改革重组，从此中欧各国也迈入了民主化。

20~21 世纪　前南斯拉夫战争与独立

泥沼中的南斯拉夫战争　1980 年铁托去世后，南斯拉夫联邦内各共和国开始了独立运动。尤其是在克罗地亚（塞尔维亚人占总人口的 12%）和波斯尼亚和黑塞哥维那（穆斯林占 44%，塞尔维亚人占 33%，克罗地亚人占 17%）展开了激烈的战争。

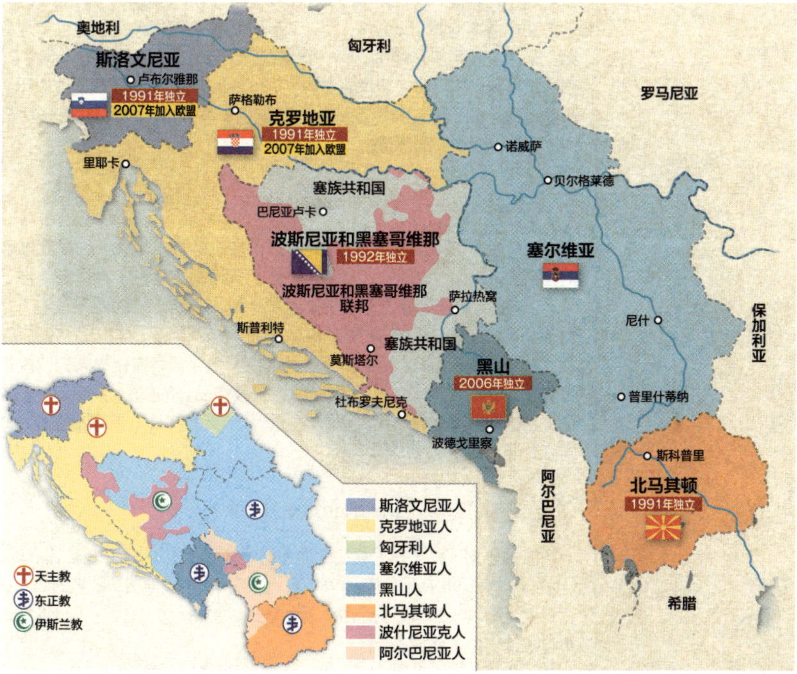

奥地利
匈牙利
罗马尼亚
斯洛文尼亚
卢布尔雅那
1991年独立
2007年加入欧盟
萨格勒布
克罗地亚
1991年独立
2007年加入欧盟
里耶卡
诺威萨
贝尔格莱德
塞族共和国
巴尼亚卢卡
波斯尼亚和黑塞哥维那
1992年独立
塞尔维亚
波斯尼亚和黑塞哥维那联邦
萨拉热窝
尼什
保加利亚
斯普利特
塞族共和国
莫斯塔尔
黑山
2006年独立
杜布罗夫尼克
普里什蒂纳
波德戈里察
斯科普里
北马其顿
1991年独立
阿尔巴尼亚
希腊
天主教
东正教
伊斯兰教
斯洛文尼亚人
克罗地亚人
匈牙利人
塞尔维亚人
黑山人
北马其顿人
波什尼亚克人
阿尔巴尼亚人

南斯拉夫社会主义联邦共和国
斯洛文尼亚
1991年6月
发表独立宣言
克罗地亚
1991年6月发表独立宣言
南斯拉夫联邦
北马其顿
1991年9月发表独立宣言
克罗地亚战争
1991～1995年
十日战争1991年
波斯尼亚战争
1992～1995年
北马其顿
2019年2月更改国名
波斯尼亚和黑塞哥维那
1992年4月发表独立宣言
塞尔维亚和黑山
2003年更改国名
黑山
2006年6月发表独立宣言
塞尔维亚

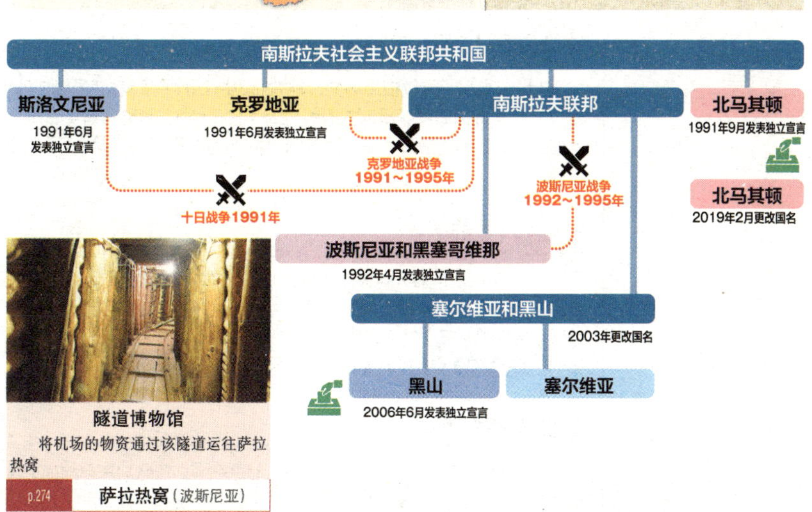

隧道博物馆

将机场的物资通过该隧道运往萨拉热窝

p.274　萨拉热窝（波斯尼亚）

能深入了解中欧各看点的专有词汇附录
人物·用语集

阿尔丰斯·穆夏（1860~1939年）【艺术家】

捷克画家，善于将花草图案、充满流线型曲线的新艺术样式、优美的女性形象巧妙运用于画作中。穆夏出生在捷克布尔诺的近郊城市，在慕尼黑和巴黎度过了屈居人下的生活后，于34岁时迎来了人生的转机。他为法国著名女演员莎拉·伯恩哈特制作的剧院海报大受欢迎，于是海报、插画等绘画工作蜂拥而至。穆夏在巴黎享有至高的画家地位后，回到布拉格绘制了巨作《斯拉夫史诗》。此后他还负责过建筑物的装饰和纸币的设计，成了捷克的代表画家。有关项目 圣维特大教堂 ▶p.61 市民会馆 ▶p.54 穆夏美术馆 ▶p.55

伊万·梅斯特罗维奇（1883~1962年）【雕刻家】

生于克罗地亚的雕刻家。16岁进入维也纳美术学院。由于在维也纳分离派展览上展出作品而受到关注，就连奥古斯特·罗丹也甘拜下风。“一战”后回到塞尔维亚人、克罗地亚人和斯洛文尼亚人王国（之后的南斯拉夫王国），夏季、冬季分别居住在斯普利特、萨格勒布。“二战”后移居美国。初期作品中关于克罗地亚、南斯拉夫人的传说等历史题材的作品较多，后期则主要为宗教作品。有关项目 梅斯特罗维奇美术馆 ▶p.241 宁恩格雷戈里雕像 ▶p.249 卡莱梅格丹公园 ▶p.304 洛夫琴国家公园 ▶p.340

伊沃·安德里奇（1892~1975年）【作家】

波黑作家。以波斯尼亚三部曲《德里纳河上的桥》《萨拉热窝女郎》《特列夫尼克纪事》而闻名。1961年，获得诺贝尔文学奖。波黑的200马克钞票上印有安德里奇的头像。有关项目 穆罕默德·帕夏·索科洛维奇桥 ▶p.285 安德里奇城 ▶p.285

伊斯兰教【宗教】

7世纪兴起于阿拉伯半岛的一神教。伊斯兰教要求信徒顺从唯一的安拉，严禁偶像崇拜。伊斯兰教经典为《古兰经》。随着奥斯曼帝国领土的扩大，伊斯兰教传到了中欧各国，如今在波黑、阿尔巴尼亚是主要宗教。

耶稣会【宗教组织】

1534年由依纳爵·罗耀拉、方济各·沙勿略等人设立的天主教宗教组织。通过在中欧各国积极开展神学教育活动，使波兰等曾经新教化的地区重新兴起了天主教。耶稣会曾在18世纪下半叶短暂解散，19世纪初复活。有关项目 克莱门特大楼 ▶p.53 圣依纳爵教堂 ▶p.261

圣像【宗教美术】

基督教中的东正教描绘耶稣和圣人的宗教画。西欧的宗教画如实反映画家的风格和宗教观，而东正教的圣像重视传统和样式，画上也不会有画家的签名。

圣幛【宗教美术】

东正教圣堂内的圣像壁，将信徒能进入的礼拜场所和只有神职人员能进入的至圣所隔开。有关项目 里拉修道院 p.448

圣伊什特万一世（969~1038年）【匈牙利国王】

阿尔帕德王朝的匈牙利君主，匈牙利国父盖萨大公之子。曾是异教徒，后改信基督教，1000年于埃斯泰尔戈姆加冕，是匈牙利第一代国王。加冕时佩戴的王冠至今仍被视为匈牙利国宝，保存在布达佩斯的国会大厦中。他实施政策将基督教放在国家核心位置，去世后封圣。圣伊什特万一世也是匈牙利的主保圣人。匈牙利的1万福林钞票上的肖像就是他的肖像画。有关项目 圣伊什特万圣殿 p.179 布达佩斯城堡山 p.182 国会大厦 p.178 英雄广场 p.185

威尼斯共和国（7世纪末~1797年）【国家】

存在于7世纪末至1797年拿破仑侵占的城市国家。因为地中海贸易而繁荣，被称为“亚得里亚海女王”。11世纪起，在亚得里亚海西岸统治了除杜布罗夫尼克外的几乎所有港湾城市，1204年参与第四次十字军东征，不仅占领了君士坦丁堡（现在的伊斯坦布尔），还有克里特岛。圣马可大教堂作为旅游名胜闻名世界，这里安置了基督教圣人、福音书作者圣马可的遗体。圣马可的标志是长翅膀的雄狮，威尼斯共和国也将圣马可狮子放进了国旗。有关项目 特罗吉尔 p.250 希贝尼克 p.251 科托尔 p.344 布特林特 p.395

弗拉德三世（1431~1476年）【瓦拉几亚大公】

瓦拉几亚公国（现在的罗马尼亚南部）的领主。在和奥斯曼帝国军战斗时对敌人施行穿刺之刑，所以也叫弗拉德·采佩什（穿刺公）。据说布莱姆·斯托克所著小说《德古拉》的原型就来自于他。他在罗马尼亚被视为对抗奥斯曼帝国的护国英雄。专题 p.422 有关项目 斯纳戈夫修道院 p.423 锡吉什瓦拉 p.420 波奈里要塞 p.423

埃贡·席勒（1890~1918年）【画家】

维也纳分离派、象征主义的代表画家。其追求死亡与色情的作品风格引起了轰动，却在28岁去世。维也纳的列奥波多博物馆内收藏有他的代表作《自画像》和《主教和修女》，拥有世界上最丰富的席勒作品。席勒的母亲生于捷克克鲁姆洛夫，这里有冠以席勒之名的美术馆。有关项目 埃贡·席勒文化中心 p.83

埃米尔·库斯图里卡（1954~）【电影导演】

波斯尼亚出身的电影导演。以《爸爸出差时》《地下》两次摘得戛纳电影节的金棕榈奖。运营着波黑的维谢格拉德的安德里奇城和塞尔维亚的莫克拉戈拉，为故乡的经济发展做出了贡献。有关项目 安德里奇城 p.285 乌日采 p.325

伊丽莎白皇后（1837~1898 年）【奥地利皇后】

哈布斯堡帝国皇帝弗朗茨•约瑟夫一世的皇后，人称茜茜公主。伊丽莎白与她的婆婆苏菲公主关系不和，且不适应维也纳宫廷生活，所以一生热爱旅游与匈牙利。1889 年，儿子鲁道夫皇太子自杀；1898 年，伊丽莎白在瑞士时被意大利的无政府主义者暗杀。以美貌闻名的她对于美丽外表的执着已经到了病态的地步，30 岁以后再也不画肖像画了。凭借她那绝世美貌，现在维也纳还有许多纪念品等频繁使用她的肖像。专题 ▶p.188 有关项目 格德勒宫 ▶p.181

奥斯曼帝国（1299~1922 年）【国家】

土耳其人建立的伊斯兰帝国。奥斯曼帝国经过 1389 年的科索沃战役后支配了巴尔干半岛，1453 年攻陷拜占庭帝国首都君士坦丁堡（现在的伊斯坦布尔）。1526 年打赢了莫哈奇之战，拿下了匈牙利，1529 年围攻维也纳等，统治了中欧许多国家。然而，1683 年第二次围攻维也纳失败后开始衰落，其支配下的各国开展起了独立运动。接着，奥斯曼帝国的所有领土逐渐缩小，被人们称为“欧洲病夫”。第一次世界大战战败后几乎丧失所有欧洲领土。经过 1922 年的土耳其革命，成了现在的土耳其共和国。

卡尔（查理）四世（1316~1378 年）【神圣罗马帝国皇帝】

神圣罗马帝国皇帝。作为波西米亚国王的是卡雷尔一世。卢森堡家族出身，母亲是普热米斯尔家族最后的波西米亚国王瓦茨拉夫三世之妹。查理四世颁布了金玺诏书以整顿罗马帝国政治体制，同时将布拉格设为帝国的首都，还创立了中欧首座大学——布拉格查理大学。捷克的 100 克朗钞票上印着他的肖像。有关项目 查理大桥 ▶p.54 布拉格城堡 ▶p.60 卡鲁什丁城堡 ▶p.66

卡齐米日三世（1310~1370 年）【波兰国王】

稳定了国内秩序，将波兰领土往东西扩展，在内政和外交方面都作出了成果，所以又被称为卡齐米日大帝。他在克拉科夫成立了波兰的首座大学。波兰的 50 兹罗提钞票上印有他的肖像。有关项目 瓦维尔城堡 ▶p.126 卡西米埃什地区 ▶p.117

天主教【基督教】

基督教宗派之一，以罗马教皇为指导者。主要在西欧传播。进入 16 世纪，从基督教派生出新教，两教展开激烈对立，1618 年在两教阵营间爆发了 30 年战争。本书中介绍的国家中，波兰、斯洛伐克、匈牙利、斯洛文尼亚、克罗地亚主要信仰的就是天主教。

卡拉乔尔杰•彼得罗维奇（1768~1817 年）【塞尔维亚大公】

第一次塞尔维亚起义的领导者，卡拉乔尔杰王朝的创始者。出身贫困的他在抵抗奥斯曼帝国时展现了军事才能，领导了 1804~1813 年的第一次塞尔维亚起义。起义最初，由于接受俄罗斯的援助，进展顺利，但 1812 年拿破仑远征俄罗斯后援助中断，起义失败。结果塞尔维亚再次归奥斯曼帝国支配，卡拉乔尔杰也亡命奥地利。1815~1817 年由米洛斯•

欧布雷诺维奇领导的第二次塞尔维亚起义取得成功，塞尔维亚获得自治权后，卡拉乔尔杰返回塞尔维亚，却被欧布雷诺维奇暗杀。卡拉乔尔杰的后代以卡拉乔尔杰王朝作为塞尔维亚王室，分别于1842~1858年、1903~1945年担任塞尔维亚王国、南斯拉夫王国的君主。王室在第二次世界大战后移居美国，2001年返回塞尔维亚。现在他们生活在贝尔格莱德郊外的皇宫。有关项目 多布伦修道院 p.284 王宫 p.306

伽列里乌斯（260~311年）【罗马帝国皇帝】

出生于塞迪卡（现在的索非亚）近郊的罗马帝国皇帝。他虽然出身贫穷，但作为一名军人积累了大量经验，在戴克里先实行四帝共治时期先后成为罗马帝国东部的副帝、正帝。于307年退位，和菲里克斯·罗姆里亚那共度余生。伽列里乌斯对基督教进行打压，据说这一行为也导致了戴克里先对基督教的镇压。311年，宽容诏谕颁布后，基督教徒的信仰自由得到认可。有关项目 菲里克斯·罗姆里亚那 p.315

卡罗尔一世（1839~1914年）【罗马尼亚国王】

德国南部出身的贵族，属于霍亨索伦家族的旁系家族。1866年在拿破仑三世的推荐下即罗马尼亚君主之位。在俄土战争中参与俄罗斯一方进行战斗并取得胜利后，1878年的柏林会议宣布罗马尼亚独立。因此在1881年卡罗尔成为罗马尼亚王国的首位国王。其长久统治期间，罗马尼亚不仅成功实现近代化，还在拥有避暑离宫的锡纳亚建造了德国风格的城堡。有关项目 佩莱什城堡 p.415 佩利绍尔城堡 p.415

君士坦丁大帝（272~377年）【罗马帝国皇帝】

罗马帝国皇帝。生于纳伊苏斯（现在的尼什）。其父亲是四帝共治时期四罗马帝国的正帝君士坦提乌斯大帝。父亲去世后，君士坦丁继任西部罗马帝国正帝，将分离的罗马帝国再次统一。后将罗马帝国的首都从罗马迁至君士坦丁波利斯（现在的伊斯坦布尔）。也因为通过颁布米兰敕令承认基督教的信仰自由而为人所知。有关项目 梅地亚那 p.318

萨克森人【民族】

萨克森原本是德国的地区名，居住在该地区的人叫做萨克森人。5世纪前后，住在日德兰半岛（现在的丹麦）附近的萨克森（撒克逊）人、盎格鲁人、朱特人等民族迁移至英国，后来成了盎格鲁-撒克逊人。在中欧，萨克森人指的是12世纪在匈牙利国王盖萨二世的指挥下从德国移居特兰西瓦尼亚地区的人。特兰西瓦尼亚·撒克逊人开始从事工商业、为布拉索夫、锡吉什瓦拉等城市的发展做出了贡献。有关项目 锡吉什瓦拉 p.420 特兰西瓦尼亚地区的要塞教堂 p.424

萨拉热窝事件【历史事件】

1914年6月28日，奥匈帝国的弗朗茨·斐迪南大公夫妇在访问萨拉热窝时，被塞尔维亚青年加夫里洛·普林西普暗杀。此事件导致奥匈帝国宣布向塞尔维亚开战。奥匈帝国与其盟友德国、奥斯曼帝国、保加利亚组成同盟国阵营，塞尔维亚、民族血缘关系紧密的俄罗斯以及与俄罗斯签订三国协约的法国、英国形成国家联合阵营，两阵营之间的战争即第

一次世界大战。有关项目 拉丁桥 p.281

齐格蒙特三世（1566~1632 年）【波兰国王】

齐格蒙特三世将波兰首都从克拉科夫迁至华沙。齐格蒙特三世兼任波兰国王和瑞典国王，作为瑞典国王叫作西吉斯蒙德；其父亲属于瑞典的瓦萨家族，母亲是波兰的雅盖隆家族出身。他在克拉科夫接受了耶稣会的神学教育，是一位虔诚的天主教徒，所以在推行正教的瑞典并不受欢迎，于 1599 年被迫退位。而在 1569 年，他在维持东仪天主教会的同时成立了罗马教皇统治下的东方天主教会。而且他曾计划在俄罗斯推行天主教，远征俄罗斯。虽占领了莫斯科，但无法笼络俄罗斯人心，最终撤退。也曾计划实现波兰和瑞典的合并，反而引起了两国的对抗，引发了战争。有关项目 旧王宫 p.111

斯特凡大公（1435~1504 年）【摩拉维亚大公】

抵抗奥斯曼帝国入侵的罗马尼亚国民英雄。除奥斯曼帝国外，波兰和匈牙利在企图入侵摩拉维亚时，斯特凡大公也维护了祖国的独立。他还为宗教、文化的发展做出了贡献，修建了五座修道院之一的沃拉内特修道院。有关项目 沃拉内特修道院 p.428 普特纳修道院 p.429

肖邦（1810~1849 年）【音乐家】

生于华沙郊外的热拉佐瓦沃拉，他将玛祖卡、波罗乃兹等波兰的民族音乐改写为了简练的钢琴曲。1830 年去维也纳演奏旅行时在在华沙碰上了俄罗斯叛乱，自那以后便留在巴黎展开音乐活动，再也没有回过波兰，不过他毕生都为自己是波兰人而感到骄傲。专题 p.112

神圣罗马帝国（800?~1806 年）【国家】

从中世纪持续至近代，在西欧、中欧建立广大领土的帝国。关于帝国成立时间，有 800 年查理大帝加冕起和 962 年奥托一世加冕起等众多说法。神圣罗马帝国最初拥有的领土包含了法国、德国、意大利等国家；法国、德国先后从神罗独立后，神罗的领土范围大约是现在的德国、奥地利、捷克西部的波西米亚。由于皇帝由选举决定，帝国内各个世袭制的诸侯联合了起来，相比统一的政治体制，各诸侯国的联合体的性质更强。随时代的变迁，帝国已经徒有国名了。1806 年，神罗许多邦国加入了以拿破仑为护国主的莱茵邦联，神罗由此解体。

斯坎德培（1405~1468 年）【军人】

阿尔巴尼亚贵族之子，改信伊斯兰教，曾臣服于奥斯曼帝国；后举反奥大旗，将阿尔巴尼亚引向独立。尽管斯坎德培去世后，阿尔巴尼亚在 1480 年再次受到奥斯曼帝国的统治，但他依然被视为阿尔巴尼亚的民族英雄，至今仍受到大家的喜爱。阿尔巴尼亚 5000 列克的钞票上印有他的肖像。有关项目 克鲁亚 p.384 阿尔德尼察修道院 p.389

斯美塔那（1824~1884 年）【音乐家】

捷克的代表性作曲家。幼小时期展现出音乐才能，在维也纳开展一段时间的音乐活动后回到捷克，通过音乐为捷克的独立和民族复兴运动注入力量。他爱祖国，爱音乐，长期倡导“捷克人的生命在于音乐”的口号。晚年失聪后创作的名曲《我的祖国》会在每年5月12日举行的“布拉格之春”音乐节的开幕仪式上播出。有关项目 斯美塔那博物馆 ▶p.55 维舍堡 ▶p.57

斯坦尼斯瓦夫二世（1732~1798年）【波兰国王】

波兰立陶宛联邦的末代国王，是俄罗斯女帝叶卡捷琳娜二世的爱人、俄罗斯的靠山、波兰国王。即位波兰国王后致力于王权、议会的强化，却遭到贵族和俄罗斯的反抗。三次瓜分波兰后，波兰立陶宛联邦灭亡。斯坦尼斯瓦夫被送到俄罗斯并在那里死去。有关项目 瓦津基公园 ▶p.113

斯特凡·杜尚（1308~1355年）【塞尔维亚国王】

中世纪塞尔维亚王国、尼曼雅王朝鼎盛时期的君主。将阿尔巴尼亚、北马其顿囊括进塞尔维亚领土，即位塞尔维亚皇帝后，打造了中世纪塞尔维亚的全盛时代。有关项目 多布伦修道院 ▶p.284

斯特凡·尼曼雅（1113~1200年）【塞尔维亚国王】

中世纪塞尔维亚、尼曼雅王朝的创始者。塞尔维亚王国首位国王斯特凡·尼曼雅二世和塞尔维亚东正教会首任总主教圣萨瓦都是斯特凡·尼曼雅之子。年老退位后成了修道士，更名为西缅。有关项目 斯图德尼察修道院 ▶p.320 德约翰·斯托博维修道院 ▶p.321 佩特洛瓦教堂 ▶p.321

圣西里尔（827~869年）【神职人员】
美多德（826~885年）【神职人员】

希腊出身的兄弟，均为神职人员。由于在大摩拉维亚王国向斯拉夫人传播基督教，在各斯拉夫国家颇受欢迎。他们设计了斯拉夫语的书写文字格拉哥里字母，之后经过弟子们的改良，成了如今的西里尔字母。西里尔字母在中欧主要由保加利亚、塞尔维亚、北马其顿使用，另外，俄罗斯、乌克兰等地也在使用。

铁托（1892~1980年）【政治家】

南斯拉夫的领导人，本名约瑟普·布罗兹。其父亲是克罗地亚人，母亲是斯洛文尼亚人。铁托是共产党员，曾在第二次世界大战中领导抵抗纳粹党的运动。战后走上社会主义的道路，与苏联保持距离。1948年脱离共产党和工人党情报局，领导了不属于东西阵营的非同盟运动。南斯拉夫的团结主要依靠铁托的领袖能力，1980年铁托去世后各民族独立运动逐渐开始，导致内乱和南斯拉夫的解体。有关项目 前南斯拉夫历史博物馆 ▶p.306 布莱德湖 ▶p.224

齐奥塞斯库（1918~1989年）【政治家】

罗马尼亚共产党领导人。1954年接替格奥尔基·乔治乌-德治担任共产党总书记，1971年引入总统制度后出任罗马尼亚首任总统。他与苏联保持距离，对华沙条约组织成员国军队入侵捷克斯洛伐克和苏联入侵阿富汗表示谴责，实行独立自主的外交方针。然而，进入20世纪80年代后，为了返还巨额的对外债务，他大量输出工业品和农作物，迫使国民过着粮食不足、燃料不足的生活。不仅国民生活质量下降，党与政府的主要职位都由齐奥塞斯库的亲戚担任，而且他还在布加勒斯特建立了巨大的宫殿“议会宫”，彻底失去了国民的支持。由于在1989年11月武力镇压蒂米什瓦拉的反政府示威游行而引发了罗马尼亚革命，齐奥塞斯库同妻子埃列娜在12月25日被处以死刑。有关项目 议会宫 p.412 春宫 p.412

戴克里先（244~311年）【罗马帝国皇帝】

生于萨罗纳（现在的克罗地亚）。作为军人积累了大量经验，从而攀上罗马帝国皇帝的地位。为了防止其他民族愈演愈烈的入侵，引入了四帝共治制（Tetrarchy），将罗马帝国的统治一分为四，分别由东、西部的正帝、副帝统治，戴克里先自己担任了东部的正帝。戴克里先也以对基督教进行打压而闻名。戴克里先退位后，在故乡附近的斯普利特建造了皇宫，过上了隐居生活。有关项目 戴克里先宫 p.248

德沃夏克（1841~1904年）【作曲家】

德沃夏克生于波西米亚地区一个贫穷村落，家里经营肉店，是家里的长男，16岁时进入布拉格的音乐学校，开始展露音乐才能。1873年，表达对祖国的热爱的《白山的继承者》大获成功，德沃夏克以此确立了作曲家的地位。之后获得了奖学金，去维也纳开展了音乐活动，1892~1895年在纽约的音乐学院执教。其代表作有《斯拉夫舞曲》《新世界交响曲》《大提琴协奏曲》等。有关项目 德沃夏克博物馆 p.55 维舍堡 p.57

条顿骑士团【历史用语】

与医院骑士团、圣殿骑士团并称为中世纪欧洲三大骑士团。条顿骑士团原本是12世纪十字军东征时期为保护圣地朝圣者而诞生的骑士修道会，随着十字军在巴勒斯坦活动的减少，后将活动地点移至波兰。骑士修道会以马尔堡为据点，对当时还是异教徒的普鲁士进行了征服活动，由此建立起了条顿骑士团。宗教改革进行中的1523年，骑士团长阿尔布雷希特・冯・勃兰登堡改信新教，条顿骑士团变为波兰王国宗主下的普鲁士公国。之后升为普鲁士王国，成了德国统一的基础。德军国籍标记上的黑色十字就来源于白底、黑十字的骑士团纹章。有关项目 马尔堡 p.134

东正教【基督教】

与天主教、新教并称基督教三大派别。4世纪末罗马帝国东西分裂后，东罗马帝国信奉东正教。随着时间推移，东罗的东正教和西罗的天主教在教义上的不同越发明显，两教逐渐对立；11世纪，罗马教皇和君士坦丁堡总主教互相处以破门律（教会的惩罚措施之一），至此东西教会完全分裂。在如今的中欧，东正教是塞尔维亚、黑山、北马其顿、保加利亚、罗马尼亚的主要宗派。此外，在希腊、乌克兰、俄罗斯等国家，大多数人也信奉东正教。

尼古拉·特斯拉（1856~1943 年）【科学家】

塞尔维亚东正教祭司之子，出生于现在的克罗地亚，是交流电和无线领域的发明家、科学家。曾赴美国，在爱迪生手下工作，之后独立。由于输电系统的差异，特斯拉与主张使用直流电的爱迪生展开了激烈的竞争，最终交流电获胜，成了所有输电系统的标准。塞尔维亚的 100 第纳尔钞票上印有特斯拉的肖像。有关项目 尼古拉·特斯拉博物馆 ▶p.306

哈布斯堡家族【历史用语】

著名王室，在中世纪和近代拥有包括中欧在内的世界各地广大领土。哈布斯堡家族原本是瑞士的一个领主，后通过婚姻等扩大了势力范围，家族成员曾出任奥地利大公、波西米亚国王、匈牙利国王等，还世袭了神圣罗马帝国的皇位，统治了广域领土，被称作哈布斯堡帝国。由于哈布斯堡帝国内有各种民族，包括德国人、捷克人、匈牙利人、斯洛伐克人、克罗地亚人等，随着他们民族意识的高涨，各民族开始计划独立，第一次世界大战时帝国内各君主国接连宣布独立。1918 年皇帝卡尔一世去世，由此哈布斯堡帝国解体。虽然现在没有国家推举哈布斯堡家族作为君主，但家族本身依然存在并延续着，卡尔一世之孙卡尔·冯·哈布斯堡担任族长。

白山战役【历史事件】

一场发生于 1620 年 11 月的战役。在当时的波西米亚王国的首都布拉格西边的白山，神圣罗马帝国皇帝军队与波西米亚的贵族、佣兵开战，波西米亚战败，被收入了哈布斯堡家族。战败方 27 个被视为起义领袖的贵族在老城广场被处死刑。有关项目 老城区广场 ▶p.58

天鹅绒革命【历史事件】

指 1989 年 11 月捷克斯洛伐克的学生举行示威游行要求民主化，结果该国共产党政权崩塌的历史事件。革命在未发生流血事件的情况下取得成功，所以叫“天鹅绒革命”。在“布拉格之春”中也积极推进改革的剧作家瓦茨拉夫·哈维尔出任总统，这才意味着这个国家真正地掌握了自由与权力。

布拉格之春【历史事件】

1968 年开始于捷克斯洛伐克的一场政治改革的总称。进入 20 世纪 60 年代，对共产党一党统治的不满渐渐浮出水面。国内保守派也无法抑制改革派的势力，1968 年 1 月，保守派的诺沃提尼失去了共产党第一书记的职位，改革派的杜布切克取而代之。改革向着获得言论自由等各种权利快速发展。但苏联等东欧国家担心改革的浪潮会波及到自己，于是开始批判改革运动，最终华沙条约组织成员国决定在这一年的 8 月 21 日进行军事介入以镇压革命。当天苏联坦克占据了瓦茨拉夫广场。

新教【基督教】

从天主教派生出来的各基督教宗派的总称。并不是有一个宗派叫作“新教”，新教包含如福音派、信义宗、长老宗、加尔文主义等许多宗派，各教派有不同教义。由于罗马教皇是天主教的领导者，所以新教并不认同教皇的权威。

佩塔尔·彼得罗维奇·涅戈什（1813~1851年）【黑山主教、诗人】

黑山领导人，同时还是伟大的诗人。叙事诗《山地花环》是他的代表作，作为塞尔维亚（黑山）文学的最高杰作而闻名，被翻译成汉语等许多语种。塞尔维亚的20第纳尔钞票上印有他的肖像。有关项目 采蒂涅 ▶p.339 洛夫琴国家公园 ▶p.340

鼠疫的流行【历史事件】

鼠疫原本是啮齿类动物之间传染的疾病，可通过跳蚤等传染给人。一般认为蒙古帝国成立后，东西方交易网扩大，鼠疫得以传到了欧洲，14世纪的欧洲将鼠疫称为黑死病并对之闻风丧胆。据说14世纪中叶黑死病流行期间病死人数达2500万人，相当于欧洲总人口的三分之一。当时的犹太人住在犹太人聚集区，形成了隔离，鼠疫感染率较低，所以犹太人被诬陷水井投毒导致疫情扩散，以至于各地发生了犹太人虐杀事件。由于当时的波兰国王卡齐米日三世对犹太人实行保护政策，许多犹太人从国外移居到波兰，这些犹太人为商业的发展做出了贡献。卡齐米日三世以自己的名字创建了克拉科夫的卡齐米日地区，这里以犹太人居住区而闻名。17~18世纪，各地竖起黑死病纪念柱，以感谢上帝终结黑死病的蔓延。其中维也纳格拉本的纪念柱和捷克奥洛穆茨的纪念柱（世界遗产）尤其出名。

波兰立陶宛联邦（1569~1795年）【国家】

1569年卢布林联合成立后诞生的波兰王国与立陶宛大公国的共主联邦。由于国王是采取选举产生而非世袭，所以国王的权力不如其他欧洲国家强大，政治中心实际由叫作什拉赫塔的阶级（占总人口的8%~10%）掌控。以什拉赫塔为中心的政治制度被称为“贵族民主制”“金权自由制”，成为民主主义的先驱。但由于共治制度下无法做出迅速贯彻政治举措等原因，该政治制度曾导致联邦陷入政治混乱和无政府状态。在17世纪中叶的一系列军事冲突（被称作“大洪水”）打击下，联邦开始衰败。瑞典、俄罗斯等邻国也开始干涉联邦内政。之后，联邦在1791年颁布欧洲首部成文宪法，努力进行改革。但经过列强三次瓜分后丧失所有领土，联邦最终灭亡。

犹太人大屠杀（Holocaust年）【历史事件】

Holocaust原本指火烧野兽祭献神灵的仪式，后来逐渐代指第二次世界大战中大量屠杀犹太人的事件。倡导雅利安人（德国人）至上主义的纳粹党将犹太人视为劣等民族，掌权后实施一系列政策，明确地将德国人和犹太人区分开，如不允许犹太人就任公职、不允许雅利安人与犹太人结婚等。随着纳粹党领土扩大，国内犹太人也不断增多，尤其是1939年9月吞并波兰后犹太人达到300万人。1942年，为了“最终解决”犹太人问题，灭绝营相继建起。在大屠杀中死亡的犹太人数量有诸多说法，一般认为有600万人以上。被送至集中营的除犹太人外，还有罗姆人、社会主义者、同性恋者、残疾人、耶和华见证人、德国人与雅利安民族的混血后代等。专题 ▶p.128 有关项目 辛德勒的工厂 ▶p.122 尼什强制收容所 ▶p.317

马加什一世（1443~1490 年）【匈牙利国王】

其父亲是匈牙利摄政亚诺什·匈雅提。父亲去世后，马加什赢得了贵族的支持，当选匈牙利国王。他对内积极推行军事、财政改革，对外占领了奥地利和捷克的摩拉维亚、西里西亚，马加什治下的匈牙利领土达到极盛。他还作为出色的人文主义者被人熟知，将意大利的文艺复兴文化带到了匈牙利。由于马加什王没有儿女，他的去世便标志着匈雅提家族的终结。雅盖隆家族继承王位后，匈牙利在 1516 年的莫哈奇之战中败给了奥斯曼帝国，匈牙利大部分领土归奥斯曼帝国所有。匈牙利的 1000 福林钞票上印有马加什的肖像。有关项目 马加什教堂 ▶p.183 布达佩斯城堡山 ▶p.182

玛丽亚·特蕾西亚（1717~1780 年）【奥地利皇帝】

也被称作女帝，但实际上没有正式参与神圣罗马帝国的加冕仪式。其父查理六世去世后，特蕾西亚即位。由于哈布斯堡家族一贯不承认女性继承，所以即位后爆发了以普鲁士和法国等为对手的奥地利王位继承战争。停战后奥地利与一直以来的敌对国家法国结盟。特蕾西亚属于恋爱结婚，这在当时非常少见，婚后育有 16 名子女，其中就有在之后的法国革命中被处死的法国王后玛丽·安托瓦内特。有关项目 罗森堡宫 ▶p.63 布拉迪斯拉发城堡 ▶p.149 圣马丁大教堂 ▶p.151

米玛尔·希南（1489?~1588 年）【建筑家】

奥斯曼帝国的代表性建筑家。在奥斯曼帝国的广阔版图内负责建造了清真寺、桥、学校、公共浴场等超过 370 处建筑。土耳其埃迪尔内的塞利米耶清真寺、伊斯坦布尔的苏莱曼尼耶清真寺就是他的代表作，均被选为世界遗产。有关项目 穆罕默德·帕夏·索科洛维奇桥 ▶p.285 卡拉乔治·贝格瓦清真寺 ▶p.288 班亚巴希清真寺 ▶p.445

莫扎特（1756~1791 年）【作曲家】

古典派音乐的代表性作曲家、演奏家。生于奥地利萨尔茨堡。莫扎特自小就展现了他过人的音乐天赋，父亲带他游遍欧洲，进行演奏表演，6 岁时曾在美泉宫为玛丽亚·特蕾西亚演奏。25 岁起定居维也纳。莫扎特在维也纳搬家过几次，其中斯特凡大教堂旁的维也纳莫扎特故居正对外开放。他在短暂的生命里造访过五次布拉格，最后一次旅行也是去了布拉格，第一次去布拉格是 31 岁的时候。31 岁那年，莫扎特第二次留在布拉格期间完成了歌剧《唐·乔望尼》，在 Stavovske 剧院首次演奏后博得了布拉格民众的满堂喝彩。有关项目 洛布科维奇宫 ▶p.63 圣尼古拉斯教堂 ▶p.56 莫扎特博物馆 ▶p.57

亚诺什·匈雅提（1407~1456 年）【贵族】

罗马尼亚出身的匈牙利贵族。匈雅提是优秀的军事战略家，领导了与奥斯曼帝国的战争，同时还是匈牙利王国的摄政，是匈、罗两国的国民英雄。当奥斯曼帝国攻陷君士坦丁堡后还想攻打贝尔格莱德时，匈雅提参与了贝尔格莱德防卫战，击退了奥斯曼帝国军队，却在战胜后感染上传染病，死在了贝尔格莱德。此后，其子马加什一世成为匈牙利国王，造就了匈牙利王国的巅峰时代。有关项目 希比尼亚尼恩·扬科塔 ▶p.304

扬·胡斯（1369~1415 年）【神学家】

15 世纪捷克宗教改革的先驱者。曾任布拉格查理大学总校长和布拉格伯利恒礼拜堂的布道师，以简单易懂的传教方式赢得了各阶层的支持。胡斯是虔诚的基督教徒，他严厉批判天主教的堕落，结果遭到康士坦斯大公会议的传唤。但他依然坚持信念，否定教皇与天主教会的权威，故被视为异教徒，于 1415 年被处以火刑。胡斯之死给捷克民众带来巨大冲击，他的追随者们冠以胡斯派之名奋起反抗。之后，胡斯派与天主教会的对立激化，最后发展为 1419~1436 年的胡斯战争。有关项目 扬·胡斯雕像 p.58

鲁斯特姆·帕夏（1500~1561 年）【大宰相】

奥斯曼帝国大宰相（大维齐尔），服侍苏莱曼大帝。出生在萨拉热窝近郊的克罗地亚基督教徒的家庭，在孩童时期被带往伊斯坦布尔，后改信伊斯兰教，接受伊斯兰教育。他作为大宰相，建造了许多公共建筑，如位于伊斯坦布尔的鲁斯特姆·帕夏清真寺（米玛尔·希南设计）、位于萨拉热窝的贝齐斯坦加清真寺等。有关项目 布鲁萨巴扎 p.280

华沙条约组织【历史用语】

冷战时期的 1955 年东欧社会主义国家为对抗西方北大西洋公约组织而成立的军事同盟。加盟国有苏联、东德、波兰、匈牙利、捷克斯洛伐克、罗马尼亚、保加利亚、阿尔巴尼亚（1965 年退出）。随着各共产主义国家民主化的推进，1991 年华约组织宣告解散。

西里尔字母对照表

拼读塞尔维亚语、北马其顿语、保加利亚语需要熟悉西里尔字母。当地的字母书写方法请参照下表。

使用语言	印刷体		手写体		发音	拉丁字母
塞尔维亚语 北马其顿语 保加利亚语	А	а	А	а	啊	A
塞尔维亚语 北马其顿语 保加利亚语	Б	б	Б	б	布	B
塞尔维亚语 北马其顿语 保加利亚语	В	в	В	в	吴	V
塞尔维亚语 北马其顿语 保加利亚语	Г	г	Г	г	各	G
北马其顿语	Ѓ	ѓ	Ѓ	ѓ	各有/旧	GY
塞尔维亚语 北马其顿语 保加利亚语	Д	д	Д	д	德	D
塞尔维亚语	Ђ	ђ	Ђ	ђ	机	Đ
塞尔维亚语 北马其顿语 保加利亚语	Е	е	Е	е	欸	E
塞尔维亚语 北马其顿语 保加利亚语	Ж	ж	Ж	ж	之	Ž
塞尔维亚语 北马其顿语 保加利亚语	З	з	З	з	子	Z
北马其顿语	Ѕ	ѕ	Ѕ	ѕ	子	DZ
塞尔维亚语 北马其顿语 保加利亚语	И	и	И	и	以	I
塞尔维亚语 北马其顿语	Ј	ј	Ј	ј	以（半元音）	Y
保加利亚语	Й	й	Й	й	以（半元音）	Y
塞尔维亚语 北马其顿语 保加利亚语	К	к	К	к	可	K
塞尔维亚语 北马其顿语 保加利亚语	Л	л	Л	л	了	L
塞尔维亚语 北马其顿语	Љ	љ	Љ	љ	六	Lj
塞尔维亚语 北马其顿语 保加利亚语	М	м	М	м	么	M
塞尔维亚语 北马其顿语 保加利亚语	Н	н	Н	н	呢	N
塞尔维亚语 北马其顿语	Њ	њ	Њ	њ	牛	Nj

使用语言	印刷体		手写体		发音	拉丁字母
塞尔维亚语 北马其顿语 保加利亚语	О	о	О	о	哦	O
塞尔维亚语 北马其顿语 保加利亚语	П	п	П	п	普	P
塞尔维亚语 北马其顿语 保加利亚语	Р	р	Р	р	而	R
塞尔维亚语 北马其顿语 保加利亚语	С	с	С	с	斯	S
塞尔维亚语 北马其顿语 保加利亚语	Т	т	Т	т	特	T
北马其顿语	Ќ	ќ	Ќ	ќ	可由	KY
塞尔维亚语	Ћ	ћ	Ћ	ћ	求	Ć
塞尔维亚语 北马其顿语 保加利亚语	У	у	У	у	吴	U
塞尔维亚语 北马其顿语 保加利亚语	Ф	ф	Ф	ф	弗	F
塞尔维亚语 北马其顿语 保加利亚语	Х	х	Х	х	和	H
塞尔维亚语 北马其顿语 保加利亚语	Ц	ц	Ц	ц	次	C
塞尔维亚语 北马其顿语 保加利亚语	Ч	ч	Ч	ч	求	Č
塞尔维亚语 北马其顿语	Џ	џ	Џ	џ	旧	Dž
塞尔维亚语 北马其顿语 保加利亚语	Ш	ш	Ш	ш	是	Š
保加利亚语	Щ	щ	Щ	щ	是特	Sht
保加利亚语	Ъ	ъ	Ъ	ъ	※1	AU
保加利亚语	Ь	ь	Ь	ь	※2	Y
保加利亚语	Ю	ю	Ю	ю	由	Yu
保加利亚语	Я	я	Я	я	呀	Ya

※1　处于"啊"和"屋"之间的模糊发音
※2　出现在O（哦）前时是读音类似"哟"的软音

红色字代表形似拉丁字母但读法不同，需要注意

项目策划：王欣艳　谷口俊博
统　　筹：北京走遍全球文化传播有限公司　http://www.zbqq.com
责任编辑：王佳慧　林小燕
封面设计：中文天地
责任印制：冯冬青

图书在版编目（CIP）数据
中欧 / 日本《走遍全球》编辑室编著；高岚等译
. -- 2版. -- 北京：中国旅游出版社, 2021.1
（走遍全球）
ISBN 978-7-5032-6650-8

Ⅰ. ①中… Ⅱ. ①日… ②高… Ⅲ. ①旅游指南—中欧 Ⅳ. ①K951.09

中国版本图书馆CIP数据核字（2021）第004497号

北京市版权局著作权合同登记号　图字：01-2020-1080
审图号：GS（2020）7215号　本书插图系原文原图

书　　名：中欧

作　　者：日本《走遍全球》编辑室编著；高岚，张咏志，张宇辰，万芬译
出版发行：中国旅游出版社
（北京静安东里 6 号　邮编：100028）
http://www.cttp.net.cn　E-mail: cttp@mct.gov.cn
营销中心电话：010-57377108，010-57377109
读者服务部电话：010-57377151
制　　版：北京中文天地文化艺术有限公司
经　　销：全国各地新华书店
印　　刷：北京金吉士印刷有限责任公司
版　　次：2021年1月第2版　2021年1月第1次印刷
开　　本：889毫米×1194毫米　1/32
印　　张：16.5
印　　数：1-4000册
字　　数：739千
定　　价：135.00元
I S B N　978-7-5032-6650-8